图 1&2　惠斯勒作品
蓝色与金色交相辉映的孔雀屋，其中陈列着青花瓷，创作于 1876 至 1877 年。查尔斯·朗·弗利尔捐赠，华盛顿特区弗利尔美术馆收藏。

图3 螭龙纹玉璧
河南省出土，东周时期（前771—前256）玉璧。威廉·罗克希尔·纳尔逊基金会捐赠，密苏里州堪萨斯城纳尔逊-阿特金斯艺术博物馆收藏。

图 4 南海观音像
彩绘木雕,辽代(907—1125)或金代(1115—1234)。威廉·罗克希尔·纳尔逊基金会捐赠,密苏里州堪萨斯城纳尔逊-阿特金斯艺术博物馆收藏。

图 5 菩萨像
东魏时期，作于约 530 年，石灰岩雕刻，洛阳白马寺出土。丹曼·罗斯为纪念冈仓天心捐赠，波士顿美术馆收藏。

图6 文昭皇后礼佛图
出自龙门石窟宾阳中洞,作于约552年,北魏(386—534)浮雕。威廉·罗克希尔·纳尔逊基金会捐赠,密苏里州堪萨斯城纳尔逊-阿特金斯艺术博物馆收藏。

图7 马俑
北魏时期,河南省出土,模制陶器。乔治·克罗夫茨藏品,多伦多安大略皇家博物馆收藏。

图 8 秋江渔艇图

许道宁,北宋(960—1127)。威廉·罗克希尔·纳尔逊基金会捐赠,密苏里州堪萨斯城纳尔逊-阿特金斯艺术博物馆收藏。

图 9　嵌玉螭带钩
公元前 4—前 3 世纪。格伦威尔·温思罗普遗赠，哈佛大学艺术博物馆 / 赛克勒博物馆收藏。
Imaging Department © President and Fellows of Harvard College

图 10　小臣艅犀尊
商代（公元前 1100—前 1050），青铜器，山东省出土。艾弗里·布伦戴奇藏品，旧金山亚洲艺术博物馆收藏。

大
方
sight

THE CHINA COLLECTORS

谁在收藏中国

美国寻获亚洲艺术珍宝百年记

[美]卡尔·梅耶 [美]谢林·布莱尔·布里萨克 著
张建新 张紫薇 译 王莉娜 校译

AMERICA'S CENTURY-LONG HUNT
FOR ASIAN ART TREASURES

Karl Meyer & Shareen Blair Brysac

中信出版集团 | 北京

图书在版编目（CIP）数据

谁在收藏中国：美国寻获亚洲艺术珍宝百年记 /（美）卡尔·梅耶,（美）谢林·布莱尔·布里萨克著；张建新，张紫薇译.--2版.--北京：中信出版社，2025.3.--ISBN 978-7-5217-7086-5

I. G262

中国国家版本馆 CIP 数据核字第 202495EE81 号

Copyright © 2015 by Karl Meyer and Shareen Blair Brysac
All rights reserved including the rights of reproduction in whole or in part in any form.
Simplified Chinese translation copyright © 2025 by CITIC Press Corporation
本书仅限中国大陆地区发行销售

谁在收藏中国——美国寻获亚洲艺术珍宝百年记
著者：[美]卡尔·梅耶，[美]谢林·布莱尔·布里萨克
译者：张建新　张紫薇
校译：王莉娜
出版发行：中信出版集团股份有限公司
（北京市朝阳区东三环北路 27 号嘉铭中心　邮编　100020）
承印者：河北鹏润印刷有限公司

开本：660mm×970mm　1/16　　印张：29.75　　插页：8
字数：420 千字
版次：2025 年 3 月第 2 版　　　　印次：2025 年 3 月第 1 次印刷
书号：ISBN 978-7-5217-7086-5　　京权图字：01-2015-7317
定价：98.00 元　　　　　　　　　审图号：GS 京（2025）0084 号

版权所有·侵权必究
如有印刷、装订问题，本公司负责调换。
服务热线：400-600-8099
投稿邮箱：author@citicpub.com

目 录

序　言	通往中国的曲折之路	1
第 一 章	游戏规则	11
第 二 章	太平洋序曲	41
第 三 章	哈佛大学的收藏之路	51
第 四 章	揭取敦煌壁画	79
第 五 章	龙门石窟之殇	99
第 六 章	宾大博物馆里的昭陵二骏	123
第 七 章	为明朝痴迷	133
第 八 章	铁轨上的艺术	147
第 九 章	瓷器泡沫	165
第 十 章	洛克菲勒家族的收藏	183
第十一章	清朝官员端方	205
第十二章	加拿大与中国的邂逅	219
第十三章	为慈禧太后画像	239
第十四章	天国服饰	267
第十五章	文物鉴定家劳费尔	289
第十六章	美国中西部博物馆里的中国山水画	307
第十七章	大都会艺术博物馆的接力赛	327
第十八章	没收敌国财产	357
第十九章	奥林匹克界的收藏家	379
第二十章	大收藏家	397
后　记	长城上的希望之门	407
注释		433

序言

通往中国的曲折之路

博物馆有价值的藏品都要交代清楚其来龙去脉，一本书在出版之际，也应该交代清楚写书的起因。本书的写作源于20世纪90年代我们在哈佛大学档案中的偶然发现。当时，我和谢林正为撰写《影子竞赛》（*Tournament of Shadows*）一书开展研究。那是我们刚刚完成的一部作品，描述的是俄国、英国和美国如何争夺中亚统治权。该书的主角是斯坦因[①]。他出生于匈牙利，是古代丝绸之路遗址的探险家。20世纪30年代，斯坦因在哈佛大学福格艺术博物馆的赞助下，进行了第四次也是最后一次命运多舛的探险活动。谢林在翻查哈佛大学有关斯坦因的档案时，发现了一个文件夹，里面装的是年轻的劳伦斯·西克曼[②]写给在福格博物馆工作的导师兰登·华尔纳[③]的信件。在信里，西克曼表达了他的种种顾虑。谢林拿着师徒之间的往来信件让我看，特别是让我注意其中的一

---

① 斯坦因（Marc Aurel Stein，1862—1943），著名的英国考古学家、艺术史家、语言学家、地理学家和探险家，原籍匈牙利。曾经分别于1900—1901年、1906—1908年、1913—1916年、1930—1931年进行了四次著名的中亚考察，其考察的重点地区是中国的新疆和甘肃，他最著名的事迹是公布了敦煌文献，其中有大量佛教文物。
② 劳伦斯·西克曼（Lawrence Sickman，1907—1988），美国学者、艺术历史学家、汉学家，堪萨斯城纳尔逊-阿特金斯美术馆馆长。
③ 兰登·华尔纳（Langdon Warner，1881—1955），美国考古学家、艺术史学家，专攻东亚艺术。曾在哈佛大学担任教授并任职于福格艺术博物馆，对丝绸之路颇有研究，并从王圆箓手中收购过敦煌文献。

封信，里面提到了中国北方的龙门石窟以及其中一块巨大的石灰岩浮雕。一千年以前，龙门石窟曾是佛教朝圣者的圣地，而现在是联合国教科文组织认定的世界文化遗产。

西克曼对于当时自己的处境颇感困惑，写信向导师征求意见。当时，堪萨斯城的纳尔逊-阿特金斯艺术博物馆（简称纳尔逊艺术博物馆）刚刚开馆（1933年），得到了1 100万美元的捐助。为了给该馆征集亚洲艺术品，西克曼踏上了前往中国之路。龙门石窟有上千个无人看守的石窟，宛如迷宫，盗贼遍地。当地农民根据买主的订单来盗窃石窟里的文物。龙门石窟里的稀世珍宝频频现身于北平（今北京）偏僻街巷里的古董店。西克曼内心充满疑问，他应该怎么办？他该不该收集《文昭皇后礼佛图》的浮雕碎片？十几年前，兰登·华尔纳本人曾去过这座佛教石窟，也面临过同样的难题。但华尔纳对文物太痴迷了，把顾虑抛在了脑后。这次，经过再三思考之后，他给西克曼提出的建议是直截了当地把浮雕拿下，费用由福格艺术博物馆和纳尔逊艺术博物馆分担。最终，《文昭皇后礼佛图》落户在了纳尔逊艺术博物馆。

西克曼的这种行为是掠夺还是对文物的保护？动乱时期，中国的古代遗址很容易成为盗贼、破坏者及收藏家竞争对手下手的目标。事实的确如此，西克曼的主要竞争对手普艾伦（同样也毕业于哈佛），就设法弄走了《北魏孝文帝礼佛图》。这块浮雕与《文昭皇后礼佛图》出自同一座石窟，目前是大都会艺术博物馆的明星展品，刻画的是北魏孝文帝与侍从拜佛的场景。这使得我们不禁要问：对于文物保护和收藏而言，正确与错误的分界线到底在哪里？当我们参观丝绸之路上的佛教遗址敦煌时，这个问题再次困扰住了我们。为了给福格艺术博物馆征集文物，兰登·华尔纳曾尝试用简陋胶水揭取敦煌壁画。我们的当地导游用手指着壁画墙上的凿孔，义正词严地痛斥那些被他认为是盗走壁画的"洋鬼子"。

本书探讨的话题对我们来说并非一个完全陌生的领域。谢林拥有艺术史学位，做过美国哥伦比亚广播公司黄金时段文化主题纪实节目的制作人，最近还担任了《考古》杂志的特约编辑。我本人曾担任《华盛顿邮报》驻外记者，其间曾获准休假撰写《考古的乐趣》(The Pleasures of Archaeology)一书。之后，我成为一名自由职业者，撰写了由《纽约客》杂志连载的《被掠夺的历史》(The Plundered Past)，以及《艺术博物馆——权力、金钱和道德》(The Art Museum: Power, Money, Ethics)等作品。其中，《艺术博物馆》是我为20世纪基金会撰写的一篇报告。在为《纽约时报》撰写有关外交事务的社论时，我还会偶尔撰写收藏方面的文章。

我曾与谢林合作发表过三部关于国际政治的著作。2011年，我俩同时被牛津大学圣安东尼学院邀请去做2012年秋季学期的高级客座学者。对我们这种有此兴趣的人来说，这是份无法拒绝的邀请。推荐我们的是得克萨斯州立大学的教授威廉·罗杰·路易斯（Williams Roger Louis）。

然而，要想应聘成功，我们必须满足一个条件：我们得搞一个研究项目。我们便想到了在哈佛大学看到的那些档案，想到了我们曾经对中国的一些考古遗址所作的实地考察。于是，我们便决定做这样一个课题：西方收藏家们是如何痴迷于中国艺术品的？这种痴迷源于何处？他们又是如何搞到中国艺术品去充实美国各大博物馆的馆藏的？我们的研究项目获得了牛津大学的批准。进入圣安东尼学院后，我们就开始着手实施我们的研究计划：与学者会面，旁听讲座，参加学术会议，一头钻进名不虚传的赛克勒美术图书馆，在一排排书架上寻找我们所需的研究资料，在浩瀚的书海里徜徉。

玛格丽特·麦克米兰[①]是圣安东尼学院的院长，出生于加拿大。与我们共进午餐时，她问我们是否了解加拿大多伦多市安大略皇家博物馆的亚洲藏品。我们对其一无所知，但是我们愿意去做调查研究，于是该博物馆的亚洲藏品便成为本书一章的探讨内容。一学期的工作结束时，我们已经确信，我们所选的研究项目层次丰富，隐藏着许多意外惊喜，在

[①] 玛格丽特·麦克米兰（Margaret MacMillan），国际知名历史学家，加拿大人，现任牛津大学教授。

一个个藏品故事的背后会涉及一个个痴迷的收藏家、充满激情的博物馆馆员以及精明睿智的古董商。他们中的许多人早已被人遗忘，但如果你对他们有了一定的了解之后，就会对他们产生强烈的兴趣。同样值得注意的是，美国博物馆收藏的亚洲艺术品的数量在不断增长，中国的艺术品市场和博物馆文化在蓬勃发展，而我们却在市面上找不到任何与这两个问题有关、专门写给收藏爱好者的书籍。这更坚定了我们继续对此课题开展研究的决心，经过为期两年的艰辛劳动，我们最终将这本书交付到了读者的手中。

前往圣安东尼学院之前，我们向学界朋友们征求意见，特别是艺术史学家约翰·奥尼安斯[①]以及大英图书馆前中文部主任、现已退休的吴芳思[②]，请他们给我们推荐牛津大学的权威人士，以便我们去了牛津大学之后可以向其请教。他们不断提到两个人的名字：柯律格[③]和苏立文[④]。前者是牛津大学首位专攻亚洲艺术的教授，后者是资深中国美术评论家。柯律格出生于苏格兰，与我们会面时，他邀请我们去旁听他开设的关于中国明代的课程，明代是他最喜欢的中国历史时期。柯律格讲课时旁征博引，用图文并茂的方式，论证了其在畅销著作《中国艺术》（*Art in China*）探讨的主要观点，即"中国艺术"这一说法实属用词不当。在他看来，将中国的书法、雕塑、陶瓷和绘画归于一类，将它们看成一个同质的整体的普遍做法，起始于西方学者，并没有考虑到中华文明的真正规模之大、悠久的历史及其多样性。柯律格在讲课时以及在和我们的谈话中反复强调，在评论中国艺术的每个类型时，有必要考虑到这门艺术的流变及特殊性。柯律格曾当过伦敦维多利亚

[①] 约翰·奥尼安斯（John Onians，1942—　），英国东英吉利大学（University of East Anglia）名誉教授，专门研究世界艺术史，特别是建筑史，尤其是意大利文艺复兴时期的建筑理论。
[②] 吴芳思（Frances Wood，1948—　），英国图书馆馆员、汉学家、历史学家，曾担任伦敦大英图书馆中文部主任。
[③] 柯律格（Craig Clunas，1954—　），英国汉学家、艺术史家，曾任牛津大学艺术史系教授。学术专长为中国美术史，尤其是明代物质文化。
[④] 苏立文（Michael Sullivan，1916—2013），生于加拿大多伦多，汉学家、艺术史家，是最早向西方介绍中国现代美术的西方学者之一，西方研究与批评中国现代美术史的权威。

和阿尔伯特博物馆馆长,有一定的影响力。他在阐述自己的观点时,常常引用自己学术著作中的论断,并拿自己当该博物馆馆长的经历来作佐证。

苏立文也同样让我们对其感兴趣。他出生于加拿大,在英国长大。在中国抗日战争期间,当过国际红十字会的志愿者。苏立文获得哈佛大学博士学位,曾在斯坦福大学亚洲艺术系当过二十多年系主任,之后成为牛津大学圣凯瑟琳学院荣誉教授。我们在圣凯瑟琳学院给他留了一张便条,向他解释我们的研究项目,请求与其会面。

几天后,我们学院的门房向我们转交了苏立文的手写回信。他在信中同意与我们见面,并邀请我们去他位于牛津市郊区的北牛津公寓和他共进晚餐。当时他已是94岁高龄,还在怀念已去世多年的中国妻子吴寰。苏立文曾把自己撰写的十几部著作全部敬献给了他的妻子。多年来,苏立文一共收藏了大约500件中国现代艺术品,其中一些典藏品正出借给牛津大学阿什莫林博物馆,在该博物馆的一个特别展厅里展出。他的公寓楼里没有电梯,我们得走着上去。公寓房里摆满了中国艺术藏品,正中间悬挂着吴寰的遗像。开门迎接我们的是两位长相可爱的亚洲女人,苏立文的助手。两位女士正忙着准备中意混合风味的意大利面。苏立文大踏步走到我们跟前。他个子不高,精力充沛,蓬起的银发宛如头上戴着一顶银白色的王冠。随后他谈到,西方学者不管是对中国古代艺术还是当代艺术都存在一定的误解,而且这些误解久而久之居然变成了老生常谈,而他六十年来一直对这些误解进行驳斥。苏立文还谈到当今中国的先锋派艺术,那是他特别感兴趣的领域。对于中国当代先锋派艺术,苏立文接触到了两种相互矛盾的看法。有人认为,中国当代先锋派艺术品只不过是对西方后现代主义亦步亦趋的模仿,但也有人认为,它们只不过是对过时的中国传统艺术流派的东施效颦而已。那真是一个令人回味的美妙夜晚。我们与他的会面很及时。2013年10月苏立文去世,享年96岁。他把自己珍藏的最后一批艺术品遗赠给了牛津大学阿什莫林博物馆。

从我们的角度来讲，我们在牛津大学度过的这段时光，提醒我们注意到了横亘在我们面前的雷区。需要强调的是，本书既不是对中国艺术史的描述，也无意对中国艺术进行批评分析。对那些未必多么富裕的收藏家痴迷中国艺术的原因，我们只是进行了推测。我们也无意去锤炼或提高读者们鉴赏中国艺术品的能力。相反，我们的关注点是人，是那些对中国艺术品充满好奇心、被中国艺术品弄得神魂颠倒的北美人和欧洲人，而不论我们如何界定何为中国艺术。正如拿破仑喜欢走运的将军一样，我们也喜欢走运的收藏家、博物馆馆员和古董商。在1900至1949年期间，这些人赚得盆满钵满。其中，收藏家有：著名的沃特斯父子、查尔斯·朗·弗利尔[①]、J. P.摩根[②]、小约翰·洛克菲勒[③]及其夫人艾比、丹曼·罗斯[④]、亚瑟·赛克勒[⑤]、艾弗里·布伦戴奇[⑥]；博物馆研究员有：兰登·华尔纳、劳伦斯·西克曼、李雪曼[⑦]、波世·莱兹[⑧]、普艾伦

[①] 查尔斯·朗·弗利尔（Charles Lang Freer，1854—1919），美国实业家、艺术收藏家和赞助人。他以其大量的东亚、美国和中东艺术收藏品闻名。1906年，弗利尔将其大量藏品捐赠给了史密森尼学会。为了安放这些物品，弗利尔还资助在华盛顿特区建立了弗利尔艺术馆。
[②] J. P.摩根（J. P. Morgan，1837—1913），美国金融家、银行家、慈善家和艺术收藏家。
[③] 小约翰·洛克菲勒（John D. Rockefeller Jr.，1874—1960），美国著名慈善家、洛克菲勒家族的重要人物。他是标准石油公司创办人、亿万富翁约翰·洛克菲勒唯一的儿子和继承人，为与其更为出名的父亲相区别，通常称为小约翰·洛克菲勒。
[④] 丹曼·罗斯（Denman Ross，1853—1935），美国画家、艺术收藏家，他是哈佛大学的艺术教授，研究艺术史与理论，也是波士顿美术馆的理事。
[⑤] 亚瑟·赛克勒（Arthur Sackler，1913—1987），美国精神科医生、企业家及艺术品收藏家。赛克勒收藏的大量中国艺术收藏品都捐献给了史密森尼学会。1965年成立自己的基金会，1987年以其名字命名的美术馆亚瑟·赛克勒美术馆建成开馆。赛克勒在其生前曾与北京大学签订意向书，承诺捐献自己收藏的部分中国文物以建立一座考古博物馆。1993年5月23日，北京大学赛克勒考古与艺术博物馆建成开馆。
[⑥] 艾弗里·布伦戴奇（Avery Brundage，1887—1975），美国体育官员、艺术品收藏家，在1952至1972年担任国际奥林匹克委员会主席长达20年。1959年，布伦戴奇同意将其收藏的数量可观的亚洲藏品捐赠给旧金山，这些藏品被安置在旧金山市亚洲艺术博物馆。馆内现有的近18 000件藏品中，有超过7 700件文物来自布伦戴奇的捐赠。
[⑦] 李雪曼（Sherman Lee，1918—2008），美国艺术史家，是研究亚洲艺术品的专家。1952年就职于美国克利夫兰市的克利夫兰艺术博物馆（The Cleveland Museum of Art）东方部主任，1958至1983年任该馆馆长。
[⑧] 波世·莱兹（S. C. Bosch Reitz，1860—1938），荷兰画家，其画作具有印象派及象征主义派风格。波世·莱兹还是研究陶瓷的专家，在其指导下，大都会博物馆开始有目的地寻求和收购中国艺术文物，开始收藏中国历代的陶器、瓷器，同时也开始收藏中国的青铜器、佛像和丝织品。波世·莱兹在任期内收购了为数众多的北魏至辽代的佛教艺术珍品，其中最有名的是大型鎏金铜佛——北魏初年的释迦立像。

和方闻①；古董商有：卢芹斋②、山中定次郎③和奥托·伯查德④。同时，我们的叙述也涉及了一些不那么走运的人物：多才多艺却死因不详的乔治·凯茨⑤，不幸被砍掉脑袋的清朝官员端方⑥，以及明显死于自杀的鉴定家劳费尔⑦。我们在书中还提到了银行家爱德华·冯·德·海特⑧，他是一名纳粹分子，行为怪异、神秘，把自己的大量收藏品捐赠给了苏黎世的里特贝格博物馆和伍珀塔尔市的冯·德·海特博物馆。四名加拿大人也榜上有名：安大略皇家博物馆创始人查尔斯·库雷利⑨、加拿大

---

① 方闻（Wen C. Fong，1930—2018），美国华人艺术史学家。1930年出生于上海，祖籍浙江仙居。1970至1973年担任普林斯顿大学艺术和考古系主任。他还担任了普林斯顿大学艺术博物馆策展人和大都会艺术博物馆亚洲艺术首席顾问。1999年从普林斯顿大学退休，2004至2007年在清华大学任教，2009至2012年在浙江大学任教，倡议建立浙江大学艺术与考古博物馆，该馆于2019年正式对外开放。
② 卢芹斋（C. T. Loo，1880—1957），生于中国浙江湖州卢家渡，初名卢焕文，国际文物贩、古董商人。1928年，洛阳金村意外发现东周王陵和贵族墓地金村大墓，卢芹斋威逼利诱当地农民为其盗墓，将昭陵六骏中的"飒露紫"和"拳毛䯄"辗转盗卖给宾夕法尼亚大学博物馆，并导致现存于中国的昭陵六骏其他四骏严重损毁。
③ 山中定次郎（1866—1936），明治和大正时代的古董艺术品经销商。1912年，山中定次郎以极低的价格掠夺式购买了恭王府的大批文物。1913年，他在美国纽约拍卖恭王府文物536件，同年，在英国伦敦拍卖了211件。此外，他还零售、私下转让部分恭王府文物。1924年6月和1926年10月，山中定次郎两次前往天龙山石窟，通过贿赂等手法，买通了天龙山寺庙的住持净亮和尚，将大批佛首偷运出山，后写作出版了《天龙山石佛》图册。1932年11月，山中定次郎在日本东京美术协会举办了"世界古美术展"，将这批天龙山石佛公开拍卖。
④ 奥托·伯查德（Otto Burchard，1892—1965），德国人，中国艺术品古董商和宋瓷专家。
⑤ 乔治·凯茨（George Kates，1895—1990），美国人，中国古典文化与装饰艺术的倡导者。1947年年初，乔治·凯茨就职于纽约布鲁克林博物馆，在该馆担任东方艺术部主任两年。1948年，乔治·凯茨撰写的《中国家具》（Chinese Household Furniture）一书出版，共收录112件中国家具图录，对其尺寸、材质、年代等情况进行了详细的描述。1946年2月，乔治·凯茨在纽约布鲁克林博物馆指导策划了明清两代家具展，引起一时的轰动。另外，他还将其在20世纪30年代在北京的生活写成了回忆录——《丰腴岁月——北京1933—1940》。
⑥ 端方（1861—1911），托忒克氏，字午桥，号匋斋，谥忠敏，满洲正白旗人。清末政治家、金石学家、收藏家。光绪壬午举人，官至直隶总督。清末保路运动爆发，奉命署理四川总督前往镇压，后被新军军官刘怡凤所杀。端方醉心于古玩收藏，收藏颇富，精品亦多。端方逝后，其子弟因贫困，在1924年将一套陕西出土的商周青铜器"柉禁器组"以约20万两白银的价格出售给了美国纽约大都会艺术博物馆。
⑦ 劳费尔（Berthold Laufer，1874—1934），生于德国科隆，移民美国，东方学家与汉学家。通晓汉语、日语、藏语。1901—1904年、1908—1910年、1923年多次在中国进行长期考察，对中国的玉器、瓷器、象牙雕刻、牌楼等都有研究。1934年9月13日，在芝加哥跳楼自杀身亡。
⑧ 爱德华·冯·德·海特（Eduard von der Heydt，1882—1964），德国和瑞士的银行家，艺术品收藏家和赞助人。第二次世界大战后，他于1946年被指控犯有叛国罪，但在1948年被宣布无罪。
⑨ 查尔斯·库雷利（Charles Currelly，1876—1957），加拿大牧师兼考古学家，1914至1946年间担任加拿大皇家安大略博物馆馆长，是该馆第一任馆长。其在任期间从怀履光等古董商手中收集了大批的中国文物，他的收藏集中于陶俑、瓷器、造像、织物和绘画等，时间跨度从汉代到清代，其中包括汉代空心砖。

圣公会主教怀履光①、由皮毛商改行做古董生意的乔治·克罗夫茨②，以及长老会牧师和甲骨文专家明义士③。

在致谢中，我们向许多人表达了感激之情：一大批老中青学者、博物馆研究员、古董商、档案管理员等。没有他们及时必要的帮助，即便再拖延十多年，我们的研究项目也难以完成。在故事叙述的每处重点，我们都竭力将与关税、营业税以及艺术市场的各种动荡因素相关的全球性经济力量考虑在内。尽管如此，我们十分清楚，讲述故事时必然会对叙事材料进行甄选，这样难免会有疏漏。一些知名收藏家的珍藏值得给予更多关注，对此我们有些力不从心。这些收藏家有：查尔斯·贝恩·霍伊特（Charles Bain Hoyt），他捐赠给波士顿美术馆的大批陶瓷器皿现已成为该馆亚洲展厅的明星展品；"芝加哥最杰出的女士"凯特·斯特吉斯·白金汉④，在其姐姐露西·摩斯去世之后，将其收藏的数百件藏品捐给了芝加哥艺术博物馆；阿尔弗雷德·皮尔斯伯里⑤，他的青铜器藏品使美国明尼阿波利斯艺术设计学院熠熠生辉；以及最近几年向明尼阿波利斯艺术设计学院捐赠藏品的布鲁斯·代顿（Bruce Dayton）和露

---

① 怀履光（William Charles White，1873—1960），加拿大圣公会在中国的传教士主教，1910年至1934年在中国传教，1934年回到加拿大后被聘为多伦多大学中国考古副教授兼安大略皇家博物馆远东收藏部主任。1942年，他晋升为中国考古学教授，1943年在多伦多创建了中国研究系，担任该系主任。对中国文物颇有研究，发表与其相关的著作有：《洛阳古墓考》《中国庙宇壁画》《中国古代甲骨文化》《中国青铜文化》等。1928年在洛阳金村发现东周王陵和贵族墓地，怀履光有计划有组织地对这批墓葬进行了历时六年的盗掘，共大墓8座，出土文物数千件，大多被怀履光运到了加拿大，卖给了时任加皇家安大略博物馆馆长的库雷利。
② 乔治·克罗夫茨（George Crofts，1871—1925），曾长期在天津的永福洋行从事皮货贸易，他利用天时地利从天津收购大量中国文物，自1918年起直至1925年去世之前，一直是加拿大皇家安大略博物馆收购中国文物的代理人。
③ 明义士（James Mellon Menzies，1885—1957），加拿大长老会宣教士，著名汉学家、甲骨学家。祖籍苏格兰，1885年2月23日，出生于加拿大安大略省的克林顿小镇。出版有关中国文化的专著有：《殷墟卜辞》《殷墟卜辞后编》《甲骨研究》《考古学通论》《商代文化》《商周的美术》《商代的文化与宗教思想》等。
④ 凯特·斯特吉斯·白金汉（Kate Sturges Buckingham，1858—1937），是美国艺术收藏家和慈善家。她的妹妹露西·莫德（Lucy Maude）去世后，她将露西·莫德收藏的400多件中国青铜礼器捐赠给了芝加哥艺术博物馆。
⑤ 阿尔弗雷德·皮尔斯伯里（Alfred F. Pillsbury），美国艺术品收藏家，生卒年月不详。20世纪上半叶，皮尔斯伯里从古董商卢芹斋处购买了两百余件商周青铜器，后将这些青铜器捐赠给了明尼阿波利斯艺术博物馆。这些青铜器不乏国宝级的重器，最有名的当属晚商的鸮形尊，其造型惟妙惟肖，是青铜器中的上佳精品。

丝·代顿（Ruth Dayton）夫妇。至于本书其他不足之处，我们已经向读者做了交代，欢迎收藏界的朋友们批评指正。浩瀚的收藏界里有珍品无数，引人入胜，而我们两位只不过是刚踏进收藏界大门的新手而已。

卡尔·梅耶

第一章

游戏规则

2012年9月21日，美国《纽约时报》报道了一则简讯，标题是《苏富比与一家北京公司签署合作协议》，低调宣布了一份不同寻常的商业合约的签署。报道轻描淡写地透露：世界上首屈一指的拍卖行——苏富比拍卖行已与中国国有企业北京歌华美术公司达成协议，组建了一家合资企业，以期从"增长惊人的中国市场"获得商机。苏富比宣布，它将与北京歌华公司联手，在中国大陆设立首家国际拍卖行。两家公司同意共享免税储藏设施，苏富比向该合资企业投资120万美元。苏富比拍卖行发布的新闻稿声称："中国及其日益壮大的收藏者队伍，已成为本公司最具吸引力的增长市场"，[1]正是这一因素最终促使苏富比签下了这份"独特且具有开拓性"的合作协议。

这份协议确实具有开拓性。中国正积极推动艺术品的市场运作，将艺术品拍卖给队伍日益壮大的富豪群体，与苏富比的合作协议就是一项有力的证明。而对于从专业角度追踪中国艺术市场结构性改变的收藏家、古董商或专家学者而言，中国仍未出现多少明显的转变信号。过去十几年里，中国的艺术品拍卖行业处于上升期，中国政府一直努力追回在动荡历史时期被掠夺、流失海外的艺术珍品。同时，为了阻止大规模掠夺和非法出口中国古代文物，中国政府加强了相关法律措施的制定与实施。

从这幅 18 世纪的版画中可以清晰地看到圆明园海晏堂前生肖喷泉及十二生肖青铜兽首

2009 年，中国政府与美国政府签署了一项协定：禁止美国进口一系列中国古代文物作品，包括具有 250 年及以上历史的纪念性雕塑和壁画艺术品。这项协议尽管并没有引起多少人的注意，但意义重大。

既然中国政府坚持要追回流失海外的中国文物，那么为什么还会鼓励艺术拍卖市场的发展呢？中国领导人对艺术品拍卖改变了态度，这种态度上的改变又说明了什么？中国的艺术市场蓬勃发展，在 2011—2012 年间已经可以与纽约和伦敦的艺术市场相抗衡，中国政府又将怎样充分利用这种令人欣喜的发展势头呢？

这场文物收回运动早有先兆：2000 年，苏富比和佳士得两家拍卖行曾在香港举办奢华的"宫廷收藏拍卖"活动。[2] 在佳士得的主要拍卖标的中，有两件青铜兽首：牛首和猴首。凑巧的是，苏富比拍卖行有青铜虎首要拍卖。这三件文物均来自清朝皇帝的"夏宫"——圆明园。圆明园海晏堂前有座十二生肖水力钟喷泉，里面有十二生肖青铜兽首，牛首、猴首和虎首即为其中之三。1860 年，英法联军火烧圆明园，结束了第二次鸦片战争。这三件兽首很可能是在此期间被英法联军窃走的。中国国家文物局引用联合国教科文组织有关文化财产保护的公约,要求两家拍卖行停止拍卖三件青铜兽首。

两家拍卖行的主管对中国政府的抗议无动于衷,他们的新闻发言人解释说,1987年,苏富比曾在纽约拍卖会上售出过青铜猴首,当时并未引发任何抱怨之声。1989年,苏富比在伦敦拍卖牛首时,情况也是如此。然而时代在变迁,这一次香港居民们却不约而同加入了抗议的队伍,齐声反对即将进行的皇家文物拍卖活动。示威者们高声呐喊:"停止拍卖!将中国文物归还中国!"然而,拍卖会却仍然照常进行。

三件兽首最后都被中国保利集团竞得,从而使其得以回归中国。佳士得拍卖行拍卖的猴首和牛首最终以200多万美元的价格成交。苏富比拍卖行拍卖的虎首则以180万美元的价格落槌。"这是本周发生的一次历史性事件,"索伦·麦理肯(Souren Melikian)在《国际先驱论坛报》的报道中评论说,"它将对国际上对待文化遗产的方式产生难以预料的影响。"青铜兽首文物的所有权之争由来已久。作为国际艺术市场资深观察员,麦理肯敏锐地对此次拍卖活动在国际文物拍卖市场上所引发的震动做出了如此评价。

三件兽首胜利回到北京之后,被放入了新建成的保利艺术博物馆展柜。此后,很多从私人收藏者手中收回的艺术品都被该馆收藏。这种不惜代价收回流失海外艺术品的行为与"文化大革命"时期红卫兵对待文物的态度形成了鲜明的对比。"文化大革命"时期,文物被痛斥为"四旧"。在对待文物问题上中国人走了弯路,追回流失文物则说明中国人回归到了正途。

因此,即便年轻人高声痛斥"四旧",毛主席本人却对考古学家赞赏有加,称他们担负着科学见证中国辉煌历史的重任。在毛主席的支持下,一个统一的、不再遭受内忧外患侵扰的中国,最终得以大规模开展考古发掘活动。至此之后,中国政府先后批准了上千次考古挖掘活动。1974年,对秦始皇兵马俑的考古发掘,将这场考古运动推向了高潮。兵马俑是秦始皇的殉葬品,是古都西安郊区的一位农民首先发现的。像真人一样的陶俑士兵组成了一支庞大的军队，用来保卫在地下长眠的这位皇帝。秦始皇是中国第一位皇帝，他在战国末年统一了中国，实施了一系列的革新措施，但是独断专行，做出了焚书坑儒的暴行。秦兵马俑的发掘，立刻引发了国内外极大的兴趣。中国从中挑选出一些展品，送往国外举办了一系列展览，算得上是中国对外国最温和的攻势。

此后，中国的考古发掘活动如火如荼，文物市场也是如此。在国外，收藏家对来自中国的各类艺术品（书法作品除外）表现出来的欲望似乎永远都无法得到满足。更令人惊奇的是，中国境内对古代文物的市场需求也同样旺盛。据报道，2005 年，中国 80 多家拍卖行的文物艺术品销售额超过了 15 亿美元，比上一年增长了一倍。据美国盖蒂基金会会长詹姆斯·库诺①估计，这是苏富比和佳士得两家拍卖行同年在美国拍卖中国艺术品销售额的 25 倍。后来据传闻，这一总额还包括竞拍成功但买家并未支付的款项。而且，库诺的估计并未涵盖在中国遍地开花的地方画廊和古董店的收益额。[3] 到了 2008 年，中国的拍卖行拍卖出的价值高达 20 亿美元的艺术品，大多被私人收藏家竞拍所得。随着中国经济的发展，中国的艺术市场也在蓬勃发展。据美国《财富》杂志统计，2009 至 2010 年，中国亿万富翁的数量从 64 人升至 115 人，年增长率 80%。各类艺术品销售额直线上升。2010 年，中国超过了纽约和伦敦，成为世界艺术品市场的领头羊。据法国艺术市场信息公司监测到的数据，中国艺术品的销售额占到了全球销售额的 33%，相比之下，美国占 30%，英国占 19%，法国占 5%。中国政府的《今日中国》高调公布了这一组数据。2011 年 3 月，《今日中国》指出，拍卖价格最高的十件中国艺术品，只有一件是在国外拍卖的。2005 年，一件元代雕塑在伦敦拍卖成功。与竞拍收益不高的过去相比，这标志着"划时代的转变"。当然，中国文

---

① 詹姆斯·库诺（James Cuno, 1951—　），美国艺术史学家和策展人，曾担任保罗·盖蒂信托（J. Paul Getty Trust）董事长兼首席执行官。库诺是艺术品收藏方面的专家，著有《谁的缪斯：美术馆与公信力》(Whose Muse? Art Museums and the Public Trust, 2006) 和《谁的文化：博物馆的承诺以及关于文物的论争》(Whose Culture? The Promise of Museums and the Debate over Antiquities, 2012)。

物的拍卖市场也是起起落落，竞拍成功但不付款现象使拍卖销售总额虚高。2012年，中国的艺术品拍卖市场步伐放慢，竞拍总额落在了美国的后面。

但是，在考古学家看来，新生亿万富翁对艺术品收藏的热情同时也揭示了一个令人不安的事实。如麦理肯所说，中国成千上万座位于偏远地区的古代遗址正遭遇前所未有的"猖狂非法盗掘浪潮的冲击"。麦里肯是最早（1994年）报道该现象的记者之一。他写道，"一些耐人寻味"的事情正在东亚艺术市场发生，"自20世纪80年代初开始，经非法盗掘者之手流入香港艺术品交易市场销售的文物可谓泛滥成灾。近几年，情况得到了改善。但如今在香港市场销售的来自重要考古遗址的稀有艺术品的数量却日渐增多"。这可构成了文物盗窃和走私罪。麦理肯提到了在香港拍卖的一件汉代青铜像："将一件高达66厘米的青铜像经陆地一路运达到沿海，且这个国家对文物的监管之严举世闻名，这不叫'盗掘'，又叫什么？"（原书注：拍卖商在香港这个前英国殖民统治地区所享有的经营自由一直胜过内地，在1997年香港回归中国之前和之后都是如此。）

20多年前，麦理肯将这种现象描述为"对中国历史的肆意践踏"。那么中国又是怎样应对的呢？中国考古学家一直在发出与麦理肯一样的警告。"看到目前发生的一切，真让人震惊，"最近，北京大学的韦正教授对英国《卫报》记者说，"考古学家只是跟在盗墓贼身后跑。"[4]他的同事雷兴山教授进一步说："过去我们常说十墓九空。现在由于盗墓，已变成了十墓九个半空。"

一个世纪以来，虽然中国明令禁止，但对古遗址的肆意糟蹋仍在持续不断地发生。1913至1914年，新成立的中华民国颁布了禁止迁移"古物"的法律。1930年，又实施了更加严厉的法规。1950年，中华人民共和国加强了法律监管。为确保法律的实施，中华人民共和国在成立之初便设立了文物局。1961年，中国出台了更严格的法规，扩大了受保护艺术品的定义，涵盖了"反映历史上各时代社会制度、社会生产、社会生活的代表性实物"。1982年，中国颁布了《文物保护法》，将所有在石窟寺、古墓葬发现的文物列为国家财产，并且增添了新内容：允许私人拥有"属于集体所有或个人所有的祖传文物"。

毋庸置疑，中华人民共和国的文物保护工作，取得了历史性的成就。根据官方统计（1993年），中华人民共和国拥有35万处自青铜器时代（约公元前3500年）至1911年间的历史遗址，包括墓葬、宫殿、石窟、寺庙等，绝大多数尚未考古发掘。世界上没有哪一个国家能像中国这样拥有如此丰富的历史遗产。中国政府大幅度增加了文物保护经费，这一举措值得称赞，其中部分经费来自文化旅游的收入。首当其冲的是那些涌往西安参观兵马俑的游客。与此同时，当地盗墓者被曝光、惩罚的消息也偶见报端。十几年前，中国政府部门发现，在佳士得拍卖行准备在香港拍卖的拍品中，有一组来自承德避暑山庄（世界文化遗产）的被盗佛像。这一事件登上了报纸的头版头条。持有这批文物的经销商被拘押，他一口咬定偷盗者对他隐瞒了文物出处。这位经销商把文物退还给国家后，获得了释放。后来，当地负责保护避暑山庄的官员受到了审判，被判有罪，最终因偷盗158件文物被判处死刑。据说，这是中华人民共和国成立以来最大的文物盗窃案。2003年5月，《华盛顿邮报》派遣潘文（John Pomfret）前往香港报道那次流拍活动。潘文提到了一个传言。一位不愿透露姓名的交易员告诉他，尽管中国加强了文物保护，但"在过去的20年中，文化珍品的流失数量依然十分惊人"。[5]

对文物造成破坏的原因不仅仅是掠夺。文物保护主义者认为，中国处在急速发展中的电力业、灌溉业及其他现代化建设项目也有可能对文物造成破坏。

在中国文化政策的制定过程中，机会主义的影响要远远超越意识形态的影响。自改革开放以来，中国的文化官员们具备了年轻一代人的现代观念，不再那么教条。他们主张繁荣艺术市场，乐意接受来自国外的有益意见。这种情形似乎能够解释为什么北京对受西方影响的绘画、电影、摄影、建筑和音乐改变了态度。在密切追踪关注这种变化的外国人中，没有人能超过苏立文。长期以来，他是英国汉学界的元老，直到2013年去世。20世纪40年代以来，苏立文一直与在世的中国艺术家交朋友，撰写与他们有关的文章，收藏他们的作品。2001年，他在《现代中国艺术》(Modern Chinese Art) 一书中做出这样的评价："20世纪，许多优秀的中国艺术作品都具有政治共鸣，有的显而易见，有的含沙射影，为作品增添了优势或活力……刚刚获得的各种自由，自由企业、商业主义的诞生，外国批评家对中国文化产生的兴趣以及艺术画廊的出现开始在北京、上海开辟出一个艺术世界，并且越来越具有国际范儿——即便这种国际范儿是在风格上而不是在内容上表现出来的。同时，对众多呼吁获得关注的年轻艺术家而言，诸如表演、装置艺术、偶发艺术等崭新艺术形式，已演变成为一种对他们的激励。"[6]

此外，海外对中国喧闹的艺术界的热爱，也成为中国意想不到的外交资产。2002年，北京在巴黎的塞纳河畔成立了孔子学院，这是中国在西方国家首都建立的第一座文化中心，极具象征意义。这所新成立的孔子学院展示了从青铜时代雕塑到概念艺术的作品，受到广泛欢迎。2008年，这所孔子学院在拿破仑·波拿巴后裔曾经居住过的石质建筑的旁边，增建了一座现代建筑，使房屋面积从原有的1 700平方米增加到4 000平方米。与中国友好的其他国家，同样得到了设立孔子学院的待遇。据中国官方统计，2011年，孔子学院在海外主办了2 500场活动，吸引了60万观众的参加。中国还计划筹建10所孔子学院。2012年10月，北京的《中国画报》出版了题为《文化繁荣昌盛的十年》的专刊，得出了以上的统计数字。《中国画报》对中国新获得的"软实力"大加赞赏，以异乎寻常的轻描淡写的口吻，解释了北京文化外交进展缓慢的原因："在长期遭受孤立后，中国缺少在境外展示其现代文化的基本条件。"

然而，中国的文化宣传还有一个领域。自20世纪90年代开始，中国的文化艺术官员开始重新审视文物保护工作长期面临的一个难题——艺术品的海外流失。至此，中国政府开始脱离实用主义的影响，站在一切以保护文化为准则的高地上对待文物问题。1840—1949年这一个多世纪，中国备受列强的欺辱，被迫签订了许多不平等条约，被迫划出租界供享有特权的西方商人和传教士居住。两次鸦片战争战败后，中国更是被迫同意将鸦片合法化。

中国在近代历史上所受到的这些凌辱，是世人普遍公认的。但是，西方则强调了一个所谓相反的事实：帝制时代的中国自身封建守旧，腐败无能，不遵守外交惯例而受到了惩罚。1911年清朝灭亡之后，中华民国成立，面临的主要对手是各地的军阀和日本侵略者。尽管如此，不可否认的是，一个多世纪的历史表明，在攫取中国杰出艺术品方面，西方人表现出来的狂热要远远大于顾忌。北美博物馆展示的那些巨幅壁画和纪念性雕塑就是有力的证明。底特律博物馆的研究员本杰明·马奇（Benjamin March）撰写过《我们博物馆中的中国和日本》(*China and Japan in Our Museums*, 1929) 一书，这是第一部详细记载美国博物馆珍藏的中国艺术品的著作。马奇在书中用词很谨慎："在今日美国，任何一位有仁心的收藏家，或许都会对自己所珍藏的中国艺术品的获取方式深感遗憾。与此同时，他们将自己珍藏的物品视为世界伟大艺术品，对其爱不释手，顶礼膜拜。"[7]

基于同样的认识，2005年，中国政府启动了一项文物追回计划，清点1860至1949年间从中国流失的博物馆级别的艺术品。中国官员援引了联合国教科文组织的数据：在47个国家至少200家博物馆中，收藏了167万多件中国文物，而目前私人收藏中国文物的数量，估计要比上述数字多10倍。中国国家文物局顾问谢辰生说："绝大多数文物或被入侵国偷盗、被外国人偷盗，或被外国人以极低价格从中国军阀手中购得，之后再走私运出中国。"为获得确实证据，中国派出了调查团组，对主要西方博物馆、图书馆和私人收藏的东亚艺术品的来源情况进行调查。

除了到海外调查流失文物之外，中国还从2004年开始寻求与华盛顿签署一份协议，限制美国进口中国文物。中国与意大利、危地马拉、萨尔瓦多、秘鲁、加拿大、塞浦路斯、柬埔寨和马里都已经签署过类似的双边协议。北京的签约要求受到了美国各大博物馆的馆长、学者、古董商和收藏家的质疑。他们有以下四个主要理由：其一，中国并没有采取适当措施保护好本国的古代遗址；其二，在东亚动荡时期，无价的中国文物却在海外得到了更好的安全保护；其三，中国的重要文物在西方百科全书式的博物馆展出，激发了西方公众对中国艺术的兴趣；其四，不管怎样，中华人民共和国自身也在积极鼓励国内文物市场的发展，从而刺激了不法分子对文物的掠夺。[8]

尽管有上述异议，美国国务院还是在2009年批准了一项双边协定，基本上解决了中国所关注的一些问题。《中美限制进口中国文物谅解备忘录》其有效期为5年的附属《谅解备忘录》规定："限制自旧石器时代至唐代的文化、考古物品，以及具有250年以上历史的纪念雕塑和壁上艺术品进口到美国……没有中国政府颁发的有效出口许可证或其他适当文件，此类考古文物不得进入美国。"

时至本书撰写时，除了下文将提到的一个例外，中国尚未对任何收藏于国外博物馆有争议的重要中国艺术品正式提出过归还要求。相反，中国已利用其市场力量，使那些臭名昭著的掠夺中国文物事件成为人们关注的焦点。这个例外便是临近第二次鸦片战争尾声的1860年，围攻北京的英法联军从皇家园林圆明园劫掠了大量文物。纪念鸦片战争爆发150周年时，中国发出呼吁，要求归还从圆明园掠走的所有文物。在中国人看来，劫掠圆明园的行为是一种肆意破坏，与英国额尔金伯爵（Lord Elgin）破坏希腊雅典卫城帕特农神庙大理石雕塑的行为如出一辙，而额尔金事件，要比劫掠圆明园事件早上半个世纪。巧合的是，下令劫掠圆明园的，正是英国人詹姆斯·布鲁斯①。他是第八代额尔金伯爵，也正是臭名远扬的雅典卫城掠夺者第七代额尔金伯爵托马斯·布鲁斯②的儿子。

---

① 詹姆斯·布鲁斯（James Bruce, 1811—1863），第八代额尔金伯爵，1860年第二次鸦片战争时作为英国谈判代表，以全权公使、首席谈判代表身份随英军至北京，是他下令英军将圆明园焚毁的。
② 托马斯·布鲁斯（Thomas Bruce, 1766—1841），第七代额尔金伯爵，英国贵族与外交官，以掠夺雅典帕特农神庙的大理石雕刻闻名。

实际上，老额尔金的声名狼藉属于罪有应得，而小额尔金的臭名声却被扣得有点冤。[9]1860年，英国还在混乱、痛苦不堪的克里米亚战争（1853—1856）的泥潭中手忙脚乱，之后又发生了长达两年的印度民族大起义。侵略中国的5 000名英国士兵中，有许多人参加过这两次战争冲突中的至少一场，对战利品的欲望更加强烈。而且，在第二次鸦片战争期间，危机四伏的中国统治者还在忙于对付太平天国起义（1851—1864）。太平天国之乱被人们普遍认为是中国现代历史上死亡最为惨重的内战，两千多万人因战乱而死。同时，英国与法国路易斯·拿破仑皇帝结盟，使情况变得更为复杂。在克里米亚，人们对英法联盟不满。在英国议会中，英法联盟的主要拥护者是老迈的辉格党首相巴麦尊勋爵（Lord Palmerston）。他的侵略主义言辞招来了自由派主要成员格莱斯顿（W. E. Gladstone）、理查德·考顿（Richard Cobden）以及约翰·布赖特（John Bright）等人连珠炮似的口诛笔伐。双方争论激烈，焦点落在英国打仗到底是出于选择，还是出于必要，是出于帝国主义的傲慢，还是为了履行英国对所征战地区人民所背负的教化使命。这种论调是后来大多数具备政治常识的美国人再熟悉不过的了。

1860年火烧圆明园之后，所有争论的焦点都汇集在了这一事件之上。圆明园位于紫禁城西北十几千米处。当时北京已是大都市，人口100多万。圆明园占地规模大，雄伟壮丽，享有盛誉，不只是清朝六代统治者的游玩之所。就重要性而言，圆明园之于中国，如同凡尔赛宫之于法国，只是圆明园比凡尔赛宫还要大上两倍。事实上，18世纪时，乾隆皇帝见过凡尔赛宫的照片。圆明园中有专门仿其设计建造的建筑。圆明园布局精巧，它的内部核心区域占地3.5平方千米，园中有绝美无比的花园，熠熠发光的水塘和拱桥，还有宫殿、庙宇、宝塔、书房、剧院、手工作坊、养心亭，还有模仿外面的集市建造的买卖街，宛如仙境一般。在设计上，圆明园融合了中国传统建筑与仿欧洲巴洛克的建筑风格，海晏堂是后者最典型的例证。在海晏堂的入口处，正对着一个精致的生肖喷泉和水力钟，十二生肖青铜兽首环绕喷泉依次排列。水力钟的设计者是郎世宁，他是耶稣会传教士，也是清朝的宫廷画师。正午时分，十二生肖会同时喷水。其他时辰，十二生肖依次轮流喷水。

圆明园宛如英国诗人柯勒律治①在其诗歌《忽必烈汗》中所描述的安乐宫。柯勒律治在睡梦中梦到了忽必烈汗的安乐宫。圆明园几乎就是安乐宫的真实再现：明媚的花园里，蜿蜒的小溪在其间闪耀；古老城墙和高塔四面被森林和山峦环绕，池中金鱼不停欢跳。诗中还发出警告："安乐的宫殿有倒影，宛在水波的中央漂动。"实际上，元朝忽必烈汗的夏宫应该在离圆明园更远的北边。1860年10月7日，成千上万的英法联军士兵闯入了圆明园这处皇家住所，里面到处都是可以搬得走的皇家奇珍异宝：珠宝、瓷器、绘画作品、雕塑、精装插图本，各式各样的家具应有尽有，衣橱里挂满了绫罗绸缎做成的长袍和各种珠宝头饰，他们甚至还看到了京巴狗。

在一阵阵欢呼喧闹中，英法两国军队执行了破坏圆明园的命令。英国最高指挥官额尔金勋爵不情愿地单方面下达了毁掉圆明园的命令。法国军队倒是乐意参与其中，法军指挥官卡森·德·蒙托邦（Cousin de Montauban）却试图撇清自己与那场混乱的干系。据说，破坏圆明园的极端行为发生在中国禁卫军扣押、拷打并虐杀12名欧洲使节（包括《泰晤士报》记者托马斯·鲍尔比）之后，目的是向中国表达英、法联军的愤怒。欧洲人认为，中国的这一行为严重违反了战争法。

额尔金成了西方复仇的代表，这一点颇具讽刺意味。他不是英国辉格党首相巴麦尊勋爵的支持者，私下里还用"愚蠢"一词形容巴麦尊勋爵的对华政策。当受命强迫中国在法律上允许英国在中国境内销售其在印度种植的鸦片时，额尔金痛斥英国的"商业流氓行为"。他在日记中写道："虽然我被迫采取近乎野蛮的行动，但我本人确实是中国的朋友。"1859年，额尔金奉命进攻并占领北京，他再次在私下里表示了异

---

① 塞缪尔·泰勒·柯勒律治（Samuel Taylor Coleridge，1772—1834），英国诗人和文学评论家，他与朋友威廉·华兹华斯都被称为湖畔诗人，其代表诗作有《古舟子咏》（The Rime of the Ancient Mariner）和《忽必烈汗》（Kubla Khan）。

议："人们普遍认为，如果我们能够随意使用大棒，我们便能在中国为所欲为。我反对这种观点。"然而，可悲可叹的是，额尔金与掠夺圆明园联系在了一起，这是他永远都抵赖不了的。如同诗人柯勒律治在诗歌中所描述的那样，至今，不祥的阴影仍然在中国这块麻烦不断的安乐宫上空不停盘旋。那么，历史上究竟发生了什么事情？

虽然经历了一个多世纪的事后分析，抢劫究竟是英国军队还是法国军队首先发动的，他们从圆明园掠走的战利品究竟又是如何分配的，被掠走的奇珍异宝最终落脚何处等问题，至今仍是语焉不详。[10] 关于谁是"火烧圆明园"的始作俑者，各种报道有截然相反的说法。芝加哥大学历史学教授何伟亚[①]对这些说法不同的报道进行了分析研究。何伟亚把分歧归因于国家之间的竞争、荣誉问题以及对掠夺行为一直持续不断的批评。在其2005年所作的分析中，何伟亚总结道："无论英国还是法国，谁都不愿意被对方看作破坏圆明园的罪魁祸首。如果确实需要一个替罪羊的话，他们自然而然地就把责任推脱给了中国。"额尔金勋爵本人也同样为自己辩护。他坚持认为，破坏圆明园是意在向优柔寡断的中国皇帝及其诡计多端的谋士们传递一个必要信息，而不是针对手无寸铁的中国人民。他称纵火焚烧圆明园的目的"不是掠夺，而是通过庄严的惩罚举动，表明一项严重的罪行给我们带来的震惊与愤怒"。

事与愿违，额尔金下达的命令，却使中国皇帝与自己的人民同仇敌忾，他们对"洋鬼子"毫无意义、羞辱性地破坏国宝的行为感到义愤填膺。圆明园里200多座建筑被付之一炬，所有能拿走的东西均被拿走（法国人抱怨英国人有骑兵，可以将更沉重的战利品拉走，这对他们来说不公平）。至于圆明园究竟遭受到了多大程度的破坏，有大量的权威证词。加内特·沃尔斯利[②]上校是参加过克里米亚和印度战役的退伍

[①] 何伟亚（James Louis Hevia，1947— ），美国历史学家、汉学家，目前担任芝加哥大学国际历史学教授。主要研究范围包括中华帝国、大英帝国以及全球范围内的殖民主义问题。
[②] 加内特·沃尔斯利（Garnet Wolseley，1833 –1913），英国陆军将领。曾在缅甸、克里米亚半岛、印度、中国、非洲等多个地区领兵作战。1895年获任为英国陆军总司令，统辖全英陆军至1900年。

军人，战功赫赫。他回忆道："当我们第一次进入花园时，它使人想起童话故事中描绘的某个奇妙之地。"然而，到了10月19日那天，"我们从圆明园开拔时，只留下一堆废墟，圆明园已经被洗劫一空，变得满目疮痍"。另一位可靠的证人是查尔斯·戈登①上尉，他曾在英国皇家工兵部队服役。后来因协助清军镇压太平天国起义而受清政府嘉奖，从而被称为"中国人戈登"。"你很难想象，我们付之一炬的建筑是多么富丽堂皇。"他在给一位朋友的信中写道，"烧掉这些建筑真让人心痛……对一支军队而言，这是非常卑劣的不道德行为。每个人都因抢劫而疯狂。"就参与火烧圆明园的法国士兵而言，圆明园的富丽堂皇让他们惊叹不已，然而他们却认为应该对火烧圆明园这一事件一分为二地看待：毁坏建筑物令人感到遗憾，却将抢劫里面的珍宝理所当然地看作胜利者所应该享有的特权。

莫里斯·德·哈里森（Maurice d'Hérisson）伯爵对这些矛盾的观点进行了详细阐述。哈里森曾经担任法国军队的口译员，坚称自己只是旁观者，并未参与抢劫。德国作家威廉·特罗伊尔（Wilhelm Treue）在1960年出版的《艺术掠夺者》（Art Plunder）一书中摘录了哈里森伯爵的观点。哈里森声称，最初的计划是任命3名英国指挥官和3名法国指挥官，由他们按战利品分配惯例决定哪些宝物送给维多利亚女王，哪些送给拿破仑三世皇帝，之后再按照级别将战利品分配给将士们。然而，劫掠开始后的第一个下午，当一辆辆马车从圆明园主要皇家宫殿把货物拉出来时，发生了如下的情形：

>　　围聚起来观看的既有法国和英国的步兵、步枪手、炮手、骑兵，也有法国的轻骑兵，还有中国的苦力。所有人都瞪大眼睛，

---

① 查尔斯·戈登（Charles Gordon，1833—1885），英国陆军少将。因在中国指挥雇佣"常胜军"协助李鸿章及刘铭传淮军与太平军作战，获得两宫太后授予"常州提督"、赏穿黄马褂而得到"中国人戈登"之绰号。火烧圆明园事件发生3年后，戈登抗议虐待战俘而辞去"常胜军"队长一职。1885年，戈登死于苏丹伊斯兰圣战者之手，死后被人称为"戈登帕夏"。

干渴的嘴唇透露着贪婪。这些看客们用不同的语言议论着："当他们搜刮完之后，就该轮到我们了！""见鬼去吧！我们也要分一杯羹。我们从老远的地方过来，不就是为了这个吗？是不是，马丁？是不是，杜兰特？"他们大笑着，开始冲上前去，全然不顾军令法纪。围观的中国人也起了贪心，但那种贪婪是出于爱国之情。他们劝说自己，复仇的时刻到了。抢劫清朝的财富，会使他们获得生命之粮，不能让这些意外之财全让野蛮的侵略者抢了去。

英法联军士兵们听到此消息后，他们的焦虑随即变成了愤怒。当然了，传到他们耳中时，事情已经被夸大了。联军士兵们先是说："中国人要独吞那些珍宝！"之后又说："中国人要把所有地方烧个精光！"一群狂热的暴徒涌向大门。看守的卫兵被推搡到一旁，一群人蜂拥而入，这些人中既有士兵也有平民，紧跟在被召集过来驱赶闯入者的联军后面。很快，大家都对各自喜欢的东西下手。[11]

在哈里森伯爵看来，在涌入圆明园哄抢的那群人中，英国人似乎纪律感最强。英国人很快制定了分配制度，有条不紊地分配战利品，并详细记录了每天的拍卖情况。法国人最为任性，他们各行其是。随后，哈里森伯爵使用法国人习惯性讽刺英国人的口吻，开始起了说教："当然啦，英国人也习惯用脚踩亚洲人的脖子。但是别忘了，他们的军队由雇佣兵组成，而在雇佣兵眼里看来，劫掠是战争的基本法则之一。"最后，他又加了一句挖苦：如果英国人先于法国人到达拿破仑三世的夏宫，"他们肯定会第一时间抢走皇帝陛下（拿破仑三世）的财物"。

后来，法国人不再拿民族开玩笑。[12] 在评价法国人的行为时，人们引用最多的是法国作家维克多·雨果（Victor Hugo）的一句话。雨果因为抨击过拿破仑三世，迫于压力迁居到英吉利海峡中的英属泽西岛隐居。在了解英法联军在北京的所作所为之后，雨果给法国媒体寄去了一封公开信。雨果在信中写道："我们欧洲人是文明人，中国人在我们眼中是野蛮人。而这（火烧圆明园）就是文明人对野蛮人所干的事情。"今天的圆明园遗址上竖立着雨果的塑像，这可能是为了感谢这位法国文学巨匠的仗义执言吧。

抛开道德评价不提。对圆明园实施洗劫之后，一船船瓷器、珠宝、家具、画作、服饰、刀剑和雕塑等珍贵物品被运往了西方。敬献给法国路易三世皇帝及其妻子欧仁妮皇后的战利品保留在枫丹白露宫，路易三世为此专门建立了中国馆，而这些战利品至今一直是枫丹白露宫中国馆的重要藏品。在伦敦，1861年拍卖季（以及后来许多拍卖活动）上的亮点是那些贴着"源自圆明园"标识的东方珍宝。在敬献给维多利亚女王的众多战利品中，有一顶据说是中国皇帝曾经戴过的帽子，还有一只活泼的京巴狗，据说这是第一只被引进到西方国家的京巴狗。维多利亚女王本人给这只小狗起了个名字叫"Looty"，而"lotty"恰好就是"战利品"的意思，这个名字取得可真是贴切啊。

"劫掠"一词在很大程度上属于欧洲帝国时代的产物，当时令人伤脑筋的一个问题就是，占领者对被占领人民的财产是否享有所有权。一方面，战胜者获得了占有战利品的权利，拿破仑更是将此特权发挥到了极致，他把法国军队从意大利、中欧、西班牙、低地国家和埃及掠夺来的文物精品塞满了卢浮宫。另一方面，战胜者贪婪地掠夺被占领人民的财物，在历史上是一种被人唾弃的行为。古罗马时期，西塞罗（Cicero）就对西西里总督维勒斯（Verres）盘剥人民的行为给予了严厉谴责。

然而，1860年，对战时何为道德的行为并没有形成明文规定。习惯规范是约束征服者行为的传统工具，但是这些规范在措辞上模棱两可，不具有任何法律约束力。在欧洲，荷兰出生的法学家胡果·格劳秀斯①弥补了这项法律上的空白。毁灭性的三十年战争结束之后，格劳秀斯提议制定国际法。受格劳秀斯的影响，1758年，瑞士外交家埃默里

---

① 胡果·格劳秀斯（Hugo Grotius, 1583—1645），荷兰人，近代西方资产阶级思想先驱，国际法和海洋法的鼻祖。其主要著作为《战争与和平的权利》（1625年）。

希·德·瓦特尔①撰写出版了《国际法》(Le droit des gens)一书，建议制定正式法规，约束所有交战方的行为，保护被俘士兵和被困于占领区平民的生命、权利和财产。然而一切都是徒劳的，战争法的措辞写得模棱两可，即使有人违反了战争法，也只能在口头上提提抗议罢了。

1814年，1 500名英国海军陆战队士兵闯入华盛顿，用火把点燃了白宫和国会图书馆，人们强烈指责这些闯入的士兵严重违反了"文明战争规则"。麦迪逊总统更是谴责英国人摧毁了"具有很高艺术价值的历史建筑""有意亵渎人道主义原则"，可能会引发一场"破坏面广的野蛮战争"。英国人则反驳说，罗伯特·罗斯（Robert Ross）少将曾多次向美国人提出谈判，均遭到拒绝。（罗斯少将作战经验丰富，曾参加过西班牙的半岛会战。）而且，不管怎样，美国军队也曾4次入侵加拿大，摧毁了加拿大前线附近的一座座城市。美国人在举行1812年战争200周年的纪念活动时，很少会提及美国历史上发生过的并不光彩的这一幕。

简而言之，在帝国主义鼎盛时期，"劫掠"一词一旦进入了外交谈判桌上，虚伪、双重标准、虔诚的劝告、诉诸并不存在的法律以及幕后讨价还价等现象便成了常态。到了1900年，世界上绝大多数人民和领土都被纳入不超过12个国家的统治范围之下，这12个国家包括美国，它是争夺战利品的后来者，刚刚将夏威夷、菲律宾和波多黎各据为己有。

这一切对中国来说意义何在？在美国召开的一次盛会便昭示了有可能发生在中国的情形。1900年4月，美国纽约的卡耐基音乐厅举办了热闹非凡的美国基督教传教士联合会，来自美国各地的1 000名教会代表参加了会议。在开幕式致辞者中，有美国总统威廉·麦金莱（William McKinley）、前总统本杰明·哈里森（Benjamin Harrison）以及下一任总统西奥多·罗斯福（Theodore Roosevelt）。麦金莱总统对与会代表

---

① 埃默里希·德·瓦特尔（Emmerich de Vattel, 1714—1767），瑞士法学家、外交家和哲学家，其著作《国际法》奠定了现代国际法的基础。

说，传教士是"世界英雄",因为他们"用智慧和真理之光,点亮了黑暗,驱除了盲目崇拜和迷信"。世界英雄们不但传播了基督福音,也催生了有用的贸易,推动了新兴工业的发展,刺激了"法律的发展和政府的建立"。事实上,传教士是国家的建设者("国家建设者"这个说法第一次提出)。没有哪个地方比中国更需要、更渴望传教士去传教了。会议进行期间,还在音乐厅举办了教会展览,其中展示了大量中国文物以及 500 多张照片,介绍了"天国"的壮观和贫穷,在会议上中国成了最受关注的国家。[13]

在认知上,美国人既看到了中国这一世界上人口最多的国家对其存在的好处,也看到了对其不利之处。1888 年,本杰明·哈里森做出的举动实在不敢让人恭维。哈里森在接受共和党竞选总统提名之后,便立刻对移民法表示支持,移民法禁止"异族(中国人)入境",声称"中国人不可能与美国人同化,而且这种同化也是不可取的"。美国共和党人和民主党人都支持这一观点。同年,民主党竞选总统提名人格罗弗·克利夫兰(Grover Cleveland)在谈到华人时,做出这样的评价:"这一物种对我们的法律缺乏了解,不可能与我们的人民同化,会对我们的和平和福祉造成威胁。"

西方人自认为比中国人高一等,这让中国人感到困惑,而在 1900 年的义和团运动中这种困惑得到了进一步的加深。这一年,义和团围攻北京。这场运动在美国人和欧洲人看来,只不过是一场道德闹剧罢了,最终勇敢的西方人打败了一群受到误导、一心要杀死无辜基督徒的野蛮人。当代媒体报道、少年小说、好莱坞电影,以及大量外交官、士兵、牧师和记者的回忆录中无不在重复这一叙事模式。在义和团围攻各国北京使馆的两个月期间,北京使馆区里面大约有 1 000 名外国平民,包括记者在内。1900 年 8 月,一支由多国士兵组成的援军将他们解救出来。这还是西方国家第一次组建多国援军。

在这场终场剧中,有十几位美国人担当了先锋者的角色,麦金莱总统高度赞扬了他们所发挥的作用。同年早些时候,麦金莱总统宣布了其著名的（针对中国的）"门户开放"政策。政策规定，今后，所有国家平等享有进入中国的权利，要求对英国、俄国、法国、德国、意大利和日本相互争夺的势力范围进行重新划分。事实上，正如乔治·凯南（George F. Kennan）在 1951 年出版的《美国外交》（*American Diplomacy*）一书中所评论的那样，这只是麦金莱虚张声势而已，目的是为自己拉选票，帮助自己再次赢得总统大选。凯南认为，在美国吞并菲律宾和波多黎各后，这一政策显得既不新颖，可操作性也不强。"我们自己建立了差别对待制度，这与门户开放的政策自相矛盾。"[14]

义和团运动兴起于中国东部的山东省开展的义和拳反抗运动。那里贫穷落后，人口稠密。1897 至 1900 年间，山东省的一部分地区遭遇持续干旱，农田荒芜，寸草不生，变成了一片焦土。而山东的低洼地区，却遭受黄河泛滥引起的洪灾。在此不久前，山东省遭受旱灾的那片区域被划分给了威廉二世皇帝，成为德国的势力范围。随后，传教士、铁路建造工人、城市开发者、啤酒酿造者（中国最著名的青岛啤酒就是产生于此时）等形形色色的人涌入山东。1897 年，两名天主教传教士被杀。威廉二世要求获得赔偿，勒令清政府出资，允许德国人在山东建立海军基地和天主教堂。威廉二世威胁说，清朝政府如果不照做，"德国人的拳头将会重重地打到中国人的脖子上"。虽然听到了威胁，但清朝政府大小官员们却既没有能力，也不情愿向山东提供急需的人道主义援助。

传教士事件成了一个导火索。几个月之内，义和团发展成一股遍及全国的敌对武装力量。刚刚加入义和团的成员有的非常凶猛，自信自己刀枪不入。义和团运动公开声称其使命是驱逐或惩罚洋人和皈依基督教的中国教徒。1900 年春，义和团的人数成倍急剧增长，他们认为，该年给他们带来了宗教复兴的新曙光。正是以这一年为背景，史景迁①出版了《追寻现代中国》（*In Search for Modern China*）一书。他在书中写到，

---

① 史景迁（Jonathan Spence，1936—2021），生于英国萨里郡，英裔美国籍的中国历史学家、汉学家，1993 年起担任耶鲁大学历史斯特灵教席。

缺乏协调组织的义和团成员一波波进入了北京城，他们"统一穿着红黑相间的衣服，或者头戴黄头巾、下身穿着红色裹腿裤，手腕上缠着护身符",[15]在大街上游荡，开始骚扰皈依基督教的中国教徒，甚至有时候还将他们杀害。义和团对欧洲工程师和传教士实施杀戮，甚至掀翻铁轨，烧毁车厢，砍断电话线，洋人的担心开始变成了惊恐。

发生这一切时，英国正陷入1899至1902年的布尔战争（the Boer War）。战争以"黑暗的一星期"开始。其间，英国的传奇部队被满脸大胡子的南非农民打得灰头土脸。在南太平洋，美国军队在努力安抚刚被解放的菲律宾人，镇压那里全然不领情的菲律宾游击队。同时，中国仍处于恢复国力的状态，它输掉了1894至1895年与崛起的邻居日本进行的中日战争，最后日本占领并控制了朝鲜。同一时期，俄国商人和哥萨克人正在中国清朝统治者的家乡东北地区加紧秘密活动。世界各地的霸主，似乎都在遭受围攻。英、美、法国的政治家忧心忡忡，迫切想要在新世纪曙光到来之际找到出路，重获西方传统的军事活力。

中国出现的义和团运动简直就是魔鬼送来的礼物，它变成了慌乱的欧美和正在崛起的日本的完美陪衬。趁清政府慌乱之际，义和团占领了北京使馆区周围的街道。1900年6月，年迈的慈禧太后迫切希望获得公众支持，她仓促地站到了反叛的义和团这边。慈禧太后抗议外国人欺人太甚："小则欺压平民，大则侮慢神圣。我国赤子，仇怨郁结，人人欲得而甘心。此义勇焚毁教堂、屠杀教民所由来也。"[16]当时，大约有1 000名西方人（包括日本人）以及约2 000名中国基督教徒躲到北京使馆区，设立路障，进行防守。不出所料，洋人很快推选英国驻京公使窦讷乐爵士（Sir Claude MacDonald）担任他们的指挥官。他衣冠楚楚，头发梳得光亮，胡须打着蜡，曾经参加过英国对埃及的殖民战争。

义和团切断交通线后，外国使节及其家属与中国基督教徒们乱作一团。他们躲在当时北京的内城和临时搭建的堡垒之后，忍受着枪林弹雨、疾病和饥饿。聚集在北京北塘大教堂的天主教教民们处境也极为危险，他们的指挥官是皮埃尔-玛丽-阿方斯·法维尔（Pierre-Marie-Alphonse

Favier）主教。但是，义和团并未对教堂发动大规模进攻。另外，义和团还在天津城包围了一个外国租界，躲在里面的人孤立无援，其中就包括年轻的采矿工程师赫伯特·胡佛（Herbert Hoover），后来成为美国总统。西方人普遍对有可能会发生的大屠杀心生恐惧，八国暂时将利益分歧搁置一旁，一致同意组建一支联军。最终，这支国际援军发展壮大为一支拥有4万强兵的联军。联军士兵来自大英帝国、自信满满的新晋权贵——美国、沙皇俄国、威廉皇帝统治下的德国、法兰西共和国、哈布斯堡王朝统治下的奥匈帝国、萨瓦王朝统治下的意大利以及日本。

8月14日，八国联军进攻北京，驱散了惊慌失措的义和团，对北京长达55天的围攻至此宣告结束。慈禧太后带着一帮大臣们落荒而逃。八国联军强迫清政府签订了《辛丑条约》，清政府向八国支付大量赔款，数额是其1900年总收入的4倍。此时的"天朝"沦为八国列强的附庸国，对外国主子卑躬屈膝，言听计从。慈禧太后跑路后，八国联军还占领了故宫，时间长达一年之久。这段时间，八国联军继续窃取故宫珍藏的艺术品。

1908年，慈禧太后寿终正寝。自1861年起，她一直是中国的实际统治者。慈禧太后发迹时，只不过是清朝第七任皇帝咸丰的一名妃嫔，姿色略显出众罢了。只不过她比较走运，咸丰帝临幸了她，使她生下了咸丰皇帝唯一的儿子——同治。咸丰驾崩后，6岁的同治继承皇位，慈禧作为太后，开始垂帘听政。同治19岁时驾崩。慈禧收养了自己的侄子，将其推上了皇位，即光绪皇帝，再次垂帘听政。慈禧凭借自己的胆识和智慧，继续独揽大权。她经历了各种叛乱、军事政变和大饥荒，还挫败了维新变法运动。慈禧生活奢靡，身穿龙袍，披着镶有3 500颗珍珠的披肩，光彩照人。然而，慈禧身上所体现出的品质恰恰是她所统治的清朝所丧失的东西：对自我价值的自豪感，以及掌控在自己手中的统治主权。1912年2月12日，第十二任皇帝即最后一任皇帝溥仪被迫退位。后来，溥仪成了日本在伪满洲国的傀儡统治者。中华人民共和国成立之后，溥仪当了一名园丁。

在西方战胜者看来，义和团之乱是决定黑暗之子与光明之子的一场决战。光明之子获得了胜利，加速了一个已经日薄西山的古老王朝的灭亡。随着时间的推移，西方这种自吹自擂的情况才逐渐消失。1949年之后，狂热的义和团运动在中国被认定为是早期反抗帝国主义的起义，只不过被人利用了而已。欧洲和美国的修正主义者则强调，中国基督徒与义和团之间的冲突属于互殴。居住在英国的历史学家文安立①在《中国与世界》(China and the World, 2012)一书中写道:"2000年，当梵蒂冈将被义和团杀害的116名天主教徒封为圣徒时，中国外交部却称呼这批人为'作恶多端的罪人，他们烧杀奸掠，是西方帝国主义的代理人'。"在美国，欧柏林学院对其1902年纪念碑文进行了修订，将从该院毕业的死于义和团之手的传教士定义为"被屠杀烈士"。欧柏林学院位于美国俄亥俄州，是当地一家颇有名气的文理学院。该院师生在进行了一场激烈的争论之后，于1905年又在纪念碑前增添了一块牌子，纪念同在义和团运动中被杀害的中国烈士。

总而言之，几十年前，哈佛大学的兰格(William Langer)出版了《帝国主义外交》(The Diplomacy of Imperialism)一书。该书1935年首次出版，修订版于1951年出版。在书中，兰格提出了今天被认为属于修正主义的观点。当时，兰格是研究帝国主义外交的知名学者。兰格在书中说:"总的来说，在应对义和团运动及其余波方面，欧洲外交官们没有多少值得自豪的作为。"他还写道:

> 1895至1900年，欧洲既缺乏对中国的了解，也从不站在中国立场上看问题。对欧洲人而言，"天朝上国"只是一个有待充分开发利用的巨大市场，是一块如同牛排一样供其宰割的辽

---

① 文安立(Odd Arne Westad, 1960—)，挪威历史学家，主要研究冷战史和当代东亚史。曾任伦敦政治经济学院国际史教授、哈佛大学肯尼迪政府学院李成智美国-亚洲关系讲座教授，现任耶鲁大学伊利胡历史与全球事务讲座教授。他的知名著作有《躁动的帝国：1750年以来的中国与世界》(Restless Empire: China and the World since 1750)。

《列强瓜分中国大饼图》，法国政治漫画家亨利·迈耶作于1898年。在这张图中，列强正在尝试瓜分"中国"这张大饼，而后面的大清帝国官员却无力阻止。桌前的人物由左至右分别是维多利亚女王（代表英国）、威廉二世（代表德国）、尼古拉二世（代表俄国）、玛丽安娜（代表法国）、一名武士（代表日本）

阔疆域。在西方外交人员来往的信件中，我们几乎找不到任何对东方人情感的认同，或是对中国人尝试变革的努力表示同情。信件的主论调总是：武力是和平之父，铁拳是对付中国唯一可行的办法。[17]

兰格的上述观点，得到了莎拉·派克·康格（Sarah Pike Conger）的印证，她是时任美国驻华公使埃德温·康格（Edwin Conger）的妻子。她在私下里描述道："如我在北京这里所见，我不奇怪中国人为什么会憎恨外国人。"1899年，她在给侄子的信中写道："这里是中国人的领土，但外国人对待中国人却严厉刻薄。中国人被他们当作狗一样对待，根本没有任何权利。难怪中国人有时候会咆哮、会咬人。"在康格女士经常提到的居高临下的美国人中，恰巧有其丈夫的副手、一等秘书赫伯特·斯奎尔斯（Herbert Squiers）。此人方下巴，当过骑兵军官，在义和团围攻北京使馆区期间，成了指挥官窦讷乐爵士的参谋长。两人一致认为有必要借机狠狠地教训一下中国人。这正能解释赫伯特·斯奎尔斯为什么会在抢劫行动中扮演了重要的角色。

随着义和团成员四处逃散，北京的枪声平息下来。"解放者"们举办庆祝游行，军乐奏鸣，彩旗高扬，热闹喧天。受到惊吓的商贩们打出横幅："尊贵仁慈的先生，请不要向我们开枪！"1900年8月28日，八国联军士兵与外交使团队伍一起，雄赳赳地穿过天安门，进入了不再神圣不可侵犯的紫禁城。军乐奏完，各色人等发表的演讲结束之后，"解放者"们一路穿越宫殿各区，全然不顾宫里太监们的怒目而视。他们在曾经不可亵渎的皇帝宝座前大摆姿势照相，开始抢夺一切能够抢到手的东西。

1992年，斯特林·西格雷夫①出版了《慈禧太后传》（Dragon Lady）。他在书中写道，随着掠夺愈演愈烈，西方人"开始了一场针对中国人的可怕的血洗运动，即使中国人真的有罪，也罪不至此"。胜利者的"正义"来得迅速而残暴。电影胶片记录了普通中国百姓瞪大眼睛看被砍掉的人头的恐怖画面。绝大多数外国人——外交官、士兵、牧师——都参与了被《悉尼先驱报》称为"掠夺狂欢"的活动。许多非军事人员也与那场"掠夺狂欢"脱不了干系。很快，记者们对这场劫掠屠杀进行了记载。这场劫掠屠杀不是只持续了几天，而是持续了数个星期。不是只限于北京城外，而是遍及北京城的各个角落。所有这一切，都与四十年前掠夺焚毁圆明园的行动形成了映照。

另外一件事情得到了改变——战争法则。亚伯拉罕·林肯颁布实施了第一部全面、定义清晰、文明的战争法典。1863年4月24日，林肯

---

① 斯特林·西格雷夫（Sterling Seagrave，1937—2017），美国历史学家和知名传记作家，他的代表著作有：《宋氏家族》（The Soong Dynasty）、《黄金武士》（Gold Warriors）、《慈禧太后》（Dragon Lady）及《马科斯王朝》（The Marcos Dynasty）等。

总统签署了《一般命令第100号》(又被称为《利伯法典》),对如何对待战俘、处理敌方财产和"战场战利品"做出了详细明确的书面规定。该命令第35、36条明确规定,保护"古典艺术作品、图书馆、科学藏品",冲突双方要通过和平协商的方式确定战利品的最终所有权。[18]

因此,美国总统麦金莱(其本人为美国内战老兵)发出命令,要求在北京的美国军队停止掠夺活动,结果是枉费心机。担任八国联军统帅的德国陆军元帅冯·瓦德西伯爵(von Waldersee)也是同样失望。他随后写道:"涉及艺术品掠夺,每个国家都相互推诿。事实上,所有国家无一例外,都在疯狂掠夺。"彼得·弗莱明(Peter Flemming)是编年史家。1959年,他出版了有关帝国战争编年史的《围攻北京》(The Siege at Peking)一书。佛莱明写道,"毫无疑问,这种公然破坏艺术的行为应受到谴责""但是,当时很多联军士兵都抱有复仇心理,整个北京城已陷入混乱之中,有一半城土处于被抛弃的状态。人们或许会问:掠夺刚发生时,是否有可能被人为地制止住?但掠夺一旦开始,再进行阻止就变得不可能。肮脏的抢劫活动持续了数月"。[19]

在后来举办的重要艺术品拍卖活动中,从北京掠夺的艺术品并未被视为掠夺物。恰恰相反,英法联军1860年在其劫掠的"战利品"上直接标明"来自圆明园",这样竞拍价格就会高。1900年以后,情况发生了变化。掠夺活动刚结束,"战利品"的出处便被隐瞒下来。这种情况在美国使团一等秘书赫伯特·斯奎尔斯身上表现得很明显。此人1901年9月离开北京时,带走的"中国艺术品装满了好几节车厢,被专家们认为是现存最为完整的系列收藏品"。这些藏品大部分是瓷器、青铜器和雕刻品,"从传教士手中和军队战利品拍卖会中购得"。

1901年,《纽约时报》发自北京的新闻稿也是这么报道的。[20]新闻稿进一步说,斯奎尔斯曾试图将其收藏品捐赠给纽约大都会艺术博物馆。斯奎尔斯是一位时髦、野心勃勃的外交家。据说,他来中国之前,曾在日本工作过一段时间,从那时起,他就开始收藏瓷器。来北京工作之后,斯奎尔斯便开始与古董商们广泛交往。斯奎尔斯的助手中文流利,妻子

照片拍摄于 1901 年，美国驻华使节埃德温·康格（最左边）与使馆工作人员赫伯特·斯奎尔斯（最右边）和威廉·伍德维尔·罗克希尔（后面右边）交谈

哈里亚特·巴德·伍德考克是个社交能手，善于结交。在他们的协助下，斯奎尔斯成了一名见多识广的古董买家。但是，他本人是否参与了劫掠活动？媒体的报道证实了这一猜疑。甚至还有人说，斯奎尔斯的一些顶级藏品购自法维尔主教，斯奎尔斯所属基督教堂的牧师。法维尔主教否认自身有过错，但承认曾经卖出过一些物品，目的只是卖钱换食物给饥饿的教徒们吃。据目击者说，第一批进入皇宫进行抢劫的人中，就包括美国使馆的这位一等秘书。

还有更多的迹象表明，人们的道德观念正发生改变。[21]乔治·斯托里（George H. Story）是纽约著名博物馆的一名研究员。当《纽约时报》一名记者问他接受"被掠夺的艺术品"是否合适时，他直截了当地回答："大都会艺术博物馆不接受被掠夺物品。"然后，紧接着解释说，"我认为，任何宣称斯奎尔斯的捐赠品是掠夺而来的说法，都令人气愤。我听说，斯奎尔斯是一位绅士，拥有美国顶级的瓷器藏品。博物馆理所当然地认为斯奎尔斯先生的收藏品是正当所得。他是一位绅士，这是毫无疑问的。我认为，博物馆没有任何理由拒绝接受斯奎尔斯先生捐赠的这批藏品。"

显而易见，到了1901年，掠夺已转变成了一种人们不能接受的行为。人们期望捐赠者至少要装出有德行的样子。因此，一个世纪以后，中华人民共和国借人们态度发生转变的机会，正式公开道德规范，谴责西方收藏家、古董商和拍卖行的抢掠行为。

正如前文所述，中国激进的文物收回运动始于香港。2000年，中国正式要求佳士得和苏富比拍卖行撤除其拟在香港拍卖的三个青铜兽首。随后在2003年，发生了第二次交锋。那次拍卖的对象是青铜猪首。中华抢救流失海外文物专项基金会私下以130万美元的价格将其购回，出资者是澳门企业家、赌场大王何鸿燊。青铜猪兽首被送到保利博物馆，并受到了隆重欢迎。中国国家文物局赞扬了何鸿燊的爱国行为。随后发生了第三次交锋。2005年1月，先是中国集邮公司探路，发行了一套十二青铜兽首纪念邮票，其中四个已回归兽首用的是照片，而其余下落不明的8个兽首使用的则是艺术画。2007年10月，香港苏富比拍卖行宣布举行"清宫遗珍"的专题拍卖活动，题目起得非常具有挑衅性，青铜马首是此次拍卖活动的最大亮点。"这是被窃文物，"代表上海博物馆的买家许勇祥抗议道，"它不应该被拿出来出售，而是应该通过政府返还给中国人民。"尽管青铜马首有望拍出超过770万美元的高价，但苏富比拍卖行安排寄卖人与何鸿燊进行了私下协商。据报道，何鸿燊最后支付了890万美元。中国再次将这位澳门赌王誉为国家英雄。青铜马首则被保利博物馆珍藏，加入了虎首、牛首和猴首的队伍。

最后一次较量则围绕着另外两件流失的兽首——兔首和鼠首展开，并产生了强烈的反响。2009年2月，巴黎艺术市场最大的热点是佳士得拍卖行即将开拍的"伊夫·圣罗兰珍藏品"系列，拍品由这位前女装设计师的伴侣皮埃尔·贝尔热（Pierre Bergé）挑选构成。拍卖展览会在巴黎大皇宫举办，拍卖品中包括一尊尖鼻鼠首和一尊大圆眼睛兔首。这场拍卖会拍卖的藏品种类丰富，既有印象派画作，又有奥斯曼帝国时期的瓷器。佳士得拍卖行在其拍卖宣传活动中刻意弱化这两尊兽首的存在感，仅突出强调了拍卖标的中的其他亚洲艺术品。[22]

然而，佳士得拍卖行再低调也没用。中国愤怒抗议拍卖圆明园兽首。中国外交部指责佳士得的拍卖活动违反了国际公约，侵犯了中国人民的文化权利，伤害了中国人民的感情。为阻止拍卖，85名中国律师在巴黎提起了诉讼。法国主要中文报纸《欧洲时报》（The European Times）出版人杨咏橘，代表海外华人发声："拍卖被盗物品，令人无法接受。"学生们则挥舞着一个个标语牌，游行示威。周超是法国一所理工学院的学生，他一边散发抗议小册子，一边说："我们希望，法国人民能理解我们是理性的，我们的要求是合法的。"

佳士得拍卖行仍肆无忌惮，该公司的高层管理者决定继续拍卖，坚持认为拍卖活动完全合法。青铜兽首竞拍时，叫价十分踊跃。最终，一位匿名电话竞拍人，拍得了兔首和鼠首，总成交价相当于3 600万欧元。后来披露，获胜竞标人叫蔡铭超，是一位收藏家，也是中国"国宝基金会"的代表。拍卖结束后，蔡铭超宣布：由于两件兽首的所有权属于中国，是被盗文物，他不会为此付款。

随后，公众对此事的看法褒贬不一。西方评论家这才想起来，实际上，那座生肖兽首喷泉压根就没正常运转过。况且，生肖喷泉的设计出自欧洲人之手，并非纯正的中国货。皮埃尔·贝尔热从中作梗，节外生枝地提出了人权问题，声称只有中国改变人权的政策，他才会无偿返还两件青铜兽首。2013年4月，恰逢法国总统弗朗索瓦·奥朗德（François Hollande）访问中国之际，法国亿万富翁弗朗索瓦-亨利·皮诺（François-Henri Pinault）承诺将鼠首和兔首归还中国，这件事情才得以落下帷幕。原来，圣罗兰品牌后来被皮诺家族收购，那两件兽首也就落入了皮诺家族手中。皮诺家族拥有阿耳忒弥斯公司（Artemis），旗下拥有一系列奢侈品品牌，包括古驰、宝缇嘉和伊夫·圣罗兰。另外，佳士得拍卖行也归皮诺家族所有。阿耳忒弥斯公司与中国的生意几乎占皮诺营业额的10%。

中国宫廷流失文物数量巨大，估计约有 160 万件。中国做出的归还此类文物的要求，究竟要持续到什么时候？这个问题问得好，但是没人能给出一个可信、符合逻辑且又公正的标准答案。只要人们无法达成共识，这种困惑就会一直持续下去。同时，人们的怒火难以平息，报复性的盗窃案件也有可能会继续发生。[23]

新闻事件一：2010 年 8 月，一群盗贼潜入瑞典斯德哥尔摩卓宁霍姆宫（Drottningholm Palace）的中国馆，打碎了 3 个展柜，在几分钟内携带一大批"古老、精美的中国展品"逃之夭夭。

新闻事件二：2012 年 1 月，英国的威立士拍卖行（Wooley and Wallis）拍卖一只鎏金金属盒，上面装饰着小珍珠、珐琅，并镶嵌着一块花纹玻璃，盖子上刻着一行字体优美的题词，上面写道："1860 年 10 月从北京圆明园掠夺，国王骑兵卫队队长詹姆斯·冈特（James Gunter）。"据拍卖行发言人说，这个题词使这个拍卖品的价值提高了 50%。他又补充说："冈特队长有可能从圆明园拿走这只鎏金盒时，是把它当成了战利品或纪念品，再或者是把它看作完成一个伟大成就而得到的奖赏，他并不认为自己是在盗窃。"这次拍卖活动在中国引起了轩然大波。然而，盒子上的题字确实抬高了它的拍卖价格。鎏金盒以 764 694 美元的价格落槌，卖给了一位没有透露姓名的中国竞拍者，而这位竞拍者也同样拒不付款。

新闻事件三：2012 年 4 月，一群盗贼闯入了英国杜伦大学东方博物馆的马尔科姆·麦克唐纳展厅，偷走了一只中国清代大玉碗和一件瓷雕，两件展品的总价值高达 200 万英镑。玉碗出产于 1769 年，最初是查尔斯·哈丁爵士（Sir Charles Hardinge）的收藏品。随后被马尔科姆·麦克唐纳（Macolm MacDonald，1901—1981）收藏，后来这只玉碗与马尔科姆珍藏的其他艺术品一起被杜伦大学东方博物馆收购。马尔科姆·麦克唐纳的父亲是英国前工党首相拉姆齐·麦克唐纳（Ramsay MacDonald），而马尔科姆本人曾在亚洲和非洲担任外交官，善于处理外交纠纷。后来，警察逮捕了两名涉嫌参与偷盗的嫌疑人。之后，警察将这两件艺术品追回。

新闻事件四：2012 年 5 月，英国警察逮捕了两名嫌疑人，怀疑他们涉嫌参与了剑桥大学菲茨威廉博物馆（Fitzwilliam Museum）的盗窃案。该案涉及 18 件珍贵中国文物，绝大多数是玉器。

新闻事件五：2013 年 9 月，数百名英国警察开展了几次全国性的黎明搜捕行动，逮捕了 17 名男子和 2 名妇女。他们被指控参与盗窃了菲兹威廉博物馆的文物，绝大多数文物已被追回。此后，警方在欧洲范围内开展了一项有关博物馆珍贵藏品偷盗案件的调查行动。有人认为这些盗窃案件是一种"订单式盗窃行为"。

新闻事件六：2013 年 9 月，挪威卑尔根市科德博物馆（Kode Museums）收藏的 23 件中国艺术品和文物被盗窃。这些文物是约翰·威廉·诺特曼·马特（Johan Wilhelm Nortmann Manthe，1864—1935）收集的战利品。马特是一位探险家，当过兵，参加过镇压 1900 年义和团运动的多国联军行动。这是三年间第二次有明确目标的盗窃行动。2010 年，一群盗贼盗走了 56 件藏品。卑尔根市艺术博物馆馆长厄兰·霍思登（Erland Hoyersten）认为，这些盗贼手里有一张"盗窃物品清单"，因为"他们完全清楚自己要拿什么东西"。

上述事件是否包含什么寓意呢？这些盗窃案会不会是一种订单式的盗窃行为？这会不会是一种"文化黑客"行为？考虑到中国在经济和外交方面的重要地位，要解决这个有历史争议的问题，人们应该采取哪些措施才合乎情理？当然，一个不错的尝试就是：美国人自己交代清楚是如何收藏的中国文物，收藏中国文物的目的又是为何，而这正是本书要交代的主题。

第二章

太平洋序曲

中国和美国两个大国，一个最古老，一个最年轻。这两个国家产生交往，本身就是一个传奇。中美两国的交往过程可划分为四个阶段：发现对方，拓展关系，互相痴迷，修正关系。对中美两国来说，人的冲动本性被证明是至关重要的。然而，促使美国最初突然将贸易转向亚太地区的原因，是一个基本的、客观的却又经常容易被人遗忘的商业现实。18世纪80年代，美利坚合众国刚刚独立，虽然美国官方宣布中立，但其贸易商船却被困在了英法战争的炮火之中。美国的船长们经常遭受英国皇家海军的骚扰。英国皇家海军扣押了美国的数百艘船只，没收了他们的货物，并强行将美国船员招募入伍。因此，美国的船主们急于在海外寻找其他市场，尽可能远离麻烦多事的欧洲人。1787年，时任英国驻费城领事的菲尼亚斯·邦德（Phineas Bond）在报告中写道："在美国贸易处于受限制的状态之下，企业主们会自然而然地从事对其开放的、有利可图的投机活动。"[1]

有两个幸运的日子需要我们记住，因为这两个日子让美国人看到了海外贸易获救的希望。1785年5月11日，从远东归来的"中国皇后"（Empress of China）号驶入纽约港。"中国皇后"的货舱里装满了茶叶，是第一艘抵达广州及其商行的美国商船。费城是当时美国的首都，5月

16日,《宾夕法尼亚邮报》随即在当时的首都费城发表报道称:"商船满载而归,它预示着我们即将拥有一个幸福的未来。我们将不用再与欧洲开展那些麻烦而又不必要的生意活动,这些生意活动严重损害了我们日益崛起的帝国的利益。未来的前景,既幸福美好,又能给我们带来实实在在的辉煌。"[2]"中国皇后"号的这次旅程耗时十四个月零二十四天,航行了32 548英里①。

1787年5月22日,当"大特克"号(Grand Turk)的船帆隐约出现在海平面上时,马萨诸塞州的塞勒姆市欢天喜地举行了各种庆祝活动。"大特克"号是新英格兰地区第一艘直接与中国进行贸易的商船。欢呼人群中最引人注目的是船主伊莱亚斯·哈斯科特·德比②。德比很快为其船上的货物,如茶叶、瓷器、丝绸、珠宝、艺术品和餐具等,找到了一个大有前途的市场。从各方面看,德比都是一位充满冒险精神的企业家。与德比的其他几艘船一样,"大特克"号也曾是一艘私掠船,船上装备有28支枪,在美国独立战争期间曾与英国皇家海军周旋。

很快,美国人的船队开始定期往返广州。它们满载西班牙金银锭、皮毛、小麦和人参(一种生长在阿巴拉契亚山脉的芳香草本植物,备受中国人推崇)。后来,印度鸦片也被列入了货物清单。到了19世纪40年代,美国商船在广州进出口货物的吨位,超过了英国东印度公司。1791年,为寻找抹香鲸,美国人的捕鲸船绕过合恩角进入太平洋水域,进一步增强了年轻的美国在太平洋地区的存在感。到了1830年,美国已成为全世界实力最强的捕鲸国。总而言之,这是美国的航海时代,充满了戏剧性的遭遇,这种传奇色彩在帕特里克·奥布莱恩③系列小说《怒海争锋》中得到了生动的体现。

---

① 约合52 380千米。
② 伊莱亚斯·哈斯科特·德比(Elias Hasket Derby),美国殖民时期商人,拥有一支私掠舰队。他拥有的"大特克"号是新英格兰地区第一艘与中国直接进行贸易的船只,这不仅使他成为马萨诸塞州塞勒姆市首屈一指的富商,也一度成为美国最富有的人。
③ 帕特里克·奥布莱恩(Patrick O'Brien,1914—2000),英国作家,以描写拿破仑时代海战和海军生活的《怒海争锋》系列小说闻名。这一系列共有20本小说,主人公是英国海军船长奥布雷(Aubrey)和他的朋友马图林(Maturin)。

对船主和船长们而言，太平洋贸易有风险，但回报丰厚。1800年，在人均收入方面，塞勒姆出人意料地成为美国最富庶的城市，慷慨实现了该市的座右铭："驶向富裕东方最遥远的港口。"中国贸易教父伊莱亚斯·哈斯科特·德比，据传是美国历史上首位百万富翁。海关职员纳撒尼尔·霍桑①也是塞勒姆人，他对这位教父的富裕程度作了记载。更令人惊讶的是，最近，有人对历史记载的75位最富有者进行评估，德比的排名是第72位。以当今美元估算，他的财富约为314亿美元。

德比留下来的遗产既有金钱上的，也有文化上的。他是最早重视中国瓷器文物的美国人之一。"大特克"号船长在广州时，曾委托订制了一套印有花押字母的171件餐具，一套101件茶具，还有一只大酒碗。大酒碗上画着德比的商船图案，还有"大特克"号和"1786年广州"的题字。最初，这只大酒碗被送给了"大特克"号上的官员们，后来被德比的儿子捐给了塞勒姆埃塞克斯研究所。埃塞克斯研究所成立于1799年，存放着一批记载美国与东亚建立商贸联系的完整档案。今天，埃塞克斯研究所被改成了皮博迪·埃塞克斯博物馆，拥有130万件藏品，其中包括一座一位清代富商的民宅——"荫余堂"。这座宅院从安徽原址拆除，拆下来的物品被一件件运到塞勒姆，然后再照原样复原而成。这一文物迁移工程得到了中华人民共和国法律的允许。事实上，我们可以做出合理的推断，当代美国政府在许多政策上以亚太为中心，其根源或许就隐藏在塞勒姆市的码头、商店以及早已弃之不用的塞勒姆老海关大楼。

后来，波士顿取代塞勒姆成为美国首屈一指的贸易港口。波士顿的港口设备更先进，可以更好地处理驶往东方的快船，这些快船偶尔会装载印度鸦片。一个鲜为人知的事实是：新英格兰地区的大批财富，包括福布斯、罗素、斯特吉斯和德拉诺等家族的财富，都源于鸦片贸易。然而，提到鸦片贸易，当代出版的美国文献资料却经常将其与英国挂起钩

---

① 纳撒尼尔·霍桑（Nathaniel Hawthorne，1804—1864），19世纪美国小说家，其代表作《红字》（The Scarlet Letter）是世界文学经典作品。

来。1843年5月，美国政府获悉，英国人与中国谈判成功（有人则称其为敲诈勒索），签署了《南京条约》，结束了第一次鸦片战争。其中一项条款是，除广州之外，中国同意再开放宁波、厦门、福州和上海四个口岸与英国商人进行贸易。

1845年2月27日，在海上航行211天后，一支由四艘船组成的美国船队停靠在了澳门。坐在"白兰地"号护卫舰上的是凯莱布·顾盛[①]，他是来自马萨诸塞州纽伯里波特市的律师和国会议员，当时被约翰·泰勒（John Tyler）总统任命为"美国驻华专员兼特命全权公使"。顾盛从总统那里接到的命令是：获得五个贸易港口的进出权，并"享有与英国商人同等的优惠条件"。[3]

顾盛出生于马萨诸塞州的索尔兹伯里。顾盛成才很早，17岁时便从哈佛大学毕业。1824年，顾盛来到纽伯里波特市定居，从事律师工作。作为一名忠实的辉格党成员，顾盛被派往中国前，曾入选州议员，之后当选为美国国会议员。启程前，顾盛期盼能与天朝皇帝会面。他意气风发，一身着装气派不凡："蓝色少将大衣，鎏金扣，加有少许刺绣装饰；下身穿金色条纹裤，脚踩马刺皮靴，头戴一顶缀有一根白色羽毛的帽子。"[4]然而，顾盛这位"伯爵"并没能见到"天子"。顾盛前往北京面见皇帝的请求遭到拒绝，也就没有机会将泰勒总统祝愿天子万寿无疆的"和平友谊"信函递交上去。中国的"天子"派遣曾与英国人打过交道的耆英总督与顾盛进行谈判。1844年7月3日，中美双方在澳门附近望厦镇的一座寺庙里缔结了一份条约，即《中美五口通商章程》（俗称《望厦条约》）。条约允许美国人自由进出已向英国开放的五个口岸，并向美国新增一条至关重要的特权：治外法权。这意味着在中国的美国公民只受美国法律的约束。顾盛对这一条款的评价是："允许非基督教政府拥有对美国公民的生

[①] 凯莱布·顾盛（Caleb Cushing, 1800—1879），美国政治家、外交家，曾任美国众议院议员（1835—1843）和美国司法部部长（1853—1857）。1843—1855年，受约翰·泰勒总统任命，担任首任美国驻华专员。1844年，顾盛与清朝的耆英总督签署了《望厦条约》，这是美国和中国签订的第一个条约。

第二章　太平洋序曲　　45

辉格党政客凯莱布·顾盛 1817 年从哈佛大学毕业，虽然他并未如愿见到中国天子，但与清政府签署了《望厦条约》，这是美国与中国签订的第一个条约

命、财产的支配权，是一种不明智的行为。"[5] 此时，虽然鸦片贸易被宣布为非法，但"一定数量的鸦片走私活动仍在继续"。[6]

波士顿的商人们可自由从事茶叶、瓷器和棉纺织品的贸易。很快，在弗朗西斯·卡博特·洛厄尔①的马萨诸塞州工厂里，便开始大批生产棉纺织品。快速大帆船在中国的商行、纽约和伦敦的码头之间定期往返。哈佛大学的塞缪尔·艾略特·莫里森②是美国海军历史学家。1921 年，

---

① 弗朗西斯·卡博特·洛厄尔（Francis Cabot Lowell，1775—1817），美国商人、实业家，专门从事以纺织品为主的国际贸易。19 世纪初，洛厄尔发明了棉纺织机，并成立了全美第一家纺织厂。马萨诸塞州的洛厄尔市就是以他的名字命名的。
② 塞缪尔·艾略特·莫里森（Samuel Eliot Morison，1887—1976），美国海军历史学家。1912 年从哈佛大学毕业，获得博士学位，此后在哈佛大学教书长达 40 年。因著有《哥伦布传》（Admiral of the Ocean Sea: A Life of Christopher Columbus，1942）以及 1959 年的《约翰·保罗·琼斯：一位水手的传记》（John Paul Jones: A Sailor's Biography，1959）而获得普利策奖。受罗斯福总统委托，他在 1947 至 1962 年间出版了 15 卷巨著《第二次世界大战美国海军作战史》（History of United States Naval Operations in World War II.）。1951 年，莫里森以后备役海军少将的身份退役。

他针对新英格兰地区与东亚整体下滑的商业贸易趋势,感伤地发出了这样的感慨:"与古老中国开展的贸易曾为波士顿的商业复兴奠定了基础。如今,除了保留着对桂圆、马六甲肉骨茶和烟熏小种茶的喜爱之外,波士顿与古老中国曾经开展过贸易的痕迹已荡然无存。"[7]

随着与远东地区的商业联系减弱,波士顿开创了一项重要而又新颖的活动来纪念曾经与中国的贸易往来,这在新英格兰地区尚属首次。为庆祝顾盛签署的里程碑式的《望厦条约》,波士顿市于1845至1847年间在华盛顿大街的马尔伯勒教堂举办了一场名为"大中华博物馆"的展览进行庆祝。这次展览具有划时代意义。费城也不甘落后,紧随其后在该市一家私人博物馆推出了"中国万物展",其中包括文物、真人大小的人体模型、绘画作品以及一批仿造的中国商铺。这些藏品的收集者是内森·邓恩(Nathan Dunn)。邓恩是一名商人,教友派信徒,曾去过中国,并在广州居住过8年。费城这家博物馆于1838年开放,公开宣称其宗旨是向美国民众宣传中国文化。由于邓恩从未涉足过鸦片买卖,中国人对他很友好。中国人通过找人,帮助他进入了一些不对外国人开放的文物收藏领域,邓恩从而得以搞到一批其他西方人接触不到的艺术品。1838至1842年闭馆之前,邓恩的"中国博物馆"共接待了10万余名访客,卖出去50 000件一级藏品。之后,邓恩的博物馆迁到了伦敦。据说,年轻的维多利亚女王曾对该馆丰富的藏品赞不绝口。1844年,邓恩去世,其馆长则带着藏品在英格兰四处巡展。再后来,这些藏品有的被拍卖,有的被私下出售。其中一位买家是巴纳姆①。

相比之下,波士顿"大中华博物馆"的宗旨更为宽泛,旨在展示"世界最古老、人口最多的中国的景象、农业、艺术、贸易、习俗和习惯"。[8]一位艺术评论家称呼该馆为"陶瓷王国",以此来吸引那些对中国陶瓷感兴趣的参观者,这批参观者对中国的印象就是在与进口中国陶

---

① 费尼尔司·泰勒·巴纳姆(Phineas Taylor Barnum, 1810—1891),美国马戏团经纪人兼演出者。1842年在纽约开办"美国博物馆",以奢侈的广告和怪异的展品而闻名。

瓷餐具打交道的过程中形成的。

纽约工程师约翰·小彼得斯（John R. Peters Jr.）曾是顾盛签约代表团的成员之一。他将自己的收藏品送到了博物馆的展览上，而且似乎还参与了博物馆展览目录的编写。[9]根据约翰·罗杰斯·哈达德（John Rogers Haddad）有关美国与中国早期交往的记载，彼得斯参加顾盛代表团，实际目的是希望在美国政府的主持下，自己能够向中国人展示并解释"美国艺术和生产的各种模型与样品"，[10]包括美国人发明的各种省时省力的器械设备。反过来，彼得斯也希望能够从古老的中国那里获得有益于美国的物品和信息，从而在中美文化交流中占得先机。

美国人设想，中国人会把自己在鸦片战争中战败的原因归结于外国有先进的武器，而具有机械天赋和经商头脑的约翰·彼得斯将向中国展示诸如蒸汽船、火车头、电报、煤气厂之类的美国机械模型，说服中国向美国打开贸易之门。正如顾盛向耆英总督所解释的那样：

> 据阁下所知，战争技术和航海技术在现代得到了很大的改进，所有这些技术上的改进都在我国得到彻底和广泛地采用和实践，丝毫不逊于欧洲。如果贵国政府想要获得工程、造船、蒸汽机、军队纪律、武器制造或任何其他学科的书籍，我很乐意将这些书籍呈献给您。我还可以向您呈上贵国建造欧洲和美国目前所使用的战争工具的模型。精通这些技术的工程师可以为贵国服务，为贵国政府建造船只、轮船、大炮和各种武器。贵国可以根据需求，选择在中国或美国制造这些技术工具。[11]

顾盛并没有在其记载中提到彼得斯最后到底有没有将他的模型呈献给耆英总督看。但是回到美国之后，当"大中华博物馆"在波士顿开放之后，彼得斯得以实施其计划的后半部分。"大中华博物馆"展览旨在展示中国文明的最高成就，同时也试图说服波士顿当地的企业家，中国政府的官员是波士顿"婆罗门"阶层人士的理想贸易伙伴。

博物馆的天花板上，悬挂着一盏盏明亮的灯笼，一条巨龙在上空盘旋，一幅幅、一卷卷精美绝伦的画作展示在众人面前，这一切，都让来访观众惊叹不已。除了彼得斯提供的中国艺术品之外，展厅里还展出了身穿中国服饰的立体人体模型。第一展柜展示了中国皇帝，身穿黄龙袍，端坐在龙椅上，正在签署《望厦条约》。第五展柜展示的情景就不这么体面了，一位有钱人正在家里吸食鸦片。展品目录里探讨了中国人吸食鸦片的历史。并且，义愤填膺地声称，是英国人无视中国皇帝的禁令，纵容害人的鸦片贸易。小展柜展出的则是那些最能代表中国文化特色的物品：瓷器、珐琅、刺绣、各式模型和实用器皿。展览中最精彩的部分，当属一幅两米多长的广州全景图了，里面画着当地一些有名望的富商和耆英总督。展厅里，还有两位身穿"民族服装"的广东人，其中一人讲英语，自称"书法大师"，负责解答现场观众的提问；另一人是个音乐家，曾是吸食鸦片的瘾君子，他负责唱歌，演奏不同乐器，为展览活动增添了逼真的气氛。当地一位记者满怀热情地写道："有谁不喜欢到中国去呢？有谁不喜欢行走在中国城市的街道上，到当地民宅里体验风俗民情，并品尝美味可口的燕窝粥……或使用真正的中国茶具，与真正的中国人一起啜饮纯正地道的小种茶？如果条件允许的话，会有谁不渴望去看看这个神奇的国家，看看那里众多与众不同的事物以及那里与众不同的人？对我们来说，由于缺乏商业眼光、再加上时间和交通工具上的限制，一直以来我们无法去中国旅行。现在好了，'大中华博物馆'展览给我们提供了一个非常不错的了解中国的机会。"

博物馆入口处装饰着一个雕漆鎏金飞檐，飞檐两旁挂着两盏龙灯和两块匾额，匾额上写着中文："耳听为虚，眼见为实。"年仅15岁的艾米莉·狄金森[1]也参观了这场展览，当时狄金森正住在波士顿的亲戚家。狄金森为自己和妹妹索要了两张写有"书法大师"墨迹的明信片。正如狄

---

[1] 艾米莉·狄金森（Emily Dickinson, 1830—1886），美国女诗人，1830年12月10日出生于阿默斯特，从25岁开始，弃绝社交，在家务劳动之余埋头写诗，一生作诗近1 800首，但在世时只有不到10首出版，其余诗作是去世之后由其妹妹拉维妮雅帮助整理出版。狄金森诗风洗练，放弃传统格律与标点，擅用通感。她的诗歌具有深刻的思想内涵，死亡、爱情、自然、宗教、灵魂是她在诗歌中经常探讨的主题。

金森在写给朋友的信中所言，她将那两张明信片视若珍宝。那位广东人的演唱和演奏，让狄金森觉得非常好笑，好不容易才克制住自己不笑出来。"但是，他非常彬彬有礼"，"他的演奏让她深受启发"。但是，最让狄金森觉得有意思的地方是那位音乐家告诉她，让他戒掉鸦片瘾的是"自我否定"。日裔美国学者鹈野广子（Hiroko Uno）推测狄金森一生离群索居、自我否定和舍弃欲望生活方式，或许是受到了那场展览的影响。[12]第四展柜对儒家、道教和佛教思想做了阐释，让狄金森痴迷不已。正如在导览手册里介绍的那样，佛教的核心教义是"万物源于虚无，归于虚无。灭是一切幸福的顶峰，涅槃是万物苍生最终的归途"。[13]

鹈野广子进一步解释说，艾米莉·狄金森认为神灵是一种神秘而又普遍性的存在，这种存在具有讽刺性和自相矛盾之处，这种思想在她的很多诗歌里都能够找到反映。除此之外，在狄金森的诗歌里还融汇着她对中国物质文化的反思。比如下面这首诗歌：

> 他的思想，如东方的织物，
> 展示给世人深深的绝望，
> 只有偶尔，在某个角落，
> 才会有一个谦卑的买家。
> 它的价值非黄金可比，
> 却比黄金更难得——
> 真正的代价，是
> 让人领悟它的价值，
> 这就是它的全部。[14]

狄金森居住在新英格兰地区的阿默斯特，很多诗歌都是她在梳妆台梳妆时吟诵而成的。我们可以从狄金森的许多诗歌中找到例证，证明这位优秀的神秘主义诗人已经预见到了远东地区具有非物质上的魅力，会在将来吸引一大批西方人去关注其美学和诗学上的财富。

第三章

哈佛大学的收藏之路

在审视中美文化关系时，总会遇到一个问题：在提高远东潜在吸引力方面，哈佛大学为何发挥了如此重要的作用？有些原因不言而喻：它是美国历史最悠久的大学（成立于1636年），在新英格兰地区进入航海时代、成为太平洋东部的商业推动力时，哈佛大学已进入成熟的发展期。用塞缪尔·艾略特·莫里森（1912届）的话说，1783至1860年间，是"一个充满魔力的时代。那时，美国首次成为世界强国。塞勒姆市的男孩子们，对广州的了解程度，远远超过了对纽约的了解程度"。[1]塞勒姆，这座位于马萨诸塞州的海港城市，不仅吸引来了大学生，还创造了巨额的商业财富，使哈佛大学具备经济上的优势，较早进入世界一流大学的行列。哈佛大学自认为，其职责是培养文化监护人。正如马克·吐温所戏谑的那样："评价一个人，在波士顿人们会问：他懂得多少知识？纽约人会问：他的身价多少？费城人会问：他父母是谁？"[2]

然而，哈佛大学和波士顿对中国、日本产生浓厚兴趣，还有一些不太明显的其他原因。美国在内战之后精神领域出现无政府状态的时期，在后达尔文时期的几十年里，新英格兰地区的先知先觉者，从爱默生①开始，将目光投向了东方，去寻找超验的真理。就在中国对佛教的兴趣减弱之际，它却对波士顿的统治阶层产生了强烈的吸引力。亨利·亚当斯②的妻子克洛沃（Clover）自杀身亡，使他异常震惊。1886年，亚当斯与画家约翰·拉法格③结伴，开始了马不停蹄的环球旅行。最初，他们的目标是到日本寻求涅槃。在奥马哈停留时，拉法格将他们的目的告知当地的一位年轻记者，记者一脸困惑，冲着他们大喊："它早已经过时了！"[3]事实上，正如我们下文所述，在美国有一大批人，试图用东方的智慧来对抗镀金时代④的粗俗不堪，而亚当斯和拉法格只是其中的两个代表人物而已。

波士顿人自视甚高，将波士顿看作一个大都市，这一点可以在当地的语言上体现出来，而这很有可能也是哈佛大学与远东产生关联的第三个原因。19世纪50年代以来，"中心"（hub）和"婆罗门"（Brahmin）这两个词与波士顿这座城市以及以家族血统为傲的哈佛大学精英联系在了一起。波士顿人把自己的城市看作在世袭的"婆罗门"阶层领导之下的世界中心，而"婆罗门"是最接近美国贵族的阶层。"中心"和"婆罗门"，是老奥利弗·温德尔·霍姆斯⑤（1829届）创造出来的新词，而不是他的儿子、著名的法学家小奥利弗·温德尔·霍姆斯。老奥利弗·温德尔·霍姆斯曾写过诗歌《老铁边》（Old Ironsides）。正如老霍姆斯所解释的那样，他认为波士顿是"美国大陆的思想中心，同时也是

---

① 拉尔夫·沃尔多·爱默生（Ralph Waldo Emerson，1803—1882），生于美国波士顿。美国思想家、文学家、诗人。爱默生是确立美国文化精神的代表人物，是新英格兰超验主义最杰出的代言人。代表作品有《论自然》（Nature）和《美国学者》（The American Scholar）。他的哲学思想吸收了欧洲唯心主义先验论，发展成为超验主义。
② 亨利·亚当斯（Henry Adams，1838—1918），美国历史学家、小说家、学者。出生于马萨诸塞州的波士顿，1858年毕业于哈佛大学，曾任美国历史学会主席。
③ 约翰·拉法格（John La Farge，1835—1910），美国画家、壁画家、彩色玻璃窗制造商、装饰家和作家。
④ 从南北战争结束到20世纪初叶的美国历史时期被称为"镀金时代"（the Gilded Age）。
⑤ 老奥利弗·温德尔·霍姆斯（Oliver Wendell Holmes, Sr.，1809—1894），美国医生、著名作家，被誉为美国19世纪最佳诗人之一。他的儿子是美国著名法学家小奥利弗·温德尔·霍姆斯。

地球的思想中心"。他又谨慎地补充说，印度教的种姓制度观念源于神旨，他谨慎地为其增加了新的推论：婆罗门不仅要滋养和维护他们信仰的寺庙，还要滋养和维护文化机构。此外，当哈佛毕业生们将目光转向中国时，他们注意到中国的官吏们极为重视中国在艺术和文化上所取得的辉煌成就。

波士顿图书馆建于1807年，是一家私立图书馆。1827年又增建了一个美术馆，每年会专门举办一系列美国和欧洲绘画展和雕塑展。图书馆的创始人提醒其捐赠者："我们没必要为国家捐赠大笔钱财，我们存下来的钱完全可以捐赠给那些可以给波士顿带来广泛长久利益的机构。"[4] 1870至1900年期间，波士顿"婆罗门"阶层的人捐赠了大笔钱财给哈佛大学、波士顿图书馆、波士顿美术馆（建于1870年）、波士顿交响乐团（建于1881年），还有数量众多的俱乐部、学校、医院，以及波士顿人最后的安息之地：风景无可挑剔的奥本山公墓（建于1831年）。长期以来，人们通过三个标准来判断一位波士顿人是否属于婆罗门阶层：一、在波士顿图书馆有股份；二、在麦克莱恩医院（一家精神病医院）有亲戚；三、在奥本山公墓有墓地。19世纪期间，波士顿还涌现出一批优秀的杂志（如《大西洋月刊》和《北美评论》）、出版社（如小布朗出版社和霍顿·米夫林出版社），以及一个非常具有波士顿特色的基督教派别：非正统却开明的唯一神教派，这一教派与哈佛大学神学院密切相关。据说，唯一神教派宣扬，"上帝为父，人为兄，波士顿为邻"（该教门徒海伦·豪①这样写道）。[5]

"对东方的渴望是当时的一种症状，尤其是在新英格兰地区，"文学历史学家范·威克·布鲁克斯②（1908届）写道，"许多波士顿人和哈佛

---

① 海伦·豪（Helen Howe，1905—1975），美国小说家、传记作家。
② 范·威克·布鲁克斯（Van Wyck Brooks，1886—1963），美国文学评论家。其代表作：《新英格兰：花开时节》（*The Flowering of New England*，1936年）（获普利策奖）；《华盛顿·欧文的世界》（*The World of Washington Irving*，1944年）；《梅尔维尔和惠特曼的时代》（*The Times of Melville and Whitman*，1947年）；《马克·吐温的煎熬》（*The Ordeal of Mark Twain*，1920年）；《艾默生传》（*The Life of Emerson*，1932年）；《美国作家》（*The Writer in America*，1953年）。

大学人前往日本和中国，他们所抱的态度前所未有，充满寓意。东方艺术是波士顿人的时尚，他们收藏的东方艺术品遍布波士顿的各个博物馆。"[6]带路的朝圣者是欧内斯特·费诺洛萨①，他以雄辩著称，在当时那个时代预言了"世界大同"的到来，而这是"即将到来的东西方融合"的结果。[7]费诺洛萨在19世纪80年代曾经说过，西方文明的活力源于对手段的了解，而东方的力量则在于对目的的了解。"没有目的的手段是盲目的"，他写道，而"没有手段的目的则是无力的"。在镀金时代，这种说法很新奇。费诺洛萨旅居日本时，皈依了佛教。可以想象哈佛的师生在听费诺洛萨朗读他在日本写成的俳句时，脸上的神情是多么困惑。费诺洛萨在诗中写道：

> 我从西方飞来，
> 就像一只从破巢飞出的孤鸟。
> 想要了解喜悦和安详的秘密。[8]

1853年，欧内斯特·费诺洛萨出生于马萨诸塞州的塞勒姆市，这一年恰逢马修·佩里②准将的中队启航前往日本的东京湾。他的父亲老费诺洛萨是一名西班牙音乐家，出生于马拉加，在那里他担任教堂唱诗班的指挥，并教授钢琴和小提琴。因此，他得以有机会加入一艘返回美国的船只上的军乐队。他喜欢塞勒姆，于是便在此定居下来，并迎娶了学生玛丽·希尔斯比（Mary Silsbee）——一位东印度船主的女儿，成为圣公会教徒，在马萨诸塞州的音乐界混得风生水起。因此，年轻的费诺洛萨有钱，有背景，受过良好的教育，得以进入哈佛大学（1874

---

① 欧内斯特·费诺洛萨（Ernest Fenollosa，1853—1908），美国日本艺术史学家，东京帝国大学哲学和政治经济学教授。曾担任过波士顿美术馆新成立的东方美术部主任。著作有：《浮世绘的大师》（*The Masters Of Ukioye*）、《中日艺术源流》（*Epochs of Chinese and Japanese Art: An Outline History of East Asiatic Design*）和《作为诗的媒体的汉字考》（*The Chinese Written Character as a Medium for Poetry*）。
② 马修·佩里（Matthew Perry，1794—1858），美国海军将领，因率领黑船打开锁国时期的日本国门而知名。1854年3月31日，佩里代表美国强迫日本幕府签订了《日美和亲条约》。

届)。在大学里,他结交波士顿婆罗门精英,对美国艺术哲学界泰斗查尔斯·艾略特·诺顿[1]痴迷。美国研究亚洲的另一位开拓者是爱德华·莫尔斯[2]。他是一位自学成才的动物学家,先是在塞勒姆市的皮博迪科学院工作,后来致力于日本研究,并将自己收藏的陶瓷艺术品捐赠给了波士顿美术馆,以此换得了该馆陶瓷部的终身馆员工作。莫尔斯将他收集到的日常用的文物捐赠给了塞勒姆皮博迪博物馆。当日本人请莫尔斯推荐一位哲学老师时,他向波士顿美术馆受托人诺顿求助,诺顿向莫尔斯推荐了费诺洛萨。就这样,年轻的费诺洛萨来到了日本。在日本,他迷上了东方,皈依了佛教。回美国后,成为波士顿美术馆的东方艺术部主任。

费诺洛萨对哈佛大学同时代人(如亨利·亚当斯)、其在日本的朋友(如列夫卡迪奥·赫恩[3])和早期现代主义作家(如埃兹拉·庞德[4])的影响再怎么强调都不为过。费诺洛萨身材修长,洒脱飘逸,口才极佳。可以说,在费诺洛萨1908年去世之前,这位东方倡导者已将波士顿乃至哈佛大学,变成了美国的东亚艺术知识中心。

作为波士顿美术馆的亚洲艺术专家,冈仓天心[5](Kazuko Okakura)堪称费诺洛萨的关门弟子和继任者。他是日本移民,长期以来担任该馆中国和日本艺术部主任。冈仓天心虽然不是伊莎贝拉·斯图尔

---

[1] 查尔斯·艾略特·诺顿(Charles Eliot Norton,1827—1908),美国作家、艺术史学家。1846年,他从哈佛毕业,在艺术上受到约翰·拉斯金和前拉斐尔派的影响,美国文理科学院院士,哈佛艺术史教授,还做过美国考古研究所所长。
[2] 爱德华·莫尔斯(Edward Morse,1838—1925),美国动物学家、考古学家和东方学家。莫尔斯在旅日期间,发觉了大森贝塚(位于东京品川区),奠定了日本人类学和考古学的基础。爱德华·莫尔斯也是陶器鉴赏专家,收藏了近五千件陶器,这些艺术收藏品后来成为波士顿美术馆和皮博迪美术馆的亚洲收藏品的基础。
[3] 列夫卡迪奥·赫恩(Lafcadio Hearn,1850—1904),小说家,出生于希腊,1896年归化日本,改名小泉八云,所著《日本与日本人》(Japan and the Japanese)是研究日本人的重要著作。
[4] 埃兹拉·庞德(Ezra Pound,1885—1972),美国诗人和文学评论家,意象派诗歌运动的重要代表人物。
[5] 冈仓天心(Kazuko Okakura,1863—1913),日本明治时期的美术家、美术评论家。1904年,经费诺洛萨的推荐,来到波士顿美术馆的中国日本部工作。1910年,冈仓成为波士顿美术馆中国-日本部主任。冈仓晚年多次前往印度和中国游历,在美国写出《东洋的理想》(The Ideals of the East with Special Reference to the Art of Japan)、《日本的觉醒》(The Awakening of Japan)、《茶道》(The Book of Tea)等著作。

特·加德纳①的艺术顾问，但算得上是她的精神导师。加德纳堪称是波士顿芬威区的"皇太后"。1903 年，在波士顿交响乐团演奏的交响乐声中，伊莎贝拉的私人博物馆向公众开放。在刚开的这家博物馆里，有两间相连的中国厅。[9] 第一间"中国厅"展示了日本屏风、寺庙屋檐装饰、中国刺绣及其他小件展品。但是，直到博物馆开放之后，伊莎贝拉才与冈仓结识。那时，冈仓刚来波士顿不久，担任波士顿美术馆的顾问。1913 年，冈仓在日本去世时，伊莎贝拉在其博物馆的音乐厅里主办了一场焚香悼念活动。伊莎贝拉的一位朋友代表她向冈仓墓碑的碑石上洒水，另一位时常免费为其担任代理的朋友丹曼·罗斯，把冈仓的餐盒和茶杯交到她的手里。同时，接替冈仓担任中国-日本部主任的富田幸次郎②，从冈仓墓地上拾取了几朵梅花，带回来交给了伊莎

伊莎贝拉·斯图尔特·加德纳画像，出自画家约翰·辛格·萨金特（John Singer Sargent）之手

---

① 伊莎贝拉·斯图尔特·加德纳（Isabella Stewart Gardner，1840—1924），美国艺术收藏家、慈善家。她创建的与其同名的博物馆于 1903 年向公众开放，被誉为美国最早、最成功、最具有特色的博物馆。开馆时，收藏有拉斐尔、提香、波提切利、米开朗琪罗、安吉利科、乔托、伦勃朗等人的主要作品一共 2 500 件。
② 富田幸次郎（Kojiro Tomita，1890—1976）是冈仓天心的学生，1907 年被冈仓天心带到波士顿美术馆。1931 年，富田幸次郎出任波士顿美术馆亚洲艺术部主任，1962 年退休。在富田幸次郎任职期间，波士顿美术馆收藏的中国绘画数量大为增长，其中包括宋徽宗《五色鹦鹉图》和阎立本《历代帝王图》（罗斯捐赠）。富田幸次郎任职期间还设立了亚洲艺术品购藏基金，使美术馆能够持续购入中国艺术品。著有《波士顿美术馆藏中国绘画：汉至宋》（Museum of Fine Arts Boston: Chinese Paintings Han to Sung Periods）。

贝拉。为纪念冈仓，伊莎贝拉将第二间"中国厅"取名为"佛堂"。在博物馆的凉廊里，摆放着一块中国东魏时期的释迦牟尼造像石碑，明显地显示出该馆的中国主题。这块造像石碑是伊莎贝拉从伯纳德·贝伦森[①]那里买来的，而贝伦森又是从俄罗斯艺术收藏家维克多·古卢比手中购得[②]。

1881年，伊莎贝拉在波士顿洛厄尔研究所聆听过莫尔斯有关日本的系列讲座，这些讲座促使她对东方产生了浓厚的兴趣。她邀请莫尔斯到家里来，给她的客人们也作这些讲座。伊莎贝拉的丈夫杰克是一位铁路投资家。1883年，夫妇两人一起悄然动身去了亚洲，访问了日本、中国和一些东南亚国家。他们一路上浩浩荡荡，有好几辆行李车跟随，还跟着众多随从，如搬运工、女佣、私人厨师、牧马人和翻译。他们选择的是一条常规的旅游路线：上海、天津、北京，然后再返回上海，从上海再去香港、广州和澳门。在北京，他们参观了古观象台、明十三陵、长城和圆明园遗址等。伊莎贝拉特别感兴趣的地方是雍和宫，这是一座藏传佛教格鲁教派的寺院。伊莎贝拉在日记中写下了她在此处的见闻：这里的建筑风格，僧人们身上所穿的黄袍、悠扬的诵经声，随处可见的艺术品，其中包括地毯、景泰蓝祭器和巨大的佛像等。夫妇两人还访问了传教士和慈善机构。更为不同寻常的是，由于伊莎贝拉对亚洲宗教有浓厚的兴趣，他们还与一些和尚道士见了面。旅行期间，伊莎贝拉还见缝插针，购物、买照片、把捡拾到的银杏叶夹在了纪念册里，在日记中写下了自己的见闻。在总结19天的中国之行时，她写道："到处都是尘土和灰垢，但我见识了各种有趣的事物和景象。"[10]

[①] 伯纳德·贝伦森（Bernard Berenson，1865—1959），美国艺术史学家，研究意大利文艺复兴艺术的权威人士。著作有《佛罗伦萨画家作品集》（*Drawings of the Florentine Painters*）和《文艺复兴时期的意大利画家》（*The Italian Painters of the Renaissance*）。
[②] 波士顿美术馆从定居巴黎的俄国学者维克多·古卢比（Victor Goloubew，1879—1945）手上购买了将近一百七十件艺术品，主要为印度莫卧儿王朝（1526—1858）及伊朗萨法维王朝（1501—1736）以来的细密画，不少是上乘之作，开启了有明确目标指向的南亚艺术收藏。

异国旅行很适合伊莎贝拉古怪的性情。在美国国内时，她的行为不免招惹波士顿上流人士的反感。人们曾津津乐道一则故事，说伊莎贝拉报了一个包车旅游团，但是去晚了，她竟然租了一辆铁路机车来接她。还有一则故事说她出席舞会时，后面竟然跟着一名男童，帮她提着裙裾。伊莎贝拉还是一个棒球迷。有一次，在交响乐厅听音乐会时，她在额头中间贴着一面锦旗，上面写着"波士顿红袜队"。在她家的浴缸上面，写着她的座右铭："多想、少说、不动笔。"[11] 约翰·沃克①（1930届）是国家美术馆的前馆长。尽管他个人并没有和伊莎贝拉交往过，但他对伊莎贝拉所作的描述或许是最贴切的：

> 伊莎贝拉喜欢抛头露面。她用皮绳牵着一头狮子在动物园里闲逛。职业拳击赛上，她坐在观众席的前排。流行音乐会上，她喝啤酒而不是雪利酒。她身穿低胸露肩紧身裙四处招摇。她有无数位男性朋友，而女性朋友却屈指可数。[12]

查尔斯·艾略特·诺顿（1846届）是伊莎贝拉最重要的精神导师。他是有影响力的《北美评论》杂志的创刊人和编辑，其父安德鲁斯·诺顿（Andrews Norton）是新英格兰地区基督教唯一神教派的主教，表弟查尔斯·威廉·艾略特（Charles William Eliot）是哈佛大学校长。（查尔斯·艾略特·诺顿是商业王子塞缪尔·艾略特的外孙，而查尔斯·威廉·艾略特是塞缪尔·艾略特的孙子。据传，他是当时波士顿最有钱的人。）查尔斯·诺顿是美国最有文化、最具影响力的人之一，也是"但丁学会"的创始人之一。[13] 该学会的早期会长是亨

---

① 约翰·沃克（John Walker，1906—1995），艺术策展人，拥有哈佛大学艺术史学士学位。1939年，任国家美术馆的首席策展人。1956年，任美国国家美术馆馆长，并一直担任该职位，直至1969年退休。著有《与捐赠者交往实录》（*Self-portrait with Donors*，1974）和《国家美术馆：一千件杰作》（*The National Gallery of Art: One Thousand Masterpieces*，1976）。

利·沃兹沃斯·朗费罗[1]和詹姆斯·拉塞尔·洛威尔[2](1838届)。学会成员包括老奥利维尔·温德尔·霍姆斯、威廉·迪恩·豪威尔斯[3]和伊莎贝拉·斯图尔特·加德纳。朗费罗曾把但丁作品翻译成意大利文。起初,但丁学会的成员们为了研究并修订朗费罗的意大利文译作,在朗费罗位于剑桥城的"克雷吉公寓"定期会面。后来,他们挪到了诺顿家位于"阴山"(Shady Hill)的老宅。这座宅子坐落在一片绿树成荫的公园里。诺顿金黄色的书房里面,满是绘画作品、勋章、书籍和手稿。正是在这间书房里,亨利·詹姆斯[4]被介绍给了英国小说家查尔斯·狄更斯。

伊莎贝拉经常被人称为"杰克夫人"。她经常来听诺顿的艺术鉴赏讲座。据说诺顿讲得忘乎所以时,会发出一声冷笑:"哦,不!这太过火了。"[14]在诺顿的帮助下,伊莎贝拉成为一名收藏家。有时,诺顿还会担任她的代理人(当诺顿负担不起"阴山"住所高昂的费用时,诺顿还会出售给伊莎贝拉一些善本书和手稿)。19世纪90年代中期,除了费诺洛萨和伊莎贝拉,诺顿的追随者还包括三位得意门生:哲学家乔治·桑塔耶那[5](1886届)、艺术史学家兼收藏家查尔斯·洛瑟[6](1886届)和

---

[1] 亨利·沃兹沃斯·朗费罗(Henry Wadsworth Longfellow, 1807—1882),19世纪美国诗人、语言学家、戏剧家和翻译家,是最早被世界文学界尤其是中国文学界关注的美国本土作家之一,为推动美国新英格兰文学的繁荣发展做出了很大的贡献。
[2] 詹姆斯·拉塞尔·洛威尔(James Russell Lowell, 1819—1891),美国浪漫主义诗人、作家、评论家和外交家。他是《大西洋月刊》(Atlantic Monthly)的首任编辑,也曾为《北美评论》(North American Review)工作。1877—1880年任美国驻西班牙公使,1880—1885年任美国驻英公使。
[3] 威廉·迪恩·豪威尔斯(William Dean Howells, 1837—1920),美国小说家、文学批评家,现实主义文学奠基人,曾担任《大西洋月刊》和《哈珀》杂志的编辑。
[4] 亨利·詹姆斯(Henry James, 1843—1916),英籍美裔小说家、文学批评家、剧作家和散文家。代表作有长篇小说《美国人》(The American)和《贵妇人的画像》(The Portrait of a Lady)。1862至1864年,亨利·詹姆斯进入哈佛大学念法律时,认识了威廉·迪恩·豪威尔斯,两人成了终身好友。
[5] 乔治·桑塔耶那(George Santayana, 1863—1952),美国自然主义哲学家和美学家,原籍西班牙。早年就读于哈佛大学,后任该校哲学教授。主要著作有《美感》《诗与宗教的阐释》《理性生活》和《三位哲学诗人:卢克莱修、但丁与歌德》等。
[6] 查尔斯·洛瑟(Charles Loeser, 1864—1928),美国艺术史学家和收藏家,从哈佛大学获得文学史学士学位和哲学硕士学位,后移居到意大利佛罗伦萨。他向白宫捐赠了八幅塞尚的作品,向哈佛大学福格艺术博物馆捐赠了262件绘画作品,向佛罗伦萨维奇奥宫博物馆捐赠了30件艺术作品和古董家具。

散文作家兼评论家洛根·皮尔索·史密斯①。后者成为诺顿另一位学生伯纳德·贝伦森（虽然并不那么受老师喜欢）的内弟。桑塔耶那、洛瑟和史密斯似乎都是同性恋或双性恋者，不过隐藏得很深。除了诺顿的这三位弟子之外，常到诺顿位于芬威公园的家里品茶的知名本科生还包括亨利·詹姆斯（就读于哈佛大学法学院）、画家约翰·辛格·萨金特②，还有三位波士顿美术馆未来的捐赠者：内德·沃伦（Ned Warren）（1883届），他向该馆捐赠了一系列古希腊雕像；威廉·斯特吉斯·比奇洛③医生（1871届本科生、1874届医学博士）；丹曼·罗斯（1875届本科、1880届哲学博士）。比奇洛和罗斯，还是波士顿美术馆亚洲艺术部的主要捐赠者。

19世纪80年代期间，新英格兰地区积攒起来的商业财富仍然投资在房地产和铁路债券上，同时也使得年轻一代人有闲钱购买艺术品，波士顿婆罗门阶层人士将自己的生意经也用到了波士顿文化机构的运营上，这其中包括波士顿美术馆，他们占据了波士顿美术馆的大多数席位。正如文化史学家尼尔·哈里斯（Neil Harris）所评论的那样："在波士顿美术馆理事会中，艾略特家族、帕金斯家族和比奇洛家族各有一席之地，23名当选理事几乎全都来自新英格兰地区的老式家庭，都是有钱人。他们之中除一人之外，其他都是波士顿图书馆的股东。他们当中，有11人是'星期六俱乐部'④成员，5人曾当过或后来成为哈佛大学监事会成员，

---

① 洛根·皮尔索·史密斯（Logan Pearsall Smith，1865—1946），现代英国散文作家，主要作品有《琐事集》（*Trivia*，1902）、《琐事集续篇》（*More Trivia*，1921）、《再思录》（*Afterthoughts*，1931）等。
② 约翰·辛格·萨金特（John Singer Sargent，1856—1925），美国画家。生于意大利佛罗伦萨，早期以擅长画肖像画出名，曾为西奥多·罗斯福、约翰·洛克菲勒等名人画过像，后热衷于水彩风景，1890—1910年为波士顿公共图书馆和波士顿美术馆作壁画。
③ 威廉·斯特吉斯·比奇洛（William Sturgis Bigelow，1850—1926），1874年毕业于哈佛大学医学院，随后赴欧洲，先后在维也纳和巴黎学习细菌学。在巴黎时，开始对日本艺术感兴趣。1882年，赴日学习佛教，并与莫尔斯、费诺洛萨等人交往。1889年，毕佛罗回到波士顿。1911年，当选美国艺术与科学学院院士。比奇洛在日本居住长达7年，其间他购入数量惊人的艺术品，后来都捐赠给博物馆，多达三万余件。
④ 星期六俱乐部（Saturday Club），成立于1855年，是波士顿名流人士每个月举行一次的非正式聚会，参加者通常是作家、科学家、哲学家、历史学家和其他一些知名的思想界人士。

其中有一半人加入了萨默塞特俱乐部①或圣博托夫俱乐部②,许多人之间还有血缘关系。"[15]

威廉·斯特吉斯·比奇洛家族就是一个典型的例子。比奇洛家族里有人从事中国贸易赚了一笔巨额财富,去世后传给了比奇洛。比奇洛一家三代都是医生。比奇洛的父亲是加德纳家的家庭医生,也是约翰·拉法格、亨利·卡伯特·洛奇议员和西奥多·罗斯福总统的密友。比奇洛还是亨利·亚当斯的妻子克洛沃的堂兄,克洛沃很喜欢他。克洛沃和丈夫一样,都热心收藏亚洲艺术品。在楠塔基特(Nantucket)岛西端,有一座塔克纳克(Tuckernuck)小岛,比奇洛在此有一处避暑的房子。亚当斯认为,此处有着"壮丽的中世纪景色"。[16]比奇洛谢绝女子入内,鼓励男人们结伴裸泳,这使得洛奇议员在期待去塔克纳克岛躲避华盛顿的酷暑时高喊:"去冲浪吧,老兄!去晒太阳吧,老兄!都赤裸起来吧!我的天啊!我多么想一丝不挂!"[17]比奇洛的图书室里有3 000册图书,客人们在这里可以读到用英、日、汉三种语言写成的关于佛教和玄学的书籍,也能读到成人读物。与随心所欲赤裸裸地或穿着睡衣到处走来走去的客人们相比,比奇洛更喜欢穿着日本和服。但是吃晚餐时,比奇洛要求客人们必须身着正装。

比奇洛聆听过爱德华·莫尔斯的讲座。比奇洛邀请莫尔斯来塔克纳克岛。1882年,比奇洛还陪同莫尔斯去了日本。比奇洛在日本生活了七年,皈依了佛教。1883年,伊莎贝拉·加德纳夫妇到远东旅行时,比奇洛还曾招待过他们。在他们交往期间,比奇洛曾形容伊莎贝拉"能驱散忧郁,活跃气氛,侃侃而谈"。[18]为向伊莎贝拉表示敬意,他把自己的切萨皮克猎犬起名为"约翰·加德纳夫人",简称"美女",因为"在一口气喊完猎犬的全名之后,他就没力气再吹口哨了"。尽管如此,比奇洛

---

① 萨默塞特俱乐部(Somerset Club),成立于1826年马萨诸塞州波士顿的一个私人社交俱乐部,成员都是当地的婆罗门阶层人士。
② 圣博托夫俱乐部(St. Botolph Club),马萨诸塞州波士顿的一个私人社交俱乐部,由一群艺术家成立于1880年。

也会说伊莎贝拉的坏话。贝伦森也是如此，他背地里说伊莎贝拉是"查尔斯家族的蛇精"。在写给洛奇议员的信中，比奇洛曾直言不讳地批评伊莎贝拉，说她"虚荣自负，爱管闲事，任性冲动"，甚至连"什么是忠诚，什么是背信弃义，都搞不清楚。她会与任何人交朋友，也会任性地甩掉任何朋友"。[19]

1926年10月6日，《波士顿晚报》的头版出现了两条醒目标题，一条是"巴比·鲁斯在世界职业棒球大赛中完成三次本垒打"。另一则消息的字体更大，报道的是威廉·斯特吉斯·比奇洛逝世的消息。当时，波士顿美术馆中国-日本艺术部主任约翰·埃勒顿·洛奇（John Ellerton Lodge）为比奇洛的遗体穿上了灰色和服，给他上身披上了日本真言宗僧侣袈裟，之后将比奇洛遗体火化。[20]洛奇的父亲亨利·卡伯特·洛奇是比奇洛最好的朋友。遵照比奇洛的遗嘱，他的骨灰被分葬在了两处：一处是（由其祖父创建的）奥本山陵园；另一处是日本的法明三井寺。日本僧侣把比奇洛的骨灰埋在了琵琶湖附近，与其朋友费诺洛萨的墓地相距不远。比奇洛临去世之前，把他收藏的亚洲艺术品捐赠给了波士顿美术馆，总数多达26 000件。

在波士顿的单身汉鉴赏家和博物馆赞助人中，丹曼·罗斯是另一位显贵。罗斯收集艺术品的标准是能够传世。罗斯博士头衔繁多：教授、艺术家、收藏家，还在设计理论方面发表了有影响力的论文。最重要的是，他还是波士顿美术馆和哈佛大学福格艺术博物馆的理事和捐赠者。罗斯一生捐赠给波士顿美术馆11 000件藏品，捐赠给哈佛大学福格艺术博物馆1 500件藏品。虽然罗斯的收藏领域广泛，但本书关注的焦点是他对中国艺术品的收藏。

艺术史学家肯尼思·克拉克①爵士曾经写道："我的收藏品，是记载我生活的日记，是我唯一记录下来的日记。"[21]这句话用在罗斯身上也

---

① 肯尼思·克拉克（Kenneth Clark，1903—1983），英国艺术史学家。曾担任过牛津阿什林博物馆馆长和英国国家美术馆馆长。

很贴切。如果你翻看他与许多博物馆管理者、策展人、收藏家伙伴，以及与诸如约瑟夫·林登·史密斯（Joseph Lindon Smith）和伊莎贝拉等朋友的来往信件，你会发现他很少在信中谈论自己的私事。他在信中记叙的都是他所看到过或所收藏的物品、旅行路线，以及如何陈列其捐赠藏品的建议。有一次，担任过波士顿美术馆策展人的屈志仁①在接受采访时回忆说，他研究了罗斯捐赠的藏品，发现"罗斯是一位伟大的收藏家。在认识罗斯之前，我不相信有什么'眼力'之说，认识罗斯之后，我改变了我的这一看法"。[22]

丹曼·罗斯，波士顿美术馆慷慨的捐赠者（这幅素描像由萨金特于 1917 年创作）

"我收藏文物的动机是我喜欢秩序和美感，"罗斯正在准备写一本自传，他在为自传所作的笔记中解释说，"收藏艺术品是一件可遇不可求的事情。我有钱可花，于是便出钱把相中的艺术品买了下来。"有朋友来拜访时，"我发现自己总是向他们讲述我是怎么把收藏品搞到手的，同一个收藏品的故事我讲了一遍又一遍，直到我为自己的行为感到羞愧。我不能再这样继续下去了，于是我把收藏品送到了波士顿美术馆。最初是租借，后来我干脆就捐赠了出去。"[23]

罗斯向波士顿美术馆捐赠了一批中国画，其中最引人注目的是 5 幅南宋早期的罗汉图。它们是周季常和林庭硅的作品，创作时期是在 1178—1188 年间。13 世纪，一百多幅中国卷轴画被带到了日本，这 5 幅

---

① 屈志仁（James Watt，1936—   ），文物鉴赏家、博物馆馆长、艺术史家，毕业于牛津大学。他是香港中文大学文物馆创馆馆长，2000 年任美国纽约大都会博物馆亚洲艺术部主席。

罗汉图就在其中，后来被收藏于日本京都的禅宗寺庙大德寺。1894年，费诺洛萨安排租借了其中的44幅画，在美国举办了场展览，在波士顿鉴赏家中引起了轰动。展览正式向公众开放之前，罗斯带朋友伯纳德·贝伦森与费诺洛萨会面，一起观看了展览。在意大利绘画鉴赏方面，贝伦森闻名遐迩，但鲜为人知的是，他对佛教艺术也有强烈兴趣。观看过这次展览之后，贝伦森的兴趣转变成了一种激情。在给后来成为自己妻子的玛丽·史密斯·科斯特罗伊（Mary Smith Costelloe）的信中，贝伦森写道，他惊奇地发现"东方艺术，正在超越德国画家丢勒[①]和意大利画家詹蒂利·贝里尼[②]"：

> 在勾画单个人物或群体方面，这些画作与我们最好的欧洲画作一样，堪称简洁而完美……我对此佩服得五体投地。费诺洛萨欣赏画作的时候，身体在战栗。而我感到目眩。甚至身材矮胖的英国人丹曼·罗斯，也兴奋得上蹿下跳。我们忍不住互相戳一下身体，掐对方一下脖子，甚至哭出声来。毫无疑问，我从未有过这样的艺术体验。费诺洛萨已陷入密宗佛教不能自拔，我对此一点都不感到惊奇。

大德寺亟待修复，寺庙便将收藏的中国画抵押给了一位日本收藏家，获得一笔数额可观的贷款。似乎寺庙的僧侣同意将其中的10幅画在美国出售。展览结束时，罗斯买下了5幅上乘画作，并最终将其捐赠给了波士顿博物馆。波士顿美术馆也购买了5幅画。更耐人寻味的是，费诺洛萨声称有两幅画不知道放到哪里了，这两幅画没被展出过，也没有送给波士顿美术馆或罗斯。然而，费诺洛萨后来却将这两幅画卖给了查尔斯·弗利尔。博物馆研究员则猜测，或许大德寺还欠费诺洛萨一份人情

[①] 阿尔布雷特·丢勒（Albrecht Dürer，1471—1528），德国画家、版画家及木版画设计家。
[②] 詹蒂利·贝里尼（Gentile Bellini，1429—1507），意大利画家。1479到1481年间为穆罕默德二世作画，君士坦丁堡的基督教场所的壁画便是他的重要作品。

或佣金。1908年，那批画运回京都后被视为日本国宝。后来，日本人对那次卖画行为懊恼不已。

1895年购买那批中国画，标志着波士顿美术馆收藏中国古代绘画作品的开始。在许多年里，它们都是西方收藏的顶级中国画作。丹曼·罗斯捐赠的另一幅名画是《历代帝王图》。[24] 1928年日本裕仁天皇登基时，《历代帝王图》在日本东京展出。此前，这幅画是中国福建省一个林姓家族的私藏品①。1931年，丹曼·罗斯通过日本古董商山中定次郎把它买到手。

《历代帝王图》长度超过5米，绢本设色，可能是美国收藏的最早的中国卷轴画。购买这幅画时，罗斯和波士顿美术馆策展人富田幸次郎都认为它是唐代宫廷画家阎立本的原作，直至今日，波士顿美术馆的网站也是这么注明的。但学者宁强教授则认为，它是后来北宋时期（960—1127）的摹本。绢画描绘了唐朝以前十三位皇帝及其侍从的形象。宁教授推理说，"之所以选择这十三位皇帝，动机是为了使唐太宗的统治合法化"。[25] 唐太宗篡权，谋杀亲兄，逼迫父亲退位，"《历代帝王图》似乎是在他的授意之下创作的"。每位皇帝画像旁都有榜题文字。北周武帝宇文邕，北朝北周第三位皇帝，公元560—578年在位，其画像旁的题字是"毁灭佛法"（宇文邕的宰相信奉道教，宇文邕的行为深受其影响）。[26] 富田幸次郎断言，"作为肖像画，这幅卷轴画的质量属于上乘，堪称是世界级的杰作"。[27]

富田幸次郎先是拿着《历代帝王图》的小型摹本让罗斯看。他回忆，"罗斯看完后说：'我怎么才能够得到它？'我告诉他那幅画目前在中国。他说：'想办法搞到手。'提到价格问题时，听说要值几万美元（经济大萧条时期6万美元），他说：'我没那么多钱，但是我现在就去筹钱。我给律师打电话。'罗斯确实给律师打了电话。律师说：'罗斯博士，你是

---

① 《历代帝王图》相传为唐朝画家阎立本所作，1866年在陕西被时任山西布政使的林寿图收购，成了林家私藏品。1931年，林寿图的外孙梁弘志将《历代帝王图》以6万大洋卖给了美国人丹曼·罗斯。

单身汉,有足够的钱,但是你一次不能用掉这么多钱。'"[28] 罗斯做了抵押担保,贷了一笔巨款,波士顿美术馆则提前支付了余款。罗斯在遗嘱中给波士顿美术馆留下了一笔钱,用以偿还那笔贷款和利息。因为如富田幸次郎所说:"他就是这种言出必行的人。"

1853年,丹曼·沃尔多·罗斯出生于辛辛那提市,父亲是约翰·卢德洛·罗斯(John Ludlow Ross),母亲是弗朗斯·沃克·沃尔多(Frances Walker Waldo),家里的另外3个孩子都先后夭折。如丹曼所说:"我是家里留下的独苗。"[29] 1862年,丹曼全家迁居波士顿,离母亲沃尔多家那边的亲戚很近。如丹曼回忆说:迁往波士顿,是因为父亲"不想参军后把妻子和独苗儿子留在河对岸就是敌人的辛辛那提"。[30] 丹曼的外祖父亨利·沃尔多是阿摩司·劳伦斯(Amos Lawrence)的生意合伙人,两人联手投资了波士顿北部的劳伦斯工厂,生意十分兴隆。受外祖父的影响,丹曼一生喜欢收藏纺织品。丹曼的父亲也是一位精明的企业家,他与兄弟马提亚·丹曼(丹曼的名字即源于此)联手,购买了大量依然处在开发状态的波士顿后湾区的房地产。此外,他还有其他生意,例如电力公司、装修公司和亚麻钓鱼线生产厂。在波士顿,生产亚麻钓鱼线是一桩特别有利可图的生意。当时的美国尚未开始征收所得税,丹曼的父亲约翰·罗斯得以积累了一笔相当可观的财富。[31]

1871年,丹曼进入哈佛大学,跟随约翰·亚当斯学习历史。当时,哈佛大学校长查尔斯·艾略特·诺顿刚把亚当斯从首都华盛顿挖到哈佛任教。大四时,丹曼参加了查尔斯·艾略特·诺顿的《美术史及其与文学之间关系》的课程。诺顿认为,历史应当遵循实践。因此,虽然他的课程并不要求学生画素描和油画,但需要学生先上完查尔斯·穆尔(Charles Moore)所授课程《绘画、雕塑和建筑的设计原则》。受诺顿启发,丹曼还对英国知名艺术评论家约翰·罗斯金(John Ruskin)及其所推崇的前拉斐尔派画家产生了兴趣。丹曼受导师影响,深信艺术教育会提高受教育者的道德水平。后来,在美国工艺美术运动中,丹曼是第一批改变自己艺术信仰的人。

丹曼在德国莱比锡大学跟着亚当斯读博士。1883年，他出版了关于德国土地改革的博士论文。1884年，丹曼的父亲去世，丹曼随即终止了历史学术研究。这种决裂非常决绝："我把一大批有关古代法律的藏书都赠送给了哈佛大学，将曾经存放书籍的书房扩建、重新布置，改造成了适宜开展绘画和艺术品收藏等活动的工作室。"丹曼从父亲那里继承来的遗产，再加上波士顿后湾区公寓式酒店卢德洛大厦（建于其家族所有土地之上，对面就是三一教堂）的租金收入，使他得以一生衣食无忧，周游世界，对艺术、绘画和收藏进行研究著述。

丹曼博士开始了新的职业生涯，在哈佛大学讲授设计理论。起初，他在哈佛大学建筑学院授课，1909年转到了美术学院。年过七旬时，他仍坚持上讲台。一位学生回忆起他时说："他身材魁梧，容光焕发，他讲的设计理论多少有些教条。他偶尔会气喘，但对收藏、教书和美的鉴赏充满了渴望。"[32]

丹曼深知对工匠和学生传授艺术的重要性，因此特别喜欢在暑期学校为工匠和学校教师上艺术课。然而，他教起课来非常独断专行。有人曾如此描述安德鲁斯·诺顿牧师："诺顿到教室来不是为了寻求真理的，而是作为真理的发现者给大家讲授真理的。"[33]这种描述用在丹曼的教条式的教学风格上也是再合适不过的。"他对学生们的影响很大，"丹曼的一位学生评论说，"他并不鼓励学生独立思考，他对学生的研究发现毫无兴趣。他坚信自己的方法是最棒的，这是他教学上的一个严重的缺陷。"[34]

丹曼研究方法的基础，是上手接触艺术品原作。他经常邀请学生们到他位于克雷吉大街的家中吃晚餐，在高屋顶、堆满艺术品的收藏室里上鉴赏课，让他们有机会观摩尚未送到博物馆的艺术品。他对学生的建议是："某类艺术品的最高标准是什么，要做到心中有数，直到你遇见更好的。要学会品鉴，只挑最好的买。不要在不同类型的东西之间做比较。"丹曼退休后，仍然用心培养可塑之才。他在1928—1929年挑中的一个学生就是刚刚入校的劳伦斯·西克曼。后来，西克曼当上了堪萨斯城纳尔逊艺术博物馆馆长,丹曼被认为是在艺术上对西克曼影响最大的人。丹曼向富田幸次郎推荐,让西克曼负责管理他捐赠给波士顿美术馆的藏品。西克曼汇报说,富田幸次郎"非常宽容,非常热情"。丹曼还建议西克曼"学习语言,但不要当语言学家;钻研艺术,但不要做'美学家'"。[35]

虽然丹曼属于首批收藏莫奈作品的美国人,但很快就对印象派失去了兴趣,认为印象派画家的作品"与绘画大师的作品相比过于肤浅"。[36]他强烈反对现代艺术,反对马蒂斯、毕加索和德国表现主义画家,阻止哈佛大学福格艺术博物馆收藏印象派画家和表现主义画家的作品。丹曼是福格艺术博物馆"罗斯研究系列藏品"的保管员和名誉研究员。结果,在福格艺术博物馆馆长保罗·萨克斯的鼓励之下,林肯·柯尔斯坦①、爱德华·沃伯格②和约翰·沃克等人在哈佛广场成立了"哈佛大学当代艺术学会",纽约现代艺术博物馆就是受该学会的启发创立的。沃克在自传《与捐赠者交往实录》中写道,丹曼"对自认为属于颓废艺术的,像希特勒一样独断专行,坚决阻止其传播"。[37]

1895年,波士顿美术馆任命丹曼担任博物馆理事(丹曼的叔父马提亚·丹曼·罗斯是该馆创立理事会成员,丹曼担任理事也算是继承了其叔父的志向)。因此,丹曼进入了波士顿亚洲艺术收藏家的婆罗门俱乐部,其中包括查尔斯·戈达德·维尔德③博士和威廉·斯特吉斯·比奇洛等人。维尔德家中也有人做中国贸易赚了一大笔财富,后来被他继承。维尔德将其从费诺洛萨处购得的亚洲艺术私藏品捐赠给了博物馆。波士顿美术馆的亚洲艺术部,弥漫着一种强烈崇拜日本的氛围。丹曼最初只是收藏日本艺术品,但很快将收藏兴趣扩展到了亚洲其他地区,包括中

---

① 林肯·柯尔斯坦(Lincoln Kirstein, 1907—1996),美国作家、导演、艺术鉴赏家、慈善家,纽约市的文化名人。
② 爱德华·沃伯格(Edward Warburg, 1908—1992),美国慈善家和艺术赞助人,曾在布林莫尔学院(Bryn Mawr College)讲授现代艺术,并曾担任大都会艺术博物馆公共事务部主任。他收集了许多绘画和雕塑作品,并将其中的大部分捐赠给博物馆,特别是现代艺术博物馆。
③ 查尔斯·戈达德·维尔德(Charles Goddard Weld, 1857—1911),内科医生、慈善家。他从朋友欧内斯特·费诺洛萨那里购买了大量日本艺术收藏品,并将其捐赠给了波士顿美术博物馆。

国。丹曼曾在 1910 年和 1912 年到中国旅行过两次。陪同丹曼到处旅行收集文物的，不但有他的堂兄弟路易斯·纳瑟斯特（Louise Nathurst），还有画家约瑟夫·林登·史密斯和赫维·E. 韦策尔（Hervey E. Wetzel）（1911 届）。丹曼对画家史密斯给予资助，在卢德洛大厦的顶楼为他提供了一间很大的画室。

丹曼极为仰慕史密斯的画作。1886 年，为报答史密斯为其授课，丹曼出资带史密斯一同去欧洲旅行，欣赏欧洲的绘画杰作。正是在这次旅行中，他们结下了终生的友谊。后来，他们又一同前往墨西哥、欧洲和亚洲旅行，在旅程中，他们肩并肩作画，友谊因而变得更加深厚。丹曼最终成为一名技艺娴熟的学术性画家。大约 50 年后的一个秋天，在丹曼去世前不久，他从威尼斯给史密斯寄出了一封信。在信中，丹曼回忆起他们共同经历的过去："那时，我们是风华正茂的青年。我们的一些最优秀的作品，都是在这一时期创作完成的。我们制定了一个直至今日始终坚守的标准。很少有人像我们那样了解佛罗伦萨和威尼斯……意大利已经不再是原来的样子了。对我来说，它已经改变了。我再也不会来这里了。"[38]

哈佛大学福格艺术博物馆馆长爱德华·福布斯①把哈佛大学生赫维·韦策尔引荐给了丹曼，称其是"一名雅士"。年轻的韦策尔刚开始是丹曼的学生，后来变成了弟子，再后来成为丹曼的终生挚友。1912 至 1913 年，韦策尔跟随丹曼一起去日本和中国旅行，他们途经东南亚、印度、埃及和欧洲各国。丹曼为两人定下了收购藏品的规矩：要做好被人拒绝的准备。他们与古董商会面，参观他们的店铺，忽略那些"考古或历史因素"，收购最上乘的藏品，并心怀这样的理念："博雅教育的终极目的，是培养想象力，而培养想象力不仅要通过阅读最好的书籍，还要通过见识最佳的物品。"[39]

---

① 爱德华·沃尔多·福布斯（Edward Waldo Forbes，1873—1969），美国艺术史学家。1909 至 1944 年任哈佛大学福格艺术博物馆馆长。

导师丹曼称韦策尔"有辨别能力、非常挑剔","渴望欣赏自己认为精美的东西,充满热情;其品位和判断几乎不出差错"。韦策尔继承了一大笔财产,有足够的资金购买重要收藏品。因此,丹曼希望韦策尔能接替他担任理事。1917年,波士顿美术馆授予韦策尔波斯艺术荣誉策展人的称号。韦策尔几乎将自己的财富和时间都投入进去,把波士顿美术馆的波斯藏品打造成世界一流。韦策尔还在波士顿路易斯堡广场购买了两栋相互毗连的房子,用来存放越来越多的藏品,假以时日,韦策尔的藏品完全可以用来办一座小型博物馆了。但是,第一次世界大战的爆发,韦策尔没能遂愿。由于心脏问题,韦策尔申请入伍被拒绝,于是他到美国红十字会巴黎总部当了一名志愿者。韦策尔感觉自己此行可能一去不复返,便在福格艺术博物馆旧馆策划了一场展览,展出了他所珍藏的中国、日本和朝鲜文物。1918年,韦策尔死于肺炎。[40]韦策尔分别向福格艺术博物馆和波士顿美术馆遗赠了10万美元,用于购买重要艺术品。他所珍藏的东方艺术品也一分为二,分别捐赠给了这两家博物馆。在他捐赠的藏品中,有中国北魏时期(386—534)的佛教许愿碑,直到今天,它仍然在波士顿美术馆的中国展厅展出。为纪念年轻的朋友韦策尔,丹曼向波士顿美术馆捐赠了一尊柬埔寨雕像。

1913年,为纪念波士顿美术馆研究员冈仓天心,丹曼·罗斯向该馆捐赠了一尊中国东魏菩萨石像。这尊菩萨像出土于中国洛阳的白马寺,体积巨大,十分精致。冈仓天心是1906年在中国首次见到这尊菩萨像,当时刚出土不久。1910年,冈仓天心重返中国,希望把菩萨像买下。然而,它已不见踪影。后来,菩萨像现身于巴黎古董商保罗·马隆(Paul Mallon)的店铺,使得冈仓天心再次见到了它,将它买下。

"丹曼叔叔"是波士顿美术馆和哈佛大学福格艺术博物馆库房的常客,有时还不请自来。他把自己的收藏品存放在了福格艺术博物馆,占用了那里相当大的空间,这些收藏品经常是策展人竞相争夺的对象。和比奇洛一样,丹曼习惯参与幕后的谋划,喜欢对波士顿美术馆石膏像收藏和博物馆人事变动之类的事情出谋划策。丹曼给哈佛大学校长和波士顿美术馆受托人劳伦斯·洛厄尔写过一封信，信的开头这样写道："据我判断，波士顿美术馆的组织管理工作做得非常糟糕。"[41]当时，丹曼对波士顿美术馆各个部门的运营有着相当大的影响力。"亲爱的老丹曼·罗斯不会轻易放过你的"，[42]当时在波士顿美术馆工作的一位研究员有感而发。"事实上，丹曼差不多就是美术馆的主人。"福格艺术博物馆研究员兰登·华尔纳补充道："他对自己发现的藏品洋洋自得，会拽着我们请他介绍其所购画作的价值所在。他自吹自擂，喜欢被人点头称是。要是谁拒绝他提出的任何小小的要求，那这个人肯定是心胸狭窄。而且，我们发现，对他点头称是是明智之举，毕竟是在他的启发之下我们才意识到柬埔寨雕塑、南印度青铜器和科普特挂毯是各自领域里顶尖的作品。"[43]丹曼不仅对购买什么藏品提出建议，有时他还会对甄选作品的判断是否"成熟"表示怀疑。[44]譬如后来成为纽约大都会艺术博物馆研究员的普艾伦打算同华尔纳和霍勒斯·杰恩（Horace Jayne）去敦煌为福格艺术博物馆购买壁画（参见第四章），对此丹曼就曾表示过怀疑。虽然丹曼未坚持要求把他的藏品集中存放，但还是建议在其所有藏品上贴上"丹曼·罗斯藏品"的标签，这样"在我去世后多年，我还能像一本书或一幅画那样，与波士顿人民交谈"。[45]

为庆祝丹曼八十大寿，波士顿美术馆为这位捐赠者举办了一个派对，并在该馆的9个展厅展出了丹曼捐赠藏品中的精品。1935年9月12日，在去欧洲进行又一次收藏之旅期间，丹曼在伦敦的酒店房间里去世，享年83岁。日本的山中商会（丹曼正是从这家古董商购得《历代帝王图》卷轴画）捐献出一只唐代陶罐，将丹曼的骨灰装入其内，运回他在剑桥城的老家。

就这样，费诺洛萨、比奇洛、丹曼和韦策尔等人，最终实现了他们作为收藏家的目标：通过收藏艺术获得了来世。他们捐赠的艺术品将在波士顿美术馆展厅与世长存。

1896年，哈佛大学福格艺术博物馆开馆，成为新英格兰地区寻求亚洲珍宝的另一个划时代事件。这座博物馆以威廉·海斯·福格的名字命名。福格是缅因州贝里克郡人，靠中国贸易发家。他麾下有一家船运公司，在五个中国港口和两个日本港口有办事机构。福格和妻子伊丽莎白·珀金斯·福格周游世界，收集东方奇珍。福格去世时，他的房产价值150万美元。1891年，福格的遗孀从中拿出20万美元捐赠给哈佛大学，建立了哈佛大学的第一座艺术博物馆，并拿出夫妇二人收藏的珍奇古董作为博物馆的首批藏品。博物馆刚成立时，新展厅是文艺复兴风格（由理查德·莫里斯·亨特①设计），理事们仍在摸索管理经验。1909年，理事们选择了当时还很年轻的爱德华·沃尔多·福布斯（1895届）担任福格艺术博物馆馆长。此时，博物馆藏品众多，类型丰富：石膏像、东方瓷器、照片、幻灯片、版画、古希腊陶器和几幅英国水彩画。这几幅水彩画几乎不怎么露面。福布斯经常说，这些画"所处的展厅你看不到，旁边的演讲厅你也没有机会进去听演讲"。[46]

所有的这一切在爱德华·沃尔多·福布斯的任职期间发生了急剧的变化。福布斯属于彻头彻尾的波士顿婆罗门阶层。人们都说他与外祖父拉尔夫·沃尔多·爱默生长得很像，或许正是因为这一点，他像祖父一样走运。在他的祖先中，有两位是开拓中国贸易的船长。他的父亲威廉·哈撒韦·福布斯（William Hathaway Forbes）与亚历山大·格拉汉姆·贝尔（Alexander Graham Bell）合伙创办了贝尔电话公司。作为哈佛大学本科生，爱德华·福布斯极其崇拜查尔斯·艾略特·诺顿。后来，福布斯考察了欧洲一些著名艺术博物馆。1903年，福布斯成为波士顿美术馆的理事，时间长达60年（福布斯的讣告中说，其任期之长超过了英国维多利亚女王的在位时间）。

福布斯从各方面看都是一个地道的波士顿人。他受过艺术熏陶，善于品鉴伟大艺术作品的价值和意义。他讲授《绘画方法与过程》，这门课

---

① 理查德·莫里斯·亨特（Richard Morris Hunt，1827—1895），美国建筑学史上最著名的建筑师之一，美国建筑师学会的创始人。他的著名作品包括大都会艺术博物馆和第五大道的一些建筑，自由女神像的基座也是他设计的。

是文物保护领域的开拓性课程。他要求学生临摹大师们的作品，使用相同的颜料来模仿大师们的风格。然而，福布斯同时也有不安分、不循规蹈矩的一面。小说家海伦·豪是福布斯家的一位朋友。她在回忆录里描述福布斯曾"闯入在马萨诸塞州米尔顿举办的一场正式婚礼，头发凌乱，沉重的靴子上沾着泥，手里拿着一束蔫了的野花，带着爱默生家典型的茫然纯洁的神情，就好像来自另外一个世界"。[47] 福布斯喜欢音乐，会演奏竖琴、钢琴和大提琴。在诺森岛，福布斯家有一处房子，是福布斯家及其亲戚（包括美国国务卿约翰·克里）度假的地方。在那里举办派对时，福布斯会一边弹奏吉他，一边吟唱老歌。如海伦所说，他脑子里似乎记着唱不完的歌。回到波士顿，福布斯的行事风格大变。这位早熟的嬉皮士会与人理智地进行商业谈判，为哈佛大学买入查尔斯河沿岸的地产。福布斯觉得，大学里记账的那些会计们，根本就没意识到这个地区潜在的商业价值。

在为自己选择博物馆助手时，福布斯也同样不循规蹈矩。有两个名字脱颖而出：一个是博物馆副馆长保罗·萨克斯①，另一个是到处去旅游的东方艺术策展人兰登·华尔纳。有人猜测，福布斯正是通过这两个人，间接体会到了只有艺术界自由的灵魂才能体验到的不同寻常的冒险经历。萨克斯（1900届）上台之后将福格艺术博物馆发展成为一个培养新一代博物馆专业人员的训练营。福格艺术博物馆通过华尔纳（1903届），对中国开展了几次探险寻宝之旅，将中国佛教圣地的雕像和绘画作品搬到了美国，也引发了至今仍在持续的争论。

首先说说萨克斯。1915年，正在寻找副馆长的福布斯从高盛集团公司挖来了保罗·萨克斯。高盛集团是一家投资银行，由萨克斯的外公马库斯·戈德曼（Marcus Goldman）创建。萨克斯的父亲塞缪尔·萨克斯（Samuel Sachs）成了其外公的合伙人。两个家族都与德国巴伐利亚州有

---

① 保罗·萨克斯（Paul Sachs, 1878—1965），曾担任福格艺术博物馆副馆长和金融公司高盛（Goldman Sachs）的合伙人。

渊源。父亲希望长子萨克斯能够成为家族公司的合伙人。但是，萨克斯对艺术痴迷，对银行业务根本提不起兴趣。保罗·萨克斯曾回忆说："从童年时代起，我就希望自己能够成为一名艺术家。然而，我却上了大学。即便这样，我还是没有死心。我开始收藏版画和素描作品。毕业后的15年里我一直在收藏和搞收藏研究，期待着有一天机会降临，我能够重返哈佛大学。"[48]

萨克斯接受了福布斯的邀请，在"阴山"安居下来。这处房子曾是查尔斯·艾略特·诺顿与妻子米塔和3个女儿在剑桥城的居所。萨克斯在哈佛大学教授"美术15A"。这是美国大学开设的第一门博物馆培训课程。这个研究班仅招10名学生，通常在周一下午上3个小时的课，并且还会不定期到大西洋彼岸拥有丰富艺术品的城市进行实地考察。阿格尼斯·孟根①曾担任萨克斯的研究助理，为萨克斯收藏的素描

在福格艺术博物馆的农伯格屋，保罗·萨克斯为少数学生讲授其声誉卓著的"博物馆课"
Imaging Department© President and Fellows of Harvard College

---

① 阿格尼斯·孟根（Agnes Mongan，1905—1996），美国艺术史学家，曾担任哈佛艺术博物馆的策展人和馆长，美国第一位艺术博物馆女馆长。

作品编撰目录，后来成为福格艺术博物馆的首位女馆长。在谈到萨克斯如何培训未来的博物馆策展人时，阿格尼斯回忆说：

> 一间很长的房间里，摆放着几张齐肩高的书柜。保罗·萨克斯会从书柜上一层宽宽的书架上随意拿起一枚古币、一幅波斯细密画、一幅15世纪德国版画或是一件中世纪象牙雕，把它放在一位看起来似乎有些吃惊的学生手中，请这位学生对作品的美学品质、设计或是其潜在的意义发表一下自己的看法。[49]

保罗·萨克斯的博物馆课很快广为人知，仅仅成为其班上的10名学生之一，就已成为1921至1948年间在上流艺术界寻找工作的敲门砖。[50] 共有388名学生选修过萨克斯的博物馆培训课，其中至少有160名学生后来在美国主要博物馆担任重要岗位，其中有几位学生后来还当上了知名博物馆的馆长，这些博物馆包括：纽约的大都会艺术博物馆、现代艺术博物馆、位于华盛顿的国家美术馆、波士顿美术馆、芝加哥艺术博物馆、旧金山现代艺术博物馆、圣路易斯艺术博物馆、堪萨斯城的纳尔逊-阿特金斯艺术博物馆以及哈特福德市的沃兹沃思学会。

萨克斯的学生们不仅把文物研究和文物保护看作自己的使命，也对收购艺术品原作充满了激情。他们学会了处理和品鉴福格艺术博物馆的珍藏品，培养出了鉴赏家的眼力。（后现代派的策展人将"鉴赏家"一词看作一种诅咒，对他们来说，这个词明显带有精英主义和排外的特征。）萨克斯对学生的培养与爱德华·福布斯对福格艺术博物馆的定位不谋而合。用萨克斯的话讲，爱德华·福布斯下定决心"不仅要把福格艺术博物馆打造成一座艺术宝库，而且还要使其成为一处设施精良的教学场所。他打算把博物馆办成一个研讨场所，为本科生和成熟的学者带来启发和灵感。福布斯不狂热追求收藏文物的大小，但对质量决不妥协。福布斯比其他人更早地认识到让学生与艺术品原作打交道的重要性"。[51]

这必然造成了一个关键性的结果。从 20 世纪 20 年代开始，博物馆策展人和馆长的升迁通常取决于博物馆藏品数量的增长。因此东亚成了想要廉价购买文物者的天堂。对福布斯馆长而言，这不仅是一个审美或道德问题，还牵涉到眼下的一个实际问题。1923 至 1924 年，哈佛大学批准了一个 200 万美元的筹款项目，计划将福格艺术博物馆当前这座狭窄的大楼改造成一个个空间宽敞的展览区域。这就意味着在拟于 1927 年开放的展厅中，需要有更多优质的藏品展示。福格艺术博物馆要扩建，要进行旅行考察收集文物，都需要筹集资金，而保罗·萨克斯成了主要筹款人。虽然萨克斯身高不到 1.60 米，秃顶，身体浑圆，但他依靠必胜信念以及与局内人闲聊沟通的能力，最终化解了筹款难题。在工作上，萨克斯与福布斯紧密配合，以至于有人跟他们俩开玩笑，说他们是"天生的一对双胞胎"。1995 年，在接受采访时，福布斯馆长的女儿罗萨蒙德·福布斯·匹克哈德（Rosamund Forbes Pickhard）回忆说："他们俩在一起真是一对活宝。他们会冲出去买报纸，嘴里还唠叨着，'有人死了没有'？（葬礼对他们来说是绝佳的筹款时机）"[52]

钱和艺术品朝着两人蜂拥而至。作为搭档，萨克斯和福布斯两人相得益彰。福布斯讨人喜欢，优柔寡断；而萨克斯干脆利落，直截了当。正如哈佛大学校长在新馆开幕时所言："如果没有福布斯和萨克斯两位先生的巧舌如簧，就不会有这座崭新的博物馆。"[53]

然而，仅靠巧舌如簧，很难将福格艺术博物馆半空的展厅装满，也很难做到在从亚洲流入的艺术品和文物上盖上哈佛大学的藏印。在先辈和课堂顿悟的影响下，博物馆的绯红色神秘感在与日俱增①，正如格伦威尔·林达尔·温思罗普②（1886 届）捐赠事件所表现出来的那样。1943

---

① 绯红色（crimson）是哈佛大学的代表色。校刊及校队也以"Crimson"为名，称之为"Harvard Crimson"（哈佛绯红）。因此，文中此处"绯红色的神秘感"指的是博物馆的很多藏品都是哈佛大学校友的捐赠。
② 格伦威尔·林达尔·温思罗普（Grenville Lindall Winthrop，1864—1943），美国律师和艺术收藏家。他是马萨诸塞州海湾殖民地第一任州长约翰·温思罗普（John Winthrop）的直系后裔，他修复了马萨诸塞州莱诺克斯（Lenox）的历史建筑，并在他的上东区联排别墅中收藏了大量艺术品。他将其收藏的全部艺术品遗赠给了母校哈佛大学的福格美术馆。

年，温思罗普把或许是美国收藏的最好的中国古代玉器和青铜器遗赠给了福格艺术博物馆，同时还有一大批19世纪美国和欧洲绘画作品与素描作品。温斯罗普捐赠的艺术品总数高达4 000件，据可靠估计，是美国大学有史以来接受过的最大一批此类艺术品捐赠。这一捐赠事件具有典型的象征意义：温思罗普是马萨诸塞湾殖民地首任总督约翰·温思罗普（1588—1649）的直系后裔。他有魅力，行为古怪，是一位才华横溢的伯克郡景观建筑师。冬天，他到纽约的联排

向福格艺术博物馆捐赠玉器和青铜器的格伦威尔·温思罗普。图为他在马萨诸塞州伦诺克斯市格罗顿镇的自家花园与鸟类朋友在一起
Imaging Department© President and Fellows of Harvard College

别墅居住，那里离大都会艺术博物馆只有一个街区。在大都会艺术博物馆的门口，挂着温斯罗普的家族徽章。在许多年里，温思罗普在纽约的家，成了萨克斯学习艺术鉴赏的学生们的必经之地。而温斯罗普则不透露姓名地坐在旁边，对学生们的反应做出评价。

收藏家在外人眼里看来，不免行为古怪。有些收藏家喜欢和校友们抱团，但是让人觉得真正有意思的是那些独行者，他们自愿探索遥远且充满挑战的领域。而格伦威尔·温思罗普就是这样的一位特立独行者。作为哈佛大学的学生，他和许多人一样，深受查尔斯·艾略特·诺顿的影响。诺顿作为人文学科的巨匠，开创性地使艺术史成为一门学科。如爱德华·福布斯所言："你随便找一位那些年在哈佛大学上过学的人，问问他：从哪门课中收获最多？答案最有可能是'从诺顿教授的美术课中收获最多'。选修诺顿艺术史课的人中，也有一

些游手好闲之人和体育生，因为他们听说这门课很容易通过。我认为即便是那些人，也是刚开始来看笑话，但后来却变成了诺顿虔诚的崇拜者。"[54]

温思罗普继续在哈佛大学学习，获得了法学学位。但是，在温思罗普眼里看来，律师职业和做生意都没有艺术对他有吸引力。诺顿点燃了他的艺术热情，马丁·伯恩鲍姆（Martin Birnbaum）又为此添了一把火。"伯恩鲍姆受过律师的训练，具有艺术品经销商的天赋，而内心却是一个小提琴家。"他们一起研究当代西方艺术，一起研究冷门的文物收藏领域——中国玉器和青铜器。1960年，伯恩鲍姆在自传《最后的浪漫》中想象了老年温思罗普在家中的情景："温思罗普独自吃晚餐，主要是水果和蔬菜。之后，他会拿出一本喜欢的书读，或整理自己所藏珍宝的卡片目录……这幅场景或许只有法国小说家普鲁斯特才能准确地描绘出来。软木贴面的房间里一片安静，偶尔会被落地钟的报时声打破静谧。当美妙的钟声在房间里回荡，房间主人的身影走来走去，将藏画挂在墙壁上，给藏画编目，或者重新整理摆放在房间里的中国玉器或鎏金铜器。"[55]

平心而论，格伦威尔·温思罗普是一位隐士，他追求的是赏鉴艺术品特别是中国艺术品所能给他带来的精神上的享受。而哈佛校友中，有一些收藏家则性格外向，热情洋溢。事实上，没有人能比兰登·华尔纳更能充分体现这种激情的两面性。

第四章

揭取敦煌壁画

1922年，兰登·华尔纳宣称："英国人、法国人、德国人和俄罗斯人，已大大拓展了人类对中国历史的认知，还顺手牵羊从新疆带回了大量的古迹艺术作品，丰富了他们国家博物馆的馆藏。而在这方面，美国人却一无所获，不得不说是一种耻辱。"[1]兰登·华尔纳当时担任宾夕法尼亚州艺术博物馆（今天的费城艺术博物馆）馆长，而后又担任了哈佛大学福格艺术博物馆东方艺术部主任。华尔纳的这一声明可谓宣告了美国新一轮在中国疯狂收集文物的开始。但是在声明的结尾，华尔纳的语调却是乐观的："我们在一个地方考古，不能白浪费时间，一无所获。中国幅员辽阔，而我们也有各种各样的信息渠道，我们完全失败的可能性几乎没有。我们要在地上和地下同时全面展开考古作业。"[2]

兰登·华尔纳身材高大，蓝眼睛，红头发，是一位颇具魅力，看起来很像斯皮尔伯格影片中刻画出来的冒险家兼学者式的人物。20世纪20年代，华尔纳曾两次率队前往中国为福格艺术博物馆收集藏品。他脚下穿着标志性的靴子，头戴牛仔帽，蓄着乱蓬蓬的胡须，一副盛气凌人的做派。据说，他是电影《夺宝奇兵》（*Indiana Jones*）的主人公印第安纳·琼斯的人物原型之一。然而，从血统和教养上讲，华尔纳可不是牛仔。他属于以血统为荣的波士顿婆罗门阶层。他母亲祖上有曾担任马萨诸塞湾殖民地皇家总督的约翰·达德利（John Dudley）爵士。他父亲祖上有罗杰·谢尔曼（Roger Sherman）——唯一一位同时签署过《美国独立宣言》《美国联邦条例》《美国宪法》《美国权利法案》等建国法律文件的开国元勋。华尔纳的叔父乔治·霍尔（George F. Hoar），是国会议员，马萨诸塞州共和党人。年轻的华尔纳进入哈佛大学（1903 届）后，玩赛艇，担任文学杂志《哈佛大学倡导者》（The Harvard Advocate）编辑，加入了"速成布丁俱乐部"、印章社和纪念协会，还获得过"班级诗人"的称号。毕业后，他在纽约长岛牡蛎湾罗斯福家的庄园迎娶了洛伦·德雷米科斯·罗斯福（Lorraine d'Oremieulx Roosevelt）——美国总统西奥多·罗斯福的表妹。[3]

华尔纳的学徒生涯始于波士顿美术馆，师从冈仓天心。冈仓天心是一个日本佛教徒，总是穿着一身和服。今天，冈仓天心为人们所知主要是因为他写过《茶道》一书（1906 年）。华尔纳尊称冈仓天心为"先生"。正是华尔纳在波士顿美术馆工作期间，该馆收集到了北美洲最好的亚洲艺术藏品。也正是在这段时间，华尔纳培养了自己的两大兴趣爱好——日本艺术和佛教艺术。华尔纳第一次去日本研修是在 1906 年，然而实际上他从 1904 年就开始考古。1904 年，他参加了探险家、地质学家拉斐尔·庞佩利（Raphael Pumpelly）在中国新疆的探险活动。这个探险队里有气候学家埃尔斯沃斯·亨廷顿（Ellsworth Huntington）和德国考古学家休伯特·施密特（Hubert Schmidt）（曾

兰登·华尔纳

参加过特洛伊古城的考古挖掘）。探险队的领队是具有卓越领导才能的庞佩利，他既是地质学家，又是勘测员。

1913 年，华尔纳离开波士顿美术馆，经欧洲前往亚洲考察旅行，考察在北京设立考古学家培训学校的可能性。这个学校计划对当地人和外国人同时开放，与罗马和雅典的美国学院、中南半岛的法国远东学院大致相似。成立考古培训学校的计划和考察旅行，都受底特律百万富翁查尔斯·朗·弗利尔的启发。然而，1914 年 7 月第一次世界大战爆发，这一计划立即搁浅。1917 年 4 月，在美国参加"一战"的前夕，华尔纳已经担任宾夕法尼亚州艺术博物馆馆长。华尔纳获准离开博物馆，前往西伯利亚地区，此前担任了美国驻中国哈尔滨领馆副领事。俄国十月革命之后，他成为美国国务院与捷克斯洛伐克反布尔什维克军团的联络官，后来设法通过沿西伯利亚运行的火车逃出了俄国。（华尔纳曾 4 次穿越西伯利亚地区，他最喜欢唠叨的一次经历就是：他曾在一列火车的行李车厢中，目睹了白俄罗斯上将亚历山大·高尔察克[①]宣布自己为东西伯利亚的统治者。）华尔纳的这些经历使得他有足够的自信在 20 世纪 20 年代来到动荡的中国，寻找佛教艺术珍宝，与各派军阀和土匪斡旋。

首先我们需要了解一下当时的背景："考古不是一门科学，而是一场仇杀。"这句经常被人引用的警言出自莫蒂默·惠勒[②]爵士之口，而惠勒爵士也是因其亲身经历有感而发。惠勒爵士曾担任印度考古研究所所长，参与过印度河谷青铜时代古城的考古发掘工作。19 世纪 90 年代末至第一次世界大战爆发，中国和中亚的大部分地区成了许多国家考古探险队的决斗场。欧洲和日本的探险队携带最先进的探测仪器和照相器材，开

[①] 亚历山大·高尔察克（Alexander Kolchak，1874—1920），俄罗斯帝国海军统帅、极地探险家。曾参加过日俄战争、第一次世界大战及俄国内战。十月革命后于 1917 年组建白军，并自任俄罗斯最高统治者，开始与新生的布尔什维克政权进行军事对抗。1920 年，高尔察克被苏俄红军俘虏后枪决。

[②] 莫蒂默·惠勒（Mortimer Wheeler，1890—1976），英国考古学家、陆军军官，曾任威尔士国家博物馆馆长、伦敦博物馆馆长、伦敦大学学院考古研究所所长和印度考古研究所所长。

始在中国西部展开拉网式搜寻，尤其是沿着古代商贸路线——丝绸之路仔细探寻。

欧洲和日本的考古发现公之于众之后，促使福格艺术博物馆于1923—1924年对中国西部甘肃省的敦煌开展了首次"探险"之旅。为顺利涉足该领域，爱德华·福布斯馆长向华尔纳和另外一名哈佛毕业生霍勒斯·霍华德·弗内斯·杰恩①求助。杰恩家里有人申请了药品专利，赚了一大笔钱，死后将财富留给了杰恩。杰恩曾与人合写了"速成布丁俱乐部"1921年度剧作《向西去！》的歌词。《向西去！》是一部拿美国禁酒时期开涮的滑稽模仿剧。杰恩身披标志性的浣熊皮大衣，脚穿一双漆皮高跟鞋，在剑桥城附近四处闲逛。毕业后，杰恩在宾夕法尼亚州艺术博物馆做了东方艺术研究员，成为那里"纪念大厅的天才指挥"。[4]

在为中国探险队筹款时，福布斯馆长向捐款人保证，声称哈佛大学拥有"那条早期商贸道路（丝绸之路）特定遗址的记录，肯定会让我们发现一些重要的艺术品和考古珍宝"。[5] 福布斯四处联络，共筹集到了46 400美元——分别来自福布斯、萨克斯、沃尔特、沃伯特、克伦和洛克菲勒等家族，这里面有许多人还是保罗·萨克斯的朋友和亲戚。萨克斯为了不让捐款人对中国之行抱太大希望，谨慎地说："华尔纳先生带不回多少东西，甚至可能空手而归。"[6]尽管如此，他还是稍微乐观地补上了一句："但也有可能华尔纳带回东西的价值，是我们投入经费的一百倍，甚至是一千倍。"

抵达中国之后，华尔纳和杰恩在北京找了一家客栈安顿下来。房间里堆满了各式各样的考古装备：地图、药品、打字机、照相器材和武器（一把猎枪和一把自动手枪）。他们在思考前往西安（古都长安）路上会遇到什么问题以及如何应对。华尔纳总结得很到位："河南省境内和河南

---

① 霍勒斯·霍华德·弗内斯·杰恩（Horace Howard Furness Jayne，1898—1975），美国博物馆馆长兼策展人，艺术史学家和亚洲艺术研究专家，曾担任宾夕法尼亚大学考古与人类学博物馆馆长和大都会艺术博物馆副馆长。

以西地区有土匪，甘肃省和甘肃省以西地区可能会发生暴乱。刚开始我们会经历暴雨和道路泥泞，之后便要忍受干旱和沙漠的严寒。"[7]

起初，他们乘火车前往河南，一路还算顺利。在河南，两人拜会了北洋军阀吴佩孚及其30位幕僚。吴佩孚等人与华尔纳和杰恩共进晚餐，旁边还有乐队演奏军乐。吴司令以"不与北京作对"而知名。[8]他派了一支10人的武装队伍护送二人走完下一段行程。在护送队和翻译王进仁以及绰号叫"小孩"的厨师的陪同下，华尔纳和杰恩坐在一辆挂着美国国旗的双轮马车上，朝着古都西安出发了（这面美国国旗是华尔纳和杰恩在河南当地找了四名裁缝，临时缝制出来的）。

9月，华尔纳和杰恩在西安停留了四天。他们享受了那里的乡村式温泉，到当地古董店里搜寻宝物，买了一套拓片，上面盖有刚掉了脑袋的直隶总督端方的朱红印章。他们还被引见给了当地官员，并打探到了后面路程的情况。他们离开了古都西安，车上仍然挂着星条旗，但是武装护送队不再护送他们前行。当时西安周围都是高耸的土堆，据说里面埋藏着大量的古物（当然了，也可能会有赝品）。"用不了多少年，这里要么会有盗墓者用笨拙的方式挖开那些土堆，将他们祖先遗留下来的宝贝挖出来，卖到国外市场；要么会有获得特殊许可的考古学家们携带测量尺和照相机过来，满怀敬意地掘开渭河边上的那些帝王陵墓。"[9]华尔纳在其著作《在中国漫长的古道上》（*The Long Old Road in China*）里记载了1926年的那次探险。华尔纳在书中做出了这样的感叹："出了西安城，放眼望去，四周全是土堆，有大有小，有远有近，一眼望不到头。对于盗墓者来说，在这些土堆中走过，没有点克制力还真不行。"[10]（1974年一群农民在西安郊外打井时，发现了第一批埋葬于两千多年前的秦始皇兵马俑。）"在经历了大约二十四千米的诱惑之后"，华尔纳和杰恩继续前行，来到了泾河交汇处的泾州，在那里顺走了一批出自公元6世纪左右的石雕佛像。除了一具身体像之外，其他都是头像，他们发现雕像是"从佛殿里供奉的佛像上敲下来的"。[11]

20世纪20年代的中国，还是一个没有法纪的社会。西部地区，土匪和军阀四处横行。从河南到西安的路程,需要跋涉七天。在动身出发之前,华尔纳在笔记中写道:"那里发生了6起谋杀案,30起绑架案,以及无数起持枪抢劫案。"[12] 当时,陕西省驻满了政府军队,准备随时进行反击。意识到前途凶险,杰恩在腰间绑了一把自动手枪。他们还亲眼目睹了三名五花大绑的囚犯被处决:"三颗脑袋从三具身体上滚落下来,士兵们熟视无睹地从旁边走过,任由尸体腐烂,最后被人打扫了去。"[13] 此时,这一干美国人跋山涉水,穿过齐腰高的黑乎乎的淤泥地,来到了离甘肃省首府兰州不远的地方。他们刚刚把车队停到一家小客栈门口,就遭到了政府军的袭击。政府军宣称"因为军事目的"需要征用他们的"马车、车夫和骡子"。[14] 华尔纳要求拜会县令,他在回忆录里写道:"记得当时我发了火,决定跟他们大闹一场,因为我知道其他办法都没有用。……到了衙门口,我便开始扯着喉咙嚷嚷,要求把我的名片递进去。县令当时正躺在床上睡觉。'好吧,麻烦你告诉县令,该起床了。还不起来?好吧,麻烦告诉他,他要是一分钟之后还不起来,一个洋鬼子就会进去把从他床上拽起来,给他穿好衣服!'"[15] 过了五分钟,

华尔纳拍摄的敦煌石窟,摄于1924年。敦煌石窟吸引冒险家、僧侣和亚洲艺术收藏家源源不断前来参观

县令露面了。华尔纳一会儿威胁，一会儿又说好话，还递过去吴佩孚元帅开的信函。"一提到吴佩孚的大名，县令的气焰立刻没了踪影。"最后，华尔纳如愿以偿，要回了属于自己的财物。

敦煌是华尔纳一行人的最终目的地。但是，路上他们绕道去了位于中国内蒙古戈壁滩上的党项黑水城遗址。据斯坦因考证，黑水城就是马可·波罗提到的额济纳（Etzina）城。1908年，俄国探险家彼得·科兹洛夫[①]发现了黑水城遗址，比斯坦因早了6年。根据斯坦因的描述，黑水城曾是佛教艺术中心，其城墙仍然屹立在"满是碎石沙砾的戈壁荒滩上，保存得相当完好。黑水城遗址四周环绕着柽柳沙包和两条干涸的河道"。[16] 党项族源于古代的藏甸民族，1226年，党项族臣服于蒙古人成吉思汗。然而仅一个世纪以后，明朝军队就通过筑坝使额济纳河改道，黑水城因而被遗弃，而后变成了一片荒漠。在福格艺术博物馆探险队抵达黑水城遗址的十几年前，科兹洛夫和斯坦因发现，黑水城遗址下埋藏着大量佛教雕塑、手稿和绘稿。干燥的沙子有利于地下文物的保存。（从黑水城挖掘出来的文物目前保存在圣彼得堡和伦敦的博物馆和图书馆里。）

华尔纳抵达黑水城。他凝神观望，四周一片荒凉，令人悲伤。黑水城遗址的美丽完全超出了华尔纳的想象，他在文中写道：

> 此时，没有守城士兵从城门里走出来检查我的证件，也没有无所事事的弓箭手倚靠在高大的城门楼台上好奇地四处张望；没有客栈的店小二出来迎接我，给我端茶送水，热情忙碌地为我打扫房间，或给拉车的牲口喂饲料。一只灰色雏鹰急速飞离筑在灰色城墙上的巢穴。它笔直地伸开两扇翅膀，在戈壁滩稀疏的荆棘丛和鹅卵石之上低空滑行。这里似乎没有别的生命，就连如洗的碧空之上飘浮着的一朵云以及我脚下的一只甲壳虫，看上去都纹

[①] 彼得·科兹洛夫（Pyotr Koslov, 1863—1935），俄国探险家、考古学家。1907年，科兹洛夫在内蒙古阿拉善盟额济纳旗境内的额济纳河下游发现西夏古城黑水城遗址，从中发掘出三千余件文物。

丝不动。此时正是魂灵不愿游走的正午。然而我坚定地相信那座规模不大的空城里也有魂灵的存在，就如同我确信那些坚固的城墙是由人的双手建造而成的一样。我们在黑水城停留的那几天里，这种想法不管是白天还是黑夜，都一直伴随着我。[17]

尽管黑水城遗址偏僻遥远，但华尔纳发现，斯坦因和科兹洛夫已"清理了每面城墙，掏空了每一座密封的小佛塔"。[18] 他们只带了四名挖掘工、一名向导和几匹骆驼。尽管如此，他们还是在黑水城遗址坚持挖掘了十天，发现了一些佛教壁画的碎片、若干黏土烧制而成的小还愿佛塔、一只精美的青铜镜（华尔纳确信那只铜镜产于10世纪），还有几件小型泥塑和一些零散的陶器。直到一场暴风雪不期而至，迫使他们停止了挖掘。（几年后，华尔纳满怀嫉妒地从一位朋友、蒙古研究专家欧文·拉铁摩尔①那里获悉，瑞典考古学家沃尔克·贝格曼②"设法在那里扎营，挖掘了数月，他们不但在黑水城遗址挖掘，还沿着额济纳河与汉朝长城遗址挖掘，搞到了一些上乘的物件"。[19]）

离开黑水城时，华尔纳和杰恩的向导迷了路，他们由失望变成绝望。感恩节夜里，杰恩的双脚冻伤。他从骆驼背上下来时，摔倒在地，无法站起来。华尔纳和王翻译花了3个小时，不停地用雪和油脂搓揉杰恩的双脚。然而杰恩还是昏厥了过去。他的双脚长满了水泡，两条腿肿到了膝盖，还出现了发烧和感染的症状。华尔纳害怕会得败血病，有截肢的风险。探险队无法继续前行，他们派王翻译到前边找了一辆马车，把躺在睡袋里靠含鸦片成分的药片支撑的杰恩放到车上。经过长达10天的绕行，他们顶着寒风，穿越沿河地区冰雪覆盖的土地，终于抵达了甘州。在那里，他们找了一位中国传教士医生看病，给杰恩用了碘酊消毒。

---

① 欧文·拉铁摩尔（Owen Lattimore，1900—1989），美国东方学研究者及中国边疆问题研究者。
② 沃尔克·贝格曼（Warlock Bergman，1902—1946），瑞典探险家、考古学家。1927至1935年，贝格曼加入中瑞西北科学考察团，跟随斯文·赫定（Sven Hedin，1865—1952）三次往返于中国的内蒙古、新疆、甘肃，行程数万里，考察了310处古迹、遗址，发现了"居延汉简"和"小河古墓"。

休整了 16 天后，华尔纳一行开始奔赴肃州。在肃州停留 4 天后，他们做出了一个"重大决定"。尽管杰恩意志坚定，却连 100 米都走不了。因此，杰恩将带着他们一路搜集的几马车的战利品和物资返回北京。华尔纳则带着翻译兼秘书王近仁、车夫和四匹马继续向敦煌开拔。华尔纳和杰恩在安西的十字路口分了手。华尔纳将继续顺路南下，大约再走 110 多千米的路程就到大漠深处的敦煌了。

唐代（618—907）鼎盛时期，敦煌曾是丝绸之路上一个繁华的转口港和佛教圣地。1907 年为印度政府和大英博物馆服务的斯坦因从道士王圆箓手里，购买了 6 500 份文书、纸画和绢画。这些文物整整装满了 12 只大箱子，其中包括世界上最早、印有具体出版日期的雕版印刷书籍《金刚经》。斯坦因付给王圆箓的钱只有 130 英镑，约合 650 美元。[20] 1900 年，王道士偶然发现了敦煌的"藏经洞"。"藏经洞"里的一些文物已经流散，落入了当地的一些官员手中。后来甘肃省政府命令将原本属于"藏经洞"中的文物放回洞中，恢复原状。斯坦因来到敦煌时，藏经洞口已经安装了铁门，文物被锁在里面保护，而钥匙则由王道士保管。

斯坦因在敦煌附近和莫高窟停留了差不多 3 个月，与王道士协商购买文物事宜。但是当地爆发了动乱和白喉病。斯坦因也开始发烧，脸浮肿起来，不得不离开敦煌。他劝说王道士出售藏经洞内的一些文物给他，"条件是我们要严格保密：除了我们 3 人（王道士、斯坦因及其中文秘书蒋孝琬），不向任何人吐露关于交易的一星半点的内容"，交易文物的出处也不能透露给任何"活人"。[21] 5 月 29 日，斯坦因一行人用了两个晚上的时间，在高高河堤的掩护之下，避开了当地监管士兵的监视，神不知鬼不觉地运走了那批文物。斯坦因提出购买所有手稿的要求，遭到了王道士的拒绝。1908 年，法国汉学家伯希和①来到敦

---

① 伯希和（Paul Pelliot, 1878—1945），字履中，法国语言学家、汉学家、探险家。1908 年前往中国敦煌石窟探险，购买了大批敦煌文物运往法国，现藏于法国国家图书馆旧馆。

煌的"藏经洞",在里面忙活了3个星期,用500两白银(约合450美元)替巴黎的法国国家图书馆买下了8 000件文书。发现敦煌文书的新闻一直是考古界的轰动事件,直到1922年霍华德·卡特①在埃及发现了图坦卡蒙墓。

20世纪20年代末,伯希和曾在哈佛大学教书。他提醒福格艺术博物馆关注敦煌藏品,说自己"特别渴望西方一些严肃博物馆能够把敦煌的藏品买下来"。[22]他所说的藏品,正是他和斯坦因未能从敦煌拿走的文物。1916年,在给赞助人查尔斯·朗·弗利尔写信时,华尔纳将敦煌纳入视线范围:"我们必须搞一批壁画在美国进行研究……只是我们不敢把国内的收藏家派到敦煌去购买壁画。那样的话,他们毁掉的壁画藏品肯定比带回来的要多得多。在揭取壁画前,我们必须将壁画所在的位置及其外貌做一个完整的记录。"[23]

在福格艺术博物馆,福布斯馆长欣然宣布:探险队的"探寻之旅"的结果,有可能"只是停留在书面上的研究,因为从有生命的岩石上敲掉雕像,属于故意破坏公共财物罪"。[24]然而,鉴于之前已有先例,他并未对华尔纳揭取壁画的计划表示异议。1902至1914年期间,德国人阿尔伯特·格伦威德尔②和阿尔

敦煌藏经洞的看守人——道士王圆箓

---

① 霍华德·卡特(Howard Carter,1874—1939),英国考古学家、埃及学研究专家,是他发现了埃及帝王谷图坦卡蒙KV62号陵墓以及戴着"黄金面具"的图坦卡蒙木乃伊。
② 阿尔伯特·格伦威德尔(Albert Grünwedel,1856—1935),德国印度学家、藏学家、考古学家、柏林民族人类学博物馆馆长。1902年,带领阿尔伯特·冯·勒柯克前往新疆吐鲁番进行探险。

伯特·冯·勒柯克[①],曾率由4名德国人组成的探险队沿丝绸之路北面考察,锯掉过洞窟墙上的壁画。

1924年1月21日,华尔纳抵达敦煌。他发现那些石窟画像,"或许比我见过的任何画作更令人印象深刻"。[25]但是,面对千佛洞中数百幅彩绘画像,华尔纳不禁忧虑重重:"我不是化学家,也不是经过训练的画像修复师,只是一名具有考古良知的普通人。我要做的事情,似乎既会亵渎神灵,又是不可能完成的。"[26]不管怎样,华尔纳当着王圆箓道士的面,把在浆胶水桶中浸泡过的纱布一层层叠起来,糊到墙上,当纱布干了之后再揭下来。通过这种办法,他揭下了六个洞窟里的壁画碎片。

考虑到德国人的做法,华尔纳在给福格艺术博物馆的初步报告中宣称,那些壁画"是首批未遭锯痕严重破坏而揭取的壁画。毫无疑问,与迄今为止美国收藏的其他中国绘画作品具有同等的审美价值和历史价值"。[27]他描述了自己如何与王道士展开心理战,结果华尔纳"拉下脸面,直截了当地提出揭取壁画"。[28]

华尔纳写道,在严寒的天气下,从洞壁上取下艺术品有相当大的困难:"胶水在墙上冻住,即使我用热水稀释,也无法渗透。在我还没有把胶布糊在墙上之前,它就冷却了。总的来说,我对成功把壁画揭下来没报太大指望。"[29]

最后,华尔纳用一层毛毡、一层纸交替地将揭下来的壁画碎片包住,外面再捆上了绳子。而这一切华尔纳仅花费了150美元。这笔钱是以捐赠的名义给王道士的。"那只是付给王道士的一大笔小费而已,其中包括饭费、牲口饲料费,还有付给王道士的心灵开导费。我考虑让福格艺术博物馆把最后那项费用付了。要知道那段时间我不在国内,没办法去哈

[①] 阿尔伯特·冯·勒柯克(Albert von Le Coq,1860—1930),德国探险家。1902年,跟随格伦威德尔前往新疆吐鲁番进行探险。他不顾格伦威德尔的一再反对,第一个使用狐尾锯对吐鲁番柏孜克里克千佛洞内的佛教和摩尼教壁画进行了大规模切割,其后斯坦因效仿勒柯克使用类似工具对该地区的壁画进行了切割。

佛学院礼拜堂做祷告。"[30]

但是，华尔纳从敦煌带回的真正瑰宝，是一尊3.5英尺（约106厘米）高的唐代彩绘菩萨像，是华尔纳他们用锤子把它从基座上敲下来的。华尔纳回忆说，他们用了"5天时间，从早干到晚。而那5个夜晚，我对自己的所作所为感到悔恨，甚至陷入了深深的绝望"。[31] 把那尊菩萨像放上车之前，华尔纳小心翼翼地用他的内衣将菩萨像包裹起来，生怕返回北京的路上颠簸坏了。他们在路上走了18天。"虽然我在回来的路上没穿内衣和袜子，"他汇报说，"一想到我的内裤和袜子发挥了效用，对菩萨像光滑鲜活的肌肤起到了保护作用，避免已经剥落的颜料再度受到损坏，我的内心就备感温暖。"[32] 对王道士及其助手进行再三质问，并对藏经洞洗劫一空之后，华尔纳和他的翻译确认，那里没剩下什么有价值的卷轴画或手稿了。他们这才决定动身返回。

对于自己窃取敦煌石窟文物的行为，华尔纳常用的辩解理由是：敦煌石窟人迹罕至且已遭到破坏。敦煌石窟在19世纪的回族地区动荡中已经遭受过破坏。斯坦因和伯希和两个人都认为那些可以从敦煌石窟搬走的文物放在伦敦和巴黎会更安全。日后会有更多的收藏家和博物馆研究员，以同样的理由为他们从中国运走文物的行为作辩护。在给妻子的一封信中，华尔纳哀叹道："壁画上的人物或是眼睛被挖掉，或是脸上有一道道深深的划痕。你从一排排佩戴华丽头饰的侍女面前走过，却难以看到一个完整的头像。在一幅画像上，菩萨端坐在中间的宝座上，众神站在四周。有一位舞女在菩萨面前的毯子上跳舞。整个画面布局精巧，却没有一个人物形象保存完整……有些可爱的面庞上，竟然涂画着（白）俄军队的番号。端坐着的菩萨正讲着《莲华经》，嘴上却被人涂上了斯拉夫语里的脏话。"[33]

对于那些斯拉夫语涂鸦，华尔纳将其归罪于中国人对敦煌的漠不关心。他对一位朋友写道："想到那些故意破坏行为的德行，我会毫不犹豫地把那里的所有壁画揭取得精光。有谁知道，何时中国军队会如白俄军队一样在那里驻扎？更糟糕的是，过不了多久那里是不是还会爆发动乱呢？再过二十年，敦煌或许将变得不值一看。"[34]

尽管如此,在给哈佛大学校长和校董们的正式报告中,华尔纳对自己揭取壁画的事只字未提。在福格艺术博物馆,华尔纳搞到的敦煌壁画被移交到了丹尼尔·瓦尼·汤普森①手里。他是福布斯的学生,也是一位文物保护专家。汤普森曾建议华尔纳使用一种"剥离技术",可以将壁画表层从墙壁上揭掉,汤普森本人曾用这种方法揭取过欧洲壁画。1974年,在接受一次访谈时,汤普森承认,他对敦煌壁画的修复尝试不算怎么成功:"华尔纳使用的胶水不是那种又薄又稀的胶水,他用的胶水很厚,根本就没法处理。石窟的墙壁很凉,胶水抹在上面很快就冻成了果冻状。"[35]在后来文物保护专家桑奇塔·巴拉钱德兰(Sanchita Balachandran)引用的汤普森的报告中,汤普森提到了壁画《崇拜者半身像》等例子:"涂上胶水的纱布变得异常松弛,没有粘下来任何色彩。或者说粘下来的色彩要比预期的少很多。"[36]事实上,人物的面部完全消失。一位舞者的画像被认为"最没有修复的希望",它损坏得过于严重,无法被纳入福格艺术博物馆的收藏品中。巴拉钱德兰曾两次尝试修复《一位佛徒的头部和肩膀》的画像,试图将壁画的色彩层与涂上胶水的纱布剥离,无果而终。壁画的"可区别特征已被彻底破坏"。[37]

福格博物馆的第一次探险被萨克斯家族、福布斯家族及其他资助者认定为是成功的,部分原因是华尔纳的说服能力。基于探险队的有限成果——雕像、西安拓片、敦煌壁画碎片、石窟照片——福格博物馆的管理者说服了铝业百万富翁查尔斯·马丁·霍尔②的遗产管理人,于1925年资助博物馆 50 000 美元,对中国西部进行第二次探险活动。过世的霍尔先生曾经也是一位收藏家。霍尔先生遗产的受托人主要对资助福格和华尔纳所说的"大计划"——中美学者合作计划——感兴趣。在霍尔先

---

① 丹尼尔·瓦尼·汤普森(Daniel Varney Thompson,1902—1980),美国艺术史学家,曾前往印度和中国研究石窟壁画。
② 查尔斯·马丁·霍尔(Charles Martin Hall,1863—1914),美国发明家、工程师和企业家,因发现了价格低廉的制铝方法而知名。霍尔的部分遗产被捐出,创办了哈佛大学燕京学社。当时,北京的燕京大学校长司徒雷登了解到霍尔在遗嘱中声明,要拿出遗产的一部分用于研究中国文化,由一所美国大学和一所中国大学联合组成一个机构来执行该项计划。于是,司徒雷登成功说服哈佛大学与燕京大学合作,在 1929 年成立了哈佛大学燕京学社。

生遗产基金的资助下，1928年哈佛大学燕京学社成立，其宗旨是致力于促进中国高等教育的发展，它的成立代表着"大计划"终于结出了硕果。名义上，华尔纳还是探险队的领队。[38]但是，华尔纳只是待在北京，为"大计划"在中国寻找意向合作伙伴。

杰恩带领探险队在北京待了数月学习中文。如杰恩所言，"在他对中文有差不多的了解之前，他不想带领这支新探险队"。而他所说的对中文的了解还包括学会"用几种中国方言骂人"。杰恩喜欢在他身上的每一寸皮肤上纹上纹身。"他坐在浴缸里洗澡时，背后看起来煞是一道风景。"杰恩一行终于从北京出发，前往敦煌，意在揭取更多的壁画，但向中国政府隐瞒了此行的目的。除了杰恩，新探险队成员还包括未来大都会艺术博物馆亚洲艺术研究员普艾伦、文物保护专家丹尼尔·汤普森、外科医生霍勒斯·斯廷森（Horace Stimson）以及摄影师理查德·斯塔尔（Richard Starr）。那一年，华尔纳44岁，而其他美国探险队员还都是二十出头的小伙子。

在北京，华尔纳得到了中国政府的正式许可，可以在敦煌作研究和拍照，但"特别警告他们……不得从洞窟里拿走任何东西"。[39]但是，该探险队的规模、汤普森的加入（一位壁画揭取专家），以及杰恩与福格艺术博物馆之间的来往信件，都明显地说明他们的计划远不是在敦煌洞窟里拍照做记录这么简单。他们讨论了从一个或几个洞窟里揭取整张壁画的计划。其中最大胆的方案，是汤普森提出的"飞机搬运计划"，即每月一次分批将物品运送到北京附近的总部。"用飞机运输10至12小时，远比用马车拉上3个月更为安全。"汤普森给普艾伦写道，普艾伦把建议信转交给了保罗·萨克斯："最重要的是，我们应将每批东西转移出去，并放到安全的地方，以免落入我们的竞争对手或土匪手中。……飞机是运送雕塑的完美方式，漫长的陆路运输可能会将塑像颠成碎片。"[40]

3月25日，探险队已离开北京将近两个月，还差一个月就要到敦煌时，遭遇到了一件事情，这预示着他们后面的探险行动困难重重。此时，重组后的探险队成员有美利坚大学的郑智明（Justin Jacobs）、杰恩及其队员，翻译王近仁、北京国立大学（即北京大学）学者陈万里博士。他们在甘肃省罗汉洞石窟附近的泾川县遇到了一群愤怒的农民。根据陈万里出版的日记记载，大约有20名村民"紧紧抓住马的缰绳，不让我们离开"。[41]后来又陆陆续续来了很多农民，"引发了一场骚乱"。他们"指责杰恩打破了几尊佛像"。人群不断聚集，直到探险队拿出现金，以每件2美元的价格购买了一尊大佛像和18尊小佛像。双方刚达成协议，当地县令就赶了过来。县令判定这桩交易无效，将钱退回给了探险队。

1925年5月30日，在上海发生的五卅事件等于给中国处于升温中的"反洋鬼子"运动火上浇了油。此时，福格艺术博物馆探险队正在前往敦煌的路上。上海一家日本纱厂发生了罢工。其间，工厂的警卫向罢工者开枪，打死了一名工人。由英国人控制的上海警察队驳回了对枪杀事件负有责任的工厂资方的起诉。随后，在公共租界对面的南京路，发生了大规模学生游行。英国警察向游行群众开枪，至少打死了11名示威者，打伤多人。中国各地随即发起了反对外国人的抗议活动。传教士和外国人被迫撤离。据报道，在随后发生的长达数月的骚乱中，死伤人数超过几百人。

这是杰恩一行人来到敦煌时的社会背景。他们一到敦煌，立刻被一群愤怒的示威者包围，其中还有"一队骑兵警卫"。[42]杰恩告诫华尔纳："你们去年离开敦煌后，当地民众对你们带走文物之事极为不满，因而掀起一场轩然大波，谴责敦煌县令收受贿赂让你们带走了文物，要求将县令革职。"因此，华尔纳不得不留在了安西，那里离敦煌还有3天的路程。华尔纳补充说："如果我此时在敦煌，情况会更糟糕。"现在，华尔纳担心"去年王道长只是送给了我几块壁画残片和一尊泥塑，经当地人这么一传，会不会变成了所有的石窟被我洗劫一空……按照他们的逻辑，当地的饥馑和干旱恐怕也是由我引起的"。[43]正如杰恩在向福格艺术博物馆的福布斯馆长所汇报的那样："我得出的结论是：任何试图揭下壁画的行为都是愚蠢的。"[44]自探险队上次探访敦煌以来，情况已发生很大的变化："从受损壁画上揭下几块碎片是一回事，而试图揭下整个洞窟或多个洞窟的全部壁画又是另一回事。揭下几块残片很快就能完成，不会引起道士或当地民众的过度不安。而揭下整个洞窟或多个洞窟的全部壁画则需要三四个月的时间，不可避免地会引起当地人的极大关注，很可能还会引发骚乱……而我们也可能会惹上很大的麻烦，将来福格博物馆或'大计划'再想派探险队来此开展活动，恐怕是不可能的了。"[45]

敦煌石窟距离敦煌县有 24 千米。探险队白天必须在警卫的护送下穿越一片沙漠，单程就要接近 5 个小时。因此，探险队每天只能工作两三个小时，三天的时间加起来也就总共有 10 个小时的时间进行研究和拍照，而且拍照时还不允许使用闪光灯。于是，"洋鬼子"勉强逃过一劫，除了沿途参观一些洞窟时顺手拍了几张照片之外，"一无所获"。多年之后的 1987 年，美国学者陈毓贤（Susan Chan Egan）在其撰写的《洪业传》（*A Latterday Confucian: Reminiscences of William Hung*）中透露，秘书兼翻译王近仁出卖了探险队。他曾向在美国读过书的燕京大学历史系主任洪业忏悔，称华尔纳首次在敦煌石窟揭取壁画时，他就在现场。洪业与中国教育部副部长联系，然后副部长通知探险队后续旅程的沿途官员给探险队提供保护，但"决不允许他们触碰任何历史文物"。[46]

1930 至 1931 年，福格艺术博物馆派出了最后一支探险队。由于华尔纳在中国已不受欢迎，这次由斯坦因领队。然而，由于洪业从中阻拦，探险队再次受阻。天津报纸《大公报》头版新闻声称，斯坦因此行的目的是掠夺新疆的文物。[47]新近成立的"中央古物保管委员会"则公开指责斯坦因是破坏公共财产者，抗议西方机构剥夺了"文物的合法拥有者、最能胜任研究（中国文物）的中国学者"对文物的拥有权。[48]因担心斯坦因的探险会影响将来"大计划"的实施，刚刚成立的哈佛大学燕京学社呼吁将斯坦因召回。

担任探险队领队的日子结束了。备受挫折、悔恨交加的华尔纳返回福格艺术博物馆，担任该馆东方艺术研究员直至 1950 年退休。华尔纳不愿意离开剑桥城，曾在 1927 年拒绝了大都会艺术博物馆的邀请。后来，大都会博物馆将这个职位给了普艾伦。保罗·萨克斯在给福布斯写的便函中，提到了这一点，并对华尔纳做了如是评价："你我都知道，华尔纳并不特别适合做常规办公室的工作或常规教学工作，抑或其他常规工作。他是一个个性如此鲜明的人，一位良友。从长远看，他是一位具有个人魅力的宝贵人才。他选择了我们，而不是大都会艺术博物馆，这真是我们的福气。"[49] 华尔纳放弃了考古事业，进入哈佛大学教书。虽然没有评上正教授，但一直是哈佛大学深受欢迎的讲师，讲授"中国和日本艺术"，这是美国考古学领域刚刚开设的首批课程之一。试讲期结束之后，华尔纳"为二十位年轻学生准备了正式的午餐，而学生们以为老师只是把他们邀请过来照相而已。我们经常聚集在艺术博物馆里，一边欣赏珍藏艺术品，一边用功复习考试。我提前把考试题目都透露给了他们，他们本以为这样就会很容易通过考试，然而到了考试的时候才发现提前知道考题对他们来说并没有多大的帮助"。

华尔纳在著作中经常会插入一些俏皮话，偶尔也会使用俚语，思路十分清晰。他认为华而不实是写作的大忌。学生们如果在作业中犯了这个错误，就会发现他们的老师用黑水笔在一旁写下"华而不实"字样的评语。华尔纳一生都对射箭和放鹰狩猎饶有兴趣，业余时间会用木头削制成猎鹰。他十分健谈，经常会去"酒馆"和"星期六"，这两家俱乐部是波士顿婆罗门阶层人士和哈佛大学校友们经常光顾的场所。在"酒馆"俱乐部举办的圣诞晚宴上，华尔纳带领大家一起唱圣诞颂歌。[50]

第二次世界大战期间，华尔纳参军服役。据说，美国原子弹轰炸日本广岛和长崎后，他冲进白宫，说服了美国总统杜鲁门不要再去轰炸奈良和京都，尽管他本人对此予以否认。他说，他的任务只不过是提供详细标注出文化遗址的地图而已，并没有权力决定轰炸哪里。尽管如此，日本人还是在奈良和京都为他竖碑，并在他死后授予他二等"瑞宝章"，这可是日本人授予外国人的最高等级的勋章。此外，华尔纳还受到了日本昭和天皇的接见，他写道：

> 昨天，我受到了昭和天皇陛下的接见。接见的时间很短，我可能一生也只有这一次机会目睹他的容颜。天皇非常亲切，让我

在他旁边的椅子上就座，还没等侍从翻译完就似乎完全明白我用英语说了什么。事实上，双方都不需要翻译，但是我不知道皇宫内人们打招呼时都怎么说，可能有时候对天皇没有用敬语而显得特别无礼……接见的最后，天皇对我说天气炎热，让我保重身体。（我当时上身穿着一件黑色毛毡布料外套，这是我为了去英国皇家艺术研究院做讲座而在伦敦买的。下身穿着一条灯笼裤。）毫无疑问，当时我看起来满脸通红，特别是我知道没有武士会在天皇的面前擦拭额头，而我的额头却不住地大面积冒汗。[51]

华尔纳去世时，感恩的日本人在京都、镰仓和奈良为他举办了悼念活动。镰仓的圆觉寺挂出了他的照片，同时还有十几位禅师为他吟诵《莲华经》。

然而在中国，华尔纳被视为盗窃者。2004年在敦煌召开的一次会议上，敦煌研究院院长樊锦诗要求海外收藏者将从敦煌带走的文物全部归还给敦煌。这似乎不太可能，因为敦煌文物散落在世界各地的数十套收藏系列中。福格艺术博物馆还坚称，华尔纳替他们收集的敦煌文物已全额付款，他们有收据为证。

华尔纳在敦煌开展活动的时代与当今的时代完全不同。在那个时代，外国人带走敦煌文物费尽周折，而且还有一个冠冕堂皇的辩解理由，那就是：敦煌文物在中国并不受重视，且严重遭到破坏。具有讽刺意味的是，正是因为这些文物出现在了西方系列藏品中，才推动了今天人们对敦煌文物的保护行动。这段历史虽然有争议，但是结尾却令人感到欣慰：1994年，国际敦煌项目开始对敦煌文物进行数字化处理。现在，人们可以通过一个巨大的可检索数据库在线访问数千张敦煌文物的照片。该项目由六家博物馆和图书馆合作，所收录的文物不仅来自敦煌藏经洞，还来自丝绸之路沿线的其他遗址。伦敦大英图书馆的文物修复专家，在温控设施内对敦煌手稿进行修复，将前人留下的背衬、糨糊和条框清除掉。

福格艺术博物馆收集的敦煌文物目前被保存在哈佛大学的亚瑟·赛

克勒博物馆（Arthur M. Sackler Museum）。我们上次去剑桥城时，赛克勒博物馆因整修而闭馆。然而，我们此前参观时，赛克勒博物馆只展出了一尊菩萨像和两块壁画残片。詹姆斯·库诺在其所著《哈佛大学艺术博物馆百年收藏》（*Harvard's Art Museums: 100 Years of Collecting*）一书中，并没有将华尔纳收集的任何一件敦煌文物收录在内。尽管如此，赛克勒博物馆的文物保护人员参与了敦煌文物的修复工作，从中获得的知识令他们受益匪浅。他们利用所获知识对其他主要博物馆（如波士顿美术馆和宾夕法尼亚大学艺术博物馆）举办的亚洲壁画展览提供监管和协助服务。至于敦煌石窟，我们1995年去那里参观时，发现壁画被揭掉的地方还留着白色的方形切块和黑乎乎的胶渍。导游将这些地方指给外国游客看时，他们总是面露愧赧。

第五章

龙门石窟之殇

　　想象你是一位1923年前往中国探险的旅行家。离开北平时，你带着地图、挂包、餐盒、锡杯、照相机、手电筒和护照。有人警告你说，交界处有土匪，建议你为了安全起见最好佩带一把霰弹枪或自动手枪。最后，你登上了一列从北平到汉口的火车前往河南省洛阳市。到了那里，假设你手里拿着外交部高官给你开的一封公函，做好准备要去司令部拜见吴佩孚大帅。吴佩孚的军队驻扎在距火车站6.4千米的一个大公园里。吴佩孚人称"玉帅"，是中国一位令人闻风丧胆的军阀。据说他拥兵十万，还收藏着一颗世界上最大的钻石。

　　当被引见给"玉帅"时，你会惊讶地发现司令部墙上的地图中间居然挂着乔治·华盛顿的画像。让你更料想不到的是，"玉帅"身材矮小，动作敏捷。他在上海圣约翰大学学过英语，说得非常流利。你接受了他的盛情邀请，与他共进晚餐，期待品尝一下闻名遐迩的洛阳"燕菜"。

　　招待你的洛阳"水席"分成几个小桌，每桌6人。宴厅外面军乐团在演奏各种进行曲。筵席开始时会先上来8道冷菜，之后会上来16道热菜。每道热菜都用大小不同的蓝碗盛装，用不同的汤汁烹制而成。当然了，主打菜是"燕菜"，主要食材是萝卜丝，然而吃起来却有股燕窝的味道。宴会接近尾声时，大帅起身站起来，大家散场离去。

你给吴佩孚元帅带去了各式各样的礼物，希望与他搞好关系，为你今后在洛阳的行动提供方便。第二天早上6点，你带着更多能够使你安全通过铁路终点站周围动乱地区所需的文函，带着地方官员开给你的介绍信，在吴大帅手下骑兵队的护送之下，离开了古墙环绕的洛阳城。洛阳曾是中国的六朝古都，有过辉煌的历史，如今却日渐衰落。你坐上一辆人力车，再往南走20多千米的路，便到达了你的目的地——龙门石窟。龙门石窟坐落在丝绸之路的尽头，在历史上是佛教徒的朝圣地。你坐着木筏渡过洛河，骑上一匹马，来到了一个守护龙门石窟的小村庄。

公元495年，北魏孝文帝（公元471—499年在位）将其都城从山西大同迁至洛阳。之后，洛阳便成为佛教僧侣的目的地。他们沿着佛教起源地印度北部与中国之间的丝绸之路行进，最后到达了洛阳。龙门山石灰岩峭壁上雕刻有2 345座洞窟，起初是佛教僧侣隐居之所。龙门石窟曾经拥有10万尊雕像，将近2 500座石碑。现如今，龙门石窟的保护性柱廊和外殿已不见踪迹。龙门石窟是中国三大石窟群之一，早已不是朝拜之地。尽管如此，中国人仍然对龙门石窟，尤其是对那里的书法碑刻，怀有浓厚的兴趣和深深的景仰之情。

第一位探访龙门石窟的外国探险家是日本学者冈仓天心。后来，冈仓天心当上了波士顿美术馆亚洲艺术部的主任。1893年，冈仓天心无意中发现了龙门石窟遗址。他拍摄了一些照片，将照片带回日本后，给学生上课时用幻灯片播放了他在宾阳中洞石窟拍摄的照片。法国汉学家沙畹[①]随后于1907年来到龙门石窟，在那里停留了12天，对石窟进行测量、拓片和拍照。1910年，查尔斯·朗·弗利尔参观了龙门石窟。弗利尔是美国亚洲艺术鉴赏家，美国华盛顿特区的弗利尔美术馆就是由他主要资助修建的。弗利尔在龙门石窟驻扎了几日，委托摄影师周裕泰拍摄了大量的玻璃底片（现存于弗利尔美术馆档案部）。弗利尔评论说，龙门

---

① 沙畹（Édouard Chavannes，1865—1918），字滋兰，号狮城博士。19世纪末20世纪初世界上最著名的汉学家之一，也是世界上最早开始整理研究敦煌与新疆文物的学者之一。

石窟的雕刻艺术，比他之前看过的任何雕刻艺术品都要精美。

在看龙门石窟照片时，兰登·华尔纳被《文昭皇后礼佛图》和《北魏孝文帝礼佛图》（宾阳洞雕塑的供养人）两幅浮雕吸引。他把浮雕照片移交给了波士顿美术馆。"你可以在这两幅浮雕上领略到中国古代雕塑在其全盛时期的风采。请留意那一列礼佛队伍——其构图堪与罗马万神庙的雕像相媲美。至于浮雕的线条，我觉得简直是无与伦比……先生（冈仓天心）认为有必要让西方了解龙门石窟这座顶级中国雕塑宝库，它简直就是一座尚未向世人开放的万神殿或雅典卫城，等待着人们去研究。"[1]

1909年，沙畹在其里程碑著作《华北考古图录》（Mission archéologique dans la Chine septentrionale）一书中发表的照片，刺激了西方于1911至1949年对龙门石窟展开了大规模掠夺。正如斯坦利·亚伯（Stanley Abe）公爵所写的那样，法国人的学术著作"无意中提供了带照片的目录，外国买家可凭照片选择目标在市场上公开求购，甚至有时候会进行'特殊订购'，即告诉他们在中国的代理，他们对龙门石窟具体位置的哪一件作品感兴趣，让代理想办法替他们搞到"。[2]

兰登·华尔纳也证实了这一点。1913年，他去欧洲旅行，顺便拜访了巴黎赛努奇亚洲艺术博物馆。亨利·赛努奇（Henry Cernuschi）是一位意大利银行家，他家中收藏的知名亚洲艺术品被遗赠给了巴黎市政府，建造了以其名字命名的博物馆。华尔纳向自己当时的导师和雇主查尔斯·朗·弗利尔汇报，赛努奇博物馆最近搞到十几尊从中国石窟里盗取的雕塑。华尔纳还提到，欧洲的古董商们已在龙门石窟照片上标注出来欲购目标，向其中国代理订购。而代理接到订单之后，则委托当地的石匠将雕像偷偷凿下来。他担心自己出版的带有插图的中国文物著作也会带来同样的后果。"如果这种事情发生了，我会感到良心极为不安。"[3]

说到龙门石窟和华尔纳，就不得不提到古董商卢芹斋。他是倒卖龙门石窟雕像的关键性人物，与美国博物馆策展人和亚洲艺术品收藏家保持着长期互利共惠的关系。王伊悠曾撰写过有关卢芹斋的论文，在接受《金融时代》采访时,她说,卢芹斋经营模式的基础,"是建立在美国的资本主义和帝国主义逻辑之上,这种逻辑认为中国古代文物是专供有钱有势的现代美国人消费的"。[4] 从这个角度上来讲,卢芹斋充当的是为欧美客户服务的"东方奴仆"的角色。在今天的中国人看来,卢芹斋犯下了帮助西方人掠夺中国艺术的罪行。卢芹斋原名卢焕文,出生于浙江省湖州城外一个生产丝绸的小村子卢家渡。他的父母都是农民,父亲吸食鸦片成瘾,母亲后来自杀身亡。正如《卢芹斋传》作者罗拉(Géraldine Lenain)所详细描述的那样:1902年,卢芹斋作为中国驻法使馆商务参赞张静江的厨子随同张静江乘船前往巴黎。在巴黎,他与张静江携手合开了"运通"公司,除了从事茶叶和丝绸贸易之外,该公司也倒卖中国文物。1911年,辛亥革命推翻清朝之后,他们最精明的投资就是用所赚的钱资助了孙中山领导的国民党。虽说从1913年起,中国政府开始限制文物出口,但两人仍然得以利用其对国民党的影响力将文物出口到国外,其中有许多文物还是清朝宫廷文物。

卢芹斋与其收藏的文物

卢芹斋爱上了经营帽子店的法国女子奥尔佳(Olga),但她仍希望与资助自己生意的情人继续保持来往。后来,卢芹斋与奥尔佳15岁的女儿成了婚,生育了4个女儿。卢芹斋擅长交际舞,是一位美食家,曾经在塞纳河左岸开过一家中国餐厅,同时也是一位艺术鉴赏家。卢芹斋在巴黎第九区的泰特布大街(Taitbout)开办了一家小画廊,开始了其古董生意。[5] 起初,他只是从欧洲进货。然而,1911年,他分别在北京和上海开设了分公司，方便他搞到重要的中国文物，其中有不少文物来自清朝皇宫。

起初，卢芹斋出售瓷器给欧洲收藏家，比如斐西瓦尔·大维德[①]爵士。大维德爵士收藏的精美瓷器现如今陈列在大英博物馆里。第一次世界大战在欧洲爆发后，卢芹斋扩展了其经营范围，将古董生意做到了美国，其客户有：小约翰·洛克菲勒、查尔斯·朗·弗利尔、格伦威尔·温思罗普、阿尔伯特·皮尔斯伯里，以及尤金·迈耶（Eugene Meyer）和艾格尼丝·迈耶（Agnes Meyer）。当时，中国在努力迈向现代化的过程中放弃了佛教。而像伊莎贝拉·斯图尔特·加德纳、艾比·洛克菲勒及其妹妹露西·奥尔德里奇等有钱的美国人，却对佛教的兴趣与日俱增。卢芹斋从中国源源不断地收集佛教雕塑，并将这些藏品卖给了美国客户。后来，他干脆把自己的经营重点转移到了美国，在纽约第五大道开设了一家画廊。

1926年，卢芹斋又进行了大胆创新。他找人将巴黎古塞莱斯路上的一栋19世纪的联排别墅进行了修缮，将其改造成一座五层楼高的红色中国佛阁，在楼外面加装了佛阁式的翘檐。红楼位于巴黎第八区，交通便利，附近有赛努奇博物馆和蒙索公园，是巴黎富裕收藏家的聚居之地。卢芹斋住进红楼之后，"养成了不随便向外人展示其最好藏品的习惯"。德国收藏家爱德华·冯·德·海特[②]说："他把一些贵重的中国文物藏在了地下室里，只展示给那些他认为真正懂得中国艺术的人看。"[6] 卢芹斋最后成为20世纪最重要的中国艺术古董商。劳伦斯·西克曼研究员将卢芹斋称为"东方艺术古董商中的杜维恩"。杜维恩是有名的欧洲古典绘画作品销售商。卢芹斋最终也像约瑟夫·杜维恩爵士一样，成为一个有

---

① 斐西瓦乐·大维德（Percival David，1892—1964），出生于印度孟买，后移民到英国伦敦。世界上最负盛名的中国瓷器收藏家，一生收藏了1 400多件中国瓷器，著名的藏品有：明永乐青龙花纹扁壶、元代蓝釉白龙戏珠纹盘和明成化斗彩鸡缸杯等。大维德收藏的中国瓷器目前陈列在大英博物馆中国瓷器馆。
② 爱德华·冯·德·海特（Baron Eduard von der Heydt，1882—1964），德国银行家、收藏家。20世纪二三十年代购买了大量亚洲艺术品，1964年逝世前将其收藏的大量东亚艺术品捐赠给了苏黎世市，里特贝格博物馆（Museum of Rietberg）借此得以建立，成为世界一流的亚洲艺术博物馆。

争议的人物。

一些重要艺术史家对卢芹斋的藏品进行了研究和记录，随后出版了收藏图录，并举办了展览。在 1940 年图录前言中，卢芹斋回忆他最初是如何与佛教雕像结下的不解之缘：

> 我记得那是 1909 年的春天。一天，我去巴黎的赛努奇博物馆拜见达登·德·提萨克（d'Ardenne de Tizac）馆长，向他咨询一些事宜。当时，我与他并不相识。谈话期间，他给我看了一张石雕头像的照片。头像非常精美，立刻激发了我的一个欲望：开辟中国艺术品生意。我随即把石像照片寄给了我在中国的合伙人，并很快收到了他的回信。合伙人告诉我，他的一个买家正陪同法国古董商马塞尔·宾（Marcel Bing）先生在西安旅行，并担当他的翻译。在与当地一位古董商交谈时，宾先生踢到了桌子底下一块硬邦邦的东西，而那个东西恰巧是我们想要购买的石雕头像。宾先生花了 10 块大洋将其买下，最后卖给了布鲁塞尔的斯托克雷特官。[7]

卢芹斋继续讲述他利润丰厚的邮购生意："此后几个月，我收到了北京办事处的电报，告诉我他们搞到了 8 尊真人大小的石像。我真是有点不知所措。我给他们回电，让他们在中国把它们处理掉。他们没办法处理掉，干脆就把石像给我寄到了巴黎。石像抵达巴黎后，我给古董商们看照片，却无人愿意购买。我又将照片在欧洲各地展示，还是没有人买。1914 至 1915 年的冬天，我去了美国，随身带了一套石像的照片，准备给美国人看看。"[8] 卢芹斋确实将照片给了美国的一些古董商看，很快就有客户陆续买走了照片上的石像，如今这些石像仍然在美国几家博物馆里展出。整个 20 世纪 30 年代，卢芹斋构建了一个由买主和探子钩织而成的复杂的人际网络，使他不仅有本事买到佛像，还能买到近期盗墓挖掘出的整套玉器、青铜器以及破庙里面的壁画。正是卢芹斋倒卖中国文物的行为刺激了盗墓活动。因此，中国人把卢芹斋看成了一个十恶不赦的坏人。卢芹斋无论做什么古董生意,其他人都会很快蜂拥而上。

这些都是后话,还是让我们回到1914年5月2日那天说起吧。当日,针对繁荣的佛像市场,伦敦的《泰晤士报》发表了一篇社论,反对"肆意掠夺、破坏重要中国艺术古迹的行为"。社论详细写道:

> 巨大的浮雕像,在其所处的环境中展现了丰富的佛教传说和智慧。这些雕像被盗贼肆意毁坏、锯断、切割成碎块,以方便运往北京,出售给欧洲古董商。收藏家或博物馆代表,则迫不及待地将佛像买下。他们否认走私佛像的行为是由他们发起的,却又争辩说,既然这些佛像已落入他们手中,他们就有责任为其寻找一处合适的存放之地。由于竞争激烈,佛像的价格持续攀升,这使得盗贼们窃取佛像的欲望更加强烈。

卢芹斋佛阁式样的画廊,位于巴黎古塞莱斯街

华尔纳当月来到了龙门石窟,却发现在那里连一个晚上都待不成。去之前,他曾被县令警告过,仅在龙门石窟外就有一千多名盗贼。"每天晚上都有军队士兵骑马巡逻维持治安,军队与盗贼之间时有冲突。……两天前,双方展开了一场激战,一百多名盗贼被杀死。"[9]华尔纳抵达龙门石窟时,看到墙上挂着被砍掉的盗贼脑袋。"每个脑袋上都有乌鸦啄食,乌鸦吃饱了就停在洞穴门框上栖息。石窟墙外也横七竖八地躺着几具惨不忍睹的尸体,说明当时此处发生过不可名状的暴行。军队已被调入,就驻扎在石窟之中。陌生人不能在现场停留,更不用说安安静静地进行考古研究了。"[10]但是,华尔纳给留在开封的妻子写信说,"总的来说,龙门石窟令人难以置信。在我看来,我们所熟知的浮雕《文昭皇后礼佛图》,是上乘的中国艺术精品。我所见过的任何艺术品,都无法与之媲美……至于大平台上面那尊高近23米的卢舍那佛坐像及其8位侍从更不必说。龙门石窟是全世界最伟大的圣地之一……龙门石窟最近遭受到的破坏,如我们所听说的那样糟糕,随处可见敲掉头颅的雕像。有的头颅被盗贼蓄意割走,有的头颅则被士兵随意敲掉……场面惨不忍睹,几乎使人感到恶心。"[11]

回到美国,华尔纳忙于为弗利尔的收藏编写图录,他在底特律的藏品迅速增长。华尔纳发现,他最近购得的一尊头像与龙门石窟的无头石像正好是一对。这要多亏弗利尔拍摄的照片里保留了雕像被盗贼凿下头颅之前的完整图像。战争已使欧洲对中国艺术品的需求有所降低。但是,华尔纳预言:手持大把现金的美国人"碰上了一个用较低价格就能买入艺术珍品的难得良机"。[12]

1923年,华尔纳与霍勒斯·杰恩和兼任秘书的王翻译坐着吴佩孚给他们配备的汽车重返龙门石窟。华尔纳在报告中写道:"龙门石窟的入口处,一些佛龛里面有十八多米高的大力士。这些佛龛和我记忆中十年前的样子差不多,只不过偶尔会看见几个豁口,那是古董贩子从底座上凿下雕像或从雕像上凿掉头颅后留下来的痕迹,而凿下的雕像或头像却充实了我们的博物馆。"[13]华尔纳声称,吴元帅接管后,所有故意破坏文物的行为已被阻止,尽管只是暂时的。当时政府官员养成了把龙门石窟的宝物当作礼物送给外国显贵和游客的习惯,这让华尔纳感到悲哀。

尽管当时的民国政府制定了严格的法律,包括 1930 年 7 月 7 日颁布的《古物保护法》并设立了"中央古物保护委员会"等机构,20 世纪 30 年代,收藏家及其"友人"在龙门石窟的交易活动依然运转良好。据法国人斯坦利·亚伯记载,龙门石窟有 96 个主要洞窟遭到洗劫。[14]龙门石窟的雕像买卖并非全部经过卢芹斋之手。目前,龙门石窟雕像散落在大阪、多伦多、苏黎世、华盛顿特区、旧金山、波士顿各地的博物馆里,仍会在拍卖会上现身。1993 年,伦敦苏富比落槌了一尊龙门石窟人物雕像。1996 年 4 月,一尊观音头像在香港佳士得拍卖行上拍卖,其出处仅标注为"欧洲旧藏品"。这尊观音头像可与洛杉矶艺术博物馆和旧金山亚洲艺术博物馆收藏的龙门石窟文物相媲美。然而,与劳伦斯·西克曼和普艾伦购得的大手笔相比,上述龙门石窟作品都只能算得上是小巫见大巫。20 世纪 30 年代初,西克曼为刚刚成立的堪萨斯纳尔逊艺术博物馆购得了《文昭皇后礼佛图》;而长期主管大都会艺术博物馆亚洲艺术部的普艾伦,则将《北魏孝文帝礼佛图》纳入该馆收藏。这两件浮雕作品都来自龙门石窟的宾阳中洞。

龙门石窟的宾阳中洞长 7.62 米,宽 6.1 米。如西克曼所述,宾阳中洞在公元 6 世纪完工时,显得"清晰而有条理"。[15]洞窟入口对面靠墙而立的是释迦牟尼坐像,旁边站立着释迦牟尼的两个弟子和两位菩萨。南、北壁各一组 3 尊,包括一立佛和二胁侍菩萨。洞窟前壁的浮雕分为四层,其中有两块浮雕尺寸面积最大,无疑也最为重要:《文昭皇后礼佛图》和《北魏孝文帝礼佛图》,分别展现了文昭皇后带领妃嫔和孝文帝带领朝臣礼佛的盛大场面。浮雕的下方是神王,上方描绘的是佛本生的故事。最顶上刻画的是维摩诘居士与文殊菩萨辩经的场面。《维摩诘经》是中国最受欢迎的一个佛教主题。

福格艺术博物馆第二次探险失败之后,兰登·华尔纳重返中国。除了在剑桥城教书和在博物馆做研究之外,他还找到了一个挣钱的副业:为堪萨斯城待建的纳尔逊美术馆的董事们提供咨询服务。华尔纳将其优秀学生劳伦斯·西克曼（哈佛大学 1930 届）推荐给了纳尔逊艺术博物馆的董事，负责前往中国为该馆收集文物。当时，西克曼受哈佛大学燕京学社奖学金的资助，正在北京学习。西克曼出生于丹佛，17 岁时，他在丹佛布朗宫酒店附近的一家画廊里，偶遇了亚美尼亚地毯商和亚洲艺术专家萨奇席恩（Sarkisian）夫妇，对亚洲艺术早早产生了兴趣。在科罗拉多大学上学期间，西克曼希望能找到一份博物馆工作。为此，他去征询普艾伦的意见，得到的建议是转学到哈佛大学，"因为波士顿博物馆拥有美国最好、最可信的中国和日本收藏品。只有通过研究、接触到实际的文物，你才能从工作中获得乐趣"。[16] 西克曼在哈佛大学上学时，丹曼·罗斯发现了他的天赋，经常邀请他到家里欣赏自己的收藏品。西克曼选修了兰登·华尔纳的课，也得到了华尔纳的赏识。之后西克曼的天赋得到了福开森（John Calvin Ferguson）的确认。西克曼在中国遇到了福开森，并拜在了其门下。福开森把西克曼引见给了私人收藏家，帮助他迈进了"闲人莫入"的场所。

1931 年，西克曼受奖学金资助在中国学习。此时，华尔纳为西克曼提供了一个培训的机会。华尔纳带着西克曼在北京古玩区琉璃厂与古董商会面，到末代皇帝溥仪天津行宫里鉴赏其收藏的绘画作品。离开中国时，华尔纳把堪萨斯城文物购买经费剩下的 5 000 美元给了西克曼作定金，这笔钱存在大通银行。起初，西克曼只收取 10% 的佣金，后来每个月收取 100 美元的聘用佣金，职责是替华尔纳收购

1933 年，未来的博物馆研究员劳伦斯·西克曼正在洛阳龙门石窟附近挑拣宝贝

"不同寻常的稀有价值的物品"。西克曼回忆说:"这是一个机会,但责任重大,需要极大的勇气和信心,但当时我的勇气和信心都还不够。作为文物鉴赏爱好者,你在博物馆里鉴赏展出的一幅画或一件青铜器,没有任何风险。每一件展品都配有说明牌,说不定说明牌还是一位专家写的。然而,同样一件艺术品放在市场上卖,既没有说明牌,也没有标注出处,那就完全是另外一回事了。"这是西克曼和华尔纳合作的开始,其结果是促成了堪萨斯纳尔逊艺术博物馆的成立。建造这座艺术博物馆耗费了1 100万美元,这笔钱来自《堪萨斯市星报》所有者威廉·洛克希尔·纳尔逊①的遗赠。[17]纳尔逊艺术博物馆收集了一大批世界顶级的亚洲文物,其中一大批文物都是由西克曼收集的。西克曼很快就成为该馆的研究员,后来还当上了馆长。

西克曼和华尔纳在信件里有时候会开玩笑,甚至还会说些八卦消息。"我的中文虽说进展缓慢,但慢慢在打下基础,"西克曼给华尔纳写道,"我已经会向服务员要杯水喝了,而不再只是会要锤子了。"[18]在有些信中,西克曼描述了中国丰富的艺术藏品。有些藏品是从各省"解放"来的文物,有些藏品则是旧贵族不得不处理掉的文物,最后落到了古董商手里。在上海和北京这两座城市里,活跃着大约十几位古董商。1982年,西克曼在一次访谈中解释道:"那些古董商在中国内陆大城市里都有永久代理。代理随时都在留意哪里有文物交易。当然了,交易通常都是在私下里进行。探子之间也存在着激烈竞争。哪一个地方官员搞到一批东西,他会很清楚哪位古董商有能力处置该质量级别的文物。那些文物从来不会在古董店里露面。古董商都有跑腿的人,他们会把东西送到你府上,对你说:'嘿,我们刚拿到一批货,我觉得您可能会对它感兴趣。'"[19]

---

① 威廉·洛克希尔·纳尔逊(William Rockhill Nelson, 1841—1915),美国堪萨斯城房地产商、报业大亨。1915年,纳尔逊辞世后留下1 200万美元的遗产用于博物馆的运作及购藏艺术品。在纳尔逊遗产和阿特金斯夫人遗产(100万美元)的资助下,纳尔逊-阿特金斯艺术博物馆得以建立。

西克曼认为德国古董商奥托·伯查德[①]博士帮助他打磨了他那"几乎接近完美、万无一失的鉴赏力"。[20]伯查德在德国海德堡大学拿到的博士学位,在柏林拥有一家画廊,当时居住北京。1920年,伯查德在柏林首次策划了达达派艺术展。伯查德教会了西克曼如何去找寻那些不会出现在古董店里的文物。据西克曼说,伯查德会与他联系,对他说"你现在过来吧,让我们去看看那家伙都搞到了什么。我昨天已经去看了一下,觉得正是你想要的东西"。[21]到了那里之后,伯查德领着他穿过前堂,"里面堆满了瓷器、玉器和各种各样的稀奇玩意。穿过两三间房之后,就来到了古董商的内室,进了里面他们才会给你看一些重要的东西"。西克曼思索着说:"除非你和古董商关系相当密切,否则你将一无所获。"有时候,伯查德会把东西先买下来,给西克曼留着,等待照片送到美国,得到华尔纳的批准。但是,结果往往是华尔纳不让西克曼买。他们认为,华尔纳的"眼力"不怎么样,尤其是在鉴赏中国绘画作品方面。

然而,西克曼是个学习高手。美国学者欧文·拉铁摩尔(Owen Lattimore)是一位中国通,他曾经讲过西克曼的一件趣事,证明了这一点:"今天早上,西克曼与一位古董商谈判,价格怎么也谈不下来。后来上空飞来一架日本人开的飞机,问题立刻得到了解决。西克曼向古董商抱歉,称自己很忙,要搬家,要收拾很多行李。同时,他一脸忧虑地抬头望着天空。于是,古董商便调整了价格。"[22]

福开森是西克曼人生中的另一位贵人。他是卫理公会教派传教士、文物鉴赏家,还是当时新近开放的北京故宫博物院的顾问。福开森结识了许多军阀和官员,都急于出手一批重要藏品。福开森在信中对西克曼大加称赞,称他聪慧、勤奋,接受老一辈学者的建议研读中国书籍,而且还"风度翩翩"。[23]西克曼在中国待了四年,其间他游历了中国北方

[①] 奥托·伯查德(Otto Buchard,1892—1965),中国宋代陶瓷专家,生前在柏林开有一家画廊,于1920年在柏林承办了第一届国际达达艺术博览会。

的很多地区，拍摄了大量的照片。他探访村间庙宇，对佛教艺术进行学术研究。在其得力助手慧俊的陪同下，西克曼经常一出去考察就是六个星期（后来，慧俊不幸被日本人绑架杀害）。

20 世纪 30 年代，北京的国际社会光怪陆离。西克曼的朋友们在书中都对此有过描述，包括乔治·凯茨的传记《丰腴年华》(*The Years That Were Fat*)、牛津大学的极乐鸟哈罗德·阿克顿[①]的《一位唯美者的回忆》(在伊夫林·沃[②]的小说《故园风雨后》中，阿克顿成为主人公安东尼·布兰奇的原型）。正是在北京，阿克顿与西克曼建立了终生友谊。西克曼的部分中国藏品，至今仍收藏在堪萨斯纳尔逊艺术博物馆。阿克顿对其年轻同事西克曼评价很高，称其为中国文物鉴赏专家：

> 一天之中最美好的时光，是西克曼抱着他发现的宝物走进屋子里的那一时刻。他总是能找到宝物，从周朝青铜器到玉蝉。堪萨斯纳尔逊艺术博物馆有西克曼为其找寻宝物，真是他们的福气啊。西克曼的正直诚实让我感到惊讶。任何其他人，只要个人有收藏宝物的激情，肯定会将找寻到的宝物据为己有。可堪萨斯纳尔逊艺术博物馆就能找到这么值得托付的寻宝人！在西克曼的手里，那些宝物宛如沉睡中的公主，被西克曼这位白马王子触碰之后，从梦中醒来，焕发出往日的神采。他抱着宝物，回到北京协和胡同里的爱巢，如同牵着新娘的手步入圣坛。而我在婚礼中，有幸充当了伴郎的角色，从而得以目睹新娘的容颜。但是，短暂蜜月过后，文物会被再次送走，在密苏里州展厅的玻璃柜里再次沉睡过去。[24]

[①] 哈罗德·阿克顿（Harold Acton，1904—1994），英裔意大利诗人、作家、历史学家和中国文学翻译家。译作：与陈世骧合译《现代中国诗选》(*Modern Chinese Poetry*，1936）和《桃花扇》(*The Peach Blossom Fan*，1976），与汉学家阿灵顿（L. C. Arlington）合译《中国名剧》(*Famous Chinese Plays*，1937）；小说：《牡丹与马驹》(*Peonies and Ponies*，1941）；回忆录：《一位唯美者的回忆》(*Memories of an Aesthete*，1948）。1932—1939 年间曾在北平居住。
[②] 伊夫林·沃（Evelyn Waugh，1903—1966），英国小说家、旅行传记作家。代表作有：《一掬尘土》(*A Handful of Dust*，1934）、《故园风雨后》(*Brideshead Revisited*，1945）、《荣耀之剑》(*The Sword of Honor Trilogy*，1965）。

至于堪萨斯纳尔逊艺术博物馆是如何将著名的浮雕《文昭皇后礼佛图》搞到手的，说来话长，而你听起来也会觉得悲伤。我们可以从兰登·华尔纳与西克曼的来往信件里搞清楚来龙去脉。现如今这些信件躺在哈佛大学档案馆和堪萨斯城市档案馆里（华尔纳曾在哈佛大学教过书，西克曼曾在堪萨斯纳尔逊艺术博物馆工作过）。1931年秋天，当西克曼第一次来到龙门石窟时，《文昭皇后礼佛图》（宽2.74米）和《北魏孝文帝礼佛图》（宽约3.96米），仍在宾阳中洞中完好无损。西克曼在龙门石窟待了一个星期，委托工匠将浮雕拓下来，并作了大量的笔记。然而，到了1932年年末，西克曼便在北京古董店里看到了龙门石窟的碎片："一只只断手，头像碎块、佛龛装饰碎块和铭文碎块。"[25]

当年12月，西克曼找到了北京国立图书馆馆长、古物保护委员会委员袁同礼。"我告诉他龙门石窟的状况，并敦促他在其权限范围内尽力保护龙门石窟。他答复说：只要外国人不再购买雕像碎块，破坏就不会继续。对此，我的回答是：事实上，据我所知，没有外国人主动提出购买雕像碎块或残片……除非这些碎块或残片出现在了北京古董市场上。从古董市场这一头控制文物走私是徒劳的，而从龙门石窟这一头阻止掠夺却相对容易。当时，我提议，从爱好中国艺术的外国人中筹集一笔钱，派警察驻扎在龙门石窟进行巡逻。袁先生说没有那个必要。"[26]袁同礼后来给西克曼写了一封信，向他询问："可否劳烦您告知收藏龙门石窟雕像的古董店铺的商号？政府正在采取措施，从源头上制止对龙门石窟的肆意破坏。如您能告知这方面的信息，我将感激不尽。"[27]西克曼拒绝向袁同礼透露古董商的名字（袁同礼后来成为对美国所藏中国艺术品进行追踪和记录的第一批中国人）。

1933年3月，在当地一位官员及哈佛大学学者威尔玛（Wilma）和费正清①的陪同下，西克曼再次拜访了龙门石窟。他回忆说："在那些公

---

① 费正清（John King Fairbank，1907—1991），哈佛大学教授、美国历史学家、中国问题专家、哈佛大学东亚研究中心创始人。

元 500 至 525 年建成的早期洞窟里，雕像的头部不见了踪影。有的地方，墙上和佛龛中的整个雕像都被凿了下来。《文昭皇后礼佛图》浮雕的大部分以及几个人物头像已不翼而飞。"[28]

1934 年 1 月底，西克曼向华尔纳汇报说，伯查德已买下 1933 年从《文昭皇后礼佛图》浮雕上丢失的两个女性头像。"那时，我们开始听说，越来越多的浮雕碎块正流入市场……与伯查德博士仔细商讨之后，我们决定，尽我们所能收集该浮雕的碎块。我们的目的是保护那尊北魏雕塑极品，并尽可能保存其完整。向中国政府报告此事已为时过晚，破坏已经造成……显然，无论龙门石窟还遗存些什么，那尊浮雕在原址上的价值已经丧失。因而，尽我们所能收集浮雕的全部碎块，用我们手头上的资金对其进行认真修复，似乎是我们所能尽到的最大义务。"

1934 年 2 月，堪萨斯纳尔逊艺术博物馆通知西克曼，博物馆目前已获得所有想要的全部雕像。西克曼问华尔纳："我们接下来要干什么？当然，整个事情在这里还无人知晓。"他绝望地写道："龙门石窟正彻底遭到破坏，在那个时候，我来到龙门石窟或许是一种幸运。自公元 6 世纪以来，那些洞窟在此矗立了一千年，然而却在短短的一年之内消失。现在，古董店里已充斥着龙门石窟雕像。用不了几年，这些雕像就会变得像古代希腊雕塑一样稀有，一样珍贵。"[29]

此时，华尔纳提出了一个计划，并得到了福布斯的批准：由福格艺术博物馆和纳尔逊艺术博物馆联合起来购买浮雕。由于绝大部分浮雕是小碎块，他们委托伯查德将碎块拼凑起来。4 月，西克曼成功买下浮雕的绝大部分碎块，首批分期付款是 13 000 美元。4 月 25 日，福布斯给纳尔逊艺术博物馆馆长保罗·加德纳发电报："先汇给你 6 000 美元。7 月 1 日后，再汇 500 美元。"[30] 1934 年 5 月，他们计划用 3 只大箱子，准备将修复好的《文昭皇后礼佛图》和《北魏孝文帝礼佛图》运回美国。为此，西克曼向当时在中国海关处工作的吉姆·普卢默（Jim Plumer）求助。为了逃避天津港口海关的查验，西克曼安排将箱子从上海运出。在写给普卢默的一封信中，西克曼详细讲述了这长达一年里将浮雕碎块拼凑在一起的传奇故事，并要求普卢默读完信后将其销毁：

> 那时，我是一个快乐的质朴青年。现在，我已两鬓斑白，弯腰驼背，脑子也不再特别灵光。但是，我搞到了完整的礼佛图浮雕。为了将浮雕拼凑完整，我从这个地方跑到那个地方，从这家店跑到那家店。我去过开封，去过郑州，也去过上海，四处收集碎块。我这里收半个脑袋，那里收一条袖子。我从夏先生手里收过一只手，还从其他人那里收集来成百上千片碎块。……最后，中国早期最伟大的雕塑作品被我拼凑完整。我觉得，我们为中国艺术、为全世界做了一件事，而做这件事的价值和意义只能由后人来进行评说了。为了把碎片拼凑在一起，我们花了整整三个月的时间。我们就像一群坐在一起拼积木的大男孩一样。这块应该放在哪里？那块应该放在哪里？这是一只眼睛，还是一条服饰花边？[31]

5月底，西克曼给华尔纳写信说："三只大箱子已经离开，这是一项艰难的工作，现在终于完成，我感觉自己年轻了三岁。"[32]

然而，6月，西克曼再去龙门石窟时，吃惊地发现，他得到的浮雕碎块远比他想象得要少。更糟糕的是，他担心自己购买的一些碎块是赝品，古董市场上已经开始出现仿造的浮雕碎块。"当然，所有头像和一些衣服褶纹碎块都是原物，另外一些褶纹残块可能还在北京。我们拿到的一些褶纹碎块没法拼凑在一起。难题在于我们无法派人到龙门石窟里去取洞窟石壁上剩下的浮雕残片。……总而言之，情况一团糟，我为此陷入深深的绝望之中。"[33]当时，伯查德还在德国柏林开画廊，他给朋友西克曼写信说："你担心焦虑，整夜失眠，遭遇到的各种麻烦，都让我深感遗憾……但是，别担心，当你把最后一批碎块搞到手之后，我一定帮你把浮雕修复好。就在我们要离开中国之前，我派出了当地的'原班人马'，出高价请他们把遗存在原址的剩余浮雕残片都搞过来。我们签了契约。'原班人马'向我发誓，他们至少会把残余的绝大部分浮雕交付给我……当我差一点买下一块服饰褶纹碎片仿品时，有一件让我聊以自慰的事情。那就是，即便是像我这样的专家，在购买浮雕碎块时，也有可能上当受骗，买到假货。"[34]

《文昭皇后礼佛图》浮雕从龙门石窟凿下来的消息传到了纽约。1935年夏天，普艾伦打着大都会艺术博物馆研究员的名号，也来到了龙门石窟，参与到剩余战利品的抢夺之中。

我们上次提到普艾伦，还是1925年的事。那时，他与霍勒斯·杰恩和福格艺术博物馆的第二批探险队一起，正在从敦煌返回北京的路上。1926年，普艾伦受萨克斯奖学金的资助在北京学习，为福格艺术博物馆收集文物。他给萨克斯写信说，自己住在一栋"完美无比的中式住宅里……我有一名厨师、一名车夫，还养着一只白狗，和我住在一起的还有一位不会讲英语的年轻中国学者。我算得上是你所认识的人当中最幸福的一位了。早上，会有一位老学者过来给我读上三个小时的《孟子》。晚上，会有一位年轻学者过来给我念报纸，和我谈论艺术书籍，或陪我闲聊……周末，我会去参观北京城里的寺庙，或去爬西山"。[35]

普艾伦所获的奖学金，使他在去琉璃厂逛古玩店搜寻宝物之外的其他空余时间里，得以学习中文，并追求他的特殊爱好——中国戏曲。他学会了唱整出戏，能用尖尖的假嗓子连续唱上半个小时，赢得戏曲社的洋人朋友和中国客人们的阵阵喝彩。普艾伦对戏曲的热爱给中国人留下了深刻的印象。一名记者在一份中文报纸上连续为普艾伦写了三篇文章，记者在文章结尾处夸赞道："我发现，东方人和西方人第一次幸福地共处一室。中国人和外国人一起欢声笑语。有谁不信么，那就让他拿起笔来讨伐我吧！我会和他对战，给他重重一击！"[36]

《北魏孝文帝礼佛图》浮雕凿造于约公元 522—523 年。此浮雕应为普艾伦的复制品

在北京家中,一群适婚年龄的男仆伺候普艾伦的日常生活。普艾伦让男仆穿上文人的长袍。普艾伦给萨克斯写信抱怨说,他的做法搞得"满城沸沸扬扬,大意是说,真可惜,这位聪明的年轻人已'入乡随俗',还'与中国戏子及其姨太太们纵酒狂欢'"。[37] 然而,据普艾伦的同事、弗利尔美术馆的毕安祺①说,普艾伦已经"完全中国化,上到穿衣吃饭,下到泥土地面,甚至还允许他养的几只京巴小狗到处乱跑撒尿。后来情况变得越来越糟糕,他远远地躲开小狗撒尿的地方"。[38]

旅居北京期间,普艾伦对中国产生了强烈的认同感。他成了一名寺庙住持,安排将自己葬于中国的一处佛教墓地。然而,后来发生了第二次世界大战,中国政权更替之后他没能在中国入土。普艾伦死于日本,葬于京都日本山中商会古董商家族为其提供的墓地里。

1927 年,大都会艺术博物馆的研究员西吉斯伯特·克雷蒂安·波什·雷茨(Sigisbert Chrétien Bosch Reitz)返回荷兰生活。该馆邀请普艾

---

① 毕安祺(Carl Whiting Bishop,1881—1942),美国考古学家、人类学家,以东亚研究见长。1914 至 1918 年他以宾夕法尼亚大学博物馆馆长助理的身份来中国考察。后来,他又分别于 1923 至 1927 年、1929 至 1934 年两度带领考察队来中国进行考古学研究。曾撰写过许多关于中国的考古学论文,并著有《东方文化起源简介》(*The Origin of Far Eastern Civilizations: A Brief Handbook*)一书。

伦接任雷茨的工作，担任该馆的代理研究员。普艾伦善于看人下菜碟，会根据你的社会地位或与其亲疏程度，表现得或"机智诙谐、温文尔雅、一副学者派头"，或"暴躁易怒，是一个见谁挖苦谁的坏蛋、一个可爱的流氓（如同电影《晚宴的约定》中的角色一样）"。[39]

接受大都会艺术博物馆邀请时，普艾伦强调了为赢得这个职位所付出的艰辛：

> 然而，我很清楚（绝不是盲目自夸），我坐在马车里沿沙漠小道一路颠簸前进的每一分钟，我在北京小胡同、戏院、公园、茶馆和中国人家里逗留的每一分钟，都给我提供了机会，让我对这个伟大的民族有了更多的理解，产生了更多的共情，使我更加断定：这是宋代绘画，那是北魏石刻。我爱中国人。有时候，我恨他们。但是，我依然爱着他们，愿意在我墓碑离地面三米多高的地方刻上一句话："世上有两个最伟大民族：希腊人和中国人。"[40]

波什·雷茨（Bosh Reitz）在大都会艺术博物馆工作时，手下只有一名助手，可使用的经费也很少。然而，其继任者都对他取得的成绩赞不绝口，其中包括他经查尔斯·弗利尔从福开森手中购得的一尊大型北魏铜鎏金佛像和一批绘画作品。大都会艺术博物馆藏品的强项是奥尔特曼①收藏的陶瓷系列以及从已故鉴赏家、收藏家端方总督的家族收购而来的一批青铜器。这批青铜器的交易同样是在福开森的协调之下完成的。然而，照普艾伦的品位来看，瓷器和青铜器算不上是核心藏品。"尽管这些瓷器和青铜器非常精美，但似乎与我认为的主要艺术形式——绘画、雕塑和建筑不可同日而语。"[41]普艾伦发誓，"要想征集一批与纽约这座城市和大都会艺术博物馆规模相匹配的收藏品……

---

① 本杰明·奥尔特曼（Benjamin Altman，1840—1913），美国纽约百货商店老板、艺术收藏家。1914年，他毕生收藏的藏品入藏美国纽约大都会艺术博物馆，其中包括400多件中国瓷器。

我们需要重点关注体量大、具有影响力的藏品。"[42]来自龙门石窟的浮雕同时满足了以上两项要求。

1934年，普艾伦掸掉随身携带的烟斗上的烟灰，重返中国探寻龙门石窟石雕，在诱惑面前失去了道德操守。他曾给大都会艺术博物馆馆长赫伯特·温洛克（Herbert Winlock）写信，称"龙门石窟的两幅伟大的浮雕（在中国艺术上的价值可与万神殿和法国沙特尔大教堂相媲美），正在遭受破坏。一些敦煌壁画（中国壁画的顶峰）预计会在北京出现。我应该到北京去，为博物馆打探有关敦煌壁画的所有信息，不管最后我们是否能够把壁画搞到手"。[43]到达北京之后，普艾伦很快打探到小道消息，他还有一位竞争对手，那就是劳伦斯·西克曼。

普艾伦有一个朋友叫岳彬，倒卖龙门石雕。他向普艾伦透露说，奥托·伯查德已得到了《文昭皇后礼佛图》浮雕。普艾伦向温洛克馆长汇报，称伯查德"正与老福开森神父、年轻可爱的西克曼、兰登·华尔纳和堪萨斯城串通起来实施一个阴谋。不管怎样，龙门石窟还有很多宝物。如果我们有意的话，也能从中分一杯羹"。[44]普艾伦质问西克曼时，后者"显得相当尴尬"，因为普艾伦"怒气冲冲，他曾希望能及时赶到把它拿下"。[45]由于交易尚未板上钉钉，货箱也尚未运出，西克曼对普艾伦三缄其口，借口说这是博物馆的工作机密，他无权透露。

但是，《北魏孝文帝礼佛图》浮雕仍在待价而沽。1934年秋，普艾伦与古董商岳彬商谈，同意向岳彬支付40 000美元，购买他手中的6个头像。而岳彬的代理商与盗贼签订合约，委托盗贼将龙门洞窟里遗留下来的浮雕残片凿下盗走。如果岳彬拿到另外13个头像，普艾伦会支付给岳彬10 000美元。与岳彬古董店"彬记"所签的合同规定，"如果山里面出事"或者"条款未能履行"，合同将会作废。[46]倪雅梅①对龙门石窟

---

① 倪雅梅（Amy McNair），女，汉学家，美国堪萨斯大学教授，芝加哥大学博士。主要研究领域为中国艺术史。著有：《龙门石窟供养人：中古中国佛教造像中的信仰、政治与资助》(*Donors of Longmen: Faith, Politics, and Patronage in Medieval Chinese Buddhist Sculpture*，2007)和《中正之笔：颜真卿书法与宋代文人政治》(*The Upright Brush: Yan Zhenqing's Calligraphy and Song Literati Politics*，1998)。

遗址进行过详细研究,她在《龙门石窟供养人》(Donors of Longmen)一书中指出:"合同清楚地表明,当时浮雕的其他部分尚未被盗。"[47]

吃不饱饭的村民凿下浮雕,向驻守军队行贿,把碎块装入麻袋运往保定。在北京对碎块进行拼接之后,北京代理古董商内利·赫西(Nellie Hussey),找人开了一份虚假提单,骗过了海关官员,把碎块运到了纽约。虽然签订了订购合同,普艾伦仍难以搞到"21块主要碎块",其中包括丢失的头像。1944年,普艾伦专门写了一篇关于龙门石窟的文章,对龙门石窟遭到严重破坏故作惊讶,但同时言之凿凿地说市场上出现的很多石雕残块都是假货。"龙门石窟是这样遭受蹂躏的:龙门石窟附近的一个小村庄里有人在看守,但是到了夜晚,男人们蹚过腋窝深的河水,从石窟洞壁上凿下碎块,把碎块带到郑州,在那里卖给北京古董商的代理。到了北京,古董商会将碎块拼接起来,还会满怀热情地根据照片和拓片里的样子制作复制品。你会发现男女供养人的头像散布于欧洲、英格兰和日本,古董贩子都声称头像是龙门石窟原址浮雕上的真正头像,而其实却是彻头彻尾的赝品。"[48]大都会艺术博物馆的工作人员完成了对《北魏孝文帝礼佛图》浮雕碎块的拼接,该浮雕一直是该馆亚洲艺术主展厅的重要展品,摆放在显眼的位置。

龙门石窟的故事至此已接近尾声。1940年,福格艺术博物馆和纳尔逊艺术博物馆达成协议,鉴于《文昭皇后礼佛图》浮雕的重量和脆弱性,不适宜分割,也不适宜每隔几年在两馆之间运来运去轮流展出。于是,福格艺术博物馆接受了纳尔逊艺术博物馆提出的对策:纳尔逊艺术博物馆返还福格艺术博物馆购买该浮雕的预付金,使以总价32 000美元购得的《文昭皇后礼佛图》,得以永久留在了堪萨斯这座城市。

20世纪30年代,古董商按订单盗窃文物的行为一直存在。保护龙门石窟遗址的努力经常付诸东流。有一件趣闻足以说明当时的情况:乔治·克罗夫茨博士曾负责管理加拿大安大略皇家博物馆的中国藏品,一位古董商欲向他出售一个龙门石窟头像。克罗夫茨觉得头像运出中国太可惜,于是将其买下,送还给民国政府。然而意想不到的是,过了一段时间，竟然又有古董商拿着同一个头像来找他。这一次他干脆就把头像买了下来，收藏起来。[49]

由于供不应求，赝品的数量急剧增长，使文物藏品的出处研究变得更为复杂。在大都会艺术博物馆，普艾伦仍在继续收购龙门石窟雕像。在今天看来，普艾伦收购的一些藏品的真伪存有疑问。至于纳尔逊艺术博物馆，1975年，当中国官员赴该馆参加"中华人民共和国出土文物展"开幕活动时，为了照顾中国人对《文昭皇后礼佛图》的敏感情绪，决定将这幅浮雕用木板临时遮挡起来。

中国作家宫大中曾在书中写道，1949年中华人民共和国成立时，在岳彬北京的家中发现了《北魏孝文帝礼佛图》浮雕的残块。无头残块被文物专家拼接在了一起。岳彬盗窃龙门石窟的罪行曝光后，中国文化界300多名代表请求政府对岳彬进行严惩。1959年，岳彬死于狱中。"文化大革命"期间，龙门石窟遗址相对未受影响。当地一座佛寺遭受破坏后，增加了对龙门石窟的保护。洛阳市市委书记命令洛阳农机学院师生，前往龙门石窟对其提供24小时的保护①。2000年，龙门石窟被宣布为文物保护单位，进入了联合国教科文组织世界遗产名录，并获得了100多万美元的修复资金。

1949年中华人民共和国成立，宣告了中国有利可图的艺术品交易行业寿终正寝。第二年，卢芹斋宣布退休。他在给客户的一封信中声明："现在，我已是古稀之年。半个世纪以来，我一直收藏、销售中国古代艺术品。这是一个非常有趣的职业，既能赚钱谋生，又能修身养性。我几乎每一天都会因为购得或者计划收购某些物品而感到兴奋不已。新成立的上海政府，公开没收了一大批藏品，其中包括许多非常重要的文物，使我突然认识到，经营中国文物已是穷途末路。我所有的快乐，也将随

---

① 1966年8月26日洛阳市第八中学、第十四中学的红卫兵，以"破四旧"的名义，闯入龙门石窟，准备采取"革命行动"。8月27日，时任中共洛阳市市委书记的吕英决定采取"以红制红"的方法，联系洛阳市的最高学府——洛阳农机学院的红卫兵出面制止。洛阳农机学院的数百名师生员工响应吕英的号召，在龙门石窟驻守了整一个星期，制止了中学红卫兵对龙门石窟的破坏行动。

之烟消云散。"[50]

至于龙门石窟遭受到的破坏，我们将相关方的声明列在此处作为本章的尾声，希冀读者从中获取更多信息。

中央古物保护委员会（1931年）："从原属国出口考古文物，只有在[51]以下情况下才属正当：（a）文物从其合法所有者手中合法取得。（b）拿走藏品的任何部分，将无损于藏品之完整。（c）文物原属国无人有能力或有意研究并妥善保护该文物。与以上三条不符者，其行为不得算入科学考古行为，而是商业破坏行为。"

爱德华·福布斯致信保罗·加德纳（1934年）："民国政府竟然准许那些伟大的雕塑被人从洞壁上凿下，并被带出国境，这种听之任之的做法简直骇人听闻。但是，我认为从洞壁上凿下雕塑的行为与我们毫无瓜葛，残块现身北京并被人拼接之时，我们才第一次听说。因此，我们有理由为了子孙后代的福祉而将其买下，即使为了达到保护雕像的目的，我们不得不把雕像一分为二，两家博物馆各保存一半。"[52]

"然而，我强烈地感觉到，我们是在为了人类的福祉而保护这些文物。而且考虑到中国是这些文物的真正归属地，那么将来等到中国足够稳定了，一切井然有序了，中国政府有能力为了人类的福祉而将文物安全保存的时候，福格艺术博物馆和纳尔逊艺术博物馆，将会做出一个慷慨大方而又适宜的姿态：把这些文物再卖回给中国政府。"

兰登·华尔纳（1940年）："如果我们因购买浮雕碎块而遭受批评，那么我们对浮雕的热爱，我们为了将浮雕拼凑完整所付出的劳动和金钱，应该能让批评者无话可说。我们的行为本身，就是对中国文物事业做出的最大贡献。"[53]

卢芹斋（1940年）："作为使那些国宝流散的源头之一，我深感羞愧……没错，中国是失去了一些珍宝。但是让我们感到安慰的是，艺术无国界，这些雕塑走向了世界，受到了学者和公众的赞美。在宣传中国文化方面，它们比任何一位大使发挥的作用都大。通过这些艺术品，外部世界对中国有了更深的了解。中国不断发生变革和动乱，或许中国文物在其他国家会比在本国能够得到更好的保护。我们流失的珍宝，将成为真正的信使，帮助世界了解我们的古老文明和文化，使世界人民更热爱中国，对中国有更多的了解。"[54]

普艾伦（1941年）："据说，博物馆的主要功能之一，就是保存过去的古迹，并将其留给一个更加温和的未来——我们认为，今后500年，我们所处时代的博物馆发挥的作用，与修道院在黑暗中世纪罗马帝国分裂时发挥的作用一模一样……博物馆无法将龙门石窟的所有辉煌呈现给你，但是它呈现给了你其中的一个片段。"[55]

普艾伦还写道（1944年）："源自宾阳中洞的那两件浮雕（《文昭皇后礼佛图》和《北魏孝文帝礼佛图》）属于流失文物。从未有比这更邪恶的事情发生在一个民族的伟大古迹之上。这两件浮雕已经流失，我们展示的只是浮雕的残片，这实在是可悲之极。"[56]

西克曼（1967年）："这块浮雕很像一个遭受过严重意外事故的人。整容医生高明的医术使其还能够被朋友们辨识出来。但是，再怎么说，也已经面目全非。……任何一位热爱中国文化传统的人，都会更希望《文昭皇后礼佛图》浮雕依然留在遥远的河南省，依然是宾阳中洞里不可分割的一部分。"[57]

最后，西克曼又写道（1981年）："……整个项目是在兰登·华尔纳的倡议下，由爱德华·福布斯提供资助的文物拯救项目。只不过，纳尔逊艺术博物馆后来从福布斯先生手里将这个项目买了下来。就我个人而言，如果浮雕能够继续完好无损地保留在宾阳中洞里，我愿意为之付出任何代价。"[58]

第六章

宾大博物馆里的昭陵二骏

1935至1936年,具有划时代意义的中国艺术国际展览会在伦敦皮卡迪利大街伯林顿府的皇家艺术学院举办,美国的中国艺术收藏家首次在全球公开亮相。有240家机构向展览会出借展品,其中不光有美国博物馆,中国政府也参与在内。中国政府首次允许一大批国宝借到国外展览。为运输93箱800多件中国宫廷珍宝,英国海军部派出了一艘名为"萨福克"号的军舰。英国收藏家乔治·欧默福普洛斯[1]和斐西瓦尔·大维德与大英博物馆的罗伯特·洛克哈特·霍布森[2]、古董商卢芹斋和山中定次郎通力协作,将参展的艺术品汇集在了一起。这次展览会据称是有史以来规模最大的中国艺术品展览,深受人们欢迎,并取得了巨大的成功。[1]

中国艺术国际展览会举办的背景是日本占领了中国东北,并随时准备发动全面侵华战争。中国政府当局除了希望全世界能够欣赏中国艺术

---

[1] 乔治·欧默福普洛斯(George Eumorfopoulos, 1863—1939), 20世纪初英国收藏界最有影响力的中国艺术品收藏家之一,曾任东方陶瓷学会首任会长,其收藏以陶瓷为主,兼及绘画、青铜器、玉器等其他古代艺术品。
[2] 罗伯特·洛克哈特·霍布森(Robert Lockhart Hobson, 1872—1941),英国著名瓷器收藏家、伦敦"东方陶瓷学会"(The Oriental Ceramics Society)创始人、近代中国瓷器研究大师、大英博物馆亚洲部负责人,出版有《大维德所藏中国陶瓷图录》和《中国陶瓷史》。

之外，还希望获得国际社会的同情。因此，东西方鉴赏家们得以在同一个展览会上相互切磋技艺，这还是头一回。当然，也会听到一些抱怨。西方人抱怨说，中国人觉得反正外国专家没有辨别能力，并未将最好的绘画作品拿出来，这将使西方的研究倒退几十年。中国人，尤其是清华大学的学者们愤愤不平，外国人居然有挑选展品的权利，而且借出的展品居然没给上保险，还说"不应该把重要的、价值连城的宝物送到国外"，而且，"一旦艺术品被大英博物馆征集，无论其价值如何，都不会允许被带出博物馆的大门"。[2] 当时的中华民国政府迫切希望获得西方对自己的善意，同时提高自己作为崛起大国的对外形象，对反对的声音无动于衷。1935 年 11 月至 1936 年 3 月，来展览会参观的人群络绎不绝。参观展览的总人次达到 401 768 次，打破了以往展览的纪录。[3] 当时，博物馆组织重磅大展的风气尚未形成，世界又处于萧条时期，中国艺术却闪亮地登上了世界的舞台。

哈佛大学福格艺术博物馆借给展览会的是两幅壁画残片、敦煌菩萨像，兰登·华尔纳则受邀在展览会上做演讲。刚刚于 1933 年成立的堪萨斯城纳尔逊-阿特金斯艺术博物馆将 25 件展品，包括该馆著名藏品玉璧（参见彩色插图 3），送到了展览会上。该馆未来的明星研究员劳伦斯·西克曼也跟随展品一起去了伦敦。阿比·洛克菲勒从基奎特庄园运

石刻浅浮雕唐太宗的爱马"飒露紫"，宾夕法尼亚大学借给中国艺术国际展览会的展品

去了唐代菩萨像。值得注意的是，波士顿美术馆没有出借展品。该馆大包大揽的捐助人、董事丹曼·罗斯坚决反对出借艺术品参加展览。因此，展览会上展出的并不是美国收藏的一流中国艺术藏品。但是，展览会最受观众欢迎的藏品无疑是宾夕法尼亚大学馆藏的青石浮雕"飒露紫"。该馆收藏了两件出自西安附近唐太宗昭陵的青石浮雕作品，"飒露紫"是其中的一件。

公元636年，唐太宗下令为自己和皇后长孙氏建造陵墓，墓址选在距都城长安（今陕西西安）西北90千米处。昭陵周长近60千米，或许是世界上最大的帝王陵墓。陵墓建于九嵕山顶，太宗希望借此展示自己的皇权。但是陵墓的建造者如此设计也是希望因山为陵，防止盗掘。长孙皇后下葬昭陵，太宗在其陵前立的碑上题字："王者以天下为家，何必物在陵中，乃为己有。今因九嵕山为陵，不藏金玉、人马、器皿，用土木形具而已，庶几好盗息心，存没无累。"[4]

若干年后，唐代著名诗人杜甫路过昭陵，写道："陵寝盘空曲，熊罴守翠微。再窥松柏路，还见五云飞。"①

昭陵的设计者据说是名扬天下的阎立德和阎立本兄弟，兄弟俩是建筑师、画家和朝廷官员。陵墓依山凿石进入山体，设有五道石门；墓室两厢列置许多石函，里面安放着陪葬品。虽然太宗皇帝采取了防盗措施，五代十国时期的节度使温韬（约卒于926年）还是掘开了陵墓，发现里面的器物"不异人间，中为正寝，东西厢列石床，床上石函中为铁匣，悉藏前世图书，钟（繇）、王（羲之）笔迹，纸墨如新"。

昭陵仿照唐长安的建制设计，由宫城、皇城和外廓城三部分组成。陵墓建造用了十三年，据最新统计，陪葬墓有将近200座，墓主为贵族、皇戚、功臣和将相。[5]

在任期间，唐太宗降服了突厥各部落。突厥人前往长安，对唐朝表

---

① 摘自杜甫的《重经昭陵》。"熊罴"喻武士，"翠微"意即"青翠掩映的山中"。五云：古人以皇帝所在地上浮五色云，"五云"喻指皇帝所在地。

示臣服。他们向唐太宗献上了"天可汗"的尊号。太宗答:"我为大唐天子,又下行可汗事乎?"[6]突厥人融入了唐朝多民族、多元文化的社会。外国商人、僧侣和边牧少数民族都来到了唐都长安。唐朝还允许藩属国首领死后葬于昭陵墓群陪葬,这说明了唐朝安抚团结少数民族、对中原人和胡人一视同仁方面做得很成功。在皇陵陪葬是一种荣誉,也确保了藩属国对"天子"和"天可汗"的忠诚。

公元636年,即唐太宗即位10年后,为纪念开国重大战役,他下令为自己心爱的战马雕刻浮雕像。2003年,考古学家对昭陵进行了发掘,出土的柱基表明,这些骏马石刻,被放置在东、西庑廊对称排列。宾州大学博物馆所藏的两匹骏马,似乎被立于第5亭和第6亭。阎立本(逝于673年)被认为是《历代帝王图》卷轴画的作者,该画现收藏于波士顿美术馆。人们还推测,昭陵六骏浮雕(每件宽204厘米,高172厘米,厚40厘米)的设计草图也出自阎立本之手。对于唐太宗下令为自己打胜仗时所骑战马立像一事,有文献记载:"朕自征伐以来,所乘戎马,陷军破阵,济朕于难者,刊石为镌真形,置之左右,以申帷盖之义。"①

周秀琴博士是宾夕法尼亚大学博物馆高级点藏员,曾写过有关昭陵及昭陵六骏的论文和文章。她对皇家习俗"帷盖之义"进行了这样的解释:"过去,马、犬的主人通常会在马、犬死后,将车子的帷幕与篷盖与马、犬同葬,显示主人对其的喜爱和仁义。"②[7]

唐太宗名为李世民,意为"济世安民"。他为每匹马撰写了颂词,称赞"飒露紫"是:"紫燕超跃,骨腾神骏,气詟三川,威凌八阵。"

唐太宗的一生,绝大部分时间都在征战。公元621年,他征伐东都洛阳时,所骑枣红马就是"飒露紫"。"飒露紫"浮雕展示的是一个广为

---

① 这是唐太宗在贞观十年(636)十一月对侍臣所说的一段话,载于《册府元龟》卷四十二《帝王部·仁慈》。
② 周秀琴的这句话是对"帷盖不弃"这个成语的解释。《礼记·檀弓下》有这样的记载:仲尼之畜狗死。使子贡埋之,曰:"吾闻之也,敝帷不弃,为埋马也;敝盖不弃,为埋狗也。"

流传的故事。一支箭射中了飒露紫，丘行恭将军翻身下马，他拔出飒露紫胸口上的箭，将所骑战马让给太宗，而自己却徒步追击，剑杀数敌。

拳毛𫘧，是一匹毛作旋转状的黑嘴黄马，是李世民于 622 年平定刘黑闼叛乱时所乘战马，当时他还尚未即位。石像上，拳毛𫘧身中九箭。唐太宗为之题赞："月精按辔，天驷横行，弧矢载戢，氛埃廓清。"

"飒露紫"和"拳毛𫘧"目前收藏于宾夕法尼亚大学博物馆，而其余四骏马则存于西安市碑林博物馆。六匹骏马中，有两匹马为立马，包括"拳毛𫘧"。另外四匹马则四腿伸展，作"奔腾"状。六骏均为三花马鬃，束尾。马尾呈"三花"状，这说明骑马的人不是皇上就是皇子。

唐太宗开创了中国的一段和平繁荣时期。这是一个名副其实的黄金时代，延续了将近 3 个世纪。军事上的成功使太宗皇帝把其疆域扩张到许多今天已不再属于中国的地方：越南、蒙古国，并往西进入中亚，最远处到达今天的哈萨克斯坦。唐太宗统治的特点是任人唯贤，根据能力和受教育情况选拔官员，由此建立了良好的管理体制。他担心会被暗杀，于是便除掉了自己的两个兄弟，迫使父亲退位，自己篡夺了皇位[①]。

唐朝的成功，所依靠的是马，正是有了良驹才成就了唐朝的铁骑雄兵。唐太宗在战场上发现良驹时，会命令大将擒获骑手，夺取战马。唐朝初期，战马的数量急剧增长，从 3 000 匹增加到 70 多万匹。其中绝大多数拥有突厥马血统，通过进贡或与西部部落贸易获得，其中就包括源于康国的著名的费尔干纳马。唐太宗的六骏，似乎都源于进口马匹。太宗在马背上长大，超乎寻常的喜欢马。有一次，太宗的一匹爱马丧命，他竟愤怒地下令要杀掉马夫。经过皇后谏言，才算保住了马夫的性命。在唐朝，不仅战场需要马，丝绸之路上也需要马。马成了连接内陆地区与北方和西部边疆的有效交通工具。商贸路线上需要驿马和驿站，长安

[①] 唐高祖武德九年六月初四（626 年 7 月 2 日），当时唐高祖李渊次子秦王李世民在长安城太极宫的北宫门——玄武门发动了政变，太子李建成（李渊长子）和齐王李元吉（李渊四子）被箭射死，李世民获得了政变的胜利。事后李渊立李世民为太子，两个月后禅让皇位。这就是历史上有名的"玄武门之变"。

与洛阳之间的官道就是驿站连接起来的。

唐太宗不是中国最后一位诗人皇帝，也不是第一位喜欢马的皇帝。两千多年前，汉武帝面临着来自西北游牧民族匈奴的入侵。匈奴人居住在大草原上的帐篷里或敞篷马车上，衣着华丽，以牲畜数量计算财富。匈奴男人善骑射，在与汉武帝的步兵作战时尽显骁勇。当时，汉武帝需要骑兵，他们的战马要快于匈奴人的草原马才行。

汉代曾尝试在本土繁衍进口马，未获成功。显然，主要原因是中原的土壤和水缺钙。于是，汉武帝派出宠妃李夫人的哥哥李广利将军，命他率兵四万西征，希望从费尔干纳盆地获得汗血马。然而，此举差点葬送了大汉帝国。

汉朝西域使节张骞回长安之后，向汉武帝提起了"天马"。"天马"精力充沛、高大灵活，远优于草原矮马。张骞禀告汉武帝说：在费尔干纳（今乌兹别克斯坦），他见过一种神奇的马，它流出的汗像血。《汉书·礼乐志》中有一首诗叫作《天马歌》，诗歌称颂"天马"道："霑赤汗，沫流赭。志俶傥，精权奇，籋浮云，晻上驰。"①

有一种说法认为，天马的"汗血"是因为身上长了一种寄生虫"唇乳突丝状线虫"，这种寄生虫常见于生长在俄罗斯的马。这种线虫寄生于马皮下组织，形成出血性小结节。另一种说法是，长时间跳跃奔跑后，马的血管破裂导致出"血汗"。

起初，中国人打算用一千锭金子和一匹黄金铸成的金马，求费尔干纳的首领（即大宛王）换给汗血宝马，遭到了大宛王的拒绝，还杀死了汉武帝派去的使团。随后，汉武帝命李广利将军率领军队穿越塔克拉玛干沙漠。但是，军队抵达大宛国时，皆饥饿疲惫。于是，天子又派六万汉军翻越帕米尔高原，前去征服大宛国。汉军到达大宛国之后，断其水源，围攻大宛国四十余日。最后大宛王被其臣民杀死。大宛人同意将

---

① 意思是：它奔驰时流出的汗是红色的，好像满脸红血，此马因而被人们称为汗血宝马。这天马的状态不同凡响，情志洒脱不受拘束，它步伐轻盈，踏着浮云，一晃就飞上了天。

三千匹马送至长安。但是，这其中只有三十匹是上等马或叫作"天马"。有两千匹马死在了回长安的路途中。在汉武帝等待马匹到达玉门关时，他写下了下面这首赞歌：

> 天马徕，从四极，涉流沙，九夷服。
> 天马徕，出泉水，虎脊两，化若鬼。
> 天马徕，历无草，径千里，循东道。
> 天马徕，执徐时，将摇举，谁与期？
> 天马徕，开远门，竦予身，逝昆仑①。
> 天马徕，龙之媒，游阊阖，观玉台。②

2009年，考古学家在汉武帝陵墓内发现了两个陪葬坑，里面有80具马骨，守卫着20个洞室，这80匹马是殉葬品，用以陪伴汉武帝光辉的来生。[8]这个考古发现证实了亚瑟·韦利③的说法，即神马更多用于仪式，而不是作战。未来的DNA检测应该可以核实汉武帝的神马是否有阿哈尔捷金马的血统。阿哈尔捷金马是一种速度快、耐力强的突厥马。

汉武帝与大宛国的作战，是印欧文化与中国文化之间的早期接触，带来了丝绸之路的鼎盛期。在唐朝，马是主要陪葬品。那么，唐太宗喜爱的坐骑命运又如何呢？唐太宗驾崩之后，骏马浮雕被放置在了其墓群北司马门内通往"神道"[9]的东西两侧。这里，曾经有朱雀门、祭坛和"下宫"，由城墙和房舍环绕。如今，地面建筑几乎荡然无存。

---

① 这首诗是汉武帝于公元前101年创作的，那一年恰好是龙年。汉学家吴芳思（Frances Wood）在书中说，天马与龙有关，而龙是中国皇帝的象征。来自大宛国的汗血宝马可以带天子带到被认为是"仙山"的昆仑山。从这种意义上来讲，汗血宝马可被视为帮助汉武帝获得长生不老的工具。
② 这首诗的大意是：天马从西方极远之处来到，经过了沙漠之地。众多的少数民族和外国都降服了。天马出自水中，长有双脊，皮毛颜色像老虎一样。天马能变化，如同鬼神那样灵异。天马穿越千里，迅速越过无草的区域，在辰年来到东方。将驾着天马，高飞到遥远的地方，无可预期。天马既来，开通了上远方之门，可以上昆仑山去会神仙了。天马既来，龙也将来，可以乘着龙登天门，去观赏天帝住的地方了。
③ 亚瑟·韦利（Arthur Waley, 1889—1966），英国著名汉学家、文学翻译家，翻译了大量的中国古诗。

1924年，兰登·华尔纳和霍勒斯·杰恩在首次前往敦煌探险时，曾到过西安。他们在报告中写道：保留下来的浮雕已被用滑轮运出原址，"六骏中的四骏，已被运至西安城里。我们在这座小博物馆里看到，四骏就靠着花园墙壁而立，显得很寒酸，但是幸运地避免了被美国人收购的命运。另外两骏，被劈开、损坏，成为宾夕法尼亚大学博物馆引以为傲的藏品"。[10]

昭陵六骏被公认为是无与伦比的杰作，被称为"中国的额尔金石雕①"。对昭陵二骏的掠夺经常被作为美帝国主义掠夺本性的一个例证。但是，昭陵二骏又是如何到达费城的呢？宾夕法尼亚大学博物馆的点藏员周秀琴通过查找博物馆的档案，想方设法地重构了"飒露紫"和"拳毛䯄"从西安到费城的旅程。（宾夕法尼亚大学博物馆有披露其购买文物历史的政策，值得称赞。）

1909年，法国学者沙畹看到昭陵六骏的时候，六骏还在其原址。他拍摄的照片，是记录六骏在昭陵原址模样的唯一文献。周博士在宾夕法尼亚大学博物馆的档案室里发现了1921年巴黎文物商保罗·马龙（Paul Mallon）写的一封信，信中说他已通过北京的一位中间人葛杨（A. Grosjean）先生寄去了一大笔钱，葛杨先生又派高冷之（Galenzi）先生伺机将六骏搞到手。"1913年5月，六骏被移出皇陵。不幸的是，盗运者遭到当地村民堵截。为了逃命，盗运者将文物丢下山坡。"（马龙补充说，他预交了一大笔定金，事没办成，他损失不小。）[11]

之后，六骏被运往当时的陕西省省府，送给了该省督军陆建章，以"博取他的欢心"。[12] 随后，袁世凯总统命人通过官方渠道将它们运往北京。就是在这时，巴黎古董商卢芹斋的名字开始与六骏浮雕联系在了一起。我们在哈佛大学档案馆发现了一封信。这封信是1927年9月11日卢芹斋写给兰登·华尔纳的。卢芹斋在信中向华尔纳倾诉了自己在购买

---

① 额尔金石雕（Elgin Marbles）是古希腊时期雕塑家菲狄亚斯（Pheidias）及其助手创作的一组大理石雕，原藏于帕特农神庙和雅典卫城的其他建筑中。1801年第七代额尔金伯爵托马斯·布鲁斯（Thomas Bruce）从当时统治着希腊的土耳其奥斯曼皇帝手中买下，肢解运回英国。

六骏浮雕过程中所遇到的各种困难:"你会吃惊地发现,这封信寄自海参崴,而不是北京。因为,我在前往北京的路上听说,因为我出售唐太宗六骏浮雕,中国政府想要逮捕我……说到六骏,你和全世界都知道,它们是1912年被外国人偷走的。"[13]① 卢芹斋声称,自己是从北京的古董商赵鹤舫手中买下的两骏浮雕。[14]赵鹤舫与袁世凯次子袁克文相熟。赵鹤舫提议用六骏浮雕装饰袁家的御花园。当时,袁世凯正在为登基大典做准备,没想到仅当了三个月的皇帝便一命呜呼。袁家提供了专门的印章,允许昭陵六骏浮雕离开西安运往北京。卢芹斋在这封信里为自己的行为进一步辩护说:"如果从总统手中购买一件东西不合法,那么,谁还有出售的权利呢?如果当时合法,现在又不合法,又会有多少古董商和收藏家遭遇与我类似的处境呢?"[15]

极可能是在袁家的协助下,卢芹斋得以将两件骏马浮雕运至纽约大都会艺术博物馆。1918年3月9日,宾夕法尼亚大学博物馆馆长乔治·拜伦·高登(George Byron Gordon)拜访大都会艺术博物馆时,在库房里见到了二骏浮雕。卢芹斋将这两件浮雕租借给了宾夕法尼亚大学博物馆,"两件高浮雕石刻骏马,来自古都西安府,免租借费",[16]至1921年之前都可以以15万美元的价格将其买下。后来,狡猾的卢芹斋抬高了价格,称自己的代理"冒了入狱甚至是生命危险"。卡车将两件石刻运往费城,并于5月8日抵达。为购买浮雕实施的筹款计划进展缓慢,直至金主埃尔德里奇·约翰逊(Eldridge R. Johnson)的出现。他是"胜利留声机公司"的创始人,也是宾夕法尼亚大学博物馆董事会成员。他花了12.5万美元(1920年重新协商之后达成的价格)将二骏买下,捐赠给了宾夕法尼亚大学博物馆。为了感谢埃尔德里奇·约翰逊,博物馆在二骏陈列柜的下方挂上了写有其姓名的捐赠牌。此后不久,时任该馆亚

---

① 1927年夏天,卢芹斋坐在横穿西伯利亚的火车里,目的地是北京。当火车停靠在俄罗斯赤塔火车站时,卢芹斋收到了一封紧急电报,发自一位在莫斯科使馆工作的中国朋友。这位朋友从线人那里得到消息,提醒卢芹斋进京可能面临危险。据卢芹斋得到消息时,火车距西伯利亚铁路与满洲里铁路分叉处还有几千米。卢芹斋临时决定改变行程。到了卡里莫斯卡亚(Karymskaya),卢芹斋没有换乘前往满洲里的火车,而是决定前往海参崴,并在那里乘船去上海,借以避开北京的追捕。

洲艺术研究员的毕安祺评论说："或许，从来没有任何一件与马相关的艺术品能像昭陵六骏那么出名。"至于阎立本，"对于精心绘制昭陵六骏的这位艺术家，我们事实上一无所知……然而，昭陵六骏石刻本身，就能证明他是所有时代、所有国家中最伟大的艺术家之一"。[17]宾夕法尼亚大学博物馆就是这样，将唐太宗的两匹骏马纳入了其馆藏。

第七章

为明朝痴迷

1933年,乔治·凯茨给自己的朋友、导师、哈佛大学教授保罗·萨克斯写信,他说:"这个计划最初只是一个尝试,即我是不是能够在没有老师教的情况下掌握中文。事情一步步进展得十分迅速,也变得越来越有意思,我都没来得及弄清楚怎么回事。我觉得自己有必要去北京学习中文。现在,我已经做好了准备,明天就落地中国了。"[1]

"我刚刚接到你的信……"萨克斯在信中写道,"我对你所提及的内容感到十分惊讶。希望你能经常给我写信,让我了解你的进展情况。在我看来,你想要在一个领域上建造一座高楼大厦,首先需要几年的工夫把地基打好。"[2]萨克斯教过著名艺术鉴赏课,培养了一代博物馆策展人和馆长。

乔治·凯茨是学者、鉴赏家、收藏家和讲师,曾在纽约布鲁克林博物馆当过一段时间的策展人。他去中国的道路十分曲折。对凯茨影响最大的人莫过于诺埃尔·科沃德①了。凯茨出生于俄亥俄州的辛辛那提。1895年,他到纽约霍瑞斯曼学校读预科,却在读书期间坐船去了澳大利

---

① 诺埃尔·科沃德(Noël Coward,1899—1973),英国演员、剧作家、流行音乐作曲家,因影片《与祖国同在》(*In Which We Serve*)获得1943年奥斯卡荣誉奖,1969年被授予爵士爵位。

亚。第一次世界大战期间，凯茨应征入伍，表现出色，在法国肖蒙和德国的盟军总部担任翻译。凯茨的父亲是波兰企业家。母亲原籍德国，是一位家庭教师，教学生英语、德语和法语。凯茨随父母在欧洲和拉丁美洲度过了童年，得以熟练掌握好几种欧洲语言。[3]

中国艺术和文化的博大精深让凯茨痴迷不已，而他从事的这个职业恰好使其尽展其才。没有任何一个美国人像他那样热爱中国，对中国忠心耿耿。晚年时，凯茨成了首屈一指的明式家具专家，还撰写了《中国家具》一书。流行于中国16至17世纪的椅子、桌子、柜子和床光滑质朴，简洁方便。这些明式家具放在现代客厅里，也恰如其分，毫无违和感。

凯茨在哥伦比亚大学读本科时，学的是建筑专业，大三时转到了哈佛大学，并在毕业时获得最优等生荣誉（1922届）。[4] 随后，他一边在哈佛大学做历史和文学专业的助教，一边攻读英国牛津大学王后学院的博士。萨克斯慧眼识珠，发现了凯茨的才华，在其家境每况愈下时给予支持，成功地推荐他获得了一系列奖学金。首先是谢尔登游学奖学金，资助凯茨去英国学习欧洲文艺复兴时期的艺术。之后将其引荐给了古董商、收藏家，以及17世纪沃子爵城堡的主人索米耶家族。还邀请他陪着美国银行家约翰·摩根坐在房车里穿越法国，途经博韦、亚眠、勒图凯，最后穿越英吉利海峡。"今天早上，我在萨克斯教授下榻的酒店与他共进早餐……昨天，我与萨克斯去了趟古董店，店里的东西质量很不错。晚上，我们去了大使剧院观看了表演。"[5] 正如凯茨对其朋友克利夫兰博物馆研究员亨利·塞勒斯·弗朗西斯（Henry Sayles Francis）所说，他被隆重引荐。

几年之内，乔治·凯茨从一名无名小卒，一跃成为国际舞台上的一枝新秀。与许多朋友不同（其中有布朗大学的资助者、罗德岛家族后裔约翰·尼古拉斯·布朗），凯茨的崛起更加引人注目。凯茨的父亲对凯茨管教得很严，认为自己有权花掉自己所挣的钱，也就没给凯茨和凯茨的妹妹碧翠斯留下任何财产。

走在福格艺术博物馆的台阶上，乔治·凯茨偶然遇到了一位贵人，从而得以从困窘的生活中摆脱出来，这个人就是哈佛大学校长劳伦斯·洛厄尔（Lawrence Loweu）。洛厄尔将凯茨推荐给匈牙利大亨、派拉蒙电影公司的阿道夫·朱克（Adolph Zukor）。这次偶遇，决定了凯茨此后五年的生活。1927 年 9 月，年轻学者凯茨来到洛杉矶时，"口袋里只有 52 美分，找到的职位是担任制片人沃尔特·旺格的助理"。[6] 于是，如凯茨所说，他干起了各种杂活，有时在牛津大学伊希斯河上乘船，有时在圣塔莫尼卡的庭院游泳池里游泳。

沃尔特·旺格（Walter Wanger）毕业于达特茅斯学院，属于经营好莱坞制片公司的犹太人大亨中的上层。他拍摄的电影《沙漠情酋》（The Sheik）将鲁道夫·瓦伦蒂诺（Rudolph Valentino）捧成了明星。旺格喜欢制作带有外国韵味的电影，凯茨跟着他工作期间，旺格捧红了波拉·尼格里（Pola Negri）、奥尔加·巴古拉诺娃（Olga Baclanova）和莫里斯·舍瓦利耶（Maurice Chevalier）。此后，由于要完成牛津大学博士学位论文《中世纪的消失及法国艺术复兴的到来》，凯茨在随后的五年里都在开心地进行他所说的"应用考古学"的研究。[7] 他成了一名舞台顾问，就舞台背景的搭设提出建议。如波拉最新一部电影中有一幕欧洲场景，法国人的门上应该装有什么金属装饰。并回答"法国蜡像博物馆里的侍从是什么样子的？""如何对展品进行标注说明？""巴黎顶级珠宝店外面挂着什么样的招牌？""法国园丁是否穿着特殊的制服？"等问题。[8] 凯茨钻进制片公司的图书室进行研究，或到城市街道、私家花园和乡下转悠，为电影场景寻找合适的背景。

在影片如何表现欧洲习俗方面，凯茨成了最后把关者。他会来到某部影片拍摄现场，检查"演员的肢体动作是否符合人物的性格"，[9] 拍摄中是否出现差错通常都是由他来断定的。比如，"弗洛伦斯·维多正在学习如何在胸前画十字，使自己看起来更像天主教徒，而不是希腊东正教徒，以免使公众产生困惑"。凯茨相当迷恋好莱坞皇族，特别是作为"编外剧组成员"的"令人陶醉的黑美人"[10] 娜塔莎·加利齐纳（她嫁给了沙皇尼古拉二世亚历山德罗维奇·罗曼诺夫的侄子），以及派拉蒙电影公司的波兰影星波拉·尼格里（她嫁给了格鲁吉亚王子塞尔吉·姆迪瓦尼）。凯茨说："波拉宛若宫廷里的女王，她明眸善睐，很容易使人想入非非。我被引见给她的第一天早上，就见识了安排最缜密的仪式。她优雅尊贵，有四位女佣服侍她，或者说三位，有一位可能是秘书。"[11]

制片公司的贵族们，也同样被凯茨的魅力征服。凯茨与牛津大学的关系，使他在好莱坞获得了声望。而牛津大学则垂涎于好莱坞的钱包、气候和加州魅力。最后，在好莱坞从无声电影向有声电影转型期间，凯茨当上了派拉蒙电影公司对外部的主任。新的工作岗位使凯茨得以往返穿梭于法国儒安维尔、加州好莱坞和纽约长岛的新声场，为派拉蒙电影公司的外国市场"挑毛病"。[12]但是，美国遭遇了经济大萧条，给所有这一切画上了句号。1931年，派拉蒙电影公司关闭了在长岛的制片厂。凯茨丢掉了工作，只留下一些积蓄。他搬到了罗德岛的桑德斯顿，在那里一座老鼻烟厂附近，买下了一栋18世纪中期的黄色墙板房。

正是在罗德岛，凯茨阅读了亚瑟·韦利翻译的中国古诗，以及赛珍珠①的畅销小说。受二人的启发，他开始自学中文，"立志成为一名汉学家"。[13]第二年，在征求了兰登·华尔纳的建议后，他从维多利亚港登上了加拿大太平洋公司的"亚洲皇后"号（Empress of Asia）轮船。抵达北京后，凯茨立即入读华文学院。他避免与外国人为伍，被人起了个"牡蛎"的绰号。他最终安顿了下来，租下了一位清朝太监曾经住过的院子，雇用了两名儒雅古怪的用人。从他的住所到紫禁城和什刹海，步行只需5分钟。

"这是一件多么令人高兴的事情啊：你拥有自己的朱红大门，屋脊陡峭，带有遮檐。宽敞的四合院里种着洋槐树。夏天，院子里有大片的地

---

① 赛珍珠（Pearl Buck，1892—1973），美国旅华作家，1932年获得普利策小说奖，1938年获得诺贝尔文学奖。小说《大地》(The Good Earth)和《龙种》(Dragon Seed)都是以中国为背景。译作 All Men are Brothers 是《水浒传》的首个英文全译本。

方种花。"[14]房子里家具很少,凯茨进一步描述道,"没有电灯,没有木地板(在砖地板上铺上席子就足够了),除了几个铁炉子之外没有其他取暖设施,我也没安装排水管道……但是,我居住的房子极其舒适。与我认识的西方朋友的居所相比,我的居所更具有中国特色"。[15]

凯茨很快开始了收藏。"引以为豪的宫殿被拆除或遭到破坏。每个小商贩都像变魔术一般,拿出各种新奇玩意儿勾起你的欲望。而且他们能说会道,让你觉得非买不可。然而,对于我想买的日常物品来说,如果人们知道你并不富裕,中文也讲得不错,你就不必担心自己上当受骗,或害怕自己买到假货。另外,讨价还价时,我会根据实际情况合理出价,而不会随意压低价格。我买到的那些家具,质量上等,但并不张扬。我桌子上摆着的白镴器皿和瓷盘非常简洁。我看中它们之后,不慌不忙地将其买下"。[16]

凯茨不但批评在北京居住的外国人的生活方式,对他们的品位也颇有微词。"那些单调、昂贵的瓷器",以及"他们穿着花哨的清朝长袍马褂,样子稀奇古怪,真是罪过"。[17]然而,凯茨认真努力地学习中国文化的样子却经常被其外国朋友嘲笑。凯茨的朋友哈罗德·阿克顿也在北京居住,从《泰晤士报》记者莫理循(G. E. Morrison)那里续租了一处房子,并对房子进行了重新装修,增添了游泳池和草坪。阿克顿在其1941年出版的长篇小说《牡丹与马驹》中,将凯茨描绘成来自克罗伊登的英国人菲利普·弗劳尔,并对其进行了讽刺挖苦:

> 他(弗劳尔)没能与中国人结交下友谊。或许他在培养所接触到的任何中国文化元素方面太过勤勉。……有时候,都半夜了,他还在苦读中国古典著作,头上绑着一块湿毛巾。他选择中国作为他的流放地,但是中国人的精神对他来说却难以捉摸。他希望对中国人的精神获得新的认识,他的人生道路上能够得到新的指引。他希望自己能够融入中国人当中,被中国人接纳。如果能够由中国家庭收养他,那是再好不过了。他幻想着自己行孔礼,清

明节时为祖先扫墓,却忘记了他的近亲绝大多数都埋在了遥远的克罗伊登。[18]

并非所有外国人都对凯茨不屑一顾。外国汉学家元老福开森,曾对兰登·华尔纳评论过哈佛大学燕京学社的学者,包括杰出的中国历史学家费正清、德克·博德(Derk Bodde)和劳伦斯·西克曼。华尔纳称凯茨是里面最出色的一位,"拥有非凡的天赋",并且"阅历广泛"。他补充说:"我想,他进入中国艺术领域的情况与我一样。当时我刚刚知道,一个世纪前,伯纳德·贝伦森(Bernard Berenson)就对我研究的课题产生了兴趣。那时我希望,一位与贝伦森有着同样背景的人能够来到中国,学习中文,熟练掌握有关中国艺术的基础知识。凯茨博士各方面的条件都具备。"[19]

在凯茨的大量通信中,记载了不少与哈佛名人正式访问中国有关的趣闻逸事。其中一个故事与约翰·马昆德①(哈佛大学 1915 届)有关。马昆德是作家、评论家,还编撰了与波士顿婆罗门阶层有关的历史。马昆德把到中国访问的经历写进了小说《明黄》(*Ming Yellow*)。1934 年,他参加了前往山西省五台山的探险队。五台山是中国四大佛教圣山之一,其五座峰顶上都建有高台,高台上各有一座佛寺。华尔纳曾提醒西克曼,说普艾伦"正在前往北京的途中,身边带着一大群有头有脸的人物",[20]其中包括园林设计师弗莱彻·斯蒂里(Fletcher Steele),"一位极其聪明、有鉴赏力的人"。还有三位女士:大都会艺术博物馆前馆长爱德华·罗宾逊的遗孀;"聪慧,因其对艺术、音乐狂热而闻名遐迩"的墨菲夫人;来自缅因州巴尔港及波士顿的有钱老姑娘玛丽·惠特赖特(Mary Wheelwright),"她是美国印第安艺术的赞助人,也推动了美国西南部

---

① 约翰·马昆德(John Marquand,1893—1960),美国小说家。1915 年哈佛大学毕业。他的作品讽刺了美国的新英格兰上流社会人士在风云变幻的 20 世纪仍竭力维持其贵族气派和清教徒准则。代表作:《已故的乔治·阿普利》(*The Late George Apley*,1937)(获普利策小说奖)、《威克福德岬》(*Wickford Point*,1939)、《普尔翰先生》(*H.M. Pulham, Esquire*,1941)、《比夫的女儿》(*B.F.'s Daughter*,1946)、《没有回头的余地》(*Point of No Return*,1949)。

陶器、染色和编织业的复兴"。普艾伦将此次探险视为大都会艺术博物馆的征集之旅——寻找波什·雷茨所购那尊北魏铜鎏金大佛丢失的"背光",借机获取基金的资助。普艾伦也借此机会,劝说这几位上了年纪的女士,恳请她们将其收藏遗赠给大都会艺术博物馆。普艾伦邀请凯茨担任随队翻译,凯茨的中文现在已经说得相当流利。探险队后面跟着一队随从和扛行李的脚夫,如同"路上一列长达800米的火车"。[21]普艾伦说探险队像一个"马戏团",而他自己则像"马戏团领班"。据凯茨讲,"马戏团"在"旅行后期变得极度喜怒无常"[22],"很多想法,但诸多限制",给此行增添了不少压力。他们离开铁路终点站山西首府太原后,在贫瘠的乡村行走了三个星期,虽然他们的旅行"相当奢华","早上有大杯大杯的橙汁",还有玛丽·惠特赖特用"绿色哈佛大学书包"装来的葡萄干。

事实证明,这次旅行探险变成了一场滑稽的闹剧。36年后,凯茨接受了马昆德传记的撰写人米利森特·贝尔(Millicent Bell)的采访。凯茨回忆说,探险队分裂成了两个阵营:放荡不羁、言行粗鲁的酗酒者以及对其不屑一顾的衣冠楚楚的保守者。凯茨不喜欢和这些"外国人"打交道,他厌恶他们之间的争吵,觉得他们既愚昧无知,又自大傲慢。但是,凯茨喜欢马昆德,仍记得他们俩在一起的一些美好时刻。特别是有一天,两人离队,爬上了一座山峰。在山顶上,他们遇到了一位寺庙僧人,端着沉重的银盘子,摇摇晃晃地给他们端来了午餐,让他们在野外吃。最后,他们回到了北京,在租来的一座王府里,摆了一桌筵席,两派人试图握手言和,然而结局却相当尴尬。凯茨告诉贝尔,"玻璃杯被摔碎,桌子被掀翻,筵席不欢而散"。[23]

他们在去山西之前,还去参观了北京附近的一座寺庙。领队仍然是普艾伦,凯茨担任助手。凯茨这样描写罗宾逊夫人:"你从未见过这种皇家气派。爱德华·罗宾逊夫人外出如同上朝:椅子、脚夫、灯笼、跑腿一应俱全,甚至还让人把一张弹簧床抬到山上,这样她到山顶之后可以躺在床上打个盹儿。之后,'曼彻斯特女公爵'(在北京,人们这样称呼罗宾逊夫人）坐上恭王府的椅子（一把相当不稳固的古董椅子），被抬下了山。那场面煞是壮观。"[24]

凯茨更喜欢与劳伦斯·西克曼和溥心畬（溥儒）一起去北京的花园和寺庙远足。溥儒是恭亲王的次孙、溥仪的堂兄。作为画家和书法家，凯茨认为，溥儒是20世纪中期中国最杰出的艺术家。[25] 溥儒擅长宋代山水画，与大画家张大千齐名。溥儒有许多外国朋友：侨居中国的美学家、有抱负的书法家，如哈罗德·阿克顿、西克曼，当然还包括凯茨。恭王府是一处日渐破败的王府，曾是乾隆皇帝宠臣和珅的住宅，后来成了恭亲王的住所，恭亲王一直住到1898年去世。恭亲王去世之后，恭王府获得了最大的荣耀，被誉为中国北方最伟大的城市园林。

20世纪30年代，恭王府由恭亲王的次孙溥儒居住，在里面研习绘画和书法。现在，恭王府及其花园已成为一座博物馆。凯茨在所著书中，对溥儒的品位大加赞赏，称其是"高贵之人，有极高的修养"。[26] 阿克顿是溥儒的学生，他对溥儒挥毫泼墨、运笔自如的作画场景有如下描述：

乔治·凯茨与溥儒在北京恭王府花园

第七章　为明朝痴迷　　141

　　他在一张长平头案上作画，动笔之前就已对所画场景了然于胸。虽然窗外没有景，他的画上却是山峦起伏，一条小道从海边蜿蜒而上，直通一个绿树成荫的小村庄。悬崖上松树成林，波浪之上泛着渔舟。山峰逐渐消退，消失在远方。这幅立轴图，虽然复杂，但一气呵成，跃然纸上，没有任何瑕疵需要修改。他每次出笔都直接而果断，从不拖泥带水。[27]

凯茨在故宫附近居住了七年。1952年，他出版了《丰腴年华》一书，讴歌并详细描述了在古都北京的日常生活。在北京大学上中文课时，凯茨身穿文人的长袍，坐在硬板凳上，教室里面没有暖气。不上课时，他享受着自己的特权：一张进出故宫图书馆和档案馆的特别通行证。他是除汉学家福开森之外，唯一获此殊荣的外国人。想在那里查阅什么？想看18世纪乾隆时期将北京城几乎每座建筑都展示出来的《京城全图》？没问题。想看宋朝卷轴画《清明上河图》的18世纪摹本？当然可以。《清明上河图》如此有名，以致"某位大臣为将其据为己有竟然不惜铤而走险犯下命案"。

"珍珠港事件"发生前的1941年春天，美国人不可能在日本统治下继续在中国生活下去，凯茨的田园生活告一段落：

　　等了好久，这一天终于到来。第一件物品被搬到院子里，交给了在此等候的一众人……我下定决心，绝不要和我的财产分开。然而，似乎我的东西太多了。我的桌椅被放进了大木箱里……我买的地毯，我种的植物和花卉，天天与我做伴的一大堆书，还有所有的舒适用品都让我处理掉了。……最后，我们住的房子被清空。苦力们把那些最大的箱子运到了使馆区的一个仓库。一群人使足了劲儿慢腾腾地将沉重的箱子抬了起来，抬过高高的门槛。这一时刻，我很难过，就好像是参加谁的葬礼。[28]

随后，有很多人前来为凯茨送行。在火车站送行时，他的两位男仆流下了伤心的眼泪。凯茨写道："从历史上流传下来的诗词中，所有中国人都认识到，离别是人生中不可避免的悲伤时刻。"[29]之后，送行的人们转身离去，消失在远处。而凯茨则忙着在车上找座位。

此后两年，凯茨获得古根海姆奖学金资助，在美国国会图书馆里做研究。他与图书馆馆员交流的时候，说的中文要比英文还多。他继续开展他在北京开始的工作，撰写一篇有关北京紫禁城起源的长文，并于1943年发表①。[30]同年，凯茨重返中国。他从印度东北部城市阿萨姆飞越喜马拉雅山，经缅甸抵达重庆。他此行是为美国中央情报局前身美国战略情报局（OSS）执行任务，当时该机构隶属于美国大使馆。由于执行秘密行动，这段时期他的活动没有留下多少记录。凯茨的任务似乎是为美国国会图书馆收集具有文化价值的中国文献，以及对战略情报局有价值的情报。凯茨一直在重庆工作到1945年3月9日。[31]回到美国之后，他到旧金山，在刚成立不久的联合国担任翻译。联合国秘书处专门为其设立了一个"语言研究"的岗位。凯茨在其任职期间所取得的成就之一就是把《联合国宪章》翻译成了中文。

1946年，纽约布鲁克林博物馆展出了凯茨收藏的明代家具，这种展览在美国尚属首次。1947至1949年期间，凯茨曾在布鲁克林博物馆担任策展人。在此之前，美国人热衷收藏的是与维多利亚室内装饰风格相配的华丽中国雕漆家具，例如，屏风、"宝座"、古董柜等组合家具。而且，美国人也认为，这些也是紫禁城里的居民喜欢的家具类型。凯茨更愿意效仿的是中国文人雅士的品位，钟爱那些"精致、含蓄、宜于家居，而不是宫廷摆设"的物件儿。[32]凯茨解释说，他所藏的"家具系列，朴素高雅，几乎不为西方人所了解。在西方，流行的家具式样复杂，种类多样，一方面因为19世纪西方人整体的品位水准不高，另一方面也是受庸俗商人既得利益的推动"。[33]1948年，凯茨与妹妹碧翠斯合作，撰写并出版了《中国家具》一书。碧翠斯是室内装潢师，1937至1938年，

---

① 作者注：见《紫禁城起源时间新探》，1943年2月《哈佛大学亚洲研究期刊》。

曾在北京与凯茨一起居住。《中国家具》一书中印有凯茨朋友们的一些藏品照片，包括著名的权威收藏家古斯塔夫·艾克①的藏品。古斯塔夫·艾克也是研究中国家具的权威，曾撰写过一本有关中国家具的著作。

但是，凯茨担心众神会嫉妒他在中国度过的这些静好岁月。正如凯茨所说，"丰年之后，很有可能就是荒年"。[34] 后来，凯茨打了许多零工，给人提供咨询、做讲演，偶尔写写书，发发文章。尽管如此，凯茨漫长一生的下半场，境遇每况愈下。中国策展人的职位和学术研究职位被撤销。当时，约瑟夫·麦卡锡（Joseph R. McCarthy）参议员开始着手清除"中国间谍"，即战争期间在重庆工作的凯茨等美国人，麦卡锡谴责他们将中国"拱手让给红色共产党人"。

使凯茨的困境雪上加霜的有三件事：其一，他或许是同性恋，尽管没有公开；其二，他是犹太人；其三，在 20 世纪 50 年代时，人们对处于"封锁"状态的中国不感兴趣。凯茨花完手头的资金后，卖掉了自己的房子，将所藏书籍捐给了教友派信徒，将幻灯片交由朋友保管。1954 年，凯茨遭遇了"夏荒"。1955 年，帕克·贝尼特画廊对其所珍藏的 17 至 18 世纪的中国家具进行了拍卖。凯茨哀叹道："拍卖会上人气很旺。洛克菲勒先生和伊利安娜公主都来了……有几样东西流拍了，还有几样东西拍出了天价。我的书桌卖到了 1 000 美元。这可是我自己的书桌啊，现在不再属于我了。我身体的一部分，似乎永远凝固了……"[35] 在另一封信中，凯茨详述道："拍卖的家具去了休斯敦之类的地方（有三件拍品被克利夫兰博物馆收藏），所有小摆件都找到了自己的归宿，被放置在哥伦比亚大学中国图书馆的书架上、柜子里、阅览室里或是教室里……永远地失去了灵性。而我呢，坐在一间摆满廉价家具的房间里，用打印机打这封信，这对我来说或许是一种惩罚。"[36]

"对我来说，这段岁月使我学会了如何适应居无定所、无美物可享、

---

① 古斯塔夫·艾克（Gustav Ecke，1896—1971），德国艺术史专家，世界上研究中国明式家具的重要学者，著有《中国花梨家具图考》(1944)。

无书籍慰藉、无隐私保障的生活。我在中国生活过几年所付出的昂贵代价，超乎寻常人的想象，没有人认为我有资格享受我在中国的生活。"[37] 尽管如此，凯茨撰写的《中国家具》一书却一直再版。1956 年，凯茨在卖掉所有收藏之后写道，"真正重要的"是，他把自己生命中充满活力的时光，用于"复兴、发现、唤醒、还原一个伟大民族历史的一个阶段。我用了七年时间，阅读中国人写的书籍、各种注释本和善本，以及大大小小的相关文物，将中国人传统的'日常生活'方式真实地记载了下来"。[38]

1990 年，凯茨在罗德岛米德尔敦的一家疗养院谢世，一贫如洗，被人遗忘。凯茨没有看到 20 世纪 90 年代中期明代家具横扫古董市场的场面，因此也就避免了一场苦乐参半的体验。中国明代家具的魅力，部分在于选用的木材稀缺，大部分木材现已绝种。最珍贵的家具是由一种叫作"黄花梨"的硬木制作而成。"黄花梨"属于红木，产自中国海南岛。"明朝之王"[39]安思远①是纽约亚洲艺术古董商元老，写过一本有关中国家具的权威著作。安思远买下一些凯茨收藏的家具，并于 1961 年在纽约第七大道军械库艺术展上将其展出。"明代家具不为众人欣赏的唯一原因，是其数量太少。"安思远解释说，"中国家具是装饰艺术中唯一真正的世界公民。只要你给它足够的呼吸空间，它能与任何风格相搭配。"

牛津大学的中国艺术史学家柯律格写道，明代时期，"家具不仅是'文明生活'之必需，也是绵延不断的道德和审美说教的组成部分。适宜的家具能够使人的道德获得升华"。[40]明朝学者家里最起码配备的家具应该有"画案、写字椅、高衣柜、杌子、椅子、禅椅、脸盆架、屏风和架子床"。凯茨如果听了柯律格的这种说法，一定会表示同意。但是，20 世纪 60 至 70 年代，中国正处于"文化大革命"时期，家具因被视为

---

① 安思远（Mr. Robert Ellsworth，1929—2014），纽约知名古董商兼收藏家，苏富比教育学院中国区原首席代表、资深艺术品原市场顾问。著有《中国家具：明清硬木家具实例》（*Chinese furniture: Hardwood examples of the Ming and early Ch'ing Dynasties*）、《样式的精华——明末清初中国家具》（*Essence of Style: Chinese Furniture of the Late Ming and Early Qing Dynasties*）等。

"封资修"黑货而遭受厄运。据香港一位古董商说,红卫兵会"烧家具,打砸家具,砍掉椅子上的扶手,或在橱柜门上钻孔"。[41]中国家具拥有独特的榫卯结构,几乎不用胶水或钉子,因此也极易被家具的主人拆卸,藏于柴火堆下,堆到大街上,或将其运往乡下。家具的主人不想因为拥有这些家具而被批斗,或被贴上"资产阶级生活方式"标签。今天,虽然你可以在中国购买明式家具,但是一百年以上的家具却被禁止出口到国外。

1996年,即凯茨去世六年后,纽约佳士得拍卖行拍卖了107件中国明清家具,包括桌椅、橱柜和屏风,创下了1 120万美元的拍卖纪录,比最高估价750万美元高出了400万美元。[42]纽约大都会艺术博物馆拍下了一张黄花梨木传统画案,产自16世纪晚期或17世纪早期。明尼阿波利斯艺术博物馆则拿下了拍卖图录中的最珍贵拍品:一件高大的17世纪黄花梨大理石落地屏,大理石板上有着自然山水条纹(两位当地收藏家露丝和布鲁斯·代顿夫妇给予了资助)。正如《纽约时报》艺术评论员丽塔·雷夫(Rita Reif)写道:"这场拍卖会标志着市场上中国家具时代的到来。长期以来,中国家具一直被收藏家忽视。"

明代家具以其木材稀有、简朴大方,让收藏家继续为之痴迷。1996年佳士得拍卖会进行时,恰逢波士顿美术馆举办一个特别展览——"从屏风看16至17世纪中国家具",策展人是南希·白铃安(Nancy Berliner)。乔治·凯茨的明代家具,已不再是艺术世界的一枝独秀。

第八章

铁轨上的艺术

互联网是我们时代的标志,正如铁路是美国镀金时代的标志。在这两个时代,一个巨大的创新力量都在席卷全球,以前所未有的方式,影响人们的日常生活、国家大政方针,甚至是艺术品市场。美国历史学家斯蒂芬·安布罗斯[①]提醒我们:建成世界上首条横贯北美大陆的铁路,"是美国人民在19世纪取得的最伟大的成就"[1],仅排在打赢南北战争和废除奴隶制度之后。1863年,庞大的铁路工程——太平洋铁路开始修建。当时,美国南北战争交战正酣。这条横跨北美大陆的铁路是一个奇迹,也是集体劳动的成果。参与铁路修建的有冒险金融家,有战场经验丰富、习惯于发号施令或服从命令的退伍军人,还有大约14 000名中国移民劳工。中国劳工占铁路修建大军的三分之二左右,在铁路修建过程中起到了至关重要的作用。这些劳工渴望获得工作。据说,一位金融家曾对此评论道:"毕竟,他们知道如何修建长城。"

从全球角度来看,美国南北战争期间,北方做出了使用蒸汽火车的决定。自此,"火车"动摇了既定的军事战略模式。1888年,年轻的寇

---

① 斯蒂芬·安布罗斯(Stephen Ambrose,1936—2002),新奥尔良大学的名誉历史学教授、美国著名的历史学家及传记作家,曾替艾森豪威尔及尼克松两位美国总统撰写传记。

松勋爵（Lord Curzon）在一个遥远陌生的土地上，成为第一位乘坐跨里海铁路火车的英国乘客，当时俄罗斯的这条铁路刚刚竣工。即将担任英国驻印度总督的寇松，立刻领会到修建铁路的严峻军事意义：沙皇军队可以通过铁路，迅速大规模调动军队，不必再依靠马力缓慢笨拙地抵达遥远的战争前线，从而削弱英国防卫印度的能力。几年之后，俄罗斯完成了跨西伯利亚铁路的建设。跨西伯利亚铁路是全球最长的一条连绵不断的铁路（约 8 590 千米），里面包含着多达 20 万名中国劳工的血汗劳动。寇松勋爵在英国纽卡斯尔做演讲时，细述了建设铁路的战略意义[2]。他的牛津大学同学、地理学家哈尔福德·麦金德（Halford J. Mackinder）被他的话深深打动，悲观地预示了"地缘政治学"的到来。地缘政治学是一种考量战略风险的新路径。

让人意想不到的是，铁路的修建竟然使西方艺术品市场上的东方瓷器泡沫快速膨胀起来。19 世纪 80 年代，随着美国草原之州的小麦开始涌向全球市场，世界谷物的价格大幅度下跌。此举带来的结果是消减了英国土地贵族的收入，促成了家传艺术品的拍卖销售，其中包括引人注目的中国瓷器。

然而，铁路革命也促生了一个荒谬而罕见的副产品——它培育了美国新一代富裕收藏家对亚洲古董文物的收藏热情，而这种收藏热情也与中国境内的铁路扩建有关。中国的大地之下埋藏着很多贵族墓，这些贵族墓被筑路工人有意或意外发掘。在收藏亚洲艺术品方面，巴尔的摩的显贵威廉和亨利·沃尔特斯父子俩处于领先。1886 年，在纽约一场拍卖会上，他们以 18 000 美元的高价，拍下了一件中国瓷器桃花瓶，令人瞠目结舌。

在新一代亚洲艺术收藏家中，最吸引人注意的是查尔斯·朗·弗利尔。他白手起家，自学成才，靠制造火车车厢赚了一大笔钱，其中大部分钱都花在了前往日本和中国的旅行上，并在旅行中收集了一大批世界级艺术藏品。同时，弗利尔获准在华盛顿创建了一座艺术博物馆，成为首家获得美国联邦政府资助的博物馆。后来，华盛顿国家广

谨慎沉思的查尔斯·朗·弗利尔，旁边摆放着他喜欢的一件亚洲藏品

场上又盖起了另外六家博物馆。最后，同样重要的是，弗利尔迫切要求不要修建铁路，以便保护危在旦夕的中国文物。此举虽然徒劳无益，但值得称赞。然而，这位工业巨头，不近情理，超凡脱俗。他身材瘦削，深居简出，挑剔古怪，留着英国画家范戴克式的胡子，还打理得整整齐齐。艺术评论家艾琳·萨里宁（Aline Saarinen）将弗利尔归类为典型的孤独者，形容他"把自己裹入蚕茧，与其所处时代的卖弄、喧哗和壮观隔绝开来"[3]。即便是在底特律的竞争丛林中，弗利尔也建造出"一个精致、宁静和卓越的个人世界"。他是一个坚定的单身主义者，与许多意志坚定、不因循守旧的唯美主义者结交。例如，美术博物馆学者欧恩斯特·费诺洛萨，以及美国最怪僻的画家、反物质主义叛逆者詹姆斯·麦克尼尔·惠斯勒①。因为与惠斯勒是朋友，弗利尔收藏的惠斯勒画作最多也最为完整，其中包括惠斯勒的代表作《孔雀屋》（Peacock Room），上面画有时髦的青花瓷图案。

一直以来弗利尔都在敏锐地追求物质享受。1900年，时年44岁的弗利尔，已成为百万富翁，享受起半退休式的生活，而这样的生活与他的性格却很不相符。几年后，弗利尔这位标新立异的艺术爱好者，又

---

① 詹姆斯·麦克尼尔·惠斯勒（James McNeill Whistler，1834—1903），美国画家、蚀刻家。

干了一件几乎不可能完成的事情。他设法说服了文化内涵欠缺的华盛顿官员，破例批准他为其所收藏的奇珍异宝建造一所场馆。弗利尔的墓志铭与坐落于圣保罗大教堂地下室里的克里斯托弗·雷恩爵士（Sir Christopher Wren）的墓志铭类似："如果你在寻找他的纪念碑，环顾四周皆是。"

查尔斯·朗·弗利尔1856年出生于纽约州金斯顿市，是胡格诺派教徒的后裔。为躲避宗教迫害，胡格诺派教徒逃离法国，与众多其他异教徒一样，在美国的哈得孙河谷，找到了庇护所。弗利尔的父亲，以养马和驯马为生，没有多大的本事。弗利尔14岁辍学，先是在离家不远的水泥厂里打工，后来又到市里的一家杂货店当簿记员。再后来，他又从杂货店跳槽到了新成立的金斯顿-锡拉丘兹铁路公司。这家铁路公司与弗利尔工作过的杂货店在同一栋楼。作为当地一名出类拔萃的出纳员，弗利尔成了上司弗兰克·赫克（Frank Hecker）的得意门生。他们俩都搬到了底特律之后，便开始了合作。在底特律，两人一起爬到了美国"半岛火车工厂"的管理层。这家公司兼并了十几家其他公司，组建了"美国汽车与铸造公司"（American Car & Foundry Company），并很快成为美国火车车厢的全能制造商。

查尔斯·弗利尔不仅是一位工作勤恳的财务主管，也是一位进取心极强的公司副总。然而，作为19世纪80年代一位处于上升期的底特律公司高管，他行事并不总是符合传统规范。赫克上校（美国—西班牙战争期间，赫克在军队服役过一段时间，退役之后便自封为赫克上校）为自己建造了一座艳俗的住宅楼，就像法国尖顶城堡。而比他年纪小的合作伙伴弗利尔则在旁边的一块地上盖了一处不起眼的住所。弗利尔用金斯顿当地产的紫褐色沙石，建造了一座木瓦风格的住宅，里面有内置式座椅，开放式空间布局，显得十分宽敞。房屋的设计者是威尔逊·艾尔（Wilson Eyre），一位具有当代意识的费城建筑师。在弗利尔的授意之下，屋子里的木质家具被刷上了很厚的油漆。弗利尔在家里招待贵客——底特律的鉴赏家，向他们讲述与美国东海岸艺术圈有关的一些奇闻逸事，他刚刚开始探索东海岸艺术。19世纪90年代期间，弗利尔定期前往欧洲旅行，与惠斯勒会面。他会不打招呼，突然造访惠斯勒位于伦敦切尔西区的住宅。弗利尔还在意大利卡普里岛购买了一处别墅，这是他与审美情趣相投的朋友们聚会的地方。在这里，他结交了女画家罗曼·布鲁克斯（Romaine Brooks）。罗曼·布鲁克斯以画女性变装肖像而知名。弗利尔还与男性朋友一起探索了卡普里岛附近的马托马尼亚岩洞，与朋友们一起在那里吟唱波斯诗人莪默·伽亚谟（Omar Khayyam）的诗句。

当时，弗利尔已无可救药地喜欢上了收藏。去纽约旅行期间，他开始购买当代欧洲和美国的版画作品和绘画作品。1889年，弗利尔在参观纽约格罗里埃藏书俱乐部举办的一场展览时，日本版画吸引住了他的目光。这是美国第一次举办日本版画展。费诺洛萨开拓了弗利尔对亚洲艺术的兴趣。当时，费诺洛萨刚到波士顿美术馆担任策展人不久。弗利尔经常定期拿出两百美元甚至更多的钱，作为"专家咨询费"来酬谢费诺洛萨，请其就购买什么藏品提出建议。弗利尔也经常咨询自己在纽约曼哈顿结交的其他艺术家。1889年，弗利尔拜访了德怀特·威廉·特赖恩（Dwight W. Tryon）在纽约的画室，买下了他刚刚完成的第一幅画作——《草堆月光景观》。那是一幅朦胧景物画，描绘了月光下散发着微光的干草堆，与惠斯勒的绘画风格相似。慢慢地，弗利尔的收藏品越积越多。他收藏的上乘艺术品中包括以下美国艺术家的油画或雕塑作品：温斯洛·霍默[1]、阿尔伯特·平克汉姆·赖德[2]、约翰·辛格·萨金特以及阿博特·亨德森·塞耶[3]。至今，这些艺术家仍备受人们的尊敬。

---

[1] 温斯洛·霍默（Winslow Homer，1836—1910），美国风景画画家和版画家，19世纪美国最重要的画家之一。
[2] 阿尔伯特·平克汉姆·赖德（Albert Pinkham Ryder，1847—1917），美国画家。其绘画题材多选自《圣经》、希腊神话、罗马神话，留存作品160多幅。代表作有：《约拿》（Jonah）和《月夜的海》（Seacoast in Moonlight）。
[3] 阿博特·亨德森·塞耶（Abbott Handerson Thayer，1849—1921），美国印象派画家。一生创作了大量肖像、人物、风景画，尤其以其天使系列画作而著称。

多次前往欧洲旅行期间，弗利尔广结人脉，探索视觉艺术的前沿。在巴黎，他与美国画家玛丽·卡萨特①共进晚餐，拜访雕塑家奥古斯特·罗丹②的工作室，还接受了精神密友詹姆斯·麦克尼尔·惠斯勒一个不同寻常的请求。惠斯勒的妻子碧翠克丝身患癌症，爱鸟成痴。1895年，弗利尔准备去印度，开始他的首次亚洲之旅，正在去往印度的惠斯勒问弗利尔，能否想办法为妻子买一只蓝色和金色相间羽毛的鸣鸟。弗利尔一口应承下来。抵达加尔各答后，弗利尔买到了一只鸣鸟，说服一位英国船长将其带回国并在途中好生照料。那位英国船长亲自把鸟送到了惠斯勒手中。尽管这个计划困难重重，但最终完成。就这样，这只印度鸣鸟来到惠斯勒位于巴黎左岸巴克巴克路110号的家，与一只白鹦鹉和一只嘲鸫关在了一个鸟笼里。惠斯勒在妻子去世后不久，于1897年3月24日伤心地给弗利尔写了封信[4]："请允许我首先对你说，我亲爱的弗利尔，你买的那只蓝金色小鸟，真的很乖。"在惠斯勒妻子弥留之际，"这只奇怪的小精灵站立起来，一直唱个不停，它之前可从未这样唱过。它唱的是一首太阳之歌！一曲欢乐之歌！也是我的绝望之歌！这只小精灵唱了一遍又一遍，直到累得再也唱不动了。它的声音就像天籁之音，让人真是觉得神奇"。

作为19世纪90年代的收藏家，弗利尔对远东情有独钟。刚开始，他被日本艺术所吸引，后来又喜欢上古老的"大中华帝国"的那些鲜为人知的书画和雕塑。不过他收藏这些艺术品不仅是出于审美的原因。弗利尔是一位精明的生意人，擅长讨价还价。在他收藏的鼎盛时期，他买入的亚洲艺术品算得上是他经手过的最划算的交易。弗利尔曾分别于1895年、1907年、1909年和1910至1911年四次前往东亚。弗利尔每到一地，便去寻找、查验私人和公共藏品。他已经从最开始的零散收集藏品变成了大规模收集藏品。曾担任过弗利尔美术馆馆长的约翰·波普

---

① 玛丽·卡萨特（Mary Cassatt，1844—1926），美国印象派画家和版画家。
② 奥古斯特·罗丹（Auguste Rodin，1840—1917），法国雕塑艺术家，主要作品有《思想者》《青铜时代》《加莱义民》《巴尔扎克》等。

（John A. Pope）评价道："从弗利尔在其日记里记录的条目及其多年通信中的陈述可以看出，弗利尔在旅行中学到了很多的知识，他虽然见识多广，却又表现得如此谦卑。即使在他被公认为重要收藏家之后，他还是那么谦和。"客观来讲，这一评价恰如其分。需要指出的是，弗利尔在远东旅行时，正值清朝处于忧患不断的最后几十年。毫不夸张地说，火车对中国产生了地动山摇的影响。

就铁路革命而言，中国相对来说起步较为落后。其中主要原因，是19世纪80年代清朝皇宫中的改革派与保守派就此争论不休，陷入僵局。反对者宣称，铺设铁路，会使中国更加依赖外国列强。外国列强相互竞争，在中国划分势力范围，早已把清朝瓜分。中国历史学家林成（音译）进一步写道，保守派担心修建铁路会破坏祖先的陵墓，"还会促进那些颠覆中国传统宗教和道德的思想和影响力的传播。铁路的邪恶影响，甚至可与洪水猛兽造成的大规模破坏相提并论"[5]。改革派则强调，"铁路在粮食运输、赈灾、贸易、开矿、征税和旅行等方面的益处。尤其重要的是，出于军事方面的考量，兴建铁路刻不容缓"。

1894至1895年，中国被日本打败，颜面扫地。正因为此，改革派以增强军事力量为由，最终战胜了保守派。据林成的详细统计，自1897至1904年的七年间，"启动的铁路建设项目和借款和约，超过了之前半个世纪的总和"[6]。因此，到了1898年，英国在中国获得许可修筑的铁路总长为4 500多千米，俄国2 462千米排名第二，德国和比利时并列第三（各为1 126千米），法国和美国远远落后（分别为676千米和483千米）。林成是20世纪20年代中国铁道部的顾问。他写到，未经民国中央政府同意，甚至在中央政府不知情的情况下，列强瓜分了铁路修筑权。他补充道："在那些年，大清帝国的不同地方不时发生袭击外国人的事件。我们应当将这种袭击外国人事件看作公众在表达对外国列强的愤怒。反洋人运动持续蔓延，至1900年爆发的义和团运动达到顶峰。外国列强疯狂争夺中国的铁路修筑权，应对这场运动的发生负主要责任。"当时的大多数中国人持有这一看法。

中国发生的铁路巨变及其产生的副作用，对弗利尔发现、欣赏中国艺术起到了催化剂的作用。随着钢轨横穿中国大地，修建铁路的工人发现了埋藏着丰富墓葬品的皇陵，从而为正在觉醒的中国艺术市场提供了源源不断的高质量文物。而且，乘坐不同线路的火车使弗利尔得以穿越中国，考察亟待出售的文物，并拜访两位资深顾问：天津的收藏家兼政客端方，北京的传教士出身的艺术专家福开森。

毫无疑问，福开森对中国情况和古代文献的了解，超过了同时代的任何西方人。福开森 1887 年来到中国，当时只有 21 岁，1943 年离开，在中国生活了整整 55 年。1943 年，福开森被日本人拘留，作为战时交换俘虏，登上了瑞典和美国合营的"格利普霍姆"（Gripsholm）号邮轮，离开了中国。福开森出生于加拿大，被受命为卫理公会牧师，在波士顿大学获得神学博士学位。卫理公会把他派往中国，创办金陵大学。完成任务后，福开森在中国开始了新的职业生涯。他是上海一家报纸的老板，并为外国企业和艺术收藏家出谋划策。

沃伦·科恩（Warren Cohen）在其 1992 年出版的《东亚艺术与美国文化》（*East Asian Art and American Culture*）一书中写道，福开森坚信，"他既可以在中国学习，也可以在中国教书；并且中国文化值得学习"[7]，是这种信仰使其变得与其他传教士不同。福开森不但为新成立的金陵大学寻找生源，还拜士大夫为师。福开森把美国的数学和化学课本翻译成中文，"还掌握了丰富的中国艺术和艺术批评知识，并撰写了这方面的著作，至今仍被美国官方使用"。当时，美国的东方艺术鉴赏家们并不看好福开森所取得的成就。他们中的许多人用费诺洛萨的形式主义和带有日本倾向的审美视角来审视截然不同的中国艺术的各个流派。因此，1913 年，当福开森受人委托，将其精选的一批中国艺术品运至纽约大都会艺术博物馆时，该馆员工对这批藏品表示失望。大都会艺术博物馆更是拒绝接受一幅中国画。该馆部门策展人表示，他连十块钱都不愿意掏出来购买那幅画：《洛神赋图》。原本据传是顾恺之所作，是公元 5 世纪的作品。而福开森搞到的则是《洛神赋图》的南宋摹本。幸运的是，弗利尔持不同的意见，最终买下了《洛神赋图》以及被大都会艺术博物馆质疑的由福开森征集的其他藏品。今天，在弗利尔美术馆藏品中，曾饱受争议的《洛神赋图》卷轴画，被认为是该馆所收藏的最上乘的中国绘画作品。

弗利尔是单身汉，并且没有直系继承人。早在20世纪初，弗利尔就已经意识到他收藏的艺术品将会成为他的遗嘱，使他获得永垂不朽的声名。为何不把这些收藏品捐赠给美国人民呢？如果将收藏品捐赠出来，还有比首都华盛顿更好的地方吗？当时，华盛顿收藏的艺术品无论是在数量还是在质量上都远远落后于巴黎、伦敦、柏林和维也纳，令美国人汗颜。1904年，怀着这个目标，弗利尔直奔华盛顿，向史密森尼学会[①]秘书塞缪尔·皮尔庞特·兰利[②]投石问路。兰利秘书对此表示了兴趣，称美国国会已同意创建一家"国家艺术博物馆"，只是还未出台清晰的建馆方案。1905年，弗利尔正式将自己的收藏品捐赠给史密森尼学会的董事会，捐赠藏品的总数约为2 000件，分为三部分：弗利尔在近东（主要是埃及）购买的文物；各式各样的美国艺术品，绝大多数是惠斯勒的作品，当时惠斯勒的名声正开始上升；亚洲绘画、瓷器和雕塑（在他看来，所有藏品都具有"和谐精神的启示，扩展审美文化的能力，以及提升人类心灵的美质"）。弗利尔提出的捐赠条件也非常苛刻：他会不断捐出藏品并资助博物馆的建设，但是他捐赠的任何藏品都不得出售或出借给任何场馆。

当时，华盛顿没有国际公认的艺术博物馆。史密森尼学会的画廊里摆满了各种科学发明、自然历史标本、民族志和历史档案，一些艺术品则点缀在其间。此外，已有半个世纪历史的私人捐赠的科科伦艺术馆展出的形形色色的艺术品主要以美国艺术为主。总而言之，在美国首都，

[①] 史密森尼学会（Smithsonian Institution）是唯一由美国政府资助、半官方性质的第三部门博物馆机构。由英国科学家詹姆斯·史密森（James Smithson）遗赠捐款，根据美国国会法令于1846年创建于美国首都华盛顿，下设14所博物馆和1所国立动物园。
[②] 塞缪尔·皮尔庞特·兰利（Samuel Pierpont Langley, 1834—1906），美国天文学家、物理学家、数学家，史密森博物馆馆长。

没有一座公共美术馆能够与一座意大利大区的普通博物馆相提并论,更不用说超越了。

弗利尔捐赠的消息公开后,他惊喜地发现,美国主要报纸都发表社论对此表示赞成。谨慎的史密森尼学会的董事们专门成立了一个特别委员会,对弗利尔拟捐赠的藏于其底特律家中的艺术品进行审核。这一委员会里没有一名成员是亚洲艺术方面的专家。该委员会由兰利秘书领导,成员包括密歇根大学校长詹姆斯·安吉尔(James Angell)、前密苏里州参议员约翰·布鲁克斯·亨德森(John Brooks Henderson)、电话的发明者亚历山大·格拉汉姆·贝尔(Alexander Graham Bell)以及项目联络员——贝尔的女儿玛丽安。他们用了五天时间,对弗利尔的珍藏品进行了审核。玛丽安·贝尔对他们的判断进行了这样的描述,"这些东方艺术品是无价之宝,所有人的看法可以用参议员亨德森的话进行总结:'这些艺术品在其同类中都是出类拔萃的——但是它们的类型确实奇怪!'"[8]

然而,弗利尔在白宫找到了一位强大盟友。罗斯福比以往任何一位美国总统都更加关注亚洲。1898年,当西奥多·罗斯福还是美国海军部副部长时,他便大胆命令海军上将杜威的太平洋舰队开进马尼拉湾,将美国国旗插到了菲律宾的土地上。1903年,罗斯福在旧金山做总统演讲时,对一群疯狂鼓掌的听众说,"我们强有力的美利坚合众国"已成为"太平洋的一流强国",特别是在巴拿马运河即将开凿的时刻。"来到太平洋海岸之前,我是个扩张主义者,"在一片赞同的呐喊声中,罗斯福慷慨陈词,"来到这里之后,让我无法理解的是,任何人除了成为扩张主义者之外,还能成为什么。"[9]

出于地缘政治和文化方面的考虑,罗斯福总统会见了弗利尔,批准了他的捐赠计划。1905年12月13日,总统先生给史密森尼学会董事会写了一封信,敦促学会尽快接受弗利尔的藏品,其中包括"中国和日本古代最著名大师的数百幅绘画作品"。如果学会董事会提出异议,总统补充道:"那么,我将被迫采取其他方法,努力避免美国政府失去一批最有价值的藏品,这是个人捐赠给国家的最有价值的藏品。"[10]1905年12月14日,罗斯福邀请仍迟疑不决的董事们参加白宫晚宴。罗斯福杀伐决断,简化了捐赠的法律程序,强调了捐赠的象征性意义。1906年1月4日,一封电报通知弗利尔,他提出的条件已获得批准。以华盛顿的办事标准看,这简直就是乘坐涡轮喷气式飞机的速度。

弗利尔再次踏上了征途,乘坐汽车、轮船、火车,全世界到处奔波,为以自己名字冠名的博物馆寻找新的藏品。这样的生活状态一直持续到1911年。如艾琳·萨里宁所写:"弗利尔,这位热心勤奋的业余收藏家,一直不停地为自己、为国家购买艺术品。为了收购艺术品,他跑遍世界各处。这位绅士,穿着考究,品位优雅。他喜欢戴各式各样的帽子:德比帽、平檐草帽、黑色洪堡帽、白色巴拿马帽。走到哪儿,遇见人,他总是会摘帽示意,那样子真让人着迷。'我需要尽可能得到一切指导,'他给家人写信说,'在我没对艺术品有充分的了解之前,我不想随便乱买。'"[11]

弗利尔注意不在外人面前露富,他向生意老伙伴弗兰克·赫克(Frank Hecker)透露了自己用过的一些策略。弗利尔在北京的目标是内城。内城里的房屋破破烂烂,古董店却一家接着一家。他在内城里租了一套不起眼的房子。他对卖家们解释说,自己只是一个小买家,为一家美国拍卖行打工。"我不会让任何向我推销东西的人知道我住得起饭店,知晓我的计划。我一般不会邀请客人到这家气派的大饭店(六国饭店)里来,除了两三名可靠的美国朋友之外。"他对赫克说[12]。在随后的一封信中,弗利尔补充说,最初他希望在北京找到唐宋元时期的绘画作品,但最后的结果大大超过了他的预期,让他欣喜若狂:"在中国期间,如果我拿到了上述朝代的六幅杰出绘画作品,我就会认为自己很走运了。但是事实上,我在北京买到的画作已是这个数字的10倍之多!"总之,"在数量上已经远远超过了我49年在加利福尼亚买到的作品数量!"

弗利尔还向赫克报告说:"此次来得匆忙,我只能走马观花,但我在古老中国所看到的一切印证了我以前从其他不同渠道获得的印象……与中国艺术相比，日本艺术只能算是小巫见大巫了。"1910至1911年间他最后一次去亚洲旅行时，他决定扩大旅行范围。与中国朋友和美国外交官商量之后，他准备独自前往中国内地探险。通火车的地方便乘火车；不通火车的地方，便坐马车或骑马，并一路有向导和脚夫随行。他的主要目的地有古都开封和洛阳。虽然这两座城市没有供外国人居住的客栈，但都有外国传教士的身影。弗利尔此次探访了龙门石窟，成为最早探访龙门石窟的西方人之一。当时，龙门石窟仍是一处土匪与无能政府军交战的战场。

人身危险无处不在。弗利尔在日记中写道："在路上，我的摄影师被石头砸中，右眼受伤严重……现在，一根大头针掉在地上，也会让他受到惊吓。我的厨师睡觉时手里会握着一把面包刀，这是我刚从北京买的……我的摄影师睡不着觉。昨天晚上，寺庙外面的卷尾猴呜呜叫，竟然把我的仆人吓哭了。看来，如果我的护卫打不过土匪的话，我就应该钻入折叠床底下躲起来。"

人们不得不佩服弗利尔旺盛的精力和不达目的誓不罢休的执着劲儿，同时也惊讶于他的胆量和勇气。清王朝已摇摇欲坠，而龙门石窟却坐落于北京西南方向遥远的山岭深处。有搬运工跟着，有厨师做可口的饭菜，有三十名随从照料生活起居，还有一位头戴孔雀翎的向导陪同，让弗利尔一路上觉得还算轻松。弗利尔抵达龙门石窟之后，他的中国向导考虑到该地深受吸食鸦片的土匪侵扰，请了武装警卫专门保护他的安全。起初他认为向导这样做只是出于礼貌，直到当地政府逮捕并拷打了两名杀人嫌犯时，他才深感震惊。

有一天晚上，弗利尔正准备入睡，却被警卫的枪声惊醒。警卫解释说发射的是空包弹，目的只是驱赶劫匪。弗利尔要求他们别再开枪。第二天早上，弗利尔发现，警卫只是服从了他不要开枪的命令，然而却悄无声息地割断了劫匪的喉咙，劫匪的尸体就躺在弗利尔的门口。弗利尔坐在轿子上，泰然自若地考察了著名的龙门石窟。艺术史学家海伦·内贝克·汤姆林森（Helen Nebeker Tomlinson）在其著作中引用了弗利尔对龙门石窟的描述，我们在这里也不妨转引一下：

> 一条狭窄湍急的河流，将龙门两旁的山峰一分为二。从水面陡然升起的山崖上，开凿了上百座庙宇和洞窟。龙门石窟有几千座精美的佛像，皆从山岩中雕刻而成，高度从5厘米至18.3米不等。神像周围环绕着飞天、花卉、卷云和其他图案，也都在岩石上雕刻而成。所有这些雕刻作品都完成于一千五百年前。雕塑家离开之后，大自然又使这些雕塑的线条和色调，变得更为柔和。可以说，这些杰出的雕塑作品是雕塑家和大自然界合力完成的。……看着这些雕像，我浑身颤抖，激动不已，瞠目结舌……我不是在夸大其词！这些至高无上的艺术杰作，使人肃然起敬，目不转睛……

这些佛教石窟使弗利尔大为震撼，给他带来了灵感。但同时，他也遇到了麻烦。离开北京之前，他与美国公使馆联系，请他们帮忙将一些大型石雕像运出中国。他对赫克说，他"不好意思开口请人帮如此大忙"。但是，他清楚地知道，如果这时候不运走龙门石窟的雕像，他将永远失去这个机会。他也意识到，在龙门石窟，他的警卫队里的人，也有可能会把他喜欢的雕像偷走。卖给他的这些战利品中，有些是土匪抢劫来的，有些是古董商代理搞来的。这时候，弗利尔到底应该怎么办呢？海伦·汤姆林森描述了他的进退两难："他是否应该抓住机会，将雕像运到美国，然后辩解说在他的监管之下雕像能够得到保护并且给成千上万名美国人提供了一次受教育的机会？还是应该出于正义给中国政府提供帮助，阻止其艺术遗产大批流失海外？"[13]

历史记录表明，弗利尔确实想做到两者兼顾。一方面，到了12月，弗利尔购得的文物总数超过了200件，装满了11个货箱。弗利尔在大肆购买文物时，会对文物进行区分，哪些物品具有宗教或爱国意义，而哪

1911年，查尔斯·朗·弗利尔一行人在龙门石窟落脚

些物品可以光明正大地购买。"我们怀疑，"海伦·汤姆林森写道，"区分的标准，会依据弗利尔需要承担的个人风险程度、成功与否，以及是否会影响他的声誉，而左右摇摆。"[14]另一方面，弗利尔回到美国接受底特律新闻记者采访时又说，他打算"请美国政府成立一个委员会，来拯救中国古都的无价艺术珍宝，并通过美国的学术研究，让中国的文物走向世界"[15]。实际上，弗利尔确实做出了一些尝试去兑现这个诺言，同时也付出了一些个人的代价。

回到美国后，查尔斯·朗·弗利尔计划利用余生的岁月，将其多年苦心积累的财富和经验知识发挥到极致。弗利尔开始着手做三件大事。首先，他希望对自己承诺捐献出的藏品进行筛选，去芜存菁，淘汰掉赝品或不符合他严苛标准要求的藏品。其次，他希望与史密森尼学会协商，就以其姓名命名的美术馆的设计达成协议。他已经承诺捐赠50万美元用于该馆的建设。最后，他还希望推动具体措施的落实，切实保护濒危的中国艺术珍宝。

与此同时，弗利尔将自己的主要住所迁至纽约，将绝大多数藏品继续保存在底特律的家中。弗利尔一直很喜欢纽约这座城市。第一次世界大战爆发之后，纽约成为全球博物馆品质的亚洲艺术品的主要市场。以华裔卢芹斋为首的欧洲古董商纷纷提升了纽约画廊的档次。同样重要的是，清朝灭亡之后，高品质的中国皇家文物开始源源不断地流入纽约曼哈顿，但有的文物的皇家身份却真假难辨。弗利尔成为一名活跃的寻宝者和买家，经常陪伴在他身边的还有他刚结交的朋友艾格尼丝·迈耶。当时，艾格尼丝30多岁，与弗利尔关系特别。俩人之间有着说不清道不明的暧昧关系。艾格尼丝的丈夫是金融家尤金·迈耶（后来买下了《华盛顿邮报》）。艾格尼丝魅力十足，能言善辩，引人注目。弗利尔和艾格尼丝两人经常一起参观纽约的主要艺术展厅。至于艾格尼丝与弗利尔之间的关系，传记作家卡罗尔·费尔森塔尔（Carol Felsenthal）如此谨慎地分析道："弗利尔对女人有'性'趣。在意大利卡普里岛，弗利尔在一处岩洞与建筑师斯坦福·莱特共进晚餐时，曾花钱请一群意大利少女在他们面前裸泳。有传言说，弗利尔患有梅毒，晚年时选择禁欲。对艾格尼丝来说，弗利尔'在生活各个方面都是一位审美家：懂得布置家，会品鉴美食和美酒，最为特别的是他喜欢漂亮女人'。"[16]

为寻找亚洲艺术品，弗利尔和艾格尼丝一起逛遍了纽约的博物馆。弗利尔在遗嘱中指定艾格尼丝为弗利尔美术馆的终身董事，在美术馆将来接受艺术捐赠问题上拥有否决权。至于弗利尔购买了什么藏品，艺术研究者王伊悠做了详细的记录[17]：1915至1919年期间，弗利尔购买了超过1 611件藏品，其中从卢芹斋手里买入124件精品，总价达900 840美元。弗利尔似乎有先见之明，他收集的藏品中有很多是明朝以前的文物。虽然这些早期文物并不为人所熟知，但是弗利尔收藏品的核心。1923年，弗利尔美术馆开馆，艾格尼丝·迈耶评论道："现在，如果欧洲学者不得不到美国来欣赏顶级中国绘画、玉器和青铜器作品,那么这一切都要归功于弗利尔。"[18]

弗利尔的健康每况愈下,当时美国为了决定结束战争而宣布参战,弗利尔所依靠的特使又太精于人情世故,这一切都使弗利尔的工作变得错综复杂。1917年,弗利尔患上了一种使人丧失身体机能的神经紊乱症,他身体迅速消瘦下来,爱发脾气,记忆力衰退。王伊悠写道:"弗利尔心里清楚自己大限将至,但是他坚信中国玉器拥有神奇的治愈功效,这使他心里感觉到些许的慰藉。中国古代的一种艺术形式可以为患病的现代西方人疗伤,我们不妨将之看作一种比方。"王博士在评论时引用了一段艾格尼丝·迈耶的话:"在生命的最后时刻,病入膏肓的弗利尔会紧紧抓住一些玉器,心里非常的满足,他对玉器的慰藉力量和治愈功效深信不疑,近乎宗教般的信仰。"[19]

即便病魔缠身,弗利尔仍努力配合约翰·伊勒顿·洛奇,小心翼翼地将其藏品从底特律及其他地方转运到华盛顿。洛奇后来成为弗利尔美术馆的第一任馆长,而他的父亲是参议员亨利·卡伯特·洛奇（Henry Cabot Lodge）。弗利尔珍藏的艺术品总计15 434件,分为以下几个部分:1 270件惠斯勒绘画、素描和雕塑作品,其中包括著名的"孔雀屋"（参见彩色插图1、插图2）,以及其他艺术品,绝大多数是美国艺术家的作品;中国藏品3 399件;日本藏品1 937件;古埃及文物1 095件;朝鲜藏品471件;近东藏品5 847件（将波斯古籍孤本和细念珠计算在内）。这些是弗利尔美术馆建馆时所统计的藏品数量。1923年5月3日,在弗利尔去世4年之后,弗利尔美术馆正式开馆。之后,迄今为止,该馆又接受了1万多件捐赠的藏品。

在鉴定文物的真伪和产生年代方面,弗利尔可以算是一个乐天派。他给艾格尼丝·迈耶写信说,他并不担心将来会有眼光锐利的鉴赏家对其绘画藏品的真伪提出质疑:"有人会大声提出质疑。很好!我希望这种质疑声能让我的在天之灵听见。然后,你所说的'理性和科学的时代'也会来临,唤醒对藏品的研究,使我们了解中国如何制造文物以及为何会制造这些文物。研究中国文物所传达的理念，所使用的材质，制作方法以及一些文物的摹本。我们可以对有关中国文物的问题刨根问底。智慧的研究者将穷尽一切可以获取的知识。然而，愚蠢、爱冒险的收藏家在挑选宝物时有可能会看走了眼，买到赝品。即使他的宝物被证明是赝品，也会被后世人原谅。即使是赝品，也具有教育意义，给其他收藏家充当反面教材。"

在弗利尔美术馆的设计方面也没有产生严重的分歧。设计者们将美术馆选址在一处显眼的地方，即位于标志性的史密森尼学会总部大楼的西面。弗利尔厌恶大理石，认为大理石建筑过于浮华，过于矫揉造作。因此，人们达成一致意见，在地势低洼的地方建造一座典雅质朴的建筑，而建筑材质则使用产自田纳西州的柔和白色大理石和产自印第安纳州的石灰石。美术馆里有宽敞的库房，用于储藏未展出藏品，以便研究员对其进行研究。弗利尔的全名并没有刻在美术馆的任何地方，入口处也没有招摇地挂着弗利尔的画像。弗利尔美术馆的建筑设计师是查尔斯·普拉特（Charles A. Platt）。弗利尔美术馆营造出一种平静庄严的氛围，艺术家约翰·拉法格称赞弗利尔美术馆是"一处值得参观、提升鉴赏品位的地方"。

1919年9月25日，弗利尔去世。就在几个月前，他最强有力的支持者西奥多·罗斯福总统刚刚去世。弗利尔被安葬在家乡纽约州的金斯顿市。然而，如艺术评论家艾琳·萨里宁所言，悼念弗利尔的最贴切的一块纪念碑，是日本人在京都郊区为其竖立的一座纪念碑："这是一块天然岩石，外观温和而典雅。它高91厘米，长1.82米。在纪念碑落成典礼上，人们在石碑上摆放了清茶和香槟。"

然而，弗利尔去世时还有一桩心愿未了，那便是他协助在北京成立"考古学校"和"国立博物馆"的计划。如果这两个机构得以成立，中国人便拥有了保护濒危文物的技术和动力。为此，弗利尔聘请了兰登·华尔纳，请华尔纳开展一项范围广泛的调查行动，考察弗利尔提出的这项计划的可行性。

1913年，华尔纳前往中国、印度支那半岛和欧洲旅行，行程近两万千米。华尔纳在所有访谈中都强调（正如他在提交给弗利尔的最终报告中所说）："我们到中国来的目的是向中国和中国人学习，而不是将重要文物拿走。我们请求中国学者能对我们所开展的活动给予支持。"华尔纳还具有针对性地说："弗利尔明确告诉我，不要购买任何艺术品或古代文物。考古学校一旦办起来，也会遵循这一政策。"华尔纳当时到中国时，清朝已经灭亡，执掌政权的是民国政府。他与新政府官员进行协商，其中包括总统袁世凯、外交部部长孙宝琦，以及其他众多官员、外交官、博物馆策展人和古董商。袁世凯总统接见华尔纳时，提到了考古发掘事宜。华尔纳在采访时是这样回答的："我得到的指令是，我们的态度很明确：如果没有中国政府的正式批准，没有待挖掘地区当地人民的支持，我们不会擅自行动。而袁世凯总统的答复则是只要我们的计划不破坏现有的陵墓，肯定会得到政府的正式批准并获得民众的支持。"

起初，弗利尔的计划赢得了一片赞誉。但到了后来，情况发生了变化。弗利尔记起账来一丝不苟。华尔纳携妻子洛伦在欧洲、亚洲各处旅行期间，并没有考虑到弗利尔的心情，账目不清。最让弗利尔恼火的是，由于担心西安当地土匪横行，华尔纳并没有去西安。最后，由于第一次世界大战升级，到处是血雨腥风，局势动荡，这一切都打乱了弗利尔的计划。

然而具有讽刺意义的是，弗利尔的"保护中国文物"计划失败了，令人不胜唏嘘。兰登·华尔纳打着拯救文物的幌子，从敦煌石窟里揭走了佛教壁画，搬走了菩萨塑像。

第九章

瓷器泡沫

驱动艺术市场的风云变幻莫测。以英国为例,简单罗列其中原因,便可包括多变的时尚、古董商联盟以及收藏家之间的竞争等因素,以及不那么明显的原因:谷物价格。在英国维多利亚时代晚期,艺术品销售热潮令人惊叹,谷物价格在其中扮演了幕后角色。从19世纪80年代开始,随着英国农产品市场的萎缩,英国名门望族的收入随之降低,选举影响力也逐渐削弱。尽管土地贵族拥有不列颠群岛五分之四的土地,但是由于急需现金,不得不抛售祖先遗留下来的艺术品收藏。由此出现的一个结果便是中国瓷器供应量的激增。出现这种局面,其潜在推动因素是什么? 1931年,时任牛津大学首席权力分析学家的刘易斯·纳米尔(Lewis Namier)给出了一个合理的答案:"根据慎重调查,人们将会发现,比起英国前两部改革法案(这两部法案旨在降低英国农村地区代表在议会中占有的过高比例),美国小麦的到来,给英国下议院的构成比例带来了更大的变化。"[1]

事实的确如此。19世纪70年代,随着美国西部大草原建成铁路,一车车廉价的小麦涌入世界粮食市场,再加上英国所遭遇的恶劣天气和农作物病害,更使进口谷物大增,逐渐削弱了英国"元老阶层"式的经济基础。"元老阶层"一词是剑桥大学毕业的历史学家大卫·康纳汀（David Cannadine）在《英国贵族的没落》(*The Decline and Fall of the British Aristocracy*)（1990年）中首创。当时，英国的农田，由不超过750户的贵族家庭和邻近乡绅把持，他们领地的平均面积在1万至3万英亩之间。据康纳汀估计，1880年，英国议会当选议员中有三分之二是农村寡头，到了20世纪20年代，仅有十分之一当选议员的家族拥有大片土地。

农场收入在减少、立法权在削弱，但是税收却有增无减，遗产税也逐渐增加，从1894年的8%，逐渐增加到1930至1939年间的40%。1909年，英国开始征收土地收入税和资本利得税。在第一次世界大战期间，又对超过1万英镑的收入额外征税。奥斯卡·王尔德（Oscar Wilde）在其剧作《不可儿戏》(*The Importance of Being Earnest*)（1895年）中，通过小说人物巴拉克诺夫人之口，将没落土地贵族阶层的哀叹表现得淋漓尽致："一个人生前要缴地产税，死后要缴遗产税。土地既不能使人获利，也不能给人带来快乐。土地给了人地位，但是却又不能使人得以长久地维持这种地位。除此之外，对土地也没什么好说的了。"

对于陷入困境的贵族来说，要想平衡收支，一个明显而诱人的办法，是出售祖上收藏的艺术品。即使土地在贬值，艺术品的市场价值依然在上涨。1882年，汉密尔顿公爵成为第一个吃螃蟹的人，他卖出了2213件艺术品，总价高达397562英镑，这些艺术品包括绘画作品、玻璃器皿、珐琅器皿和家具。紧随其后的是马尔博罗公爵。他是年轻的温斯顿·丘吉尔（Winston Churchill）的叔叔，在1884至1886年间出售了一批古典大师画作，其中许多作品被带出了英国，从而引发了一场有关国宝流失的激烈辩论。哪个地方有艺术品拍卖，艺术品经销商便会蜂拥而至。1886年，亨利·杜维恩（Henry Duveen）及其年仅十几岁却令人钦佩的侄子约瑟夫·杜维恩（Joseph Duveen）开创了艺术品销售的先河。

在所有潜在买家中，再没有人比美国金融家约翰·皮尔庞特·摩根更受人密切关注了。摩根经常去欧洲，起初是求学，后来是做金融生意，精通法语和德语。自 1890 年起，摩根将他在钢铁、银行和铁路方面的巨额收入中的大部分都投资于收藏艺术和文学杰作。对此，英国艺术史学家杰拉德·瑞特林格①认为："美国 20 世纪初期在世界艺术市场上占主导地位，这要有赖于一个人的功劳。"杰拉德评论说："毋庸置疑，摩根收藏的这些艺术品是世界上最杰出的个人收藏品系列，囊括了有史以来所有时代的藏品。"[2] 瑞特林格对现代艺术品价格的变迁做过大百科全书般的研究。

摩根的目光犀利，言语专横，挥舞起手杖来就像挥舞着一把军刀。摩根厌恶就一件艺术品讨价还价，喜欢批量买下一整套珍稀手稿、古典大师绘画作品或素描作品，尤其是中国瓷器。英国是帝国贸易和亚洲一系列战争的获胜者，英国公爵的家里一般都收藏着大量的瓷器。瓷器这种艺术品最能说明英国和中国两国之间的历史渊源了。东方瓷器工艺精湛，美不胜收，触感光滑，而且瓷器上通常会刻上皇家印记以表明其出自官窑。正因如此，我们可以推测，东方陶瓷对于摩根这样的买家来说更具吸引力。更何况官窑陶瓷上所绘图案，不是大腹便便的财神爷，就是笑口常开的老寿星，更是给瓷器锦上添花。

然而，收藏瓷器也存在一个弊端。在西方传统中，文物价值高是因其艺术的真实性。然而，中国的陶艺工人却通常把模仿视为对艺术的一种尊重。长期以来，西方收藏家的主要顾虑是害怕买到赝品，上当受骗，尤其是现代技术已使造假达到了登峰造极的地步。此外，正如《圣经》插图对儒家学者或佛教信徒来说几乎没有任何意义，反之亦然。在中国艺术中，有许多微妙的文化、宗教典故一经转译便意蕴全无。设想一下，如果某位亚洲收藏家对《荷马史诗》和奥林匹亚诸神一无所知，希腊陶瓶上的艺术形象对他来说又有何意义呢？

即便存在上述弊端，中国瓷器的"五真谛"，有助于解释中国瓷器为

---

① 杰拉德·瑞特林格（Gerald Reitlinger，1900—1978），英国艺术史学家，陶器收藏家。1961 至 1970 年间，瑞特林格编写出版了 3 卷本的《品味经济学》(The Economics of Taste)，研究艺术品位历史变化及其对艺术品价格的反映。

何在西方艺术市场上蓬勃发展。第一谛：欣赏中国瓷器的外观和功能，无须掌握任何专门知识；第二谛：年代越久远，瓷器越珍贵。中国把黏土和金属矿石烧制成瓷器这种迷人物体的历史，比所有其他文明都更为悠久（直到18世纪，欧洲人才终于掌握了烧制瓷器的秘密）。早在商代（约前1650—前1050），中国的陶艺工人就已经开始烧制一种特别的黏土，并在烧制好的成品上上釉，制造出了今天专家们所称的"原始瓷"。在随后的秦汉时期（前221—220），中国人不仅烧制出了陶罐和陶碗，还大规模生产制造出了真人大小的兵马俑陶塑。很快，自唐代开始一直延续到宋代，各种专门瓷窑被指定为"御窑"。御窑生产的花瓶上绘制的图案是凶猛威严的四爪龙。众所周知，皇室以下的贵族只能使用三爪龙图案。

总而言之，以各种客观标准来评判，中国陶瓷是最早享誉全球的珍贵文化商品。1000多年以前，中国已经开发了整个亚洲市场和中东市场，随后是非洲市场和西欧市场。而且，中国的陶艺工人在制造陶瓷器皿的时候还会照顾到外国买家的不同欣赏品位。正因如此，现在"china"一词，不仅指代中国这个国家，而且还指代一种世界上最为珍贵的定制出口商品——瓷器。

还有两个实用的真谛。第三谛：除了瓷器雕像之外，绝大多数瓷器都方便携带，在军事行动中，很容易被攫取。如果小心翼翼地放在外交人员免检的行李中，就会很容易被带出国外。这也就解释了为什么在1860年火烧圆明园以及1900年紫禁城被占领之后，中国瓷器大批涌入西方国家的首都。第四谛不如以上三谛那么显而易见：18世纪末以来，伦敦、巴黎和纽约的主要拍卖行，均对拍卖价格予以记录，这意味着收藏家可以持续跟踪他们所持有的中国瓷器的现金价格的变化。事实上，为区别各种不同的釉料，拍卖图录已演化出一种专门的行话（比如青瓷、开片或郎窑红）。很快，收藏家们就将注意力集中在自己最喜欢的历史时期。一个世纪以前，最受欢迎的是清代（1644—1911）珐琅彩瓷，尤其是康熙年间的精致瓷器。康熙是清朝在位时间最长的皇帝。但是人们对瓷器的鉴赏品位变化无常。清代黑釉瓶曾因其精美纹饰备受推崇。然而，近几十年来，收藏家们转而青睐更简洁朴实、年代通常更久远的白釉、青釉瓷器，特别是那些由宋代官窑制造的瓷器。

第五谛：中国瓷器风潮，恰逢 19 世纪美国出现了一个新的行当，这个行当立志于满足美国越来越壮大的富人队伍的各种需求并缓解他们对自身社会地位的焦虑。这些新富及其家人向室内设计师或装潢师寻求专业建议，从而在他们的住宅中营造浓郁的富足氛围。20 世纪伊始，似乎很少有藏品能像康熙青花瓶或敞口杯那样，吸引参观者，或走进收藏者的内心世界。特别是将瓷器放在纱幔展台或特制展柜里，更是能够营造出一种特殊的意境。（早在三千年前的中国风水学中，就有了与周围环境和谐共生的理念，金、木、水、火、土五行相生的原则也已运用于家居设计中。）

瓷器在现代西方收藏界中占有非常重要的地位，1900 年前后，著名古董商杜维恩兄弟，在其位于纽约第五大道的商店橱窗中，将中国瓷器与家具和挂毯放在一起展示（橱窗里新奇的电子照明装置同样也引人注目）。约瑟夫·杜维恩不久之后接任叔父、兄弟和堂兄弟的事业，成为其家族公司乃至其所处世纪的艺术品经销商先锋，对其客户住宅室内设计风格产生了很大的影响。正如《伯灵顿杂志》（*Burlington Magazine*）2007 年的一篇文章谈道，亨利·克雷·弗里克（Henry Clay Frick）于 1915 年向杜维恩支付了 500 万美元，用于购买诸如壁炉架、法国家具和中国瓷器等物品，为其拥有的法国画家让·奥诺雷·弗拉戈纳尔[①]的系列绘画作品营造一种适宜的环境氛围。而约瑟夫爵士（约瑟夫·杜维恩于 1919 年获爵士头衔）一旦看到室内装修市场上有商机，一定会想方设法抓住。

在美国镀金时代，许多豪宅一夜之间拔地而起，给室内装修市场带

[①] 让·奥诺雷·弗拉戈纳尔（Jean Honoré Fragonard，1732—1806），法国洛可可风格画家，其代表作品有《秋千》《读书女孩》《闩》《狄德罗》等。

来了无限商机,因此,中国瓷器很快成为高档客厅的一种标配性装饰也就不足为奇。正如我们在上文提到的那样,自18世纪90年代开始,美国商船常常满载中国的出口瓷器从广州返回。其中最受欢迎的是青花姜罐、餐盘、茶壶和花瓶。然而,在之后的几十年里,亚洲瓷器不仅是一种新奇的装饰,也是一种投资。随着与远东之间的贸易活动增多,西方对中国和日本的古典艺术品也越发痴迷。1851年,在伦敦水晶宫举办的世界博览会大获成功,掀起了19世纪各国轮番举办世界博览会的序幕,也在一定程度上促使西方对东方古典艺术的痴迷愈发强烈。伦敦世界博览会举办了5个月,吸引了600多万名参观者。随后伦敦世博会(1862年)、巴黎世博会(1867年)、维也纳博览会(1873年)、费城博览会(1876年)、1878年和1889年巴黎举办的两次世博会、芝加哥世博会(1893年)和圣路易斯博览会(1904年)相继举办成功。在每次博览盛会上,美国观众怀揣着美元慕名而来,不仅仔细参观其他西方国家的艺术品和手工艺品,同时也对主题馆陈列的新颖神秘的亚洲艺术品充满了好奇。

同样对亚洲艺术品痴迷的美国人还有巴尔的摩商人威廉·汤普森·沃尔特斯(William T. Walters)和他的儿子亨利·沃尔特斯(Henry Walters)[3]。美国内战后,他们率先收藏了高价值的东亚瓷器。在1862年伦敦世博会上,沃尔特斯父子俩第一次接触中国和日本艺术品,就被深深吸引。老沃尔特斯还委托出版了10卷带有豪华插图的《东方瓷器艺术》(Oriental Ceramic Art)一书。书中记录了他珍藏的各种艺术品,插图由英国著名瓷器鉴赏家斯蒂芬·卜士礼①做注解。(如果一位收藏家的藏品能被收录进卜士礼编撰的图录,这意味着他在收藏界的地位得到了认可。)

在此有必要交代一下威廉·沃尔特斯的发家史。沃尔特斯白手起

---

① 斯蒂芬·卜士礼(Stephen Bushell,1844—1908),英国东方学家,在中国陶器、钱币学、西夏文解读等方面都有贡献。主要著作有:《中国美术》(Chinese Art,1905—1906)、《中国瓷器》(Chinese Porcelain,1908)、《中国陶瓷图说》(Description of Chinese Pottery and Porcelain,1910)。

家，自学成才。他在宾夕法尼亚州长大，1841年移居巴尔的摩，在巴尔的摩与艾伦·哈珀（Ellen Harper）结了婚，岳父是一位成功的食品批发商。沃尔特斯靠贩卖谷物和销售美国最优良、生产量最大的"老黑麦威士忌"发家。然而，沃尔特斯与其他白手起家的大亨不同，他对视觉艺术有着浓厚的兴趣，且有自己独到的见地。19世纪50年代，沃尔特斯开始收藏美国哈德逊河画派艺术家的作品，寻求塞缪尔·普特南·艾弗里[①]的建议，很快成为纽约一流的艺术经销商。沃尔特斯是艾弗里的幕后合作伙伴，给艾弗里提供经费支持，委托艾弗里帮其购买欧洲和美国艺术品。购得的艺术品放在沃尔特斯知名的画廊里展示，一旦卖出后，两人分享销售利润。

因此，1861年美国内战爆发，使位于边境的马里兰州陷入愤怒的对立状态。此时，沃尔特斯已是艺术界的圈内人士。沃尔特斯尽管生于北方，但对南方一派抱有同情。他在梅逊-狄克逊分界线两边均有朋友和商业往来，因此便选择了自我流放，前往世界艺术之都巴黎。当时，法国正处于由拿破仑三世统治下的法兰西第二帝国的鼎盛时期。沃尔特斯及其家人，包括妻子艾伦、儿子亨利、女儿珍妮，在巴黎第一区找到了合适住处，与杜伊勒里宫、卢浮宫和时尚咖啡馆仅有几步之遥。沃尔特斯通过乔治·A.

威廉·沃尔特斯在巴尔的摩生活时，到处旅行，购买艺术品，将自己的豪宅变成了一座博物馆。本图由法国艺术家里欧·博纳（Leon Bonnat）（1883年）所绘

[①] 塞缪尔·普特南·艾弗里（Samuel Putnam Avery，1822—1904），美国雕刻师、收藏家和古董商。艾弗里是大都会艺术博物馆的创馆信托人之一。1879年，大都会艺术博物馆成立亚洲艺术部，从艾弗里手中购得1 300多件陶瓷。艾弗里珍藏的中国陶瓷以明清时期居多。

卢卡斯（George A. Lukas）进入了巴黎时尚界。卢卡斯从美国移居法国，西点军校毕业，精明过人，曾担任美国一些主要收藏家的代理人。很快，沃尔特斯不但结识了顶尖艺术家，还委托他们创作作品，包括著名的法国画家杜米埃①的水彩画《在公共汽车上》(In the Omnibus)。

  沃尔特斯一家以节俭的旅行预算，游览了意大利的主要城市。1862年10月，他们穿越英吉利海峡，前往伦敦参观备受关注的世界博览会。在伦敦，沃尔特斯夫妇经历了一次顿悟，但随后又遭遇了一场悲剧。在世界博览会东方展区的展品中，有各种中国艺术品和新进的日本艺术品，包括英国军队最近从北京圆明园掠夺的文物。其中有一幅彩绘屏风，据说画的是一把皇上坐的龙椅，一副棋盘，还有"一个黄金镶嵌的头盖骨，据说是孔子的头盖骨"。展品之中也有卢瑟福·阿礼国（Rutherford Alcock）爵士收集的日本艺术品。阿礼国曾担任英国驻中国的领事，之后任英国政府驻日本公使。在阿礼国的藏品中，有数百件漆器和镶木器皿，各种各样产自横滨的瓷器、大阪的陶器，以及五花八门的纺织品、青铜器和编织篮筐。正如威廉·沃尔特斯传记的作者威廉·约翰斯顿（William R. Johnston）所评价的那样，正是在伦敦举办的这场"西方史无前例"的世界博览会，激发了"沃尔特斯收藏远东艺术的兴趣，从而在美国开创了该收藏领域的先河"。

  然而，令人遗憾的是，11月，伦敦天气潮湿，一向虚弱的艾伦感染了肺炎，去世时年仅40岁。沃尔特斯此后没有再婚，他的儿子亨利也没有孩子。对这对父子俩来说，收藏的艺术品便成了他们的家庭成员。回到美国后，老沃尔特斯在美国东海岸铁路经营集装箱集运生意，生意兴隆，而亨利则从事集运保险生意。父子二人不仅参观了在维也纳、费城、巴黎和芝加哥举办的世界博览会，同时也担任这些博览会的赞助人或委托人，得以大肆扩充收藏。虽然老沃尔特斯不愿抛头露面，但是他大腹便便、白须冉冉的形象，经常出现在纽约精英俱乐部中。衣冠楚楚、身

---

① 奥诺雷·杜米埃（Honoré Daumier，1808—1879），法国著名画家、讽刺漫画家、雕塑家和版画家。

材瘦削的小沃尔特斯也是这些俱乐部的常客。

1886年，在纽约举办的一场拍卖会上，拍卖了一只中国瓷瓶，它通体粉釉，夹杂绿釉，被称为"桃花瓶"。拍卖竞争激烈，沃尔特斯父子以匿名方式竞拍成功。父子二人的身份被确认后，登上了纽约报纸的新闻头条。"桃花瓶"以18 000美元的价格落槌，这在当时属于令人瞠目结舌的价格，大约相当于今天的9万美元。《纽约时报》认为这件瓷瓶的来源可疑，而且据传在北京时这件瓷瓶的出售价只有250墨西哥银元，18 000美元的落槌价实在让人觉得荒谬。《纽约时报》评论道："公众买不起'桃花瓶'，也没有购买意愿。但是，那些手里有一两件桃花瓶的人，厚颜无耻、荒唐可笑地想把桃花瓶炒热，就像炒热华尔街的一只股票一样。对于这些人，公众深表同情。"[4]几天之后，《纽约时报》发表了一首名为"桃花瓶咏"的诗歌，这首诗歌是对英国诗人柯勒律治（Coleridge）的诗歌《古舟子咏》（*The Rime of the Ancient Mariner*）的滑稽模仿。诗句如下：

> 小红瓷罐，穿越海洋，
> 来到了觊觎的古董商身旁！
> 他们卖出的价格
> 竟是其原价的50倍！

有一些读者觉得这首诗一点都不好笑，这其中就包括《纽约太阳报》的所有者兼编辑查尔斯·安德森·达纳（Charles A. Dana），他本人也是一位中国瓷器收藏家，事实上也收藏了一件桃花瓶。《纽约太阳报》对桃花瓶及其收藏者进行了热情的辩护。《纽约太阳报》指出，沃尔特斯最近已邀请公众参观他一直红火的美术馆，该馆位于巴尔的摩的弗农山庄，与沃尔特斯的豪宅相邻。因此，"桃花瓶"将注定成为沃尔特斯美术馆的又一件明星瓷器（1934年，它正式入藏该馆）。沃尔特斯的收藏品无论是在公共藏品中还是在私人藏品中都算得上全球首屈一指，而那件"桃花瓶",更是给沃尔特斯的收藏品锦上添花。

那场拍卖,标志着"瓷器大泡沫"的开始。在大西洋两岸,富有的收藏家们竞相买入东亚陶瓷,导致市场价格因收藏品位变化、个人竞争和投机冒险等因素而起起落落。数以千计的藏品易手。1894年,沃尔特斯去世时,留下的遗产中包括2400件中国陶瓷。后来举办的世界博览会加快了瓷器市场的蓬勃发展。在美国,正如历史学家沃伦·科恩所叙述的那样,"费城建城百年纪念活动和芝加哥哥伦比亚万国博览会,引发了广大观众对中国和日本艺术品的关注"。[5]

然而,科恩郑重其事地补充道,人们仍然以西方标准和偏见,苛刻评价东亚绘画和版画,"正如亚洲人不了解逻辑一样,他们也不了解透视法。对亚洲人的普遍鄙视,影响了西方人对亚洲艺术的认知。西方人认为,亚洲艺术与西方艺术不一样,因而就是低劣的"。[6]然而,在19世纪最后几十年,一些美国收藏家领悟到了两个重要事实:远东艺术的审美价值被低估,其市场价值也同样被低估。

从19世纪90年代开始,中国瓷器行情见好,有三位买家是中国瓷器收藏领域的先锋。本杰明·奥尔特曼,说话轻声细语,在纽约创办了奥尔特曼百货商店;詹姆斯·加兰德(James A. Garland),在纽约第一国家银行任副总裁三十年;还有J. P. 摩根,唯一一位为绝大多数受过教育的美国人所熟悉的银行家。三位收藏家都在世界各地收集艺术品,都从杜维恩家族聘请顾问,聘请的要么是纽约第五大道画廊的长期主管亨利叔叔,要么是总往返于伦敦和巴黎的约瑟夫爵士。因此,除了中国之外,美国可以说是收藏中国瓷器数量最多的国家。

本杰明·奥尔特曼为人低调,不爱出风头,父亲是来自德国巴伐利亚的犹太移民。奥尔特曼在新泽西州纽瓦克市长大,在那里他曾与布鲁明代尔公司的创始人莱曼·布鲁明代尔(Lyman G. Bloomingdale)以及亚伯拉罕-施特劳斯公司的联合创始人亚伯拉罕·亚伯拉罕(Abraham Abraham)一起,在该市的纺织品商店打工。奥尔特曼在开办了自己的商场(1876年被评为纽约第二大商场)后,于1882年参观了由亨利·杜维恩组织的一场中国瓷器展览。之后，便对收藏产生了浓厚的兴趣，难以自拔。他立即开始购买艺术品。正如长期以来一直是约瑟夫·杜维恩的左膀右臂的爱德华·福尔斯（Edward Fowles）在回忆录中所述，在决定是否买入前，奥尔特曼会仔细研究每一件艺术品，"每件艺术品都会在浴缸中浸泡数日，任何被彩釉掩盖住的破损瑕疵都会显露无遗。瓷器一旦去掉附着其上的污垢或油渍，就会展现出它自身原有的美丽"。有时候，几件瓷器通过检验之后，奥尔特曼会与亨利叔叔坐在一起，分享喜悦。奥尔特曼会不停地把玩他的新收获，"惊叹它们的美丽和质地"。福尔斯作为知情人，向这位热爱艺术的零售商奥尔特曼表达了敬意：

> 仅仅是奥尔特曼收藏的瓷器，就足以使他被列为有史以来最伟大的收藏家之一。特别需要记住的是，他的这些收藏成就，是在短短 26 年间完成的。1886 年的一天，奥尔特曼花了 35 英镑，从年轻的荷兰人亨利·杜维恩手里买下了一对南京出产的珐琅瓶。这是他的第一桩交易。当时，杜维恩在第五大道另一边刚刚开了一家店铺，位于奥尔特曼商场大厦旁边。因此，在"古董商中最优秀的鉴赏家"杜维恩的建议下，奥尔特曼的系列收藏，"在大量从中国进口的惟妙惟肖的仿制品泛滥市场之前，就已经初具规模"。[7]

本杰明·奥尔特曼一生孤寂，孑然一身。去世时，他把收藏的 429 件中国瓷器和古典绘画作品都遗赠给了纽约大都会艺术博物馆，开出的条件是博物馆要长期聘用西奥多·霍比（Theodore Hobby）。因此，霍比成了奥尔特曼藏品的长期保管员，后来还成了大都会艺术博物馆的策展人直至退休。自从奥尔特曼遗赠了这批瓷器之后，大都会艺术博物馆又陆陆续续收藏了大量的中国瓷器，其收藏的中国瓷器系列可谓是瓷器收藏界里的大百科全书。奥尔特曼遗赠的艺术品总价值高达 2 000 万美元［据迈克尔·格罗斯（Michael Gross）在其所著《恶棍的博物馆》（Rogues' Gallery）一书中透露，这笔钱相当于2006年的4.32亿美元。该书讲述了大都会艺术博物馆的趣史］。因此，从沃尔特斯父子开始，再到奥尔特曼，中国瓷器开始现身艺术市场的高级交易所。在詹姆斯·加兰德和摩根进入交易场所之后，交易记录被打破，从而为小约翰·戴维森·洛克菲勒（John D. Rockefeller Jr.）入场开辟了道路。而洛克菲勒本人，在其生前目睹了"瓷器大泡沫"的破灭。

收藏家詹姆斯·加兰德还是一位传统的金融家和帆船运动爱好者。加兰德对中国瓷器的痴迷，甚至演变成了一种狂妄自大。1902年，艾维·李（Ivy Lee）（后来因其成为洛克菲勒家族的公共关系顾问而被人们所熟知）总结了发生在加兰德身上的转变："19年前，当加兰德开始收藏东方瓷器时，他的目的只是用瓷器装饰自己的家。日复一日，年复一年，他的藏品数量增加，价值也在攀升，他的收藏欲望也日益强烈。他下定决心要将全世界最好的此类藏品全都搜集起来……因此得以将世界上最珍贵、最精美的瓷器纳入自己的囊中。"[8]有进取心的收藏家都经历过这种转变。

加兰德再度和精明的亨利·杜维恩合作。据报道，第一次世界大战前，这位沉默寡言的银行高管，累计花费了100多万美元购买中国瓷器。加兰德通常是根据亨利·杜维恩的建议购买的中国瓷器。起初，加兰德转而收藏青花瓷是受詹姆斯·麦克尼尔·惠斯勒①的影响。然而，随着新世纪的到来，清代珐琅彩瓷市场在西方蓬勃发展起来。清代珐琅彩瓷可分为墨地彩、绿地彩和黄地彩（法国古董商的命名和分类）。很快，加兰德遇到了一位志趣相投的竞争对手乔治·索尔廷（George Salting），一位出生于澳大利亚的伦敦商人。在伦敦的主要拍卖会上，加兰德和索尔廷两人的代理经常会同时竞拍同一标的。索尔廷先生收藏的最珍贵的瓷

---

① 詹姆斯·麦克尼尔·惠斯勒（James McNeill Whistler，1834—1903），美国著名印象派画家，代表作品有《母亲的画像》《白衣之娘》《金屏风》《白衣少女》等。

器被称为"山楂釉里红瓷瓶",以明亮的黑釉为底,上面绘有鲜红的梅花枝条。

尽管困难重重,加兰德仍使出浑身解数,设法将这件垂涎已久的瓷瓶纳入了自己的收藏品中。亨利·杜维恩在给艾维·李的信中讲述了加兰德是如何将这件瓷器搞到手的。这段叙述,可以让我们得以窥见瓷器市场的幕后操纵:

> 索尔廷先生从不出售任何藏品。他的爱好是拿自己不想要的藏品交换别人手中他想要的藏品。他会买入藏品,但是无论给他多少钱,也难以诱惑他将他的任何一件藏品卖出。因此,不可能从他手中将那件精美的瓷瓶买过来。然而,我认识的一位伦敦古董商当时与索尔廷先生有大量业务往来。应加兰德先生的请求,我交代那位古董商:"对索尔廷先生的行动多加留意。你可以拿任何东西跟他交换那件瓷瓶。瓷瓶到手后通知我,我会不惜一切将其拿下。"三年之后,据亨利叔叔讲,他收到了一封电报,上面写着:"山楂釉里红瓷瓶是你的了。"

实际上,那件瓷瓶的市场价格比这更高。或许因为此事获得意外成功,加兰德收藏中国瓷器的兴趣大增,他向大都会艺术博物馆提出,愿以个人的名义在该馆展示他的全部藏品。此举标志着大都会艺术博物馆开始转向收藏中国艺术品。加兰德与大都会艺术博物馆创始馆长卢吉·帕尔玛·德·塞斯诺拉(Luigi Palma di Cesnola)签署了藏品租借协议。塞斯诺拉馆长曾在意大利当过骑兵军官,后来在美国南北内战中担任上校。再后来,还担任了美国驻塞浦路斯领事馆领事(1879年,塞斯诺拉把自己收藏的塞浦路斯岛新出土的古文物,卖给了刚成立不久的大都会艺术博物馆;作为交换条件,他当上了该馆馆长)。当谈到那件山楂釉里红瓷瓶时,加兰德向塞斯诺拉透露:"我在那件瓷瓶上花的钱,比你购买57街的房子花的钱还要多。"(塞斯诺拉买下那栋房子时花了 32 000 美元。）[9]

　　1902 年，詹姆斯·加兰德去世。人们推断，他会把自己的收藏遗赠给大都会艺术博物馆。然而，加兰德去世之前改变了主意，并修改了遗嘱。加兰德去世之后，加兰德的继承人——加兰德的遗孀、两个儿子和一个女儿，打算在伦敦拍卖所有藏品。然而，救世主 J. P. 摩根出现了，促成了此事。摩根不久之后当上了大都会艺术博物馆董事会的副主席，两年之后又升为主席。他以其典型的处理事情的模式，一举拿下了"加兰德藏品"。一开始，亨利·杜维恩花 50 万美元买下了加兰德的所有收藏，共计 2 000 件藏品。第二天早上 9 点，大金融家摩根出现在了亨利·杜维恩的办公室，他大笔一挥，以 60 万美元价格，将加兰德的所有藏品买了下来。詹姆斯·亨利·杜维恩（James Henry Duveen）写过一本漫谈式回忆录，其中提及，交易完成后，摩根说："我的理解是，加兰德先生的藏品系列还不算完整。"亨利·杜维恩回答道："摩根先生，确实如此。"摩根接着说："那么，如果你能帮我使其变得完整，我会非常高兴。"用亨利·杜维恩的话来说，"这句话意味着全权委托"。[10]

　　据摩根的传记作者，勤奋的琼·斯特劳斯（Jean Strouse）记述，仅购买中国瓷器一项，金融家摩根就在 1902 年一年向杜维恩兄弟支付了 20 万美元。摩根将购买的这些瓷器全都扩充到了"加兰德藏品"系列。

　　这批收藏品一直被称为"加兰德藏品"，直到 1902 年 8 月，塞斯诺拉上校宣布，从此以后，这批收藏品将被改称为"摩根藏品"。更名之后，这批收藏品将被展示在大都会艺术博物馆即将完工的新展厅的显著位置。塞斯诺拉向《纽约时报》解释说："加兰德先生是一位好人，我知道，他曾一度想把自己的收藏品捐赠给大都会艺术博物馆。但是，他在遗嘱中没有那样做，这使我们与他的藏品几乎擦肩而过。"[11] 就连提及加兰德名字的展品说明牌，也被从展柜上移走。摩根 1904 年成为大都会艺术博物馆董事会主席之后，当时人们普遍认为，摩根会把租借给大都会艺术博物馆的藏品改为遗赠。用琼·斯特劳斯的话讲，"摩根已全身心陷入与艺术的恋爱之中。他对艺术的这种情感还融入了他的文化民族主义情感、对历史的兴趣、对美的愉悦感知以及对收集藏品的喜爱。20 世纪初，摩根的文物收集活动达到了特大规模，似乎要将世界上所有的美好事物据为己有"。[12]

然而，摩根对艺术和文学杰作的热爱并不吝啬小气。他试图与公众分享，为公众提供受教育熏陶的机会，努力提升公众的艺术素养。他不仅收藏东方陶瓷作品，也收藏绘画作品、雕塑作品、象牙制品、挂毯、地毯、盔甲、家具和古代文物，其中包括古籍珍本和文学手稿。1902年，也就是摩根买下加兰德藏品的那一年，他还批准了在纽约东区自家住宅旁边建造一座美术图书馆和美术馆的计划。此举着眼于未来，将来这一场馆不仅可能会成为一个公共机构，还可能成为个人的丰碑。按照摩根的遗愿，他的儿子杰克于 1924 年将图书馆及藏品捐赠给了纽约市，同时还捐赠了 150 万美元。

摩根在收集中国瓷器方面花费了大量精力。继威廉·沃尔特斯首开先河之后，摩根也将自己所藏瓷器编纂成图录，并由斯蒂芬·卜士礼和威廉·麦凯·拉芬（William Mackay Laffan）做注解。拉芬是《纽约太阳报》(*The New York Sun*) 出版人，也是一位收藏家，1897 年出版了《东方陶瓷艺术》(*Oriental Ceramic Art*) 一书。摩根一直是挣几百万，花几百万。用琼·斯特劳斯的话说，摩根充当的是美国非官方中央银行行长的角色。他的权威既显而易见，又深不可测。1906 年在"华尔街大恐慌"期间，平日对金融巨头颇有微词的西奥多·罗斯福总统，也转向摩根寻求帮助，并获得了摩根的支持。

摩根本有机会购得一批中国宫廷艺术珍品，如果购得这批珍品，这也应该算得上是他敲定的最叹为观止的一笔文物购买交易。但是，由于某种连他也无法控制的势力的介入，这笔艺术珍品与他失之交臂。这段故事也早已被人淡忘，多亏鉴赏家及古董商蓝理捷在弗利尔美术馆做的一场讲座让我们有机会了解到这段故事。1913 年 3 月 8 日，摩根收到了一封没有署名的电报，电报来自美国驻中国外交官弗朗西斯·麦克奈特（Francis H. McKnight）："绝密！因个人原因，中国皇室准备整批出售宫廷藏品，包括珍珠、青铜器和瓷器等。"麦克奈特说，摩根可以从这批珍宝"首先挑选"，而且"请尽快答复"。当夜，摩根的合伙人、心腹朋友亨利·波默罗伊·戴维森（Henry Pomeroy Davison）回电："请告知更多详情。"此时，摩根与随行人员正乘坐一艘包租的游艇在尼罗河上游玩。摩根去欧洲度假时，总喜欢绕路到那里。

随后的电报，逐项列出了北京皇宫以及热河和奉天行宫中所藏的宝物，并提议以400万美元的价格将这三批宝藏全部买下，这是清朝垮台一年之后的报价。麦克奈特进一步详述道，摩根可向逊清皇室提供相当于这些宝藏一半价值的贷款，将这些宝藏全部运到伦敦做鉴定评估，然后再购买看中的宝物。在随后的几封电报中，麦克奈特描述了负责此事的内务府总管的信誉资质。从北京发来的几封加密电报告知戴维森，逊清皇室已经同意了这些条款，中国的新任总统大军阀袁世凯也表示赞同，只等"国会"批准同意。1913年3月12日，麦克奈特以逊清皇室代理人的身份，发来了以下消息：

> 我相信，销售商是善意的，也会安排发货。但是，不能确定他们是否能够出具美国认定的"清白产权"证明，也不能确定所得款项是否能在皇室成员内部公平分配。考虑到当前中国的形势，在发货之前，我们只能将此看作交易意向。派遣专家到中国鉴定的费用不会太高，而且我相信，获得有价值的藏品的概率很高……目前那批藏品的估价只能是猜测，但是人们的印象似乎是：奉天行宫藏品价值200万美元，热河行宫和北京皇宫的藏品各值100万美元。[13]

此事自始至终未提到摩根的名字。这位金融家患有慢性神经紊乱症，在尼罗河游览时，神经崩溃，陷入高烧和妄想的状态。摩根生病的消息传到了华尔街，股票市场随之暴跌。尽管医生敦促摩根返回纽约，但他仍坚持从埃及继续前往罗马，之后再去埃克斯。摩根一路上密切关注电报和便函所带来的激动人心的进展状况，知晓有关藏品的所有权、付款金额以及中国新成立的国会从中所扮演的角色等问题。

档案中的记录到此戛然而止。摩根最终动身去了罗马。1913 年 3 月 31 日，即复活节一周后，摩根在罗马这座"不朽之城"的豪华大饭店的套房里与世长辞。摩根弥留之际，酒店大厅里挤满了古董商（摩根旅行时经常会有古董商到他下榻的酒店找他），而摩根的员工每天要处理 500 多封向其索要赏金的来信。根据记录，摩根辞世时所说的最后一句话是："我要登上那座山丘。"

4 月 11 日，运载摩根灵柩的"法兰西"号（France）轮船抵达纽约港。摩根的灵柩先是停放在其心爱的图书馆里，之后葬在了他的出生地哈特福德。随后，在曼哈顿史岱文森广场的圣乔治大教堂里举办了悼念摩根的仪式（此后，圣乔治教堂被称为"摩根大通教堂"）。送葬队伍和所献鲜花可与国家元首的葬礼相提并论（喜欢张扬的德国皇帝威廉二世送来了一个由兰花编成的巨大十字架）。

摩根辞世，使收购中国皇家文物的谈判告一段落。逊清皇室珍藏的文物被转手给了很多人，这些人的名字鲜为人知。其中一部分珍宝被出售或零散送出，而另一部分或遗失或被盗。1948 年，即将下台的国民党政府撤离时，将其中一部分皇家文物带到了台湾地区。其余藏品则留在了中国大陆，成为中华人民共和国的永久收藏，其中的珍品则被放在了北京的故宫博物院。

同时，巨头摩根的离世也给大都会艺术博物馆带来了不祥的预感。1912 年 11 月，时任大都会艺术博物馆董事会主席的摩根，将刚上任的馆长爱德华·罗宾逊[①]召唤到自己的图书馆，与其进行了密谈。据罗宾逊馆长叙述，摩根"告诉我，他希望纽约市当局以及所有应该知情的人

---

① 爱德华·罗宾逊（Edward Robinson，1858—1931），美国艺术鉴赏家、考古学家。1902—1905 年担任波士顿美术博物馆馆长。1906 年，担任纽约大都会艺术博物馆助理馆长，并于 1910 年接替卡斯帕·珀登·克拉克（Caspar Purdon Clarke）爵士，成为大都会艺术博物馆的第三任馆长，在任 21 年。

明白,他并没有将自己的藏品捐赠或遗赠给大都会艺术博物馆的打算"。摩根说,他的所有藏品估价5 000万美元。摩根认为,"这是一笔巨额资产,不排除摩根家族有需要用到它的时候,因此无法从摩根家族财产里剥离"。罗宾逊补充说,"这是摩根先生第一次向我暗示他处置其藏品的最终意愿"。[14]摩根是这么说的,也是这么做的。摩根的遗嘱宣读之后,大家发现,大都会艺术博物馆没有从其前任董事会主席那里获得遗赠。摩根在遗嘱中授权其儿子小摩根(即人们所熟知的杰克·摩根)执行他的"愿望和意愿",对他的藏品做出妥善安排,"使这些藏品能够永久给美国人民带来启迪与愉悦"。[15]

杰克·摩根开始向大都会艺术博物馆、哈特福德图书馆及其他父亲所青睐的机构捐赠精选藏品。摩根收藏的中国瓷器又是怎么处置的呢?两年来,这批中国瓷器一直被放置在大都会艺术博物馆2楼D展厅。1915年2月,这批中国瓷器以390万美元的价格全部出售了杜维恩兄弟,创下了当时的历史纪录。罗宾逊馆长哀叹道:"大都会艺术博物馆和美国公众失去了这批永远都无法复制的宝物。"随后发生的事情就像一个童话故事。小约翰·D.洛克菲勒以救世主的身份出现了。小洛克菲勒在许多方面都像是摩根的继任者,喜欢收集各种釉色的中国瓷器,但是他处事不像摩根那样傲慢。据有关记载,在摩根收藏品长期保管人西奥多·霍比的协助下,小洛克菲勒买下了摩根收藏中最好的藏品。之后,霍比成了小洛克菲勒亚洲艺术品收购的主要顾问。然而,几十年中,中国瓷器市场价格起起落落,小洛克菲勒既是主要参与者也是旁观者。有这样一个事实令人称道:摩根和洛克菲勒两人,都没有把他们的藏品看作一种投资。

第十章

洛克菲勒家族的收藏

1900年，美国的镀金时代达到顶峰。美国不仅在经济上蓬勃发展，而且站在最高处往下眺望，新世纪的地平线上，几乎见不到一片乌云。国际上，英国危机四伏，而美国的地位却逐步上升。1899年10月，英国人在南非发动了第二次布尔战争，本来打算在当年的圣诞节前结束战争。然而，大英帝国动用了50万人的军队，耗时3年，才打败了只有88 000人的布尔非正规军。相比之下，1898年，美国军队仅用5个月，跟西班牙打了"一场精彩的小仗"，让西班牙人屈服。时任美国驻英国大使的约翰·海伊（John Hay）就是这么形容美西战争的。从他的用词上，我们能感受到他的兴奋和喜悦。后来，海伊大使给美国总统威廉·麦金莱写信说："在美国历史上，我们从未拥有过像现在这样的国际地位。"[1]美国在美西战争中速战速决，一举拿下了菲律宾、关岛和波多黎各，标志着美国已成为世界强国，美国有意愿也有实力撬开别国的大门，尤其是亚洲国家的大门。1901年，英国维多利亚女王去世。在许多人看来，美国有可能顺理成章地分享甚至继承女王的扩张主义策略。

但是并非所有美国人都信奉扩张主义。其中持不同意见的人有马克·吐温[1]、威廉·詹姆斯[2]、安德鲁·卡内基[3]和威廉·詹宁斯·布莱恩[4]等著名人物。在是否与西班牙签署和平条约的问题上，美国参议院也出现了严重分歧。当时如果再多两张反对票，便可达到参议院阻止批准和平条约的三分之一的票数。对此结果起决定性影响的，是英国诗人约瑟夫·鲁德亚德·吉卜林[5]所写的一首诗，呼吁美国人"承担起白人的负担"，特别是在菲律宾[6]。这位大英帝国的诗人精明地把自己写的这首诗寄给了西奥多·罗斯福，罗斯福立刻将诗歌转交给热衷于宣传扩张主义的《纽约太阳报》，嘱咐将诗歌发表。[2]

1900年，在费城举办的美国共和党全国代表大会上，纽约参议员昌西·迪普（Chauncey Depew）充分表达了美国的庆祝气氛。他说："这里的每一个人，都觉得比1896年的自己成长了四倍。"迪普停顿了一下，无疑在等待赞同的欢呼声。迪普接着说："我们每个人更加睿智，有更多的期望，更有爱国之心，心胸也更为宽广。这一切都源于一个事实：我们是美国的公民，我们的国家，已经成为世界强国，追求和平、文明，希望扩大自己的工业，创造出更多的劳动产品。"（作为科尼利厄斯·范德比尔特[7]的主要法律助手，迪普参议员本人也是十几家铁路公司的总裁或董事会成员。）在一片鼓掌欢呼声中，威廉·麦金莱总统被提名连任

---

[1] 马克·吐温（Mark Twain, 1835—1910），原名塞姆·朗赫恩·克莱门斯（Samuel Langhorne Clemens），美国小说家、演说家、幽默大师。在中国，他的作品《汤姆·索亚历险记》(*The Adventures of Tom Sawyer*)、《哈克贝利·费恩历险记》(*Adventures of Huckleberry Finn*)、《乞丐王子》(*The Prince and the Pauper*)和《百万英镑》(*The Million Pound Bank Note*)被人们所熟知。
[2] 威廉·詹姆斯（William James, 1842—1910），美国哲学家、心理学家、教育学家，倡导实用主义。
[3] 安德鲁·卡内基（Andrew Carnegie, 1835—1919），美国慈善家、企业家，20世纪初的世界钢铁大王。
[4] 威廉·詹宁斯·布莱恩（William Jennings Bryan, 1860—1925），美国政治家、律师、演说家。曾三次代表民主党竞选总统（1896、1900、1908），均失败。
[5] 约瑟夫·鲁德亚德·吉卜林（Joseph Rudyard Kipling, 1865—1936），英国作家及诗人，生于印度孟买。主要著作有儿童故事《丛林奇谭》(*The Jungle Book*, 1894)、印度侦探小说《基姆》(*Kim*, 1901)、诗集《营房谣》(*Gunga Din*, 1892)、短诗《如果—》(*If—*, 1895)。
[6] "白人的负担：美国和菲律宾群岛"（*The White Man's Burden: The United States and the Philippine Islands*）是英国诗人鲁德亚德·吉卜林所作的诗歌，于1899年2月4日首次在《泰晤士报》（伦敦）和1899年2月5日在《纽约太阳报》上发表。吉卜林在诗中敦促美国继续保持欧洲帝国主义的传统。
[7] 科尼利厄斯·范德比尔特（Cornelius Vanderbilt, 1794—1877），美国镀金时代（19世纪末、20世纪初）著名的航运、铁路、金融巨头。

第二个任期,然而有人对威廉·麦金莱选择傲慢的西奥多·罗斯福州长做竞选伙伴表示担忧。俄亥俄州企业家、共和党主要筹款人马克·汉纳(Mark Hanna)忧心忡忡地吐露心扉:"难道没有人认识到在这个疯子和总统职位之间,只有一人之隔吗?"[3]

然而,到了1901年,美国的地平线上似乎已不再是万里无云。当年9月,令汉纳担心的事情发生了。在纽约州布法罗市,一名疯狂的无政府主义者对着麦金莱总统射出了一颗致命的子弹,让"那个可恶的牛仔"(汉纳的原话)坐上了总统宝座。罗斯福这位激进的改革者和狂热的新帝国主义者现在统治着"白宫"。西奥多·罗斯福主持"第一讲坛"①七年期间,正值新闻界揭发丑闻的"扒粪运动"②达到高峰。当时美国全国发行的杂志连篇累牍地发表文章,对"为富不仁者"③进行了猛烈抨击。

1901年发生了一起企业合并事件,加速了人们对新财阀统治的怀疑,但很快证明,新财阀统治让艺术品(包括中国瓷器)收藏家和经销商大为受益。3月3日,皮尔庞特·摩根告知华尔街,声称他组建了美国钢铁公司,资产估值14亿美元,成为世界上首个估值超过10亿美元的企业。正如琼·斯特劳斯在其翔实的摩根传记中所提到的那样,摩根的"巨大控股公司,将会拥有钢铁厂、高炉、炼焦炉、矿山、驳船、轮船、成千上万英亩焦炭田和煤田,甚至还有几条铁路"。因此,美国钢铁公司将控制、生产美国近一半的钢产量——相当于1901年美国国民生产总值的7%(按现在的价格计算,公司资产高达5 000亿美元)。[4]

---

① 英文原文为:"bully pulpit"。罗斯福时代,"bully"一词的意思是"superb""wonderful",意即"非常棒"。罗斯福总统相信文字的力量,认识到记者在传播信息和教育大众中所起到的作用。他到美国各地去演说时都会邀请记者坐上他的私人车。他通过记者的报道将他制定的政策和通过法案的理念传达给美国民众,将这种做法称为"bully pulpit"。
② 原文用的是"muckraking"一词。19世纪下半叶,美国新闻界掀起了一场黑幕揭发运动,制止了当时社会腐败的蔓延,促进了美国社会的改良,但也引起了当局者的不满。罗斯福就将这些专门揭露丑闻的记者戏谑为"扒粪者"(muckraker),讽刺他们只看到社会上的黑暗面,看不到任何美好的事物。
③ 1907年罗斯福把反对政府决策的资产阶级称为"malefactors of great wealth"(直译:"罪恶的大富豪"),用来抨击经济大行业的反社会性。

除了企业界发生的这桩联姻之外，1901年10月9日还发生了另外一桩喜庆的联姻。小洛克菲勒作为其父亲石油财富的唯一继承人，迎娶了参议员纳尔逊·阿尔德里奇（Nelson Aldrich）的女儿艾比·格林·阿尔德里奇（Abby Greene Aldrich），婚礼在纳尔逊·阿尔德里奇的家乡罗德岛沃里克的一个简朴教堂里举行。这桩婚姻将美国标准石油公司王朝与共和党参议院主席联系在了一起。擅长揭发丑闻的记者戴维·格雷哈姆·菲利普斯（David Graham Phillips），于1906年3月在《时尚》（Cosmopolitan）杂志发表了《参议院的背叛》（The Treason of the Senate）一文，其中写道："如此，美国人民的主要剥削者，与为剥削者服务的大阴谋家，通过联姻结成了亲密同盟。"[5]毫无疑问，这种说法有些言过其实，但是与本书主题有关的事实是：年迈的摩根与年轻的洛克菲勒都酷爱收藏中国瓷器。在他们的鼓动下，1909年，美国国会批准了《佩恩－阿尔德里奇关税法》（The Payne-Aldrich Tariff Act），这一法案保护了所有美国收藏家、古董商和博物馆的利益。

由纳尔逊·阿尔德里奇担任主席的美国参议院财政委员会起草了上述法案。这项保护性法案取消对一百年以上历史的艺术品征收的关税。批评者反对说，这些艺术品的主要购买者是富人，他们负担得起关税。对此，马萨诸塞州共和党参议员亨利·卡伯特·洛基（Henry Cabot Lodge Sr.）提出了反驳："这些艺术品虽然由个人携带入境，但是据各国历史记载，伟大的艺术品最终都进入了博物馆和其他机构被保存起来，造福了所有公众。"让人没有想到的是，参议员本杰明·迪尔曼（Benjamin Tillman）也赞同该法案。迪尔曼是南卡罗来纳州民主党的代表，有时候会发表平民主义的论调，因而被称为"草根本杰明"（Pitchfork Ben）。本杰明发表了如下评论：

> 我曾有机会参观佛罗伦萨、巴黎和伦敦的伟大美术馆……我的亲眼所见，足以使我确信：美国人民有能力鼓励从国外引进一部分这样的杰出艺术品。这些杰出艺术品，可以使美国人民的

思想得到升华，激发他们的艺术天赋……如果你们希望打压那些百万富翁，那就取消他们其他一些挣钱的特权。但是，如果他们希望从国外引进任何有价值的艺术品到美国，那就让他们这样去做吧。他们最终都会死的，而美术馆很有可能会成为其藏品的受遗赠人。[6]

情况的确如此。1917年，美国颁布了《税收法案》。该法案规定，对给予非营利性机构（这些机构的经营"必须纯粹以宗教、慈善、科学、文学或教育为目的"）的捐赠，免于缴纳新实施的《联邦所得税法》所规定的税款。此法案让美国的所有博物馆获益。之后，又批准免于缴纳《联邦遗产税法》所规定的税款。这些激励措施带有鲜明的美国色彩，但不管产生什么样的客观效果，小洛克菲勒夫妇与纳尔逊·阿尔德里奇参议员之间有姻亲关系，这一点很重要。阿尔德里奇参议员被认为是美国的"国家总经理"（戴维·洛克菲勒的原话）或"美国的政治老板"（"扒粪者"林肯·斯蒂芬斯的原话）。摩根早就明确表示，他收藏的大部分艺术品将会一直留在欧洲，除非美国能够对之免征关税。《佩恩-阿尔德里奇关税法》通过之后，摩根邀请美国海关人员对打包装箱的藏品进行查验，之后直接运往大都会艺术博物馆保存。当时，摩根担任大都会艺术博物馆的董事会主席。1912至1913年间，在著名古董商雅克·塞利格曼（Jacques Seligman）的监督之下，摩根的351箱免税艺术品被陆陆续续地运到大都会艺术博物馆。[7]毫无疑问，美国国会批准的这些关税和税收刺激政策，极大地推动了美国新兴公共画廊的迅速崛起。

如果说美国国税局成为美国艺术博物馆的"梅塞纳斯"①，那美国的"美第奇家族"②也于此时出现了。苏珊娜·勒布尔（Suzanne Loebl）撰

---

① 梅塞纳斯（Gaius Maecenas，前70—前8），罗马帝国皇帝奥古斯都的谋臣、著名的外交家。梅塞纳斯曾提携过诗人维吉尔和贺勒斯，后来他的名字在西方成为文学艺术赞助者的代名词。
② 美第奇家族（Medici），意大利佛罗伦萨15至18世纪中期在欧洲拥有强大势力的名门望族。

写过洛克菲勒家族传,恰当地将洛克菲勒家族比作是美国的美第奇家族。苏珊娜·勒布尔在传记中按编年顺序记载了洛克菲勒家族庞大的收藏和捐助项目。苏珊娜提醒我们,洛克菲勒家族王朝塑造了纽约的城市景观。洛克菲勒家族建造了曼哈顿闹市区时髦的大通曼哈顿银行、市中心区的纽约现代艺术博物馆、洛克菲勒中心、联合国总部大厦、亚洲协会、林肯中心和洛克菲勒大学,继续延伸至上城区的修道院博物馆和河畔教堂等。所有那些建筑,都留下了洛克菲勒家族王朝的烙印。在美国其他地方,洛克菲勒家族还在加利福尼亚州、罗得岛州、得克萨斯州、佛蒙特州和弗吉尼亚州(包括修复殖民地威廉斯堡[①])帮助建造了博物馆。另外还要加上"奥拉纳"(Olana)。这是风景画大师艺术家弗雷德里克·埃德温·丘奇(Frederic Edwin Church)位于哈德逊河谷的故居,在时任州长纳尔逊·阿尔德里奇·洛克菲勒的亲自干预下,得以完好无损地保存了下来。[8]

洛克菲勒家族的居住地就像是一个领地。洛克菲勒家族与人合作建造了洛克菲勒庄园,它位于哈德逊河谷的塔里敦和沉睡谷镇附近的坡坎迪克山山顶,占地250英亩,十分壮观。19世纪90年代,老约翰·洛克菲勒买下了这片土地。1904年,小洛克菲勒夫妇经得父亲同意之后,开始在这片土地上建造一座三层楼的乔治亚式宅邸,起名为"基奎特"(Kykuit),荷兰语的意思是"瞭望台"。这座宅邸带有几个精致的意大利风格花园。庄园的主要设计者是著名的美术建筑设计师威廉·韦尔斯·博斯沃思(William Welles Bosworth)。庄园完工后,花园里面有喷泉、洞穴、凉亭、寺庙、小溪、古典雕塑、修剪整齐的灌木丛和一座日式茶室。这些设计反映了小洛克菲勒夫妇对任何激发他们热情的艺术项目都保持着一颗热忱之心。为使庄园锦上添花,小洛克菲勒夫妇向小

---

① 殖民地威廉斯堡(Colonial Williamsburg)是美国弗吉尼亚州威廉斯堡市的一个历史保护区域。18世纪时,威廉斯堡曾是弗吉尼亚州的首府。但在美国独立战争之后,威廉斯堡失去其重要的地位。20世纪早期,牧师古德温试图修复殖民地时期的一些建筑,得到了小洛克菲勒夫妇的支持,给古德温修复计划提供了财务支援。殖民地威廉斯堡工程得以完成,恢复威廉斯堡殖民时代的原貌,保存了美国早期的历史建筑。

奥格登·科德曼（Ogden Codman Jr.）征询建议。奥格登·科德曼与伊迪丝·沃顿（Edith Wharton）于 1902 年合著出版了《房屋装饰》(*The Decoration of Houses*) 一书，一本供当时富人参考的有关室内装潢的手册。后来，洛克菲勒庄园连带林地和花园变成了洛克菲勒纽约州立公园，里面的建筑也移交给了美国国家历史保护信托基金会。小洛克菲勒在第一任妻子去世后，迎娶了第二任妻子玛莎·贝尔德·洛克菲勒（Martha Baird Rockefeller），又建造了一座宅邸，起名为"希克莱塞特"（Hillcrest）。现在这座宅邸成了洛克菲勒档案馆。研究者可在档案馆中查阅洛克菲勒家族的档案资料（研究者可以提前预约，从塔里敦火车站下车后，坐小型巴士前往"基奎特"）。

来到档案馆，我们可以翻看精心分类的文件夹，通过一张张发票，几乎能追踪小洛克菲勒夫妇的每一笔文物收购交易，还可以看到大量的信件，了解一桩桩捐赠是如何达成的。小洛克菲勒夫妇收购文物和捐赠文物的活动反映了美国"进步时代"的道德两面性：一方面，工业和金融大亨们的生意前所未有地蓬勃发展；另一方面，他们也史无前例地遭受新闻媒体的批评以及人们义愤填膺的指责。对于洛克菲勒家族来说，有一桩事件尤其是强有力的催化剂，那便是广为人知的"拉德洛惨案"（Ludlow Massacre）。

1913 年 9 月，在美国科罗拉多州南部的拉德洛镇，大约 9 000 名矿工举行了罢工。他们的主要抗议对象是科罗拉多燃油铁公司，公司的主要股东是老约翰·洛克菲勒（占股 40%）。罢工引发了长达数月的暴乱，州长召集了美国国民警卫队。随后，国民警卫队与罢工工人发生了多次激战，双方各有数十人伤亡。这其中，有一顶帐篷着火，里面住着的妇女和儿童共计 11 人窒息身亡。"这是一桩骇人的惨剧，"戴维·洛克菲勒在回忆录中写道，"因为洛克菲勒的名字引发了如此强烈的情绪，爷爷和父亲也因此被卷入这场冲突之中。甚至在我们位于纽约曼哈顿西 54 街的家门口，也出现了示威者。他们谴责洛克菲勒家族在拉德洛犯下了'种种罪行'。"[9] 小洛克菲勒义正词严地为自己的家族作辩护。他向艾维·李咨询

（艾维·李与爱德华·伯奈斯[①]共同创建了现代公共关系学）。艾维·李直率地建议小洛克菲勒解决罢工者的诉求。"拉德洛事件成为父亲的成人仪式。"[10]儿子戴维断言，"虽然父亲不是一位天才商人，也并不热爱经商，但他还是展现了商人的技巧和勇气。在极其艰难的情况下，父亲表现出的决心和坚强的性格给爷爷留下了深刻印象"。结果，老洛克菲勒修改了他的遗嘱。他曾打算把大部分财产遗赠给慈善事业，但在"拉德洛事件"过后，他把绝大多数的财富直接转移给了儿子小洛克菲勒。

此时，小洛克菲勒夫妇正忙着装修位于纽约市和哈德逊河谷的住宅。1911年，他们又增添了一处住所。他们在缅因州的沙漠山岛，建造了一栋法国诺曼地区风格的"鹰巢"（Eyrie）别墅，共有66个房间。正如艺术经销商约瑟夫·杜维恩喜欢提醒同事的那样：最能激发人们购买藏品欲望的，莫过于一间空空荡荡的起居室了。

1911年，小洛克菲勒与妻子艾比搬进了位于曼哈顿西54街10号的住所。两人的生活富足，却有固定的财政预算。他们的住所是当时纽约市最大的私人住宅，有9层楼，里面有壁球馆、健身房、私人医院，以及供诸多孩子活动的宽敞空间。"别墅里到处是来自世界各地的艺术品。"[11]小洛克菲勒夫妇有6个孩子，戴维·洛克菲勒是他们最小的孩子。戴维·洛克菲勒回忆说："那些艺术品的风格和所产的时代，反映了我父母截然不同的品位和个性。母亲的收藏风格是兼容并蓄的，她既喜欢古代艺术品，也喜欢欧美当代作品……父亲则不喜欢现代艺术，认为现代艺术'没有生命感'，丑陋，让人心烦。父亲不让母亲在他经常出入的区域悬挂当代艺术品。"颇具讽刺意味的是（或许小洛克菲勒领会不到这种讽刺意味）：1928年，他们的宅邸被拆除，并在这块地基上建成了纽约现代艺术博物馆的室外花园（洛克菲勒家族内部称纽约现代艺术博物馆为"妈妈的博物馆"，因为艾比是该馆唯一且最重要的赞助人）。

[①] 爱德华·伯奈斯（Edward Bernays，1891—1995），奥地利、犹太裔美国公共关系学家，公共关系领域的先驱，著有《传播学》（*Propaganda*，1928）一书，被称为"公共关系之父"。

小洛克菲勒喜欢什么类型的艺术？戴维·洛克菲勒回忆说："父亲引以为豪并为之感到喜悦的是他收集的中国瓷器藏品，从明代到清代康熙年间的中国瓷器，应有尽有……直到今天，我脑海中还浮现出这样一幅画面：他手里拿着一个放大镜，仔细查看他打算购买的瓷器，确保这些瓷器没有裂痕或修复的痕迹。母亲也喜欢亚洲艺术，但是她更喜欢中国和朝鲜早期的陶器和雕塑，也喜欢亚洲其他地区的佛教艺术品。12号的家里有一间是母亲的'佛堂'，母亲在里面放满了菩萨像和观音像。佛堂里的灯光昏暗，空气中弥漫着浓郁的燃香味。"[12]

在20世纪，这对夫妻收集珍藏亚洲艺术品的习惯反映了他们各自不同的审美趣味。夫妻二人各自都有心意满足的时刻，帮助确定了美国流行的艺术品位以及在当时尚属异国风格的艺术品的市场价值。两人不同的收藏喜好，反映了他们性情之间的差异。艾比家里有11个孩子，她排行老二，与大姐露西关系最为亲密。在阿尔德里奇参议员休假旅行期间，姐妹俩也定期前往欧洲，早早地对亚洲及其艺术品产生了浓厚的兴趣。青少年时期，姐妹俩开始收藏日本版画，同时还收藏中国、日本和印度的纺织品，以及波斯和印度莫卧儿王朝的微型艺术品。艾比生活在一个大家庭里，每个人都很健谈。因此，艾比喜欢社交，冲动任性。与其相反，小洛克菲勒的父亲老洛克菲勒控制欲极强，世人皆知其有享受不尽的财富。小洛克菲勒作为父亲唯一的男性继承人，沉默寡言，做事谨小慎微。

两人的性格差异可以在他们收藏的物品中体现出来。他们的褐沙石住宅刚刚建成，夫妻俩便忙着找寻家具和装饰品。凑巧，杜维恩兄弟在纽约开的画廊位于第五大道，与他们的住宅只相隔几个街区。小洛克菲勒经常光顾那个时髦的画廊。正如苏珊娜·勒布尔所叙述的那样："一天，他正在为家中一个大壁炉架寻找装饰品，店员向他提供了一对高大的中国'黑山楂釉'花瓶，产于16至17世纪康熙年间。"小洛克菲勒完成这桩交易之后，便一发不可收拾。在此后的半个世纪里，他买入了400多件中国瓷器。他不断地挑选精品，收藏的档次也不断提高，花费了总计1 000多万美元。[13]

最为特别的是,小洛克菲勒迷上了皮尔庞特·摩根的无与伦比的收藏品,当时那些藏品陈列在大都会艺术博物馆里。1915年,摩根去世,租借给大都会艺术博物馆的中国瓷器被整体打包,以300多万美元的价格卖给了杜维恩兄弟。小洛克菲勒希望买下其中的精品,恳求父亲借给他一大笔钱:"我曾多次参观大都会艺术博物馆,对摩根收藏中的重要藏品进行过仔细研究,我还征求了专家意见。它们是中国瓷器的上等精品,我希望能够抓住这次机会,把这些瓷器买下来。这样的时机一旦错过,将来绝对不会再有。"[14]老洛克菲勒没有被说服,他答复说:"我对此有些担心,部分原因或许是我不太懂得这些物品的价值。在我看来,目前不做这笔投资似乎更为明智。"[15]

小洛克菲勒坚持请求父亲为自己提供100万美元以上的借款,他为此进行的辩解不但真实诠释了他的个性,也更体现了这位严肃收藏家虽身处庸俗的社会,但仍坚持不懈寻求理解的渴望。他给父亲写道:

> 我从未在马匹、游艇、汽车及其他愚蠢的奢侈品上浪费过钱财,我的唯一嗜好就是收集瓷器——这是我唯一愿意为之花钱的东西。我发现研究瓷器是我最好的娱乐和消遣方式。我对瓷器产生了一种痴迷。这个嗜好很花钱,但赏玩瓷器既不喧闹,也不招摇。我相信,如果我有现钱,你会鼓励而不是限制我培养这样一个无害而有教育意义的爱好。购买这批瓷器所花的钱并没有浪费,也没有挥霍掉。钱还在那里,只是不能盈利。但是,我有充足的理由相信,即使我被迫将这些瓷器卖掉,我的亏损也只不过是10%;在正常情况下出售,当然会全部回本;假以时日,回报会更多……
>
> 这些美丽的收藏品会给我的朋友们,给我的孩子们(随着他们长大,他们慢慢就能学会欣赏),当然还有我自己,带来永恒的快乐,以这样一种默默而不张扬的方式满足我的这一愿望是不是

不明智呢？……我非常想买下这批瓷器，我想您可能没有意识到，我的这种愿望有多么的迫切，因为您可能不知道这些艺术品是多么的漂亮、多么的迷人。我更想做您完全认可的事情，所以斗胆给您写了这封长信，希望向您叙述清楚更为完整的情形。或许您读了之后会对这件事情产生不同的看法。

老洛克菲勒深受感动，态度缓和下来，拿出了价值200万美元的证券。当小洛克菲勒登门与老洛克菲勒协商借款条款时，老洛克菲勒告诉儿子，这笔钱是送给他的。据戴维·洛克菲勒讲述，购买了相当一部分摩根的藏品之后，"在父亲的有生之年，他一直保持着对漂亮物品的兴趣。许多康熙年间的瓷器都是大敞口瓶，比小时候的我还要高。这些瓷器被安置在特制的台座上，摆放在西54大街10号二楼的几个房间的显著位置。它们看上去很气派，很有气势。父亲还买了一些体量较小的东西，包括神兽像和人物像。它们画工精致，制作精美"。[16]

关于中国瓷器的魅力，老洛克菲勒的传记作者罗恩·切诺（Ron Chernow）提出了一个较为合理的见解："对小洛克菲勒来说，中国瓷器代表了一种完美的艺术形式。中国瓷器工艺精湛，没有任何颠覆性的主题，也不令人沉溺于声色。"[17]然而，中国瓷器确实能够带给人某种感官上的享受。切诺还写道："当小洛克菲勒在纽约西54街的家中收到瓷器后，他会端坐在地板上，让瓷器左转转右转转，充满爱怜地检验瓷器，查找瓷器上是否有裂痕或修复的痕迹。"小洛克菲勒同时也承认，他对自己的爱好感到内疚，这反映出他是一名严格的浸信会教徒。小洛克菲勒坦诚地说："我感觉，或许这有点自私。我购买这些瓷器是为了满足我的一己之欲，而不是将瓷器捐赠出去满足公众的需求。"对此，切诺风趣地评论道："此时，假如小洛克菲勒仍未获得收藏艺术品的权利，仍未摆脱父母的干预，或许他也永远不会有胆量创建大都会艺术博物馆分馆——修道院博物馆，或修复殖民地威廉斯堡。"

说起小洛克菲勒为提升自己收藏的中国瓷器藏品的品质所做出的努力，就不得不提到有趣的黄釉敞口瓶事件。这是一个几乎被人们完全遗忘的故事，结局却充满了戏剧性，令人唏嘘不已。故事始于1915年。有人邀请小洛克菲勒查验一件康熙年间的黄釉瓷瓶，当时这件瓷瓶被认为是瓷器中的极品。与这件花瓶一起来的，还有一封由埃德加·格尔（Edgar Gorer）签名的信。埃德加·格尔与豪华珠宝商德莱塞公司（Dreicer & Co.）合用一处店铺。"查看这件瓷瓶时，"格尔写道，"我建议你围绕瓷瓶慢慢走，你会看到三个明显不同的主题，但是这三个主题之间非常和谐。我把岩石和雉群当作瓷瓶的正面，往右边走，你会看到一棵很大的重瓣樱花树。瓷瓶的背面是一棵煞是壮观的木兰花。站在离瓷瓶稍远的地方，仔细打量一直延伸至瓶颈的樱花树枝，你会发现，樱花树给人一个明显的感觉就是：樱花的枝干竟然悬挂在空中。"[18]

格尔在最后写道："我想，有这件宝物陪伴，您和夫人一定会度过相当快乐的时光。我希望自己没有言过其实。"小洛克菲勒夫妇确实对这件瓷器产生了兴趣。但是格尔是谁？他又是怎么得到这件宝物的？1872年，格尔出生于英格兰的布莱顿，父亲是一位荷兰籍犹太人银匠（与约瑟夫·杜维恩的家庭背景相似），专门从事珠宝生意。1895年，生意兴隆的所罗门·格尔父子，把店铺从伦敦的河岸街（Strand）迁至新邦德街（New Bond Street）。新邦德街是有钱的购物者经常光顾的地方，各式店铺应有尽有。新世纪伊始，格尔专门从事中国艺术和室内设计生意，生意十分兴隆。

格尔的瓷瓶看上去不错，但是真品吗？2月19日，小洛克菲勒追问格尔："请你详述你所知道的有关黄釉敞口瓶的全部信息……请告知我卖家的姓名，卖家持有这件物品多长时间？卖家又是从哪里买到的？请告知你所知道的所有相关信息。"[19]第二天，格尔答复说，一年半之前，他从一位古董商那里首次听说这件敞口瓶，得知它被法国一个古老家族所收藏。后来，格尔在英国时，有人向他展示这件瓷瓶，"经过仔细检查，我当即把它买了下来。有关它的来源情况，我能告诉你的只有这些"。[20]

小洛克菲勒对这个答复并不满意。2月24日，他谨慎地告诉格尔，他的开价（12.5万美元）有些离谱。"黄釉瓷瓶很有意思，"他补充道，"它上的釉是黄色的，而不是白色，显得不同寻常，似乎是二次烧造。它在许多方面都太完美了，以至于让我感觉它有可能是现代仿制品。"[21] 格尔很快把电报转发给了卖货给他的阿尔弗雷德·德皮纳（Alfred DePinna）。这位古董商住在伦敦德文郡广场（Devonshire Palace）12号。格尔问道："你能否告知黄釉敞口瓶上持有人的姓名，以及它的来龙去脉？"3月8日，格尔把德皮纳的答复发送给了小洛克菲勒，断言黄釉敞口瓶来自中国热河的避暑山庄。第一次世界大战爆发后，它被偷偷运往英国。格尔进一步说：

> 星期六，我咨询了两位中国古董商，卢芹斋先生和关福初先生。在中国古代瓷器鉴赏方面，两人的经验无人能及。我之前认识卢先生，但两三天前才与关先生见面……我对您所说的一切，都将经得起最严格的审查。如果您觉得我说这话的态度过于强硬，请您原谅我。但是，我真的觉得我的人品受到了攻击，我已经竭尽全力在各方面表明了我的诚意。

此时，格尔发现他的主要竞争对手约瑟夫·杜维恩似乎在指责他兜售假货，这让他大为恼火。或许因为这个原因，3月16日，小洛克菲勒给格尔写了封信，称很难信任一个对黄釉敞口瓶来源说法不一的人。洛克菲勒写道："如果以后在某个时候，它的来源和历史能够确定下来，情况就会大不一样。相信你明白我不会质疑你坚持认为敞口瓶是真品的信念。然而，你我都知道，即使是最有能力的专家，也会有看走眼的时候。而一旦某件物品的真实性引起了人们的怀疑，它带给人的享受也会因此大打折扣。"[22]

对此，格尔做了两方面的答复。一是他请福开森出具了一封证明黄釉敞口瓶为真品的信函。福开森当时住在马萨诸塞州，他曾长期在中国生活，是公认的瓷器鉴赏专家。二是格尔已经做好了乘客轮返回英国的安排，鉴于此事仍悬而未决，格尔在离开美国之前对杜维恩提起诉讼，要求赔偿 575 000 美元，称杜维恩诽谤他的鉴定技能。据说约瑟夫·杜维恩对亨利·克雷·弗里克①说过这样的评论："格尔对瓷器一无所知。真正的鉴定家是我叔叔亨利和我，我们打算阻止格尔把这些赝品投入市场。"（弗里克也曾收到过黄釉敞口瓶的报价，听杜维恩说那是一件现代仿品，便打消了将其买下来的念头。）

1915 年 5 月 7 日，《纽约时报》头版刊登了格尔打官司的新闻，这也证实了杜维恩画廊名声之响和要求赔偿的数额之高。[23] 然而，一个可怕的巧合是，新闻稿刊发的同一天，一艘德国 U 形潜艇用鱼雷袭击了靠近爱尔兰海岸行驶的"卢西塔尼亚"号（Lusitania）客轮，1 201 名乘客遇难，格尔也在其内。客轮上 9 位艺术品经销商，只有 4 人幸存下来。据目击者说，客轮开始沉没时，格尔把自己的救生圈让给了歌剧演员约瑟芬·布兰德尔（Josephine Brandell），叮嘱她："要坚强。"[24]

那么，黄釉敞口瓶的结局如何？这成了一个未解之谜。

当时，艾比·阿尔德里奇·洛克菲勒正忙于追逐自己与众不同的目标。从思想观念和行为习惯上讲，小洛克菲勒明显属于完美无瑕的正统派。当时美国公认的离经叛道者 H. L. 门肯②甚至在 1926 年写道："截至目前的记录显示，小洛克菲勒在他的一生中，除了在俱乐部发过言、在报纸上发表过社论之外，他并没有发表过任何出众的演讲，也没有出众的写作才能。然而，如果他明天得了胆结石，与某位女博士私奔，或从自家房顶跌下来……至少会有 10 亿人对发生在他身上的事感兴趣，仅仅因为他是老洛克菲勒的儿子，将来要继承一大笔财富。"[25] 不过这个评论对小洛克菲勒未必公正。在"拉德洛惨案"期间，小洛克菲勒对科罗拉多受剥削的矿工表示了同情。小洛克菲勒对来自亚洲的艺术品有浓

---

① 亨利·克雷·弗里克（Henry Clay Frick，1849—1919），美国实业家、金融家、艺术品投资人。
② H. L. 门肯（H. L. Mencken，1880—1956），美国散文家、讽刺作家、文化评论家。

厚的兴趣,并且设法将其收藏的艺术珍品分享给普通民众。

人们常说,不同性格的人互相吸引。就连门肯也不得不承认,小洛克菲勒与艾比的婚姻很有意思地印证了人们的这一说法。艾比热爱社交,具有审美趣味,在政治上是个自由主义者。二人艺术品位不同,却很少因此发生争执。青少年时期,艾比曾到欧洲旅行,后来还对纽约前卫的艺术世界做过探索。1913年,军械库展览会在纽约举办,引起了人们的骚动不安。受其艺术经历的

艾比·格林·阿尔德里奇站在丈夫收藏的一个清代花瓶旁边。艾比比丈夫更懂古董的收藏价值

影响,艾比很早就喜欢上了先锋派艺术。艾比曾不断尝试让小洛克菲勒领略现代主义艺术家的价值。其中令人难忘的例子就是:1931年,艾比为访问美国的法国画家马蒂斯①安排了一场晚宴。出席的客人里有弗兰克·克劳宁希尔德(Frank Crowninshield),他是收藏家,还是《名利场》(*Vanity Fair*)杂志的编辑,对法国文化痴迷。后来,克劳宁希尔德在《时尚》(*Vogue*)杂志(后来成了该杂志的编辑)发表了一篇文章,描述了那次奇特的邂逅。在他的描述中,马蒂斯对小洛克菲勒流利的法语印象深刻。小洛克菲勒收藏的精美的中国瓷器、宽敞餐厅中的波斯地毯都让马蒂斯惊叹不已。在喝完咖啡后,马蒂斯转向小洛克菲勒,"开始半认真地为自己的事业做起辩护。他解释说,周围这些绿釉、黄釉、

---

① 马蒂斯(Henri Matisse,1869—1954),法国著名画家、雕塑家、版画家,野兽派创始人和主要代表人物。

红釉和黑釉瓷器的制作者与他所追求的审美目标一致。马蒂斯试图说服小洛克菲勒,他们脚下的波斯地毯非常具有现代主义特色。法国的布拉克①、西班牙的毕加索②和胡安·格里斯③等现代主义艺术家在创作上只不过是在遵循波斯人的装饰设计和情感体验而已"。[26]

马蒂斯总结道:"世上的艺术原本就没有现代和古代之分。"[27]确实,"人们能想象到的最要命的艺术是众多活跃在各大艺术学院的平庸艺术家所创造出来的作品"。可以想象,客人们当时都屏住了呼吸,一致朝着主人望去,想听听主人会对这番话有何看法。[28]据克劳宁希尔德的说法,小洛克菲勒拒绝被说服,但是,他让马蒂斯"也别彻底失望,因为……夫人特别擅长苦口婆心地劝导,她最终会让他改变看法的"。

在这里,我们必须为小洛克菲勒说句好话。尽管夫妻俩品位不同,小洛克菲勒并未反对妻子购买他不喜欢的艺术作品。有一个例子很能说明问题。1921年,夫妻二人去亚洲游历,来到北京,参加了北京协和医学院的落成典礼,北京协和医学院的部分赞助来自洛克菲勒基金会。他们还去了中国的香港和满洲里,日本和马尼拉。如苏珊娜·勒布尔在书中所写,他们此行"极有成效,能够激发几代人对亚洲艺术的热情。在中国,小洛克菲勒痴迷于鉴赏和购买瓷器。他们一行人参观了北京的明十三陵,那里宏伟的神道已破损失修。小洛克菲勒回到美国之后,就安排了一笔捐赠款,用于十三陵神道的修复"。

艾比回到美国之后,扩充了其亚洲艺术品收藏的规模,许多亚洲艺术品是她从日本山中商会买来的。山中商会在纽约和附近的巴尔港都设有展示画廊。1924年,艾比说服小洛克菲勒同意她购买山中商会纽约分店向她兜售的两尊佛像。其中一尊是唐代白色菩萨像,深深吸引了艾比,但菩萨像双臂和头部缺失。据说,这尊观音像发现于中国的灵隐寺。然

---

① 布拉克(Georges Braque,1882—1963),法国立体主义画家与雕塑家。
② 毕加索(Pablo Picasso,1881—1973),西班牙画家、雕塑家、立体主义流派,代表作品有《格尔尼卡》《和平鸽》《亚维农的少女》《生命》等。
③ 胡安·格里斯(Juan Gris,1887—1927),西班牙画家、雕塑家、立体主义流派。

而两尊佛像 3 万美元的报价让小洛克菲勒有些踌躇不决。他在给山中商会的信中写道:"我妻子想要买下这两尊佛像。虽然那尊观世音立像对我多少有些吸引力,但残缺不全的雕像从来不会给我一种愉悦感。我很难说服自己买下那尊残缺不全的菩萨像。"之后,小洛克菲勒提出愿意出 25 000 美元的现金将两尊雕像一起买下,"以示对洛克菲勒夫人感情的尊重"。[29] 山中商会接受了小洛克菲勒的出价。

这次购买佛像的行为有助于我们了解认识小洛克菲勒夫妇二人对亚洲艺术的不同鉴赏品位。小洛克菲勒喜欢购买官窑瓷器,反映了他对儒家规矩、等级制度和制作工艺的仰慕。艾比则心仪于佛教的通融性、感性和普适性。那尊无头菩萨像,不仅将这些品质融合在了一起,美感也与现代艺术协调一致。

确实如此,那尊迷人的唐代菩萨像非常特别,吸引了每一位来小洛克菲勒夫妇曼哈顿家中参观的客人。1935 至 1936 年,菩萨像被运往伦敦,出借给伯林顿府皇家艺术研究院举办的中国艺术展,首次对公众展出。皇家艺术研究院专家委员会对菩萨像进行了仔细研究,告诉艾比,"它无疑是现存最美丽的中国人物雕像"。该委员会成员、西方顶尖的中国陶瓷收藏家斐西瓦乐·大维德爵士认为,那尊菩萨像的优雅和动感很大程度上借鉴了古希腊的艺术风格。"石像服饰褶皱的雕塑借鉴了古希腊艺术,摇摆身姿和愉悦的感官造型则受到了印度雕塑的启发。但是,赋予雕像生命的却是中国艺术匠人的天赋。"[30]

大都会艺术博物馆亚洲艺术策展人普艾伦查看小洛克菲勒夫妇的收藏品时,专门挑中那尊无头菩萨像,他希望洛克菲勒夫妇能将菩萨像捐赠给大都会艺术博物馆。然而,无头菩萨像最终被遗赠给了纳尔逊·阿尔德里奇·洛克菲勒,他对菩萨像钟爱有加。目前,菩萨像被置于正对"基奎特"庄园门口的高台上,俯瞰着哈德逊河。但是,人们对它的评价有了变化。杜克大学的佛教雕塑鉴赏家斯坦利·亚伯(Stanley Abe)怀疑那尊菩萨像过于完美,可能是赝品。2011 年,斯坦利·亚伯在文章中写道,那尊雕像"光彩夺目"。同时声称,它未经专家们的充分鉴定。在已知的唐代雕塑作品中，尚未发现与其风格相似的作品。因此，正如雕像的倾慕者所言，它确实"独一无二"。"就雕像自身而言，它确实美得惊艳，令人着迷。但它绝不是典型的唐代雕塑。相反，它迎合的是20世纪初人们对于古典艺术形式的品位，传达的似乎是一种现代理念。"

公正地说，收藏家在鱼龙混杂的古董市场寻找艺术珍品时，难免会遇到这种情况。而且，人们的鉴赏专业水准会与时俱进，更不用说品位会随时代发展而发生变化了。我们可以拿小洛克菲勒购买的瓷器为例。亚伯教授评价说："任何收藏家购买艺术品时都会有疑虑。对那尊缺头少臂的菩萨像，小洛克菲勒缺乏热情，可能是在潜意识里怀疑它的真伪。老洛克菲勒购买中国瓷器时那种忐忑不安也是出于疑虑。尽管这种疑虑不是基于'培养出来的鉴别力和判断力'而形成的，人们仍对鉴赏专家吹捧为杰作的藏品表现出本能的怀疑。此时，通过家庭装饰和艺术收藏确立的社会地位，会因为美感、真伪和价值的不确定性而发生动摇，这也是诸多艺术品常常会被人玩厌、几易其主的原因。"

因此，小洛克菲勒发现，无论买家多么谨慎，艺术品的货币价值和审美价值都会不规律地上下波动。小洛克菲勒踏上了收藏家的坎坷之路之后，谨慎地调查藏品出自何人之手，对夸大其词的宣传会产生质疑，并不断地征询专家的建议。小洛克菲勒的长期顾问是大都会艺术博物馆亚洲艺术副研究员，曾当过本杰明·奥尔特曼顾问的西奥多·霍比。霍比为小洛克菲勒提供咨询服务，作为回报，小洛克菲勒每年都会以股票的形式支付给霍比年酬。1915至1955年，霍比从小洛克菲勒手里领到的酬金总计40 500美元。小洛克菲勒购买艺术品时，都会跟卖家协商价格，并会提出可以退换货的条件。

1925年1月20日，洛克菲勒给山中美弥先生写了下面这封信。这种信件我们可以在洛克菲勒家族档案馆中找到上百封。

> 我出价175 000美元购买两件中国鎏金铜器，这是我的最终出

价。我相信，这个数目高于任何博物馆可能会支付的价格。而且，我想你也同意，你很难再找到一个会出此价格的买家。我确信，如果你能接受我的出价的话，我会一次性付款，我会当即给你开一张全额支票。如果你在日本的合伙人知道这种情况的话，不会因为 5% 的政府税使我们的交易泡汤。如你所知，这些铜器对于我本人，远没有对我妻子的吸引力大。但是，为了让她高兴，我愿意以此价格将其买下。我报出的 175 000 美元的价格将一直有效至下周一。[31]

山中商会让步了，立刻答复道："感谢您的来信，恭喜洛克菲勒夫人又购得两件世界级珍宝，为她精心收藏的艺术品系列锦上添花。"[32] 虽然小洛克菲勒十分谨慎，善于和古董商讨价还价，然而他收藏的一系列瓷器的"艺术保质期"还是有限的。最近，王伊悠博士为洛克菲勒档案中心编撰了一份有关市场易变性的研究报告。她发现，自 1910 年开始，一大批从事中国艺术品销售的国际古董商，一直追捧小洛克菲勒夫妇，设法讨取两人的欢心。这些古董商包括杜维恩兄弟公司、卢芹斋、拉尔夫·查特（Ralph M. Chait）画廊、山中商会、迪克兰·凯莱肯（Dikran G. Kelekian）、通运公司（Ton-Ying & Co.）、埃德加·沃奇（Edgar Worch）、帕里斯·瓦特森公司（Parish-Watson & Co.），以及命运不佳的埃德加·格尔。[33]

他们会经常带着物品去拜见小洛克菲勒夫妇，期待能获得夫妇两人的认可，希冀这些物品被这对夫妇见到的次数多了就会激起两人的占有欲。为了抬高价格，古董商会对拟报价物品提供看似真实的来源，淡化物品背后可能隐藏的掠夺行为，还会添上皇家收藏的证明。洛克菲勒夫妇清楚古董商经常缺少现金，总是会以全额付款、帮助宣传，甚或是资助其生意等理由希望古董商能给打个折扣。如王伊悠博士所写："卢芹斋经常会把他的物品放到洛克菲勒家富丽堂皇的画廊里，然后带着买家去洛克菲勒家看货，巧妙地把洛克菲勒家的画廊变成了自家的展馆。古董商也会通过宣传洛克菲勒夫妇从自己这里购买艺术品，提高自身知名度。夫妇俩从卢芹斋手里购买了一件罕见的铜器，引起了媒体的轰动。"有一次，小洛克菲勒夫妇停留在巴黎常住的雅典娜酒店，卢芹斋挑选了两件青铜器送了过去，供夫妇两人在周末研究赏玩。卢芹斋刻意讨好洛克菲勒夫妇，对他们溜须拍马，有时还向他们暗示自己遇到了法律上的困境。比如，1930 年，卢芹斋向小洛克菲勒提到了一对带有动物图案的文物，然后暗示："由于去年我们与中国政府之间出现了龃龉，我们一直保管着这对文物，从没对外展示过。它们是稀有的绝世珍品。我下次去纽约时，给您带上，请您赏光。文物就放在仓库里，还没拆封。"[34] 至于阿谀奉承，我们不妨看一眼卢芹斋于 1926 年写给小洛克菲勒的一封信。在信中，卢芹斋这样夸赞洛克菲勒家族的收藏品："您在为子孙后代珍藏这些物品的时候，也是为整个世界谋求福利。我希望那些珍贵艺术品，能在您伟大家族中珍藏一万年。"

然而，尽管小洛克菲勒砍起价来毫不留情，一丝不苟地研究文物，并且追随市场上不断变化的艺术品位，但他收藏的艺术品的市场价格，却大幅下跌。洛克菲勒最著名的单笔收购，是 1915 年以 1 657 234 美元的价格从摩根藏品系列中买入的一批精品。然而，到了 1944 年，当因遗产原因对这批藏品进行估价时，小洛克菲勒发现，30 年前市值 7.5 万至 10 万美元之间的这一批瓷瓶，古董商现在的出价居然不超过 2.5 万美元。藏品的市场价值以及人们的鉴赏品位都已经发生了变化。收藏家们不再愿意出高价购买颜色靓丽、花纹丰富的明清瓷器，转而青睐色泽朴素、图案简单、年代更为久远的瓷器甚或是粗陶器。

然而，市场上的变化丝毫未消减小洛克菲勒夫妇对于收藏的热情，也丝毫未消减他们捐赠物品永恒的艺术价值。他们捐赠的物品，丰富了大都会艺术博物馆和美国的亚洲协会等机构的中国收藏品。在捐给大都会艺术博物馆的瓷器中，据说有文武财神塑像。时任大都会艺术博物馆助理研究员的周方（Fong Chow）在《大都会艺术博物馆通讯》（*Metropolitan Museum of Art Bulletin*）上撰文说："再没有比财神更受人崇拜的神像了。在中国，许多家庭都有供奉财神的神龛。文武财神多见于中国彩印木刻，如同君王一样威严。武财神手持钢鞭，文财神则拿着如意。"[35]因而，在一座代表着艺术和财富的殿堂里，人们可以从财神塑像身上，同时感受到艺术和财富的魅力。财神们身穿帝王服饰，露出精明的微笑，意味深长地凝视着从展柜面前走过的博物馆观众。据说那些财神像，是艾比最喜欢的藏品。那些财神像配得上艾比的青睐。

第十一章

清朝官员端方

北美人，对于中国历史几乎一无所知，即使是受过教育的北美人，也是如此。这种情况可以理解。中国历史长达数千年，朝代更迭众多，各朝都城又分别设立在各处，即使是外国人对中国历史感到好奇，对中国心怀善意，也会被一连串的名字搞得晕头转向。然而，西方人对于中国的一些情况还是有所了解的，例如：中国边境四周有长城，中国的一些伟大发明对世界做出了巨大的贡献，其中包括造纸术、印刷术、指南针、运河与船闸、火药与火箭弹、瓷器与丝绸、针灸与中药疗法，尽管其中有些发明并未完全得到世界公认。当然了，据说面条也是中国人发明的，尽管对于这一点人们还是有争议的。

然而却很少有人提及中国人在政治上的一项同样有趣而又持续时间漫长的发明。1 000多年前，中国发明了科举制，这是一种通过考试选拔精英人才、管理国家的制度。我们在本章关注的是一位近代科举制度下产生的杰出人物——清朝末年维新派代表人物端方。端方同时也是一位眼光独到的收藏家，在确立中国古代青铜器审美价值方面，贡献超过了其他任何人。端方属于中国最后一批杰出文官。大多数文官是通过复杂的考试制度选拔出来的。科举制是一种庞大而又复杂的体系，上层人的生活都围绕这种制度而展开。科举制在宋代（960—1279）得到了完善的发展。哈佛大学著名汉学家费正清教授认为，宋代是"中国最伟大的历史时期"。[1]

科举考试对于当时有雄心抱负的中国年轻人的重要性，与 SAT 考试（美国高中毕业生学术能力水平考试）① 对于今天的美国高中生的重要性相当。科举制是一种在全国范围内实行的择优录取制度（至少在理论上是这样），使聪明的男性学生得以跨越阶级壁垒进入上层社会。科举考试正式成形于宋代。宋朝时期，出现了活字印刷术，使得书籍能够大批量印刷并广为传播。科举考试主要分为三个等级：乡试、省试和殿试。[2] "主考官不得不采取防作弊措施，"费正清写道，"这些措施包括：在考场门口对考生搜身；将考卷上的姓名密封上，代之以号码；将考生试卷重抄一遍，以防判卷人认出考生字迹等。"科举考试的最高等级是进士，意为"考取殿试的人"（大致类似于美国"常春藤盟校"的最优等生），考中了进士就可以当上高官。科举每三年进行一次，要持续三天两夜的时间。其间，考生被安排坐在不同的隔间里考试，写八股文，以此来考查考生对儒家典籍的熟悉程度。科举打分十分严格，通过率仅有 5%。

然而，在现实中，由于现任官员是通过科举制度选拔上来的，本身

1909 年左右，身穿官服的端方总督

---

① SAT（Scholastic Assessment Test），美国高中毕业生学术能力水平考试，俗称"美国高考"，是由美国大学理事会（College Board）主办的一项标准化的、以笔试形式进行的高中毕业生学术能力水平考试。

就熟读儒家典籍，完全可以自己辅导子孙学习儒家典籍，确保其子孙后代能够考进享有崇高地位的翰林院。翰林院与法国的"大学校"①极为相似，要通过激烈竞争才能获得一张高级文凭。无论中国科举制度的缺点多么显而易见，该制度一直延续到1905年才被废除。当时，清朝政府危机四伏，统治者们被迫放弃了传统的科举考试，指出这种考试制度过于强调与古代典籍相关的科目，忽视了科学科目，已经不合时宜。此后，学生们要么在新式学校就读，要么被送往国外留学。

封建制度产生的自相矛盾在清朝官员端方身上表现得尤为突出。他是一位失败的维新派，在即将垮台的清政府供职，下场极为悲惨。端方的身份地位很尴尬。2008年，加利福尼亚大学博士毕业生张珺（Elya Jun Zhang）写的博士论文题目就是关于端方的研究。她认为端方善于广泛结交社会各界人士，因而称呼端方为"满洲蜘蛛"。[3]端方到底是满族人还是汉族人，这个问题有点说不清楚。据张珺研究，端方的家族属于满族统治阶层。端方的父亲曾任知县，叔叔桂清中了进士，曾担任过侍读学士。资深学者托马斯·劳顿（Thomas Lawton）等人断言，端方的祖先是汉族人，在明代末期，投奔了地位正在上升的满洲人，将其"陶"姓"归化为"满族姓氏"托忒克"，从而使家族男丁归入清朝八旗之一的正白旗。八旗是清朝时期的一种军事组织单位，由满洲人或满洲化的丁壮组成。[4]

不管端方的祖先到底是汉人还是满人，他绝对算得上是一位在乱世中表现出突出才能的官员。1882年，端方通过省试后成了举人。1899—1990年义和团运动爆发时期，端方时任陕西按察使，并代理陕西巡抚。在这一危急时刻，端方无视来自北京的诏书，成功保护了当地的传教士以及从其他省份逃亡过来的传教士。八国联军对北京发动猛攻，对义和团大开杀戒，慈禧太后、光绪皇帝携带朝廷官员逃至陕西，希望能够在

---

① 大学校（法语：grande école），法国教育部将其定义为"通过入学考试录取学生并确保优质教学的高等院校"。学生高中毕业后，选择进入预备班复读2年，之后参加各个大学校的入学考试。相对于法国的普通大学而言，其专业化、学术性更强。

著名古都西安获得庇护。此时，端方见风使舵的本领暴露无遗。慈禧太后一行人逃到了陕西边界的黄河边上，狼狈不堪，端方领着众人前来迎驾。张珺在其博士论文里，对当时的迎驾场面做了如下描述：[5]

> 三艘大船悬挂着绫罗绸缎，载着慈禧太后一行渡过了黄河。抵达对岸下船时，几千名早在岸边等候的陕西百姓口中欢呼"吾皇万岁"，热烈欢迎慈禧和光绪皇帝的到来。作为陕西代理巡抚和按察使的端方，把所有迎驾活动安排得一丝不苟。之后，端方将慈禧太后一行人带到了西安一处的行宫，改造得就像是一座微型紫禁城。紧接着，端方安排了一场奢华的宫廷风格的晚宴。慈禧太后及其随从历经数月从北京一路出逃到陕西。在他们看来，一派安宁祥和气氛的陕西似乎就是一块天赐之地。朝廷最终决定在西安安顿下来，停留了将近一年时间，直到1901年10月6日才回到北京。

为表示对端方的器重，慈禧太后"将手绢中的人参糖"赏赐给了他，以示偏爱。端方因接驾有功，一路擢升，先后担任湖广总督、两江总督，最后官至直隶总督。张珺查阅清宫档案，发现端方是"一位掌握新技术、热衷于变革的维新派，中国文物顶级鉴赏家，参与了立宪改革提案的起草，受清政府委派去西方进行宪政考察，镇压了多次革命起义，还是外交家和政治家。他的身份是多重的，复杂的"。

1905至1906年，作为五位特派大臣之一，端方前往日本、欧洲和美国考察，历时8个月。他们此行的目的是为中国找到可以借鉴的宪法制度模式。然而不幸的是，五大臣在北京火车站会合准备启程时，一位革命党人引爆了一枚炸弹，炸死了自己并炸伤了两名大臣，代表团的出发日期不得不往后推迟。①

---

① 吴樾（1878—1905），原名吴越，字梦霞，安徽桐城人，中国清朝末年革命家。1905年9月24日，载泽、徐世昌、端方、戴鸿慈、绍英五位大臣准备自正阳门车站出发，吴樾混入仆役之中，企图引爆炸弹与五大臣同归于尽。但因车身恰好突然震动，炸弹爆炸，吴樾当场身亡，五大臣仅受伤，载泽和绍英受伤较重。清政府因此推迟了考察团的出发时间。

第十一章 清朝官员端方　209

访问美国的中国宪政考察团。端方位于"柉禁器组"后面的左侧。"柉禁器组"目前收藏于大都会艺术博物馆

　　端方等五位特派大臣并没有被吓倒，他们带着 50 多名随从和 750 件包裹转而前往上海，于 1905 年 12 月 19 日登上了巨型邮轮"西伯利亚"（Siberia）号，启程前往旧金山。中国代表团抵达旧金山之后，受到了鸣放 19 响礼炮的外交礼遇。当地各界名士纷纷发表欢迎致辞，旧金山华人商会还组织了音乐招待会欢迎中国使团的到来。五位特派大臣从旧金山湾区乘坐专列火车前往芝加哥，他们在芝加哥要会见简·亚当斯[1]，参观其著名的社会福利机构赫尔馆，参观养殖场、精神病院和菲尔德自然史博物馆。虽然端方并不是代表团的正式团长，但是代表团抵达纽约时，

---

[1] 简·亚当斯（Jane Addams，1860—1935），美国社会工作者、社会学家、改革家，因争取妇女、黑人移居的权利而获得 1931 年诺贝尔和平奖。简·亚当斯还是美国睦邻组织运动的发起人，她创办的赫尔馆（Hull House）后来成为美国最著名的社区服务中心。

他展示了出众的外交才华。记者们注意到,端方机智敏捷,总是会根据出席场合的不同变换着装,有时会穿长袍大褂,有时会穿饰有绶带的军装。他的穿着总是大方得体,合乎时宜。每到一处地方逗留,无论是在纽约乘坐地铁,还是在新教传教士委员会组织的华尔道夫大饭店宴会上对着七百多位来宾发表简短讲话,端方都会凭直觉知道何时该哈哈大笑,何时该拍手鼓掌,无须等待翻译的提示。《纽约时报》写道,端方虽然在官衔上要低于其他四位大臣,但他"才是晚宴上真正的英雄"。(写这篇报道的记者还干巴巴地补充道,晚宴值得纪念,在华尔道夫大饭店,从未有过如此多的用餐者开怀畅饮低度酒。)

在华盛顿,当代表团在白宫与西奥多·罗斯福总统会面时,端方再次大出风头。代表团将中国皇帝的一封系着黄丝绸的正式信函递交给罗斯福总统,罗斯福在回信中说:"对中国这个东方帝国,美国一直以来持友好同情的态度。在以后的岁月里,美国将有许多机会来表达我们的友善之心。我相信,我们将在新的世纪里从更大程度上实现我们对于和平、繁荣与进步的共同愿景。"[6]可以确定的是,在随后进行的正式午宴上,罗斯福谈到查尔斯·朗·弗利尔提出的创建远东艺术美术馆的建议。当时的首都华盛顿仅有一座真正的艺术博物馆,即由私人资助、藏品兼容并蓄的科科伦艺术馆①。中国特派大臣们后来到该艺术馆做了参观。

然而,端方特使之所以到处受到热情招待,还有另外一个非常明确的原因。他在与美国州长、市长、教育家、博物馆馆长等会面时,巧妙地将政治与艺术融为一体,经常将自己收藏的古代陶器、玉器和青铜器赠送给他们。端方对芝加哥建立菲尔德自然史博物馆的计划印象深刻,他甚至还向该馆研究员赠送了自己收藏的一块道教石碑。该馆的员工则向端方回赠了几只北美和南美古代陶器,以及特林吉特印第安人编织的草篮。在大都会艺术博物馆,端方仔细查看了摩根收藏的中国瓷器,以

---

① 科科伦艺术馆(Corcoran Gallery)原来是美国华盛顿特区的一座美术馆,由美国银行家威廉·威尔森·科科伦(William Wilson Corcoran)成立于1869年,曾是特区内最古老的私立文化机构之一。现在已被乔治华盛顿大学合并,成为科科伦艺术与设计学院,不再对外开放。

及希伯·毕晓普①收藏的珍贵玉器。[7]报纸在报道中引用了一位中国特使的话,称当时延期租借给大都会艺术博物馆的摩根收藏的中国瓷器,或许是举世无双的珍品。这位特使很有可能就是端方。

事实上,端方对美国的很多事物都很好奇,同时又极其善于社交,以至于他的影响力远远超出了一般范畴。[8]在芝加哥,他不但参观了博物馆,还考察了养殖场。无论到哪里,他都会问起与水源、运河和渔业有关的问题。在纽约期间,他参观了位于新泽西州贝永市的标准石油炼油厂。他还特意请求美方安排他去西点军校参观。端方乘坐着小约翰·洛克菲勒提供的私人火车前往西点军校参观,视察了该校学生餐厅和厨房,看到服务员使用的自动门大加赞赏。同时,端方还参观了十几所重要的大学和学院,参观时特意强调慈禧太后十分关心为女大学生提供奖学金的事宜。简而言之,中国代表团此次出访美国,标志着在美国这个新兴大国和中国这个古老大国之间,开始了全面的文化交流。

1900至1911年,是端方作为收藏家的巅峰时期,恰逢中国大规模开展铁路建设。工人们在修建铁轨时,挖掘发现了大量古代墓葬遗址。美国普林斯顿大学学者聂婷(Lara Jaishree Netting)引用了一位高官的话:"古代器皿被挖掘发现的频率极高,早上这些器皿才刚从农田里挖出来,晚上就对外展出去了。"有传闻说,端方利用总督职位,四处搜刮最新出土的文物。

端方的收藏兴趣广泛,包括古代青铜器、石碑、玉器、拓片、书法和绘画作品等。他特别钟爱带有铭文的艺术品,身边聚集了一群研究、收藏金石文物的朋友。这一兴趣促使端方与福开森因为利益走到了一起。福开森的父亲是一位在加拿大出生的牧师,福开森本人则是著名收藏家、古董商,与中国的高层官员保持着密切关系。1900年前后,福开森结识了端方。1906至1909年,福开森在担任大都会艺术博物馆采购代理期

---

① 希伯·毕晓普(Heber R. Bishop, 1840—1902),美国商人,19世纪70年代开始收藏中国玉器,数量很多。1902年去世之时,毕晓普将全部玉石藏品及大部分财产捐献给了美国大都会艺术博物馆。

间,一直与端方保持着合作关系。其间,福开森成为端方总督府聚会上的常客。在聚会上,专家们对金石文物进行观摩和研究。

1908年,端方总督请多位金石专家为自己收藏的金石文物编撰了图录——《陶斋吉金录》。《陶斋吉金录》有诸多研究价值,其中之一就是它是中国第一部采用光刻工艺复制青铜器铭文拓片编撰而成的著作。福开森当时经常去端方的总督府拜访,曾经与端方讨论过图录出版的事宜。后来,福开森写道:

> 很多晚上,在南京的总督府,我与端方一起坐下来享用晚餐,餐桌是一个大"诸葛鼓",而我们则坐在小鼓上。吃饭时,端方会将刚购得的青铜器拿出来给我看,这使我们的会面更加特别。在《陶斋吉金录》中,他对自己收藏的青铜器皿做了完整的记录。但是,翻看这本珍贵的图录时,我总会情不自禁地想起记忆中的端方,想起这位伟大鉴赏家把玩青铜器时两眼放光以及焦灼不安的模样。

应该强调的是,中国青铜器因其年代久远、经久耐用、刻有铭文,以及被用作陪葬明器,构成了中国艺术的一种特殊类型,无声见证了一个重要文明的形成。差不多在四千年前,中国的工匠便熟练掌握了制造青铜器的艺术——将铜与锡或铅混合制造而成。在商代和西周时期(约前1716—前771),中国的青铜作坊就制造出了各种各样的器物,包括青铜钟、鼓、匕首、弩、战车饰品、测量仪器和腰带扣等。

从有文献记载的陵墓中出土的陪葬青铜器令人印象最为深刻。有些宫廷陵墓出土的青铜器数量多达数百件。这些青铜器并不是用于日常生活,而是用于祭祀祖先或放在家族陵墓里陪葬的。中国古代详细规定了不同级别的人死后所用陪葬品的种类和数量。为确保墓主人在来世举办宴会时的安全,还会给墓主人陪葬青铜剑、青铜匕首和青铜斧。在挖掘商代陵墓时,人们发现了一种毛骨悚然的做法:殉葬。陵墓建造完工时以及将死者下葬时,都会将活人埋掉殉葬。波士顿美术博物馆的方腾（Jan Fontein）[①]和吴同（Tung Wu）[②]对此进行过开创性的研究。他们在《挖掘中国历史》（*Unearthing China's Past*）一书中写道，殉葬的习俗，不仅只限于商王的葬礼上使用，还"扩散至商朝中国的其他地方"。活人殉葬通常不是自愿的行为，陕西的考古学家们发现，受害者"被青铜箍套住脖子，窒息身亡"。[9]

福开森通过与端方合作，率先制定了为中国艺术进行类别划分的规则，特别是墓葬青铜器。当时大都会艺术博物馆展出了福开森为该馆购买的中国青铜器系列。媒体批评家对这些青铜器不屑一顾，认为它们属于考古文物，不具备艺术品的价值。然而在中国，福开森的学识得到了广泛认可，获得了诸多荣誉，他被清王朝赐封"二品顶戴"，日本政府也颁发给他"瑞宝章"。然而，福开森获得的荣誉和华丽的外表具有欺骗性，正如托马斯·劳顿在书中写道："绝大多数人眼中的福开森，都是他在老照片中的样子：一位举止高贵、衣冠楚楚的老绅士，一位讲一口流利的汉语、一生大部分时间都在中国度过的中国通。"[10]实际上，福开森结交广泛，喜欢耍弄政治手腕，是一位精明的生意人，还是一位浪漫的缪斯信徒（热爱中国艺术）。他放弃了传教士事业，摇身变成一位生意人，出版了一份报纸，开展了一场非基督教艺术的运动，这些令他在卫理公会的上级大为震惊和恼怒。正由于他独特的学识以及他与端方的友谊（用劳顿的话讲），"世上几乎每座拥有中国藏品的博物馆，都收藏着一些由端方经手过的艺术品"。[11]

端方的收藏品日益丰富，然而他的政治生涯似乎却开始走下坡路。长期以来，端方的竞争对手都嫉妒他，厌恶他。1908年，慈禧太后去世后，他们对端方实施了报复。在朝臣争权夺利的一片混乱之中，端方先是被任命负责慈禧太后豪华隆重的奉安大典。之后，又被人指控对慈禧太后犯下"大不敬"罪。[12]罪名有三项：一、尽管端方经常与慈禧太后

[①] 方腾（Jan Fontein，1927—2017），荷兰美术史学家，在亚洲美术史方面颇有研究。1966至1992年期间，在波士顿美术馆担任亚洲艺术策展人。1966至1992年，担任波士顿美术馆馆长。
[②] 吴同（1940— ），字问楼，福建人。1971年起任职于波士顿博物馆东方部，1985年出任东方部部长，从事美术史、美术教育及中国古书画鉴定工作多年，学术著作颇丰。

一起合影，但端方允许摄影师拍摄送葬队伍，犯有亵渎之罪；二、端方允许将神陵周围的树木用作电线杆，罪加一等；三、其他吊唁者步行送葬，端方却骑着高头大马。根据当时的《纽约时报》报道，据说端方犯下了"违反宫廷礼节的最严重罪行"。为此，他的下属被严判入狱。人们一致相信，是已故同治皇帝的妃嫔出于妒忌，出手将端方"罢免"。端方没有采取任何抵制行动，乖乖地从直隶总督的位置上退了下来。

两年后，端方在南京成功举办了国际工业博览会，广受各方好评。清政府再次启用了端方。当时，愤怒的维新派，贪婪的军阀，堆积如山的债务，声势浩大的学生示威运动，让慈禧太后的继任者们一刻都不得安宁。

陷入绝望的清王朝统治者向端方求助。[13] 根据当时英美记者埃德温·丁格尔（Edwin J. Dingle）的记载，端方"被看作众臣之首，大家都知道他机智能干，善于处理与外国人相关的事务"。[14] 1911年春天，端方被任命为铁路督办大臣。

中国要革新，就必须修建铁路。铁路系统要发展，要实现现代化，面临的瓶颈就是资金匮乏。其中一方面的原因就是1900年义和团运动失败之后，中国要向西方支付庚子赔款。因此，清政府不得不大肆举债。1911年，英、法、德、美四强同意向中国提供总计为600万英镑的贷款。这笔借款使得中国的铁路建设似乎可以向前推进，尽管可能会给当地投资者造成一些损失，因为许多商人认购了现有债券。农民们则担心修建铁路这种新的省力机械会使他们失去养家糊口的饭碗，尤其是那些靠马车运送货物的劳工更是有这种担心。在短短6周的时间里，中国有18个省和地区宣布脱离北京独立。在四川，大街上挤满了示威人群，铁路投资者拒绝纳税，强有力地对清政府的财税政策发起了挑衅。时任川汉、粤汉铁路督办大臣的端方，前往四川维持秩序，调动湖北一支队伍镇压革命起义。10月，端方率领这支500人的队伍在行军途中，武昌爆发了一场兵变。后来，这场兵变被认为是点燃辛亥革命的导火索，最终导致了清朝的灭亡。端方在四川省界命令队伍停下，权衡下一步该采取什么行动。1911年11月27日，端方属下的军队加入了起义，慷慨激昂地表达出他们对满族统治者的愤慨不满。看到手下的士兵叛乱,端方大声疾呼,要求士兵们保持克制。根据某些记载,端方声称自己的祖先不是满人,而是汉人,原本姓陶。然而,端方的申辩并没有产生效用,他被革命党人抓了起来,随后被砍掉了脑袋。

关于端方生命最后时刻到底是什么样的情形,有两种相互矛盾的说法。[15]一种说法是《纽约时报》上的报道,说是端方得知了要谋杀他的计划,试图逃跑,却被抓获,被士兵乱剑砍死。据说,端方问道:"你要杀我吗?"士兵们异口同声地大喊:"是的,跪下!"端方反驳道:"我不会跪下,你要杀便杀。"之后便被砍死。另一个说法是,端方的确知道士兵们的谋杀计划,但他买通了军官,让军官杀了一头猪。那些要杀他的士兵用剑对着一头死猪乱捅,扬起一把把血迹斑斑的剑,声称端方已就地正法。而此时,他们要杀的端方本人,却穿着破衣烂衫,安全逃回了北京。这个故事的真实性没有得到任何证实。

其实,端方被杀事件的最终结局并没有悬念。按照中国人的传统,人在死后下葬要保证尸首是完整的。端方的家人同意拿钱赎回他的首级和身体。托马斯·劳顿描述了随后发生的事情:

> 20世纪30年代有这么一则故事在北京流传。反叛士兵提出让端方家人拿高额赎金来赎他的头颅。端方的家人虽然愿意支付赎金,但不敢直接与士兵打交道,害怕被抓或被杀。最后,他们请瑞典工程师奥瓦尔·卡尔贝克①代表他们出面。卡尔贝克在中国居住多年,汉语说得相当好;最重要的一点是,他认识端方……据说,卡尔贝克带着赎金,来到一个约定的地点。反叛士兵头目数过钱之后,对着一位手下做了个手势,手下把手伸进一个装满煤油的大金属鼓里,抓住端方头颅上的辫子,把头颅高高举起,让卡尔贝克辨认。通过这种骇人的方式,端方的家人取回了端方的

---

① 奥瓦尔·卡尔贝克(Orvar Karlbeck, 1879—1967),瑞典工程师、收藏家。卡尔贝克曾在中国担任铁路工程师,并受斯德哥尔摩东方博物馆委托收集中国古董。

头颅，使端方得以尸首完整地下葬。[16]

端方的故事到此还没有结束。后面发生的事情使我们有了一种缅怀端方的更好方式。

家人赎回端方的遗体之后，因为失去生活来源，开始陷入经济困境，被迫出售端方的藏品。端方收藏的珍品中，有一组柉禁器，由1件青铜禁和13件青铜酒器组成。据说，这一组柉禁器于1901年出土于陕西西部宝鸡附近的一座陵墓。福开森曾见过几次。他记得端方先后分两次将其买下。现在这组柉禁器陈列在大都会艺术博物馆里，酒器在禁台上摆设的方式是"设想"出来的（大都会艺术博物馆研究员何慕文①用语），因为"与这组柉禁器的埋葬年代和墓主身份有关的所有证据，均已被破坏"。尽管如此，因长期放置而在禁面形成的器物痕迹有助于人们判断这组器皿它们原来的摆放位置。

福开森曾给大都会艺术博物馆写过几封信，谈论购买这组柉禁器的进展情况，第一封始于1923年7月。这些信件记录下了这笔交易是如何圆满完成的。"青铜禁及全套青铜祭祀礼器是独一无二的，"福开森断言，"拥有这套青铜礼器可使大都会艺术博物馆在中国古代青铜器收藏方面永远处于领先地位。"[17]英国、法国、德国和日本的代理商当时都想将这套青铜器买到手，但遗憾的是，"端方夫人和她的儿子过高估计了这套青铜礼器的价值。有人告诉他们，这套青铜礼器至少值50万美元。但是，我打消了他们的错误想法"。福开森请求在北京取出12.5万美元，他认为这个价格端方家人能够接受。大都会艺术博物馆最后给了他10万美元。交易刚开始协商得并不顺利。10月，福开森写道："要把这组青铜器买下，我必须与端方夫人，她的儿子、儿媳、女儿、女婿都要协商好。几天前，我以为事情肯定能够得以解决。然而我没能让利益各方聚到一

---

① 何慕文（Maxwell K. Hearn），美国大都会艺术博物馆亚洲艺术部主任，著有《如何阅读中国画》（*How to Read Chinese Paintings*）、《溪岸漫步：王季迁家藏中国绘画》（*Along the riverbank: Chinese Painting from the C.C. Wang Family*）。

收藏于大都会艺术博物馆的柉禁器组（公元前 11 世纪晚期）

起。我希望今天之后就能将他们叫到一起商议，但是这件事很有可能会拖到农历新年。到那时，幸运的时刻才能到来。"之后，购买事宜又节外生枝，原因是出现了家庭矛盾：母亲和儿子关系失和，儿子和儿媳分居。端方的合法继承人是他与前妻所生的儿子，也就是说，手里拿着那件青铜禁的女人，只不过是端方儿子的继母。[18] 但是，在这组信件的最后一封信，福开森带着胜利的语气写道："幸运的是，凭借我与端方总督之间的友谊和长期交往，妥善处理了此事。我在母亲与儿子之间、儿子与儿媳之间做了调停，这套青铜器的交易才得以达成。大都会艺术博物馆在得到这套珍贵青铜器的同时，还间接促成了端方家人之间的和解。"[19]

这组柉禁器光彩夺目，出自西周时期（前 1046—前 771）。在我们撰写本书时，柉禁器被摆放在大都会艺术博物馆青铜时代展厅最重要的位置展出。虽然柉禁器的出处在展示牌上都有说明，"端方"这个名字对于阅读展示牌的参观者并没有多大的意义。只有青铜器专家才会对这位清朝官员不同寻常的政治生涯和悲惨结局有所了解。端方为中国艺术的鉴赏家和收藏家打开了许多大门。特别是端方指引他们如何去研究和鉴赏中国青铜器，提升了青铜器的市场价值。

2014年纽约亚洲艺术周期间，佳士得拍卖行再次出现一件古老又极具收藏价值的中国青铜器，它的拍卖价格创出了新高，结局却让人感到有点意外。拍卖会上，人们的目光都落在了那件"皿方罍"身上。皿方罍是一件大型青铜祭祀酒器，全身刻有精巧的图案，肩部两侧铸有一对对龙形图案，皿方罍的D形把手是一只带角的龙首。皿方罍出自商朝晚期或西周早期，重424克，高88厘米。据称，它的来源"无懈可击"。1928年曾有报道指出，皿方罍经过许多著名古董商之手，其中包括卢芹斋、巴尔（A. W. Bahr）和姚昌复（C. F. Yau）。"皿方罍"的拍卖估价为3 000万美元。但是在3月20日拍卖前的最后一刻，它被撤出拍卖。据说，拍卖行以3 000万美元价格，将其卖给了中国湖南省的私人收藏家。[20]

究竟发生了什么情况？市场内部人士声称，佳士得拍卖行出现恐慌，担心如果公开拍卖，竞标获胜者会以这件华丽壮观的青铜器属于非法出口海外的中国国宝为由，公然拒绝付款。[21]"皿方罍"最终私下成交，最终归属地是已收藏"皿方罍"盖子的湖南省博物馆。

张珺对这件事情有发言权。她曾经做过这样的评价：古代青铜器，无论光润圆滑或是有棱有角，不管是小巧玲珑的还是体型巨大，"皆是被作为权力象征而制造出来的，人们只能挖掘青铜器，将青铜器保护起来，但是却没办法对青铜器进行复制。还有什么文物能比青铜器更能象征传统中国的辉煌呢？还有什么文人群体能比青铜鉴赏家更为高贵？青铜器鉴赏家必须通晓历史、艺术、考古和美学，还有比他们更为高贵的文人吗？"[22]

我们可以大胆推测，如果端方的在天之灵能够听到张珺的这番话，肯定会颔首称赞。高超的青铜器鉴赏技术和强烈的政治敏感性，造就了端方这个人。端方的才智和意志几乎无人能及。端方被残忍砍首的事件发生在中国的一个关键时刻，这一时刻其实最需要他这种可以在传统中国和现代中国之间进行调节的能力。端方信奉中庸和谦让，并为此付出了巨大代价。端方值得人们去缅怀，不仅由于其对文物的鉴赏力，也因为其在所处的时代所表现出来的勇气。

第十二章

加拿大与中国的邂逅

1922年10月的一天，天气晴朗。往常无所事事的北京城居民，面色兴奋，看着装载着两尊巨大石狮的马车从熙熙攘攘的街道上颠簸而过。在围观人群的拍照咔嚓声和呐喊助威声中，工人们吃力地拉着重达15吨的石狮越过电车轨道，赶往北京火车站。随后，这对石狮被打包装箱，准备运往海外。运船自天津港出发，途经美国俄勒冈州的波特兰市，最终抵达加拿大多伦多市。抵达多伦多之后，这对威严凶猛且又活泼可爱的石狮子便镇守在了加拿大皇家安大略博物馆的门外，深受当地人喜爱。[1]加拿大皇家安大略博物馆虽然很晚才加入西方国家对中国古物的争夺之战，却取得了骄人的成绩。其馆员以加拿大政府认可的方式，建立起了一批世界级的馆藏资源，没有引来关注，没有引发丑闻，同样也没有引来南部邻居美国的掌声。

加拿大皇家安大略博物馆的藏品之所以独树一帜，不仅在于藏品皆为真品，也在于藏品的供货商极不寻常。他们提供给博物馆的文物揭示了中国古代文字的真正起源，向人们展示了北宋皇帝们在开封这座被后人遗忘的人间天堂里过着怎样繁华奢靡的生活，也向人们讲述了一支以色列人如何流浪漂泊到中国这个伊甸园并在此生活了一千多年。

加拿大皇家安大略博物馆之所以能取得如此成就，在很大程度上要归功于一个四人组合，只是人们怎么也想不到这四个人竟然能走到一起。第一位成员是该馆创始人兼首任馆长查尔斯·特里克·库雷利（Charles Trick Currelly），他是一名埃及学专家，很早就意识到去东亚购买文物更有利可图。第二位是该馆主要供货商乔治·克罗夫茨（George Crofts），英裔爱尔兰人，性格粗犷，原本从事皮货贸易，后来转行倒卖古董。另外还有两名牧师，一位是加拿大圣公会主教怀履光（William Charles White），他曾在中国河南省传教，与盗墓者结交，后来成为一名汉学家。另一位是加拿大长老会传教士明义士（James Mellon Menzies），他为人低调，对主虔诚，1923至1934年也曾在河南传教，是最早开始收藏甲骨的外国人。在西方众多拥有中国藏品的博物馆中，没有哪一家博物馆比加拿大皇家安大略博物馆更要对传教士所作的贡献表示感谢。即使是精明世故的乔治·克罗夫茨，也出于对加拿大的钦佩而主动降低了文物的出售价格。

1922年，一对石狮子即将开启前往多伦多的西行之旅，引来民众围观

克罗夫茨深谙倒卖文物之道，正是他将这对石狮子从中国倒卖到了加拿大，使其在几无争议的情况下成为加拿大皇家安大略博物馆的标志性景观，真可谓一个相当了不起的功绩。这对石狮子高约3米，最初立在肃王府的大门口。肃王府富丽堂皇，里面有大殿、宝塔和精心打理的后花园。王府隶属肃亲王善耆，一位位高权重的清朝贵族，也是清朝世袭的"铁帽子王"。不幸的是，具有田园风情的肃王府毗邻东交民巷使馆区。1900年爆发的义和团运动，将肃王府卷入了战火。

清朝末年，八国联军攻入北京，中国战败，肃亲王善耆见清政府日薄西山，选择出逃。有一天，一群意大利士兵盯上了这对石狮子，准备拖走放在花园里做装饰，却因为石狮子过重，只好弃之而去。后来，这对石狮子被运到了奥地利使馆。1917年，中华民国向奥地利和德国宣战，民国政府没收了这两个交战国的财产。1922年，克罗夫茨买下了这对石狮子，成交价格无人知晓。可以肯定的是，加拿大皇家安大略博物馆的创始人急于确立自己的馆藏特色，而馆长查尔斯·库雷利则乐于促成此事。

皇家安大略博物馆得以创建，在很大程度上要归功于多伦多市民的自豪感、卫理公会和一位富有的银行家拜伦·埃德蒙·沃克[①]。沃克收藏的物品很杂，从矿石、箭头，到古典大师画作无所不包。沃克渴望将多伦多打造成世界级城市。因此，他觉得有必要在市内创建一座现代博物馆。为此，沃克向多伦多市大多信仰卫理公会的金融精英求助，苦口婆心劝说这些精英，称他们的社会福音是"满足历史启蒙的需要，实现未来社会的提升"，而他自己却只动嘴皮子。沃克的游说卓有成效，皇家安大略博物馆自1914年创建以来，就将新教伦理刻在了骨子里。最初，皇家安大略博物馆只有五个部门：考古学、地质学、矿物学、古生物学和动物学。但没过多久，除了自然科学之外，人文科学藏品也开始被囊括进来，并且藏品种类丰富，数量繁多。[2]

---

① 拜伦·埃德蒙·沃克（Byron Edmund Walker, 1848—1924），加拿大银行家。他于1907至1924年担任加拿大商业银行行长，慷慨赞助了加拿大许多文化和教育机构，其中包括多伦多大学、加拿大国家美术馆、安大略美术馆和皇家安大略博物馆。1910年受封为爵士。

拜伦·埃德蒙·沃克筹集到博物馆的启动资金，招募到一位富有想象力、雄心勃勃且观念时新的馆长之后，博物馆开始转向人文学科发展。沃克收藏涉猎广泛，其藏品也日渐丰富。1902年，沃克希望将古埃及圣甲虫收入囊中。沃克从儿子口中得知了埃及学家查尔斯·特里克·库雷利。库雷利时年26岁，出生于一个富裕的卫理公会教徒家庭。他向沃克保证，称自己可以找到古埃及圣甲虫。碰巧的是，库雷利非常熟悉尼罗河谷，就像他对安大略省周边大草原那样了如指掌。几年前，库雷利曾访问英国，见到了当时声名卓著的埃及学家弗林德斯·皮特里①，并给他留下了好印象。不久，年轻的库雷利便加入了皮特里的发掘队，在重要历史遗址开展工作。此外，库雷利还定期陪同多伦多贵宾团冬季到埃及旅游，给欲购买埃及文物的游客提供专业咨询。总而言之，库雷利是一位饱经世故的信徒，特别适合从事博物馆这一职业。

1914年，皇家安大略博物馆对外开放，库雷利顺理成章成为馆长。他雄心勃勃，计划收集来自不同大洲不同时期的文物。1956年，他出版了自传《我把历史带回了家》（*I Brought the Ages Home*），书名可谓起得十分巧妙。在关注过去之余，库雷利同样也着眼于未来。如加拿大学者丹尼斯·达菲（Dennis Duffy）所述，库雷利协助创办了"儿童友好型"博物馆，使"任何一位多伦多的中产阶层的家长，都能对恐龙展品的细节了如指掌"。[3] 皇家安大略博物馆开馆初期，正赶上第一次世界大战爆发。作为忠诚的英联邦自治领，加拿大自愿为之提供军队和财富。博物馆的文物征集预算不可避免地被削减，博物馆的扩建计划也被搁置。1918年，库雷利与乔治·克罗夫茨结识，这位古董商成为皇家安大略博物馆战后复兴的绝佳助力。

克罗夫茨出身于一个受人尊敬的英裔爱尔兰家庭，生性爱冒险，被认为是家里的害群之马。20多岁时，克罗夫茨离开爱尔兰南部芒斯特省

---

① 弗林德斯·皮特里（W. M. Flinders Petrie, 1853—1942），英国考古学家，埃及前王朝文化的发掘主持者之一，曾任伦敦考古学院埃及学教授。

的科克郡，前往中国从事皮货贸易。1896 年，克罗夫茨已在天津站稳了脚跟，开始涉足文物买卖。1916 年，正值皇家安大略博物馆创建不久，克罗夫茨前往多伦多。他在酒店的桌子上无意中看到了一张彩色明信片，上面印着皇家安大略博物馆最近征集到的一尊陶质佛像。克罗夫茨认出佛像曾归他所有。随后，他与库雷利馆长开始通信联系。1918 年 11 月，克罗夫茨再次来到多伦多，与库雷利馆长见了面。

随着古董商克罗夫茨开始向库雷利馆长展示他目前所持有文物的照片，两人的交谈逐渐深入："我从未见过此类文物，它们没有在英国出现过。"[4]"您说得没错，它们是迄今为止发现的最好文物。""或许你最好别谈价钱，我们目前没有征集经费。但是，如果你不反对，我很想知道这两件文物的报价。"这样的谈话持续进行了片刻之后，库雷利（据他本人后来讲述）说："请把照片留在我这里。我不能让博物馆背上债务。但在这些文物另易他手之前，我将会想尽办法在多伦多一点一点地筹集资金。"

随后，库雷利寄给克罗夫茨一张支票，开始与克罗夫茨做起了一笔又一笔的生意，其中大部分文物都是以极低的价格购入。在六年时间里，克罗夫茨向皇家安大略博物馆出售了 5 000 多件文物，包括墓葬雕塑、陶瓷器和绘画作品（参见彩色插图 9）。1922 年，当那对石狮子抵达多伦多时，库雷利馆长通知克罗夫茨，他获得了多伦多大学授予的荣誉法学博士头衔，"鉴于加拿大已经不再授予爵士头衔，这是目前加拿大人所能获得的最高荣誉"。[5]我们可以从以下引述中获悉为什么克罗夫茨能取得成功："修建铁路，沿途所经坟墓必然会被挖掘，许多几乎不为人知的文物必然会大白于天下。"这位昔日的皮货商摇身一变成了乔治·克罗夫茨博士，这一荣誉头衔为他今后向其他博物馆兜售文物打开了方便之门。1923 年，时任宾夕法尼亚艺术博物馆馆长的兰登·华尔纳宣布，库雷利馆长同意与自己分享克罗夫茨博士最新猎获的中国文物。华尔纳特别指出，"藏品中有许多出土自陵墓的人物雕塑，还有其他稀世珍宝"。[6]正如华尔纳所述，克罗夫茨供应的文物，扩充了宾夕法尼亚州费城的中国唐代文物馆藏：

> 至少在美国，还没有哪个博物馆能比这里收藏的马匹和骆驼更为精美，收藏的镇墓兽更为恐怖。一只至少高2英尺3英寸的彩釉骆驼已经整装待发，准备行进。在驼鞍上，一边挂着水囊……另一边挂着干肉、排骨和其他装备。即便是希腊现实主义艺术作品，也绝不会比这些巨大的动物雕塑更栩栩如生，也不会比那些弯着脖子、竖起耳朵的陶马的姿态更加高大雄伟。同样，一排排的微型人物塑像，大概是死者的送葬队伍，和我们西方古典文物一样，充满活力，尽管还算不上想象艺术的顶峰……这些文物为我们提供了一个难得的研究机会，而在美国我们得不到这种机会。仅此一点，皇家安大略博物馆就已超越了我们。[7]

华尔纳慷慨的赞美之词向我们表明，将中国艺术置于业已成形的西方艺术框架中，是一件十分复杂的事情。在传统的艺术等级体系中，博物馆级别的艺术品起源于近东，从古希腊发展到古罗马，在欧洲文艺复兴时期趋于成熟，进而经历了各个定位明确的阶段，直到颠覆性的现代主义艺术出现。但是，如何将"中国艺术"置于这一艺术矩阵之中？拥有丰富复杂传统的中国艺术为何会自成体系地发展，又是如何发展演变的？牛津大学的柯律格教授撰写了《中国艺术》一书，他在对中国艺术进行了一番研究之后评论说，"中国艺术"这个词本身就是"一项相当新的发明，其历史不会超过一百年"。[8]学者和神学家都在努力探寻中国文化的起源，并寻找中国文化与西方犹太教和基督教之间可能存在的联系。

自乔治·克罗夫茨开始，加拿大在探索中国艺术的过程中发挥了重要作用。1925年，克罗夫茨去世后，他的藏品、照片和笔记本，都转赠给了皇家安大略博物馆。这些文物资料对于创建所藏中国文物的年表，确定其来源和真伪，都是极有价值的资料。克罗夫茨以低廉价格卖给博物馆的文物最终变成了博物馆的无价之宝。

皇家安大略博物馆四人组合中的第三位是怀履光博士。1956 年，他所著的《中国古代青铜文化》(Bronze Culture of Ancient China)一书出版。他在该书扉页上是这样给自己写的简介："曾任河南教区主教、皇家安大略博物馆东亚艺术藏品部名誉主任。"之后，他又撰写了开创性著作《中国甲骨文化》(Bone Culture of Ancient China)。此前在 1934 年，他出版了《洛阳古墓考》①。出人意料的是，怀履光在古都开封发现了一个几乎被人遗忘的犹太教堂遗迹，离他自己所任职的三一基督教堂不远。1912 年，工人们给一所传教士医院挖地基时，用铁锹挖出了三块石碑，石碑是用来纪念一个古老的犹太会堂的。

这三块石碑建造于什么年代？碑文上究竟写了些什么？围绕这两个问题，人们的争论持续不断。目前人们普遍认为，一支起源于古波斯地区的犹太人部落来到开封安家落户，并在开封生活了一千年。事实上，几个世纪前，马可·波罗、利玛窦和其他一些耶稣会传教士已经注意到了中国有犹太人的存在。显然，安息日仪式一直在开封的犹太教寺庙进行着，直到 19 世纪 50 年代发生了自然灾害，寺庙被毁坏。最近几年，犹太学者和热衷于研究以色列文化的人去开封找寻并鉴定这一失落的犹太人部落的后代。

怀履光备受鼓舞，很快将考古当成了自己的第二职业。怀履光非常务实，觉得自己有必要与盗墓贼交朋友，和他们一起拿着铁锹挖墓。关于这一点，我们找到了哈佛大学教授费正清及其妻子威尔玛（Wilma）所提供的证据。威尔玛是一位艺术家，也是一位学者，怀履光所著《洛阳古墓考》封面上的素描就是她画的。在 1982 年出版的自传《费正清中国回忆录》②中，费正清回忆道："在 20 世纪 30 年代西方对中国的考古争

---

① 怀履光所著这本书的全名为：《洛阳古墓考：对河南金村一组可能建造于公元前 550 年的王室陵墓的构造与墓葬品的记录》(Tombs of Old Loyang: A Record of the Construction and Contents of a Group of Royal Tombs at Chint'sun, Honan, Probably Dating to 550 BC)。
② 这本书的英文题目是 Chinabound: A Fifty Year Memoir（直译《中国情结：与中国半个世纪的不解之缘》），中译本题目为《费正清中国回忆录》。

夺战中，怀履光做出的贡献超过了绝大多数外国人。我们拜访怀履光主教一年多之后，发现他一直在与靠盗墓为生的当地人机智地打交道，借此拯救文物并开展科学考古活动。"[9]

因为与怀履光有交情，盗墓者时常会把一周之内盗墓所获物品放在怀履光家的后门，从而使得怀履光得以在新出土的墓葬品转手卖给北京古董商之前，对墓葬品进行检验，并决定是否将其买下。怀履光在《洛阳古墓考》一书中记载了八座古墓的发掘情况，只有一座古墓是通过科学方法发掘的。其他七座古墓都是由洛阳铲挖掘的。洛阳铲是一种盗墓专用工具。在《甲骨文》一书中，何伟①对洛阳铲做了这样的描述："半圆柱形的铁铲，铲子的手柄是一根长杆子。"[10]这意味着如果盗墓者用洛阳铲粗暴地掘墓，青铜鼎等大件古物就有可能遭到破坏。"显然，这种做法已经不再是夜间偷偷摸摸偶尔为之的盗窃活动，而是一项长期开展的盗墓活动，必定得到了当地势力的保护，"费正清教授写道，"南京政府在河南没有任何根基。"[11]中国的专业考古活动仍处于不成熟的阶段。如洛阳金村大墓挖掘时的情况一样，重要陵墓在被洗劫一空后，又被回填。费正清最后哀叹道："种庄稼的土地太珍贵了。"

怀履光之所以能够与盗墓者开展合作，或许是因为他不受约束的生活方式。1873年，怀履光出生于英国的康沃尔市，父亲是一名瓦工和包工头。大家都称呼他威尔，威尔4岁时随父亲迁至加拿大安大略省定居。少时的威尔机敏聪慧，年轻气盛，但会按时到教堂做礼拜。他每天都写日记，每篇日记前都会引用一句《圣经》上的戒语。到十几岁时，威尔一心向往冒险，决心成为一名英国国教传教士。他进入了多伦多的威克利夫学院（Wycliffe College）学习，于1896年获得圣职。威尔在21岁

---

① 何伟（Peter Hessler, 1969— ），生于美国匹兹堡。作家、记者，曾在中国工作生活过，发表过有关当代中国的三部曲。《江城》(*River Town: Two Years on the Yangtze*)、《甲骨文：流离时空里的新生中国》(*Oracle Bones: A Journey through Time in China*) 和《寻路中国：长城、乡村、工厂，一段见证与观察的纪程》(*Country Driving: A Journey Through China from Farm to Factory*)。

时创作了一首小诗，并署上了"小苏格拉底"的名字，在诗中的最后几行，他写道："与我一起开怀大笑吧！我又变成了一个小孩子。岁月却认真地告诉我，今年我已二十一。"[12]令他惊喜的是，多伦多一家报纸转载了他的诗作。

怀履光中等个子，头发乌黑，额头宽阔，嗓音低沉，身材清瘦而结实。有人对歌德所作的评价用在怀履光身上也很合适。怀履光是"一位不同寻常的普通人，普通人可以从他身上看到自己的影子"。或者，用怀履光传记作者黄思礼①的话讲："怀履光不安于现状，满怀渴望，精力充沛，富有感染力。他的好奇心深入骨髓，相信这个世界的秘密正在等待他去发现。"[13] 1896 年 5 月，还在见习期的修道士被告知，他被派往中国传教。彼时，他刚向心上人安妮·雷（Annie Ray）求了婚。

1897 年 2 月，怀履光独自一人从温哥华登上了"日本皇后"号（Empress of Japan）轮船。抵达上海后，他得知自己被安排到福建省传教。福建省位于中国南部，对"洋鬼子"来说是一个危险的地方。怀履光目的地是一座山城，从历史悠久的福州港出发前往那里，需要坐八天的驴车。

抵达福州后，见习传教士怀履光很快为自己购买了一件中式长袍，一顶帽子和一条假辫子。这一年是猴年，清朝统治阶级内部忙于尔虞我诈，清除异己。随后，义和团运动爆发，东交民巷使馆区被攻占，慈禧太后逃离北京。

这段时期动荡不安，恰好也遂了怀履光的心意。此时，他在福建省建宁县开始履行自己的传教士职责。建宁是一座风景如画的山城，四周环绕着云雾缭绕的茶园。在这里，怀履光学会了说汉语、识汉字，

---

① 黄思礼（Lewis Calvin Walmsley，1897—1998），1923 至 1947 年在成都担任加拿大传教士子弟学校的校长，并在华西大学教授社会心理学和教育学课程。1948 年开始担任多伦多大学东亚系主任。与怀履光熟识，1974 年出版了怀履光传记《河南主教：怀履光传教生涯与博物馆》（*Bishop in Honan: Mission and Museum in the Life of William C. White*，1974）。

并真的蓄起了长辫子。"怀履光"这个中文名字也是这个时候取的。1897 年 10 月，安妮·雷来到上海，两人在上海完婚。婚后，安妮并未穿上中式服装。安妮通情达理，总是能想出办法让冲动的怀履光冷静下来。

当时正值世纪之交，在中国传教面临着各种各样的挑战，但是加拿大英国圣公会没有萌生退意，而是选择迎难而上扩大势力。教会的长老们获悉，在中国创办医院和学校有助于让当地人接受教会，而怀履光似乎正适合担此大任。他曾治疗过麻风病患者，研究过顺势疗法，学习过演奏中国乐器，还会制作覆盆子醋。当地人都称呼他为"汉语说得和汉人一样流利的外国人"。当时，外国传教士在中国享有许多特权，其中因为享有治外法权而引发众怒，遭受攻击。而当传教士遭受民众攻击时，会讲汉语就变得格外重要。因此，当英国圣公会总议会把河南省教区指派给加拿大分会时，分会长老安排来自安大略省的年轻传教士怀履光前往四分五裂的河南省。1909 年，36 岁的怀履光成为加拿大派往中国的首位英国国教主教，也是当时最年轻的主教，穿上了主教长袍，戴上了主教冠，手里拿起了主教宝球。

怀履光当上主教还不到一年，夫妇两人就启程踏上了前往开封的旅程。开封是北宋时期的都城，当时是河南省的首府，总面积超过 6 200 平方千米，常住人口达 3 500 万人。时值 3 月，天上刮起了沙尘暴，眼睛无法睁开。怀履光夫妇坐着轿子，来到了开封。据怀履光传记讲述，夫妇两人首先看到的是一个只有三岁大的男孩子，他伸出一个空饭碗，很有礼貌地问道："吃了没？"怀履光这位新主教似乎很快就融入了开封熙熙攘攘的市井生活之中。"怀履光瘦小灵活，"怀履光的传记作者黄思礼继续描述道，"他走在大街上，看上去就像一位短小精悍的中国小伙。幸好，他头发乌黑，眼珠子也不是那么蓝，不至于引得人们议论纷纷。"[14] 更幸运的是，开封历史悠久，文化底蕴深厚。然而，没有多少外国人了解开封过去的辉煌，即使是饱读诗书的老外也不例外。

开封曾是北宋的都城"汴梁",经历了北宋(960—1127)九位皇帝的统治,这段时期是开封在历史上最辉煌的时期。人们普遍认为,宋朝皇帝是"天朝"最有能力、最开明的君主。北宋时期,城市文明日渐发达,印刷书籍首次面世,科学发明层出不穷,严格的科举考试选拔出了一批政治精英阶层。早在12世纪,开封就成为世界上最大的城市,其人口达到了140多万,包括住在9个郊区的居民和驻军家眷,开封城当时的面积是古罗马城的三倍之大。

开封的崛起,得益于它毗邻黄河的地理位置以及刚开通的大运河。中国北方开采的煤和铁得以换取从南方运来的一船船粮食,这些粮食都是从南方肥沃的稻田收获的。开封也成为一个贸易中心,集市上还能看见来自中亚的商队。如今,人们遗忘了开封作为都城的辉煌历史。但在北宋,开封曾是一个太平安定的人间天堂,是一座焕发出蓬勃生机的文明之城,比简·雅各布斯①在《美国大城市的死与生》中描绘的理想城市早出现了一千年。关于这一点,我们有画为证:《清明上河图》。这是一幅五米多长的卷轴画,出自北宋画家张择端之手。学界大多认为《清明上河图》描绘了开封鼎盛时期的城市景象:商铺林立,水道交织,拱桥流水,花园漂亮精致,书院、寺庙、食肆、戏院鳞次栉比,骆驼商队、街头艺人、官员、杂技演员、官员、书生穿梭其间。我们甚至还在画中看到了烟花柳巷里的青楼女子。

然而到了1910年,当这位年轻的加拿大主教在开封考察他的教会领地时,却发现这座昔日国际大都市,已沦落为一个落后闭塞的省城。古老的城墙还在,宏伟的佛塔依然矗立在那里,迷宫般的水道依然保留着,一座座花园依然风姿犹存。但是,由于开封邻近黄河泛滥区,定期泛滥的洪水将城内大多数纪念碑式的建筑物冲毁。除此之外,由于开封地区找不到大块石材,早期大型建筑均采用夯土和易于腐烂的木结构,极易

---

① 简·雅各布斯(Jane Jacobs, 1916—2006),美国籍加拿大记者、作家、活动家,其代表著作为《美国大城市的死与生》(*The Death and Life of Great American Cities*, 1961)。她在这本著作中提出,"城市更新"和"贫民窟清理"没有尊重城市居民的需求。

损坏。相对而言，当地的大量古墓保存得较为完好，支撑起了开封的地下经济，使怀履光得以成为库雷利馆长的授权供货商，为皇家安大略博物馆输送藏品。

"我很快想起来，原来我和怀履光还在多伦多一起读过书。"库雷利馆长在自传中回忆道，"他向我们展示了一幅创造于14世纪或15世纪的精美画作，技法高超，保存状况良好。怀履光与河南省一位大古董商交情不错，因此学会了如何鉴别文物……怀履光温文尔雅，却不乏勇气，使开封城免遭浩劫。"最后一句指的是，在中国数十年军阀混战中，怀履光周旋于各方势力之间。在20世纪20年代中期一个危机时刻，怀履光向库雷利发出了一封加急信，告知库雷利一支军阀部队来势凶猛，令人不安。

> 信中说，怀履光从一位英国人那里获悉，军阀部队进城10分钟内，便会前往他很熟悉的一座寺庙，庙里的墙上有一幅精美的壁画。士兵们会用刺刀抠出壁画上的人像，几代僧人们爱护了几个世纪的伟大壁画作品便会毁于一旦。僧人们安排人手将壁画从墙上移走。工人们切开厚厚的泥灰，将壁画一块一块切割下来。一幅完整的壁画就这样被切割成了80块。壁画残片用棉花包裹起来之后装车运走。僧人们也不知道这些壁画残片被运往何处，因此也就无法对他们施加酷刑，逼迫他们说出壁画的下落。当军阀来到那座寺庙时，寺庙里只剩下空空荡荡的一面墙。[15]

据怀履光估计，这幅处境危险的壁画属于元代的作品，价值非凡。而壁画所在的那座寺庙叫作兴化寺，建于公元992年，位于山西省的一个偏远农村，壁画作品原本一直在兴化寺受到精心保护。听到军阀要来时，兴化寺的僧人已是乱了阵脚。怀履光敦促库雷利尽快将壁画买下。1928年，库雷利给怀履光发去电报，出价要将壁画买下。80块壁画残片适时抵达皇家安大略博物馆，并被精心修复。库雷利就壁画修复问题征求兰登·华尔纳的意见,华尔纳向库雷利推荐了福格艺术博物馆的专家乔治·斯托特①。在斯托特的建议下,皇家安大略博物馆的技术人员一丝不苟地修复了这幅约12米的壁画,即目前为人所知的壁画《弥勒佛说法图》。这幅壁画描绘的是弥勒佛(未来佛)的形象,弥勒佛周围还有一群菩萨、王公贵族及随从,两边还有剃度图,整个画面显得虔诚而又轻快。

买下《弥勒佛说法图》之后,皇家安大略博物馆又通过山中商会买入了另外两幅元代壁画。这两幅壁画同样来自山西省破败的寺庙,一幅是《北斗星君》,另一幅是《南斗星君》。《南斗星君》描绘的是与中国地支纪年有关的十二种鸟兽。用库雷利馆长的话说:"我们现在收藏的这幅画是我见过的最惊艳的作品。"壁画被修复好之后,一直在该馆亚洲艺术展厅展出。[16]

与此同时,怀履光还向皇家安大略博物馆提供了另外两种中国文物:古代青铜器和带字甲骨,为中国的文化历史增添了新的序言。因此,怀履光于1935年卸任主教后,顺理成章地在皇家安大略博物馆担任远东收藏部主任,开始了新的事业。之后,怀履光接连发表了一系列专著,其中包括配有精美的插图的《中国庙宇壁画》(*Chinese Temple Trescoes*,1940)一书。在这本书中,怀履光对上述三幅壁画做了详细的说明。福开森曾为怀履光早期著作《洛阳古墓考》写过前言,他在前言里写道:"最幸运的是",怀履光就在现场,"能够通过可靠的代理,密切关注盗墓行动的每一个阶段,才使得如此之多的文物从墓中挖出"。[17] 福开森应该对中国的情况一清二楚,他公正地描述了专业考古学家当时在中国面临的困境。他们竭力保护中国的出土文物,甚至不惜从盗墓者手中夺走文物。

然而,令怀履光进退两难的还有另外一个问题。怀履光自我评价很高,这不是没有道理的。他能够精准地拿捏法律的尺度。在怀履光

---

① 乔治·斯托特(George Stout,1897—1978),美国艺术品保护专家,1947—1954年担任美国马萨诸塞州的伍斯特艺术博物馆馆长,1955—1970年担任伊莎贝拉·嘉纳艺术博物馆馆长,成立国际文物修护学会(International Institute for Conservation,IIC)并担任第一任会长(1950—1953)。

发表的著作中，对于自己购买的文物通过何种途径进入他的视线，闭口不谈，非常谨慎。另外，他从同是传教士出身的明义士那里学到了不少关于中国青铜时代的知识，但是在其著作中却很少提及明义士所做的工作。对此，为明义士牧师写过传记的中国学者董林夫提出了新的看法。[18]

据董林夫统计，皇家安大略博物馆中有数百件甚至是数千件中国文物，包括玉器、青铜器、陶器和绘画作品，都是非法走私到加拿大，违反了1930年中国制定的《古物保存法》中禁止出口文物的禁令。董林夫坚称，怀履光是从偏僻的小火车站将文物运送出去的，因为小火车站不会对所运物品进行检查。怀履光还会拜托其他传教士将文物放在行李中夹带出去。董林夫所披露的情况在中国引发了媒体的争议，尽管目前尚未有人向皇家安大略博物馆正式提出返还文物的要求。董林夫所引发的这场争论也将明义士的职业生涯带到了世人的面前。在职业道德方面，明义士选择了一条和怀履光不同的道路。

明义士是长老会差会传教士。不同寻常的是，他不仅在加拿大受到尊敬，在中国也备受尊敬。他被誉为"研究殷商文化和甲骨文的最重要的西方学者"。明义士1936年离开中国回加拿大休假，原本打算还会回来，但是由于战争的影响，他返回中国的心愿未能实现，于1957年去世。2004年，明义士在安阳的故居，被指定为文物保护单位。明义士之所以在中国受到关注，不仅因为他在中国考古学所发挥出的先锋作用，也是因为他坚持认为，他所发现的绝大多数文物属于中国，也应该留在中国。明义士总共收集了35 913片带字甲骨，以及23 000件其他文物。[19]

在协助找回中国国家和文明失落的根基方面，明义士发挥了关键作用。在甲骨文还没有被人发现和解读之前，有人猜测中国古老的商朝和周朝，是一个非常模糊或神话般的存在。但是，"龙骨"（带字龟甲和牛骨）的发现，不仅使怀疑者哑口无言，也证明了汉字是最古老且一直延续使用的书写文字。

西周崛起前，商朝的 30 位统治者统治了 7 个世纪。"随着周朝把商朝征服，"费正清归纳道，"中国的国家形态最终形成。新发现的一些考古证据，例如青铜器上的铭文和刚出土的周代甲骨文上的文字等，与中国古代文献和最早历史记载所提到的古代地名、人物和事件相吻合。"[20]通过宣扬统治者受命于天的思想，商朝和周朝得以使其统治获得合法地位。因此，勤劳、古老、同族同宗的中国人民开辟了一条道路，为"天朝"的统治打下了基础。

从某种意义上来讲，所有这一切还要归因于甲骨的所谓药效。人们常说，甲骨文发现于 1899 年。当时，一位名叫王懿荣①的清朝高官患上了疟疾。医生给他开了一服俗称"龙骨"的药方，里面有龟甲粉。但在北京当地的药店里，王懿荣注意到尚未碾成粉末的甲骨上刻有一些清晰可辨的文字，与他在古代青铜器上看到的文字相似。义和团起义爆发时，王懿荣正在对这些奇怪的甲骨展开深入的研究。义和团围攻东交民巷外国使领馆期间，王懿荣受命担任京师团练大臣。八国联军攻占北京后，王懿荣没有投降，也没有逃跑，而是选择了服毒自尽。

王懿荣自杀后，他收集的五千多片甲骨文落入同僚刘鹗手中。1903年，刘鹗出版了中国第一部关于甲骨文的著作。②之后，刘鹗因得罪政府官员，被同僚弹劾贪污受贿，发配至新疆。1909 年，刘鹗在新疆去世。随后，甲骨文的鉴定工作落到了端方的肩上。端方是清朝著名官员，也是首屈一指的文物收藏家，曾出高价购买甲骨文。如前文所述，1911年，辛亥革命爆发，成功推翻清王朝统治。其间，端方被手下叛乱的士兵砍掉了脑袋。

这正是 20 世纪初明义士抵达中国时的社会背景。当时，明义士 26岁，作为长老会传教士来到中国，恰好见证了世界上最古老的封建帝国

---

① 王懿荣（1845—1900），字正孺，号廉生，山东福山县人。晚清翰林，曾三任国子监祭酒。八国联军之役拜京师顺天团练大臣，不愿投降洋人，自杀殉国。王懿荣精通金石学，被认为是甲骨文的最早发现者。
② 1903 年，刘鹗从王懿荣后人那里购得大量殷商甲骨，从王懿荣所收藏的五千余片甲骨中精选 1 058 片，编成《铁云藏龟》六册。原刊本有罗振玉序、吴昌绶序和刘鹗自序。

的分崩离析。明义士出生于安大略省的乡村，接受过土木工程师和土地测量员的专业训练。在基督教青年会的一个营地，明义士找到了自己的新使命。抵达中国后，明义士机缘巧合地在河南北部的安阳定居下来，而安阳正是日渐衰落的"天朝"文明的发源地。

明义士很快得知，在安阳郊区，有一片庄稼地叫作"殷墟"，拾荒者都知道，那里地面上散落着大量的甲骨和碎陶片。地下则埋藏着商代最后一个都城的遗址，遗址包括宫殿，官吏、士兵和占卜师的住所。占卜师通过查验甲骨灼烧后裂开的裂纹来占卜吉凶。从此之后，殷墟考古成为明义士在中国传教活动的一个重要组成部分。1928年，明义士与中央研究院合作，在安阳开启了为期十年的考古发掘活动。中央研究院是中华民国政府设立的科学研究机关，这次发掘，也成为中国历史上首次开展的大规模考古活动。发掘工作之外，明义士继续履行传教士职责，作为牧师推动教育和医疗保健工作，间或担任一个流动教会宣传队的队长。即便身处中国的动乱年代，明义士和他的团队还是风尘仆仆地从一座小镇赶往另一座小镇，搭好放有食物和宣传册的摊位，敲锣打鼓招徕好奇的民众，向民众播放展示耶稣形象和加拿大乡村生活的幻灯片。[21]

1937年，日军全面侵略中国，安阳的考古发掘工作和传教士的巡回布道被迫停止。而一年之前，明义士同妻子安妮·贝尔（Annie Belle）和儿子亚瑟一起返回加拿大休假，哪里知道这竟会是他们与安阳的永别。回到加拿大安大略省，明义士自愿到皇家安大略博物馆工作，同时申请攻读多伦多大学博士学位，博士论文写的是关于一件商朝青铜武器的研究①。第二次世界大战期间，明义士前往华盛顿，担任美国国务院中国问题顾问。

回到加拿大重新安顿下来后，明义士有一个难题需要解决：如何处置一大批运到加拿大的甲骨片和陶器片？明义士本打算订立契约，将这

---

① 1942年11月，明义士的博士论文《商戈》（The Shang Ko）获得通过，被多伦多大学授予博士学位。虽然这篇博士论文以铜戈的类型学和年代学研究为目的，但涉及的内容却包括商代的编年、商王世系、商文化特征及其与周边文化关系等一系列历史学和考古学问题。

批藏品转让给中国，同时将其中有代表性的一部分捐赠给皇家安大略博物馆。然而，加拿大与中国在"二战"后并没有建立外交关系。据明义士传记作者董林夫记述，"1957年，明义士去世。此前不久，其妻安妮和儿子亚瑟就藏品的捐赠事宜，与皇家安大略博物馆馆长协商……最终，明义士的家人同意把大部分藏品捐赠给皇家安大略博物馆。按照1960年达成的协议，皇家安大略博物馆和多伦多大学设立了'明义士基金'，用于

明义士收集的一片甲骨，上面刻着人类最古老且一直延续使用的文字

在加拿大推广中国研究，出版中国研究学术成果"。[22] 此后，该基金资助出版了16部有关中国商代的书籍和专著，切实兑现了协议。[23] 随后发生的一系列事情也无疑令明义士感到欣慰：他的儿子明明德后来成了加拿大驻中华人民共和国大使①；中国移民为加拿大的发展做出了巨大贡献。明义士一家的朋友、出生于中国香港的伍冰枝②，被任命为总督，成为第一位享此殊荣的加拿大华裔。

随后发生的事情也颇具辩证意味，为人谦逊的明义士牧师如果泉下有知，也定会为此感到高兴。在毛泽东时代，明义士牧师被当作文化帝

---

① 明义士的次子明明德（Arthur Menzies，1916—2010），著名加拿大外交家。出生于中国安阳，明义士为其取中文名字"明明德"，典出《大学》开首语："大学之道，在明明德。"1976—1980年担任加拿大驻华大使。其间，明明德2次访问齐鲁大学旧址，2次到访安阳及小屯。1999年6月，明明德将其父亲生前收集的3箱有关中国考古学的研究资料和图书捐赠给中国山东大学（包括金石拓片、照片、书籍、信件、明义士日记、手稿等）。
② 1941年，日本占领东南亚，大批香港人逃难。当年8月，任职于加拿大外交部的明明德受命前往美国纽约迎接香港难民。难民中有一华人家庭，有两个孩子，男孩7岁，女儿不到3岁。当时正值夜半时分，明明德抱起酣睡的女孩，下了船，坐上了开往加拿大的火车。这个小姑娘就是后来荣任加拿大总督的伍冰枝（Adrienne Clarkson）。60年后，总督伍冰枝亲手把国家勋章戴在了明明德胸前。

国主义分子批判。之后，他的名誉逐渐得到恢复。2000 年，山东大学召开了"明义士学术研讨会"，对明义士的贡献进行了高度的赞扬。[①]明义士在其职业生涯中一直致力于寻求妥协与融合。他曾这样描述自己："我曾为 1 000 人受洗过，还有更多人准备接受洗礼。但是，与我在河南北部学校和教堂里所做的工作相比，我对甲骨文的研究，也许比对中国人的生活了解得更为深刻。"

那么，甲骨文到底传达了什么深刻的信息呢？明义士的传记作者董林夫总结说："明义士研究商代宗教，得出的结论是：商朝人与《圣经》中的摩西大约生活在同一时期，他们称呼自己崇拜的神灵为'上帝'。明义士并不是第一个提出这种观点的人，17 世纪的耶稣会士也曾提出过这一观点。在没有任何科学证据的情况下，17 世纪的耶稣会士推测，周朝人引入了'天'的概念，'天'是一种支配着宇宙和人类的超凡的道德力量。"

明义士与耶稣会士持有同样的观点。明义士坚信，自己潜心研究的甲骨上出现的文字"帝"或"上帝"可以作为科学依据，证明自己的观点：摩西之神的影响力曾经传播到了殷墟。而且，明义士还认为，"耶稣教义"与中国古代圣人所宣扬的传统道德价值观念并无太大差别。目前，孔子的名誉逐步得到了恢复，特别是在孔子的故乡山东省曲阜市。如果明义士泉下有知，大概也不会对此感到惊讶。《纽约客》记者欧逸文（Evan Osnos）写道："在据传是孔子诞生地的石洞附近，一个耗资 5 亿美元的建筑群正在建设中，其中包括博物馆和公园，里面的孔子塑像几乎与自由女神像一样高。曲阜市将自己宣传为可与耶路撒冷和麦加相提并论的'东方圣城'。"（2013 年，曲阜接待了 440 万游客。）可以想象，如果明义士在天有灵，看到这样景象，肯定会微微一笑，发出一声叹息。明义士曾明智地说过这么一句："我们如果想真正了解中国文化，就必须

[①] 2000 年 9 月，山东大学考古系和加拿大研究中心联合举办了"庆祝中加建交 30 周年——明义士学术研讨会"。

学习中国的思想和观念。只有这样，我们才能透过中国的外在表象，深入了解中国人的灵魂和中国人的精神。"

皇家安大略博物馆的四位主要创建者为人们留下了一座有形的宝贵资产。目前，皇家安大略博物馆是加拿大最大的博物馆，藏品类型齐全，包括艺术品、文物、自然科学和纪念品，藏品总数达600万件。今天，皇家安大略博物馆的员工不再以"最近是否征集了数百件文物藏品"这一标准来评价自己的博物馆。正如该馆现任中国艺术高级研究员沈辰[①]所说："相反，他们更感兴趣的是博物馆能提供什么样的公众项目，或者下一次举办什么样的大型展览。"为此，皇家安大略博物馆提出的口号是"参与世界"，目标是"与博物馆新老观众的需求保持一致，与公众的期待保持一致"。

沈辰是一名考古学家，曾有过在中国进行田野考察的经历，有足够的资历来施展皇家安大略博物馆的影响力。这种影响力不仅跨越了太平洋，而且还往南影响到了消极被动的美国。2002年，沈辰博士与中华人民共和国以及美国的三家博物馆合作，举办了"千古遗珍"巡回展，令人大开眼界。

"千古遗珍"首次在北美展示了一批中国最近出土的精美文物。此前中国早期历史可追溯到二千年前，而这些文物的出现将中国历史向前推进了一千年。展品有极具神秘色彩的青铜器，其中有精美的盛酒器，做鬼脸的人兽面具，兔、龟和老虎形象的玉坠，以及几十年前由皇家安大略博物馆"三杰"（克罗夫茨、怀履光和明义士）征购的甲骨文和陶器。几乎所有新出土的文物都来自四川省的十几个遗址。1986年，成都附近的三星堆遗址发现了两个祭祀坑，随后引发了后续的发掘活动。沈辰

[①] 沈辰，1964年5月出生，加拿大多伦多大学人类考古学博士，现任加拿大皇家安大略博物馆副馆长兼世界文化部主任、东亚考古研究员，多伦多大学东亚学系教授。主要研究方向：旧石器考古、博物馆学、文化遗产研究。出版英文专著《安阳与三星堆：揭开古代中国文明的神秘面纱》（*Anyang and Sanxingdui: Unveiling the Mysteries of Ancient Chinese Civilizations*）和《加拿大皇家安大略博物馆中国古代玉器》（*Ancient Chinese Jades from the Royal Ontario Museum*），出版中文专著《众妙之门：六谈当代博物馆》。

在展览手册上写道，这些发现无疑是"中国考古学史上最重大的事件之一"，打破了"四川盆地是文化闭塞之地"这一固有共识。人们曾经认为，在秦汉时期（前221—220）之前，四川地区一直"处于中原文化支配的阴影之中"。

在此需要强调两点。首先，在对中国历史进行重大修订的过程中，皇家安大略博物馆作为"外来者"却在其中发挥了重要作用。在西方，皇家安大略博物馆是首家系统性收藏甲骨文和古代青铜器的博物馆（2002年的展览展出了其中的一些精品）。其次，"千古遗珍"展有助于在新千年发扬博物馆之间的合作传统。该展览的组织得到了四川省文物局的全力合作，而其在美国的巡展则由西雅图艺术博物馆负责安排。在美国西海岸展出之后，"千古遗珍"移至得克萨斯州沃斯堡的肯贝尔艺术博物馆（Kimbell Art Museum），然后前往纽约大都会艺术博物馆，最终抵达多伦多。2002年10至11月，展览在多伦多展出了一个月。通过举办"千古遗珍"文物展览，东西方真正携起手来庆祝三星堆遗址的惊人发现。2014年，皇家安大略博物馆在庆祝建馆100周年之际，举办了一场特别展览《紫垣撷珍——故宫博物院藏明清宫廷生活文物》，集中展现了居住在紫禁城内的皇帝们的宫廷生活。该展囊括了大约250件从未在中国以外展出过的展品，前来参观展览的观众络绎不绝，面向亚洲艺术爱好者的全球性杂志《美成在久》（Orientations）杂志对该展览进行了大篇幅的报道。来自紫禁城的文物展览，拉近了安大略与北京之间的距离。[24]

第十三章

为慈禧太后画像

19世纪，美国对亚太地区开始采取扩张政策，同时世界范围内也掀起了殖民扩张狂潮。到1900年，仅仅十几个国家就统治了世界上绝大多数的人口和可居住领土。美国政府虽然宣称拥有优越的政治道德观念，但毫不含糊地加入了殖民争夺的行列。不过，与其他国家不同的是，美国先打开对方的贸易通道，再对其进行殖民扩张。1851年，在美国太平洋贸易游说集团的施压下，原本犹豫不决的美国总统米勒德·菲尔莫尔（Millard Fillmore）最终鼓足勇气派出了一支小型舰队驶入西方人鲜少涉足的日本。美国国内对此举褒贬不一，《纽约时报》的编辑便是持批评态度，他们警告说，不要为了"每年只做几船棉布生意"，就试图"用大炮、子弹和炸弹打开一条销路"。而美国国会和大部分国民则持相反的看法。1853年，马修·佩里（Matthew Perry）司令率领的海军"黑船"舰队启航，成功撬开了封建日本的大门。

几乎没有人能预见此事产生的后果。15年之后，日本叛逆的现代化主义者推翻了日本闭关锁国的旧秩序。日本在明治维新期间崛起，建立了开放、高效、中央集权的政府，名义上由天皇统治。从那时起，美国和日本就开始与欧洲国家争夺控制中国的主导权。此时的中国，正饱受饥荒、叛乱和腐败以及（在清朝政府看来）传教士的困扰。1898年，美国海军上将杜威率太平洋中队在马尼拉湾大获全胜，打败了西班牙舰队。随后，美国将菲律宾变成了自己的殖民地。（威廉·麦金莱总统宣布，在虔诚祈祷之后，他遵照上帝旨意，将菲律宾群岛纳入了"美国版图"。）

1898年，美国国会就是否吞并夏威夷的提案进行辩论，会上弥漫着扩张主义情绪。面对众议院的质疑者，纽约州众议员威廉·苏尔泽（William Sulzer）热情洋溢地呼吁道，"让我对美国商人说一句：看看日落之地！看看太平洋！"[1]那里有数百万民众需要吃饭，那里有一个个巨大的市场在召唤，而欧洲列强早已蠢蠢欲动，试图主导这些市场。"在世界商业竞赛中，我们决不能落后。"随后，苏尔泽补充说，不出一百年，跨太平洋地区的贸易额将会超过跨大西洋的贸易额。而苏尔泽本人也没有料到他的断言竟然会如此有预见性。

盛行的扩张主义情绪及其影响下的举措，宣告了美国首次以亚太地区强国的身份亮相。美国政府早期将视线转向远东的一个明显征兆，就是在中国迅速出现了一个由美国外交官、传教士、商人和金融家及其家属组成的阶层。在北京和其他通商口岸城市，首次出现了美国人组成的社区，而且规模不断扩大。在中国偏远地区，传教士人数也迅速增多。有关东亚的书籍在出版目录中经常出现，从事外交服务的年轻人也开始破天荒地学习起基础汉语。在本章，我们将讨论这一变化中被人忽视的一个方面，即女性层面。在中国居住的美国男士的妻子有着与丈夫不同的追求目标。她们不仅与中国妇女交上朋友，还痴迷于中国的风俗、服饰、日常生活，并具有仆从心理。正因如此，现在北美博物馆里还收藏着中国古代的长袍。本章和下一章我们将重点论述这一切是如何发生的，顺便会提及西藏的情况。我们首先来了解一下圣路易斯世博会，正是这次世博会为美国打开了一扇通往中国的特殊之门。

1904年美国举办圣路易斯世博会，借此纪念杰斐逊购买路易斯安那土地100周年。路易斯安那购地案是美国历史上最大的一次土地购买活动。这批从法国购买而来的土地后来成为美国15个州的部分领土以及加拿大的两个省。再没有比圣路易斯世博会更能展示美国强大的扩张实力了。博览会的官方期刊大力颂扬美国的西进成就："仅仅一个世纪内，人们从野蛮人和野兽手中夺取大片广阔荒野，将其建设成为 20 个伟大的州联邦。与此伟业相比，荷马《伊利亚特》的英雄们所取得的成就，简直是微不足道。"[2]

博览会开幕前，3 万名工人一天 24 小时连轴转，一直干到周五深夜，对场地进行最后的修整，拆除脚手架，布置展览。4 月 30 日上午 9 点，各界权贵显要从三个方向汇集到世博会中心的圣路易斯广场。在一支乐队的带领下，当地显贵会见了来自另外一个方向的外国政府代表。美国各州各地的政要，包括从华盛顿乘专列抵达的国会议员，也在此与大家会合。两艘美国战舰——"纳什维尔"（Nashville）号炮艇和"劳伦斯"（Lawrence）号鱼雷驱逐舰，驶进了圣路易斯海港。汽笛齐鸣，人群高呼，迎接这两艘战舰的到来，为博览会增添了耀武扬威的氛围。

当天天气晴朗宜人。大约有 187 000 人参加了当天的开幕式，祈祷仪式过后，就是各种庆祝致辞。500 名歌者齐声颂唱了由当时美国著名诗人埃德蒙·克拉伦斯·斯特德曼（Edmund Clarence Stedman）创作的《西部赞歌》(The Hymn of the West)，对来宾表示欢迎。最后，歌声在"崭新和更高贵的民族之土"的吉卜林格调的伴奏声中结束。在一名卫兵的陪同下，美国战争部部长威廉·霍华德·塔夫脱（William Howard Taft）发表了最后的讲话。现场通过电报发送信号给美国总统西奥多·罗斯福（Theodore Roosevelt）。当时，总统正站在白宫东翼等候。下午 1 点 14 分 30 秒，罗斯福总统按下了发报机上的金色按钮，远程启动世博会，莫尔斯电码穿越 1 100 多千米发至现场。各式喷泉倾泻而下，上万面旗帜同时舒展，随风飘扬。至此，全世界规模最大的国际展览会——"圣路易斯世界博览会"开幕了。

如此壮观的开幕式足以让人忽略一些不愉快。当天，世博会专列从温泉城开往圣路易斯的早班快车铁山快车（Iron Mountain Express），由于扳道岔出错，6 节车厢脱轨，造成 8 人死亡；乐队队长的马车撞上了一辆有轨电车，导致他身受重伤；客栈一台容量 100 多升的咖啡机爆炸，导致 1 人死亡，3 人受伤；此外，圣路易斯博览会原本是为了庆祝路易斯安那购地事件 100 周年而举办的，却因故往后推迟了一年。博览会持续了 7 个月，汇集了来自世界各地的展品，参展的不仅有美国的 43 个州以及除夏威夷之外的所有属地，还有 62 个国家和殖民地。博览会的设计师们将灌木丛和沼泽地改造为占地 5 平方千米左右的世博园，500 栋建筑拔地而起，令参观者叹为观止。世博会的亮点不仅有英国诗人罗伯特·彭斯故居和亚伯拉罕·林肯的木屋等具有家庭气息的建筑，还有几个宏伟宫殿的复制品，包括法国的大特里亚农宫和德国的夏洛滕堡宫。

虽然中国人曾低调参加了 1893 年的芝加哥博览会以及 1900 年的巴黎博览会，但圣路易斯世界博览会标志着中国第一次正式以官方名义亮相世博会。清朝派遣贝子溥伦为正监督，率领皇家代表团参会。慈禧太后捐出 75 万两白银（在当时约合 50 万美元），用以资助中国展品的征集和中国馆的建设。中国馆是参照溥伦贝子府的部分建筑复制而成的，《纽约时报》对其做了这样的描述："一座奢华优雅的建筑，展馆装饰华丽，外观五彩缤纷，宽敞明亮。"中国馆最具特色的景点是荷花池，里面的鱼由金银制作而成。这座荷花池是专门从中国搬运过来的。慈禧太后的银子似乎花得很值，中国馆被认为是"所有外国展馆中最具诗情画意的建筑"。参观者络绎不绝，说明中国馆备受欢迎。1904 年 5 月 6 日，在耶鲁大学 1883 届毕业生、中国代表团副监督黄开甲的协助翻译下，溥伦正式为中国馆举行了落成典礼，接见了一众宾客，并在当晚举办了招待会，与会宾客达 3 000 人。之后，溥伦离开博览会，前往美国的主要城市参观。[3]

中国的展品主要陈列在"人文科学馆"，该馆主要展出了家具、工业制品和农产品，另外还展出了"穿着中国本土服装的人体模特，有些衣服身上有丰富的刺绣图案，展现了中国各省的不同服饰"。[4]但是，参观的观众却认为，展出的物品太多，显得展馆"过于拥挤"，抱怨展品"摆放得杂乱无章"。[5]中国商人们按照自己理解的外国品位，为博览会提供的展品有：康熙和乾隆年间的瓷器，汉代陶器，明代瓷罐瓷瓶，还有一些重建的景德镇瓷窑烧制的贡瓷仿品（原先的景德镇瓷窑在太平天国起义中被毁坏）。另外还有青铜器、玉器、象牙制品和一匹匹丝绸。

当时，中国艺术被归为"应用艺术"，而不是"美术"。只有一件中国展品——美国画家凯瑟琳·卡尔（Katharine Carl）所作的慈禧太后油画像在美术馆中展出。当时，凯瑟琳的兄弟柯尔乐（Francis A. Carl）在中国担任高级官员，上级是海关总税务司罗伯特·赫德（Robert Hart）爵士。当时，柯尔乐担任圣路易斯博览会中国代表团副监督，负责收集和布置中国展品。据推测，柯尔乐说服博览会相关负责人，将其姐凯瑟琳所作的画像放在美术馆里展出，而不是与其他中国展品一起放在人文科学馆展出。

柯尔乐的上司罗伯特·赫德爵士来华超过45年，是一位特别值得研究的外国人。赫德爵士身为海关总税务司，负责收取关税，监管港口、边境、灯塔和2 500家邮局。同时，他还在欧洲人与中国人的谈判中负责协商调停。有传言说，赫德在清朝的地位是一人之下万人之上。他的一位朋友称，尽管赫德没有为英国开疆扩土，但是"他为挽救另一个帝国的灭亡方面做出的贡献无人能及"。[6] 赫德支持举办国际博览会，并主持了圣路易斯世博会中国筹备委员会的工作。查尔斯·阿迪斯（Charles Addis）是上海香港汇丰银行的银行家，后来担任了英格兰银行行长。19世纪90年代，他对赫德爵士做出了如下描述：

> 赫德是一位了不起的人物，却为人腼腆，毫不张扬，讲话平淡无奇。他喜欢女人的方式让人不敢恭维……他从不出去应酬，整天埋在文件堆里干活……他作息规律，习惯早起，读10分钟典籍，拉10分钟大提琴，每天下午睡一个小时，等等。拿起书读，他会告诉你他什么时候能读完，误差只有一分钟……他是一位梦想家……一位出色的组织者，将庞杂的机构经营得无比高效……而且是一个绝对的利己主义者。无论干什么，都精益求精。……即使是疗伤，也会不惜花上几年工夫，将伤养好……他没有朋友，

没有知已，从不锻炼身体……赫德属于最早来到中国的一批外国人，但对他来说还是来晚了，因为他发现自己很难与同辈人打成一片。因此，赫德独自一人过着形单影只的生活。[7]

尽管人们经常称赞赫德爵士清正廉洁，但值得一提的是，这位北爱尔兰阿尔斯特人在1908年退休时拥有50万英镑的财产，相当于当时的250万美元[8]。此外，赫德任职期间还滥用职权，任人唯亲。虽然妻子赫斯特于1882年拔营而归，但她布雷登家族的亲戚们，仍在赫德治下的清朝海关留任。（1867年，赫德在结婚周年纪念日写道："我再也找不到一位更温良贤淑的妻子了……但是，婚姻确实对我的工作造成了干扰"。）

赫德夫人回到英国之后，赫德和他的中国小妾生了三个孩子。赫德欣赏女人的眼光独到，这是众所周知的事情，因此他特别留意在他家暂住的金发女郎也就不足为奇了。这位金发女郎便是赫德夫人布雷登家族的亲戚凯瑟琳·卡尔。"今天，卡尔小姐离开了康格公使的家，搬到了我这里居住，"赫德爵士写道，"她轻松活泼，给我的感觉就像一阵旋风。我担心这会对我造成干扰，打扰我在家静养和办公，这对双方都没有好处。"[9] 1902年10月，凯瑟琳跟随母亲，通过西伯利亚铁路从欧洲抵达中国，前往中国通商口岸烟台芝罘看望兄弟柯尔乐。凯瑟琳曾就读于巴黎朱利安艺术学院（Académie Julian），约翰·辛格·萨金特等美国知名画家也曾经在此就读过。凯瑟琳个子不高，身材结实，脸上有雀斑。她自信满满，脸上总是洋溢着迷人的微笑。经美国驻华公使夫人莎拉·康格推荐，慈禧太后选择凯瑟琳当自己的御用画师。赫德爵士很乐意为其客人在艺术创作上提供一臂之力，很快便从欧洲为凯瑟琳购得了7米多长的画布和一些油画颜料。[10]

宫里面让凯瑟琳在1903年8月5日11时这个挑选好的良辰吉日觐见慈禧太后。凯瑟琳从美国公使馆出发，经过三个小时的路程到达皇宫，全程由莎拉·康格和翻译路易莎·皮尔森（Louis Pierson）陪同。路易莎是清朝官员裕庚的夫人，她的母亲是中国人，父亲则是一位出生在波士

从左至右：裕庚夫人、德龄、慈禧太后、容龄

顿的美国人，来上海做生意。[11]经过一番准备工作，凯瑟琳画的素描得到了慈禧的认可，随后凯瑟琳发现，自己的艺术眼光升华到了宫廷画师的水准。她叙述道：

> 太后穿的是一件正式的冬袍，毛皮的衬里使已经绣得过于繁缛的缎子显得格外刻板，领子边上装饰着珍珠流苏，即使出现皱褶也会被抻平。她的朝褂外面披着她那件著名的珍珠披肩，头饰上佩戴着长串的珍珠缨珞，还有许多重大场合下才会戴上的珠宝首饰。她穿上了毛皮里子的衬袖，半掩一双玉手。尖尖玉指上长着长而弯曲的指甲且戴着玉质护指套，遮挡住了手掌，使手部的画面效果不尽如人意。[12]

随后，我请求裕庚夫人让太后把手的姿势换一换，太后没有答应。最后，太后终于选定了姿势，并且决定身穿一件绣有水仙图案和"寿"字的黄色锦缎长袍。随后，她们定下来画像的尺寸为 6 英寸 ×10 英寸。由于宫里的木匠不知道怎么将画布绷到画框里，这个任务就落到了画家本人和一大群太监身上了。"我自己用铁钳子钳，把画布拉紧，"凯瑟琳写道，"太监们站在凳子上，扯住画布的四个角。一个太监扶着钉子，另一个拿着锤子。我每发出一个口令，总管太监都会大声重复一遍。而每当太监们没弄清楚我的意思，就会受到总管太监的斥责，威胁他们要挨板子。最后，我终于完成了这个艰巨的任务，将画布绷好。"[13]

原本慈禧只准凯瑟琳为她画两次肖像，但是后来却迷上了画像没错，于是一拖便是 9 个月。这期间凯瑟琳·卡尔暂住在醇亲王府，直到宫里头宣布画像必须于 1904 年 4 月 19 日 4 时完成。各种问题也相继出现，慈禧开始对坐在凯瑟琳画布前感到不耐烦，裕庚的女儿德龄只好做替身来摆姿势。另外，慈禧并不认可西方的艺术手法，比如明暗法。她说："我不想让别人想象我的脸是一半儿白，一半儿黑。"[14] 有一次，慈禧对画上去的首饰不满意，想要换一件，认为将首饰从画上除去跟把它从头上摘下一样简单。画像最后呈现的效果中规中矩，这不能全怪画家。凯瑟琳给一位东方学者写道：

> 我曾想象着，在我的画作中，慈禧太后以近似佛像的姿态，端坐在清王朝古老的龙椅上，弯曲的手臂和玉手放在了龙椅扶手之上，太后优雅的仪态与龙椅的严峻线条形成鲜明对比……慈禧太后个性鲜明而富有吸引力，仅此一点，就能成为肖像中最突出的特征。在龙椅的左侧，我会放上一只宫中的大火盆，蓝色的火焰跃向空中。火焰的光芒，在她的首饰和服装丰富的褶纹上到处闪耀着。整个画面弥漫着一种蓝色熏香烟雾，从精美的古青铜香炉之中冉冉升起。在画面底部，慈禧太后的脚下有一对龙，蜿蜒

盘曲,张牙舞爪。这位"永恒女性",从她那神秘莫测的眼睛里流露出永远令人难以捉摸的光亮,以近乎残酷的洞察力将其四周的神秘一眼看穿。在暗淡内景中,她的面部应该是光彩照人的。因为她的个性,已超越了她所身处的现实环境。我应努力在那张充满个性的脸上,展现出她本性中所有的力量和长处,放大面部的每一个特点,而不是使用柔和的线条。[15]

然而,慈禧太后对画作十分满意,她要求凯瑟琳留下来,继续为她创作更多肖像。凯瑟琳婉拒了太后的请求。不过,慈禧依然给予了凯瑟琳丰厚赏赐,授予她双龙宝星勋章二等三级挂章;赏赐了她一条名为"金琥珀"的北京哈巴狗,并支付给了她1500英国畿尼作为三幅肖像画的报酬。慈禧太后还体贴地在中国新年之际赏赐了凯瑟琳两件毛皮里子套装。这两件衣服融合了欧式和中式服装的特点:一件褶裙,前面居中垂下一块绣花的镶片;还有一件棉上衣。穿上这一身衣服之后,凯瑟琳让人为她拍了一张照片。她头戴一顶貂皮帽,这是慈禧太后叫人按照古代版画复制而成的。

画像完成后,慈禧设计了一幅樟木画框,还命人制作了一个巨大的与之相配的架子。从那时起,人们见了这幅为圣路易斯世博会所画的画像,就像见了女神一般。慈禧首先邀请了各国公使馆女眷进行私人参观。女眷们先是在御座房接受了慈禧的接见,随后再乘坐宫轿前往凯瑟琳宽敞明亮的画室参观画

凯瑟琳·卡尔身着慈禧御赐的毛皮镶边棉袍。凯瑟琳性情活泼,深得慈禧欢心

像，陪同她们的还有宫里的女眷。第二天，王公贵族受邀来宫里看画，但因为他们不得进入宫内嫔妃住所，只得让人把画像搬到了院子里。为了把画像放到基座上，不得不搭起一个脚手架，通过脚手架把装了框的画像吊起来，然后再放到基座上。慈禧还允许裕庚夫人的儿子裕勋龄为画像拍照。

为了运送太后的画像，还从外务部到前门外的车站铺设了一段专用铁道，"因为觉得让普通轿夫抬运太后陛下的画像似乎不妥"。[16]另有一趟专列将"圣像"运往天津港，当运送"圣像"的专列抵达天津时，直隶总督由全体僚属簇拥着前来迎接。"圣像"被搬上了开往上海的汽船，到了上海又被抬上一艘开往旧金山的邮轮，到了旧金山，则由一支官方护送队坐在一节专门的车厢将它护送到圣路易斯。[17]6月19日下午四点（时间如此准确，不由得让人怀疑这是否是巧合），溥伦贝子在圣路易斯世博会的美术馆迎接"圣像"的到来。美术馆助理馆长和董事会的几位成员共同参加了画像的开箱仪式。人们掀开最里面那只箱子上面盖着的明黄色织锦缎，打开香槟庆祝"圣像"的大驾光临。

博览会结束后，画像被运往华盛顿。中国驻美国公使将画像赠予了西奥多·罗斯福总统，罗斯福总统代表美国接受了这件礼物。后来，画像交由史密森尼学会保管。史密森尼学会将画像出借给台北历史博物馆之后，这幅慈禧太后的画像就一直静寂地躺在库房里，憔悴凋零。直到20世纪60年代，画像才重获关注，并被送回华盛顿修复。后来画像又被装上了一幅新的特制画框，目前画像珍藏于赛克勒美术馆。画像的创作者凯瑟琳·卡尔后来返回纽约生活。1938年，凯瑟琳在洗澡时不幸被烧伤，医治无效死亡。凯瑟琳将她与慈禧交往的这段经历写成了书《美国女画师的清宫回忆》(With the Empress Dowager of China)，于1905年出版，将此书敬献给了罗伯特·赫德爵士，并于2012年再版发行。

总统威廉·麦金莱挑选的美国驻华公使是其在法学院上学时的密友、前爱荷华州国会议员埃德温·H.康格（Edwin H. Conger）。1898年7月，康格作为美国全权代表公使抵达中国。当时正值中国开始发生攻击基督教徒的事件，继而引发了义和团起义（之后有报纸错误报道康格死于义和团之手，康格本人居然有幸看到了这则报道）。今天看来，康格并不是驻华公使一职的最佳人选。他之前曾担任美国驻巴西公使，但对远东事务一无所知。康格不仅不会讲中文，也不会讲法语，而法语是庚子赔款谈判时使用的语言。不过，康格得到了麦金莱总统的特使威廉·伍德维尔·罗克希尔（William Woodville Rockhill）的帮助。罗克希尔中文名柔克义，能讲一口流利的法语和中文，也是美国国务卿约翰·海伊的密友。然而，

圣路易斯世博会展出的慈禧画像，凯瑟琳·卡尔所作

"庚子赔款"谈判时，却出现了令人尴尬的情况：只有公使才能参加正式谈判会议，所以柔克义只得依靠其他公使透露的消息。尽管如此，在给约翰·海伊的信中，柔克义这样谈及康格："我们一见如故，他热情地欢迎了我，真诚地愿意与我合作，我对此感激不尽。"[18]

1900年9月，柔克义抵达北京，北京当时几乎沦为一片废墟。柔克义见证了中国北方仍在持续的恐怖的战乱场面。柔克义写道：

> 从大沽到北京，那些被派来恢复秩序的外国军队使整个中国陷入完全的无政府状态。这支"纪律严明的欧洲军队"四处烧杀劫掠，与13世纪蒙古军队的所作所为并无二致。从海滨到北京城，几乎没有一座房子不被洗劫一空，超过半数的房屋被火烧毁。

北京遭受了外国军队自上而下的、公然的疯狂掠夺。从军队将领到最低等的随军平民，从大国公使到最低等的随员，从大主教到等级最低的传教士，所有人都在忙着偷窃、洗劫、敲诈勒索，干尽无耻的勾当。这种掠夺直至今日仍在持续。昨天，我和夫人一起沿城墙走到了观星台。观星台上建造于13世纪的壮观的青铜观象仪，正在被法国和德国士兵一件件拆卸下来，准备将其运往巴黎和柏林。珍贵的观象仪在观星台上安然无恙地放置了七个世纪，却未能逃过自诩为文明人的西方人的摧残。[19]

"法国人和德国人可以放下斧头，握手言和，像亲兄弟一样合伙抢劫。"柔克义抱怨道。不过，美国人也没逃过他的嘲讽："此次对中国的远征，将会作为本世纪最不光彩事件载入史册。而让我心痛的是，美国也涉入其中。"

义和团运动期间，德国公使和日本驻华使馆书记杉山彬被杀，诸多中国基督教徒和大批传教士也惨遭杀害。外国基督徒和中国基督教徒的财产也遭到不同程度的损毁。有传教士呼吁将抚恤金"用于传播福音"。对此，美国作家马克·吐温作为一名最重要的反帝国主义者撰写了一篇著名的文章《致坐在黑暗中的人》，把矛头指向了美国总统麦金莱、英国殖民地事务大臣约瑟夫·张伯伦（Joseph Chamberlain）、德国皇帝和俄国沙皇，称他们是"文明福音基金会"，试图"把文明的福音传给我们这些坐在黑暗之中的兄弟"。以下这段引文足以让我们领略到马克·吐温的嘲讽语气：德国皇帝"在山东的一场暴乱中损失了几名传教士"，"中国不得不向每位传教士赔偿10万美元；割让20万平方千米的土地，这块土地上居住着数百万居民，价值2 000万美元；此外，还要建造一座纪念碑和一座基督教堂。然而，中国人民根本无须付出建造如此昂贵的纪念性建筑就能将这些传教士的名字牢牢记住"。[20]

战争赔偿谈判持续了数月之久，清政府赔款约合当时的3.33亿美元，由列强根据各自损失自行分配。我们现在回头再看这段历史，就会发现柔克义其实在当时做了一件壮举：他提议减免部分赔款，用以资助优秀中国学生去美国留学。在这些庚子赔款留美学生中，出了一位诺贝尔物理学奖获得者，还有许多杰出的教育家和政府官员。1901年9月7日，《辛丑条约》签订，逃亡到西安的清廷政府，准备在来年严寒的一月份重返紫禁城。据《纽约时报》报道，两个连队骑着白马的清廷士兵和两个连队的澳大利亚士兵在火车站列队，等候专列进站，列车上载着光绪皇帝、慈禧太后、年轻的皇后、妃嫔以及宫女。

> 两千名官员、王公贵族、总督和道台聚集在站台，一个个身着绫罗绸缎和裘皮长袍，一眼望去让人眼花缭乱，站台上隐约会看见零星几人穿着黄马褂。当光绪皇帝现身时，前来迎驾的众人纷纷匍匐跪拜，直到皇帝陛下坐进了轿辇才站起身来……在清廷骑兵的带领下，整个迎驾骑兵队从车站出发。一众人马紧跟其后，有骑着蒙古马的高官，举着銮旗的旗手，擎着华盖的侍者和端着长枪的士兵。穿着新赐黄马褂的袁世凯总督也在护驾之列。皇帝本人端坐在八抬大轿里，在其龙辇的两侧各有一队步兵护驾。慈禧太后的队伍紧随其后，规格同皇帝一致。……皇帝和太后经过时，列队道路两旁的士兵们纷纷下跪行礼，一只手里还握着枪。号手不断地吹奏着手里的喇叭。街上虽已被清场，但仍有上千名百姓挤在游行队伍经过的高墙上围观张望，而这种行为在过去绝对是严令禁止的。[21]

两宫回銮之后举行了一系列的招待会，莎拉·康格夫人在缓和外国使团与清政府的关系方面起到了带头作用。1902年2月1日，在中国骑兵的护送下，外国使团的家眷们乘坐29座绿轿前往紫禁城。到了紫禁城之后，换坐红色宫轿，由身着青袍的太监抬往宫殿门口，在那里她们被引见给了慈禧太后和光绪皇帝。作为家眷中唯一觐见过慈禧太后的人，康格夫人代表众女眷发言，祝贺皇帝和太后重返皇宫，并表示希望"这

康格夫人和慈禧太后握手，在当时引起了争议

段痛苦经历所带来的伤痛会慢慢消退"，希望未来大家的关系可以更加坦诚，更加相互信任，更加友好。引见仪式结束之后，慈禧太后双手紧紧握住康格夫人的双手。如康格夫人写道，"太后的情绪非常激动。太后待情绪平静下来之后，说道：'我非常抱歉，为发生了这些不该发生的事感到痛心。这是一个沉痛的教训。从今以后，大清国会成为外国人的朋友。……希望我们将来能成为朋友。'"讲话结束后，慈禧太后转向康格夫人，从自己的手指上摘下"一枚分量十足、镶着一颗精致珍珠的雕花金戒指"，把戒指戴到了康格夫人的手指上，又从自己的手腕上褪下来几件手镯戴到了康格夫人的手腕上。[22]

莎拉·康格与慈禧握手，并接受了老佛爷赠予的珠宝，使她遭到了尖锐的批评。约翰·奥特韦·珀西·布兰德（John Otway Percy Bland）是一名记者，曾给罗伯特·赫德爵士当了13年的私人秘书。他和同样声名狼藉的埃德蒙·伯克豪斯（Edmund Backhouse）爵士合著了《慈禧太后统治下的中国》（China Under the Empress Dowager）一书，用诋毁性的文字描述了清朝最后的日子。在该书中，布兰德批评康格夫人"头脑简单"。[23]在给《泰晤士报》记者莫理循的一封信中，布兰德对康格夫人与慈禧的会面表达了异议：

康格夫人念的发言稿前言不搭后语，让人感觉愚蠢至极。我不是说外使女眷们不可以去紫禁城参加招待会，但她们应该言行得体，体现出自己所代表的西方文明。而不久前，清朝皇室和政府还对西方文明进行了污蔑和攻击。[24]

而莫理循却认为，这次会见"是清廷返回紫禁城后发生的一次最具革命性的事件"。[25]

康格夫人成了慈禧太后的朋友。同时，她还是一位虔诚的基督教科学派信徒。基督教科学派在当时美国中上层妇女之间十分流行，康格夫人与教派领袖和创始人玛丽·贝克·埃迪（Mary Baker Eddy）保持着通信联络。与同教会的其他教友相比，康格夫人对中国人和慈禧太后的态度更为宽容。她曾经邀请格格王妃们到她家参加午宴，因而名声大噪。但是，一直让《泰晤士报》记者莫理循愤愤不平的是，康格夫人"与那位狠毒凶悍的老妇人慈禧太后相当亲密。另外竟然还有一位美国人凯瑟琳小姐正在为慈禧画像"。[26]

实际上，为慈禧太后画像正是康格夫人的主意。在写给女儿劳拉的信中，康格夫人谈及了背后的原因："几个月以来，报纸上刊登的漫画插图对慈禧太后恶意丑化，让我愤慨不已"，而她"想向世界展示慈禧太后真实面貌的愿望越来越强烈"。[27]慈禧太后让许多传记作者为之着迷，面对西方国家和日本的入侵，慈禧做出了种种努力，试图使中国走向现代化。但这些尝试均以失败而告终，而慈禧太后也经历了来自洋人的连番羞辱。在外国传教士眼里，慈禧太后思想落后、专制独裁；在记者眼里，慈禧太后无能贪婪、性格乖戾。在这种舆论环境下，理应给慈禧太后重新画肖像，来纠正慈禧太后在西方人眼中的形象。

康格夫人本质上是一位收藏家，她对收藏家具和中国艺术品感兴趣，也特别喜欢与中国人结交。她在评价自己时说道："在中国，我是一名探索者，对中国的一切物品都充满了兴致。我欣赏中国物品的美丽，进而希望对制造出这些物品的人有所了解。"[28]参加生日或特别庆典等活动意味着要赠送礼品。但是，康格夫人写道，在媒体批评她接受慈禧太后赠送的手镯和戒指之后，"外国公使要求，不要向宫廷女士送礼"。[29]康

一群宫里人拜访康格夫人

格夫人似乎并没有受到批评的影响,她写道,再次会面时,慈禧把她拉到一旁,塞给她一个小玉人,并悄悄地告诫她:"别告诉别人。"慈禧还赠送给康格夫人两只在宫里养大的狗,一只狮子狗叫"谢尔扎",另一只京巴狗叫"虎子"。慈禧还送给康格夫人的孙女几件礼物。

与美国驻欧洲各国首都的外交差事相比,1898年的北京并非美国外交官想去的地方。北京的东交民巷是外国使馆区,位于紫禁城的东南方,中间被玉河一分为二。外国人戏称玉河是"皇宫的下水道"。伊莱扎·西德莫尔(Eliza Scidmore)经常去看望在使馆工作的兄弟,据她描述,"外交精英们早已习惯趟着脏水在街道上走路,呼吸着满是灰尘的空气,烂泥和恶臭味令他们作呕。使馆门外的街道仿佛成了下水道和垃圾场,各种令人恶心的垃圾随处可见"。[30]然而,使馆高墙之内却是另外一番天地:

> 欧洲外交官员的官邸相当豪华,与墙外肮脏不堪的街道形成了鲜明对比。官邸内有美不胜收的公园和花园,还有精心装饰的

客厅和舞厅。在这里，外交官员和宾客们享受着和在欧洲一样歌舞升平的生活。北京城内的这种天壤之别不禁让人诧异。[31]

康格在担任美国外交官之前，曾是一位银行家。但是康格个人并非特别富有，夫妻两人的收入达不到支撑外交官生活的水准。在那时，美国的外交使节职位被认为是一种荣誉，就任者须自掏腰包补贴部分生活费用。据称，训练有素的欧洲职业外交官"驻外任满一届后肯定会得到晋升和嘉奖"[32]，与之相比，康格公使"住在拥挤的租来的房子里，薪水大约只有其他国家公使的四分之一。而且，康格在成为外交官之前并未接受过职业训练。即便他干熟了外交官的工作，一旦新的总统当选，也会将他撤职"。

义和团运动期间，外国公使馆遭到破坏，康格公使也遭受了损失。康格夫妇的许多个人物品遭到了破坏或抢劫。康格夫妇租下了三官庙作为新住处，并很有可能是自己支付的装修费用[33]。尽管康格的薪水微薄，年薪只有 13 000 美元，康格夫人仍然有财力收集了诸多藏品。这些藏品是皇宫遭受洗劫之后收集来的，因此引发了不小的争议。（据《纽约时报》的一篇报道，美国公使馆一等秘书赫伯特·斯奎尔斯及其夫人哈里亚特借机猎获了大量战利品，回国时这些战利品足足装满好几节火车车厢。这一件事我在第一章里提到过。）

康格夫人写道："我追求的不是藏品的数量，而是各类具有代表性的中国藏品。"[34] 她痴迷于中国人穿戴的鲜艳服饰。在其出版的信件中，有多次谈到了她与满族宫廷女眷们的会面，描述了皇太后和嫔妃宫女们的穿着打扮。康格夫人是最早收集中国宫廷服饰的收藏家，尽管她能抵制住诱惑，没有穿戴那些服饰。1903 年，康格夫人给女儿写道："最近，我得到了一些顶级藏品。我一直渴望收集到一些精品，但苦于不知道如何入手。在中国郡主格格和贵夫人们的帮助下，我收集到了漂亮的服饰，还有其他一些不对外出售的物品。喜欢收集藏品的朋友们给我拿来了好多东西，都是他们在鲜有人涉足的地区搜索得来的。他们甚至带我认识到一些冷僻的收藏领域，才使得这些珍稀宝物的价值不会被时间埋没。"[35]

义和团运动爆发后，外国使馆区被占领，给康格公使的身体造成了伤害。他饱受痢疾折磨，最终向罗斯福总统提交了辞呈。1905年4月，康格夫妇乘坐"西伯利亚"号轮船返回美国，在加州的帕萨迪纳市定居了下来。1907年，康格去世，而康格夫人则继续活着。如康格夫人传记的作者格兰特·海特-孟席斯（Grant Hayter-Menzies）所述，康格夫人晚年因在中国收集的那些藏品而陷入了各种丑闻。首先，她在北京花90美元买入了一块地毯，转手以6 910美元的价格卖出。康格夫人是否如《纽约时报》所公开质疑的那样，"从一块精美的地毯中赚了大钱"？[36]这块地毯价格之所以这么便宜，是不是因为它是掠夺而来的？她将地毯带回国，是按90美元纳的税，还是按7 000美元纳的税？这些问题的答案，《纽约时报》的读者都想知道。1908年2月，康格夫人公开拍卖了自己收藏的987件藏品。拍卖会在纽约市美国艺术馆举行，为期四天，康格夫人总共获得了36 207.5美元的收益。这些藏品中有若干件来自皇家，来自清朝皇宫和皇家寺院。此事登上了纽约《世界晚报》的头条新闻，标题为《美国蒙上"销赃贩"污名：允许售卖联军偷盗的、美国公使自北京带回国的赃物》[37]。报道中指责道："的确，美国公使及其年轻的军事助手（后来成为其女婿）并没有盗窃清宫里的玉器、象牙和青铜器，也没有盗窃绫罗绸缎和刺绣品"；然而，"真正的窃贼却在美国境内找到了销赃的市场"。另一篇报道宣称，康格夫妇谋求了一项协议，可以让他们携带"中国战利品"免税入境。一位美国海关官员解释道："我们允许本国或他国的外交部部长或大使免税带入任何货物。"[38]

然而，关于此事的争议仍在持续。报纸不断曝光哪些博物馆、哪位收藏家购买了这些"战利品"。在拍卖会进行的第二天，纽约大都会艺术博物馆买入了一面精致的寺庙黄旗和一卷带有万字符的紫色锦缎。马萨诸塞州塞勒姆市的皮博迪博物馆买下了两个朝鲜枕套。而竞拍者中出价最高的是J. W. 霍文（J. W. Hoven），他以825美元的价格拍下一件蓝色锦缎清代官服。当时，美国国会就外交人员费用问题举办了听证会。会上，得克萨斯州民主党议员詹姆斯·卢瑟·斯雷登（James Luther Slayden）对康格夫人予以谴责，并要求听证会对他所读的一篇报纸文章予以记录："星期六，一位著名的外国人在纽约俱乐部说，'如果中国人劫掠了华盛顿，十年之后，你们听说北京举办了拍卖会，其中许多拍卖的珍宝来自白宫和华盛顿最好的官邸，你们美国人会作何感想？'"[39]斯雷登议员引用了《纽约太阳报》的声明，称康格夫人的收藏"并非一位收藏家多年来沉溺于个人爱好而日积月累的结果，而是一位明智务实、审美不俗的女人碰巧遭遇了一场预见不到的紧急事件，抓住了时机，利用自己的身份地位征购而来"。作为一位与清朝宫廷有联系的美国驻华公使的夫人，她有一个得天独厚的优势，那就是"她可以把自己精挑细选的战利品带回美国，还不用交纳关税"。

面对公众的强烈抗议，康格夫人试图私下出售剩余藏品。她给查尔斯·朗·弗利尔写信，希望能够促成一桩交易。她在信中写道，"我有许多中国刺绣，这些刺绣都是老货，精致典雅，色彩丰富多样，有最亮眼的刺绣，也有极为淡雅的刺绣。还有宫廷外套、床罩、罩单、桌布、靠垫、被罩、旗帜等，全都是最精美的刺绣品，纯手工精心制作而成"。[40]康格夫人对藏品的出处直言不讳：有一对花瓶"是中国慈禧太后赠送的礼品……太后曾送给我许多价值不菲的礼物。许多礼物都是精品，承载着私人感情，对我而言十分珍贵"。其中最罕见的，是"慈禧太后本人创作的3幅卷轴画。两幅是她送给我的，另一幅是康格先生离开中国时，慈禧太后亲自绘制好赠送给他的。慈禧太后给某位中国学者指定一个题目，由这位学者赋诗一首。之后，太后在画纸上描绘出诗中的意象。手卷上有诗歌和诗人的印章，慈禧太后玉玺上的大字盖在画作的正上方，而她的私印也盖在画的上方。这些物品都是稀有珍宝，应该展示给世人看，而不是藏起来。我愿意忍痛割爱，出售其中一幅卷轴画"。弗利尔很可能没有回信，因为那时他已经病入膏肓。

康格夫人在波士顿和新罕布什尔州康科德的基督教科学派养老院度过了她的晚年。1932年，康格夫人过世。1991年，她的孙女T.埃德森·朱维尔（T. Edson Jewell）夫人将康格夫人留下的数百件藏品捐赠给了纽约大都会艺术博物馆、波士顿美术馆、哈佛大学皮博迪考古学人类学博物馆以及皮博迪·埃塞克斯博物馆，其中一些藏品是慈禧太后赠送给康格夫人的私人礼物。

康格的继任者柔克义无疑是美国早期最合格的一位外交使节。或许也是他那一代人中最伟大的学者型外交官。柔克义也是一位重要的收藏家，他的藏品涉猎广泛，包括服饰、饰物、礼器、武器、乐器，还有数千本图书和手稿。柔克义去世后，他的第二任妻子伊迪丝（Edith）将他的许多藏品出售或捐赠给了史密森尼学会[41]。这些藏品还带着柔克义绘制的插图和撰写的图解。比如，柔克义对喀尔喀蒙古人、世俗藏人和喇嘛所穿的六种不同类型的靴子作了画。

柔克义出生于费城，父亲是律师，母亲是一位巴尔的摩美女。柔克义的人生经历十分传奇，堪作约翰·巴肯（John Buchan）的小说素材。他就读于法国著名的圣西尔军校，曾在阿尔及利亚的法国外籍军团中当过军官，在新墨西哥州当过牧场主，还翻译过藏传佛经。少年时，柔克义聆听过法国大学著名《圣经》学者欧内斯特·勒南（Ernest Renan）的讲座，拜读过法国传教士古伯察（Abbé Huc）所写的《西藏旅行记》（书中记载了1846年古伯察的拉萨之行），从而开始对亚洲研究感兴趣。柔克义称，正是古伯察的游记使他树立了探索西藏这一终身志向。1881年，柔克义卖掉了他的牧场，移居瑞士，并在随后的三年里学习藏语、梵语和汉语。1873年，柔克义迎娶了同样来自费城的卡洛琳·泰森（Caroline Tyson）。卡洛琳的一位表亲去世后留给了她一笔多达7万美元的遗产，改善了夫妇两人的经济条件，让柔克义得以担任美国驻北京公使馆的二等秘书（没有薪水）。后来，柔克义升任美国公使馆一等秘书（有薪水），并于1886年晋升为美国驻朝鲜临时参赞。

柔克义一生中一直结交身居高位之人，坚决不与傻瓜为伍。他为人冷漠，粗暴直率，喜怒无常，常常郁郁寡欢，令下属心生畏惧。后来的美国驻中国大使纳尔逊·约翰逊（Nelson Johnson）说："我们对柔克义真是怕得要命。"约翰逊回忆起参加汉语考试时的情形,"老大"柔克义现身,吓得他胆战心惊。约翰逊回忆道:"他总是对人友善,和蔼可亲。但是在大街上,他似乎认不出我们这些下属……他似乎沉浸在自己的思维世界里。"[42]柔克义为人低调,否认自己追求冒险刺激的生活。他曾如此回答一位记者的提问:"一些人从纽约到布鲁克林,也能有冒险的体验。我不属于这种人。我的一生从未经历过一次冒险……那些主动寻求冒险的人才会过上冒险的生活。一个人只要管好自己的事情,就不会去冒险。"[43]

柔克义不想冒险,终身贯彻"时刻准备好"这句童子军格言。在远东停留期间,他在一位喇嘛的帮助下熟练掌握了藏语,为前往中国最遥远的省份西藏做准备,希望能到达首府拉萨。他的西藏之行一开始就遇到了问题。在当时清朝政府的支持下,西藏对外国人关闭了边境。任何汉人或藏人协助外国人进藏旅行,都可能受到惩罚或判处监禁。1882年,印度"博学者"萨拉特·钱德拉·达斯(Sarat Chandra Das)曾以寻求启蒙的朝圣者身份从锡金(1975年并入印度)进入拉萨。但是,自1846年两位法国神职人员古伯察神父及其同伴秦噶华(Joseph Gabet)前往拉萨旅行并参观布达拉宫以后,再无西方人进入西藏。1885年,印度探险家达斯陪同孟加拉国财政部部长科尔曼·麦考利(Colman Macauley)访问北京,柔克义与达斯见了面。据柔克义传记作者肯尼斯·维默尔(Kenneth Wimmel)记载,他们讨论了联手前往西藏的计划,但计划以失败而告终。随后,柔克义决定沿法国人所走的线路,从中国的北路进藏,而不走达斯从印度穿越喜马拉雅山山口的那条进藏路线。

怀揣史密森尼学会给他开的一封介绍信,柔克义从北京西门出发踏上了前往拉萨的征途,跟随他的只有一名中国仆人刘炯三(音译)。"我的全套装束简单朴素,"柔克义在《喇嘛之境》(Land of the Lamas, 1891)一书中解释道,"我的穿着起居和中国百姓一样,此行既没有带过多衣物,也没有带外国货物,诸如寝具、浴盆、药物这些许多旅行者眼中的必需品我通通没带,带在路上也是累赘。"[44]柔克义一路坐着由骡子拉的"马扒"的两轮车,穿过土匪猖獗的地区,到达青藏高原上的西宁。但是,柔克义身高1.95米,又是一头红发,很难不引起旁人注意。警察对他产生了怀疑,命令他去当地衙门报到。柔克义没有听从命令,而是剃掉了头上和脸上显眼的红色毛发,脱掉汉服,换上了蒙古袍,戴上皮帽,在黎明时分随一支蒙古骆驼队向西藏进发。

柔克义对同行人做了这样的描述:"他们身穿羊皮袍,戴着厚皮帽,也有人穿着黄色或红色的喇嘛袈裟。你很难根据一个人所穿服装来判断是男是女。然而快到塔尔寺时,一些女人为了卖弄风情,穿上了绿绸长袍,戴上了银头饰和颈饰,以期引人注目。"[45]骆驼队在端午节头天晚上到达塔尔寺。柔克义"在街道上溜达,街上人群攒动,热闹非凡。他看到了木偶戏台、赌桌、小吃店,还有拉着糖果、肉食、点心、饰物、毛皮、纪念品的四轮马车。尽管时常有喇嘛挥着鞭子在街上驱赶,仍然有人用西洋镜放挑逗性的画片儿"。[46]几天后,柔克义在塔尔寺看到了一座巨大的酥油塑像,长6米,高3米,由数百个小酥油灯点亮。这座耗时3个月制成的酥油塑像仅在一夜之间就完全烧掉了。柔克义在塔尔寺停留了6周,做了很多笔记。这些笔记资料为他在《世纪杂志》上发表的八篇文章以及后来的著作提供了创作的素材。然而,由于向导害怕受到惩罚不辞而别,柔克义继续前往拉萨的希望破灭了,虽然他以前的藏语老师布喇嘛就住在附近的喇嘛寺,也愿意提供帮助。他独自一人带着一条藏獒出发。在花光了所有盘缠之后,他不得不打道回府,而他当时距目的地拉萨还有600多千米。

1891年,柔克义第二次前往西藏。这一次,他得到了史密森尼学会的津贴资助。每月50美元的津贴补助,足够他购买研究所需的装备。但是,柔克义缺少现金,他写道:"如何在钱包空空、饥肠辘辘的情况下在陌生国度里旅行,这实在是一个让人犯愁的问题。"[47]柔克义进藏所走的路线,途经青藏高原上的青海省。他为此行做好了准备,带上了清朝总理各国事务衙门签发的特别护照,允许他进入西宁办事大臣管辖下的蒙古和西藏地区。但是,柔克义没有做好应对暴风雪的准备,驮运行李的牲畜全部在暴风雪中丧了命。但导致他此行失败的主要原因是食物的匮乏。沿途没有充足的食物补给,当地几乎没有可吃的东西。他记得有一句俗语:"蒙古人每年吃掉3磅羊毛;藏人每年吃掉3磅沙砾,而汉人每年吃掉3磅黄土。"柔克义称:"沿途地区的生存条件十分恶劣,我咽下的食物中有尘土、羊毛和沙砾。我确信,在西藏和蒙古期间,我所喝的茶水,所吃的糌粑(由青稞面和酥油茶混合制成)、肉和面包里都有羊毛,我吃下去的羊毛都够装满一个枕头的了。咽下尘土和沙子没有问题,但是我实在是咽不下羊毛,咀嚼多少遍都从嗓子眼里咽不下去。"[48]到了晚上,气温会降至零下15摄氏度。抵达塔尔寺时,柔克义在原有5名汉人的团队基础上,又雇用了两名蒙古族向导,这两名向导同意带他们绕过拉萨,前往西藏西部的大城日喀则。柔克义购买了衣物和补给品,准备由东北向西南横穿西藏抵达英属印度。此时,他收到了一封甘孜地区一位中国官员写给他的信。信中说,当地人怀疑他是间谍,已经有人出钱悬赏他的人头。当时,这些地区非常危险,柔克义雇用的3名汉人以生病为由回去了。虽然柔克义仍不放弃,但最终还是停在了距离目的地约177千米处。他在报告中悲伤地写道:"我离日喀则只有10天的路程,离英属印度只有不超过25天的路程,离家也只有6到7周的路程。而现在,我只能绕路前行,需要4到5个月的时间才能到达那里。天命,这是天命啊!"[49]西藏人阻止了他西行,但给他提供了食物和一匹小马,使他能够沿着无人涉足的昌都商路向东走,而不是向北沿原路返回。同年10月,柔克义抵达上海。他走了近13 000千米,跨越了69座最高海拔超过4 400米的山口,将一路所拍照片、所画素描带回了家,还给史密森尼学会带回了一筐筐藏族服饰、金银珠宝、鎏金铜器和黄铜雕像。

1894年,史密森尼学会将柔克义的旅行笔记结集出版,取名为《1891—1892年蒙藏旅行日记》。读完日记后,一向吝啬赞美的亨利·亚当斯给好友柔克义写信说:"竟有人仅凭一颗纯真快乐的心完成了这样一趟冒险之旅,并以平淡的口吻讲述路上的所见所闻,就好像他只不过是在宾夕法尼亚大道上走了一遭而已,我对此感到十分惊奇……这本游记增加了我对你的了解,同时又为我们之间如此熟识而备感荣幸。我没想到我平日里亲密接触、一起共进晚餐的朋友居然是像马可·波罗和成吉思汗这样伟大的人物。"[50]

英国伦敦的皇家地理学会向柔克义颁发了备受推崇的赞助人金质奖章。在华盛顿,美国政府的"五人核心集团"向他致敬,其中包括亨利·亚当斯、约翰·海伊和西奥多·罗斯福。在他们的帮助下,1889年柔克义重新开始在美国国务院工作,先是担任首席事务官,而后担任助理国务卿。后来柔克义被任命为美国驻希腊大使,不幸的是,妻子卡洛琳在希腊死于伤寒症,享年42岁。就在那一年,约翰·海伊成了柔克义的救星。柔克义被调回华盛顿,出任国务卿约翰·海伊远东政策的首席设计师。柔克义外交生涯中最突出的成就是指导约翰·海伊在中国推行"门户开放"政策。通过这项政策,美国和欧洲五大列强圈定了各自在中国的势力范围,同时也一致同意,在中国境内,所有国家应在平等的基础上进行贸易。

为协商《辛丑条约》的各项事宜,柔克义重返中国。罗斯福总统热情地为柔克义饯行,对他说:"当决定派你去中国时,我顿时觉得身上的担子轻了。"[51]1905年,罗斯福连任总统,他指定好友柔克义担任美国驻华公使。在任期间,柔克义与第二任妻子伊迪斯接待了罗斯福总统的女儿——热情活泼的"爱丽丝公主"。在公使柔克义陪同下,爱丽丝在北京觐见了慈禧太后和皇帝。爱丽丝在日记中这样描述柔克义:"虽然他个子很高,长着一头淡金色头发,但不知怎的,他看起来像一个中国人,让人觉得中国已融入了他的血液。如果他蓄起胡子,把胡子往嘴角下面拉一拉,形成一缕长髯,再穿上中式服装,人们肯定会把他当作一位平和安详的授课先生,只不过他讲的是《道德经》,还是儒家典籍,我就不清楚了。"[52]

尽管柔克义从未到过拉萨，但此时他已成为第十三世达赖喇嘛"护国圆觉大师"土登嘉措的顾问。这段经历被柔克义称为"迄今为止最不寻常的经历"。1903 至 1904 年，弗朗西斯·杨赫斯班爵士（Sir Francis Younghusband）[①]率领英国远征军入侵西藏，土登嘉措从拉萨逃离。时任印度总督寇松勋爵担心俄国人进入西藏，因此说服了英国政府，声称为保护印度，派兵进入拉萨很有必要。杨赫斯班爵士轻而易举地击溃了武器装备落后的西藏人，进军拉萨，却发现拉萨根本没有俄国人。此时，流亡蒙古的第十三世达赖喇嘛获悉柔克义是美国学者、外交官，会讲藏语并在北京居住。他希望柔克义能够在他与清政府进行艰难的交涉中出面调停。

随后发生的几件事情使得十三世达赖喇嘛备感孤立。1906 年，英国新成立的自由党政府与清政府签署了一项条约，承认中国对西藏拥有宗主权。1907 年，英国和俄罗斯签署《英俄条约》，两国承诺任何涉及西藏拉萨的事务，双方都必须通过中国政府来解决。十三世达赖喇嘛与接受其避难的蒙古人出现了摩擦，当时英国人仍然占领着西藏部分地区。最终，达赖喇嘛离开了库伦（今天的乌兰巴托），前往山西省五台山一座佛寺避难。1908 年，柔克义意识到他人生的一个目标来了，连续五天每天徒步行走 30 多千米，在五台山上与十三世达赖喇嘛见了面。

柔克义给罗斯福总统写了一封长达十二页的信，描述了自己与第十三世达赖喇嘛会面时的情形。他写道："我曾想象，十三世达赖喇嘛是一位看起来像苦行僧的年轻人，由于经常在垫子上盘腿打坐，变得弯腰驼背，面色蜡黄，露出思绪飘向远方的神情。然而现实却恰恰相反，我发现他是一位三十三岁的中年人，红光满面，皮肤棕黑，嘴唇上留着髭，嘴唇下面也留着一绺须……他的双耳很大，样子很好看，双手瘦削而匀称……"[53] 据柔克义描述，达赖喇嘛身穿暗红色袈裟，左肩搭着一条朱

---

① 弗朗西斯·杨赫斯班（Francis Younghusband，1863—1942），又译荣赫鹏，英国殖民者，英属印度政府官员，作家、探险家和外交家。1904 年率领军队远征中国西藏，发动英国侵藏战争。

红色丝绸披肩，黄色靴子上系着蓝鞋带。两人的会面很成功。

几年后，柔克义在一本专著中写道："第十三世达赖喇嘛是个急性子，冲动任性，但是性格开朗，为人和善。无论何时，我都感到他待客体贴入微，谈起话来讨人喜欢，谦恭有礼。他讲话语速很快而又不失平稳，但是说话声音过于低沉。"[54] 罗斯福兴高采烈地答复道："我认为，你与达赖喇嘛的会面，是我们这一代人中最有意思、最特别的经历。据我所知，这种事情以前从未发生过。但是它确实发生了，真的难以置信！我祝贺美国拥有这样一位杰出的外交代表，促成了此次会面。"[55] 第二次会面时，达赖喇嘛说起他想去北京面圣。达赖喇嘛向柔克义赠送了三件礼物，其中包括一幅宗喀巴大师的唐卡。目前，这幅唐卡收藏于美国国会图书馆。[56]

威廉·霍华德·塔夫脱接任罗斯福成为美国总统。按照惯例，柔克义向总统提交了辞呈。在北京的最后一天，他在日记中写道："我在中国的工作结束了吗？我祈祷还能有机会继续在中国工作。"在中国居住和旅行期间，柔克义收集了数百件藏品，其中绝大多数是来自西藏的文物。他还收集了许多蒙古语、满语、藏语和汉语善本书籍，既有印刷本也有手抄本。目前，弗利尔美术馆收藏了柔克义的1 100册书籍；美国国会图书馆则收藏了他的6 000册书籍，使得该图书馆成为一个重要的西藏研究中心。

柔克义被派往圣彼得堡，升任美国驻俄国大使。1911年，他调派至君士坦丁堡，担任美国驻土耳其大使。1913年3月，伍德罗·威尔逊（Woodrow Wilson）宣誓就任美国总统，柔克义再次提交了辞呈，返回位于康涅狄格州利奇菲尔德的家中。他在给一位朋友的信中提到，他希望"养养鸡，种种花，完全生活在南宋和元朝的东方生活氛围之中"。[57] 然而8个月后，60岁的柔克义参加了一支探险队，经陆地抵达中国。当时中国已经废除帝制，建立了共和政体，柔克义此行正是为了考察中国现状。此行期间，中国的临时总统袁世凯请他担任中国政府的外交顾问。但是，1914年12月8日，柔克义在从夏威夷返回北京的途中，在檀香山去世。贝特霍尔德·劳费尔（Berthold Laufer）是柔克义同时代唯一能与其齐名的汉学家。他在悼词中写道："柔克义先生为人谦虚低调，很少谈及他自己或他取得的成就。他未从美国得到过任何荣誉，事实上他也从不追求什么荣誉……在他生命的终点，对他的外交工作予以更多重视的不是他的祖国，而是中国。想到这一点，真是令人心痛。"[58]

1908 年，中国外交界发生了三件大事。1908 年 4 月 13 日，北京火车站挤满了为罗伯特·赫德爵士送行的队伍，这是他最后一次离开中国。他的妹夫裴式楷爵士（Sir Robert Edward Bredon）留任大清海关的代理总税务司。一支军乐队和卡梅伦步兵团对着欢送人群吹奏风笛，身穿制服的仪仗队排得一眼望不到头。在赫德爵士的仪仗队中，有美国和荷兰的海军陆战队员、意大利水手、日本士兵，还有身着崭新卡其布军装的三支中国分队。赫德爵士向欢呼的人群鞠躬致意时，他的私人铜管乐队奏响了《友谊地久天长》和《家，甜蜜的家》。尽管赫德没有获得他渴求的贵族头衔，但获得了教皇授予的勋章，清政府还追封他"三代一品封典"[59]。

1908 年 11 月 15 日，慈禧太后去世，享年 73 岁。关于慈禧太后的死因，人们众说纷纭。有一个值得怀疑但最有意思的说法是，她在为达赖喇嘛举办的宴会上，吃了太多的山楂。当时，第十三世达赖喇嘛暂居北京（俄国人、英国人和柔克义都曾建议他返回拉萨，但是他选择接受清朝光绪皇帝的邀请来到京城。在京城，第十三世达赖喇嘛得到了一个新的称号"西天大善自在佛"，现在改称为"诚顺赞化西天大善自在佛"）。送葬队伍离开北京前，焚烧了用纸扎出的慈禧太后生前喜爱的物品的模型，其中包括一条近 55 米长的纸船，它漂浮在纸扎的波浪之上，纸船上还配有纸扎的侍从和一整支身着现代欧洲军服的部队。这些纸扎物品被付之一炬，以便在来世陪伴老佛爷[60]。84 人抬着慈禧太后的灵柩，走过一条专门为送葬修建的洒满黄沙的道路，前往太后的陵墓。老佛爷本应在陵墓里长眠。不料 1928 年夏天，国民党士兵炸开了她的陵墓，将里面的陪葬品洗劫一空。她身上戴的所有珠宝、黄金、珍珠、红宝石、蓝宝石和钻石，通通被抢走。据那些给慈禧太后重新安葬的满族人说，陵墓中的景象十分凄惨。慈禧的空棺材被倒靠在墙边，墓室中空荡荡的，陪葬家具都不见了踪影。慈禧的长袍被剥掉，丝绸裤子被拉下，"玉体"朝下趴着，一直赤裸到腰部，头发也凌乱不堪。太后面色惨白，两眼深陷，如同两个黑洞。他们把慈禧的尸骨清理干净，用丝绸包裹好放回棺材之中，并重新封上棺盖。

在慈禧去世的前一天，经太医确认，慈禧的侄子光绪皇帝已龙殡归天。2008年，经法医检测，光绪皇帝死于砒霜中毒，下令投毒者很可能是他的姨母慈禧太后。在光绪帝尚未驾崩之前，慈禧就未雨绸缪，指定了她的另一位外甥载沣做摄政王，辅佐其两岁的儿子溥仪，也就是后来的宣统皇帝。

第十四章

天国服饰

1912年1月1日，革命领袖、皈依基督教的孙中山结束外国流亡生活回到国内，在南京就任中华民国首任临时大总统。2月12日，光绪皇帝的遗孀隆裕太后签署了《退位诏书》，标志着大清王朝的寿终正寝。隆裕太后当着6岁的溥仪的面，泪流满面地宣读了退位诏书，中国两千年的封建帝制至此结束。根据《清室优待条件》，宣统皇帝及其亲属可暂居宫禁，侍卫人等及各项执事人员可照常留用，原有之私产受到保护，大清皇帝辞位之后，岁用四百万元。

当时，北京的外交界正经历着一段人事调整期。共和党人威廉·霍华德·塔夫脱接任西奥多·罗斯福成为美国总统。塔夫脱任命来自伊利诺伊州的律师嘉乐恒①接替柔克义，担任美国驻华特使和全权公使。1909年，嘉乐恒与妻子露西·门罗（Lucy Monroe）来到中国。他坦承，刚来中国时，他"对这个国家一无所知……对其既无好感也无反感"。但是，1913年离开中国时，他却是"恋恋不舍"。[1]当时，虽说派驻北京依然被认为是一件困难而又孤立无援的差事，但是外国人已经开始到北京来旅游，美

---

① 嘉乐恒（William James Calhoun，1848—1916），美国政治家、律师，威廉·麦金莱总统的私人好友，1910—1913年间担任驻华公使。

嘉乐恒公使与夫人露西·门罗

国公使馆还接待了一批访华贵宾。1908 年 11 月，据俄国外交官德米特里·阿布里科索夫（Dmitrii Abrikosov）的描述，北京城内"总是在举办一个接一个的聚会。每家外国公使馆都试图把其他使馆比下去：俄国公使馆举办了芭蕾舞会，俄国公使的可爱千金就像是众星环绕的耀眼明星；法国公使馆组织了音乐剧演出，美丽的法国公使夫人在拉威尔乐曲的伴奏下跳起了波莱罗舞；法国银行则办起了化装舞会，所有宾客都身着充满异国风情的服装，喝着香槟酒，花园里挂着中国灯笼，空气中弥漫着浪漫的气息"。[2]

美国公使夫人露西的姐姐是哈里特·门罗（Harriet Monroe），她是芝加哥著名文学杂志《诗歌》的创刊人和编辑，该杂志在美国先锋派文学中发挥了重要的影响力。1910 年，哈里特前往北京看望妹妹，很快便融入了当地外国侨民的生活。夏天，哈里特去北戴河避暑；秋天则去骑马，参加国宴。宴会上，未婚男女坐在餐桌下端，各公使及夫人们则严格按照级别高低坐在餐桌上端。哈里特在家书中提到两个微妙的变化预示着一场推翻清王朝的革命即将来临。她写道："现在，满族妇女陪同丈夫一起参加外国人举办的晚宴。中国上层阶级的女士已经不再时兴裹脚。"[3]

1909 至 1910 年，铁路巨头查尔斯·朗·弗利尔在北京期间一直住在瓦贡里饭店（即六国饭店）的套房里。像他这样的有钱人，往往都会选择在六国饭店下榻。六国饭店建于 1905 年，初衷是接待乘坐西伯利亚列车来华的欧洲旅客。1919年，美国作家艾伦·拉莫特（Ellen La Motte）称六国饭店是"世界上最有意思的酒店"，各国来客在饭店里"会面、交往、商议要事，合计如何相互'对付'，或者合计如何对付中国"。六国饭店位于北京东交民巷使馆区，交通便利，为顾客提供最上等的法国葡萄酒和法式美食。看到北京开始变得西洋化，荷兰人亨利·博雷尔（Henri Borel）表达了他的不满：

> 喝着雪莉酒，抽着雪茄，读着法文报纸，我到底是在巴黎，还是在北京？我在周围看到的人，和我在比利时奥斯坦德、法国比亚里茨、德国威斯巴登见到的人完全没有两样……要么是精明的商人，要么是无所事事的闲人。天哪！这些人究竟来北京干什么？"你喜欢北京吗？"我听到一位女士用尖细的嗓音说，"北京城很美，很有意思。昨天我们去参观了南口附近的明十三陵。哦，那里太美了，美极了。"北京城，神圣之城，天子之城，现在却到处都能看见那些满世界乱跑的白人和游手好闲之辈，北京城的神圣已经被他们这些势利之流所玷污。这些人硬要坐着轰隆隆冒着浓烟的火车，驶过一座座烽火台，来到北京。烽火台已经无法保护北京原有的那份纯真。走到饭店外面，左右两边都是人声鼎沸，比饭店里更为嘈杂。施工的声音一直响个不停，仿佛摩登的现代人已经占领了北京。他们正扬扬得意，在古老的北方圣城之上，建立起一座崭新的、粗俗的国际化都市。[4]

哈里特在北京期间，嘉乐恒夫妇为弗利尔举办了招待会，邀请了一众美国和中国官员参加。不仅如此，嘉乐恒公使还在弗利尔在华旅行期间为他提供了后勤保障和安保。对此，弗利尔感到惭愧，他给生意伙伴弗兰克·赫克（Frank Hecker）写信道："当然，我不值得他们对我如此关注。如你所知，我也不在乎自己是否受到关注。但是，我去年在中国发掘了一些文物，最近又搞到了几件宝贝，这事儿已经在北京的使馆圈子里传开了。他们觉得我要么是一位圣人,要么是一个傻瓜。我想,他们正试着了解我到底是哪种人。"[5]哈里特则写道,在弗利尔的指导下,她"突然对中国艺术产生了深厚的兴趣",而且似乎对中国绘画情有独钟。哈里特还写道:"外国人高价购买中国绘画作品的好消息暗中传遍了中国。一些有着上百年历史的家族没落了,继承家族财产的长子们听说这个消息之后,怀揣着收藏多年的绘画珍品,不惜长途跋涉来到北京,想要找到买家。"弗利尔"对这些藏品紧追不舍,势在必得","他看到好东西,就像是饿狼看到了猎物。因此,贫困潦倒的清朝官员纷纷给他拿出家中所藏的珍品"。弗利尔带哈里特到北京最著名的古董店,还带她到"自己在北京的宅子。他新收集的藏品都存放在宅子里,并派鉴赏文物的老手看守着这些宝物。在那里,我有幸见识了许多珍贵的藏品,这些藏品从未打开向外人展示过"。[6]

前总督端方邀请弗利尔和哈里特共进午餐,向他们展示了自己在陕西任巡抚时发掘的青铜器。"端方计划在北京建一座博物馆",几年后哈里特回忆道,"但是,端方的后人穷困潦倒,不得不四处变卖他的藏品。当初他向我们展示的柉禁器组,目前已被纽约大都会艺术博物馆收藏"。[7]裴丽珠①是罗伯特·赫德爵士的侄女,也是旅行指南《北京纪胜》(Peking)(1920)一书的作者。据她记载,端方被砍头之后,他的藏品被后人出售,"吸引了来自中国各省的竞拍者,在远东艺术界引发的轰动不亚于古希腊大理石雕塑拍卖在欧洲引起的轰动"。[8](公使夫人露西也有意外收获。公使夫妇在离开皇宫时,隆裕太后命人将一幅卷轴画送到了他们的马车上,作为告别礼物。目前,那幅《牡丹盛开图》卷轴画被芝加哥艺术博物馆收藏,上面盖有隆裕太后的印章和题跋,声称这

---

① 裴丽珠(Juliet Bredon, 1881—1937),英国人。她的父亲裴式楷(Robert E. Bredon)和叔叔赫德爵士(Sir Robert Hart)曾在中国海关机构担任要职。裴丽珠在北京生活多年。著有《赫德爵士传奇》(*Sir Robert Hart*, 1909)、《中国人的阴影》(*Chinese Shadows*, 1922)、《北京纪胜》(*Peking: A Historical and Intimate Description of its Chief Places of Interest*, 1920)、《农历年:中国风俗节日记》(*The Moon Year—A Record of Chinese Festivals and Customs*, 1927)、《百坛记》(*Hundred Altars*, 1934)、《中国的新年节日》(*Chinese New Year Festivals*, 1930)等。

是"御笔",但是人们至今搞不清楚这幅画到底出自何人之手。)

随着人们对中国艺术的兴趣日益增长,卢芹斋和日本人山中等古董商纷纷派人前往中国农村地区探寻文物。在上海,前传教士福开森收集到画作之后便转手卖给大都会艺术博物馆和弗利尔美术馆。中国不断在修建铁路,一个个古墓也接连被发现,大量文物出土,为收藏家提供了新的机遇。很快,专业收藏家和业余收藏爱好者一起加入了这场寻宝游戏,准备决一胜负。裴丽珠写道:

> 当你在北京参观完了所有宫殿,"游览"完了所有的寺庙和陵墓后,你还可以找到一个无穷乐趣的源泉,那就是购物。初来北京的外国人大多无法抵挡淘古董的诱惑,无论是你和古董商讨价还价买到合乎你个人品位的古代瓷器、青铜器或刺绣品,还是任何其他你看得上的东西。而在北京住久了,这种讨价还价的嗜好迟早会使人形成一种特殊的心态。我们去别人家里做客时会仔细察看墙上挂的画作。坐下来吃饭时,会把碟子翻过来,看看底面有没有证明其出自何处的标记。吃完饭后,把餐桌举起来,掂量一下重量。看到主人最近到手的古董,大胆地询问古董的价格。我们在做这些事情的时候很自然,一点也不觉得羞耻。这样的举止在巴黎或伦敦会被认为没有教养,然而在北京这个"老古董店",一位游客曾风趣地这么称呼北京,你做这些事情都会得到别人的谅解。而且只要你在北京住的时间足够长,你自己也会慢慢养成这些习惯。[9]

春节前是下手买入古董的最好时机[10]。因为春节前中国人手头比较拮据,他们要给诸多亲戚送礼,还要还清向各家店主赊欠的债务,这样才有信用,人家才肯继续赊账给你。常住北京的外国人可享受送货上门服务,跑腿伙计会拿着蓝布包裹上门,买主可以舒舒服服地坐在家中的扶手椅上验货。老客户喜欢这种方式,因为古董店主了解老客户的品位喜好，从而投其所好。一卷卷画被展开，供买家察看。经过装裱的花鸟画或山水画，都附有书法题跋。另一种买货方式是到店选购，如裴丽珠所说，北京的古董店决不能光看其外观："北京最大、最整洁的古董店里，不一定就有上好的物件儿。而深藏在某条死胡同里的一个店铺，却往往会放置着最罕见的珍品。一个好不容易才找到的小店，居然起了个大气的名字，叫作'荣耀万世'，里面竟然能拿出一件珍贵的雍正时期的珐琅彩盒。北京东门门大街算得上是脏乱差的贫民窟，然而许多宝贝却是在那里发现的。"古董店喜欢扎堆开在一条街上，店名里带着"玉""绣""银""灯街"等字样。而淘宝者最喜欢去的地方是北京前门外的琉璃厂。由于外国游客在欧洲、日本和美国的博物馆里见识过中国艺术品，他们想当然地认为，逃过义和团运动一劫的宝物在北京还有很多。露西·卡尔霍恩通过《纽约时报》向读者介绍了如何在"全世界最伟大的古董街"上购买古董。进入古董店后，当店主掀开挂在过道上的蓝布帘，好戏就开场了：

> 各式古董纷纷亮相，有明代青铜器、瓷碗，灯光照耀下的玻璃展柜里还摆放着雕刻精致的白玉、褐玉、黝黑的青玉和白翡翠。也许你看中了其中一件，但是你的出价远低于店主的开价，遭到店主一口回绝，但店主发现你是一个很有品位的人，进而邀请你进入他的领地参观。他会带你穿过一个庭院，来到一个更大的房间。你站在屋子里，眼前琳琅满目的珍品让你目瞪口呆：汉代青铜器，道光年间（维多利亚时期）的精致圆碗，乾隆珐琅器；康熙御用青花瓷器，完美无瑕；椰壳做的洗指碗上刻着人物雕像，镶着银边；一尊白玉观音像，优雅尊贵；还有几件明代蓝紫瓷器，一只宋代白瓷碗和一只珍贵的紫蓝釉碗。[11]

自始至终，店主都在观察你，看你是否有鉴赏力和足够的财力。如果店主认可了你，下次便会像接待老朋友那样热情接待你。

但是，在那个艺术收藏的黄金时代，中国人已经开始制造高仿古董，上面还印着寺庙的印章。裴丽珠在书中是这样警告她的读者的：

> 当你被几件魅力十足的古董打动时，在激动之余可千万别忘了：中国古董商对来自西方和中国本土的各种古董造假把戏都再熟悉不过了。他们刮掉珍珠的表皮，使其看起来像老珠子；把青铜器埋到土里，让其长出好看的铜锈。他们还给皮毛制品染色，对刺绣和象牙制品进行烟熏，对玉器进行仿制和着色；给水晶染色。他们还会在瓷器上假造烧制日期，给新瓷瓶嵌上老瓶底，造假手段不一而足。古董店主普遍无法抗拒这种造假的诱惑，不是在古董的质量上就是在价格上欺骗新手买家，或两者兼而有之。最阿谀奉承、最信誓旦旦的古董店主，通常是最不守规矩的骗子。[12]

1911年辛亥革命爆发，推翻了两千多年的封建帝制。男人开始剪掉辫子，女子不再裹脚。女子开始留短发，摘掉了繁复精美的满族头饰。20世纪20年代，中国女子开始追逐起西方的时尚，留起了西方的波波头。随着清廷的灭亡，清朝官服一夜之间被淘汰。曾经身穿刺绣锦缎长袍的官员们，此时换上了西装。"真是太糟糕了，"来北京访问的柔克义发表意见，"欧式服装穿在中国人身上，真让人受不了。所有刻意模仿欧洲人的服饰都让人无法忍受。"[13]露西·卡尔霍恩给姐姐哈里特写信道："我没有注意到满族贝勒们在出售珍宝，但是我最近得到了几幅不错的绘画作品。"[14]彼时，露西有了一项副业，成了"芝加哥古物收藏家协会"（隶属于芝加哥艺术学院）的"买办"。露西打算用自己微薄的津贴购买"一件皇袍……一件精美绝伦的缂丝旧袍……还有一些缂丝寺庙旧挂饰"。露西说，波士顿美术馆的专家冈仓天心断言，这些古董"属于同类中的极品"。当时，冈仓天心正在北京，为波士顿美术馆征集藏品。芝加哥古物收藏家协会同意了露西的采购计划。露西采购的这批古董从中国运往芝加哥,受到了人们的热情关注。"如果他们以为这些东西是现代仿品,我一点儿都不会感到惊奇,"在给该协会采购委员会主席的一封回信中露西这样写道,"这些古董看上去就像崭新的一样。但是这里的人都知道,它们是古董。丝绸的质量、色彩,特别是金丝线的质感,以及工艺特点,都不同于我们这个时代。这些古董是不可复制的。"[15]然而,1913年,卡尔霍恩夫妇结束了在中国的田园般的生活,回到了美国。

嘉乐恒公使说道:"在久居中国的外国人中,有一个奇怪的现象,那就是他们似乎再也不会对在中国以外的其他地方的生活感到满意。他们似乎被一种奇妙的虫子叮咬过,血液中感染了某种病毒,让他们无法忍受在中国以外的其他地方生活。"[16]嘉乐恒的这句话很有可能是用来形容其妻露西的。1916年,嘉乐恒因中风去世。露西在丈夫去世后,去法国待了一段时间。第一次世界大战期间,她在法国的几家医院里工作过。后来,露西重返北京,在此后的20多年里,她一直被人称呼为"露西姨妈",成了居住在北京的"外籍人士"中的社交名媛。她把"马大人胡同"(现育群胡同)里的一座18世纪的寺庙翻修之后,变成了自己的家,装上了水电设备,在那里招待客人。据乔治·凯茨回忆,1933年,在一个满月的夜晚,"露西姨妈"举办了一场盛大宴会,载满宾客的大游艇沿着运河行驶,穿过河上漂浮的成百上千盏莲花灯。客人们身着晚礼服,在游艇上玩笑嬉闹。[17]

不甘心在文学才华方面被姐姐哈里特超过,曾任《芝加哥记录先驱报》艺术评论员的露西给《纽约时报》投了两篇文章,一篇是《北京的街道》(1922年11月26日),另一篇则描绘了溥仪与婉容皇后的婚礼(1922年11月22日)。露西在文章中写到,在这场婚礼上,中国官员们穿着清朝刺绣官服,乌梅色外袍绣着一圈白狐皮,脖子里戴着玉石、琥珀或珊瑚项链,官帽后面插着孔雀翎羽。在参加婚礼的宾客中,露西是唯一的一名外国女性。正如露西对读者所言:"单是能够见到婉容皇后一面,就能算得上是一件前所未有的幸事。"

20 世纪 20 年代，在北京生活的外国人分为四类。第一类是外交官，以英国大使迈尔斯·兰普森（Miles Lampson）爵士为首。兰普森举止和蔼，很像英国公立学校的校长，尽管身高接近 2 米，当地人却开玩笑称其为"小不点儿"。第二类是海关人员，为首的是罗伯特·赫德爵士的接班人弗朗西斯·阿格伦（Francis Aglen）爵士。中国官员认为，阿格伦爵士空有前任赫德爵士的傲慢自大，却欠缺一定的处世能力。第三类是传教士，包括燕京大学的教师、基督教青年会的工作人员以及在北京协和医学院工作的医生和护士。最后一类是平民，有放弃商业之都上海而来北京闯荡的商人，当然还有游客。

北京协和医学院的前身是协和医学堂，由英美两国的传教士共同创办，旨在向中国医生教授西方医学。当时，诸如洛克菲勒家族之类的美国商人把中国视为一个重要的新兴市场，而在西方传教士眼里，中国则为他们提供了拯救数百万异教徒灵魂的最佳机会。尽管传教士将劝导中国人信教看作首要任务，把治病救人排在其后，而事实上很少有中国人皈依基督教，但传教士医生却几乎从来不缺病人。1914 年，洛克菲勒基金会从伦敦传教会手中买下了这座医学堂，六个新教教会组建了北京协和医学院，任命顾临（Roger Greene）担任院长。此后几年，在洛克菲勒的支持下，医学院组建了一支由 50 位教授组成的教员队伍，学院规模扩大至 59 座大楼。医学院的建筑设计融合了中式和欧式风格，楼顶铺着绿色琉璃瓦，以便与北京的建筑风格融为一体，当地人戏称为"石油大王府邸"。朱莉娅·博伊德（Julia Boyd）在其著作《与龙共舞》（*A Dance with the Dragon*）（2012）一书中描述了当时北京的娱乐生活。据博伊德描述，北京协和医学院专门派人到乡下去寻找那些仍掌握失传技艺的工匠来修建这座新的"府邸"。1921 年 9 月，小约翰·洛克菲勒带着一大批随从来到北京，亲自参加了北京协和医学院的开业典礼。

约翰·格兰特（John Grant）是北京协和医学院招募到的一名医生，不久前刚从约翰斯·霍普金斯医学院拿到公共卫生专业的硕士学位。格兰特出生于宁波，父母都是加拿大人，父亲是宁波浸礼会的传教士医生。格兰特在青岛一所德国人开办的文科中学读完之后，在加拿大新斯科舍省的阿卡迪亚大学获得本科学位，并在密歇根大学获得了医学学位。1917年，格兰特与夏洛特·希尔·格兰特（Charlotte Hill Grant）相识并结婚。1922年，格兰特携夫人前往北京，就任医学教育与公共卫生部副主任。1925年，他与北京警方合作，开办了一家卫生所，为生活在医学院周围的10万居民提供医疗服务，那是北京的第一病区。1928年，格兰特担任北京协和医学院卫生与公共健康系主任。该系注重临床实践，建立了若干社区诊所，学生们可以到社区诊所实习。[18]

格兰特把精力投入医学院的研究和教育事业中的同时，他的夫人夏洛特则醉心于了解中国的社会和政治史。夏洛特的父亲是银行家，去世时留给了她一笔遗产。在北京居住的十四年间，她用这笔钱购买满族服饰，积攒了大批藏品。夏洛特在北京有一位特别供货商戴先生，她在这位戴先生的密室里挑选藏品。（据夏洛特的孙女尚德·格林说，艾比·洛克菲勒曾陪同丈夫访问北京，她喜欢与夏洛特一起购买古董，称夏洛特知道北京最好的古董店在哪里。）

1644年清军入关，推翻了明朝。1759年清朝颁布了《钦定皇朝礼器图式》，对不同等级官职的官员们的服饰在色彩和图案上做了明确的规定。这一诏令反映出清朝在服饰上沿用了儒家等级礼制。儒家思想认为，不同等级的人必须穿着与其身份相适应的服饰，而天子处于社会等级的顶端。除此之外，道教和佛教的图案标志在清朝官员的服饰上也得到了采用。满族服装的下摆部分装饰着道教和佛教中描绘的海洋、大地、波涛和高山。根据规定，只有皇帝和皇后的服饰能够使用明黄色，只有皇帝和亲王的服饰能够使用五爪龙图案，其他王公贝勒的服饰上只能用四爪蟒。在清代官员的朝服外衣上面，允许缀有两块补子，一块在后背中央，一块在前胸正中。文官的朝服以不同的飞禽来表示品级，而武官的服饰则以走兽，通常是神兽来代表级别。礼帽檐上有一圈皮毛，帽顶上镶有顶珠，同样代表着穿戴者的官阶。满族女性的身份地位则取决于其男性亲属的地位。清朝每年颁布两次诏令，对官员的着装进行严格管理。具体规定了官员应该在哪一天脱下冬装，换上夏装。冬装由厚重的丝缎制成，防寒保暖，而夏装则由轻巧的薄纱制成，编织宽松，通风透气。

纽约大都会艺术博物馆举办过一场里程碑式的文物展览——中国宫廷服饰展。据该馆远东部主任普艾伦在导览指南中描述，1912年溥仪退位后，满族的宫廷服饰和官袍才开始在市场上出现（当然在义和团运动中被劫掠的宫廷服饰除外）。20世纪20年代，清朝宫廷服饰"如雪崩一般"涌入市场。[19] 最初一批是宫廷太监们从宫里偷出来的，后一批是溥仪及其随从被逐出紫禁城时携带出来的。普艾伦写道，自1925至1928年，"清宫服饰充斥着北京的市场，宛如波士顿公共绿地上的麻雀到处可见"。1929年，市场上又涌现了大批戏服，据说是来自热河（承德）的皇宫。

夏洛特收藏了500多件各式各样的清朝服饰：长袍，各式各样的补子、口袋、荷包、褡裢、发饰、鞋子、护甲套，以及袖带、领子和袖口等长袍上的装饰部件。[20] 藏品中有一件皇帝穿的"吉服"，是皇帝参加国宴活动时所穿的服装。吉服上绣有十二章纹，代表着天子至高无上的权威，也象征着"天子"应该担负的神圣职责；其他图案，如红色万寿纹、蝙蝠纹和万字纹寓意吉祥，象征着人们对幸福长寿的美好向往。此外，吉服上还缀有龙纹、海水江崖纹等纹饰。中国纺织品研究界的权威约翰·沃尔默（John Vollmer）解释说，皇帝身着吉服上朝时，会朝北面向龙椅，吉服上的四座山峰指向正北，象征着清廷统治天地万物的雄心。

夏洛特一直住在北京，直到日本人开始侵略中国，她才返回美国加州的伯克利。返回美国时，夏洛特带回来大批藏品，足足塞满了39个行李箱。古董商H.梅迪尔·萨基森（H. Medill Sarkisian）长期在丹佛从事亚洲文物的经营活动，是丹佛艺术博物馆亚洲艺术名誉策展人。1977年，在萨基森的建议下，夏洛特的子女詹姆斯·P.格兰特（James P.

Grant）和贝蒂·格兰特·奥斯汀（Betty Grant Austin）将夏洛特的藏品捐赠给了丹佛艺术博物馆。

所谓龙袍，是中国皇帝在几乎所有上朝活动中（某些特定场合除外）所穿的正式服装，是备受外国人追捧的藏品。龙袍有马蹄袖，两侧可开合，下摆有切口。夏洛特在20世纪20至30年代收集到的藏品中，有许多来自慈禧太后当权时期的清宫服饰。裕德龄"公主"曾经当过慈禧太后的御前女官，夏洛特购买哪些藏品都是她出的主意。裕德龄还向夏洛特介绍了繁复的清宫着装打扮的礼节。今天，在丹佛艺术博物馆的档案中，还保留着夏洛特从两人谈话中摘取的记录。

裕德龄的父亲裕庚曾担任清朝出使日本和法国的钦差大臣。裕庚夫人是一名混血儿，其母是汉人，其父则是一位来自波士顿的美国商人。在当时，人们往往瞧不起混血儿。但是，即便是罗伯特·赫德爵士，也不得不承认裕庚有很强大的靠山，称裕庚夫妇的婚姻是爱情的结晶。裕庚夫妇常驻巴黎时，他们的女儿德龄和容龄已经西化，跟着美国舞蹈家伊莎多拉·邓肯（Isadora Duncan）学习舞蹈，跟着法国女演员莎拉·伯恩哈特（Sarah Bernhardt）学习表演。1903年，裕庚全家受召回国，为清廷担任翻译，并协调清廷和西方使节之间的关系。裕德龄17岁时奉召入宫侍奉慈禧太后，为时两年。后来，裕德龄出版了一部回忆录《清宫二年记》（Two Years in the Forbidden City，1911），写下了她在清宫两年的所见所闻，这本书几经再版。除了担任翻译，裕德龄还负责掌管慈禧太后的珠宝和饰品。这段经历在她离开紫禁城后仍使其大受裨益。慈禧太后曾有意把她许配给一位贝勒，但被裕德龄拒绝。1907年，裕德龄与据说是美国领事的撒迪厄斯·科休·怀特（Thaddeus Cohu White）成婚，并在六国饭店里住下。清政府倒台后，裕德龄继续从事她的副业，为外国人提供服务，带领他们游览紫禁城和颐和园（据莫里循记述，怀特"作为商业代理经手了不少灰色交易"，包括试图出售奉天清宫的珍藏[21]）。

裕德龄的语言天赋极佳，除了会说汉语和满语之外，还会说日语、

第十四章　天国服饰　　279

裕家两姐妹，裕德龄（左），裕容龄（右）

英语和法语。出众的语言能力为她赢得了许多客户和朋友。她的西方客户和朋友包括莎拉·康格、露西·卡尔霍恩、夏洛特·格兰特、格特鲁德·巴斯·华纳（Gertrude Bass Warner）（格特鲁德后来将自己收藏的纺织品和古董捐赠给了俄勒冈大学），以及来访北京的女富豪芭芭拉·赫顿（Barbara Hutton）（米德瓦尼王妃）。裕德龄协助这些西方人收购穷困潦倒的清朝官员变卖的古董。美国作家拉莫特写道，德龄身边常常围着一群喋喋不休的年轻男子，而她就像"住在六国饭店的'舍赫拉查达[①]'"，"穿着欧式服装，非常摩登，非常时髦"。[22] 裕德龄承认："我骨子里是一个接受了西方教育的外国人。"[23] 她像变色龙一样善变，根据时代环

[①] 舍赫拉查达是《一千零一夜》中的说书人。苏丹国王无意中发现，王后与宫女们行为不端，盛怒之下将所有人斩杀。此后，苏丹王开始存心报复女人，他每日娶一位少女，翌日清晨再将其杀害。宰相的女儿舍赫拉查达（Scheherazade）为了拯救无辜女子，不顾父亲反对嫁给了苏丹王。她从进宫后每晚给苏丹王讲一个故事，但不讲结尾。国王为了知道结局，就把杀舍赫拉查达的日期一再延迟，而舍赫拉查达的故事无穷无尽，直到第一千零一夜，终于感化了苏丹王。

境的变化而改变其衣着打扮。第一次世界大战期间，她在中国穿上了一身白色的北京红十字会制服。到了20世纪20年代，她住在北京的六国饭店，摇身变成了一位不拘传统的时髦女郎。来到美国之后，她又将自己装扮成一位满族公主，做了《中国现代妇女》《身在清宫》和《当今中国政治》等题目的讲座，在美国大受欢迎。

在美国加州，裕德龄住在伯克利的卡尔顿酒店。她受聘于芭芭拉·哈顿（零售业巨头伍尔沃斯女继承人）管理其不断增加的中国艺术藏品。1935年，芭芭拉与第二任丈夫库尔特·冯·豪格维茨-雷文特洛（Kurt von Haugwitz-Reventlow）伯爵举办婚礼，裕德龄和丈夫撒迪厄斯受邀参加。1937年4月，裕德龄在日本人发动全面侵华战争之前，离开了中国，偷偷带走了25箱财物。1939年旧金山世界博览会期间，裕德龄的头像被印在明信片上，还被错误地注明是"中国皇家最后一位在世成员"。[24]在博览会上，裕德龄打造了一座"德龄亭"，布置了一间"金銮殿"，里面放着真人大小的人体模型，穿着她从中国带来的宫廷服饰。其中有一件袍子，上面绣着100只蝴蝶，寓意婚姻幸福、健康长寿。目前这件袍子收藏于大都会艺术博物馆。据裕德龄传记的作者格兰特·海特-孟席斯记述，这是慈禧太后送给她的礼物。1944年，住在伯克利的裕德龄在赶往教授中文课的途中被一辆杂货店货车撞倒身亡。去世后，她的财产，包括清宫赏赐的衣物，均被拍卖。

1927年，南京国民政府成立，蒋介石定都南京，北京改名为北平。外国使节虽然留在了北平，但要与国民政府谈事，就必须花几天时间乘船或坐火车前往南京，这给他们外交工作的开展造成了诸多不便。意大利公使评论道："这种情形就像让一位派驻华盛顿的外交官住在伦敦一样。"[25]当时，北平从首都降格为一座省会城市，城里的红墙被涂成了国民党标志性的蓝色。一位作家将北平这座古都描述为"一位被废黜的皇后，依然身着皇后的行头，虽然假装自己是一名普通的家庭主妇，但旧日的雍容华贵依稀可辨"。[26]

20世纪30年代，住在北平的外国人仍痴迷于收藏。美国记者海伦·斯诺（Helen Snow）的丈夫是同为报社记者的埃德加·斯诺[①]。海伦报道说，北平是外国人的天堂，每月仅需花上200美元，就可以过上像皇家一样的奢华生活。[27]你可以花上200美元租下一座满族王府，在府里摆上各种古董作为装饰，还可以训练出一大群侍从来服侍来访的社会名流。到了周末，可以举办午餐会，在西山租上一座寺庙举办午餐会或寻宝活动，还可以到跑马场里租上一大群骏马举办骑马或赛马活动。如果你喜欢狗的话，可以买上一头藏獒，带它去参加犬展。或者，你还可以带朋友到北京俱乐部打双人网球。

1934年，哈里特·门罗再次去北平探望妹妹露西。她发现，这座城市已在许多方面发生了变化，但紫禁城依旧宏伟辉煌。哈里特写道："紫禁城不再禁止人们入内，平民百姓也可以到御花园里赏景。紫禁城里的宫殿对中华民国公民和外国游客开放……总体上讲，北京的街道更干净了，几条大道被拓宽，方便让汽车行驶……虽然国民政府已经迁至南京，外交使节们必须前往南京处理外交事务，但北平的各国公使馆依旧富丽堂皇，里面仍在举办着各种晚宴聚会。"[28]

在北平，外国人享受着各种各样的娱乐休闲活动，除了打桥牌、参观明十三陵或长城以及去西山野餐之外，他们最钟爱的还要属收藏古董。英国作家哈罗德·阿克顿以20世纪30年代的北平为故事背景创作了小说《牡丹与马驹》。书中的女主人公是马斯科特夫人，该人物的创作灵感或许来源于哈罗德的好友露西。在小说中，马斯科特夫人说道："在北京，我们每个人都有自己的藏品。怎么说呢，古董收藏是必需的……收藏古董的风气就像流行病毒一样在空中弥漫，人们迟早都会受其影响。"[29]阿克顿身上有盎格鲁和意大利血统，毕业于牛津大学。他在芝加哥的叔叔盖伊·米切尔（Guy Mitchell）慷慨地资助了他，使他得以来到中国生活并从事收藏活动。1932年，阿克顿移居北京，安顿下来后便

[①] 埃德加·斯诺（Edgar Snow，1905—1972），美国记者，被认为是第一位采访毛泽东的西方记者。1937年出版了《西行漫记》（*Red Star Over China*，又名《红星照耀中国》），记录了中国共产党自创建至1930年期间的活动。

开始学习中国戏曲,并在北京大学教授英文。4年后,他搬进了莫里循曾经住过的豪宅,即弓弦胡同的 2 号院。院子原先的主人是一位负债累累的没落清朝贵族,而上一任房主则是美国自然历史博物馆的"恐龙化石寻宝人"安德思①。院子里的建筑都只有一层,房屋之间由屋顶和回廊相连。阿克顿在内花园加盖了一座游泳池,四周被白色丁香树和假山环绕。他还把前院改造成了英式草坪。在室内,摆放着各种古董家具,墙上挂着阿克顿收藏的中国卷轴画。房屋的前主人曾在柜子里摆放着珍藏的青铜礼器,现如今这些青铜礼器已被卖掉,流落四方,取而代之的是阿克顿收藏的花瓶和笔筒,这些笔筒弯弯曲曲,被雕刻成了石化灵芝和树根。在北京的"中国通"中,有三位哈佛大学毕业的美国人,我们在前面章节里已经结识过他们:大都会艺术博物馆的普艾伦、堪萨斯城的劳伦斯·西克曼和乔治·凯茨。

20 世纪 20 年代末,普艾伦一直住在北京,为哈佛大学福格艺术博物馆物色藏品。当时,他还没有到大都会艺术博物馆工作。每天早上,普艾伦学习汉语,研究中国古典戏剧,查验当地古董商带过来的一个个蓝色包裹,包裹里放着丝绸、绘画和雕塑。每当普艾伦感觉踌躇满志的时候,就会逛一家家古董店,或在紫禁城里四处踱步张望。普艾伦居住在紧靠紫禁城护城河的一座小宅子里,屋前有一个石板铺成的庭院,院中有一棵参天大树,普艾伦喜欢坐在大树底下享用早餐。庭院四周种有花木,每天都有园丁带来装满盛开鲜花的花篮。院子里摆着一个个巨大的陶瓦罐,里面栽种着灌木、翠竹和莲花。普艾伦有三名仆人,与他年纪相仿,都不到 30 岁。他们随时听候普艾伦的差遣,帮助他实现各种大大小小的愿望。在家里,普艾伦就像一位中国人。他有许多满族人穿的刺绣织锦长袍。在特殊场合,他会挑选其中一件穿上,并播放法国印象派作曲家德彪西的乐曲《佩利亚斯与梅丽桑德》。普艾伦痴迷于纺织品,

---

① 安德思:本名罗伊·查普曼·安德鲁斯(Roy Chapan Andrews,1884—1960),美国探险家、博物学家,曾任美国自然历史博物馆馆长。他以 20 世纪初对中国各地的科考探险而知名,从中获得许多重要发现,包括首次发现了恐龙蛋化石。

收藏了许多华丽的织锦和刺绣。据阿克顿说，普艾伦对这些纺织品了如指掌，超过了他对人类的了解。在普艾伦担任大都会艺术博物馆远东艺术策展人的三十余年间，他极大地扩充了该馆中国纺织品的收藏数量，并成功举办了多场中国纺织品展览。[30]

普艾伦常邀好友一起去戒台寺参观，这时露西·卡尔霍恩及其管家小马就会为其提供后勤上的帮助。戒台寺宏伟庄严，地处隐蔽，坐落于气候凉爽、林木茂密的西山之上，距北京城约二十四千米。普艾伦一行先是搭乘火车完成第一段行程。下了火车之后，女士们改乘轿子，男士们则骑着毛驴继续前行。午饭是小马准备的丰盛野餐，餐前有鸡尾酒，餐后还有草莓和冰激凌甜点。之后，众人徒步前往戒台寺，寺内置有小床供人小憩。整趟旅程的高潮，是傍晚时分在戒台寺大殿的烛光中礼佛。大殿中，巨大的木雕像在缕缕香烟中若隐若现，僧人们在击鼓声中吟诵佛经。[31]

除了露西·卡尔霍恩，裕氏姐妹德龄和容龄也是普艾伦举办的社交晚会上的常客。容龄就像一位巴黎女郎，她嫁给了一位祖籍广东的民国将军唐宝潮，据说是个有钱人。人们按夫姓称呼容龄是"唐夫人"，而她身边的人则称呼她为"内莉"。容龄一直留恋她过去的生活，怀念她年少时在清宫所目睹过的盛大场面。据阿克顿记载，那些参与了推翻清王朝的人"都聚集在宏伟的陵墓周围挖掘文物"，而"过了一阵风头之后，容龄开始有意结交这些人，并向他们出售一些自己的藏品"。[32]容龄的住所是一座王府，府里的厚地毯上摆放着漆木家具，上面放满了明代瓷器、玉器、玛瑙、水晶鼻烟壶和笔架。英籍华裔作家韩素音曾如此描述容龄："有一张精致的瓜子脸。"20世纪20年代，容龄曾担任黎元洪总统的庆典官，黎元洪曾担任过三次大总统。普艾伦曾在给保罗·萨克斯的信中吐槽，称吸食鸦片成瘾的唐夫人"沉溺于不中不洋的舞蹈"，"坚持声称自己是标准的清宫美人（她年轻时确实长得很可爱），讲起话来仿佛大清帝国已归她掌管十几年。与其他人不同的是，容龄并不收藏古董，而是收藏香水。我想，她大概收藏了1 573瓶香水，根据自己情绪的不同挑选不同的香水。我有时想，她有可能会一次把所有香水都拿出来赏玩"。[33]

1929年，华尔街股市大崩盘后，一些美国买家退出艺术品交易市场。而那些未受股市崩盘影响、有雄厚资金实力的人则从中获得了机会。堪萨斯城的报业大亨威廉·罗克希尔·纳尔逊（William Rockhill Nelson）便是其一，他是《堪萨斯城星报》的出版人。纳尔逊捐资成立了纳尔逊艺术博物馆，向博物馆捐赠了1 100万美元，并请劳伦斯·西克曼为该馆物色中国藏品。1930年，西克曼获哈佛大学燕京学社奖学金资助来到北京，与母亲一起在蝎虎胡同里的一座房屋里住了几年。西克曼为纳尔逊博物馆收购了举世闻名的"龙璧"，即龙门石窟里的《北魏孝文帝礼佛图》。他还于1934年从卢芹斋手里买下了彩绘木雕"水月观音像"，这座观音像成为纳尔逊博物馆的明星藏品之一。此外，西克曼还收购了一批珍稀卷轴画，其中包括他于1933年收购的北宋画家许道宁的《秋江鱼艇图》。据纳尔逊博物馆亚洲艺术部中国馆馆长马麟（Colin Mackenzie）描述，"一天夜里，北京市市长的仆人敲响了西克曼家的门，手里拿着一幅'主人要卖掉的'卷轴画。这幅画要价不菲，西克曼不得不迅速做出决断，可能第二天就得决定是否入手。最终，西克曼从朋友伯查德那里借到了钱"。[34]后来，西克曼回首此事，说这幅画是"踏破铁鞋无觅处，得来全不费工夫"。[35]

1931年，西克曼前往天津拜访末代皇帝溥仪，最终从溥仪那里收购了两幅画作。[36]当时，溥仪与皇后婉容、嫔妃、兄弟、前朝官员以及他的阿尔萨斯牧羊犬一起住在天津。1911年，清朝垮台，溥仪退位。自1911至1924年间，退位的溥仪仍然居住在紫禁城中，过着几乎被软禁的生活。在这些年间，清宫珍宝的法律所有权界定不清。这些宝物究竟是国家财产，还是如溥仪在自传中所声称的，属于清朝皇室爱新觉罗家族的私人财产？溥仪一家人口众多，日常花销巨大，手头总是缺钱。于是，溥仪便开始变卖宫廷宝物，或抵押宝物来贷款。1923年，溥仪下令清点建福宫的珍宝，这里存放着伟大收藏家乾隆皇帝最钟爱的珍奇文物。此举使参与偷盗宫中宝物的太监们惊恐不安。据说，太监们为了掩饰自己的偷盗行为，在建福宫放了一把大火，将其中无数珍藏品付之一炬（起火原因至今众说纷纭，也有说法是漏电起火引发的火灾。当时，溥仪正在看电影）。

中华民国临时政府与清政府达成了《清室优待条件》，允许溥仪暂居宫禁，给了溥仪转移宫中珍宝的可乘之机。离开北京之前，溥仪以"赏赐"为名，通过胞弟溥杰和堂弟溥佳将大批宫中珍宝偷运出皇宫。因为方便携带，体积小的文物都被带走了。二人将这些文物用黄绸缎包上，假装成课本，携带出宫。溥仪本人承认："我们转移了1 000多幅卷轴画、200多幅挂轴画和册页，还有约200册宋代善本。"1924年，直军第三路军司令冯玉祥率部班师回京，发动北京政变，授意摄政内阁通过了《修正清室优待条件》，废除帝号。同年11月5日，将溥仪及其随从驱逐出皇宫，从而阻止了更多珍贵文物流出紫禁城。1925年，溥仪逃至天津，居于天津日租界里的张园。被溥仪偷运出宫的文物则被装箱经铁路运往溥仪的新居所。溥仪急需用钱，不断抛售珍贵文物，将大多数文物卖给了外国人。在昔日朝臣和古董商的协助下，西克曼买到了两幅清宫珍藏画作，分别是五代宋初画家郭忠恕《雪霁江行图》的宋代摹本，和明代画家陈淳手卷《荷花图》。而这两幅珍贵名画的原主溥仪却正赏玩刚到手的欧洲摩托车，对中国文物落于他人之手并不在意。[37]

最后需要注意的是一批出土自陵墓的纺织品。1934年，盗墓贼闯入了康熙皇帝第十七子果亲王（1697—1738）的陵墓，果亲王允礼及其福晋都安葬于此。在果亲王的陵墓中，盗贼们发现了寿袍、挂饰、成卷的织锦以及刻有允礼及其福晋姓名的灵牌。据此，专家学者确定这批文物的年代在1738年之前。墓主均身着华丽的寿袍，陪葬品中还有为来世准备的衣物。当时，这些寿袍是唯一有明确陵墓出处的陪葬服饰。20世纪30年代，这批陪葬服饰现身于北京的文物买卖市场。西克曼在北京文物市场上为堪萨斯城的纳尔逊艺术博物馆购得大约70件藏品，其中包括6件完好的寿袍、3件破损的寿袍、织锦残片及布料。这次盗墓挖掘出来的其他寿袍则被美国明尼阿波利斯艺术学院购得，或被普艾伦为大都会艺术博物馆买下。由于其制作年代确凿，这批寿袍为研究清代服饰提供了参照标准，学者可对其前后时期纺织品的风格进行比较研究。目前，出土自果亲王墓中的寿袍仍属美国所藏清代早期纺织品中的顶级精品，而且提醒着我们"中国制造"曾经是奢侈品的代名词。

露西·卡尔霍恩在中国期间继续收藏纺织品。她收集的绝大多数藏品，包括为芝加哥古物收藏家协会购买的一些藏品，目前都收藏于芝加哥艺术博物馆。出于对普艾伦的喜爱和欣赏之情，露西向其所服务的大都会艺术博物馆捐赠了3件中国长袍和1幅西藏地区的绘画。[38]1937年日本发动全面侵华战争，北平沦陷，露西离开中国返回美国芝加哥。最后在芝加哥去世，享年85岁。

"现在，中国成了每个人都感兴趣的话题，"考古学家毕安祺在1937年写道，"最近多本有关中国的书籍跻身美国的畅销书榜单。在美国的大学和高中里，越来越多的人开始关注与中国有关的一切，包括中国的历史、文明和语言等。美国所有大城市，甚至包括许多小城市里都有中国艺术品收藏。"[39]然而，现在关于中国的新老观念正发生着激烈碰撞。过去人们认为，中国是一个充满异国情调的遥远国度。而现在人们形成了一种新的刻板印象，认为中国一直以来都是一个农业社会，为天灾人祸所困扰。美国米高梅电影公司于1937年出品的史诗电影《大地》①正是这种新刻板印象的缩影。影片根据赛珍珠的小说改编，在中国遭受日本侵略的背景下，适时在美国助长了支持中国的民意。但是，影片中的五位主演都不是亚洲人，更不是中国人。彼时的中国陷入内忧外患的困境，美国民众对中国充满了同情，而亨利·卢斯②（Henry Luce）创办的大众杂志《时代周刊》和《生活》使美国民众对中国的同情更为广泛散

---

① 《大地》（The Good Earth）是美国作家赛珍珠（Pearl S. Buck，1892—1973）发表于1931年的一部长篇小说，后被改编成电影搬上银幕。《大地》被瑞典皇家学院誉为对中国农村生活具有"史诗般描述"的作品。赛珍珠在这部作品中塑造了一系列鲜活的中国农民形象，描绘了他们的日常生活。
② 亨利·卢斯（Henry Luce，1898—1967），汉名路思义，生于清朝时期的山东省烟台登州，美国出版商，创办了《时代周刊》《财富》与《生活》三大杂志，被称为"时代之父"。

播。蒋介石夫人宋美龄在美国的巡回演讲更是点燃了美国民众的同情情绪。而这种对中国的同情让美国形成了一种对中国享有"所有权"的意识。这一意识隐含在美国自以为是的自责之中,自责美国"失去了"中国。但事实是,美国从未拥有过中国,且对中国几乎毫不了解。对中国的这种"所有权"意识在"二战"之后依然留存于美国社会之中,既给中国艺术品收藏者和策展人制造了历史难题,也带来了机遇。

第十五章

文物鉴定家劳费尔

1934年9月13日，著名学者贝特霍尔德·劳费尔从芝加哥滨湖酒店（Beach Hotel）8楼的防火逃生梯上跳下，自杀身亡。劳费尔个子不高，素日里衣着整洁。他在菲尔德博物馆人类学部担任研究员长达二十余年。他跳楼的地方，正位于该馆南面5英里（约8 046米）处。虽然不久前他被诊断出癌症，但是导致劳费尔跳楼自杀的原因究竟是什么，人们至今仍在猜测。但毫无争议的是，美国之所以在中国艺术品收藏和研究方面处于世界领先地位，离不开少有的几位知识分子的帮助，劳费尔正是其中一位。

劳费尔的一位同事这样描述他："骨架小，欧洲教授派头，鼠灰色的头发中分，戴着一副大夹鼻眼镜，皮肤蜡黄。"[1]劳费尔喜欢穿老式翻领衬衫，外面套着一件庄重的黑色正装。他的双手"几乎与白瓷无异"，与人握手时"轻柔而有力"。从劳费尔早年所写的信件中可以看出，他本人脾气古怪，愤世嫉俗。早年在芝加哥时，劳费尔给导师弗朗茨·博厄斯①写信哀叹道："没有知识可以激发我的活力，我现在如行尸

---

① 弗朗茨·博厄斯（Franz Boas，1858—1942），德国裔美国人类学家，现代人类学的先驱之一，享有"美国人类学之父"的名号；语言学家，美国语言学研究的先驱。他开创了人类学的四大分支：体质人类学、语言学、考古学及文化人类学。

贝特霍尔德·劳费尔，美国著名藏品鉴定家

走肉一般。芝加哥没有一点学术气息。"[2] 劳费尔不善与人打交道，无须社交使他有大把的时间拼命工作。据他吹嘘，他一天在办公室工作 16 个小时。劳费尔操一口浓重的德国口音，在办公室两个拉盖式书桌之间来回忙碌，向下属分派学术校订工作。劳费尔曾在位于纽约的美国自然历史博物馆工作过，那里的同事也曾被劳费尔瞧不起。劳费尔曾称美国自然历史博物馆是一处"犀牛化石还没有灭绝的地方"。[3]

哈佛大学的兰登·华尔纳称赞劳费尔是"美国顶尖的汉学家"。劳费尔对导师博厄斯夸耀道："我将会为美国的民族志学和考古学打下一个全新、坚实的基础……我将会为人类学家……打败中国。"[4] 在学术研究和收藏两个领域，劳费尔均颇有建树。他不仅编写出版了 450 余部著作，还将自己所藏的大批图书、装满档案的文件柜、主要艺术收藏品和民族志文物收藏品捐赠给了三座博物馆：位于纽约的美国自然历史博物馆、芝加哥菲尔德博物馆和芝加哥艺术博物馆。无论是周代玉器、汉代陶瓷还是安阳出土的青铜器，博物馆研究员和收藏家们都会请劳费尔来鉴定估价。即使是在美国经济大萧条时期，劳费尔的收费通常也高达五百美元一天。经劳费尔鉴定后，收藏家们才会对藏品进行交易、展览，最后再将"备受其赏识"（估值高）、可获得相应免税的小型文物捐赠给美国各地的博物馆。

然而，劳费尔的好名声，却遭遇了不公正的诋毁。他陷入艺术与社会科学之间血腥的争斗中，成为学术斗争的牺牲品。民族志是一门新兴学科，而劳费尔是这门学科的开拓者，其身份不免遭到旧学科学者的质疑。但是，在劳费尔的出生地德国，学者们却能公正地探究各种社会制度,并且在这方面遥遥领先。马克斯·韦伯①就是最早研究中国选举制度的西方学者之一,称中国士大夫是"向理性化行政体系迈进的擎旗人"。韦伯写道,事实上中国士大夫"统治了中国2 000年"。[5]

从另外一种角度上来讲,劳费尔也是一位开拓者。当时,关于"如何确定中国在现代文明崛起中所起到的作用及所处地位"的问题,人们一直争论不休。劳费尔首当其冲参与辩论。学界和政界的领袖们倾向于认为,人类历史与达尔文的自然选择学说相似,物竞天择适者生存。按照他们的划分,原始民族和非白人种族被置于梯子的底端,而敢于创新、民主开明、努力上进的欧美人则被置于梯子的顶端。如此一来,将中国置于何处就成了一个问题。当时中国贫穷、落后、因循守旧。然而,中国古代却独立发明了指南针、印刷术和火药,而人们认为正是这三大发明推动了西方的崛起。我们将15世纪中国明朝的大航海之行置于人类探险史的什么位置?郑和在永乐年间率领庞大的舰队七次下西洋,最远抵达非洲。作为宦官和穆斯林的郑和难道不应该享有与哥伦布②和瓦斯科·达·伽马③一样的历史地位吗?当伦敦还是一片沼泽、巴黎还是一座古罗马城堡时,中国的商人们,正沿着丝绸之路行进,与中亚和地中海地区进行贸易往来。因此,我们为何不能横向而非要纵向地评价不同的文化呢?我们为何不去探究不同文化是如何以不同方式适应各自独特的环境呢?对此,劳费尔与自己的导师、受过德国教育的人类学家弗朗茨·博厄斯一样,支持那些相对论者。

另一个相关问题是,西方人该如何理解中国艺术?如何来理解那些奇怪的卷轴字画、有警醒意义的佛像以及用色巧妙的陶瓷艺术品呢?这

---

① 马克斯·韦伯(Max Weber,1864—1920),德国社会学家、历史学家、政治学家、经济学家、哲学家,是现代西方一位极具影响力的思想家,与卡尔·马克思和埃米尔·杜尔凯姆(Émile Durkheim)并称为社会学的三大奠基人。他强调主观因素对社会研究的重要性,对西方古典管理理论的确立做出杰出贡献,是公共行政学的创始人之一,被后世称为"组织理论之父"。
② 克里斯托弗·哥伦布(Christopher Columbus,1452—1506),意大利探险家、航海家。哥伦布于1492年到1502年间四次出海横渡大西洋,并成功到达美洲大陆。哥伦布的发现成为美洲大陆开发和殖民的新开端,是历史上一个重大的转折点。
③ 瓦斯科·达·伽马(Vasco da Gama,约1469—1524),葡萄牙航海家、探险家,开拓了从欧洲绕过好望角通往印度的航线。

些物品到底是属于民族志学研究的民间艺术品，还是算作贸易商品？我们是否可以将其看作影响了19世纪欧美美学运动的艺术先驱？这三种归类方法在1876年费城、1893年芝加哥和1904年圣路易斯国际博览会的亚洲艺术品展上都有明显的体现。直到19世纪末，对于如何展示中国艺术或对其分类，人们仍然没有达成共识。但经过不断的考察，劳费尔深信：中国的古代文物，特别是玉器、青铜器和雕塑，都属于世界级艺术品。即便是那些看起来最普通不过的家用器皿和工匠器具也是中国传统文化的物证，面临着消失的危险。在现代化浪潮席卷中国之际，中国的传统文化如今岌岌可危。

1874年，贝特霍尔德·劳费尔出身于德国科隆一个富裕的犹太家庭。他本科就读于柏林大学，后来在莱比锡大学拿到博士学位。劳费尔在"柏林东方语言学习班"上获得了非凡的语言能力。劳费尔自称可以在工作中使用十几种亚洲语言，其中包括闪米特语、波斯语、梵语、马来语、汉语、日语、满语、蒙古语、德拉威语、藏语，以及欧洲的主要语言，包括俄语。弗朗茨·博厄斯是人类学的奠基人之一。劳费尔刚博士毕业的时候，博厄斯帮他找了份差事，让他加入了美国自然历史博物馆组织的杰瑟普北太平洋考察队①（1898—1900），考察亚洲与北美之间的联系。当时有学者提出一种新的学说，北美印第安人的祖先起源于亚洲，他们穿越白令海峡抵达到了北美。劳费尔的工作具体来说就是对这种具有争议的观点进行考证。劳费尔跟着考察队，来到了日本本土和靠近西伯利亚阿穆尔河河口的库页岛。虽然劳费尔对这一争论贡献不大，但他却把一大批文物和重要资料带回了家。[6]

当时，纽约的银行家们也把目光投向了中国，特别关注是否有在中国投资建设铁路的可能性以及在中国做进出口贸易是否有利可图。据博物馆官员声称，劳费尔在考察队的第二个功绩就是收集了"展现中

---

① 杰瑟普北太平洋考察队（Jesup North Pacific Expedition, 1897—1902），一支前往西伯利亚、阿拉斯加和加拿大西北海岸进行考察的人类学探险队，目的是调查白令海峡两岸人民之间的关系。这项探险活动由美国实业家、慈善家莫里斯·杰瑟普（Morris Jesup）发起，由美国人类学家弗朗茨·博厄斯计划和指导，产生了诸多重要成果，出版了一批学术书籍。

国民俗、信仰、工业及生活方式的藏品"。这些藏品"展现了复杂的中国文化，中国人在技术方面取得的杰出成就，以及贯穿中国人一生的对艺术的热爱……我们也希望，借此激发公众更加尊重中华文明所取得的伟大成就"。[7]劳费尔参加了1901至1904年前往中国的考察队，是美国自然历史博物馆唯一参与此项目的人员。考察队的赞助人是雅各布·席夫①。[8]他也是德裔美国籍犹太移民，担任投资银行库恩-洛布公司的主管。为获得在中国从事铁路建设、矿产开发和其他工业生产的特许权，席夫与俄亥俄州前参议员卡尔文·布赖斯②、铁路大王哈里曼③、J. P. 摩根等人合作，成立了华美合兴公司（American China Development Company）④。

在中国期间，劳费尔的大多数探险旅行都是单独进行的，他喜欢钻进大城市的胡同里寻购藏品。因此，用"考察"一词来形容劳费尔在中国的活动或许并不是特别确切。虽然博厄斯要求劳费尔收集当时中国藏品的一手资料，但劳费尔更喜欢参考中国文献上的记载，而不是通过与工匠交谈获取信息。在中国内地旅行时，劳费尔随身携带了两小箱子参考书籍。据方腾和吴同合著并于1973年出版的《挖掘中国历史》一书记述：劳费尔在中国各地旅行时，正值兵荒马乱时期，他如何收集藏品以及他的藏品是从哪里获得的，都无从考证。方腾和吴同还在书中写到，劳费尔的考察收获颇丰，但是"他并没有进行田野调查，而是绝大部分

---

① 雅各布·席夫（Jacob H. Schiff, 1847—1920），德裔美籍金融家。1875年加入投资银行库恩-洛布公司，1885年成为公司总裁。1897年他给铁路大王爱德华·亨利·哈里曼以财政支持，使其收购联合太平洋铁路公司和北太平洋铁路公司的重组。
② 卡尔文·布赖斯（Calvin S. Brice, 1845—1898），美国商人，俄亥俄州民主党政客，曾担任参议员。组织了华美合兴公司，试图要在中国同欧洲老牌殖民主义者争夺铁路投资权。
③ 爱德华·亨利·哈里曼（E. H. Harriman, 1848—1909），美国金融家和铁路大王，曾担任联合太平洋铁路公司总裁及南太平洋铁路公司总裁。1905年，哈里曼曾试图收买南满铁路和东省铁路，但均未成功。
④ 华美合兴公司（American China Development Company）是一家成立于清朝末年（1895年12月成立）从事铁路建设的美国公司，负责人是卡尔文·S. 布赖斯。1898年，该公司获得粤汉铁路修筑权。1902年，合兴公司违反《粤汉铁路借款续约》，私下将三分之二股份卖给比利时万国东方公司，引起粤、湘、鄂三省的绅商不满。1905年8月9日，合兴公司迫于压力以675万美元出售了公司在华的所有资产。

时间都待在西安和北京，从中国古董商手里收购考古文物"。[9] 而在这方面，劳费尔比中国学者更有优势，因为对于购买明器或墓葬塑像，劳费尔并没有什么忌讳。

义和团运动之后，劳费尔预言中国不得不屈服于现代化进程中的各种势力。作为民族志学者，他觉得自己"有责任拯救濒于毁灭的文化与人民"。劳费尔认为，中药用具、鸽子哨、蛐蛐罐、各种消遣物品、牵线木偶和谜语等不起眼的寻常玩意儿而不是藏于皇宫的那些最昂贵的瓷器和一流的珍宝最能展现中国人的精神风貌。[10] 美国自然历史博物馆的现任研究员罗若尔·肯德尔①总结说：劳费尔考察中国的收获就是收集了辛亥革命之前的一系列与民族志学相关的藏品，这些藏品内容之丰富、涵盖范围之广泛，当属北美之最。劳费尔当时兴高采烈地给博厄斯写信道："在中国，没有我未踏过的道路，没有我未进入过的洞窟……我的好奇心促使我不放过任何可以搜寻的地方。"[11]

1901年8月初，劳费尔抵达上海，在上海停留了六周。之后，他跑遍了江苏和浙江，参观苏州、杭州之后，于12月抵达北京。劳费尔在北京停留了将近一年时间，顺便参观了长城、明十三陵、御窑，还去河北省北部游览了承德避暑山庄。随后劳费尔返回上海，从上海将收集到的文物和书籍运走。接着，劳费尔乘船前往南京和武汉，又乘坐骡车到了西安。1903年10月，劳费尔来到了天津港，随行的七辆马车满载着古代陶瓷和青铜器。在山东工作3个月后，劳费尔又最后去了一次上海，从上海又运走了50箱收集到的藏品。1904年4月，劳费尔起航离开中国。他先后分9批从中国运出总计305大箱藏品，数目惊人，其中包括7 500件文物[12]、500册古籍善本以及500张蜡筒唱片。

此时，劳费尔似乎已完全入乡随俗。正如他写给博厄斯的信中提到的那样，劳费尔成了一个地地道道的"中国人"，感觉"与做欧洲人相

---

① 罗若尔·肯德尔（Laurel Kendall，1947— ），人类学家，美国自然历史博物馆人类学部主任，哥伦比亚大学人类学系客座教授。主要研究亚洲的民间信仰，长期在韩国、越南、缅甸和巴厘岛等地进行田野考察，并著有多部关于萨满信仰和文化的书籍。

比，做中国人更好，身体更健康"。[13]在另外一封写给博厄斯的信中，劳费尔热情地说："在我看来，中国文化与我们的文化同样优秀，甚至在许多方面更优秀，首先表现在中国的道德规范上……如果有什么事情让我遗憾，那就是我生来不是中国人。"[14]但是，1910年之后，劳费尔只去中国访问了一次。如菲尔德博物馆亚洲考古馆馆长本内特·布朗森①所描述：劳费尔的一生自相矛盾，因为他"既希望自己是个中国人，但又不太喜欢中国"。[15]

虽然博厄斯提醒劳费尔以收集与民俗和民族志相关的藏品为主，但是劳费尔也想方设法收集了一些文物。劳费尔从贫困的收藏家、太监、吸食鸦片成瘾的和尚以及古董商手中购得青铜器、石雕、汉代陶瓷及一批画作。购买文物的过程中免不了要讨价还价。劳费尔在写给博厄斯的信中，不免告诉博厄斯自己在讨价还价中获得的一场场小胜利。"在中国收集藏品，别以为只是购物，"劳费尔写道，"你需要心态好，有耐心，有定力。"[16]1912年（即清王朝垮台之后，劳费尔带着藏品返回美国接近十年之后），劳费尔回顾过去在中国的经历时说："现在不容易在中国淘到艺术精品了。随着清王朝覆灭，中国的浪漫也随之消亡。家庭作坊被轰隆隆的工厂机器所取代，家庭手工作坊生产出来的产品也被外国进口产品所取代。在这个快速过渡的激进时期，我们目前展示的绝大多数中国藏品，都已经属于过去的历史。可以说，它们突然之间变成了文物。"[17]尽管如此，据劳费尔所述，美国自然历史博物馆的中国藏品，仍未被当作艺术品欣赏。它们如同孤儿，被"公然忽视"。[18]在导师博厄斯与美国自然历史博物馆发生龃龉之后，劳费尔也离开纽约去了芝加哥。

1908年，劳费尔受聘于芝加哥菲尔德自然历史博物馆。1908年和

---

① 本内特·布朗森（Bennet Bronson, 1938— ），曾任芝加哥菲尔德博物馆亚洲考古学和民族学研究员，并曾担任伊利诺伊大学芝加哥分校人类学兼职教授。与何翠媚（Chuimei Ho）合著《中国紫禁城风华：乾隆盛世》（*Splendors of the Forbidden City: The Glorious Age of Qianlong*, 2004）和《衣锦还乡：早期美国西北部的华人》（*Coming Home in Gold Brocade: Chinese in Early Northwest America*, 2015）

1910年，劳费尔又以"布莱克斯通考察队"队长和唯一队员的身份，两次前往中国，目的地是拉萨。1903至1904年，英国的杨赫斯班爵士率英国远征军入侵中国西藏，随后占领了进出西藏的各个山口。劳费尔提交了前往西藏的申请，遭到受英国控制的印度政府的拒绝，只能在印度东北部大吉岭和锡金的市场上购买西藏藏品。尽管如此，他仍从加尔各答向美国运送了634件西藏地区的文物。1923年，在百货商店巨头马歇尔·菲尔德①（菲尔德自然历史博物馆的捐助人）所赠基金的资助下，劳费尔再次返回中国。通过这两次中国之行，劳费尔搞到了19 000件内地文物、4 000件藏族文物。这些文物构成了菲尔德博物馆中国藏品的核心。其中，中国早期陶瓷和玉器尤为丰富。[19]

在考察期间，劳费尔也为金主们收集藏品。1920年，芝加哥艺术博物馆聘任劳费尔为名誉研究员，劳费尔从其所服务的本地捐赠者手中为该馆收集亚洲文物。而在芝加哥，芝加哥艺术博物馆可是菲尔德自然历史博物馆的竞争对手。实际上，芝加哥艺术博物馆早期收藏的日本和中国艺术品，便是在劳费尔的指导下进行的。芝加哥女继承人凯特·斯特吉斯·白金汉是芝加哥艺术博物馆的一位捐赠人。她购买过一套16件青铜器皿，准备用于装饰精美的大门，据说文物的来源是劳费尔提供的。白金汉女士开始收藏的是鼻烟壶，之后品位越来越高雅，成为早期中国青铜礼器和陶瓷方面的收藏家。业内皆知，她看重的是藏品的品质，而不是藏品的属性或出土年代。劳费尔向白金汉女士介绍了日本古董商山中商会芝加哥分店。白金汉女士在山中商会那里购买了一件宋代定窑白瓷，与其他藏品一样，以纪念过世妹妹露西·莫德·白金汉的方式，将其捐赠给了芝加哥艺术博物馆。

劳费尔每年有3周假期，这3周绝大多数时间都在鉴定私人收藏的玉器，并按自己开出的价码收费。他也会从自家库房中拿出藏品出售。

---

① 马歇尔·菲尔德（Marshall Field，1834—1906），美国企业家，芝加哥百货公司马歇尔·菲尔德公司（Marshall Field and Company）的创始人。他资助成立了菲尔德自然历史博物馆，并向芝加哥大学校园捐赠了大片土地。

1912年，劳费尔卖给了查尔斯·弗利尔两幅画作，开价不菲。[20]在为同事和潜在客户品鉴藏品时，劳费尔习惯使用"难得一见""一文不值""绝对独一无二""刚刚出土""百里挑一""庄严而不失生动"等词进行描述。同时，他还会告诫说看上的藏品下手一定要快，因为"古代藏品的数量在急速下降"，而且"我相信，机不可失，时不再来"。几年之后，劳费尔的这种交易行为会招人非议，而在今日更是被严令禁止。但是，或许是担心失去一位德高望重的研究员，芝加哥自然历史博物馆对劳费尔的私下交易行为并未提出反对。然而劳费尔在退休之前，把档案卷宗里面与其私人交易相关的信件小心翼翼地都挑出来之后，才交给了博物馆。

劳费尔在其事业顶峰时期，是美国东方藏品的权威鉴定家。如果你能请到劳费尔为你编写藏品目录并将之出版，你就等于攀上了收藏界的顶峰。巴尔①也是劳费尔的客户，他出生于上海，常居伦敦，是一名煤炭商、进口商和收藏家。在义和团起义期间，他还曾担任过炮手。劳费尔为巴尔所藏的中国古代玉器编辑出版了图录。[21]劳费尔筹集了一笔钱，将这批玉器买下，并最终落户于菲尔德博物馆。1947年，在劳费尔去世多年后，巴尔收藏的149件藏品，以绘画作品为主，以30万美元的价格出售给了大都会艺术博物馆。但是，正如大都会艺术博物馆研究员何慕文评论所说，这一套藏品中只有10%的藏品属于博物馆收藏级别。

劳费尔经常使用"皇家"一词。因为他的一个副业就是从北京的古董店收购从清宫掠夺而来的文物。劳费尔在北京与传教士、外交官、博物馆研究员和收藏家直接竞争。劳费尔痛恨竞争对手所使用的手段，比如柏林民族博物馆的员工穆勒②博士所使用的手段让他感到不齿。1902

---

① 巴尔（A. W. Bahr, 1877—1957），生于上海，中国古董收藏家，对古玉、陶瓷及书画均有涉猎，藏品曾在欧美各大博物馆展览，部分捐赠给美国纽约大都会博物馆。
② 弗里德里希·W. K. 穆勒（Friedrich W. K. Müller, 1863—1930），德国东方文化和语言学者。1901年作为柏林民族博物馆长助理来到北京，虽然身上只有10 000马克，但通过跟德国部队的关系，以低价甚或是免费的方式获取了一批文物。据记载，穆勒一共运送了117箱文物回柏林。

年,义和团起义后不久,劳费尔给博厄斯写信道:"难道你当真相信我会玷污自己的双手去购买战利品和赃物吗?我绝不会让我的名字与之有染。我心甘情愿把这种'荣耀'留给穆勒博士这种人。我们正大光明地收集藏品……我们不是贪婪的秃鹫,不会尾随在残暴野蛮的军国主义者身后公然实施抢劫行为。穆勒博士的大量收藏品里有不少战利品。这对柏林博物馆来说,是一种蒙羞,一种耻辱。穆勒博士不仅侵吞了战利品,而且还直接把士兵和传教士手中的战利品据为己有。"[22]

然而,在哈佛大学档案中存有1931年堪萨斯城一份报纸的剪报,所述内容耐人寻味。这份剪报证明劳费尔的道德信念并非坚定不移,同时也证明了他在文物鉴定界有相当大的影响力。弗雷德里克·帕格斯利(Frederic N. Pugsley)博士是一名美国海军军医,他在中国执行任务期间收集了一批中国文物,回国之后准备把文物出售给堪萨斯城的纳尔逊艺术博物馆。劳费尔被请到堪萨斯城,"对帕格斯利的藏品进行专业鉴定,如鉴定合格,堪萨斯城的一位知名市民将会买下这批藏品并捐赠给堪萨斯城"。劳费尔得出了鉴定结论,称其为"美国有史以来收藏的最伟大的一批中国艺术品"。

在帕格斯利带回来的"纪念品"中,有义和团起义期间从紫禁城拿走的宫门。帕格斯利夫人略带遗憾地说,她的其他"纪念品","有可能是在义和团起义期间从皇宫掠夺得到的"。但是,这些纪念品属于"可以交易的战利品,即使他们夫妇不将之买下来,也会落入他人之手"。在帕格斯利购得的这批藏品中,有一把劳费尔宣称"很不错"的"皇帝宝座"、两把"皇后使用"的"宝座"。看到其中一把宝座"被人快速拖拽穿过北京街道"时,帕格斯利夫人跟在后面追到了一位古董商的后屋,将其从古董商手中买下。在帕格斯利夫人的客厅,劳费尔看到那把作为房屋装饰的"宝座",宣称它属于"顶级"藏品。他说:"我也见过一把类似的宝座,但它已破烂不堪,而这把宝座保存得相当完美。"[23]

从堪萨斯城回来之后,劳费尔随即给帕格斯利写了一封信:

在贵府，我惊讶地发现竟有如此多品质卓越的藏品。北魏时期的那尊骑士或武士的石雕像，属于宏伟的不朽之作，具有独特且重要的艺术和考古价值。那面青铜鼓是我有幸看到的设计最完美的青铜器藏品……从贵府上看到的那张龙椅是我见到过的最精美的皇宫宝座……明代皇帝宝座背后的镂空龙雕，只能说是精美绝伦……此外，我很喜欢你收藏的古青铜器，它们是研究中国古代精美青铜器的绝佳素材。你收藏的汉、唐、宋时期的铜镜，种类繁多；还有许多精美的象牙制品、木雕和瓷器，我也都很喜欢。几块珐琅彩瓷板，上面的人物风景栩栩如生，让我至今记忆犹新。最后，也是最为重要的是，我无法忘记你那两尊高发髻观音雕像，它们可与古希腊雕塑杰作相媲美；还有来自承德寺庙的那尊大体量漆雕观音像，也让我无法忘怀。[24]

最后，劳费尔以热情的赞许之词结束了这封长信：

我认为，这些杰出藏品应该永久保存于顶级艺术博物馆。新成立的堪萨斯城艺术博物馆是保存这些藏品最为合理的场所，该馆应至少留出三四个展厅来展示这些中国艺术品。如果我的意见能在这方面促成一些切实的结果，我将非常高兴。

威廉·沃克[①]是堪萨斯城首屈一指的慈善家，他以 5 000 美元的价格买下了那批藏品。当该消息传到兰登·华尔纳耳中时，他怒不可遏。当时，华尔纳是哈佛大学福格艺术博物馆的研究员，同时担任堪萨斯城博物馆的顾问。一位董事给华尔纳写信，抱怨说大家都对堪萨斯城购买那

---

① 威廉·沃克（William Volker，1859—1947），德国商人，企业家。通过"威廉·沃克基金"以及匿名的方式捐赠自己的财富，帮助建造了美国密苏里州堪萨斯城大部分地区，因此享有"匿名先生"的称号。

批藏品"极为吃惊",因为华尔纳曾表示,劳费尔"嘲笑着"拒绝了那批藏品,认为藏品的主人"极不可靠";因此"很难理解劳费尔先生怎么会人前一套,人后另一套"。[25]沃克确实买下了那批藏品,只是被劳伦斯·西克曼进行了去芜存菁。西克曼是纳尔逊美术馆馆长,他新上任,知识渊博,与其说他是一位民族志学者,不若说他是艺术史学家。最终,帕格斯利的大部分藏品,落户于堪萨斯城博物馆协会,其余藏品则由纳尔逊亚洲艺术部收藏。[26]

劳费尔去世后,另一批收藏也使他的名声受损。1913年,洛杉矶县立历史、科学和艺术博物馆在毗邻南加州大学校园的博览会公园开馆,由洛杉矶县选出来的监督委员会资助管理。从洛杉矶当地拉布雷亚沥青坑出土的史前动物骨骸,成为该馆科学部备受瞩目的藏品。但是,该馆的亚洲艺术藏品一直未能引起观众的兴趣,尽管该馆拥有一些不错的日本水印画,并且还拥有蒲安臣①收藏的一批中国陶瓷艺术品。

1926年6月,洛杉矶县立历史、科学和艺术博物馆收到了约翰·威廉·诺尔曼·蒙特②藏品的目录和照片。他是挪威人,1887年曾受聘于由英国人掌管的大清皇家海关总税务司,担任税务监督。1894至1895年,甲午战争中国战败之后,蒙特被调派到袁世凯领导的"新军"骑兵队。义和团运动期间,蒙特加入俄军部队,在天津港内及附近参加过几次与义和团的作战。清王朝倒台后,袁世凯当上了总统,还做了几天的皇帝,蒙特投靠袁世凯,当上了宪兵队的中将。

蒙特的八字胡上抹着蜡,穿着一身量身定做的制服,上面挂满了亮

---

① 蒲安臣(A. Burlingame Johnson, 1820—1870),美国著名的律师、政治家和外交家,美国对华合作政策的代表人物。1862—1867年担任美国驻华公使。卸任之后经当时清廷总税务司罗伯特·赫德的推荐,出任清廷"办理各国中外交涉事务大臣"。
② 约翰·威廉·诺尔曼·蒙特(Johan Wilhelm Normann Munthe, 1864—1935),挪威军官、艺术品收藏家。生于挪威卑尔根,在特隆赫姆接受军事教育,1886年前往中国就职于大清皇家海关总税务司。义和团运动期间,蒙特加入俄军部队,参与了对义和团的镇压。后投靠袁世凯,在其新军骑兵队担任中将。蒙特收集了大批中国艺术品,其中包括陶瓷、绘画、服饰、青铜、大理石雕塑,现收藏于西挪威装饰艺术博物馆。

闪闪的勋章，堪称是吉尔伯特①和沙利文②少将的翻版。蒙特崇拜中国艺术，说着一口流利的汉语，有着顺畅的国外关系，这给他和妻子收集清宫流失藏品带来了便利条件。"去年，我极大地充实了我的藏品。"1915年，蒙特写道，"辛亥革命后，清宫太监总管们不得不卖掉他们的东西。"[27]凭借对海关内部事务的了解，蒙特得以将大批的文物从海关运送出中国。据学者德瑞克·吉尔曼③报道，自1907年起，蒙特就开始搜集大型雕塑和建筑构件，并运往其家乡挪威卑尔根市的博物馆。[28]

约翰·威廉·诺尔曼·蒙特，挪威人，作为士兵参与了镇压义和团，获得一批从清宫掠夺的"战利品"，后来得到劳费尔的鉴定认证

1926年，蒙特决定出售自己剩余的藏品。当时，洛杉矶县立博物馆馆长是鸟类学家威廉·布莱恩④，他没有征求专家意见，仅凭蒙特的藏品目录和三大本印有近400件文物照片的相册，包括瓷器、绘画、雕塑和青铜器，就同意将这批藏品从北京运至洛杉矶。蒙特将军给这批藏品的估价是100万美元，但以60万美元的甩卖价卖给了洛杉矶县立博物馆。

---

① 吉尔伯特·德·莫蒂勒（Gilbert du Motier，1757—1834），18至19世纪法国政治、军事人物，法国大革命时期君主立宪派代表人物。1777年志愿参加美国独立战争，被授予大陆军少将军衔，任总司令乔治·华盛顿的副官，负责起草《人权宣言》和制定三色旗。
② 约翰·沙利文（John Sullivan，1740—1795），爱尔兰裔律师，大陆议会议员，美国独立战争期间大陆军少将，并在长岛会战、特伦顿战役及白兰地酒战役等主要战事担任指挥官，立下重要战功。第3任及第5任新罕布什尔州州长，晚年获华盛顿总统任命为新罕布什尔州美国联邦法官。
③ 德瑞克·吉尔曼（Derek Gillman，1952—   ），美国巴恩斯基金会主席兼执行理事，宾夕法尼亚美术学院前院长，墨尔本维多利亚国家美术馆副馆长。著有《中国佛教艺术》（Chinese Buddhist Art，1985）、《蒙特将军的中国佛像雕塑：财富的耻辱》（General Munthe's Chinese Buddhist Sculpture: An Embarrassment of Riches，1996）及《文化遗产的观念》（The Idea of Cultural Heritage，2010）。
④ 威廉·布莱恩（William A. Bryan，1875—1942），美国动物学家、鸟类学家、博物学家，曾担任洛杉矶县历史、科学和艺术博物馆馆长。

布莱恩馆长给交易中间商、洛杉矶人欧文·弗曼（Erwin Furman）写道："当我第一次看到那批藏品的照片目录的时候，我已对其真实性深信不疑……这些藏品不仅范围广泛，价值贵重，而且也是质量出众的博物馆藏品。"[29]

1923年，劳费尔曾在北京见过那批藏品，研究过藏品目录和照片。当时，弗曼邀请劳费尔携妻儿飞至洛杉矶，对这些藏品进行为期三天的鉴定。劳费尔欣然受邀，并提供了鉴定报告，该鉴定报告现存于菲尔德博物馆。鉴于新成立的民国政府宣布制定禁止出口文物的法规，劳费尔在报告中详述了在中国收集文物面临的困难："毫不夸张地说，能从中国收集到这些如此重要、高品质的文物，这可能是最后也是唯一的机会了。"劳费尔认为，"无论是从数量还是从质量上来说，这些藏品都是不可复制的。"劳费尔表示蒙特收藏的画作让他感到惊艳，他深信这些画作在质量上要高于卢浮宫、大英博物馆和大都会艺术博物馆收藏的绘画作品。总而言之，"我相信，蒙特将军对这批藏品要价60万美元公平合理。如果把这些画拿到纽约、伦敦或巴黎展览并拍卖，或在私人收藏家之间转手，价格在100万美元左右，甚至有可能更多"。[30]

1930年美国大萧条时期，洛杉矶县立博物馆的监管们预付了20万美元，定下蒙特藏品中的118件陶瓷，同时保留了以40万美元价格购买剩余藏品的选择权。该馆发布消息，将其视为博物馆发展转折点予以庆祝。评论家和学者也随之蜂拥至洛杉矶。《帕萨迪纳星报》（*The Pasadena Star News*）的威尔森·佛思（Wilson Foss）首先开火发起了攻击："对此事感兴趣的任何人，都应该征求一下专家们的意见，如底特律艺术博物馆的本杰明·马奇①、波士顿美术馆的约翰·洛奇②博士、

---

① 本杰明·马奇（Benjamin March，1899—1934），远东艺术作家、策展人，底特律艺术博物馆亚洲艺术部主管。20世纪二三十年代，在美国和中国做研究、讲学兼写作。著有《我们博物馆中的中国和日本》（*China and Japan in Our Museums*，1929）、《梅伶兰姿》（*Orchid Hand Patterns of Mei Lan fang*，1934）、《中国画的一些专业术语》（*Some Technical Terms of Chinese Painting*，1935）等。
② 约翰·洛奇（John Lodge，1878—1942），曾担任波士顿美术馆中国日本部业务主管，后任弗利尔美术馆馆长。

芝加哥艺术博物馆的凯利博士，问问他们对蒙特收藏品的看法。"[31]很快传出消息来，据上述学者所知，蒙特曾到美国各地推销那批藏品，但无人出价购买。同为德国移民的阿尔弗雷德·萨尔莫尼①是真正的中国艺术权威。他称蒙特的那批藏品"是个大杂烩，全都是些复制品、赝品和旅游纪念品"。洛杉矶县立博物馆的监管者们转变了态度，放弃了那批藏品的选择权，并拒绝向博物馆拨付购买藏品的经费，从而影响了该馆此后若干年的发展。尽管如此，蒙特那批藏品、包括保留购买选择权的藏品，依然继续存放在洛杉矶县立博物馆展览至 1940 年。该年，该馆新馆长罗兰德·麦金尼②，最终决定就此事征求专家意见。专家们给出的意见是："藏品的真实性十分可疑，不建议在洛杉矶县立博物馆中展出。"[32]该意见被记录在了麦金尼馆长 1940 年写给博物馆董事会的报告中。

蒙特的藏品一直保存在洛杉矶县立博物馆，直到该馆首位亚洲艺术研究员亨利·特鲁博纳③断言博物馆决定购买蒙特的藏品是一个"可怕的错误"。[33]对于已经购得的藏品，特鲁博纳在加州的斯克利普斯学院（Scripps College）找到了对那批藏品深信不疑的艺术家米勒德·希茨④。在希茨的安排下，洛杉矶县立博物馆将那批有争议的藏品租借给了斯克利普斯学院。20 世纪 60 年代，租借给斯克利普斯学院的藏品连同曾遭拒绝未售出的蒙特藏品，一并被送还给蒙特指定的藏品继承者——西挪威实用艺术博物馆。目前，该馆被并入挪威卑尔根 KODE 博物馆。

---

① 阿尔弗雷德·萨尔莫尼（Alfred Salmony，1890—1958），德裔犹太艺术史学家，专注于东亚研究，著名中国古玉学家。曾担任德国科隆东亚艺术博物馆的策展人、副馆长，纽约大学艺术学院教授。著作有《中国山水画》（*Die Chinesische Landschaftmalerei*，1921）、《中国雕塑》（*Chinesische Plastik*，1925）、《卢芹斋藏中国—西伯利亚青铜器》（*Sino—Siberian Bronzes in the Collection of C.T. Loo*，1933）、《中国古代玉雕》（*Carved Jade of Ancient China*，1938）。
② 罗兰德·麦金尼（Roland McKinney，1898—1971），巴尔的摩艺术博物馆馆长、洛杉矶美术馆馆长、壁画画家。
③ 亨利·特鲁博纳（Henry Trubner，1920—1999），德裔美国人，洛杉矶县立博物馆馆长，编著《美国展览上的中国艺术品》（*American Exhibitions of Chinese Art*，1952）。
④ 米勒德·希茨（Millard Sheets，1907—1989），美国画家、建筑设计师，加利福尼亚风景画运动的主要代表人物。

后面发生的事情让人觉得十分离奇。2010 年 12 月，盗贼闯入卑尔根博物馆，偷走了部分蒙特藏品。2013 年 1 月 5 日（星期六），又有 23 件藏品被盗。该馆馆长艾伦·霍尔斯顿①怀疑，这是"按图索骥"的行为："显然，盗贼知道自己想要什么。"[34] 事情到此并未结束。2014 年，经中国房地产商、慈善家黄怒波②先生牵线搭桥，挪威卑尔根 KODE 美术馆宣布与北京大学签订历史性协议，将其所藏的 21 根石柱中的 7 根还给中国，这些石柱是英法联军在鸦片战争中掠夺走的。虽然这些石柱由中国石匠雕刻而成，但建筑风格显然深受西方影响，原本位于圆明园内长春园西洋楼建筑群。石柱将在北京大学展出，作为捐赠石柱的回报，KODE 博物馆收到了 163 万美元的酬金。同时，KODE 博物馆希望得到北京大学中国艺术专家的帮助，对该馆藏品进行研究，提高其展品的品质。1990 年，北京大学教授马世长③曾经说过，KODE 博物馆保存的许多中国藏品即使不是赝品，也是次品。

劳费尔和波士顿美术馆的冈仓天心，都是美国早期研究中国艺术中具有中文阅读能力并能说一口流利汉语的博物馆研究员。然而，劳费尔一生的故事，说明了做文物鉴定工作的危险性，这种工作也让后来的艺术史学家备感痛苦。在许多年里，博物馆界一直传言，劳费尔跳楼自杀或许缘于他担心自己遭人指控，卷入由自己经手的文物鉴定争议之中。然而，劳费尔身边的同事却表示，他跳楼自杀的原因是不堪晚期癌症的折磨。

虽然常遭受他人愚弄，劳费尔也会揭发竞争对手藏品中存在赝品。比如，他曾指出一副微型石棺上的铭文有假，该石棺是由一位日本竞争对手所收藏，现存于波士顿美术馆。[35] 劳费尔有自己的"实践

---

① 艾伦·霍尔斯顿（Erlend Høyersten，1972—　），卑尔根大学艺术史博士。2000—2009 年在挪威克里斯蒂安桑的索兰蒂茨美术馆（Sørlandets Kunstmuseum）任职。2009 至 2013 年间先后担任卑尔根美术馆副馆长、馆长。2014 年起，担任丹麦奥胡斯美术馆（ARoS Aarhus Art Museum）馆长。
② 黄怒波（1956—　），北京大学中文系校友，北京中坤投资集团董事长。
③ 马世长（1936—　），北京大学考古文博学院、北京大学中国考古学研究中心教授，博士生导师。曾任德国海德堡、日本成城等大学客座教授。主要从事中原北方和西北地区佛教石窟考古研究工作，著有《中国佛教石窟考古概要》（2009）。

伦理学"。西雅图艺术博物馆大门口有一对明代石雕，由该馆馆长理查德·富勒①的母亲从冈普百货商店购买。劳费尔应邀对这对石雕进行鉴定时，他认为这对石雕似乎还是待在中国原属地更好。石雕与其原有历史环境分离，"看上去毫无意义"。但是劳费尔却认为这不是外国古董商的过错，应该受到指责的是"某些中国人的贪婪、缺乏爱国主义情感以及破坏公共财物的行为"。[36]

---

① 理查德·富勒（Richard Fuller，1897—1976），西雅图艺术博物馆馆长。1933 年与母亲一起创建西雅图艺术博物馆，并担任该馆馆长 40 年。另外，还曾担任西雅图美术协会董事会主席、西方艺术博物馆馆长协会主席、美国全国艺术馆馆长协会主席，另外还是国际博物馆理事会成员。

第十六章

美国中西部博物馆里的中国山水画

第二次世界大战及其余波以显而易见或微妙的方式对美国收藏、研究和出售博物馆级中国艺术品产生了深刻的影响。那一代的博物馆研究员和学者，经历了两次世界大战，不仅在太平洋地区服过兵役，而且还在战后的日本加入了"盟军夺宝队"，负责抢救艺术珍品。起初，驻日美军的"艺术与古迹处"的高官们不仅在日本也在中国寻找时机低价收购文物。1949年，中华人民共和国成立，文物黑市交易几乎销声匿迹。此时，有些想法的中国艺术古董商，开始在私人收藏中寻找珍品。一些人甚至转而在二手市场淘宝，以满足日益增长的市场需要。美国的博物馆策展人也不甘寂寞，他们挖空心思，通过租借文物举办国际展览来招徕顾客。开此先河的是1961年美国5家博物馆举办的"中国古艺术品展"巡展，以台北故宫博物院的顶级藏品为看点。[1] 从更广的范围来看，美国东海岸博物馆长期占据的霸主地位在战后受到了中西部新生一代博物馆策展人的挑战。

李雪曼是美国中西部地区博物馆收藏发生转向的风向标。他是一个多面手，自信满满，眼光敏锐，经费充足。李雪曼的著作十分畅销，经常受邀作讲座，同时还是克利夫兰博物馆馆长，这奠定了他知名鉴赏家的地位，他的见解被大家公认为真实可靠。李雪曼的友好竞争对手兼长期合作伙伴是劳伦斯·西克曼。西克曼也是一名寻宝者，"二战"之前他在中国的经历我们在前面的章节中已经讲述过。劳伦斯·西克曼对堪萨斯城纳尔逊艺术博物馆有多重要，李雪曼就对克利夫兰博物馆有多重要。两人都在多座城市搜集亚洲艺术精品，继而自豪地在当地建成了供奉亚洲艺术品以供民众参观的展馆，出乎所有人的意料。欣赏亚洲艺术品需要十足的耐心，也需要有刻苦钻研的态度。

　　李雪曼出生于西雅图。他的父亲是受雇于联邦政府的电气工程师，协助建立备受联邦政府推崇的新型大众传媒——无线电台。李雪曼出生后不久，一家人迁居纽约布鲁克林。他在布鲁克林长大，就读于当地的公立学校。后来，他们一家又搬到了华盛顿特区。[2] 在那里，他"对艺术史产生了浓厚兴趣"，会花数小时在菲利普斯收藏馆研究印象派和后印象派作品。上大学时，他从理科转到了艺术史，拿到了美利坚大学的文学学士学位和硕士学位。1938年，他在美利坚大学遇到了露丝·沃德①，两人结婚并共同生活了69年。据他们的女儿凯瑟琳②说："父亲当时是一名网球运动员，母亲是大学女生联谊会的成员。"[3]

　　玛丽·安·罗杰斯③是露丝和李雪曼多年好友，谈起李雪曼夫妇时，她形容得很浪漫："露丝与李雪曼的才气真是绝配。她性格坚韧如钢，谈话时带有南方音调，说起话来抑扬顿挫，迷人且富有魔力。她如同夏季的河流，洗去了李雪曼的冰冷漠然和沉默寡言。[4] 婚后，他们的蜜月是李雪曼准备的，带着帐篷和睡袋，去山里体验艰苦生活。李雪曼曾说过：'是她教化了我。'而这个过程大概是从那次蜜月之行开始的。"蜜月结束后，小两口移居克利夫兰。李雪曼在那里的凯斯西储大学拿到了艺术史博士学位。他的论文《美国水彩画评述》，正是美国最早论述美国水彩画

---

① 露丝·沃德（Ruth Ward，1917—2011），李雪曼的妻子，出生于美国北卡罗来纳州，1938年与李雪曼相识并结婚。
② 凯瑟琳·李·里德（Katharine Lee Reid，1941—2022），美国美术史学家，研究欧洲油画和欧美装饰艺术。曾担任弗吉尼亚美术馆馆长、克利夫兰艺术博物馆和芝加哥艺术博物馆副馆长。
③ 玛丽·安·罗杰斯（Mary Ann Rogers，1952—2020），李雪曼夫妇的好友，与丈夫霍华德·罗杰斯（Howard Rogers）成立古董店"怀古堂"，收藏了大量中国绘画、陶瓷和各种艺术品。

的论文之一。当其时,李雪曼偶然参加了密歇根大学的一个中国艺术暑期班。老师是詹姆斯·马歇尔·普卢默①。普卢默曾在上海和福州居住过十五年,就职于独立运行、有权有势的"中国海关总税务司"。普卢默非常喜欢中国陶瓷。他是鉴定各大御窑陶瓷的权威,教学方法独特。他会解释主要御窑所产陶瓷的不同之处,之后用一块布盖住陶瓷碎片,只让学生们通过触摸分辨出某块瓷片产于哪个窑口。李雪曼后来回忆道,普卢默通过这种亲手实践的技术,使自己了解了"亚洲艺术的神秘性和实用性"。[5]需要补充的是,普卢默的兴趣还包括佛教雕塑、拉其普特细密画、日本"泼墨画"以及中国青铜器。普卢默的这些爱好,都对李雪曼产生了影响。

李雪曼拿到博士学位之后,在普卢默的鼓励之下,来到克利夫兰博物馆,以志愿实习生的身份,协助该馆时任亚洲艺术研究员(策展人)的霍华德·霍利斯②工作。1941年春,在霍利斯的指导下,李雪曼在克利夫兰博物馆协助举办了中国陶瓷展。同年,李雪曼在获得策展人头衔之后,跳槽到了底特律美术馆,开始撰写一系列的短文,探讨的内容广泛,涉及中国陶瓷、柬埔寨雕塑和美国水彩画等,这成为他职业生涯的一个标志性时刻。此时,李雪曼还从未踏上过欧洲或亚洲的土地。1944年,李雪曼加入美国海军,被委任为副领航员,开始了远航旅行。一年之后,李雪曼最终抵达了中国。1945年,日本投降后不久,李雪曼所属舰船停靠在离北京最近的港口塘沽,此时上级还没有下达下一步的命令。已是少尉的李雪曼告诉舰长(和李雪曼一样喜欢使用飞蝇钓鱼),他非常想去北京看看。舰长同意给李雪曼三四天假期,但警告他说,如果逾期不归,他将面临擅离职守的指控。下面是

---

① 詹姆斯·马歇尔·普卢默(James Marshall Plumer, 1899—1960),1923至1937年,就职于海关。1929至1930年,担任哈佛大学燕京学社秘书。1935年起,在密歇根大学教书,后被评为远东艺术教授。著有《天目:建窑瓷考察》(*Temmoku: A Study of the Ware of Chien*, 1972)。
② 霍华德·霍利斯(Howard Hollis, 1899—1985),曾担任哈佛大学福格博物馆中国艺术助理策展人、哈佛大学燕京学社秘书、克利夫兰艺术博物馆远东和近东艺术部主任。1949年,成立霍华德·霍利斯公司(Howard Hollis & Company),主要经销从日本进口的亚洲艺术品。

李雪曼本人对那次北京之旅的记载：

> 于是，我搭着一位海军陆战队士兵开的车去了天津，然后坐火车去了北京。火车上到处是人，拥挤不堪。当时共产党游击队正在山区与国民党军队作战。我们的火车一路多次遇到纷争，不得不停下来。尽管如此我还是兴奋不已，因为我竟然要去北京了。火车终于抵达了北京。（李雪曼身着美国海军制服，坐上一辆黄包车，直奔紫禁城）我来到了紫禁城北门，门前排着一辆辆骆驼拉的敞篷车。紫禁城的城墙依然还巍然耸立在那里。城墙及附近所有的住宅都被粉刷成黄色、浅桃红色和浅蓝色。北京真是美得不可思议。随后，我在琉璃厂发现了一些古董商……我看到了一件磁州窑瓷枕……上面绘着美丽的景色和人物画像。我真的没有多少钱，但我还是将它买到了手。当然了，它的价格微不足道——只花了我大约 2.5 美元。我从收藏磁州窑瓷器开始了我的收藏生涯，看来是上天注定。[6]

"一切都是从那时开始的。"谈到最初的收藏品，李雪曼这样讲道。目前，那件磁州窑瓷枕收藏于西雅图艺术博物馆。它既是李雪曼经过讨

这件磁州窑瓷枕是李雪曼第一次去北京时收获的藏品，目前被放置在西雅图艺术博物馆

价还价捡漏得来的宝贝，同时也标志着这名博物馆策展人开始致力于亚洲艺术品的推广宣传工作。磁州窑陶瓷属于中国北方窑口制品，产量多，经久耐用，雕刻的图案设计大胆醒目，其生产制作的黄金时代可追溯至宋元时期。瓷枕有书页般大小，既可以在实际生活中使用，也可以作为随葬品。它的图案令人赞叹，在一层透明釉的覆盖下散发出光彩，清晰可见。人们只要看一眼那件瓷枕，便能明白为何中国陶瓷在古代就能成为一种世界性商品了。

第二次世界大战后，李雪曼再次受到命运的眷顾。他在克利夫兰的导师霍华德·霍利斯，受雇于驻日盟军"艺术与古迹处"。霍利斯邀请时年 28 岁的李雪曼担任自己的主要助手。一年后，霍利斯返回美国，李雪曼接替了他。两年时间里，李雪曼的工作是检查清点日本艺术收藏品，评估被毁坏的文物以及如何保护其余文物。民国政府给道格拉斯·麦克阿瑟将军写了一封信，表示日本在战争期间掠夺了一些中国文物，据说被藏在了日本奈良的正仓院。而李雪曼拿到了进入这座日本皇家珍宝库房的唯一许可。后来，这些被日本掠夺的文物被展出，但是展品只是一些不值钱的物品。据李雪曼说："展品被放在了一间很大的餐厅，主要展品是一件八面屏玉屏风。真是奇怪，并没有展出多少被掠夺文物，也没有什么展品能让人提起兴趣。"[7]

李雪曼利用自己独特的身份，考察了那些许久未对公众开放的遗迹，观赏了那些许久没有对外展出的艺术品，借此与日本收藏家、古董商和艺术史学家们建立了长久友谊。此外，他还进一步巩固了与霍华德·霍利斯的关系。此时，霍利斯已选择了经营古董生意。李雪曼还结识了劳伦斯·西克曼。第二次世界大战期间，西克曼在中国服役，担任美军的作战情报官。战后，西克曼来到东京，担任"艺术与古迹处"的顾问。让李雪曼觉得庆幸的是，在他日本的任职即将结束时，他在密歇根大学的老师詹姆斯·普卢默教授也抵达日本，加入了"艺术与古迹处"的顾问队伍。几位志趣相投的博物馆策展人聚集在一起，为美国中西部地区主要博物馆收藏重点的转变打下了重要的基础。而且，由于战后日本的经济状况，日本收藏家普遍缺乏资金，更使"盟军夺宝队"的成员们能以较为低廉的价格收购艺术品，而且同样重要的是，他们也可以合法将收购来的艺术品从日本运送出去。

1948年，李雪曼返回美国，担任西雅图艺术博物馆的助理馆长，这是一个可以大展宏图的新职位。该馆的创建者是理查德·富勒馆长及其母亲玛格丽特·麦克塔维什·富勒①。母子两人也是该馆的主要捐赠人。1933年，西雅图艺术博物馆开馆。从那时起，他们便将目光转向东方。起初，该馆的欧洲艺术品只有著名古典绘画作品的彩印照片。他们把收藏重点放在了日本艺术以及中国石雕和玉器上。富勒母子俩热情有余而现金不足。即便如此，在李雪曼来西雅图艺术博物馆工作之前，富勒馆长还是给了他5000美元，供他在日本购买藏品，从而极大丰富了该馆的收藏。李雪曼还说服卡雷斯基金会②向该馆提供欧洲主要艺术家的作品。之后，由于与日本收藏家保持着密切关系，李雪曼又得以凭借有限的资金购买日本和中国画作，极大丰富了该馆的馆藏。在所收集的中国绘画作品中，包括南宋绘画大师李安忠（活跃在约1120至1160年）③的著名册页《鹰逐雉图》。该幅画作之前由日本黑田家族收藏。

1952年，李雪曼加入了克利夫兰博物馆，由此开始谱写他作为杰出鉴赏家的传奇。李雪曼本人不会日文和中文，只能依靠助手——中国出生的学者何惠鉴④的帮助来阅读中日文文献。1958年，李雪曼担任克利夫兰

---

① 玛格丽特·麦克塔维什·富勒（Margaret MacTavish Fuller，1860—1953），理查德·富勒的母亲。1933年与儿子理查德·富勒共同捐建西雅图艺术博物馆。
② 卡雷斯基金会（Kress Foundation）由著名企业家慈善家山缪·亨利·卡雷斯（Samuel H. Kress，1863—1955）于1929年成立，主要在美国进行欧洲艺术教育的宣传，推动从古代到19世纪初欧洲艺术、建筑、考古学的研究。
③ 李安忠：南宋画家，生卒年不详，钱塘（今浙江杭州）人。宋徽宗宣和（1119—1125）时为画院祗侯，历官成忠郎。南渡后绍兴（1131—1162）间复职画院。擅工笔花鸟走兽，尤长于"捉勒"（鹰鹘之类）。
④ 何惠鉴（1924—2004），中国艺术史学家，广东中山人。早年先后求学于岭南大学、燕京大学，师从陈寅恪，后获哈佛大学硕士和博士学位。1959至1983年，在美国克利夫兰艺术博物馆东方与中国艺术部任职。1984至1994年，转往美国纳尔逊艺术博物馆任职。策划了轰动学界的展览："董其昌的世纪：1555—1636。"2022年9月，上海书画出版社推出其学术文集《万象自心出：中国古书画研究》，书中收集了何惠鉴撰写的中国古代书画领域的研究专论18篇。

博物馆馆长之后，何惠鉴便接替他担任该馆东方与中国艺术部研究员。李雪曼荣升馆长前，当地一位矿业和运输巨头伦纳德·汉纳①，刚向克利夫兰博物馆遗赠了 3 500 万美元：一半用于博物馆运作，一半用于藏品收购。李雪曼认为，这种遗赠规定非常明智，因为它能够保证博物馆的财政良好运转。

何惠鉴说，克利夫兰博物馆开始买入藏品时，每当李雪曼成功猎获珍宝，便会喝一杯干马提尼作为奖励。不到十年，李、何两人征集的中国绘画，使该馆在中国绘画收藏方面位居中国境外博物馆的前五名。如高居翰②所述，两人的关系是"共生式"伙伴关系。李雪曼有敏锐的鉴赏力和非凡的记忆力，何惠鉴知识渊博，两人是完美的搭档。何惠鉴在中国文献、印章和铭文鉴赏方面有极高的造诣，正是在他的帮助下，堪萨斯城纳尔逊艺术博物馆馆长劳伦斯·西克曼和克利夫兰艺术博物馆馆长李雪曼在 1980 年举办了"八代遗珍展"，展出了从两馆精选出的 300 幅画作。此举使大都会博物馆对他们另眼相看，西克曼和李雪曼对此不禁洋洋得意。大都会博物馆 1973 年成功将王己千③所藏 25 幅中国绘画作品收入囊中并对外展出。正如此次合作展览所显

---

① 伦纳德·汉纳（Leonard Hanna，1889—1957），美国商人、慈善家，热衷于艺术品收藏，一生向文化与慈善机构捐赠了超过 9 000 万美元。
② 高居翰（James Cahill，1926—2014），中国美术史学家，曾长期担任加州大学伯克利分校艺术史和研究生院的教授，曾担任华盛顿弗利尔美术馆中国艺术部策展人，被公认为是西方研究中国艺术史成就最高的学者。其主要作品包括：《图说中国绘画史》(Chinese Painting，1960)、《隔江山色：元代绘画》(Hills Beyond a River: Chinese Painting of the Yuan Dynasty，1976)、《江岸送别：明代初期与中期绘画》(Parting At the Shore: Chinese Painting of the Early and Middle Ming Dynasty，1978)、《山外山：晚明绘画》(The Distant Mountains: Chinese Painting of the Late Ming Dynasty，1982)、《诗之旅：中国与日本的诗意绘画》(The Lyric Journey: Poetic Painting in China and Japan，1996)、《致用与娱情：大清盛世的世俗绘画》(Pictures for Use and Pleasure: Vernacular Painting in High Qing China，2011)等。其系列讲座"A Pure and Remote View: Visualizing Early Chinese Landscape Painting"被张坚等中国学者翻译整理，《溪山清远：中国古代早期绘画史（先秦至宋）》一书由北京大学出版社于 2023 年 1 月出版。
③ 王己千（C. C. Wang，1907—2003），原名王季迁、季铨，著名旅美画家、古书画鉴定家、收藏家，精于中国古代绘画，收藏有大量国宝藏品。晚年定居美国，曾将大量藏品卖给美国大都会博物馆。之后故宫博物院有意收购王己千其余的绘画藏品，但因王开价过高未能达成。之后王又一次将大量国宝藏品卖给美国大都会博物馆。著作有《王己千书画》《王己千山水画册》及《胸中丘壑》，与维多利亚·孔达（Victoria Contag）共同编著《明清画家印鉴》(Seals of Chinese Painters and Collectors of the Ming and Ch'ing Periods，1940)。

示的那样，李雪曼和西克曼，属于最早懂得鉴赏中国元明清绘画作品的一批美国人，他们认为这些画作优美，相对容易搞到手，且具有收藏价值。

我们应该感谢何惠鉴，他非常了解李雪曼馆与众不同的长处，对其做出了这样的评价："李雪曼属于少数不凭借语言能力就能够鉴赏亚洲艺术的非亚洲人。他看不懂中文或日文文献。然而，李雪曼在看不懂铭刻碑文、题跋和印章的情况下，却能够区分出石涛和张大千的作品，这种鉴赏能力超越了绝大多数中国艺术史学家。他的秘诀在于有一双他声称是与生俱来的慧眼以及经过千锤百炼的直觉。"[8] 对于"要领会亚洲艺术精髓，就必须掌握深奥学问"的说法，李雪曼并不认同。尽管了解文物的背景知识非常重要，但是，"我们永远不能像中国人那样鉴赏中国艺术，更不可能像他们那样深入了解文物出土年代"。李雪曼撰写过备受欢迎的《远东艺术史》（*History of Far Eastern Art*）一书，该书的修订版于1973年出版，他在其中详述道：

>　　我要重申的是，如果你对东亚艺术品尤其是它们的风格了解多了，就会明白，东方艺术与西方艺术一样，并不是一种特别的、独特的、与世隔绝的艺术表现形式。就此而言，东亚艺术并不浪漫神秘，鉴赏东亚艺术也不需要掌握晦涩的知识。在我看来，东亚艺术更易理解，更容易引起共鸣，更人性化……这里有成千上万件意义非凡、赏心悦目的艺术品，它们属于世界遗产的一部分。我们不应让它们成为文献学者、梵文学家和所谓禅宗佛教徒的专属领地，我们也应该置身其中。它们是什么？它们之间的相互关系如何？它们对我们有何意义，对它们的创作者又有何意义？对东亚艺术做整体研究，需要对这些问题做出解答。[9]

尽管如此，李雪曼有自己根深蒂固的收藏喜好，朋友们都知道他有"难以自拔的恋石癖"。1973年，李雪曼率领北美艺术与考古访华团，对中国进行访问,取得了重要突破。从他所记的随行日记中,我们可以找到他迷恋岩石的蛛丝马迹。学者诺埃尔·朱弗里达[①]爆料道,在华期间,"这位不可救药的恋石癖"写的日记上"记满了他在中国各地所见石头的笔记"。她发现:"其中包括花园中巨大的太湖石,以及他在展厅和商店里看到的微型和书桌大小的山石摆件。"[10] 由此不难解释,在克利夫兰博物馆期间,李雪曼收藏的最早、最为公众所知的藏品之一为何是《溪山无尽图》(*Streams and Mountains Without End*)。据称,这是一幅中国早期山水画的重要代表作,作者和出处不明。这幅手卷绢画长 2.13 米,用水墨浅彩描绘,卷后有 9 篇记载作品历史的跋记,创作时间在 1100 年前后或 1205 至 1380 年期间。李雪曼认为这幅手卷画作堪称是电影的最早雏形:"人们可以移动两端画轴,自右至左看,或自左至右看,可以看到无数不同的小场景。"[11] 的确,这是对这幅画所做出的一个有趣的见解。但是对未经鉴赏训练的门外汉来说,他大概能看到的只是云雾缭绕之下的凹凸不平的嶙峋怪石。这些怪石如同众多怒指天空的手指。

随着克利夫兰博物馆藏品的增多,李雪曼公开反对博物馆哗众取宠,对"重磅展览"一词不屑一顾。"重磅展览"这一时髦词汇与托马斯·霍文[②]掌管大都会艺术博物馆的时期密切相关。20 世纪 90 年代,在霍文辞去馆长一职多年后,有人听到李雪曼称赞在纽约举办的一场特别的展览。李雪曼当时评论说:"大都会艺术博物馆真是太了不起了,即便是霍文也没能将它毁掉。"正基于此,1970 年,时任《纽约时报》首席艺术评论家的约翰·肯代[③]写道,李雪曼领导下的克利夫兰博物馆,已成为"美国唯一名副其实的贵族博物馆"。2008 年,李雪曼去世,享年 90 岁。[12]

---

① 诺埃尔·朱弗里达(Noelle Giuffrida),研究东亚艺术史学家,凯斯西储大学艺术史系东亚艺术助理教授,主攻"二战"后在美国收集和展出中国艺术品的历史以及明清道教文化。著有《绵羊与山羊之别:李雪曼与战后美国的中国艺术收藏》(*Separating Sheep from Goats: Sherman E. Lee and Chinese Art Collecting in Postwar America*,2018)
② 托马斯·霍文(Thomas Hoving,1931—2009),美国博物馆学家,1967—1977 年任大都会艺术博物馆馆长。其著作《让木乃伊跳舞》(*Making the Mummies Dance*,1993)记载了他任职大都会艺术博物馆馆长十年期间博物馆所发生的一些变革。
③ 约翰·肯代(John Canaday,1907—1985),美国著名艺术评论家、记者、艺术史学家。

后来，一位记者询问霍文的继任者菲利普·德·蒙德伯乐①对肯代的这句评论有什么看法，蒙德伯乐则做出这样的回应："贵族博物馆？是的，但是通过博物馆任人唯才的管理方式来实现的。在博物馆馆长圈子里，李雪曼是一位有影响力的人物。他收集各领域藏品，不仅在自己的专业领域成绩斐然，在许多其他领域也是如此。他把克利夫兰博物馆从一个地区性博物馆转变成了一个真正的世界级博物馆。"

然而，李雪曼在收藏界并非单打独斗。他不但有学识渊博的何惠鉴辅助，他赏识且敬重的大古董商们也会给他提供意见供他参考。这种合作在收藏界并不罕见。读到本章，读者们或许早就留意到，博物馆的重要收藏经常是多方合作的结果，收藏家、博物馆研究员和古董商们会相互征求意见。说到古董商与收藏家们之间的合作，我们可以列举很多著名的搭档：劳伦斯·西克曼与奥托·伯查德，艾比·洛克菲勒与山中定次郎，J.P.摩根、小约翰·洛克菲勒与约瑟夫·杜维恩。但是所有这些合作，或许都比不上李雪曼与洛克菲勒三世②及其妻子布兰切特③之间的合作取得的成果更为丰硕。他们之间的合作始于20世纪60年代初，当时李雪曼还是克利夫兰博物馆亚洲艺术策展人。布兰切特是推广亚洲艺术至世界的领军人物。她继婆婆艾比·洛克菲勒和小叔子纳尔逊·洛克菲勒之后，也加入了纽约现代艺术博物馆董事会。但是，直到1951年她与洛克菲勒三世访问日本之时，夫妇两人才开始"断断续续地"将收藏亚洲艺术品作为自己的"业务爱好"。洛克菲勒三世接近花甲之年时才开始咨询李雪曼的意见。与喜欢批量买入藏品的小洛克菲勒不同，洛克菲勒三世和布兰切特更为关注收集少量精品。夫妇两人的收藏主要集中在陶瓷、雕塑和青铜器。目前，夫妻两人的主要藏品正在纽约的亚洲

---

① 菲利普·德·蒙德伯乐（Philippe de Montebello，1936— ），1977—2008年担任纽约大都会艺术博物馆馆长。
② 洛克菲勒三世（John D. Rockefeller Ⅲ，1906—1978），约翰·戴维森·洛克菲勒之孙，小洛克菲勒长子，艺术品商人、慈善家。
③ 布兰切特（Blanchette Ferry Rockefeller，1909—1992），洛克菲勒三世的妻子。美国艺术赞助人，迷恋亚洲古典艺术，偏爱现代艺术。

协会美术馆轮换展出。小洛克菲勒收藏清代多彩珐琅瓷，洛克菲勒三世则喜欢早期青瓷和粗陶器。在15年的时间里，洛克菲勒三世夫妇收集了一批顶级藏品。1974年，他们把这些藏品捐赠给了亚洲协会。

洛克菲勒三世的收藏，在很大程度上归功于他与李雪曼签署的君子协议。他们对拟收集的藏品如何分配有过明确规定，从而避免了与李雪曼所属博物馆可能产生的利益冲突。如李雪曼写道："洛克菲勒三世在解决利益分配问题上才智过人，考虑周全。……我们的协议简单、直截了当：凡是他先发现或首先向他报价的藏品，他自动享有优先选择权；凡是我或其他博物馆先发现或首先接到报价的藏品，博物馆享有优先选择权。如出现任何不确定情况或同时接到报价，则由运气决定谁优先挑选。这种情形只发生过一次，当时是通过掷硬币定夺的结果。"

1949年后，中国禁止非法文物交易。李雪曼等人的许多文物收集活动都发生在欧洲，绝大多数通过与古董商交易和竞拍完成。与另一位伟大文物鉴定家丹曼·罗斯一样，李雪曼同样相信，鉴定要直接上手，需要"通过长期比较藏品"培养而成。李雪曼给洛克菲勒三世写过多封信件，信里一直都在强调要对藏品进行比较。他提醒洛克菲勒三世，在决定是否收购某件藏品时，如果你发现周围有更高等次的藏品或者已经收藏有同等质量的藏品，就不要购买这件藏品了。1965年3月4日，李雪曼在给洛克菲勒三世写的信中，列出了他们收集藏品的标准：

　　A. 世界级顶级藏品，世上绝无仅有或只有一两件或两三件同等品质的藏品；
　　B. 一流藏品，顶级博物馆以将其纳入馆藏而引以为豪；
　　C. 二流藏品，优秀博物馆会接受的藏品；
　　D. 三流藏品，博物馆和个人收藏家均认为不值得收藏的藏品；
　　……

"依据上述收藏级别分类，"李雪曼继续写道，"我觉得我们应该努力寻找 A 类藏品。当然，我们也意识到该类藏品并不常见。一般而言，我们也只能退而求其次，寻求 B 类藏品。至于 C 类藏品，在我看来，只有当我们发现某件东西特别有吸引力时，比如我收藏的一对汉马或其他藏品，才考虑将其纳入收藏。"[13]

1974 年，洛克菲勒三世夫妇的藏品对公众开放，亚洲协会发布了一篇新闻稿，其中引用了李雪曼的话："这批藏品的基本的收藏原则是，尽可能收藏最高品质的藏品，收藏的藏品能被有兴趣的外行人所理解、欣赏，而不仅是供学者进行研究……'二战'之后，能在如此短的时间内收集到这些珍品实属万幸。这种等级的藏品绝世无双。"

洛克菲勒三世收集的藏品中，有一件青花瓷盘，产自江西省景德镇瓷窑，上面刻有特殊的铭文。在伊斯兰国家，这种青花大瓷盘很受欢迎，通常用于招待大批食客的宴会上。那件青花瓷盘之所以与众不同，在于上面用波斯语印有印度莫卧儿王朝皇帝沙·贾汗①的名字。沙·贾汗于 1627 至 1658 年在位期间，为纪念爱妻而建造了泰姬陵。沙·贾汗十分钟爱中国陶瓷器皿。那件元朝时期的青花大瓷盘，属于印度至今仍保存完好的底盘上标明为沙·贾汗所有的极少数元青花器皿，从而成为南亚与东亚之间早期开展贸易的文化例证。

洛克菲勒三世去世后，李雪曼收到了他的遗赠物：日本水墨画画家雪村周继②的一幅手卷画，价值 4 万美元。后来，李雪曼以纪念洛克菲勒三世的名义，将其赠送给了克利夫兰博物馆。目前，这件仍然在克利夫兰博物馆展出的藏品，向世人展示了李雪曼与洛克菲勒三世 15 年的合作关系是多么的富有成效。

在此，还需要做个补充说明。凯斯西储大学助理教授诺埃尔·朱弗里达对李雪曼与古董商之间的关系往来做过最深入的研究。朱弗里达研

---

① 沙·贾汗（Shahbuddin Mohammed Shah Jahan，1592—1666），印度莫卧儿王朝第五代皇帝。"沙·贾汗"在波斯语中的意思是"世界的统治者"。在位期间，他为他的第二位妻子姬蔓·芭奴修筑了举世闻名的泰姬陵。
② 雪村周继（1504—1589），日本室町时代后期的禅僧画家与艺术家，出生于今日本本州岛中部的茨城县。他充分学习中国绘画技巧，为 16 世纪前后日本著名的水墨画画家之一。

究并撰写了《绵羊与山羊之别：李雪曼与战后美国的中国艺术收藏》一书。朱弗里达发现，李雪曼还培养了一位名叫侯时塔[①]的德籍犹太人收藏家，他与这位不知名的收藏家关系密切，并从中获益匪浅。20世纪30年代，侯时塔逃离了纳粹统治下的德国，来到上海和北京经营古董生意，主营中国陶瓷和绘画。侯时塔在1949年中华人民共和国成立之前，千方百计将自己在中国所获得的艺术品运出中国。据朱弗里达描述，虽然李雪曼与侯时塔的协商过程"一波三折"，但他还是从侯时塔手中购买到了75幅精品画作。朱弗里达坚信这批画作购买得十分及时，使克利夫兰博物馆拥有了一批世界顶级的中国绘画作品。[14]

然而，李雪曼追求的并不是名誉。他喜欢与古董商斗智斗勇，部分原因是因为他喜欢这种博弈。1966年，在克利夫兰博物馆建馆50周年庆典活动中，李雪曼表达了对略胜自己一筹的古董商的敬意。他说："当研究员回到博物馆，说他发现了某件重要艺术品时，实际上他指的是某位古董商发现了那件艺术品。"[15]他还曾跟朋友们开玩笑说，如果他必须重新再活一次，他会当一名古董商。

安思远是李雪曼颇为看重的古董商。安思远是古董商中的"明朝之王"，白手起家，自学成才，对中国绘画和家具颇有研究，与当时的收藏风气格格不入，但取得了一番成就。安思远的父亲是一名牙医，据说发明了牙根管治疗术。20世纪60年代，在纽约受人尊敬的古董商爱丽丝·庞耐[②]的提携之下，安思远开始涉足亚洲艺术市场。事实证明，安思远眼力敏锐，市场直觉精准。在中国铜镜、明式家具和19世纪后的中国绘画作品升值之前，他就已提前囤积了一批货源。

[①] 侯时塔（Walter Hochstadter，1914—2007），德裔犹太人，早年离开德国前往中国，从事古董艺术品收藏生意，20世纪30年代后移民美国。对中国画的鉴赏独具慧眼，亦擅长陶瓷和其他杂项的鉴定。
[②] 爱丽丝·庞耐（Alice Boney，1901—1988），20世纪50年代纽约知名的收藏家与古董商。被称为"中国艺术教母"，与卢琴斋、戴润斋齐名。其画廊是美国地区中国艺术品收藏家的重要聚会场所，在东方艺术品领域的成就杰出，提携了一批年轻鉴赏家，如安思远、欧云侊俪、埃斯卡纳齐等大收藏家。

英国作家杰拉尔丁·诺曼①在艺术鉴赏方面经验丰富，撰写过许多涉及艺术品拍卖的著作。1994 年，她写道："安思远在东方艺术领域的成就，可与传奇的杜维恩勋爵相提并论。"[16] 如果某件藏品能获得安思远的认可，那就意味着这件藏品一定能卖出个高价。洛克菲勒三世是安思远的大客户之一。1974 年，安思远向他介绍了一套中国古典家具，包括橱柜、刻有文字的椅子、长榻、餐具柜和桌子，报价 55 万美元。安思远认为，这套家具值得被纽约新建立的亚洲协会美术馆收藏并展出。如他给洛克菲勒三世的信中所言：那套家具，"是我拥有的最伟大的家具藏品"。之所以要卖掉那套家具，是因为"这可能是既可以为我的藏品找到永久归属地，又能为东方艺术、为您的博物馆、为纽约市做出些许贡献的唯一方式"。[17] 对此，洛克菲勒三世给予了积极答复。安思远的不同藏品，随后确实入驻亚洲协会和大都会艺术博物馆。后来，洛克菲勒三世又向大都会艺术博物馆捐赠了价值 2 200 万美元的中国绘画作品。安思远的居所位于曼哈顿第五大道 960 号的一所公寓，像宫殿一般华丽。诺曼女士曾在安思远的公寓里采访过他。安思远当时被公认为最富有的经营亚洲艺术的古董商，还被中国政府授予荣誉公民称号（此事稍后再叙）。2014 年 8 月，安思远与世长辞，享年 85 岁。

简言之，1945 年以后，中国艺术珍宝的市场需求与日俱增，但交易却充满了风险，高度依赖内部人脉。在美国，收藏中国艺术品的博物馆开始从中西部向东北部倾斜。在本书前面章节，我们提到过劳伦斯·西克曼年轻时期，他当时已经获得了哈佛大学学位和哈佛大学燕京学社的奖学金。1931 年，正在建设中的纳尔逊艺术博物馆聘任西克曼为中国的采购代理。当时堪萨斯城的董事们大胆决定，要把该市具有 50 年历史的小博物馆建设成一个重要的综合性博物馆，使其拥有与其地位相匹配的藏品和经费（参见彩色插图 3、4、6 和 8）。当时，亚洲是最好的藏品收

---

① 杰拉尔丁·诺曼（Geraldine Norman，1940— ），英国著名艺术记者、作家，英国艾尔米塔什基金会 CEO，国立艾尔米塔什博物馆馆长顾问。

集地。20世纪30年代，西克曼为堪萨斯城这座获得重生的博物馆提供的藏品，占到了该馆总藏品的60%。仅1933年一年，西克曼就为该馆提供了1 500件藏品。同年，堪萨斯城纳尔逊艺术博物馆完工，正式对外开放，西克曼终于与自己的雇主见了面，并很快被任命为该馆的东亚部主任，开始了他与该馆馆长达40年的工作关系。

珍珠港事件后，西克曼以美国空军少校的身份重返中国，任务是为美国空军轰炸任务提供情报。从各方面讲，他丰富的实地经验为其确定轰炸目标方面起到了重要的作用。1945年8月，日本投降两天后，西克曼飞往北京收集日本最高指挥部的情报文件。此时，出现了一个天上掉馅饼的机会。当时为备不时之需，西克曼随身携带了25万美元的现金。可这笔钱并没派上用场，因为日本指挥官更愿意向美国人投降，而不甘心向中国人缴枪。然而，西克曼手里的美元最终找到了其他用武之地。1977年，武丽生①（继西克曼之后的下一任堪萨斯城博物馆馆长）回忆起西克曼1945年的中国之行时说道："西克曼返回重庆的航班上有一个炸弹舱，里面堆满了缴获的日本武士军刀，以及沈周②、文徵明③和陆治④的杰出绘画作品。这些画作后来构成了纳尔逊艺术博物馆所藏中国明代绘画作品的核心。购买这些画作所用的资金均以非常规方式匆忙从'美国陆军军需兵部'的一个装有25万美元的手提箱中借支。"[18]这纯属战争带来的运气。西克曼后来很快足额补齐了箱中的钱款。战争结束后，西克曼长时期从事战争遗失受损文物的找寻与抢救工作，为其赢得了赞誉，并与李雪曼结下了深厚的友谊。

---

① 武丽生（Marc Wilson），1982—2010年担任纳尔逊-阿特金斯博物馆馆长，在其担任馆长期间博物馆购买了15 000件艺术品。
② 沈周（1427—1509），字启南，号石田，晚号白石翁，长洲人（今属江苏苏州市），明代绘画大师，吴门画派创始人，与文徵明、唐寅、仇英并称"明四家"。
③ 文徵明（1470—1559），原名壁（或作璧），字徵明，四十二岁起，以字行，更字徵仲，号衡山居士，世称"文衡山"。文徵明诗、文、书、画无一不精，人称"四绝"，其与沈周共创"吴派"。在绘画上，与沈周、唐寅、仇英合称"明四家"。在文学上，与祝允明、唐寅、徐祯卿并称"吴中四才子"。
④ 陆治（1496—1576），字叔平，明代画家。南直隶苏州府吴县（今江苏省苏州市）人，因居包山，自号包山。师从文徵明，擅画山水、花鸟，后人辑有《陆包山遗稿》。

西克曼返回美国时，他在藏品收集方面的才华已广受策展界的认可，各知名单位的聘用函纷至沓来。他选择留在堪萨斯城工作，一方面是因为纳尔逊艺术博物馆的董事们给予他慷慨支持；另一方面，也因为他拥有一个千载难逢的机会：他可以从无到有创造一个世界级的艺术藏品库。西克曼天生就是一个收藏家，而且在收藏方面也从小受母亲的熏陶。他从小父亲就不在他身边，母亲玛丽·芮丁·富勒·西克曼[1]对他溺爱有加。母亲属于"科罗拉多州的婆罗门"，收藏日本版画。在丹佛的家中，母亲每晚都会给小西克曼读查尔斯·狄更斯的作品。西克曼十岁时，已对狄更斯痴迷不已，开始收集狄更斯首版全套主要作品集。有人在采访西克曼的时候，问他是怎么将其收藏目标引向中国的。西克曼回答："我从未想过除中国以外的任何其他方向。"西克曼少年时期，丹佛最豪华的酒店是布朗王府酒店（Brown Palace Hotel）。在它的旁边，有一个家族经营的古董店，名字叫"萨基森"（Sarkisian）。小西克曼偶然进去参观，自那时起便在心里种下了向往中国的种子。西克曼谈道："13岁时，我在那家古董店买下了人生第一件藏品。那是一对夫妇的木雕像，当然啦，是中国人的模样。雕像完美无瑕。我渴望收藏下来。如果你收藏的欲望不强烈，你就成不了一个完全合格的博物馆馆长。"

1953年，西克曼46岁，当上了堪萨斯城纳尔逊艺术博物馆的第二任馆长。当时，他已发表了二十几篇学术论文，涉及中国壁画、佛像以及该馆收藏的镇馆石狮。西克曼还与建筑史学家亚历山大·索珀[2]合作撰写了《中国艺术与建筑》（The Art and Architecture of China）。该书于1953年被收入"鹈鹕艺术史系列丛书"，成为研究中国建筑艺术方面的权威著作。西克曼和李雪曼在改变美国中西部的收藏文化方面发挥了重要作用。1926年，西克曼进入哈佛大学学习时，哈佛大学是美国唯一一

---

[1] 玛丽·芮丁·富勒·西克曼（May Ridding Fuller Sickman，1872—1954），劳伦斯·西克曼的母亲，出生于美国科罗拉多州。
[2] 亚历山大·索珀（Alexander Soper，1904—1993），美国艺术史学家，专攻亚洲艺术，纽约大学美术学院教授。

所开设中国语言、艺术和历史课程的大学。然而，50年过去了，武丽生于1988年写道："美国所有州的高等教育机构，都开设了中国文学、语言和历史方面的课程，其专业水准在1926年时难以想象。"[19]至于艺术博物馆方面，美国中西部地区的艺术博物馆在这半个世纪里已不再是"博扎特中的撒哈拉沙漠"（Sahara of the Bozart）。"博扎特"（Bozart）一词源于美国作家亨利·路易斯·门肯①，他用这个词语来嘲讽20世纪20年代中期美国南部、中西部城市的商业街道。

在美国中西部地区的转型中，李雪曼和西克曼发挥了至关重要的作用。两人都不哗众取宠，重视藏品质量，关注藏品本身的价值。两人都具备一名成功的博物馆馆长所需要的基本特质：善于与捐赠人打交道。有时候，仅有魅力还远远不够。西克曼与人合作编辑了一本宣传顾洛阜②所藏中国书法和绘画作品的手册，并提供了宝贵的建议。西克曼的继任者武丽生，也在顾洛阜身上下了不少功夫。尽管如此，1988年，西克曼与顾洛阜相继去世之后，顾洛阜的藏品落入了大都会艺术博物馆手中。大都会艺术博物馆以为藏品新建一个展厅的条件，说服顾洛阜生前将其藏品遗赠给该馆。

李雪曼和西克曼运营博物馆的成功秘诀中还有一条：两人都相信，无论是在国内还是在国外，博物馆都要扩大影响力。克利夫兰博物馆和纳尔逊艺术博物馆不仅举办公益讲座、提供导览服务，而且还积极组织学校学生来馆参观。这不仅使当地孩子们能够学到知识，也能帮助驱散空荡展厅里面的沉闷气氛。但是，纳尔逊艺术博物馆的影响力还不止如此。西克曼在专业领域广受尊敬，1935年伦敦皇家学院开创性地举办伯

---

① 亨利·路易斯·门肯（H. L. Mencken, 1880—1956），美国记者、散文家、讽刺作家、文化评论者。
② 顾洛阜（John M. Crawford, 1913—1988），当代西方知名中国书画收藏家，斋号"汉光阁"，收藏了大量中国书画作品。顾洛阜不懂中文，生前委托书画史学者或好友编纂了《顾洛阜藏中国书画谱》（1962）、《从顾洛阜藏品中看文徵明和他的朋友》（1974）、《中国书画概观》（1978）、《顾洛阜藏宋元法书名迹》（1982）等，身后还留下了《形象之外：中国书画（8—14世纪）》（1992）。2009年12月，上海人民美术出版社出版了由顾洛阜生前好友、美籍华裔收藏家兼书画史家翁万戈先生编的《美国顾洛阜藏中国历代书画名迹精选》一书，共收入收藏的中国古代书画作品一百零八件。

林顿亚洲艺术展,纳尔逊艺术博物馆成为受邀参展的少数美国博物馆之一,为展览送去了优质藏品。而当时,纳尔逊艺术博物馆刚建成两年。此次展览上,中国也首次批准将故宫博物院文物借到国外展出。

1972年,美国尼克松总统访华。人们也希望这次访问能重启中美两国文化交流的大门。正是抱着这种期望,一年以后,李雪曼率领北美12人代表团访华,参观了中国的16座城市。这一个月行程匆忙,车马劳顿。李雪曼后来评论说,他在其中"既需要施展鞋商的推销技巧,又需要发挥外交官的沟通技巧和人际交往能力"。[20]但实际上,李雪曼在这两方面都表现优异,并且身手矫健,既会打乒乓球,又爱好攀岩,为这次访问增添了便利。李雪曼身材高大,眉目冷峻,比接待他的中国主人们高出半头,但是能够做到喜怒不形于色。只是中美之间的确存在着莫大的文化鸿沟。"我们所说的青铜时代,中国人称之为奴隶时代;我们所说的中世纪,他们称之为封建时代。"[21]后来,李雪曼在接受《克利夫兰实话报》(*The Cleveland Plain Dealer*)采访时谈道:"那里没有诸如为艺术而艺术、艺术与政治分离之类的说法。他们很难理解我们看到美好的艺术品时兴奋不已的那种心情。在中国,艺术是政治的附属物。"每当出现冲突,劳伦斯·西克曼就会出面安慰,做出解释,活跃气氛。

毫无疑问,李雪曼1973年对中国的访问,为一年后举办的"中华人民共和国出土文物展"铺平了道路。这场文物展堪称是一场破冰之展,在华盛顿展出6个月,展览开幕活动既声势浩大,又不失分寸。然而,起初并未将堪萨斯城纳入展览路线的目的地。武丽生对后来所发生的事情做了如下描述:

> 在西克曼的人脉关系和堪萨斯城居民、尼克松总统顾问伦纳德·卡门特①的帮助下,"中华人民共和国出土文物展"终于来到

---

① 伦纳德·卡门特(Leonard Garment,1924—2013),美国白宫前法律顾问。1969—1976年在白宫为总统尼克松和福特服务。

了纳尔逊艺术博物馆。中国人同意延长展览时间，使旧金山的华侨也能一睹展览风采。华盛顿的美国国家美术馆没有亚洲艺术策展员，因此我担任了3个展位的策展人，纳尔逊艺术博物馆则负责制作展览图录和布展。我们能做的事情有限，因为展览图录和展品说明牌的每一个字都要经过审查。他们希望在展览图录中多放照片，少放文字说明。于是，我们决定用高质量图片，印出一本精美画册，同时精心布置展品。[22]

随后，中国派出了一组博物馆专家，跟着展品巡展。他们的任务是确保展品说明牌不出现任何修改。"他们特别迫切想参观我们收藏的绘画作品，"武丽生写道，"但是未获允许。"尽管如此，中美两国在艺术交流上已经开始破冰。

随着时间的推移，西克曼和李雪曼光荣退休，被他们服务过的几家知名博物馆授予"杰出前馆长"的称号。除了在某些藏品的所属地或是否应该买入的问题上产生争执之外，两人大部分时候都相知有素。正如两人都赞美有加的千年手卷《溪山无尽图》中的溪流与山石相互增辉一样，李雪曼和西克曼在性格和脾气上互补。两位与德高望重的中国学者一样都喜欢收藏石头。李雪曼的内心像一块高耸入云的岩石，坚硬、固执、不矫揉造作；西克曼则如潺潺流水，在充满暴力且狂热的世界里，蜿蜒流淌，避开世间的喧嚣。李雪曼在北卡罗来纳州的教堂山（Chapel Hill），有一座简朴的乡间农舍。1986年6月，李雪曼在农舍给西克曼写下了最后一封信：

  亲爱的拉里，我听说你刚大病初愈，在此给你写信表示祝贺，希望你身体健康。随信寄去一张照片，你能从中看出我退休之后的家庭生活依然受你的影响……我们卧室的外面，有一处围起来的小花园。花园后面摆放的岩石，是你赠送给我的礼物。近处这块岩石，是我们在圣安东尼奥捡到的。显然，这里是你在密苏里州奥扎克的石化花园的前哨。不管怎样，我们喜欢这个花园，它既是祝福也是回忆。非常感谢你赠送给我们的这块岩石，我们会继续将它摆放在花园里，以此表达我们对你的谢意。"恋石癖"并非恶习，而是一种美德。或者说，我们相信如此。我想起了南宋，不知道它是否已经融入了我的身体……不知道它对我们来说太过于甜蜜，或过于令人忧虑？我们很喜欢现在的这座花园，享受着现在的退休生活，在我看来现在的家也是一座艺术博物馆。

一切顺心如意。

雪曼[23]

第十七章

大都会艺术博物馆的接力赛

美国博物馆快速发展的态势，维持了长达一个世纪，这在全世界都无人与之相比。2000年以后，中华人民共和国博物馆建设高潮（正如本书后记里所描述的那样）可以在某种程度上与之相媲美。20世纪初至50年代，美国公共艺术博物馆的发展达到了顶峰。每一座有精神追求的城市里，总是会有一些社会精英、文化精英或是政治精英热衷于博物馆的建立。在他们的努力下，美国新诞生了15 000多座博物馆。这些博物馆绝大多数属于美术馆，当然也有历史博物馆和科技博物馆。1923年，法国艺术品经销商雷内·吉姆佩尔①访问美国。他从美国东海岸出发，前往西海岸旅行。经停托莱多时，吉姆佩尔在日记中记录下了人们对艺术博物馆的热爱："这份对博物馆的热衷在美国随处可见，令人不禁联想到中世纪的欧洲。那时人们大张旗鼓地建造教堂，场面令人震撼。"[1] 33年后，另一位法国人，时任法国文化部部长的安德烈·马尔罗②访问美国。有人问马尔罗是否同意瑞贝卡·韦斯特③所说的，"对美国来说，火车站

---

① 雷内·吉姆佩尔（René Gimpel，1881—1945），法国著名艺术品经销商。
② 安德烈·马尔罗（André Malraux，1901—1976），法国小说家、艺术理论家，1959—1969年戴高乐任总统时，出任法国第一任文化部部长。
③ 瑞贝卡·韦斯特（Rebecca West，1892—1983），英国作家、记者、文学批评家、旅行作家。

就是它的大教堂"这一说法。"不,"安德烈答道,"美国的博物馆就是它的大教堂。"[2]

这次"大觉醒运动"①的主教堂是大都会艺术博物馆,迄今为止其地位无人能够撼动。大都会艺术博物馆创建于 1870 年,长期以来一直是纽约市最受欢迎的观光地。目前,该馆年游客量超过 600 万。1905 年,英籍美裔小说家亨利·詹姆斯访问美国,这是他自 1883 年以来首次长期在其母国旅行。詹姆斯在旅行期间预见到该博物馆会取得蓬勃发展。当时,大都会艺术博物馆已搬离曼哈顿西区 14 街那座造型奇异的大厦,隆重地搬迁到了第五大道和中央公园区。"它是一座艺术宫殿,位于中央公园的边上。"詹姆斯在《美国所见》(The American Scene)中写道:在大都会艺术博物馆,"如果你是花最高的价钱买下的藏品",就会"享受这种前所未有的氛围"。在这里,空气里弥漫着一股金钱的味道,"它是如此的富有",足以买下"天底下最精美的物品"。詹姆斯对大都会艺术博物馆的赞许不无道理:"简言之,它会成为一座伟大的博物馆。"[3]

在大都会艺术博物馆建馆初期,亚洲艺术充其量只是其他艺术的陪衬而已。该馆虽然乐意展示本杰明·奥尔特曼与 J. P. 摩根收藏的中国瓷器系列,但是直到 1915 年才成立了远东艺术部。摩根曾担任大都会艺术博物馆董事会董事长一职长达 10 年,但死后并未把他的瓷器收藏品遗赠给大都会艺术博物馆。1915 年,一直陈列在大都会博物馆展厅里的摩根藏品,也随着摩根的去世从展厅中撤出。第一次世界大战的爆发,使大都会艺术博物馆做出了意料不到的方向性转变。[4]转变部分缘于其竞争对手波士顿美术馆的推动。当时,波士顿美术馆在亚洲艺术收藏方面已遥遥领先。受此刺激,大都会艺术博物馆的董事们多年来试图扩大博物馆的亚洲艺术馆藏。但他们面临的问题是缺少一位公认的权威人士来领导亚洲艺术部的建设。此时,恰好出现了一位再合适不过的人选:波

---

① "大觉醒运动"(Great Awakening),也称大觉醒复兴运动,美国基督教历史上出现的数次复兴运动。该运动被普遍认为对美国的思想、观念乃至社会生活产生重大影响。

世·莱兹。他是一位杰出的荷兰学者，兄弟是荷兰女王威廉明娜[①]的管家（这种社会关系对大都会艺术博物馆有益无害）。

波世·莱兹在慕尼黑和巴黎赫赫有名。他既是学者，也是一名才华横溢的画家。莱兹很早就对东亚艺术产生了浓厚兴趣。莱兹研究了欧洲主要博物馆的有关收藏，花了一年的时间钻研中国艺术和日本艺术。1914年，这位痴迷于亚洲艺术的荷兰人被卢浮宫雇用，负责管理卢浮宫里的格兰迪迪耶（Grandidier）的远东艺术品收藏，据说是西方收藏的远东艺术品中的精品，该系列艺术品目前藏于巴黎吉美博物馆。但是，随着欧洲加入了第一次世界大战，正如《纽约时报》所报道的那样："法国当局发现聘用此人并不妥当。"莱兹是荷兰人，而荷兰在第一次世界大战时保持中立态度。莱兹跨越大西洋，来到美国研究主要的东方艺术品收藏系列。大都会艺术博物馆抓住时机，邀请莱兹担任该馆远东艺术部的第一任主任。远东艺术部展示的核心是来自中国和日本的艺术品，同时也会展示朝鲜和南亚地区的特色艺术品。莱兹当即接受了邀请。据《泰晤士报》报道，1915年9月，莱兹来到大都会艺术博物馆时，恰逢摩根收藏的瓷器进入最后的拍卖阶段。当时摩根收藏的这批瓷器是大都会艺术博物馆的明星展品。莱兹的到来使该馆的远东艺术部获得了新生。

上任伊始，波世·莱兹便给人留下了深刻印象。他管理规范，眼光挑剔，做事干净利落，井井有条，很快就收获"老荷兰清洁工"的绰号。有时候，他的行事风格让那些行事马虎的同事感到崩溃。波世·莱兹努力了解博物馆各个领域的不同工作。起初，大都会艺术博物馆曾委托装饰艺术部保管亚洲艺术品。卡尔文·汤姆金斯[②]是大都会艺术博物馆的非官方历史学者，如他所概括：1915年，该馆存有形形色色的亚洲藏品，包含"自1879年以来收集的所有亚洲艺术品"。[5] 1879年，博物馆

[①] 威廉明娜（Wilhelmina Helena Pauline Maria，1880年8月31日—1962年11月28日），荷兰女王和王太后。于1890至1948年期间担任荷兰女王，曾著有回忆录《寂寞但不孤单》。
[②] 卡尔文·汤姆金斯（Calvin Tomkins，1925—　），美国作家、艺术评论家。

几位董事和几位定期捐款者联手，购买了塞缪尔·普特南·艾弗里[①]挑选的一组中国陶瓷，数量多达 1 300 件。塞缪尔·艾弗里是该馆的一名董事，也是艺术品鉴定家和经销商。

然而，波世·莱兹接管的大都会艺术博物馆藏品中，最令人感兴趣的当属福开森在中国时为该馆征集的藏品。福开森出生于加拿大，是卫理公会教派的传教士、学者，还在上海办报纸，担任清朝顾问。福开森还一度担任了中国铁路总公司秘书长，与其满族朋友——清朝官员端方一起，在处理公务之余，收集艺术品。1912 年，大都会艺术博物馆明智地（事实证明确是如此）聘任福开森为该馆终身研究员，提供给他 25 000 美元的经费，请其代为征购艺术品。一年以后，福开森凭借自己的才干，获得了更多的经费支持。

随后，中国青铜器、玉器，特别是明清绘画作品，开始源源不断地流入纽约。然而，福开森征集的藏品受到的质疑多于赞美。大都会艺术博物馆新任馆长爱德华·罗宾逊刚从波士顿美术馆调任过来，他认为福开森运来的首批藏品"令人相当失望"。装饰艺术部新任研究员威廉·瓦伦蒂纳[②]也持同样看法。瓦伦蒂纳刚从柏林的恺撒·腓特烈博物馆（Kaiser Friedrich Museum）调动过来，当上大都会艺术博物馆的策展人。藏品运抵纽约之后，大都会艺术博物馆举办了新闻招待会上，与会者要么对藏品不认可，要么对藏品提不起兴致。[6]《纽约世界》的艺术评论员声称，这些中国卷轴"单调、几乎没有线条感"，色彩暗淡、乏善可陈。在这位评论员看来，花巨额资金买来这样一批质量不高的藏品真是不可思议。《泰晤士报》则发表了这样一段不冷不热的文字："据称，这是美国有史以来最值得关注一次的展览。"但报道只称赞了盛放中国卷轴画的箱子和一面战鼓制作巧妙，却对藏品只字不提。

[①] 塞缪尔·普特南·艾弗里（Samuel Putnam Avery, 1822—1904），美国艺术品鉴赏家、收藏家、交易商，19 世纪 70 年代末，将其收藏的 1 000 多件中国明清瓷器转让给了大都会艺术博物馆。

[②] 威廉·瓦伦蒂纳（William Valentiner, 1880—1958），德裔美国艺术史学家、艺术评论家。1907 年，他移居美国，成为纽约市大都会博物馆装饰艺术系的首位策展人。1924—1945 年担任底特律美术馆馆长。

当时的主要问题是人们一直用西方人的眼光去鉴赏东方的绘画作品，从而觉得作品不尽如人意。西方人或许困惑：画作里身穿长袍，凝望松柏、山石和溪流的老者究竟是何人？

与多年前一样，福开森则极力为自己所征集的画作的质量和真实性作辩护。他坚信，大都会艺术博物馆可以通过收藏这批画作，超越对手波士顿美术馆。为慎重起见，大都会艺术博物馆邀请美国权威亚洲艺术收藏家查尔斯·朗·弗利尔对福开森征集的藏品（特别是中国卷轴画）进行鉴定，之后再决定是否购买这些藏品。令人觉得可信的是，弗利尔一开始就强调，"西方缺少足够权威的专家来对这些作品做出可靠的鉴定意见"。[7] 之后，弗利尔建议购买其中的部分画作，而不是全部。福开森立即做出让步：对弗利尔选中的画作开出4万美元的价格，其余画作免费赠送。福开森在处理这批藏品特别是绘画作品上的精明，至今人们都对此有争议。让一位收藏家品鉴画作，其鉴赏水平立即就能见高低。

总而言之，尽管当时波世·莱兹经费有限，只有一位助手，他依然为大都会艺术博物馆远东艺术部的发展奠定了坚实的基础。博物馆里收藏了形形色色的藏品，莱兹淘汰了其中真伪不明的藏品，着重突出福开森征集的中国卷轴画。莱兹将本杰明·奥尔特曼收藏的瓷器安置在大都会博物馆的楼梯周围，从而履行了奥尔特曼的捐赠规定，即将其捐赠的亚洲收藏品与欧洲艺术品（奥尔特曼的主要捐赠物）相邻展出。波世·莱兹还高瞻远瞩，做出了一个了不同寻常的决策。[8] 1918至1922年间，莱兹从弗兰克·劳埃德·莱特（Frank Lloyd Wright）手中买入了400幅日本版画。当时弗兰克·劳埃德·莱特正深陷婚姻丑闻之中。大都会艺术博物馆日本艺术助理策展人茱莉娅·米奇（Julia Meech）估计，莱特在其困难时期出售了数千幅日本版画，净利润高达30万美元。

1926年，波世·莱兹做了一笔大买卖，他为大都会艺术博物馆收购了一尊真人大小的铜鎏金弥勒佛像，制作年代为公元486年。佛像体格高大，举止优雅，张开双臂做欢迎状。人们一踏入展厅，便会对这尊佛像瞩目凝望。它是出土的古代中国最大一尊青铜像。要了解它的身份，我们还是看一下大都会艺术博物馆的专业说明吧："人们既把它当作菩萨又把它当作佛陀来膜拜。因为人们相信，此生世界毁灭之后，弥勒便会在未来的娑婆世界降生修道，教化世人。"这一说法源于刻在佛像底座的一段铭文。铭文显示，佛像是为了纪念北魏文明皇后而制作的。在公元5世纪的最后30年里，文明皇后掌管了北魏政权。

波世·莱兹成熟幽默，和蔼可亲，随着大都会艺术博物馆藏品的增加，他的性格也越来越为纽约俱乐部文化圈内人士所知。"记忆中，波世·莱兹只有一次忍不住发火，"纽约世纪协会的某位成员回忆道，"那是一个不愉快的场合。当时，俱乐部没有按照惯例拿出他的私人专用茶招待他。"[9] 1927年，波世·莱兹退休，世纪协会的30位成员为他安排了一个告别晚宴。晚宴的餐桌上"放置了一个微缩荷兰景观装饰，使人联想到莱兹舒适惬意的小工作室和微型郁金香花园。这是莱兹在家乡拉伦为自己建造的住所，里面陈设着精美的东方瓷器和荷兰艺术精品"。

然而在墓志铭上，波世·莱兹最希望人们能够记住的是几年后李雪曼高喊出的两个词。李雪曼是克利夫兰博物馆馆长，以敏锐的眼光闻名于世。大都会艺术博物馆亚洲艺术部名誉退休研究员屈志仁回忆道：他刚刚从事博物馆工作时，李雪曼曾带他浏览大都会艺术博物馆亚洲艺术部的收藏。当时，李雪曼指着里面的几件精品，其中包括那尊高大的铜鎏金佛像，大声高喊："波世·莱兹！波世·莱兹！波世·莱兹！"[10]

退休之后，"老荷兰清洁工"波世·莱兹返回祖国安度晚年。1938年，他因车祸去世，享年78岁。退休后的养老保险金额真的很重要，波世·莱兹的继任者普艾伦就在这一点上斤斤计较。普艾伦在哈佛大学读研究生时，便受雇于大都会艺术博物馆。普艾伦坚持认为，自己属于终身聘任。1963年，大都会艺术博物馆制定了强制退休政策，规定专职人员必须 65 岁退休。普艾伦为此感到愤怒，还提起了诉讼，甚至向纽约州州长纳尔逊·洛克菲勒[①]申诉，请其对此事予以干预。普艾伦的法庭诉讼和申诉不仅徒劳无果，反倒为自己博物馆研究员的职业生涯画下了一道休止符。普艾伦似乎将自己视为歌剧中的英雄，认为自己遭到了小人的妒忌和暗算。普艾伦是大都会艺术博物馆雇用过的最自以为是、最稀奇古怪的研究员了。

普艾伦在马萨诸塞州的菲奇堡市度过了童年。祖辈和父亲靠木材生意发家。从童年开始，普艾伦就个性张扬。普艾伦童年时期的伙伴约瑟夫·厄普顿（Joseph M. Upton）回忆起他的穿着时说："有一次普艾伦去参加中学舞会，他身穿黑色长袍，脸上戴着面具，头上戴着一顶尖顶帽，顶着一头又长又卷的金色假发。"[11] 普艾伦的一位老相识，中国文物经销商爱德华·威尔斯（Edward C. Wells）这样描述在哈佛大学读书时以及毕业后的普艾伦："这位年轻人身材苗条，有一头蓬乱的金发，走起路来时而低头垂肩，时而昂首阔步。"他的做派总是让人感到"迷惑和突兀"。普艾伦把自己身边的人分成两个阵营："一类是他的朋友，他相信他们不会做错事"；另一类则是他不喜欢的人，"不管他们做什么，他都不会喜欢"。

普艾伦能来大都会艺术博物馆工作，部分归功于哈佛大学保罗·萨克斯的热情推荐。普艾伦曾修过他讲授的博物馆相关课程。普艾伦的个人履历十分出色：他在哈佛大学时曾师从丹曼·罗斯和兰登·华尔纳两位教授。普艾伦跟随华尔纳参加了第二次福格艺术博物馆中国考察队。1928 年，大都会艺术博物馆远东艺术部刚刚成立之时，年仅 30 岁的普艾伦就当上了策展人。

为了解当时所发生之事，我们找到了几份档案，了解了其中的一些情形。20 世纪 60 年代初，高居翰成为普艾伦办公室资助的一名研究生。

---

① 纳尔逊·洛克菲勒（Nelson Rockefeller，1908—1979），美国慈善家、商人、政治家。1974 至 1977 年担任第 41 任美国副总统。

高居翰离开之后，与普艾伦开始了书信往来。高居翰去台湾地区深造，寄希望中国大陆会重启对外交流的大门。普艾伦根据自身经历，对高居翰提出了以下建议：

> 哈佛大学派我去敦煌的时候，给了我三笔奖学金，而且后面还有。如果你认为我每天没有在通宵达旦地工作，那你就想错了。第一年时，我确信自己只能在中国待上一年。我首先学习中文。我拒绝与任何讲外语的中国人打交道，只在周末才与外国人见面。有一位教书先生与我同住，但他并不教我。他有自己的房间，有自己玩乐的地方。我听不听他的课都随我的便。我的老师们每天白天都来，每周还来三个晚上：一位老师与我一起吃午饭，另一位一起吃晚饭……午饭后，我们花一个小时的时间，去看那些背着包裹到处转悠的古董商贩。我觉得这个活动挺好玩，通过与古董商贩打交道，我既能学习鉴赏古董的知识，还能学习中文。一位优秀的老学者每周会上门两次，读古代典籍给我听。他人极好，但来我这里有一个条件，那就是不能见到其他外国人。他不喜欢外国人，因为1900年义和团起义时，他的父亲被外国人砍掉了脑袋。[12]

一直以来，总有人抱怨普艾伦作为学者思想肤浅、态度不够认真。在这一封信里，我们能够看出普艾伦在为自己暗自辩护。搞清楚藏品的具体年代和归属并非易事，普艾伦在博物馆出版物上发表自己的结论时，有时会发表"有趣但无害的评论，或许也算不上不着边际"。比如，针对一顶唐代发冠，他曾写道："这顶发冠，至少应该属于皇室里的某位老祖母。即便不是，那她也该有这么一顶。"[13] 曾担任过波士顿美术馆馆长和弗利尔美术馆创始馆长的约翰·埃勒顿·洛奇在给朋友写的一封信中，曾经谈到普艾伦对文物的鉴赏水平忽高忽低，这说明圈内人士对普艾伦都有相同的看法。信里，洛奇对朋友说，有人交给他几幅卷轴画："其中有四幅当属极品……除我之外，只有普艾伦见过，但他却将这四幅画拒之门外。我真该谢谢他的愚蠢和目光短浅。"[14]

在写给高居翰的一封信中，普艾伦对那些贬低他的人做了简短的回应。当时，高居翰就绘画收购问题征求他的意见。普艾伦回复说："至于绘画作品，许多古董店里都有不少，毫不夸张地说可能有成百上千幅。一些画作的确属于精品，但绝大多数不过用于装饰室内墙壁罢了，还有一些复制品，专门用来骗那些看走眼的东方人或西方人。"普艾伦拒绝就去哪里买、买什么给高居翰提供建议。他进一步解释说：

> 我不会就收藏什么藏品给你提供建议。一个很好的理由就是，我信奉禅宗。禅宗不主张与人争论。所以涉及中国绘画时，我也不想参与争论。就一幅画作，我能说的只有我喜欢还是不喜欢。在这种问题上，我只对一个人的意见感兴趣，那就是我本人的意见。"才子娇娃回归泉壤，正像扫烟囱人一样。"莎士比亚在《辛白林》里所写下的这句诗，用在博物馆策展人的身上也恰如其分。[15]

然而，普艾伦的批评者中令大家最为信服的恰恰是他的副手阿希文·利珀①。与波世·莱兹一样，阿希文·利珀同样在德国学习，但唯一不同的是他出身权贵。他的哥哥是伯恩哈德亲王②，荷兰女王朱丽安娜③的丈夫。阿希文·利珀在德国波茨坦学习中文，而后在柏林大学提交了

---

① 阿希文·利珀（Prince Aschwin of Lippe-Biesterfeld，1914—1988），荷兰籍中国绘画专家。1949 年移居纽约，在大都会博物馆担任高级研究员，至 1973 年止。1961—1962 年曾为华盛顿国家美术馆（National Gallery of Art）策展"中国古艺术品展"，展品来自故宫。
② 伯恩哈德亲王（Prince Bernhard of Lippe-Biesterfeld，1911—2004），德国出生，贵族，荷兰女王朱丽安娜的丈夫。
③ 朱丽安娜（Juliana Louise Emma Marie Wilhelmina，1909—2004），荷兰女王，1948—1980 年在位。在位期间，发展经济，致力于荷兰王室"平民化"，解决社会不平等，使荷兰成为欧洲最富裕的国家之一，深受荷兰人民的广泛拥戴。

中国元代画家李衎①《竹谱详录》的译稿之后，以优等成绩拿到了博士学位。1949 年，阿希文·利珀开始在大都会艺术博物馆担任高级研究员。一年以后，他当上了助理策展人，随后又升为高级研究策展人。1964 年，由于未能获得提名成为普艾伦的继任者，阿希文·利珀从大都会博物馆辞职。阿希文·利珀发表过多篇论文和评论，他的鉴定意见在业内广受认可。

这解释了为什么普艾伦总是会请阿希文·利珀校对他写的文章和编的目录条目。如今，在史密森尼学院档案馆，依然可以查找到阿希文·利珀给普艾伦所作的答复，他校对的事实错误密密麻麻，一页接着一页。其中，在一份标注日期为 1955 年 10 月 31 日的备忘录上，阿希文·利珀质疑了普艾伦不严谨的态度。"学者们经常就画是谁作的、什么时候作的等问题争论个不休"，普艾伦对此不以为然。实际上，搞清楚这些史实，"正是博物馆策展人的本职工作，博物馆花钱聘请我们就是让我们做这个的"。[16]

尽管如此，博物馆雇用普艾伦也是值得的。普艾伦尤其擅长以戏剧效果布置展览。1945 年，普艾伦组织举办了精彩的"紫禁城服饰展"，展出了 200 件 1644 至 1911 年间的中国宫廷服饰。该展展品丰富，占据了 12 个展厅。展览的高潮部分，是清朝乾隆皇帝一位皇子的陵墓的复制品。卡尔文·汤姆金斯对此有过生动描述：

> 随皇子入葬的是他的所有妻妾。她们静静地躺在坟墓中，肉体腐烂，但身上的服饰却完好无损。只是原有的金铜色随二百年间留下的污渍而变得暗淡。普艾伦还把展厅涂成了同样的金铜色，其中随处夹杂着一些浓绿色条纹。皇子的妻妾由姿态各异的人体模型装扮而成。普艾伦还从一家医疗用品店租了一具人体骨架，

---

① 李衎（1244—1320），字仲宾，号息斋道人，燕（今北京）人。早年曾为小吏，后累官至集贤大学士、荣禄大夫。晚年辞官后居维扬。卒后封蓟国公。善画枯木竹石，和赵孟頫、高克恭并称为元初画竹三大家，著有《竹谱详录》，对于竹子的形态、性质、画法有详细的论述。

将其涂成金色，让它身着皇子服饰斜靠在沙发上。那具人体骨架上有一只玻璃眼球，让人觉得十分诡异。[17]

展览开幕前几天，弗朗西斯·亨利·泰勒①馆长路过展厅，被那具骨架吓了一跳。他下令把它撤出展厅。普艾伦把骨架放入库房。但是，在展览开幕的前一晚，普艾伦又让人把骨架重新搬回了展厅。事实证明，那具骨架是此次展览中特别受观众欢迎的一件展品。得知虽然部分观众对人体骨架提出了批评，但大多数观众对之却赞赏有加，泰勒馆长最终不情愿地收回了自己的反对意见。

但是，我们不能由此便说博物馆从普艾伦为所欲为的工作风格中受益良多。20 世纪 30 年代，普艾伦开始协商收购巴尔收藏的绘画。1946 年，普艾伦终于获得了博物馆的批准，以 30 万美元的天价入手了一批卷轴画。普艾伦吹嘘说，这批画作属于全美国收藏的顶级中国绘画作品。巴尔出生于中国上海，是早期涉足中国艺术的收藏家。普艾伦兴致勃勃地向大都会艺术博物馆董事、年轻的纳尔逊·洛克菲勒担保："巴尔收藏的 19 幅卷轴画中，每幅都是杰作。并且其中有 8 幅是绝世之作。"[18] 这批画作得手之后，普艾伦特地将它们安置在了一个画廊，称其为"世界上最漂亮的房间"。据说，文物收藏家兼古董商王己千曾对美国收藏的所有重要中国绘画作品进行过仔细研究。王己千后来质疑说，在巴尔收藏的这 149 件作品中，只有 15 件藏品的品质属于"博物馆级"。霍文馆长在回忆录中，更是言辞犀利地对巴尔藏品大为贬低："买入巴尔藏品是大都会艺术博物馆收藏史上的一个污点。"[19] 总之，当代收藏界对普艾伦遗留藏品的评价，克利夫兰博物馆的李雪曼做出过精辟的概括。李雪曼

---

① 弗朗西斯·亨利·泰勒（Francis Henry Taylor，1903—1957），美国著名的博物馆管理者、策展人、艺术品收藏家，1940—1955 年担任纽约大都会艺术博物馆馆长。泰勒认为，博物馆应该是一家积极向公众提供服务的公共机构，而不是一座艺术品仓库。著有《巴别塔：现代博物馆的窘境》(*Babel's Tower: The Dilemma of the Modern Museum*, 1945)、《收藏——一部意犹未尽的历史》(*The Taste of Angels: A History of Art Collecting from Rameses to Napoleon*, 1948/1955)、《艺术五千年》(*Fifty Centuries of Art*, 1954)。

曾给洛克菲勒三世提交过一份备忘录，对洛克菲勒三世身后如何处置自己所收藏的艺术品提出了建议。在提及大都会艺术博物馆收藏的亚洲艺术品时，李雪曼称其"毫无生气"。

当普艾伦离开大都会艺术博物馆时，该馆的许多策展人都希望德高望重的阿希文·利珀能够接手远东艺术部，然而事与愿违。据知情人士推测，阿希文·利珀未能继任，是因为有人指控他在第二次世界大战期间曾在德国军队中服役。[20]据说，阿希文·利珀的这一污点尤其冒犯了迪特里希·冯·博特默①。博特默是大都会艺术博物馆的资深古典文物策展人，德国贵族后裔。博特默曾以德国罗德学者的身份在英国牛津大学读书。第二次世界大战爆发时，博特默正在美国访问。后来自愿加入美国军队，并获得一枚青铜勋章和一枚紫心勋章。

普艾伦被迫退休之后，周方担任了远东艺术部的主任。周方在中国出生，在美国接受的教育，是一名陶瓷专家。周方不如普艾伦擅长交际，尤其是不擅长与有权有势的董事们联络。因此，虽然在20世纪60年代纽约的各大美术馆内充斥着来自亚洲的私人藏品，但大都会艺术博物馆的远东艺术部在这十年里基本上处于休眠状态。大都会艺术博物馆在亚洲藏品领域的主要竞争对手有波士顿、华盛顿、克利夫兰和堪萨斯城的博物馆。这些博物馆在这一时期充分利用市场的流动性，不断扩大各自的亚洲艺术藏品的馆藏量。而首屈一指的纽约大都会博物馆却在争夺远东艺术藏品的竞争中止步不前。

凡是过往，皆为序章。1970年，大都会艺术博物馆迎来建馆一百周年，举办了一系列的庆典活动。这一年也是托马斯·霍文担任馆长的第三个年头。霍文在得到董事会董事长道格拉斯·狄龙②的坚定支持之后，决定酝酿一系列的变革，将这座伟大的博物馆从沉睡中唤醒。霍文的父

---

① 迪特里希·冯·博特默（Dietrich von Bothmer，1918—2009），德裔美国艺术史学家，在大都会艺术博物馆担任策展人六十年。
② 道格拉斯·狄龙（Clarence Douglas Dillon，1909—2003），美国金融家、外交家、政治家。曾任美国驻法国大使和美国财政部部长，长期担任大都会艺术博物馆董事并曾担任董事长一职。

亲沃尔特·霍文（Walter Hoving），是美国零售业巨头蒂芙尼公司的老板。霍文从小就与纽约富二代们打交道。霍文曾在纽约市长约翰·林赛[①]手下担任过市公园管理委员会委员。这使他理所应当成为大都会艺术博物馆管理委员会的成员。1966年5月，霍文出席了大都会艺术博物馆召开的董事会会议。[21] 会议上，一位董事对詹姆斯·罗瑞墨[②]馆长提出质询，称他收受一家德国拍卖行赠送的节日礼物（从而享受免税待遇），并转交给了中世纪艺术部。那位董事质疑馆长在收受礼物上做出了错误的道德判断。会上进行了口头表决，最终大家支持罗瑞墨馆长的做法。可是，由于气愤，当晚本已疾病缠身的罗瑞墨因突发脑出血身亡。

在道格拉斯·狄龙和托马斯·霍文两人的领导下，博物馆再未出现过这种致命的戏剧性场面。在二人联手管理下，博物馆的场馆面积翻倍，发展雄心也倍增。1970年，狄龙接替小亚瑟·霍顿[③]（康宁玻璃博物馆馆长，收藏波斯泥金彩绘插图手稿），担任大都会艺术博物馆董事会董事长。狄龙是投资银行家（布莱斯·伊斯特曼-狄龙投资银行），曾担任美国驻法国大使和美国财政部部长，并且还在艾森豪威尔和肯尼迪政府担任过要职。他收藏印象派艺术，在慈善界、社交界和政府高官中备受尊敬，影响力颇大。狄龙这一切才能与人脉使他做起大都会艺术博物馆董事会董事长来如鱼得水。尽管狄龙十分清楚亚洲艺术在博物馆战略和财政方面的重要性，但是直到此时，他对亚洲艺术的美学意义只表现出略微的兴趣。据一位同事叙述，在狄龙位于曼哈顿上城东区的公寓里，唯一与亚洲有关的装饰，只有贴在墙上的一些中国设计风格的壁纸。尽管如此，狄龙还是与霍文联手获得了董事会的支持，将博物馆的收藏方向大胆地转向远东艺术。这种转变用一个有魔力的词汇来解释就是："百科全书式"博物馆。

---

① 约翰·林赛（John Lindsay, 1921—2000），纽约市市长、美国政治家、律师。
② 詹姆斯·罗瑞墨（James Rorimer, 1905—1966），美国博物馆策展人。曾担任大都会艺术博物馆馆长，在任期间推动了修道院博物馆的建立（the Cloisters）。第二次世界大战期间，罗瑞墨在美国陆军的纪念碑、美术和档案部门（MFAA）服役，保护文化遗址并追回被盗文物。
③ 小亚瑟·霍顿（Arthur A. Houghton Jr., 1906—1990），美国实业家。

从广义上讲，自启蒙时代以来，西方有两类博物馆较为流行：国家博物馆和百科全书式博物馆。国家博物馆一般展示单一文化，"试图向当地人解释这种文化，并捍卫其合理性"。而百科全书式博物馆，我们再次引用盖蒂基金会主任詹姆斯·库诺的观点来说明，"把关注点引向遥远的文化，请观众尊重其他文化的价值，探寻不同文化之间的关联"。[22] 很明显，大都会艺术博物馆从建馆时起，便明显属于百科全书式博物馆。然而，该馆收藏的亚洲艺术品，无疑只属于一般水平。鉴于此，博物馆的董事们给予狄龙和霍文很大的权限，请两人振兴该馆的亚洲艺术部，并探索其他未受重视的领域。董事会修订了博物馆章程，赋予董事会董事长和各主要委员会更大的权力。在狄龙的领导下，一度停止召开的董事会恢复了每月两次的例会，雷打不动地召开，以审批全体委员会做出的各种决定。实际上，狄龙成为大都会艺术博物馆的首席执行官。出于同样的原因，霍文馆长也设立了"主席"这个新头衔，以扩大博物馆各业务部门主任的权力，而从这一举措中受益的不只是亚洲艺术部。

有史以来第一次，当代艺术以及曾被称为"原始"的艺术同时在大都会艺术博物馆获得了各自的席位。摄影、电影、时尚以及后现代艺术也是如此。在狄龙和霍文联合掌权期间，大都会艺术博物馆新增了五翼："罗伯特·雷曼翼"、安置丹铎庙的"赛克勒翼""迈克尔·洛克菲勒翼""美国翼"（纪念美国成立200周年）和"西欧翼"。新增建筑面积超过325 000平方英尺（约30 193平方米），花费超过7 500万美元。狄龙和霍文采取的策略，就是避免任何一家拥有否决权的市政机构对博物馆的总体扩建计划进行审核。[23] 他们将扩建项目分开申报，甚至有时还违心地承诺说博物馆不会再考虑扩建。他们也从未召开过董事会全体会议讨论这一总体扩建计划，或对之进行投票表决。大都会艺术博物馆除了收购了一些令人惊叹或引起争议的藏品（例如委拉斯开兹①的《胡

---

① 委拉斯开兹（Diego Velázquez，1599—1660），西班牙知名画家，文艺复兴后期、巴洛克时代、西班牙黄金时代的一位画家，对后来的印象派的影响很大。

安·德·帕雷贾画像》[①]以及后来返还给意大利的欧弗洛尼奥斯陶瓶[②]，这两件文物都是以天价买下）之外，大都会艺术博物馆事实上成了艺术界的"外事办"。弗朗西斯·亨利·泰勒馆长开创了举办借展的传统，霍文在此基础上，与法国、俄国、意大利、墨西哥、爱尔兰、日本、以色列、埃及、西班牙、澳大利亚、保加利亚和德意志民主共和国等国商议借展事宜。[24]其中一些租展属于"重磅展览"。"重磅展览"这一词汇在霍文时期得到流行，许多重磅展览甚至还是全国性的巡展。

而且，霍文和狄龙也不失时机地利用了外交政策上的突然转变。尼克松总统和国务卿基辛格刚从中国访问回来，霍文就首先提议在美国举办中国文物展，展出中华人民共和国成立以来所做的令人惊奇的考古新发现。然而，这一局大都会艺术博物馆输给了国家美术馆。但是，后来与国家美术馆争夺来自埃及的丹铎神庙时，大都会艺术博物馆在霍文的盟友肯尼迪总统夫人杰奎琳的支持下，扳回来一局。

然而，如何将亚洲艺术，特别是中国艺术，融入馆藏体系中？从一开始，狄龙和霍文就决定对"奄奄一息"的远东艺术部进行改造升级。1973年，大都会艺术博物馆董事会进行过一项非正式调查，绝大多数董事都认为该馆藏品中最薄弱的部分是中国艺术。狄龙、霍文和董事们，在这个问题上达成了共识：要使远东艺术展厅重新焕发活力，需要钱，需要大把的金钱。然而，如何才能填满这不断扩大的展厅呢？展厅里要增添什么文物呢？狄龙成功地推行了一项大胆的前瞻性策略：购买整批藏品，而不是零星地购入。同时，对开拓进取、资质过硬的策展人实施放权。狄龙适时地设立了"狄龙基金"，资助了中国艺术品的征集，并

---

① 画作原名 *Juan de Peraja*，是西班牙知名画家迭戈·委拉斯开兹（Diego Velázquez）的肖像作品，画作中的人物胡安·德·帕雷贾是委拉斯开兹的助手，也是为其服务二十年的奴隶。1650年，委拉斯开兹签署了一份文件，"解放"了帕雷贾，而后帕雷贾也成了一名画家。这件绘画作品于1971年入藏纽约大都会艺术博物馆。
② 作品原名：*Euphronios Krater*。这是一个用来盛放水与美酒的陶瓶，图案精美华丽，有2 500年历史。1972年，大都会艺术博物馆通过非正规手段从文物倒卖贩罗伯特·赫克特（Robert Hecht）手中买到。陶瓶最先是在罗马城外发现的，意大利方面与大都会艺术博物馆交涉，要求将陶瓶退还。经过多年协商，大都会艺术博物馆于2008年将陶瓶归还给意大利政府。作为交换，博物馆获得了借用几件相同价值文物来展览的权利。

创建了狄龙中国书画展厅。1981年，该展厅对外开放。在30年时间里，远东艺术部全面扩张，从一个亚洲艺术展厅扩充至60多个展厅，展出来自中国、日本、朝鲜、印度和东南亚各国的艺术藏品。中国绘画展厅的面积大幅增加。据《美成在久》杂志估算，截止到20世纪末，大都会艺术博物馆拥有"亚洲之外最大的中国艺术展区"。[25]霍文馆长的继任者菲利普·德·蒙德伯乐，出身于巴黎银行世家，行事规矩，处事泰然。蒙德伯乐曾写道：大都会艺术博物馆所有的改变，都源于狄龙的"激情和热情"，以及"对中国绘画精品的不懈追求"。[26]

但是，谁来执行这些雄心勃勃的策略呢？确保远东艺术部脱胎换骨后可以继续保持发展势头的是该部门随后相继出现的三位舵手，他们都精力充沛。第一位是上海出生的学者方闻，彬彬有礼，志向远大。方闻一边在普林斯顿大学任教，一边担任大都会艺术博物馆亚洲艺术部的首席顾问。方闻主持亚洲艺术部的扩建长达三十余年。

第二位是香港出生的学者屈志仁。他与方闻一样，起初担任顾问，后来被任命为"布鲁克·亚斯特荣誉研究员"。2000年，屈志仁担任亚洲艺术部主任。2011年，新泽西出生、犹他州长大的何慕文接替了他的职位。大家都称呼何慕文"麦克"。1971年，何慕文刚从耶鲁大学毕业，便进入大都会艺术博物馆亚洲艺术部担任助理研究员。几年前未毕业时，有一次他偶然去堪萨斯城看望一位朋友的姑妈，意外在纳尔逊艺术博物馆看到了中国珍宝。何慕文迷上了里面的中国藏品，开始跟随耶鲁大学的班宗华[①]学习中国艺术，并在劳伦斯·西克曼的鼓励下，开始了为大都会艺术博物馆奉献一生的工作。其间，他还抽出时间到普林斯顿大学深造，在方闻的指导下拿到了博士学位。在我们撰写本书时，何慕文仍然在大都会艺术博物馆工作，管理着亚洲艺术部，那里的中国艺术藏品

[①] 班宗华（Richard Barnhart，1934— ），普林斯顿大学博士，耶鲁大学终身教授。杰出的中国艺术史学者，先后执教于耶鲁大学（1967—1975；1979— ）、普林斯顿大学（1975—1979），并为印第安纳波利斯艺术馆、大都会艺术博物馆作艺术顾问。其代表著作为《大明的画家》（*Painters of the Great Ming*，1994）。2018年生活·读书·新知三联书店出版了《行到水穷处：班宗华画史论集》，里面收录了班宗华自己挑选的二十篇重要论文的译文，集中于宋画，兼及元、明及中西交流。

最全面、最丰富。

这种戏剧性的扩张是如何开始的？让我们把时钟拨回到20世纪70年代初。彼时，霍文馆长吃惊地发现，他的普林斯顿大学校友方闻坐在自己的办公室，正与首席助理西西莉亚·梅斯考尔（Cecilia Mescall）亲切攀谈。西西莉亚说："方闻一定要见您。"霍文在回忆录中回忆道：那时，"藏品征集和展览，已成为我的精神食粮。我迫切想收集奇珍异品或整套藏品"。方闻的第一句话便是："我有一些宝贝，它们可能会成为大都会博物馆有史以来征集到的最伟大的藏品。"霍文对两人的会面做了如下描述：

> 方闻滔滔不绝地讲起事情的来龙去脉。大致意思是，我们要迅速出手，赶在其他竞争对手下手之前，拿下那批私人收藏的最好的早期中国绘画作品。方闻一直在耐心追踪王己千收藏的那批宋元绘画作品，并与王己千达成协议，能够仅以250万美元的价格买下其中的25幅画作。方闻解释说，如果能够做成这笔收购交易，大都会艺术博物馆将在中国绘画收藏方面达到波士顿博物馆、克利夫兰博物馆和堪萨斯城博物馆的水平。一夜之间，我们便能与这些博物馆平起平坐，至少在重要的早期中国绘画方面如此。方闻告诉我，堪萨斯城博物馆的劳伦斯·西克曼和克利夫兰的李雪曼已经觊觎王己千的收藏品多年。我们突然出手，肯定会打他们个措手不及。[27]

这笔交易的诱惑力实在太大，狄龙和霍文都迫切渴望能够达成。1973年，大都会艺术博物馆辅以适当的声势，宣布收购王己千的珍藏。随后，该馆又进行了十多次的收购活动，直到1983年达到了高潮。那一年，大都会艺术博物馆拿下了顾洛阜收藏的中国卷轴画和书法作品。这批藏品被称作西方所征集到的顶级中国绘画书法作品。将这些作品纳入馆藏，奄奄一息的亚洲艺术部开始重新焕发生机。

显然，在方闻征购王己千 25 幅绘画的驱动下，1998 年，大都会艺术博物馆又从王己千手里买入了 12 幅画作。其中有一幅重要作品《溪岸图》①。这幅画作一直争议不断。王己千最初想把它拍卖掉，而后又撤出拍卖，宣称它是稀世珍品。

王己千这位赫赫有名的收藏家是何来路？被称作"中国最后一位文人"的王己千 1907 年出生于中国苏州。苏州拥有两千多年的历史，历史艺术氛围浓厚。14 岁时，王己千开始学习画山水画。之后，学习法律和中国古典文学。而后，开始致力于收藏事业。用霍文的话来讲，王己千提出了一个最聪明的鉴定方法："中国画上通常会盖上印章，用来表明画的所有权。王己千会研究盖在画作上的印章，即便有收藏家不愿向其展示自己收藏的画作，也想向王己千请教这些早期印章的情况。王己千游遍中国大江南北，对私人和宫廷收藏画作上面的印章做了详细的记录。因此，他有能力对现存的数千幅中国顶级绘画作品做出鉴定。"[28]

1949 年，王己千从中国香港移居美国。他继续搜索印鉴，最终将大约 9 000 枚印章的照片收编成册。即便如此，大都会艺术博物馆的董事们依然小心从事，邀请了 3 位馆外资深专家，对王己千收藏的 7 幅挂轴画、10 幅卷轴画、7 幅册页和 1 幅插图本诗集进行鉴定。这批藏品估值高达 250 万美元。博物馆的宣传人员特别强调，王己千对这批藏品的法定所有权不存在任何问题，它们均来自香港，不存在出口受限的问题。博物馆邀请的鉴定专家是劳伦斯·西克曼、李雪曼和耶鲁大学的班宗华。他们在查看过藏品之后，对许多藏品的估值和真伪性提出了不同的看法。继而媒体也开始对鉴定专家的打分方法以及某些藏品的相对优点指手画脚。《纽约时报》记者卡特·霍斯利（Carter B. Horsley）写了一篇文章，

---

① 《溪岸图》相传为北宋初期五代末期的董源所作。《溪岸图》曾经在 20 世纪 40 年代被徐悲鸿收得，后转手给张大千。若干年后，张大千将之带出国卖给了书画经营商王己千。20 世纪 80 年代，王己千将此画出手卖给华人企业家唐氏。由唐氏出面捐给大都会博物馆。大都会博物馆后来为这张画做了一个红外线检测，发现这张图画经过 3 次装裱，3 次补的绢都不一样。而且，其上还有南宋贾似道、明末袁枢等人的印章。由此，人们对这幅《溪岸图》的真伪产生了争议。

对王己千的藏品进行了严厉的批判。[29] 报社编辑们害怕招惹是非，对霍斯利的文章进行了修改，缓和了语气。霍斯利对此公开表示不满，愤然辞职。然而，即便是霍斯利，也认同王己千藏品的争议点不在画作的真伪，而在于这些画作的真正作者是谁。

而这些争议只不过是一个小小的前奏而已。真正的暴风雨是后来大都会艺术博物馆对王己千藏品《溪岸图》的收购。大都会艺术博物馆历史上，很少有藏品像《溪岸图》一样能够引发如此大的争议，且争议持续长达40多年，直到今天仍在持续。有关《溪岸图》的争议证明了中国艺术学术研究是一个雷区。在外行看来，正是这种真伪无法判定的情况，让人深感困惑，莫衷一是。同时也使大家理解了为什么普艾伦有时会对藏品真伪抱着一副无所谓的态度。在鉴定《溪岸图》的真伪性上，专家们的意见产生了冲突。

有关《溪岸图》的真伪，业内主要有三种不同的猜测。高居翰认为，这幅卷轴画是现代伪作，很有可能出自著名古董商、艺术家兼造假高手张大千之手；与之相反，方闻和王己千则认为，这副挂轴绢画出自10世纪，是五代时期中国画家董源①的传世杰作，可与达·芬奇的画作相媲美。而耶鲁大学班宗华则认为，《溪岸图》确实是一幅画作重要且品质很高，但是它"没有流传记录，原作者不明，年代只能大致确定"。[30]

受到质疑之后，大都会艺术博物馆组织召开了两次圆桌会议，对《溪岸图》的价值进行全面研讨。1999年，第二次研讨会后，与会者被问及是否改变了对这幅画作的看法，没有一个人举手回应。最后，班宗华教授发表意见，他言辞犀利地指出产生争议的真正原因在于"当今的博物馆发现将馆藏品展示给公众时，有必要荒唐地将藏品的价值和历史

---

① 董源（生卒年不详），字叔达，洪州钟陵（今江西省进贤县钟陵乡）人。五代绘画大师，南派山水画开山鼻祖，与李成、范宽并称"北宋三大家"。擅于山水画，兼工人物、禽兽，独创"披麻皴"画法。存世作品有《夏景山口待渡图》《潇湘图》《夏山图》《溪岸图》《寒林重汀图》《龙宿郊民图》等。

重要性夸大"。班宗华抗议说,《溪岸图》的收购事宜"被大张旗鼓地宣扬,即使是本人,作为写过《溪岸图》的长篇研究论文并对其大为称赞的少数几位艺术史学家之一,也不免产生疑虑,感觉浑身不自在,从而裹足不前"。班宗华最后总结说,《溪岸图》并非像《纽约时报》报道的那样,"是中国艺术中的《蒙娜丽莎》","但它的确算得上是世界艺术瑰宝。它使我们理解了一千多年前山水画艺术是如何在中国产生的"。然而,他的这篇文章在《美成在久》杂志一经发表,就收到大量来信,遭到了种种驳斥,引发了一场场唇枪舌剑。人们对这篇文章的争议,至今仍未偃旗息鼓。

尽管专家们对《溪岸图》的评价不一,但人们对大都会艺术博物馆在方闻时期收购的一件顶级藏品的质疑声更强烈。1981年,性情古怪的富豪顾洛阜向大都会艺术博物馆赠送或出售了60件中国艺术品,其中包括书法作品,这批藏品的总价值估计约为1 800万美元。人们认为顾洛阜的这些藏品可以与查尔斯·朗·弗利尔收藏的精品相媲美,而需要注意的是,弗利尔的藏品可是华盛顿弗利尔美术馆藏品的核心。顾洛阜收藏的一幅画作,一旦挂出来,会让任何一间画廊蓬荜生辉。这幅画就是《竹禽图》。它长55.5厘米,宽33.8厘米。画上,一对灰白相间的麻雀站在翠竹枝头间,眼睛炯炯有神。作为手卷画,它的画面构图精准饱满,附带有许多印章和题跋。其中一篇题跋由画家、书法家赵孟頫①题写,称赞作者的描绘细致入微、登峰造极:"道君聪明,天纵其于绘事,尤极神妙。动植物无不曲尽其性,殆若天地生成,非人力所能及。此卷不用描墨,粉彩自然,宜为世宝。然蓑尔小禽蒙圣人所录,抑何幸耶。"[31]

那么,这位圣人画家究竟是谁呢?他就是北宋末期的宋徽宗,1100至1126年在位。当时,中国拥有世界上最多的人口,文化也最先进。徽宗在位26年间,在首都开封创办了学校、医院、道观和"画学"(世界

---

① 赵孟頫(1254—1322),字子昂,号松雪道人。南宋晚期至元朝初期官员、书法家、画家、诗人。他创元代新画风,创"赵体"书,与欧阳询、颜真卿、柳公权并称"楷书四大家"。

上最早的美术学院）。但是，由于天灾人祸，再加上徽宗皇帝空有一腔热血却屡屡判断失误，北宋王朝遭到了来自东北、骁勇善战的女真族的大肆侵略，岌岌可危。开封陷落后，这位天才画家皇帝在逃跑的路途上被女真人抓获扣押，直至 8 年之后去世。但有一点是毋庸置疑的，那就是，即便中国的其他皇帝也在绘画方面享有盛誉，但宋徽宗被公认为是绘画成就最高的皇帝。

方闻和何慕文概括道，宋徽宗是"一位贪婪的收藏家、极有天赋的画家和书法家。他在推动画院传统的发展方面超越了其他任何统治者"。[32] 至于徽宗所画的《竹禽图》，它"不仅忠实再现了自然的外在表现，还通过刻画动植物的生长、变化和潜在的动态，表达出了作者对自然宇宙的运行方式的深刻洞察。相比较而言，奥杜邦版画或自然景物照似乎只是一张静止的图片"。宋徽宗捕捉到了身披亮泽羽毛的雄雀和孤傲不群的雌雀之间的互动，"甚至在雀儿眼中画的小亮点，都是为了增加生命力"。

顾洛阜可谓是宋徽宗的现代翻版。顾洛阜出生于西弗吉尼亚州，父亲是富甲一方的石油钻井设备制造商。自布朗大学读书时起，顾洛阜就对书本更感兴趣，而不是公司的盈亏账本。顾洛阜喜欢收藏"摇篮本"①、手稿和精美装帧书，活跃于纽约的格罗里埃俱乐部（Grolier Society），那里是藏书家们的瓦尔哈拉②殿堂。后来，他发现了中国书法。"字体排印的精妙细腻，"他对《纽约客》杂志说，"为我欣赏这种白纸黑字的艺术形式奠定了基础。"[33] 为了提高自己的书法鉴赏水平，顾洛阜寻求古董商濑尾梅雄③的专业指导。[34] 濑尾梅雄曾是日本古董行山中商会的成员，一双慧眼能辨别艺术品真伪，却遗憾地被世人淡忘。顾洛阜需要濑尾梅雄这种鉴别真伪的眼力，因为他收藏的绝大多数卷轴画都来自收藏家张大千，而张大千虽然是一名知名画家，但同时也是一位出了名的造

---

① 摇篮本，原文 incunabula。1450—1500 年，欧洲活字印刷术发明后最初 50 年间活字印刷文献的统称。
② 瓦尔哈拉（Valhalla），北欧神话中死亡之神奥丁款待阵亡将士英灵的殿堂；英烈祠。
③ 濑尾梅雄（Joseph Umeo Seo, 1911—1998），日裔美籍古董商。

假高手，喜欢搞恶作剧。

1962年，摩根图书馆与福格艺术博物馆、纳尔逊艺术博物馆合作，开创性地举办了《顾洛阜书法与绘画藏品展》。对西方观众来说，中国书法神奇奥妙，如同天书。这是在美国举办的第一次中国书法作品展。宋徽宗的《竹禽图》也参加了此次巡展，公众首次得以一睹其真容。[35]当时，《竹禽图》的出处仅简单标注为："日本京都森谷收藏。"此后，为得到《竹禽图》，纳尔逊艺术博物馆一直对顾洛阜大献殷勤，直到1981年该画最终收归大都会艺术博物馆。如纳尔逊艺术博物馆名誉馆长武丽生对我们所说，纳尔逊博物馆追逐顾洛阜藏品的过程也充满了戏剧性。

年轻的武丽生是劳伦斯·西克曼的学生，他告诉了我们另外一件顾洛阜卖画的故事。有人对顾洛阜说，他在佛罗里达继承了一家酒店，顾洛阜信以为真，陷入骗局，遭到了敲诈勒索。为了避免被捕入狱，顾洛阜需要行贿打点，但由于缺钱，只得拿出顶级画作《后赤壁图》①，打算卖给纳尔逊艺术博物馆。劳伦斯·西克曼说服了一位长期给博物馆捐款的女士，请她拨款100万美元，其中60万美元用于购买顾洛阜收藏的《后赤壁图》。这位女捐款人乘坐一辆老式卡迪拉克轿车按时现身，递给西克曼一张支票。武丽生飞到纽约，把钱交给了顾洛阜，带着一只装着《后赤壁图》的箱子回到了堪萨斯城。武丽生对我们说："这是顾洛阜收藏的最重要的一幅北宋画作"。[36]

武丽生在给我们讲述往昔故事时评论说，大都会艺术博物馆的狄龙和霍文团队在收购顾洛阜其余藏品方面"干得漂亮"。据武丽生说，1981年，顾洛阜虽说是将其藏品捐赠给了大都会艺术博物馆，但顾洛阜本人仍从中获得了额外收益。（除了一件藏品之外，其他藏品全都是捐赠给博物馆。但这件卖给博物馆的藏品却要价不菲。）然而，一些报

---

① 《后赤壁图》为明朝张瑞图（1570—1641）所作。纸本长卷，水墨，27.9 cm×320 cm，藏于大都会艺术博物馆。此画作于1628年，图中用笔细致，线条柔和，画面干净，让人恬静安然，而其书法苍劲有力。

道显示，大都会艺术博物馆之所以得到顾洛阜的青睐，其中一个关键性的因素就是其亚洲展厅得到了扩建。在视察完大都会艺术博物馆新建展厅之后，顾洛阜说："你们的展厅终于拥有足够大的空间，容纳得下我的藏品了。"[37] 你去这些展厅欣赏中国顶级书法作品之后，就会明白为什么书法会在中国古典艺术中占据如此重要的地位了。后来，顾洛阜的健康每况愈下，博物馆每日派工作人员去看望顾洛阜，给他送去关怀，最终拿下了顾洛阜的藏品。

1992年，大都会艺术博物馆为弗洛伦丝和赫伯特·欧文中国装饰艺术展厅（Florence and Herbert Irving Galleries for Decorative Arts）揭幕，蒙德伯乐馆长称之为"皇冠上的明珠"，这是该馆做出的另外一项开创性的举措。博物馆从希伯·毕晓普收藏的1 000多件玉器中挑选出一批精品，放置在了展厅里。中国漆器曾是一个被收藏界忽视的领域。欧文夫妇收藏的东亚、南亚藏品中，有些是实用物品，有些则是奢侈品，其中就包括数量不少的漆器。随着将这些藏品收入囊中，大都会艺术博物馆填补了在中国漆器收藏方面的空白。弗洛伦丝和赫伯特·欧文①，不仅承担了宽敞的展厅的建造费用，还承担了购买展品的费用。他们开拓进取，慷慨大方，多年来一直慷慨资助亚洲艺术部的发展。赫伯特·欧文年轻时具有先见之明，投资了"全球冷冻食品公司"（Global Frozen Foods），该公司的畅销产品包括鱼排和炸薯条。这些投资为欧文夫妇带来了大笔的财富。

2000年6月，大都会艺术博物馆正式宣布了一项期待已久的人事任免决定。6月底，方闻退休，被授予"道格拉斯·狄龙荣誉研究员"称号；经验丰富的"布鲁克·阿斯特高级研究员"屈志仁成为亚洲艺术部主任。这项人事任免表明，亚洲艺术部工作重点发生了改变，但前进方向并没有发生改变。方闻担任主任时，藏品征集和展厅扩建是亚洲艺术

---

① 赫伯特·欧文（Herbert Irving，1917—2016），美国商人、慈善家和艺术收藏家。赫伯特·欧文及其妻子弗洛伦丝·欧文向大都会艺术博物馆捐赠了1 300多件物品，并捐赠了8 000多万美元，以支持该博物馆对亚洲艺术的收购、展览和出版。

部的头等大事。而屈志仁掌舵之后，亚洲艺术部的首要任务就变成了公共教育和启迪民智。屈志仁曾组织策划过一些专业的租借展览，包括1991年的"东亚漆器展"，1998年的"丝如金时：中亚和中国的丝织品展"。屈志仁当上亚洲艺术部主任之后，又举办了一些有影响力的展览。2005年，屈志仁组织举办了"中国：盛世曙光，公元200至750年"。2010年，举办了"忽必烈的世界——中国元代艺术展"。屈志仁之所以能够办成这些展览，得益于他的社交能力。在中国，他游刃有余地与收藏家、各级政府官员，以及各大博物馆的管理人员打交道，争取到了与他们的合作。

与名誉研究员屈志仁会面，有助于我们理解他何以成为一名成功的谈判专家。屈志仁身材纤瘦，衣着整洁，讲起话来柔声细语，融东方君子、西方绅士礼仪于一身。屈志仁出生于中国香港，接受过传统的私塾教育，并先后在多所大学深造，包括英国汤顿国王学院、牛津大学女王学院以及香港大学。在香港给不同美术馆做策展人的同时，屈志仁获得哈佛大学燕京研究奖学金的资助，游遍东南亚各国，研究东南亚的陶瓷贸易。1982年，屈志仁定居波士顿，担任波士顿美术馆的亚洲艺术策展人。了解了这些细节，我们便能明白屈志仁为何精通多种语言，同时又深谙英中美三国的学术界、博物馆界和慈善界的情况了。1985年，屈志仁开始了他在大都会艺术博物馆长达25年的职业生涯。屈志仁早年的个人经历为其在该馆的任职打下了良好的基础。

在屈志仁展出或协助征集的藏品中，令其特别自豪的，是大都会艺术博物馆于1987年购买的一块缂丝挂毯残片，名为"花中龙"。它色彩鲜丽，图案源于中东亚地区，在元朝时期传至中国。画面中，两条长舌、长尾猛龙，张开龙爪在一片盛开的鲜花背景下舞蹈。在这块丝毯的制作年代，精美的纺织品非常珍贵，是国际贸易的支柱。当时，"皇家或民间绣坊制作出来的上等绣品是皇帝或皇室成员赠送他国君主、使节或贵宾的最佳礼物"。[38] 屈志仁指出，当时，丝绸确实像黄金一样珍贵。丝绸纺织品成了中国送礼文化的一部分，适用于外交、政治和文化场合中，这种传统一直延续至今。

2010年，屈志仁举办了一场重要展览，"忽必烈的世界——中国元代艺术展"，也让人们对一个与此相关的主题有了新的认识。在屈志仁看来，鉴赏中国艺术有两种方式：第一，"可以把中国艺术视为自成一格，其历史遵循一条单一、延绵不断的发展路线，它通过不断回归传统完成自我革新"；第二，也可以认为中国艺术是兼容并蓄、开放包容的，不断地从他国汲取文化营养，从而使他国的文化因素得以融入中国文化的主流。"这两种观点都有各自充足的例证，且两种观点并不相互排斥。"[39]

中国元代艺术展的展览图册十分精美，屈志仁的上述观点可以在其前言和致谢中得到印证。在展览图册中，他对来自东西方不同国家的数百个个人或机构表达了谢意，包括研究机构、政府部门、文物修复专家和基金会。显然，要成功举办这样的展览，使其打上屈志仁的个人标记，屈志仁需要发挥其出色的交际能力、精明能干以及专业性。《纽约时报》的文化专栏记者荷兰·考特①写过一篇文章，专门谈论大都会艺术博物馆亚洲艺术部掌门人的变动，发表的观点很有见地。他描述了新任掌门人所面临的困难：

> 中国出境文物展览的一般规则是，如果你想从两家以上的博物馆借藏品参展，必须通过国家文物局协商所有借展事宜。[40]过去，文物局可要求省级博物馆提供所需要的藏品，无须给博物馆分配借展方所支付的展览费。有时，甚至不用把所借藏品送还出借单位。但是，近年来，随着经济的繁荣，省级博物馆拥有了经营自主权，在很大程度上独立于国家文物局。许多博物馆将出借展品看作营利行为，会开出比较高的价码，因此协商时需要学会讨价还价。

---

① 荷兰·考特（Holland Cotter，1947— ），《纽约时报》首席艺术评论家，2019年获普利策评论奖。

2011年7月，屈志仁退休，何慕文接管大都会艺术博物馆的亚洲艺术部，并随后获得了"道格拉斯·狄龙荣誉研究员"的称号。作为该部门第三任掌门人，何慕文有幸直接参与了亚洲艺术部的疯狂扩建。1971年，何慕文从耶鲁大学毕业之后，来到大都会艺术博物馆当实习生。后来，何慕文到普林斯顿大学深造，跟随方闻学习。当时，亚洲艺术部处于刚刚起步阶段。今天，即便是长期贬低大都会艺术博物馆的人，也承认该馆在亚洲艺术品收藏方面位居西方博物馆界首位。因此，在大都会艺术博物馆的马拉松赛跑比赛中，何慕文拥有充足的理由，作为获胜选手享受绕场一圈庆祝胜利的喜悦。

何慕文个性热情，愿意承认错误，乐意接收新知识。他的口头禅是："这很有意思，我得查一下。"由此看来，他的举止更像中产阶级，而不是常春藤联盟名校的毕业生。2015年是亚洲艺术部创建100周年。何慕文强调说，该部门不仅展览面积扩大，在藏品鉴赏水平方面也有了大幅提升，尤其是在中国绘画鉴赏方面。20世纪70年代所公认的典范，与今日大不相同。当时，台北故宫博物院所藏绘画精品，就是"我们了解的全部"。十年之后，当我们看到中国大陆的收藏时，我们对绘画的了解又从宋代扩大到明朝。"一整套全新的典范"最终进入我们的视野。的确，"将这一套典范扩充完整，花费了一代人的努力"。何慕文补充说，西方艺术界的情况也是如此。例如，人们对现存伦勃朗[①]作品达成的普遍看法同样也发生了改变。

何慕文的超凡能力体现在他让中国艺术展厅变得亮堂起来。40年前，他和方闻筹划在博物馆内仿建一座中国园林。何慕文扭动着身躯，钻入展厅天花板上面的狭窄空间，发现上面有一扇关闭的天窗，可以将阳光引进待建的花园。当时的霍文馆长否定了他们的方案，称博物馆刚

---

① 伦勃朗·哈尔门松·范赖恩（Rembrant Harmenszoon van Rijn，1606—1669），欧洲17世纪最伟大的画家之一，荷兰历史上最伟大的画家。伦勃朗在画作中使用明暗对照法，着重捕捉光线和阴影，表现人物的性格和内在心理，使笔下的人物栩栩如生。伦勃朗的著名画作有《夜巡》《月亮与狩猎女神》《犹太新娘》《杜尔博士的解剖学课》等。

刚花费巨资在那里安装了空调管道。"面对这种情况,"荷兰·考特写道,"方闻先生拿出了他的杀手锏:博物馆董事布鲁克·阿斯特①夫人。"[41]在孩提时代,阿斯特夫人曾在北京居住过。当霍文馆长向她解释空调管道不能移动时,阿斯特夫人回答得很干脆:"你就说需要花多少钱吧?"很快,天窗被打开了。他们从中国园林城市苏州请来了26名中国工匠,还带来了一名厨师专门为他们做饭,最后打造了"阿斯特庭院",又被称为"明轩"。

在美国博物馆界,没有人比何慕文更有资格揭示中国艺术的神秘面纱了。2014年6月,大都会艺术博物馆举办了"法迹:观远山庄珍藏法书选"。何慕文的长处在这场展览中体现得淋漓尽致。展览的部分展品来自雅虎联合创始人杨致远及其妻子山崎明子(Aikiko Yamazaki)的收藏。据《纽约时报》报道,此次展览"时髦、通俗易懂",通过各种手段,向不了解中国文化的观众提供了解中国书法的线索。例如,通过诗歌《千字文》教学生写汉字;用明信片大小的指南图帮助观众理解楷书和草书之间的区别。展览中的明星展品是一幅明代手卷《十三家行书屋舟篇》,由明代13位著名书法家联手创作,他们各成一派,风格迥异。首次展览由旧金山亚洲艺术博物馆的倪明昆②策展。之后,展览迁至大都会艺术博物馆,由助理策展人史耀华③策展。

总之,博物馆征集藏品互相竞争的辉煌岁月已经过去;阐释藏品和相互合作的新时代已经到来。因此,我们必须用更加全球化的视角看待世界。我们在本章的结尾不妨引用方闻和何慕文对1981年道格拉斯·狄龙中国绘画展厅开放这一事件的评价。方闻和何慕文试图解释"中国绘画的独特风格",即中国绘画与书法之间的密切关联。中国书画常用的工具是毛笔。毛笔由山羊、马、兔子、黄鼠狼的毛发

---

① 布鲁克·阿斯特(Brooke Astor, 1902—2007),美国社交名流、慈善家、作家。她是文森特·阿斯特基金会的主席,该基金会由她的第三任丈夫文森特·阿斯特(Vincent Astor)创立。
② 倪明昆(Michael Knight, 1953—   ),亚洲艺术博物馆策展人、编辑、作家。
③ 史耀华(Joseph Scheier-Dolberg),大都会艺术博物馆中国绘画部副主任、策展人。

甚或是老鼠胡须等制成，毛笔的软硬程度依次递增。用毛笔书写的线条极其流畅，根据下笔的轻重，呈现出从浓黑锃亮到半灰半白等书法效果。

例如，用毛笔书写表意文字"模仿自然韵律"，被中国人视为"一种比绘画更纯粹，甚至更高级的艺术表现形式"。方闻和何慕文进一步解释道：

> 用毛笔写字，不仅写出来的字是一种美的艺术，写字的过程也是一种令人身心愉悦的运动，作画者要灵活自如地运用手指、手腕和手臂的力量，还要凝神屏气，因此中国人认为书法家要做到"眼到""心到""手到"。每个笔画线条，或浓或淡，或曲或直，收笔、回笔时，都需要精神高度集中，仔细思考。书法家可以通过笔法，将个人的独特风格无限地表达出来。[42]

然而，包括大都会艺术博物馆在内的西方博物馆以及西方文物保护专家，还面临着更深层次的挑战。如亚历山大·斯蒂尔[1]在《过去的未来》(The Future of the Past, 2000) 一书中所述，一队意大利文物修复专家抵达西安，向中国同行提供建议和协助。然而双方互不理解，这种思想上的鸿沟之大让这群意大利专家感到震惊。中国人会问，为何不能对出土文物进行修缮甚或复制？将古代艺术作品精巧地复制出来，又不是制造旅游商店里售卖的廉价庸俗的纪念品，这又有什么错？

意大利人的领队是米歇尔·孔达罗（Michele Cordaro），他是意大利中央文物保护研究所的所长。在中国期间，总是有人问他诸如此类的问题，让他听了哑口无言。这群意大利文物宝物专家得知，送往国外展览的兵马俑，绝大多数都是高仿复制品而不是廉价的仿制品。在面对西安古建筑或是龙门石窟佛像保护问题时，中国人依然持这种态度。正如

---

[1] 亚历山大·斯蒂尔（Alexander Stille, 1957— ），美国作家、记者。

斯蒂尔所总结的那样，中国历史悠久，地下埋藏着丰富的历史遗产，这"可能意味着我们明日之所见，会与我们今日之所见大不相同。中国考古现在仍然处于初期发展阶段，处于19世纪中期埃及考古学的发展水平，未来还将有许多重要的考古发现。要想为今日之中国画像，就如同用相机为飞驰而过的高速列车拍照一般。无论人们如何描述今日中国的考古现状，五年或十年之后，一切情况又都会大不相同"。[43]

总而言之，中美两国之间的学习过程，很有可能是一条双行道路。在这条双行道上，美国历史最悠久的百科全书式博物馆可以充当交通警察的角色，协助中美文化交流畅通地持续下去。

第十八章

没收敌国财产

"二战"时期经营中国艺术品的明星古董商多灾多难。卢芹斋的一批收藏品在上海被收缴；1944年，日本古董行山中商会（及其在芝加哥、波士顿、海豹港、纽约的分店）在美国的货物，被美国"外国人财产托管办公室"查封并拍卖。当时北京有名的古董商奥托·伯查德（此人曾大力协助劳伦斯·西克曼为堪萨斯城博物馆收集珍品）更是厄运连连：1933年，他被迫逃离德国；1935年3月，他画廊里的展品在两天内被拍卖一空；之后，他在美国的藏品又被美国政府以战时敌国财产之名充公。但是，围绕着13件中国文物所发生的事情更让人觉得匪夷所思。这些文物部分是在1941年从卢芹斋手中购得，并于1942年出借给美国布法罗科学博物馆（Buffalo Museum of Science），而这13件文物都曾经由德裔瑞士收藏家爱德华·冯·德·海特男爵收藏过。

冯·德·海特是一位银行家，但天性喜爱收藏。他是一个浪漫不羁的艺术家，同性恋倾向众人皆知，还秘密支持过希特勒的第三帝国。这些都使他像极了从赫尔曼·卡尔·黑塞[①]小说中走出来的人物。由于离婚后膝下

[①] 赫尔曼·卡尔·黑塞（Hermann Karl Hesse，1877—1962），德裔瑞士籍诗人、小说家和画家。著名的作品包括《德米安》《草原狼》《悉达多》《玻璃珠游戏》等，每一部作品都探讨了个人对真实性、自我认识和精神性的追求。1946年获得诺贝尔文学奖。

北魏菩萨造像，曾被美国以战时敌国财产之名收入囊中，后被收于弗利尔美术馆

无子，他把自己的艺术收藏留给了两家博物馆。他收藏的亚洲艺术品成了苏黎世里特贝格博物馆（Rietberg Museum）的镇馆之宝。他效仿其父奥古斯特，将欧洲艺术藏品，包括一些现代大师的作品，遗赠给了德国伍帕塔尔市的一家博物馆。1961年，这家博物馆更名为冯·德·海特博物馆。然而，我们在本章所关注的是目前收藏于华盛顿弗利尔博物馆的8件中国藏品。

1882年，爱德华·冯·德·海特出生于德国纺织业中心埃伯菲尔德市（现已并入伍帕塔尔市）。海特家族是一个古老、有权有势的银行世家，刚刚受封爵位。他是家族里的次子。其曾祖父奥古斯特担任过普鲁士王国的贸易部部长，后来又成为俾斯麦内阁的财政部部长，负责修建了普鲁士王国的东部铁路。冯·德·海特家族，早已成为财富不断扩张的鲁尔工业圈的中坚力量。不仅如此，1863年，家族还荣获了世袭贵族头衔。这意味着，家族中的两个后代，奥古斯特和爱德华，得以接触普鲁士皇室成员，并进入柏林上流社会艺术圈。曾祖父奥古斯特在爱德华出生前买下了柏林一座豪宅，而在他去世之后，这座豪宅被用作中国驻德大使馆。[1]冯·德·海特与中国之间的缘分看来是冥冥之中上天注定。冯·德·海特的父母常在埃伯菲尔德市的家中设宴招待作家、艺术家和音乐家等名流，还收藏先锋派艺术作品，包括莫德松-贝克①、诺尔迪②、科科施卡③、马蒂

---

① 莫德松-贝克（Paula Modersohn-Becker，1876—1907），德国画家，早期表现主义的重要代表人物之一。
② 埃米尔·诺尔迪（Emil Nolde，1867—1956），德国著名的画家和版画家，表现主义代表人物之一，他的画注重情感表现，色彩浓重，造型简洁，人物动态强烈。
③ 科科施卡（Oskar Kokoschka，1886—1980），奥地利画家、诗人、剧作家，以其强烈的表现主义肖像画和风景画而闻名，是表现主义的主要代表人物之一。

斯，以及博物馆界的首幅毕加索作品。冯·德·海特后来把父母留给他的这些藏品遗赠给了伍帕塔尔市的博物馆，因而这座博物馆后来更名为冯·德·海特博物馆，从而使其家族得以青史留名。[2]

1900年，接受完古典中学的教育后，爱德华在波恩游历了一年。之后，他加入了杜塞尔多夫轻骑兵。两年后，又加入了波茨坦长枪骑兵团。这支骑兵团多由新贵子弟组成，都是冲着荣誉头衔而去的。爱德华在日内瓦上了大学，并于1905年在弗莱堡大学获得经济学博士学位。他没有跟随哥哥的脚步进入家族企业工作，而是在纽约奥古斯特·贝尔蒙特银行当了一年见习生。这家银行负责打理罗斯柴尔德家族①在美国的生意。但是，爱德华无法适应纽约和纽波特庸俗无聊、纸醉金迷的生活，于是便回到了家乡。1909年，在二十七岁那一年，他前往伦敦，利用继承而来的遗产和骑兵团朋友的资助创建了家族银行的分行——爱德华·冯·德·海特银行。

爱德华对伦敦的博物馆和艺术品经销商十分着迷。这位年轻的银行家所到之处畅通无阻，人们经常看见他身着燕尾服，前往伦敦贵族住宅区的高端聚会和夜总会。1914年夏天，即第一次世界大战爆发前不久，他正好在波茨坦，并作为轻骑兵（长枪骑兵）预备队中尉在西线服役，参加了马恩河之战，并获得了二级铁十字勋章（战友们给他起了个绰号叫"小男爵"，影射他不到1.7米的矮个子[3]）。1915年，他负伤退伍，到德国驻海牙大使馆当了一名领事。他在军队服役的经历使其逃脱了在伦敦遭拘禁甚至可能被放逐的厄运。但是1917年，他的银行资产被当作敌国财产被没收。一夜之间他失去了所有，包括艺术藏品在内。

1918年11月，"一战"结束之际，柏林正处于革命和动乱之中，爱德华迎娶了汉堡市一位银行家的女儿维拉·冯·施瓦巴赫（Vera von Schwabach）。他的岳父保罗·冯·施瓦巴赫（Paul von Schwabach），

---

① 罗斯柴尔德家族（Rothschild family），欧洲乃至世界久负盛名的金融家族，发迹于19世纪初，其创始人是梅耶·阿姆斯洛·罗斯柴尔德（Mayer Amschel Rothschild）。他和他的五个儿子先后在英国伦敦、法国巴黎、奥地利维也纳、德国法兰克福、意大利那不勒斯等欧洲著名城市开设银行。

是一位改变宗教信仰的犹太人，也是财力雄厚的布雷希洛德银行（Bleichroeder Bank）的合伙人。这家银行曾为俾斯麦领导下的普鲁士王国的扩张提供资金支持。因此，冯·德·海特的金融事业再次得到了保障。1920年，在岳父的帮助下，冯·德·海特在阿姆斯特丹开办了冯·德·海特-克斯腾银行（Von der Heydt-Kersten Bank）。但是这是一场包办婚姻，新娘只有十八岁，初为人妻，毫无经验。而新郎年龄却是新娘年龄的两倍，还只对男人感兴趣。冯·德·海特曾向德国外交家赫伯特·冯·德克森①，一位在波茨坦骑兵团结交的朋友，坦言自己"不适合结婚"。[4]夫妻两人于1927年离婚，但仍保持着朋友关系。维拉后来成为英国著名的荣格心理分析师，也是瑞士最后几位与荣格本人一起参与过分析的心理分析师之一。

1942年，时值第二次世界大战，爱德华忆起他在1908年的某天与佛教艺术的初次神秘邂逅："夜晚，萧瑟的秋风扫荡阿姆斯特丹的街道，瓢泼大雨重重敲击着运河上破旧的荷兰船。万物都在风雨中飘摇，连房屋似乎也摇摇欲坠。此时一束光穿过一扇小窗……一尊巨大、安详的大理石佛头出现在眼前，它在狂风暴雨中岿然不动。我在它面前守候，想起我的学生时代，想起德国的叔本华②、印度教的《奥义书》和佛教经典。"[5]他被深深吸引，沉醉其中。

爱德华刚开始收藏时略显保守：主要在伦敦征购17世纪荷兰绘画。1908年，他在阿姆斯特丹买下了首尊中国雕像。之后，便经常光顾卢芹斋的古董店和保罗·马隆在巴黎的亚洲艺术画廊。[6]他的收藏准则是："从一流古董商手里买最佳藏品，因为一旦你对藏品的出处产生质疑或者提出不满意，可以立即退货。"[7]爱德华在70岁寿辰之际回忆起早年收藏中国艺术品的经历："如果你向艺术史学家请教古代历史，他们给你的

---

① 赫伯特·冯·德克森（Herbert von Dirksen，1882—1955），德国外交官，生于柏林贵族家庭，德国国家人民党成员，曾担任德国驻苏联、日本和英国大使。
② 叔本华（Arthur Schopenhauer，1788—1860），德国著名哲学家，是哲学史上第一个公开反对理性主义哲学的人并开创了非理性主义哲学的先河，也是唯意志论的创始人和主要代表之一，认为生命意志是主宰世界运作的力量。

回答各不相同。一切都存在变数。汉、隋、唐、宋这些朝代名让我听着头晕,对我来说毫无意义,因为我可不想上历史课。我只对艺术品本身着迷。我并不在乎这些艺术品何时问世,又是出自何人之手。"[8]日渐增多的藏品需要更大的空间存放。于是爱德华夫妇在阿姆斯特丹皇帝运河区(Keizersgracht)购买了一栋豪宅,还将自家的银行搬了过去。1922年,他们一举买下了意大利裔法国汉学家佩初兹①的40余件藏品。[9]为此,他们在豪宅一层设立了一个东亚艺术私人画廊,并取名为"艺苑"。在他眼中,艺苑"不应当只是藏品丰富的博物馆、富丽堂皇的音乐厅或庄严肃穆的寺庙,而应将三者的功能融为一体,同时还兼具住所和书房的功能"。[10]

同年,爱德华与哥哥从父亲手中买下他收藏的欧洲艺术品,之后将其捐赠给伍帕塔尔市的博物馆。但是爱德华对非欧洲艺术品的爱好使他有别于同时代的其他收藏家。有人曾问他为何收藏亚洲艺术品。他回答说,因为亚洲艺术品在当时"出奇地便宜",尤其是在20世纪20年代的法国。[11]"一战"后出现的恶性通货膨胀一直持续至1923年,而爱德华在荷兰的银行生意使他得以用黄金保值的荷兰盾在奥地利、德国等国家购买藏品。冯·德·海特有一个有意思的投资策略,那就是购买艺术品。他也曾劝朋友海因里希·蒂森-博尔奈米绍②男爵购买艺术品。[12]他购买的藏品绝大多数来自巴黎、伦敦和阿姆斯特丹的古董商。冯·德·海特有时会批量购买,比如,他从卢芹斋手里买下了一批鄂尔多斯青铜器,一种欧亚原创艺术形式。1934至1935年期间,卢芹斋曾在自己的维也纳分店展示过鄂尔多斯青铜器。

冯·德·海特在其收藏过程中特别看重给藏品编目做图录。1924年,艺术史学家卡尔·维特(Karl With)编辑出版了德·海特的第一本

---

① 拉斐尔·佩初兹(Raphael Petrucci, 1872—1917),法国远东艺术史专家、艺术收藏家,受聘于大英博物馆东方版画与绘画分部。著有《远东艺术中的自然哲学》(*Philosophie de la Nature dans l'Art d'Extrême—Orient*, 1911)、《中国画家》(*La Peinture Chinoise au Musée Cernuschi*, 1912)等。
② 海因里希·蒂森-博尔奈米绍(Heinrich Thyssen-Bornemisza, 1875—1947),德裔匈牙利企业家、收藏家。

图录《艺苑藏东亚、南亚雕塑集萃》。据维特讲,虽然冯·德·海特结识了很多艺术史学家,但"他从不寻求,也不希望得到任何专业上的建议。他更愿意随性而行。他具有可靠的直觉和独到的审美眼光,信奉质量第一的原则,全然相信自己的判断。他在探寻不同寻常、鲜为人知的艺术珍品的过程中,表现出了超凡的洞察力"。[13]

在艺术收藏方面,冯·德·海特高瞻远瞩,但是作为银行家,他却屡屡碰壁。冯·德·海特与岳父决裂之后,便离开了公司。1924年,他又重整旗鼓,在荷兰温泉疗养胜地赞德福特(Zandvoort),创办了另外一家私人银行。赞德福特的那家银行由一个别墅群构成,三十个房间鳞次栉比,另外四间较小的屋子装着巨大的落地窗,可以俯瞰辽阔的海洋和沙滩。冯·德·海特甚至招揽埃德蒙·雨果·施廷内斯①为其私人客户,帮他打理从其父亲雨果·迪特尔·施廷内斯②手中继承的巨额财产。流亡中的前德国皇帝威廉二世曾是赞德福特的常客。这一度招来流言蜚语,人们戏称冯·德·海特男爵为"德皇的私人银行家"。别墅的部分区域作为博物馆和餐厅对公众开放,旁边有一个不起眼的标志引导人们进入"博物馆餐厅"。冯·德·海特坚信艺术应面向大众,所以在"博物馆餐厅"游客可以"在日本鬼面具"下畅饮啤酒,或在"南海神像"前享用面包和黄油。[14]冯·德·海特用"艺术万象"一词来形容自己包罗万象的艺术收藏。冯·德·海特喜欢购买房屋,喜欢收集艺术品,喜欢结交社会名流,并乐此不疲,从不感到厌倦。

两次世界大战间歇期,冯·德·海特非常热衷于宴请宾客,这一点从他厚厚的客人名单上就可以看出。很快,他就成为著名的艺术赞助人,资助艺术考察和学术研究。当时,他在瑞士提契诺州③发现了阿斯科纳(Ascona),这里曾是一个宁静的小渔村。1904至1926年,这个艺术家

---

① 埃德蒙·雨果·施廷内斯(Edmund Hugo Stinnes,1896—1980),德国企业家。
② 雨果·迪特尔·施廷内斯(Hugo Dieter Stinnes,1870—1924),德国企业家,埃德蒙·雨果·施廷内斯是其长子。
③ 提契诺州(Ticino),瑞士南部的一个州,与意大利接壤,是瑞士意大利语区的主要组成部分。首府为贝林佐纳,卢加诺是该州第一大城,重要城市还有举办洛迦诺电影节的洛迦诺。

云集的小渔村却是"生活改革运动"的最前线。这场运动孕育了一个支持健康生活、无政府主义、自由恋爱、素食主义和裸体主义的新时代。在此之前阿斯科纳村吸引了大批艺术家（玛丽·魏格曼[①]、伊萨多拉·邓肯[②]、保罗·克利[③]、埃里克·米萨姆[④]、赫尔曼·黑塞），政治家（古斯塔夫·施特雷泽曼[⑤]），教育家（鲁道夫·斯泰纳[⑥]），学者（马克斯·韦伯）、印度哲学家克里希那穆提[⑦]，以及海伦娜·布拉瓦茨基[⑧]夫人等神智学界的一些名人。

1923年，经由玛丽安·冯·韦雷夫金[⑨]女爵介绍，冯·德·海特来到阿斯科纳村，那里的美景和位于真理山的独特地理位置让冯·德·海特流连忘返。1928年，这位热衷于赞助艺术事业的米西纳斯[⑩]，在阿斯科纳村建造了一栋包豪斯风格[⑪]的旅馆，由德国建筑师埃米莉·法伦坎普[⑫]设计。在这座专门建造的旅馆中，宾客们过着宁静祥和的生活，吃早餐、

[①] 玛丽·魏格曼（Mary Wigman，1886—1973），德国女舞蹈家、现代舞编导家。为德国表现主义舞蹈最具影响力的代表人物。
[②] 伊莎多拉·邓肯（Angela Isadora Duncan，1877—1927），美国舞蹈家、现代舞的创始人，是世界上第一位赤脚在舞台上表演的艺术家。
[③] 保罗·克利（Paul Klee，1879—1940），德国画家，其画作多以油画、版画、水彩画为主，代表作品有《亚热带风景》《老人像》。
[④] 埃里克·米萨姆（Erich Mühsam，1878—1934），德国作家、诗人和剧作家，无政府主义者、和平主义者与反法西斯主义者。生于德国柏林，被杀于奥拉宁堡集中营。
[⑤] 古斯塔夫·施特雷泽曼（Gustav Stresemann，1878—1929），德国政治家，魏玛共和国时期担任百日总理（1923年）和六年外交部部长（1924—1929）。
[⑥] 鲁道夫·斯泰纳（Rudolf Steiner，1861—1925），奥地利社会哲学家。他是人智学的创始人，用人的本性、心灵感觉和独立于感官的纯思维与理论解释生活。1913年，在多纳什城成立第一个歌德学院。
[⑦] 吉杜·克里希那穆提（Jiddu Krishnamurti，1895—1986），近代第一位用通俗的语言向西方全面深入阐述东方哲学智慧的印度哲学家。
[⑧] 海伦娜·布拉瓦茨基（Helena Petrovna Blavatsky，1831—1891），俄罗斯的神智学家、作家与哲学家，创立了神智学与神智学协会。
[⑨] 玛丽安·冯·韦雷夫金（Marianne von Werefkin，1860—1938），俄罗斯表现主义先锋派女画家，青骑士社主要成员之一，代表作《回家》《黑衣妇女》等。
[⑩] 米西纳斯（Gaius Maecenas，前70—前8），古罗马艺术赞助人鼻祖，罗马奥古斯都大帝的好友兼谋臣，对当时初露角头的维吉尔（Virgil）及霍勒斯（Horace）等年轻诗人提携有加。现在米西纳斯已变成代表"艺术赞助人"的意思，此处指德·海特男爵。
[⑪] 包豪斯风格（Bauhaus），意为"房屋之家"，是德国魏玛市的"公立包豪斯学校"的简称，后改称"设计学院"，习惯上仍沿称"包豪斯"。在两德统一后，魏玛设计学院更名为"魏玛包豪斯大学"。"包豪斯风格"代指的是单纯、简洁、以几何造型为主的工业化设计风格。
[⑫] 埃米莉·法伦坎普（Emil Fahrenkamp，1885—1966），德国建筑师和建筑学教授，"一战"和"二战"期间最杰出的建筑师之一。

饮美酒、打网球、沐浴阳光、修习佛禅。不时还会有一些意外之客到访，其中有犹太难民、狂热的纳粹分子，也有保守党人和社会党人。

冯·德·海特男爵选择常居阿斯科纳村，与这里的棕榈树、山茶花、含羞草、木兰花及马焦雷湖（Lago Maggiore）的壮丽美景朝夕相伴。他在旅馆不远处建造了"安那塔"之家（Casa Anatta），里面摆放着自己收集而来的中国、非洲和印度艺术藏品。冯·德·海特经常撑着一把巨大的红色遮阳伞，穿着短裤，赤裸着上身，在枝繁叶茂的林中漫步。或者由专职司机驾驶蓝色普利茅斯轿车，载着他去看望朋友。冯·德·海特的很多密友同时也是他的客户，比如埃德蒙·施廷内斯、蒂森兄弟——弗里茨和海因里希男爵。兄弟俩是德国鲁尔区工业巨头的继承人，在阿斯科纳和卢加诺附近拥有各自的别墅。

精明的冯·德·海特善于将他的生意与人情挂钩。1925年，他从施廷内斯手里买下了北斗星银行股份公司，将其更名为冯·德·海特柏林银行股份公司。但是，他的银行与那些资助施廷内斯集团公司的银行发生了冲突，银行的投资生意也惨遭失败。1927年，蒂森兄弟出手相救，从他手中接下了银行，并于1930年将其更名为奥古斯特·蒂森银行。冯·德·海特仍然担任银行的董事会成员。但是，从此之后他用在失败的银行生意上的时间越来越少，转而投入更多精力去收藏艺术品以及结交社会名流。

20世纪30年代，阿斯科纳村以及冯·德·海特1929年对外开放的旅馆，吸引了欧洲各界社会名流，包括德国皇帝的四子、王位竞争者奥古斯特·威廉王子（Prince August Wilhelm），心理学家卡尔·荣格[1]，性学研究者马格努斯·赫希菲尔德[2]，哲学家马丁·布伯[3]，演员埃米尔·强

---

[1] 卡尔·荣格（Carl Jung，1875—1961），瑞士著名精神分析专家，分析心理学的创始人。
[2] 马格努斯·赫希菲尔德（Magnus Hirschfeld，1868—1935），德国犹太裔内科医生和性学家。他认为同性恋是第三性，即介于男性与女性之间的中性，著有《性学三论》《机智与无意识的关系》《自我与本我》等书。
[3] 马丁·布伯（Martin Buber，1878—1965），犹太哲学家、翻译家、教育家，宗教存在主义的代表人物，主要著作有《我与你》《人与人之间》《两种类型的信仰》《善恶观念》等。

宁斯[①]、画家保罗·克利、埃尔·利西茨基[②]、汉斯·阿普[③]，艺术经销商阿尔弗雷德·弗莱希特海姆[④]，以色列建国总统哈伊姆·魏茨曼[⑤]，政治家古斯塔夫·施特雷泽曼、约瑟夫·维尔特[⑥]，德国国家银行总裁亚尔马·沙赫特[⑦]，小说家托马斯·曼[⑧]、赫尔曼·黑塞、埃里希·玛利亚·雷马克[⑨]，音乐家布洛尼斯拉夫·胡贝尔曼[⑩]和埃德温·菲舍尔[⑪]，以及形形色色的"俄国贵族、巴黎妓女和伦敦勋爵"。[15]

有关冯·德·海特男爵的个性，艺术史学家卡尔·维特曾做过如下剖析：

> 他乐于把社会、政治或文化观念最相左的三教九流聚拢在一起，形成一种奇异的对立融合，比如将上层贵族与激进分子，放浪形骸者与一本正经的保守派，革命理想主义者与精明的企业家召集在一起……在我看来，他打着拉近人际关系的幌子，实际上是想将这些人聚到一起表演一场人类马戏表演，供他哈哈大笑罢

---

① 埃米尔·强宁斯（Emil Jannings，1884—1950），德国电影、舞台剧演员，主要作品有《最卑贱的人》，第一届奥斯卡金像奖最佳男主角获得者。
② 埃尔·利西茨基（El Lissitzky，1890—1941），艺术家、设计师、摄影师、建筑师，俄罗斯先锋派的重要人物。
③ 汉斯·阿普（Hans Arp，1887—1966），出生于法国，父亲是德国人。画家、诗人和抽象艺术家，代表作有《绝妙的丑角》《花》《矩形》等。1914年与马克斯·恩斯特（Max Ernst）一同发起了科隆达达运动，并致力于达达主义的推广和宣传，成为超现实主义的代表人物。
④ 阿尔弗雷德·弗莱希特海姆（Alfred Flechtheim，1878—1937），德国收藏毕加索作品最早的艺术品藏家之一，也是"二战"之前欧洲的知名艺术品经销商之一。
⑤ 哈伊姆·魏茨曼（Chaim Azriel Weizmann，1874—1952），以色列第一任总统（1949—1952），犹太复国运动领导者，英国犹太裔生物化学家。
⑥ 约瑟夫·维尔特（Joseph Wirth，1879—1956），德国魏玛共和时期的著名政治家，中央党人，1921年至隔年期间担任总理一职，为德国历史上最年轻的总理。
⑦ 亚尔马·沙赫特（Hjalmar Schacht，1877—1970），德国经济学家、银行家、自由主义政治家，德国民主党的联合创始人。因1922年至1923年遏制了威胁魏玛共和国生存的毁灭性的通货膨胀而闻名于世。
⑧ 托马斯·曼（Thomas Mann，1875—1955），德国小说家和散文家，代表作《魔山》《布登勃洛克一家》。1929年获诺贝尔文学奖。
⑨ 埃里希·玛利亚·雷马克（Erich Maria Remarque，1898—1970），德裔美籍小说家，因《西线无战事》（Im Westen nichts Neues，1929）一书而知名。这部小说讲述了德国士兵在第一次世界大战中的军事经历。
⑩ 布洛尼斯拉夫·胡贝尔曼（Bronislaw Hubermann，1882—1947），波兰小提琴家。
⑪ 埃德温·菲舍尔（Edwin Fischer，1886—1960），瑞士钢琴家。

了。他性格的悲剧之处在于，他不具备与人建立友谊的天赋，缺乏爱的能力，恐惧被情感支配。实际上他是一位孤独患者，冷眼旁观世间一切，置身事外。[16]

1933年，纳粹政府解雇了维特，谴责他是"为堕落艺术拉皮条的人"。第二次世界大战爆发前两年，维特在阿斯科纳村度过。冯·德·海特差遣他去各大欧洲博物馆游历，确定散落遗失的藏品落于哪家博物馆，并为其编目。维特在报告中声称，发现了"数百件冯·德·海特根本没有记录或忘得一干二净的藏品"。[17]

1933年希特勒掌权后，许多德国收藏家被迫移民，尤其是那些犹太收藏家。但是他们能够随身带走的藏品十分有限。1935年5月，奥托·伯查德画廊中的藏品在柏林拍卖，包括1 500件中国、日本和印度艺术品。据一位参加拍卖会的人描述："唐代陶瓷和绘画的价格特别低，中国古青铜器的价格最高。"[18]冯·德·海特拍下了五件物品：一尊武官半身像、一尊木观音立像、两件器皿及一件男性跪立雕像。前四件物品现藏于德国的里特贝格博物馆，跪立雕像则在战争期间下落不明。拍卖没有设定最低拍卖价格，没有估价，所有艺术品都找到了买家。戈林听说了这次拍卖后，立即下令叫停后续的拍卖活动，担心外国买家将这些价值连城的藏品买走，造成文物的流失。

艺术藏品可以买卖，而因为当时的外汇管制严禁货币流出德国，冯·德·海特得以低价购入艺术藏品。虽然冯·德·海特所购藏品也必须存放在德国境内，但他可以把藏品租借给国外的一些博物馆，这些博物馆急于展出奇珍异宝，且馆长们也都和冯·德·海特认识。第一次世界大战期间，冯·德·海特收藏的艺术品被英国人没收。因此，为避免在"二战"中重蹈覆辙，研究人员估计，截至1938年，德·海特有超过2 560件藏品分散在德国、瑞士、荷兰、英国、法国、丹麦、瑞典和奥地利等国的69座博物馆。每家博物馆不仅要为其藏品提供保管和修缮服务，还为其举办展览、出版图录，使藏品不断增值。事实上，将藏品出借对冯·德·海特来说有百利而无一害。据说，冯·德·海特为保护自己的藏品花费巨大。1937年，他从荷兰赞德福特移居瑞士的阿斯科纳，获得了瑞士公民身份。由于他没有子嗣，相关人士认为瑞士博物馆可能成为这些藏品的最终受益者。第二次世界大战爆发，冯·德·海特担心墨索里尼会入侵紧邻意大利边境的阿斯科纳。1940年4月，他给仍在赞德福特的秘书写信说："最重要的工作，是尽可能分散所有藏品。因为目前没有真正的安全之地。"[19]

但是，等到战前冯·德·海特再想将四散在瑞士的藏品聚集到自己手中，却遭遇重重阻挠。比如他曾把许多重要藏品出借给了柏林的民族志博物馆。但是现在普鲁士国家博物馆的总馆长奥托·屈梅尔[①]及其助手赖德迈斯特[②]博士却拒绝归还冯·德·海特数量庞大的藏品，其中包括很多稀世珍宝，例如他1935年在伯查德拍卖会上购买的大型中国石雕像和一尊15世纪的木观音雕像。屈梅尔曾撰写过臭名昭著的《屈梅尔报告》，这是一个愿望清单，上面罗列了纳粹想从其他国家"追回"并放置于计划建造的博物馆中的艺术品。[20]冯·德·海特怀疑这些人已不满足于为他代为保管藏品，而是想将他的藏品据为己有。尽管如此，冯·德·海特还是设法将自己的大件藏品运抵乌克马克（Uckermark）的一栋森林别墅。这栋别墅是他的贵族朋友利纳尔亲王的财产，位于柏林以北80千米处的格尔斯托夫（Görlsdorf）。而小件藏品，包括他珍爱的鄂尔多斯青铜器，则存放在蒂森银行专门建造的保险库中。不久前，蒂森银行刚刚翻修了一个房间，用于存放绘画和其他艺术品。

冯·德·海特在政治上属于保守派，支持君主制。1926年，他加入了右翼准军事组织"钢盔前线士兵联盟"[③]。他还加入了1924年成立的

---

① 奥托·屈梅尔（Otto Kümmel，1874—1952），德国艺术史学家，曾担任亚洲艺术博物馆和柏林国家博物馆总馆长。
② 赖德迈斯特（Leopold Reidemeister，1900—1987），现代主义艺术史学家，1957—1965年担任德国国家博物馆馆长。
③ 钢盔前线士兵联盟（Stahlhelmbund）是"一战"结束后德国的准军事组织之一。在魏玛共和国末期是德国国家人民党的武装组织。1933年纳粹党掌权后，这一组织在一体化进程中被重新命名为"国家社会主义前线战士联盟"，其大部分被吸纳进冲锋队中。

"绅士俱乐部"①，那里汇集了柏林的上层精英，包括贵族、银行家、部长和企业家。自1927年起，冯·德·海特开始在纳粹党的上层人物中间左右逢源，在希特勒好友维多利亚·冯·德克森②的时髦沙龙里与德国陆军元帅赫尔曼·戈林③和约瑟夫·戈培尔④之流相见甚欢。维多利亚的父亲是大地主，丈夫是新近获封爵位的艺术收藏家、外交家威利鲍尔德·冯·德克森⑤。维多利亚的继子赫伯特·冯·德克森⑥也是"绅士俱乐部"会员，他是战前最后一任德国驻英国大使，同时也是冯·德·海特在骑兵团时的密友。维多利亚在柏林玛格丽特大街有一栋别墅，那里是德国保守派和"中央党"领袖的聚集地，包括保罗·冯·兴登堡⑦元帅、德国皇室成员如德皇之子等，还有海因里希·布吕宁⑧以及崭露头角的纳粹分子，甚至连希特勒也常流连此地。据说，1931年，冯·德·海特曾在恺撒霍夫酒店（Hotel Kaiserhof）与希特勒有过短暂会面。[21]

希特勒大选获胜掌权后不久，1933年4月1日，冯·德·海特加入了德国国家社会主义工人党，党员号是1561948。冯·德·海特入党的动机，或许是出于信仰，但更多是出于投机原因，包括生意上的考虑。1930至1937年，冯·德·海特担任蒂森银行顾问委员会的主席，卸任后仍在该委员会工作直至1943年。蒂森银行的两位所有者，是

---

① "绅士俱乐部"（Herrenklub），1924年建立的由大地主、大实业家、银行家和政府高官组成的俱乐部。
② 维多利亚·冯·德克森（Viktoria von Dirksen，1874—1946），德克森在位于柏林玛格丽特大街的豪华宫殿内组织沙龙、晚宴和茶话会，其沙龙是纳粹党与贵族结识和交往的最重要场所。
③ 赫尔曼·戈林（Hermann Goering，1893—1946），纳粹德国党政军领袖，与阿道夫·希特勒关系极为亲密，在纳粹党内影响巨大。他担任过德国空军总司令、"盖世太保"首长、国会议长、冲锋队总指挥、经济部长、普鲁士总理等跨及党政军三部门的诸多重要职务，并曾被希特勒指定为接班人。
④ 约瑟夫·戈培尔（Paul Joseph Goebbels，1897—1945），德国政治家、演说家。纳粹德国时期担任国民教育与宣传部长，擅长演讲，被称为"纳粹喉舌"。
⑤ 威利鲍尔德·冯·德克森（Willibald von Dirksen，1852—1928），德国外交官、政治家、艺术收藏家。
⑥ 赫伯特·冯·德克森（Herbert von Dirksen，1882—1955），德国外交家，"二战"前德国最后一任驻英大使。
⑦ 保罗·冯·兴登堡（Paul von Hindenburg，1847—1934），德国陆军元帅、政治家、军事家。魏玛共和国的第二任总统。
⑧ 海因里希·布吕宁（Heinrich Brüning，1885—1970），德国政治家，魏玛共和国时期的德国总理（1930—1932）。1934年，逃亡美国，并在哈佛大学担任教授。1952年，返回德意志联邦共和国，任科隆大学政治学教授。

冯·德·海特的朋友蒂森兄弟——弗里茨和海因里希·蒂森-博尔奈米绍男爵[22]。冯·德·海特加入该党还有家庭原因：他的母亲和一个兄弟在德国。此外，他在德国还有巨额财产，包括在柏林万塞郊区的一栋别墅和他收藏的艺术品，其中许多已出借给德国的博物馆。对自己入党之事，冯·德·海特十分谨慎，一直秘而不宣。然而，他在瑞士的一个湖畔丢失了钱包，被后来的布鲁克林博物馆埃及艺术品策展人伯纳德·博特墨①捡到并交给了当地警察。钱包里面有冯·德·海特的党员证以及一张他佩戴纳粹卐字章的照片。[23]

1937年，冯·德·海特在获得瑞士公民身份的同时，其德国护照自动失效，而他也随后退党。1939至1943年期间，冯·德·海特多次前往德国，但其瑞士公民身份未能护他周全，纳粹还是对他不断施压，重压之下他的所作所为使他的经历更加复杂，后人也难以做出准确评判。

1939年，早年曾资助过希特勒的弗里茨·蒂森从德国坐飞机逃往瑞士，随后其德国公民身份被撤销，财产被没收。弗里茨的兄弟海因里希也丧失了德国公民身份，被其岳父——一位匈牙利伯爵所收留，成为匈牙利公民，改名为海因里希·蒂森·博尔奈米绍·德·卡松男爵。而冯·德·海特的瑞士公民身份，也确实使蒂森银行处于危险境地，受到来自阿勃维尔——德国军事情报部门的监视。1939年，冯·德·海特先是被迫利用自己的赞德福特银行为阿勃维尔处理金融交易。1940年，纳粹德国国防军入侵荷兰后，又用自己在柏林的奥古斯特-蒂森银行为阿勃维尔处理金融交易。1939至1943年期间，冯·德·海特利用洛迦诺市②的联合银行洗黄金并进行外汇交易。根据美国政府文件记载，冯·德·海特所洗的黑钱用来资助了墨西哥和美国的阿勃维尔特工人员。据历史学家和记者托马斯·布姆伯格③描述，冯·德·海特共用十多种货

---

① 伯纳德·博特墨（Bernard Bothmer，1912—1993），资深埃及艺术研究专家，纽约大学埃及艺术教授、布鲁克林博物馆埃及部主任。
② 洛迦诺市（Locarno）是瑞士联邦提契诺州的一个直辖市，位于马焦雷湖北边。
③ 托马斯·布姆伯格（Thomas Buomberger），瑞士历史学家、记者。

币进行了 90 笔交易，总计近 100 万瑞士法郎。[24] 交易一直持续到 1943 年 11 月 22 日柏林的蒂森银行被毁为止。

1944 年秋天，随着盟军军队进军莱茵河，苏联军队向柏林方向进发，欧洲大陆的战争接近尾声。盟军着手制定战后蓝图，包括和平占领、战后审判战犯，还制订了一个"安全港计划"（SAFEHAVEN），旨在防止德国企业和银行将资产转移到欧洲中立国和美洲国家，确保资金能够用于战争赔偿和欧洲重建。1944 年 8 月和 9 月，美国向各领事馆和使馆人员发布了该计划。起初，参与计划的只有美国对外经济管理局、美国国务院和财政部。到最后，负责从欧洲被占领国和中立国收集情报的美国战略情报局及其反间谍机构 X-2 等部门纷纷参与其中。[25]

作为中立国的瑞士在"二战"中充当了清算所的角色，为纳粹德国服务。德国从被占领国或逃亡犹太人手中攫取的黄金，可在瑞士转换成外汇，用来购买原材料，驱动纳粹的战争机器。而瑞士首都伯尔尼是这些银行交易的核心区。美国战略情报局伯尔尼情报站的站长是艾伦·威尔士·杜勒斯①，战后担任了美国中央情报局局长（1953—1962）。1945 年 4 月，美国反间谍机构 X-2 提交了一份详细的调查报告，调查了"二战"期间通过瑞士中转的黄金和货币。其中绝大多数交易活动，均通过银行完成。私人则通过外交邮袋②走私资产，出售艺术品和其他贵重物品。

冯·德·海特为阿勃维尔进行黄金和货币交易的活动引起了美国情报机构的注意。然而，1944 年 11 月 25 日，在回应华盛顿的质询时，美国驻瑞士大使利兰·哈里森③向美国国务院发电报，声称"没有证据（指控冯·德·海特）搞'亲纳粹'活动"。杜勒斯虽从未见过冯·德·海特本人，但也断言这位男爵只是"一个并无恶意的好管闲事者。他只不过

---

① 艾伦·威尔士·杜勒斯（Allen Welsh Dulles，1893—1969），美国外交官和情报专家，美国中央情报局局长，是美国历史上任职最长、影响最大的中情局局长。
② 外交邮袋（diplomatic pouch）是一种由政府在国外用来传递文件的邮袋，因为有机密性质，受到国际公约和各国国内法律所保护。1961 年《维也纳外交关系公约》第 27 条规定，外交邮袋和携带它的外交信使拥有外交豁免权。
③ 利兰·哈里森（Leland Harrison，1883—1951），美国外交官。

是想站在胜利者一方，以保护自己的财产利益。据可靠线人提供的情报，我有理由相信，德国人并不比我们更关注此人"。[26]虽然德·海特的政治立场是"亲德国和君主制"，但他宣称自己"反对纳粹"。[27]有资料显示，他曾向驻扎在苏黎世的美军和英军提供过情报。

1946年1月，同盟国开始在纽伦堡审判战犯，冯·德·海特的战后噩梦随之开始。审判揭露了德国纳粹党政府犯下的骇人罪行：驱逐犹太人及其他不受纳粹欢迎的人，建造惨无人道的集中营，设置毒气室，没收无辜公民财产等。受审战犯里面有许多与冯·德·海特公开交往过的熟人，如赫尔曼·戈林、鲁道夫·赫斯[①]、亚尔马·沙赫特、约阿希姆·冯·里宾特洛甫[②]等人。出席审判的一个主要证人是汉斯·贝恩德·吉泽维乌斯[③]，他是德国阿勃维尔特工，对外公开身份是德国驻伯尔尼领馆副领事。同时，他也是杜勒斯与德国反纳粹组织之间的线人。

1946年3月27日，迫于美国的压力，瑞士警方在苏黎世巴尔拉克四星级酒店逮捕了冯·德·海特男爵。他居住的327房间十分豪华，里面的装饰都是他私人艺术收藏中的精品。严谨细致的瑞士警方列出了房中物品的详细清单：高尔夫球包、欧洲绘画和中国艺术品等。警方从酒店和阿斯科纳的别墅搜集证据，对冯·德·海特进行了审问。[28]在拘留冯·德·海特24天后，瑞士警方指控他"在瑞士境内，为一个国家实施或组织实施军事情报收集活动，来对抗另外一个国家"，因此违反了《瑞士中立法》。[29]瑞士警方希望从冯·德·海特的审讯中获知这些问题的答案：冯·德·海特对第三帝国的资金转移活动了解多少？他参与纳粹间谍活动的程度有多深？纳粹所收敛的巨额黄金去向如何？这些黄金是

---

① 鲁道夫·赫斯（Rudolf Hess，1894—1987），"一战"德国陆军飞行员，纳粹党副元首，希特勒自传《我的奋斗》的执笔人之一。战后被判终身监禁，囚禁于美苏英法四国轮流管理的西柏林的施潘道监狱。1987年8月17日，93岁的赫斯在监狱里的别墅中用电线上吊自杀。
② 约阿希姆·冯·里宾特洛甫（Joachim von Ribbentrop，1893—1946），纳粹德国政治人物。希特勒政府时曾任驻英国大使和外交部部长等职务，对促成德日意三国同盟起过重要的作用，此外，里宾特洛甫直接参与了闪击波兰，入侵捷克斯洛伐克和苏联的战争。"二战"后被英军抓获，1946年10月被纽伦堡国际军事法庭判处绞刑。
③ 汉斯·贝恩德·吉泽维乌斯（Hans Bernd Gisevius，1904—1974），德国外交官和情报官员。作为纳粹政权的秘密反对者，他在苏黎世充当艾伦·杜勒斯的联络人。

否真如美国人所怀疑的那样埋藏于真理山？

1946年5月，冯·德·海特在被送上军事法庭之前接受了审讯，审讯员审问他为阿勃维尔都从事了哪些活动以及他与纳粹高层之间的瓜葛。最后，法庭宣布冯·德·海特缺乏"主观犯罪意图"，宣判其无罪，并允许他保留瑞士国籍。法庭认为，在帮助阿勃维尔转移资金时，冯·德·海特并不知道谁是资金的接收者，也不知道资金的性质。瑞士法庭以缺乏证据为由，不愿将一位"在国际社会上享有较高社会和财富威望的人"定罪。[30]而坊间流传的说法是冯·德·海特与瑞士达成了一笔交易：他向瑞士捐赠了1500件藏品，用于在苏黎世创办一座博物馆。这显然是一种投机取巧行为，用以换取博物馆对他的支持。如果被判有罪，他的瑞士公民身份会被剥夺，而苏黎世计划建造的博物馆也就没有机会从冯·德·海特手中获取镇馆之宝了。(根据德国难民艺术史学家阿尔弗雷德·萨尔莫尼的研究，为庆祝冯·德·海特无罪释放，瑞士当局为他举办了一场宴会。)[31]

1949年，苏黎世市民举行了公投，决定把维森东克别墅改建成一座博物馆，以容纳冯·德·海特捐赠的非欧洲艺术藏品。这栋别墅曾是德国作曲家理查德·瓦格纳的情妇玛蒂尔德·冯·维森东克（Mathilde von Wesendonck）的住宅。1952年，里特贝格博物馆开馆；同年，冯·德·海特把自己收藏的欧洲现代绘画遗赠给了伍帕塔尔市立博物馆，这家博物馆的主要两名赞助人是冯·德·海特及其父亲奥古斯特。1961年，伍帕塔尔市立博物馆改名为冯·德·海特博物馆。战后，虽然资金紧张，冯·德·海特男爵依然继续资助广受好评的《亚洲艺术》(*Artibus Asiae*)。1941年在美国被冻结的资金解冻后，冯·德·海特用这笔钱资助期刊的出版。《亚洲艺术》在美国编辑并在阿斯科纳发行。直到1951年，美国政府制止了他的这种安排。阿尔弗雷德·萨尔莫尼曾担任《亚洲艺术》期刊主编，他盛赞冯·德·海特是"远东艺术界最伟大的天使"。[32]

接受审讯并向里特贝格博物馆捐赠藏品后，冯·德·海特开始着手找回自己散落在各处的艺术藏品。他的部分藏品已遭破坏，或被苏军当作战利品带走，比如存放在柏林蒂森银行保险库里的藏品。1942 至 1943 年冬，他在赞德福特的住宅在纳粹闪电战中被毁，此前里面的装饰品已捐赠给了荷兰的各大博物馆。1943 年 6 月，在母亲去世前不久，冯·德·海特父母在伍帕塔尔市的住宅同样被毁，父亲的部分收藏品也毁于其中。1939 年巴黎大撤退中，法国人类博物馆弄丢了冯·德·海特的 300 件藏品，绝大多数是非洲文物。战争末期，法国军队在德国科布伦茨的库房里发现了属于德·海特的 16 幅绘画作品，将其"收回"后交由卢浮宫保管。战后，冯·德·海特通过诉讼，成功收回了自己曾在丹麦存放的藏品。

冯·德·海特有部分藏品留在格尔斯托夫，而 1949 年这一地方被划分给了德意志民主共和国，要拿回藏品困难重重。他收藏的一些亚洲艺术精品被苏军作为战利品送给了德意志民主共和国，之后就一直留在了柏林的博物馆岛[1]。关于这批藏品还有一个令人意想不到的故事。1951 年 6 月，约翰尼斯·伊顿[2]（画家、包豪斯艺术色彩理论家、里特贝格博物馆的首任馆长）从一份报纸上，看到了补鞋匠提图斯·卡默勒（Titus Kammerer）去世的讣告。此人曾是列宁在苏黎世居住时的房东。1916 至 1917 年流亡期间，列宁及其妻子娜杰日达·克鲁普斯卡娅[3]曾住在绿树成荫的镜巷里的两间房子里，之后乘坐密封火车抵达圣彼得堡的芬兰火车站，发动了布尔什维克革命。伊顿知道，苏联人曾花费多年时间，试图以高价买下列宁故居里的物品，但均遭到卡默勒鞋匠的拒绝。于是伊顿设法从卡默勒的儿子入手，陆陆续续从其手中买到了列宁用过的一个

---

[1] 博物馆岛（Museum Island），位于德国柏林市中心施普雷河岛（Spree Island）北端，是由柏林旧博物馆（Old Museum）、柏林新博物馆（New Museum）、旧国家美术馆（Old National Gallery）、博德博物馆（Bode Museum）和佩加蒙博物馆（Pergamon Museum）五座博物馆组成的博物馆群。它是德国最受欢迎的景点，也是欧洲最重要的博物馆遗址之一。
[2] 约翰尼斯·伊顿（Johannes Itten，1888—1967），瑞士表现主义画家、设计师、作家、理论家、教育家。他是包豪斯最重要的教员之一，是现代设计基础课程的创建者。
[3] 娜杰日达·克鲁普斯卡娅（Nadezhda Krupskaya，1869—1939），苏联教育家，列宁的夫人和亲密战友。

茶杯、一个茶漏及两把黄油刀。伊顿用这些列宁的"遗物"从德意志民主共和国交换回了两卡车文物,其中包括 23 尊中国佛像,随后将其运入里特贝格博物馆。

1941 年,冯·德·海特授权昌西·哈姆林①(美国布法罗博物馆董事会董事长、国际博物馆协会创始人)及其朋友阿尔弗雷德·萨尔莫尼(当时已在美国定居)每年从他被冻结的美国银行账户中提取 6 000 万美元,用于征购艺术品。美国的"外国财产管理办公室"批准了这笔交易。两个人用冯·德·海特授权的资金购买了约 44 件藏品,包括非洲、美洲前哥伦布时期以及亚洲的艺术品,并将这些藏品直接送往布法罗博物馆保存。这些藏品被永久出借给布法罗博物馆,冯·德·海特本人从未经手过。萨尔莫尼将此举称为:"借出而不是失去。"[33] 这些藏品一直在布法罗博物馆展出,直到 1951 年,美国政府依据"财产交托令"18344 号和《禁止与敌国贸易法》,将这批藏品没收充公。[34]

仗着瑞士当局曾宣告自己无罪,又急于索回自己的藏品,于是冯·德·海特向法院提起上诉。但是,冯·德·海特此次的上诉以及随后要求复审的请求都被华盛顿特区法院驳回。因为法院发现,原告冯·德·海特曾故意拒绝提供涉及他在第三帝国期间从事的资金转移活动的有关文件。美国政府掌握的证据是海因里希·吕布克②的证词。吕布克曾担任过蒂森银行的经理,在苏联监狱服刑 5 年之后释放回国。1950 年,吕布克在书面陈述中声称冯·德·海特十分清楚阿勃维尔转移资金行为的真正性质。吕布克声称,他在卢加诺见过冯·德·海特(根据证词见面时间是 1939 年),曾询问冯·德·海特是否做好准备为阿勃维尔服务,替阿勃维尔将资金转移到国外,而冯·德·海特能够捞到的好处就是可以按市场价进行抽成。吕布克写道,冯·德·海特深知"这些交易的性质,而且

---

① 昌西·哈姆林(Chauncey J. Hamlin, 1881—1963),美国博物馆协会主席,1946 年创办了国际博物馆协会。
② 卡尔·海因里希·吕布克(Karl Heinrich Lübke, 1894—1972),德国政治家,德意志联邦共和国联邦总统(1959—1969)。

也知道自己绝不能将阿勃维尔是幕后主使的秘密泄露出去"。据吕布克供认，交易一直持续不断地进行，直到1943年柏林的蒂森银行被炸毁。

蒂森银行首席秘书伊尔丝·巴蒂（Ilse Butry）也提供证词，指证冯·德·海特亲自处理汇款事宜，将钱款汇往中立国和敌国，从不让他人经手[35]。蒂森银行以密封挂号信的形式汇款，只使用瑞士法郎或美元。冯·德·海特受命将资金转入自己在洛迦诺市瑞士联邦银行的账户，由联邦银行汇往中立国或敌国，再交予德军最高指挥部指定人员。[36]

随后，美国联邦调查局和美国战略情报局的后续调查显示，冯·德·海特还担任了德国盖世太保的代理，从被占领国（包括罗马尼亚）扣留的犹太人及其亲属那里收取赎金。当时，一对住在纽约的罗马尼亚夫妇声称，冯·德·海特曾以协助犹太难民获得签证为名谋取私利，尽管他矢口否认。蒂森银行的员工称，到了1944年战争接近尾声之时，冯·德·海特曾收到走私进入瑞士的"大量黄金"，将其埋入自己住宅的地下室[37]。冯·德·海特的调查档案表明，瑞士警方搜查了他在苏黎世居住的酒店，发现了一份涉嫌携带贵重物品逃往瑞士的德国人的名单。德国历史学家迪特·内勒斯（Dieter Nelles）和斯蒂芬·斯特拉克（Stephan Stracke）查阅了美国国家档案馆的相关文件之后对冯·德·海特的身份做出了这样的论断："爱德华·冯·德·海特绝不仅仅是纳粹制度的旁观者，而是这种罪恶制度的支持者。他是最早一批纳粹运动的支持者，作为替阿勃维尔服务的'银行家'，他为纳粹德国发挥了骨干作用，并从受迫害犹太人的赎金中牟利。"[38] 撰写本书时，美国国家档案馆的部分冯·德·海特档案，仍未对外开放。

苏黎世市长和瑞士驻美大使先后向美国最高法院请愿，请其免予没收冯·德·海特在美国的财产。尽管如此，罗伯特·肯尼迪①领导的美国司法部仍做出了最终裁定，认为冯·德·海特男爵"已用尽了赋予其的

---

① 罗伯特·肯尼迪（Robert Kennedy，1925—1968），第35任美国总统约翰·肯尼迪的弟弟，在约翰·肯尼迪总统任内担任美国司法部部长。

所有法律补救措施,根据《禁止与敌国贸易法》相关规定,裁定其财产仍应没收"。最高法院还请史密森尼学会专家对冯·德·海特的藏品进行鉴定评估便于拍卖。然而鉴定专家认为藏品的质量很高,希望学会能够予以保管。1966 年,美国国会颁布法律,授权将冯·德·海特的藏品合法移交给史密森尼学会下属的美国自然历史博物馆。[39] 根据这项议案,"史密森尼学会拥有全部自行决定权,包括对藏品的保管、交换、出售或进行其他形式的处置"。冯·德·海特的 44 件藏品全部充公。1973 年,其中的 13 件亚洲藏品被移交给了弗利尔博物馆。1978 年,其中一尊残缺砂岩观音立像,被该馆永久收藏。[40]

对于自己的损失,冯·德·海特一直耿耿于怀。直到最后,他仍坚持认为自己是受害者,遭受了德国间谍的诽谤和欺骗。他坚称奥古斯特-蒂森银行从来就不是一家德国银行,因为该行的所有者海因里希·蒂森-博尔奈米绍男爵是一位居住在瑞士的匈牙利公民。至此,这位"如狐狸般狡诈的收藏家"仍令人捉摸不透。他依旧支持艺术,并因此获得诸多荣誉头衔:苏黎世大学名誉博士、伍伯塔尔市荣誉市民、德国颁发的大十字架功绩勋章等。冯·德·海特去世多年后的 1998 年,德国里特贝格博物馆馆长艾伯特·鲁茨(Albert Lutz)给弗利尔博物馆馆长米洛·比奇(Milo Beach)写信,请求长期租借上述 13 件中国文物。然而他得到的答复却是弗利尔博物馆"禁止出借或出售其馆内任何藏品"。[41]

20 世纪 90 年代,随着瑞士银行在"二战"期间所作所为的曝光,1998 年华盛顿会议通过了《关于纳粹没收艺术品的华盛顿会议原则》①。德国涌现出不少与冯·德·海特和战争年代有关的文章和著作。人们对相关事实莫衷一是,对其解释更是各抒己见。在瑞士和伍伯塔尔市,冯·德·海特有自己的支持者。

2007 年,伍伯塔尔市历史中心馆长迈克尔·克尼里姆(Michael

---

① 有时也被称为《华盛顿宣言》,是关于归还第二次世界大战之前及期间被纳粹德国没收的艺术品的一项声明。1998 年 12 月 3 日在美国华盛顿哥伦比亚特区举行的关于犹太人大屠杀期间资产问题的华盛顿会议发布了这个原则。

Knieriem）对冯·德·海特的历史进行了调查，在公众讨论基础上对冯·德·海特其人做了一个判断。克尼里姆发现，伍伯塔尔市的这位荣誉市民并非一个作恶多端之人，他不是反犹太分子，也从不购买劫掠而来的艺术品。克尼里姆及其同事在研讨会上对冯·德·海特做了一个性格素描：一位满心忧虑的孤独者，一位痴迷于艺术收藏的失败银行家。他颠沛流离，东奔西走，担心自己没有国家可以供其容身，担心失去财富和心爱的艺术品。他因而不得不拉拢形形色色的政客来保证自己在四面楚歌的险境中生存下去。克尼里姆概括道："他是上流资产阶级开明保守派的代表，其观点与纳粹并不一致。"尽管如此，2008年，当地的一些历史学家竭力反对克尼里姆对冯·德·海特的所作所为进行"洗白"。伍伯塔尔市从文化贡献奖名单中移除了冯·德·海特的名字。

1956年，冯·德·海特把自己在阿斯科纳真理山的旅馆遗赠给了瑞士提契诺州。后来，旅馆改建成了苏黎世瑞士联邦理工学院的会议中心，是一个组织研讨和会议的场所。最后值得一提的是，据美国国家档案馆大屠杀时期资产记录项目的主管格瑞格·布拉德舍（Greg Bradsher）博士透露，1997年，在这个会议中心举办了一个国际会议，与会者包括历史学家和档案专家，会议的主题：纳粹黄金与瑞士银行。[42]

弗利尔博物馆对第三帝国期间所获上述藏品的来源进行了认真研究。其中有一件青铜簋于1938年购于卢芹斋之手。卢声称青铜簋是他在中国发现的。但是，最近的研究表明，青铜簋来自1935年的伯查德画廊藏品拍卖会。[43]伯查德画廊的藏品被强制拍卖，冯·德·海特从拍卖会上买下了5件藏品。2000年，雅各布和罗莎·奥本海默（Jakob and Rosa Oppenheimer）的后代向弗利尔博物馆索要这几件藏品。在两人前往北京居住前，雅各布曾买下了伯查德的画廊。1933年，他们逃往法国。1941年，雅各布在流亡中去世。罗莎则先是被运往法国的德朗西，之后又被送至奥斯维辛集中营。1943年，罗莎在集中营惨遭杀害。史密森尼学会对藏品进行溯源调查之后认为他们的索要合情合理。雅各布的后代如愿得到了赔偿。目前，青铜簋仍留在华盛顿。

对德国的里特贝格博物馆而言，弗利尔博物馆的那批藏品就像是等待获释的最后一批战犯。产地研究表明，冯·德·海特捐赠给里特贝格的4件藏品，同样购于1935年的伯查德藏品拍卖会。美国人又找到了雅各布的后代，对4件中国文物按当今市场价给予了赔偿。历史学家伊斯特·蒂萨·弗兰奇尼（Ester Tisa Francini）曾被里特贝格博物馆聘为产地研究专家。在接受《新苏黎世报》（*Neue Zürcher Zeitung*）采访时，她坦言："博物馆就是一颗钻石，它的过去和现在，都必须完美无瑕。"[44]

第十九章

奥林匹克界的收藏家

如果中国文物收藏家都汇聚在大名鼎鼎的上海英国总会①（还有其他地方能与之相比吗？），会有一人脱颖而出：艾弗里·布伦戴奇。他身高超过一米八，身材健壮，面目和善，曾担任国际奥林匹克委员会主席长达20年。布伦戴奇并非出生在收藏世家。他在芝加哥长大，黑幕小说和高犯罪率都无情揭示了当时芝加哥畜牧业的乱象和政治的腐败黑暗。他发迹于"风城"（芝加哥的别称）混乱无序的建筑业，后来在奥林匹克运动风云动荡的20年里一跃成为全世界声名显赫的人物。虽然经历了人生的波澜起伏，但布伦戴奇终其一生都沉浸于中国艺术给他带来的永恒宁静之中。

事实上，即便是布伦戴奇本人，也说不清出自己是个什么样的人。1960年《纽约客》杂志知名记者罗伯特·谢普林（Robert Shaplen）要为布伦戴奇撰写一篇人物专访。在采访中，布伦戴奇这样告诉谢普林，"我是一个奇怪的人"，"我一直被称作一个孤立主义者、帝国主义者、纳粹分子，但我自认为自己是一名道教徒。实际上，我是个地地道道的美国

---

① 上海英国总会，位于现在的外滩中山东一路2号的上海总会大楼，1861年由在沪英侨发起创设，1909年重建，是当时上海最豪华的俱乐部。1949年后英侨陆续回国，总会业务结束。1956年改成国际海员俱乐部，1971年改名东风饭店，目前使用单位是美国华尔道夫酒店。

人，一个老派的共和党人。像我这样的人觉得在胡佛和库利奇总统之后，再也没有什么总统人选值得投票支持"。[1]尽管如此，但为了公平起见，我们不妨在此多说几句：布伦戴奇在1952至1972年担任国际奥委会主席期间，他似乎始终相信，为了实现奥林匹克的目标（如"让奥运永不止步"），应该与希特勒这样的独裁政权和平共处。布伦戴奇甚至还对希特勒在其统治期间大力支持体育运动的行为赞赏有加。再比如，1972年，在慕尼黑举办奥运会期间，恐怖分子屠杀了11名以色列运动员①，但布伦戴奇仍决定如期举办下去，此举饱受批评。总之，很难想象布伦戴奇是一个什么样的人。

布伦戴奇出生于底特律，父亲查尔斯·布伦戴奇是一名泥瓦匠和建筑工人。他6岁时，父亲携妻子和两个儿子移居芝加哥，投身于该市疯狂的建筑热潮之中，为1892—1893年芝加哥"哥伦布纪念博览会"建造一栋栋标志性建筑。后来布伦戴奇回忆起博览会上"喷涌的喷泉"和"宏伟的建筑"时总是充满留恋。不久之后父亲便抛妻弃子，让布伦戴奇的童年陷入黑暗。母亲米妮独自拉扯两个儿子，在芝加哥南部最简陋的公寓中勉强度日。她在市中心一家商店当店员，而小布伦戴奇则一边在当地的手工培训职高学习，一边送报纸补贴家用。在校期间，他不仅学习成绩优异，而且在学校田径队也表现得出

图为布伦戴奇把玩中国古代铜镜。在奥委会工作期间，他收藏广泛，曾经说过："收藏不是一种业余爱好，而是一种疾病。"照片由旧金山亚洲艺术博物馆提供

---

① 奥林匹克运动史上的"慕尼黑惨案"。1972年9月5日，第二十届夏季奥运会在德意志联邦共和国慕尼黑举行期间，巴勒斯坦武装组织"黑色九月"策划袭击绑架了参加奥运会的以色列代表团的运动员。营救过程中警察出现严重失误，导致该代表团11人全部身亡。

类拔萃。1905 年，布伦戴奇进入伊利诺伊州大学，表现依然出色。上大学期间，他还兼职芝加哥地区的铁轨检修员，挣些外快。

1909 年，布伦戴奇获得美国大学十项全能铁饼比赛冠军。同年，他拿到土木工程学位毕业，随即被著名的霍拉伯德-罗切建筑公司（Holabird & Roche）聘用，担任建筑检查员和施工安全员。如伊利诺伊州历史学会的梅纳德·布里奇福德[①]所细述的那样，刚走出校门的布伦戴奇，便监管了总额高达 750 万美元的建设工程，约占芝加哥市所有新建工程项目的 3%[2]。我们可以推测，布伦戴奇年纪轻轻就有如此建树是因为他在芝加哥错综复杂的分区规划、建筑规范、族群政治以及无处不在的贪污腐败中得到了进一步的磨炼。

布伦戴奇在中学时期就对田径运动有浓厚的兴趣，在其事业蒸蒸日上的时期，布伦戴奇对田径运动的热爱也与日俱增。布伦戴奇辞掉了工作，参加 1912 年斯德哥尔摩奥运会。从各方面讲，这都是布伦戴奇职业发展的关键性时刻。他参加了奥运会的十项全能项目，但没有获得一枚奖牌。尽管如此，1914 至 1918 年，他蝉联了美国两年一度的田径十项全能赛冠军。他的面孔和名字频繁出现在报纸的体育版面和体育杂志上。事实证明，他在体育界的知名度为他在芝加哥商界的打拼奠定了基础。"布伦戴奇块头大，身体强壮，机灵敏捷，办事效率高。"[3]布里奇福德如此概括早年的布伦戴奇，"他善于利用自己运动员的名声。然而，他聪慧机智，志向远大，这不仅使他成为一名成功的田径运动员，也使他在事业的其他方面获得了巨大的成功"。

1915 年，年仅 26 岁的布伦戴奇便创建了布伦戴奇公司。1917 年美国加入第一次世界大战，布伦戴奇申请加入美国军械兵团的一项军事任务，却未能如愿。于是，他转而和其他建筑公司一起加速建设军事设施。战后，"风城"芝加哥开始了蓬勃发展，进入了大繁荣时期，其背后

---

① 梅纳德·布里奇福德（Maynard Brichford，1926—2019），美国著名档案学家，美国档案学会第 35 任主席。

的推动力多种多样，包括禁酒令的颁布、北美五大湖区水运的发展、重要水道和航道的建设、横贯北美大陆的铁路网的形成，以及欣欣向荣的谷物市场和新工厂的建设、迅速扩张的畜牧业、随处可见的爵士俱乐部和脱衣舞会、洪水般涌入的移民、知名大学（芝加哥大学和西北大学），还有这一时期涌现出的芝加哥引以为豪的著名作家、诗人（如海明威、卡尔·桑德堡①、拉德纳②、赫克特③、门罗④）等。"低调"自诩为"全世界最伟大的报纸"的《芝加哥论坛报》记录下了这些繁荣景象。1926年，独具慧眼的英国女作家丽贝卡·韦斯特⑤在《桑德堡诗集》的序言中写道："美国有一座了不起的城市，它叫芝加哥"，"终年的雨水为这座城市蒙上一层雾色。它坐落在密歇根湖南边，灰色湖水波浪起伏，浩如大海。湖边是一块块荒荒的土地，黄褐色蒿草疯长过膝。荒地中间却又矗立起一座座高不见顶的大理石筑成的高楼。在市中心的购物和办公区域抬眼望去，方圆十几千米内高楼大厦黑压压一片，其间分布着纵横交错的狭窄街道，一座巨大的电梯不断地上上下下。市内还有一个十几平方千米大的牲畜养殖区，散发着难闻的臭气"。[4]

在芝加哥史无前例的建筑热潮中，布伦戴奇对该市高耸入云的天际线的形成做出了实实在在的贡献。1923 至 1928 年，芝加哥每年新建工程项目的投资超过 2.5 亿美元，1926 年更是高达 3.66 亿美元。起初，布伦戴奇的公司主营公寓楼的建设，其中许多公寓楼坐落在芝加哥北岸大道黄金海岸。之后他又承建了十几座办公大楼和众多酒店，包括海德公园南岸大道的滨湖酒店（成为该市政客、犯罪分子和社会名流的主要聚集地）、银行、

---

① 卡尔·桑德堡（Carl Sandburg，1878—1967），美国著名诗人、传记作者和新闻记者，代表作有《芝加哥诗集》《亚伯拉罕：战争的年代》《太阳灼伤的西方石板》《蜜与盐》等。
② 林·拉德纳（Ring Lardner，1885—1933），美国体育新闻记者、幽默作家。被称为是乔纳森·斯威夫特（Jonathan Swift）以来下笔最一针见血的讽刺作家，也被认为是美国文学史上马克·吐温之后最优秀的幽默作家。
③ 本·赫克特（Ben Hecht，1894—1964），美国小说家、剧作家、好莱坞电影编剧。
④ 哈丽特·门罗（Harriet Monroe，1860—1936），美国编辑、学者、文学评论家、诗人。
⑤ 丽贝卡·韦斯特（Rebecca West，1892—1983），英国作家、记者、文学评论家及游记作家。代表作有《世纪传奇三部曲》(The Saga of Century Trilogy)；《泉水溢溢》(The Fountain Overflows)、《真实夜晚》(This Real Night) 和《表妹罗莎蒙》(Cousin Rosamund)。

乡村俱乐部，以及伊利诺伊州威尔梅特市的巴哈伊灵曦堂。布伦戴奇最宏大的工业建设项目是福特汽车公司装配工厂，整栋厂房占地约 100 亩，共用掉 15 万袋水泥。最初，工厂大规模生产福特 T 型车，后来转而生产福特公司的其他车型。1950 年，工厂总共生产了 154 244 台汽车。

随着经济泡沫破裂和华尔街股市大跳水，美国经济大萧条来临，布伦戴奇的事业也难逃厄运，遭受重创。然而，布伦戴奇另辟蹊径，躲过了一劫。1932 年，他创立了罗亚诺克地产公司（Roanoke Real Estate Company），将那些还拖欠他工程款的建筑收购下来。用布伦戴奇的话讲："我只是以白菜价购买那些不景气公司的股票和债券，之后坐等其上涨而已。这不算什么本事，我只是有些走运罢了。"[5] 然而布伦戴奇拥有的可不仅是运气。几年后，布伦戴奇给一直负责管理其艺术藏品的达京赛[①]讲过一个故事：美国经济大萧条期间，布伦戴奇曾与芝加哥一位亲近的同事见面。两位朋友开始数起了大萧条期间他们认识的人当中，有多少人寻了短见，"算到最后居然有 50 人"（之前，布伦戴奇对谢普林讲过同样的故事，那时他说的数字是 40 人）。[6] 布伦戴奇还补充道："有意思的是，在这些寻短见的人当中，没有一个人练过体育。"[7]

在罗斯福新政时期，布伦戴奇与许多艰难挣扎的企业家一样，不赞成美国公共事业振兴署的建设项目和社会保障计划，担心这样会使美国走向社会主义。在外交政策方面，布伦戴奇与《芝加哥论坛报》出版人罗伯特·麦考密克[②]上校的看法基本一致。在每周一次的无线电广播节目

---

① 达京赛（Lefebvre d'Argencé，1928—1997），法国亚洲艺术品收藏家，曾任加州大学伯克利分校历史学教授，1969—1985 年担任旧金山亚洲艺术博物馆馆长，退休之后被任命为该馆荣誉馆长。达京赛一生著作颇丰，代表作有《艾弗里·布伦戴奇收藏：中国古代青铜》（*Avery Brundage Collection, The Ancient Chinese Bronzes*，1966）、《艾弗里·布伦戴奇收藏的中国陶瓷》（*Chinese Ceramics in the Avery Brundage Collection*，1967）、《艾弗里·布伦戴奇收藏的中国玉器》（*Chinese Jades in the Avery Brundage Collection*，1970）、《张大千：回顾展》（*Chang Dai-Chien: A Retrospective Exhibition*，1972）及《上海博物馆的珍宝：六千年中国艺术展》（*Treasures from the Shanghai Museum: 6,000 Years of Chinese Art*，1983）。
② 罗伯特·麦考密克（Robert McCormick，1880—1955），美国报业出版商，美国《芝加哥论坛报》的编辑和出版发行者，通过该报推行了他的保守派观点。以其社论战和强烈反对美国参与外交纠纷而著称。

中，上校严厉批评各种形式的自由主义。布伦戴奇与上校一样，也是狂热的孤立主义者和美国优先委员会①的重要成员。1940年8月，作为芝加哥"阻止美国参战委员会"（Keep America Out of War Committee）联合主席，布伦戴奇邀请了查尔斯·奥古斯都·林德伯格②在军人球场③向大约5万支持者发表演讲（这两个委员会在珍珠港事件之后解散）。布伦戴奇反战情绪慷慨激昂，竟然受邀在纽约麦迪逊广场"德国日"集会上发表了演讲。而他不知道的是，这一活动的赞助人是有亲纳粹倾向的"美德会"④。当布伦戴奇说道"我们身处美国，可通过观察研究德国经验，学习到很多东西"时，现场爆发出一阵阵赞同的欢呼声。随即布伦戴奇又谨慎地补充道，"如果我们要保持我们的自由和独立，就必须也采取措施阻止我们的爱国主义衰落"。[8]

布伦戴奇的上述和其他言论一直为他招来非议，使其在担任国际奥委会主席期间饱受争议。然而，在我们看来，布伦戴奇早年在芝加哥度过的那些紧张而又暴躁的岁月有助于我们更好地理解他后来所从事的奥林匹克和艺术收藏事业。在经历了芝加哥政治的阴暗肮脏之后，他把运动场理想化为一方净土。在他的心目中，在竞技场上，为荣誉而战的运动员们有人格魅力，遵守规则，进行着自由公正的比赛。布伦戴奇希望古希腊竞技场上展现的奥林匹克和平同样也呈现在现代奥林匹克运动中。自从1896年在雅典举行第一届现代奥运会后，情况似乎确实如布伦戴奇

---

① 美国优先委员会（America First Committee），成立于1940年，反对美国介入第二次世界大战，同时激烈批评时任美国总统罗斯福的施政方针，指控他会把美国拖向战争。在委员会发展的巅峰时刻，在美国全国范围内有80万名会员。
② 查尔斯·奥古斯都·林德伯格（Charles Augustus Lindbergh，1902—1974），瑞典裔美国飞行员，1927年5月20至21日，林德伯格驾驶单翼飞机"圣路易斯精神"号，从纽约市横跨大西洋飞至巴黎，其间并无着陆，共用了33.5小时，并因此获奥特洛荣誉勋章。
③ 军人球场，位于密歇根湖畔的近南区，靠近博物馆区。这座球场是为了纪念在历次战争中为国捐躯的士兵们而建立的，因此得名为军人球场。这座球场历史悠久，1919年完成设计，1924年向公众开放。
④ "美德会"（The German-American Bund）建于1936年，是一个所谓的"德国血统的爱国美国人组织"，高峰时经营20个左右少年营地，在美国有70多个分支，会员有数万人。在1939年2月20日，"美德会"在纽约麦迪逊花园广场举行"美纳粹"集会，声讨"犹太阴谋"、罗斯福总统等。美国加入"二战"之后，"美德会"解体。

所愿。但是自第一届现代奥林匹克运动会伊始，奥运参赛国，特别是相互竞争的大国，总是为一些琐碎的事情争吵不休，如旗帜、设施、运动装备、规则、酬金、中场表演、妇女及少数民族的参与权等。例如，在1904年第三届圣路易斯奥运会上，东道主美国"别出心裁"地搞了一个为期两天的"人类学日"，在这两天时间里进行了一些所谓的"土著民族"比赛，借以展示现代希腊人与野蛮人之间的区别。参赛的"野蛮人"包括亚洲人、非洲人和美洲印第安人，他们都身穿刻板印象里原始的服装，借以暗示他们是次等民族。这些"野蛮人"为了挣点小钱参加比赛，却被指责他们不懂得奥运精神。许多正义人士对这种带有种族歧视的比赛提出严正抗议，这其中就包括现代奥林匹克运动的主要发起人顾拜旦男爵①。后来，顾拜旦对此评论道："除了美国，世界上没有任何一个其他国家胆敢在奥运会期间安排这种不光彩的活动。"[9]尽管如此，奥运会的神秘魅力具有很强的感染力，参加奥运会很快成为一种流行且被广泛接受的开展外交活动的手段。

在这样的历史背景下，布伦戴奇执掌了奥委会大权。1928年，布伦戴奇被选为美国奥委会主席。1936年，他成为国际奥委会美国代表。他上任之初，恰逢德国即将在柏林举办夏季奥运会，而他的首要任务就是打探德国刚掌权的纳粹领导人的意向。五年前选择德国作为奥运会举办国时，德国还是一个民主国家。但现在的德国当局具有强烈的反犹太倾向，它会允许符合条件的犹太人运动员参加德国国家队吗？虽然在打探情况的过程中德国当局含糊其词，令人摸不着头脑，但是希特勒的发言人说，德国会遵守奥林匹克规则。布伦戴奇也向奥委会做出这样的保证。

此时，关于德国举办奥运会，美国国内有两种不同的声音：一种坚决抵制纳粹德国举办奥运会；另一种则只关心奥运会能否顺利举行，不

---

① 皮埃尔·德·顾拜旦男爵（Le Baron Pierre de Coubertin, 1863—1937），法国著名教育家、国际体育活动家、教育学家和历史学家，现代奥林匹克运动的发起人。

在乎由谁主办。而关于这次奥运会涉嫌种族歧视的争论则因美国国内也存在类似的歧视现象而变得尴尬。美国当时实行"吉姆·克劳法案",预选赛上不能安排非白人运动员和白人运动员同时展开竞技(南方),也不允许非白人运动员和白人运动员住在同一家酒店(南北方皆是如此)。时任美国总统的富兰克林·罗斯福默许德国举办奥运会。当美国抵制德国举办奥运会的运动失去民众支持时,英国和法国的抵制运动自然也就宣告失败。

民主国家是否错失了一次延缓甚至是阻碍德国纳粹势力发展壮大的真正机会?美国历史学家大卫·克莱·拉吉①梳理了相关历史档案之后,在《纳粹竞赛:1936年奥运会》(*In Nazi Games: The Olympics of 1936, 2007*)一书中慎重地提出了以下看法:

> 我们要知道,1933至1936年,纳粹专制政权仍处于形成时期……1933年3月5日,希特勒允许德国议会举行最后一次选举,即便对投票人施加了各种恐吓威胁,纳粹政党仍无法获得绝对多数选票。在德意志帝国范围内,纳粹总共赢得了43.9%的选票,而在柏林,只有34.6%。当时经济大萧条的影响仍十分明显,失业率居高不下……举办奥运会对纳粹政权来说十分重要。成功举办奥运盛会,可以向全世界表明第三帝国是一个和平国家,在国内经济取得进步的同时,在国际上赢得其他国家的尊重。然而,世界上的民主国家并没有识破希特勒的诡计。它们在对希特勒的政策持保留意见的同时,仍然派代表团参加柏林奥运会,从而错失了一个削弱纳粹政权在世人心目中乃至德国人心目中威望的机会。

---

① 大卫·克莱·拉吉(David Clay Lodge),现代欧洲历史学专家,现任旧金山大学弗洛姆研究所教授、加州大学伯克利分校欧洲研究所高级研究员。除了本章提到的《纳粹竞赛:1936年奥运会》之外,他还出版了另外一本研究奥运会的著作《1972年的慕尼黑:奥运会上的悲剧、恐怖与胜利》(*Munich 1972: Tragedy, Terror and Triumph at the Olympic Games*, 2012)。

柏林奥运会阴云密布之时，布伦戴奇因奥林匹克事务频繁往返美国和欧洲。1936年年初，在经停伦敦期间，布伦戴奇参观了1935—1936年在伦敦伯林顿宫举行的中国艺术国际展览会。

人们普遍认为，那是当时在西方举办的最为全面的中国艺术展。布伦戴奇仔细观察展出的玉器、青铜器、陶瓷和绘画作品，包括来自北京故宫的735件皇家藏品。达京赛写道："布伦戴奇被这些艺术品深深震撼，并且了解到这些艺术珍宝能够在古董市场上买到，于是便开始设想一个计划，决意建立一个世界上规模最大的亚洲艺术品私人收藏品系列。"[10]达京赛补充道：起初，布伦戴奇购买的数量不多，下手也十分小心谨慎。但是，1939年携妻子伊丽莎白环游世界期间，布伦戴奇加快了他的收藏步伐。夫妇两人游览了日本各地、上海、香港、西贡①、吴哥窟、曼谷、槟榔屿②和科伦坡③等地。当时，布伦戴奇已不再参与公司的运营。夫妇两人膝下无子，迁居至拉萨尔酒店（他已将酒店买下）一间宽敞套房，还在加利福尼亚州的圣巴巴拉购置了一栋时髦的西班牙建筑风格的宅邸拉皮纳塔（La Piñeta），作为度假别墅。

布伦戴奇持续不断地购买亚洲藏品。达京赛写道："布伦戴奇最初收藏的规模巨大、品质上乘的中国古代青铜器使他在收藏界声名鹊起。他被中国青铜器稳定的结构、复杂精美的纹饰以及高超的制作工艺深深吸引。"这样的论述似乎言之有理。但是，中国艺术品之所以吸引布伦戴奇，还有另外一种看似可信的说法。在家里摆满中国艺术品，布伦戴奇就像是进入了一个截然不同的世界。这里的传统和审美与布伦戴奇所生活的世界大相径庭。这是一方神奇的土地，居住着圣贤先哲，心静似水的文人墨客，还有毕恭毕敬的夫人们：她们身穿丝绸长袍，佩戴着表明其身份的标识。这里有着神圣不可侵犯的阶级秩序，就连不同阶层的人如何打招呼问候，都有严格的规定。

---

① 西贡即现在越南的胡志明市。
② 槟榔屿，即现在马来西亚的槟州，是马来西亚十三个联邦州属之一。
③ 科伦坡，位于锡兰岛西南岸、濒印度洋，是斯里兰卡的最大城市与商业中心。

但上述一切纯属猜测。在解释自己热爱东方艺术的原因时，布伦戴奇的回答听起来与我们经常听到的原因并没有什么区别。他喜欢对朋友们讲："从我购买第一件藏品起，我就破了产。收藏对我来说不再是一种爱好，而是一种病态。"在某种程度上确是如此。布伦戴奇对亚洲藏品的鉴赏力为人称道。他的收藏准则"花最少的钱买最好的货"很快在收藏界传开。除此之外，一旦他认为所购藏品不值这个价，就会退货。每次因奥委会公务出差时，布伦戴奇都会与当地的学者和古董商结交。他的奥委会主席身份给他的收藏事业带来诸多便利。比如在国外会见奥运会主办国官员时，他会询问哪里可以购买物美价廉的藏品。而主办国的官员们则总会迫不及待地拿出藏品取悦这位奥委会主席，"给出的报价令他实在难以回绝"。

布伦戴奇深知自己的双重身份（既是奥委会主席又是艺术收藏家）在旁人看来很奇怪，但他对此毫不在意。1960年，罗伯特·谢普林在撰写布伦戴奇的传记时举了一个很典型的例子："两年前，布伦戴奇前往日本参加奥委会举办的一次会议。他认为此行可以将体育和艺术完美结合在一起。因为对他来说，这才是真正的奥林匹克精神。于是，他提前安排了两名日本奥委会官员和两名日本著名东方艺术专家到机场接机。接下来的两天里，他陪同运动员去参观他们从未去过的博物馆，又陪同艺术专家观看他们从未看过的运动项目。'这太有趣了，'布伦戴奇说，'后来，我见到日本天皇时，向他提起我为日本所做出的贡献，天皇表示了赞同。'"[11]

无论是出国还是在国内，布伦戴奇在购得重要藏品后总是会多请几位博物馆研究员来进行鉴定，而他们则会无偿或低价为布伦戴奇提供鉴定服务，以期日后能够从他的收藏中分得一杯羹。布伦戴奇宽敞的大房子里摆满了各式各样的收藏品。到布伦戴奇家去过的人回来总是会说起满浴缸的根附①，还会说起一只商代犀牛尊就被他随随便便放在一个鞋

---

① 根附（netsuke）是日本江户时期（1603—1868）人们用来悬挂随身物品的卡子，日文为根付（ねつけ），但考虑到附与付的字意区别，译成中文时应为"根附"。如其字面意思："附着"于"末端"。根附是连接着一根绳子，卡在和服与腰带之间的一个固定物，而绳子的另一端则与各种随身小物品相连。由于和服没有口袋，所以系在腰间的腰带成了悬挂随身物品最好的选择。

盒子里。(小臣艅犀尊，后来成了他的标志性藏品)[1]20世纪40年代末，随着他收藏规模的扩大、藏品种类的日渐丰富，芝加哥艺术博物馆的员工和馆长开始琢磨：布伦戴奇膝下无子女，百年之后他会如何处置自己的珍藏？"我邀请布伦戴奇加入了博物馆董事会，"时任芝加哥艺术博物馆馆长的丹尼尔·卡顿·里奇[2]回忆道，"布伦戴奇的收藏，可与我们收藏的许多珍贵艺术品相媲美。我登门拜访他，请求他将部分藏品捐赠给我们博物馆。但是，他希望我们博物馆能单独提供展厅来陈列他的藏品。我们正打算想办法满足他开出的条件之时，旧金山向他抛出了橄榄枝。于是我便劝说布伦戴奇将藏品放到西海岸。这惹恼了我们馆的策展人查尔斯·基利（Charles Keeley），他一直都在劝说布伦戴奇把藏品卖给我们。"[12]

这些最初的设想在某些方面都源于加州大学伯克利分校艺术史学家凯瑟琳·考德维尔（Katherine Caldwell）的一个提议。她在哈佛大学读硕士时，曾上过保罗·萨克斯的博物馆课程。凯瑟琳发现，尽管旧金山市居住着数量庞大的中国人和日本人，而且还被誉为"通往东方的门户"，但当地的博物馆一直没有任何有影响力的亚洲艺术品收藏。而布伦戴奇的藏品恰好能弥补旧金山市博物馆收藏的这一空白。凯瑟琳认识到，要想让这个提议变为现实，就必须将旧金山湾区知名人士和社会活动积极分子组织起来，游说市政厅官员，让他们对此提议提起兴趣来。为此，凯瑟琳组建了亚洲艺术学会去和旧金山市长、开明共和党人乔治·克里斯朵夫[3]协商。果然，市长被这一提议所打动，授予布伦戴奇旧金山市荣誉市民称号。

随后，在加州标准石油公司董事长格温·福利斯（Gwin Follis）（同

---

[1] 这件犀牛尊即著名的小臣艅犀尊或称小臣艅尊，中国商代晚期青铜器。据内底上的铭文记录显示，商王征伐夷方时，赏赐小臣艅若干贝币，因而艅制作了这件器物来纪念。按照器形，小臣艅犀尊属鸟兽尊，为盛酒器。
[2] 丹尼尔·卡顿·里奇（Daniel Catton Rich, 1904—1976），美国艺术馆馆长、教育家、现代艺术的倡导者。曾任芝加哥艺术学院博物馆和伍斯特艺术博物馆馆长。
[3] 乔治·克里斯朵夫（George Christopher, 1907—2000），第34任旧金山市市长（1956—1964）。

为亚洲艺术收藏家)的陪同下,乔治市长乘坐私人飞机飞抵布伦戴奇位于圣塔巴巴拉的避寒别墅。市长觉得自己的这番诚意定能打动布伦戴奇。然而晚餐时,布伦戴奇东拉西扯,就是闭口不谈艺术。喝咖啡时,乔治市长终于忍不住透露了此次拜访的目的。1975年,这位前市长在接受采访时回忆起当时自己所说的那番话:"布伦戴奇先生,芝加哥是一座伟大的城市,戴利市长是我的好朋友①。但是,你收集的藏品太重要了,它们不该放在一座已建好的博物馆里。旧金山是美国通往东方的门户,居住着大批东方人。然而,我们却没有一件引以为豪的东方艺术品。我希望您能够把藏品捐给我们,我们将会按照您认为最合适的方式将其展示给公众。"[13]

于是,布伦戴奇答应将其藏品捐赠出来,陈列在旧金山金门公园笛洋博物馆②专门为其藏品建造的一栋附属大楼,所有费用由旧金山市承担。为此,旧金山市议会及时批准发行总额为2 725 000美元的债券,并于1960年6月举行全市公投。为了获得"赞成"票,包括格温·福利斯在内的博物馆支持者们雇用了当时业内知名度很高的政治咨询公司惠特克-巴克斯公司(Whitaker & Baxter)。该公司推出了一部宣传片,在结尾处夸张地呼吁:"这批有史以来最伟大的馈赠能否归属于我们这座城市,就仰仗您的投票了!"[14]

然而,此事还有悬念。债券发行公投获得绝对多数的投票得以批准通过。两天后,布伦戴奇启动了新展馆的初步设计。但是,在新展馆1966年正式对外开放之后,大家才知道,根据1959年所签协议,展馆里的一半藏品仍归布伦戴奇本人或布伦戴奇基金会所有,原因部分是因为当时美国实行的税法。美国法律规定,艺术品捐赠可减免税收的部分

---

① 这里应该指的是理查德·迈克尔·戴利(Richard Michael Daley,1942—   ),他曾于1989至2011年担任伊利诺伊州芝加哥市市长。
② 笛洋美术馆(M. H. de Young Museum)创建于1894年,以早期旧金山报人笛洋(M. H. de Young)命名,与荣誉军团纪念馆一起隶属于旧金山美术博物馆(Fine Arts Museums of San Francisco)。馆内收藏有17—21世纪的当代艺术、纺织品和服饰,以及美国、太平洋群岛及非洲地区的艺术作品。

不得超过捐赠者年收入的30%。花25年时间分批捐赠的好处显而易见，这意味着布伦戴奇可以根据法律的规定随时收回一半藏品。而且自1959年以来，对布伦戴奇捐赠的藏品始终未有一个双方都认可的藏品名录，这使问题变得更为棘手。

因此，在捐赠真正尘埃落定前，布伦戴奇一直以自己可以随时收回一半藏品相要挟。尽管如此，我们也不能一味指责布伦戴奇趁火打劫。布伦戴奇坚持认为，是他给自己亲手挑选的新艺术馆馆长达京赛支付的工资，旧金山方面没花一分钱。他进一步要求将其藏品交由一个独立董事会来管理，还抱怨陈列他藏品的展馆里湿度控制不当。此外，他还有其他的不满。一次，布伦戴奇因奥委会事务去远东出差。其间，他让人把艺术品从日本、韩国和中国台湾送往旧金山艺术馆。但是他并没有事先跟旧金山艺术馆讲好，艺术馆要承担运费。等货物运到，旧金山艺术馆拒绝支付6万美元的运费。于是，他便把那批艺术品原封不动地运回了原属地。

接任乔治市长的，是平淡无趣的约翰·谢利①。1967年，谢利飞往芝加哥向布伦戴奇示好，却无功而返。1967年年底，更富人格魅力的约瑟夫·阿里奥托②当选市长。布伦戴奇给阿里奥托发去一封电报，声称自己打算把一半藏品迁往洛杉矶、芝加哥或堪萨斯城。刚刚当选市长的阿里奥托慌忙搭乘航班飞往芝加哥。一走进布伦戴奇在拉萨尔酒店的套房，约瑟夫市长便看到一幅装帧好的洛杉矶市荣誉市民证书挂在墙上。阿里奥托市长后来回忆自己当时对布伦戴奇说："好吧，我看到证书了，你可以把它拿下来了。"[15]虽然一见面就说了这样冒失的话，阿里奥托市长最终还是屈服于布伦戴奇提出的要求，同意组建一个独立的由27人组成的董事会，作为笛洋博物馆的独立机构，管理布伦戴奇的收藏。市长还答应，再额外筹集150万美元，其中四分之三由旧金山市承担，用于扩

---

① 约翰·谢利（John F. Shelley，1905—1974），第35任旧金山市市长（1964—1968）。
② 约瑟夫·阿里奥托（Joseph L. Alioto，1916—1998），第36任旧金山市市长（1968—1976）。

充收藏。

这可以说是布伦戴奇预期中最好的结果了。他的威胁基本上是虚张声势。因为假如他与芝加哥、堪萨斯城或洛杉矶的博物馆联系，阿里奥托市长应该能有所察觉。从政治层面上讲，与布伦戴奇达成最初协议的不是阿里奥托市长，他完全可以指责上一任市长在与布伦戴奇签署协议时考虑不周。然而，纵然是大城市的市长也对此类事务不熟悉。何况通过如此多的让步，阿里奥托市长保证了旧金山市对这批藏品的所属权。退一步来讲，克里斯朵夫和阿里奥托这两位市长也确实为公民考虑，将通过发行债券建设新博物馆的权利交由旧金山市的市民们投票表决，他们的做法也挑不出什么毛病。说到底，这事要怪就怪当初签署协议的市政府官员们没仔细阅读协议条款，使以强横处事闻名的布伦戴奇有了大谈条件的正当理由。如果他的条件得不到完全满足，他有权将其捐赠藏品进行拆分。

博物馆后来从金门公园内的笛洋博物馆迁出，搬到市政厅对面的一幢更加宏伟的建筑，更名为亚洲艺术博物馆。布伦戴奇的收藏也逐渐被收入新馆。新馆舍位于旧金山市政中心，是一座典雅的文艺复兴风格的建筑。之前，这里曾是旧金山市公共图书馆总馆所在地。不管怎样，旧金山湾区从此不再缺乏中国艺术品。如今，旧金山亚洲艺术博物馆及其附属的李钟文亚洲艺术中心誉满全球，无数专家学者和博物馆爱好者趋之若鹜。事实证明，布伦戴奇的6 000件藏品如同磁铁，又为旧金山亚洲艺术博物馆吸引来了15 000件藏品。

布伦戴奇的收藏中最受瞩目的是一件造型独特的商代晚期青铜礼器小臣艅犀尊，年代为公元前11世纪初。该犀牛尊高9英寸（约22.86厘米），脚趾呈奇数，兽皮多皱褶，两耳直立，尾巴短粗。旧金山亚洲艺术博物馆馆长许杰认为，有间接证据充分证明，布伦戴奇是于1952年在纽约花了两万美元从上海古董商戴福保（商号戴润斋）手中买下了这件模样可爱的犀牛尊（参见彩色插图10）。据说，布伦戴奇曾坦言："这尊犀牛花的钱够我买5辆凯迪拉克的了。"[16]（许杰发现，事实上在20世纪

50 年代初,凯迪拉克最贵的车型是"富庶之乡",售价为 7 750 美元。因此,更为确切的说法是花了他 3 辆凯迪拉克的钱。)

犀牛皮糙肉厚,充满力量,目前在中国几近灭绝。无论从哪方面说,这件犀牛尊都应算作布伦戴奇收藏中名副其实的代表性藏品。经鉴定,犀牛尊确为真品[17],器身铭文有 25 个汉字:"丁子(巳),王省夔(京),王易(赐)小臣艅夔贝,佳(唯)王来正(征)人(夷)方,佳(唯)王十祀又五,(肜)日。"①

还有一种说法:布伦戴奇与犀牛尊产生了共鸣。布伦戴奇认为,自己也同样属于濒危物种。他曾经说过,"当我撒手人寰时,没有一个像我一样足够富有、足够聪明、脸皮够厚的人能取代我的地位,奥林匹克事业也将陷入麻烦"。此外,犀牛角被人们认为是一种壮阳药,这也就解释了犀牛为何在中国惨遭猎杀,灭绝殆尽。1980 年,布伦戴奇去世五年后,威廉·奥斯卡·约翰逊②与来自加州、芝加哥、日内瓦、慕尼黑和莫斯科的研究人员一起,在《体育画报》上刊登了一篇文章,揭露了布伦戴奇沉迷女色,后宫遍布全世界。具有讽刺意味的是,在这一点上,布伦戴奇确实也和犀牛一样是稀有物种。

1952 年 8 月,在瑞士洛桑举行了一场主题为"面纱之后的布伦戴奇"的豪华晚宴,庆祝布伦戴奇当选国际奥委会主席,此后 20 年他一直执掌奥委会大权。晚宴上,布伦戴奇的一番言论深受满场加尔文教徒的追捧:"我们生活的世界生病了,在社会、政治和经济等各方面都得了疾患。原因只有一个,也就是人与人之间缺乏公平竞争和良好的体育精神。我们必须站在奥林匹克理想主义的高度,开展奥林匹克运动。如果我们放任其堕落,它必将无以为继。"[18]

布伦戴奇讲完这番话在妻子伊丽莎白·邓拉普身边就座时,获得

---

① 全文的意思是:丁巳日这天,王来视察夔地的这个地方。王把夔地的贝币赏赐给小臣奴隶头子艅。王此时正是痛打蛮夷人方归来的时候。(艅感到很荣幸,就铸了这个尊来纪念。)铸造日期是王十五年的肜祭之日。
② 威廉·奥斯卡·约翰逊(William Oscar Johnson,1931—2012),美国著名体育周刊《体育画报》作家。

了阵阵的掌声。伊丽莎白是芝加哥一位银行家的女儿，于1927年嫁给布伦戴奇。然而，就在就职典礼晚宴的五天后，布伦戴奇33岁的芬兰情妇莉莲·德累斯顿（Lilian Dresden）便为他生下了儿子加里·托罗·德累斯顿（Gary Toro Dresden），大家都知道孩子的父亲是布伦戴奇，尽管出生证上并未注明父亲的姓名。同样的剧情在一年之前也上演过。一年之前，布伦戴奇与其情妇的第一个儿子艾弗里·格雷戈里·德累斯顿（Avery Gregory Dresden）在加州圣马特奥市出生。"布伦戴奇在婚外生育了两个儿子这件事情只是其漫长而又非同寻常的人生中的一个令人惊奇的小片段而已。"[19]《体育画报》上的这篇文章继续写道，"这两个私生子并不是他的无心之失，实际上他就是一个骄奢淫逸之徒"。

布伦戴奇身边亲近的同事，或许还有一些媒体，对上述情况多少有些了解。然而，在那个时代，只要相关方能保住面子，不被爆出任何伤风败俗的猛料，政治家和运动员的私生活就不会有什么风言风语。然而，1971年，布伦戴奇在长期患病的妻子伊丽莎白去世不久之后再婚的消息成为一时轰动的新闻。一年后布伦戴奇的国际奥委会主席任职期满，他失去了丰厚的薪酬，并且也不能再享受奢侈的公费出差。布伦戴奇的密友和财务顾问弗雷德里克·吕吉格尔（Frederick J. Ruegsegger）说："那时，他极其害怕孤身一人。"很快布伦戴奇找到了新伴侣：德国皇室后裔玛丽安·夏洛特·凯瑟琳（Mariann Charlotte Katherina）。1973年夏季，85岁的布伦戴奇与36岁的玛丽安公主喜结连理。他们签署的婚前协议对两人各自的义务和权益进行了详细说明。这对新婚夫妇常年往返于欧洲和美国之间。他们吵吵合合；他们曾坐船去过远东，最终在德国的加米施－帕滕基兴市定居。这处度假胜地由巴伐利亚州的两座城市加米施和帕滕基兴合并而成，曾举办过1936年冬季奥运会。在这里，已患白内障的布伦戴奇，因流行性感冒住院治疗。1975年5月8日，布伦戴奇因心脏衰竭去世，遗体被空运至芝加哥下葬。布伦戴奇在遗嘱中，遗赠给玛丽安公主和吕吉格尔每人每月6 000美元，捐赠给芝加哥艺术博物馆 10 万美元，并将价值 150 万美元的艺术收藏品捐赠给了旧金山市。布伦戴奇两个公认的私生子对布伦戴奇的遗嘱进行起诉后，通过庭外解决签署了秘密条款，拿到了 62 000 美元。两个私生子的母亲，则落得两手空空。

我们如何来对布伦戴奇这样自相矛盾的一生进行概括总结？布伦戴奇利用才智和计谋，追逐自己的收藏梦想，充分发挥自己的业余爱好，成为一名真正的职业收藏家，最终将毕生收藏捐赠给了旧金山亚洲艺术博物馆。布伦戴奇曾邀请资深学者劳伦斯·西克曼担任自己藏品的策展人。西克曼对布伦戴奇藏品做过审慎公正的鉴定："布伦戴奇收藏中的古代青铜器、陶瓷和玉器品级很高……20 世纪 30 年代和 40 年代初，由于特殊的历史环境，古代青铜礼器和其他古代文物在市场上大量出现，布伦戴奇因此才得以购得规模如此庞大的藏品。"事实的确如此。

第二十章

大收藏家

蚂蚁、鸟类、犬类、各种啮齿类、某些种类的螃蟹和智人有一个共同之处,那就是都有收集并储存非生存必需品的冲动。研究表明,人类的收藏冲动可能具有遗传性,一个孩子常常从幼年时便展露出收藏本能。法国著名拍卖商、艺术理论家莫里斯·雷姆斯[①]曾写道:"小孩子喜欢紧紧抓住一些小玩意儿,比如洋娃娃和铅质士兵。这些物品是他的玩具,是世上唯一能赋予他安全感的有形物质。"雷姆斯继续写道,"随着儿童鉴别力的增长,他们能分辨出物品质量的好坏,于是竞争意识也在无形中增强。这种与日俱增的倾向是孩童迈向成年的第一步"。[1]人类的收藏本能,也会滋生叛逆心理,导致兄弟姐妹之间交恶,产生伴随一生的伤痛回忆(比如在奥森·威尔斯[②]导演的电影《公民凯恩》中,主人公凯恩丢失了童年时珍爱的玩具雪橇"玫瑰花蕾"。该影片的原型人物威廉·伦道夫·赫斯特[③]是一位收藏家,他的收藏欲望似乎永远都得不到满足)。

[①] 莫里斯·雷姆斯(Maurice Rheims,1910—2003),法国艺术品拍卖商、艺术史学家、小说家。
[②] 奥森·威尔斯(Orson Welles,1915—1985),美国演员、导演、编剧、制片人。代表作有《公民凯恩》(Citizen Kane)、《第三人》(The Third Man)和《历劫佳人》(Touch of Evil)等。
[③] 威廉·伦道夫·赫斯特(William Randolph Hearst,1863—1951),19世纪美国新闻界举足轻重的人物,著名的办报人、报纸编辑、出版者。

收藏本能及其种种占有欲的表现的根源是什么？对此，至今尚未有全面的分析和解释。这一点说来奇怪，但似乎也可以理解。心理学家西格蒙德·弗洛伊德①也喜欢收集文物，他将人类的收藏冲动与孩子在接受大小便训练时产生的未得到解决的与大人之间的矛盾有关。弗洛伊德的同行兼竞争对手卡尔·荣格则强调收藏冲动与集体无意识之间的关联。本章我们将对亚瑟·赛克勒医生的收藏生涯进行研究。但遗憾的是，我们未能探究出赛克勒医生收藏本能的根源。亚瑟·赛克勒本人和他的两个兄弟莫蒂默（Mortimer）与雷蒙德（Raymond），都是精神病学家。此外，他还和保罗·辛格②合作收集中国艺术珍品。辛格是一位生于匈牙利、长于维也纳的精神病学家，和赛克勒一样也是一位自学成才的东方艺术鉴赏家。赛克勒与辛格的藏品是赛克勒美术馆的核心组成部分。坐落在华盛顿国家广场上的赛克勒美术馆和弗利尔美术馆犹如一对姐妹花，引人注目。赛克勒博物馆表达了世人对两位探索人类潜意识的职业精神病学家的敬意。

　　事实上，赛克勒医生的收藏生涯其实就是收藏本能的一种重要表现。在研究、展示自己价值连城的藏品的过程中，赛克勒不仅能获得个人满足感，还能以藏品为筹码，以极低的成本让藏品得到妥善安置。这些藏品有助于赛克勒扩展人脉，在与大型博物馆打交道时，得以协商获得具有追溯效力的减税待遇。最后，赛克勒向各个大学、图书馆以及博物馆慷慨捐赠，让赛克勒家族誉满全球。

　　赛克勒医生在艺术收藏方面取得了辉煌的成就。除了坐落在华盛顿国家广场上的赛克勒美术馆之外，还有很多博物馆、美术馆和研究院以他的名字命名，比如哈佛大学福格艺术博物馆的赛克勒分馆、普林斯顿艺术博物馆的赛克勒亚洲艺术馆、特拉维夫大学的赛克勒医学院、北京

---

① 西格蒙德·弗洛伊德（Sigmund Freud，1856—1939），奥地利精神病医师、心理学家、精神分析学派创始人。
② 保罗·辛格（Paul Singer，1904—1997），出生于匈牙利，后迁居奥地利，精神病学家、亚洲艺术收藏家。

大学的赛克勒考古与艺术博物馆、马萨诸塞州伍斯特市克拉克大学的赛克勒科学中心。纽约大都会艺术博物馆不仅有赛克勒亚洲艺术馆,还有赛克勒家三兄弟共同资助修建、用于庇护"埃及丹铎神庙"的"赛克勒侧厅",它规模庞大,四周有水池环绕。

虽然赛克勒绝不是一位爱慕虚荣、自我标榜的人,但作为艺术品收藏家,他确实热情有余而鉴赏力不足。普林斯顿大学的方闻曾担任大都会艺术博物馆的顾问。1966年,方闻在写给加州大学伯克利分校高居翰教授的信中,处处流露出对赛克勒的抱怨。方闻认为,赛克勒很难对付,在收藏方面野心太大,但没有花足够的时间开展研究。赛克勒本人也意识到了自己的不足,表示正因如此他才选择成批购买藏品,以量取胜。"我的收藏方式可以和生物学家的研究方法相类比。"赛克勒曾经解释道,"要真正了解一种文明、一个社会,必须建立足够庞大的数据库。如果只研究毕加索和亨利·摩尔①那些人,就无法全面了解20世纪的艺术。"[2]

值得称赞的是,赛克勒虽然并不精通收藏,但从不否认其他收藏家的渊博学识和出色鉴赏力,比如他曾慷慨资助保罗·辛格征购藏品。赛克勒与辛格相识于1957年的一次拍卖会上。辛格和赛克勒一样,也是一名精神病学家。但是在收藏方面,这位自学成才的鉴赏家倾向于少量精准购买,而非大量购入。他喜欢买一些别人看不上眼的稀奇玩意儿。辛格把买到手的玩意儿收藏于新泽西州萨米特市拥挤的两居室公寓内。赛克勒资助辛格的条件是辛格购买的藏品最终落户于某家以赛克勒命名的机构。1997年辛格逝世后,他收藏的价值6 000万美元的6 000多件藏品移交给了赛克勒美术馆,使该馆当时的藏品数量增加了一倍有余。捐赠的这批藏品中包含大量考古文物。经过仔细鉴定,这批藏品的价值和珍贵程度都得到了认可,这足以证明辛格具有出色的鉴赏力。是

---

① 亨利·斯宾赛·摩尔(Henry Spencer Moore, 1898—1986),英国雕塑家,是20世纪世界最著名的雕塑大师之一。

什么原因促使辛格搞起了收藏？"看到自己喜欢的东西，我感到一种发自肺腑的激动。"辛格曾向《艺术收藏指南大全》(*The Complete Guide to Collecting Art*)的作者李·罗森鲍姆（Lee Rosenbaum）解释道。事实上，作为一名精神病学家，辛格向罗森鲍姆坦言，收藏是"一种与性欲高度相关的行为，类似于做爱……任何一个合格的收藏家在观赏藏品，与其进行亲密交流时都不希望被打扰"。[3]

除了获得辛格遗赠的藏品之外，赛克勒还不露痕迹地从自己的捐赠活动中获得了额外的好处。正如高居翰曾一针见血地指出：几十年来，"赛克勒惯于用其藏品和财富吸引一些知名博物馆，吊起它们的胃口之后，再把藏品捐赠给其他博物馆。曾经有一段时间，大都会艺术博物馆远东艺术部的藏品库房里开辟了一块专属赛克勒的'飞地'，由赛克勒手下的策展人管理，未经这位女策展人的同意，即便是大都会艺术博物馆的本馆策展人也不能进入。这种情况在美国各大博物馆的历史上前所未闻。但最后，这批藏品被赛克勒捐赠给了其他博物馆，大都会艺术博物馆一无所获"。[4]

对此，似乎有两点需要解释：首先，大都会艺术博物馆并不缺少适宜展出的藏品；更重要的是，作为美国联邦政府首批资助的艺术博物馆，弗利尔美术馆自1923年开馆以来的发展一直受到捐赠者苛刻条件的限制：它既不能将自身馆藏品外借，也不能从其他博物馆借入藏品。实际上，就像狄更斯的《远大前程》中的郝维辛小姐所居住的那栋幽暗冰冷的老宅一样，弗利尔美术馆已被时间冻结了。"如果不是赛克勒先生至关重要的再次捐赠，"精明的记者索伦·麦理肯评论道，"就不会有华盛顿国家广场上赛克勒美术馆（为遵守建筑高度限制，该馆建于地下），弗利尔美术馆到现在可能还只是一个冷冰冰的学术机构。"[5] 2002年12月，在华盛顿举办了纪念赛克勒博物馆成立25周年的盛会，由赛克勒的遗孀、出生于英国的吉莉安·赛克勒（Jillian Sackler）女爵士主持。对于赛克勒美术馆与弗利尔美术馆的特别"联姻"，时任馆长朱利安·拉比（Julian Raby）说道："它们是两栋风格迥异的建筑。弗利尔美术馆庄严肃穆；而赛克勒美术馆更需要具有活力和创新与冒险精神。我想要的是反差，反对千篇一律的风格。"[6]纪念活动筹集了100万美元。用麦理肯的话说，这两座博物馆，有待成为"西方世界里充满活力的亚洲文化艺术之都"。[7]

了解上述一切后我们不禁会问三个问题：赛克勒医生征集藏品所需的金钱从何而来？他为何将目光投向高深莫测的中国艺术，他收藏中国艺术品的目的是什么？美国联邦政府资助赛克勒艺术博物馆，美国纳税人从中获得了什么益处，这种益处与政府资助相比而言，公允合理吗？

第一个问题：赛克勒的财富从何而来？由于医疗卫生事业的发展、人口老龄化的加剧、公共和个人健康保险计划的实施，以及广告业尤其是电视广告业的蓬勃兴起，美国的医疗保健支出急剧增长。赛克勒与其弟弟莫蒂默和雷蒙德一样，对美国的医疗保健支出起到了推波助澜的作用，并从中获利良多。人们普遍认为，在人均国民生产总值和医疗保健总支出方面，美国均在世界上遥遥领先。此外，自20世纪60年代开始，药物治疗成为抑郁症和其他精神疾病的有效疗法。作为医疗保健行业的投资者，赛克勒兄弟三人成为行业总体和二次崛起的弄潮儿。而赛克勒的战斗精神，也助推了家族事业的崛起。

赛克勒三兄弟出生于纽约布鲁克林。他们的父亲艾萨克从乌克兰移居美国，开了一家杂货店。母亲苏菲出生于波兰。亚瑟·赛克勒在一家医药广告代理公司打工，自筹学费到纽约大学医学院学医。后来，赛克勒收购了那家公司。他的两个弟弟也因此步兄长的后尘，各自独立地从事医药行业。

在医药行业多年的摸爬滚打使赛克勒练就了一身讨价还价和推销的本领。同时他还出版医学期刊，资助学术研究。1952年，赛克勒三兄弟同时任职于克里德莫尔州立精神病医院，他们共同收购了普渡·弗雷德里克公司（Purdue Frederick Company）。这家制药厂当时濒临倒闭，总部位于格林威治村。该制药厂后来发展成为普渡制药公司（Purdue Pharma），生产泻药新来福（Senokot）、滴耳剂三乙醇胺多肽油酸（Cerumenex）、防腐剂必妥碘（Betadine）等。赛克勒去世后，该公司还生产奥施康定（Oxycontin），一种备受争议的麻醉止痛药。作为生物精神病学的开创性人物，赛克勒医生获得了广泛的肯定。他与两位弟弟及其他人共同合作发表了140篇研究论文，主要研究身体机能如何影响精神疾病。1987年，《纽约时报》资深艺术评论员格蕾丝·格卢克（Grace Glueck），在该报刊登了赛克勒的讣告，对其在精神病研究和其他领域取得的成就给予了肯定。此外，她还写道："赛克勒率先利用超声波进行医学诊断。此外，他还有诸多卓越成就，包括将组胺定性为一种激素，呼吁人们关注受体部位的重要性等，这些都对当今的医学理论具有重要意义。"[8]

值得一提的是，赛克勒医生在医学界之外取得的杰出成就却在讣告中被一笔带过。在赛克勒收藏生涯的关键时期，他与大都会艺术博物馆的馆长、高级管理员、策展人及律师斗智斗勇，并获得了最终的胜利。首先，让我们来回顾一下事件的背景。与两位弟弟不同，亚瑟·赛克勒痴迷于中国艺术品。他曾在纽约大学和库伯联盟学院学习艺术史（该院当时免收学费，最近才开始向学生收取学费）。自20世纪40年代起，赛克勒开始收藏艺术品。他的收藏兴趣广泛，涵盖了前文艺复兴时期艺术品、后印象派作品和当代美国艺术品。后来据赛克勒自己讲，当时，他在一个家具店里偶然看见了一张设计典雅的明代桌子和一些精美绝伦的器物。"我在1950年的某一天邂逅了中国陶瓷和明代家具，这一天对我来说无比美妙，我的人生从此发生了改变。我意识到，中国艺术是一个尚未被人普遍欣赏或理解的审美领域。"[9]

10年间，赛克勒遇见了辛格医生，并同他合作收藏艺术品。赛克勒很欣赏辛格出色的鉴赏力，并从20世纪60年代起一直资助他的收藏事业。赛克勒主要收藏主流艺术品，而辛格却对那些过时的小件藏品情有独钟，两个人的收藏风格相得益彰。

最能证明辛格医生在收藏上的先见之明的是他购买的中国早期青铜器和小件考古出土文物。用他自己的话说，那些藏品是"劫掠者留下的"。在辛格的重要藏品中,一套 50 件商代早期(约公元前 1200 年)的青铜编钟尤为珍贵。这套青铜编钟的重要性不仅体现在精良的铸造工艺上,更在于其发出的声音为研究中国古代音乐提供了重要线索。我们撰写本书时从赛克勒博物馆古代艺术策展人卫其志[①]那里得知,该馆正计划举办一个青铜编钟展。赛克勒和辛格二人一起收藏的艺术品毫无疑问提升了弗利尔/赛克勒美术馆的国际声誉。2012 年,在庆祝赛克勒美术馆建馆 25 周年之际,相关人员对该馆受赠藏品的情况进行了统计:从弗利尔处共接收 3 270 件;从赛克勒处共接收 812 件;从辛格处约接收 5 000 件。这些藏品包括考古标本、日本江户时期的水印画、波斯和印度绘画作品等,这些藏品都在弗利尔/赛克勒美术馆得到了妥善安置,并使赛克勒美术馆的馆藏总量增加了十倍。

在收藏家、古董商和博物馆研究员圈子中,有关谁买了什么藏品的消息很快就会传开,而且传出的声音比回音壁传出的声音更为杂乱。赛克勒的收藏很早就引起了大都会艺术博物馆时任馆长詹姆斯·罗瑞墨的关注。当时,罗瑞墨正为该馆展厅改造和安装空调筹款,但苦于没有多少捐赠者愿意出钱。1960 年,大都会艺术博物馆向赛克勒提出捐赠请求,而赛克勒却别出心裁地提出了一个提议。赛克勒承诺拿出 15 万美元,用于大都会艺术博物馆二楼大展厅的整体改造,但改造后的展厅要改名为"赛克勒厅",用于展出博物馆自身收藏的巨大壁画和标志性雕塑艺术品。

为此,赛克勒提出了交换条件,用大都会艺术博物馆行政主管约瑟夫·维奇·诺伯[②](Joseph Veach Noble)的话来说,这些条件"卑鄙无耻"。托马斯·霍文(罗瑞墨馆长的继任者)在其 1993 年出版的回忆录《让木乃伊跳舞》中写道:"赛克勒准备按照大都会艺术博物馆 20 世纪

---

① 卫其志(J. Keith Wilson),赛克勒艺术馆副馆长兼中国古代艺术资深策展人。
② 约瑟夫·维奇·诺伯(Joseph Veach Noble,1920—2007),美国纽约市立博物馆荣誉退休馆长,1975—1978 年曾任美国博物馆协会会长。他于 1970 年在《博物馆通讯》上发表《博物馆宣言》,把博物馆所担负的基本职能简明地概括为五点,即收集、保存、研究、说明和展示。

20 年代所付原价，买下那些顶级藏品，之后再以'赛克勒所赠文物'的名义将其返还给博物馆，这样他就可以根据藏品现在的价值享受税款减免。而且，这还不是他的唯一要求，他还要求博物馆提供一间大库房免费存放他自己的藏品，且只有他本人和他的策展人可以出入。赛克勒算计着他可以利用税收漏洞牟利，由此享受的税款远远超过其购买藏品和捐款的数额。"[10]

虽然赛克勒提出的条件合法，但在诺伯看来，赛克勒却是在狡诈地钻法律的空子。而且，霍文馆长后来才知道，赛克勒压根没打算把存放在博物馆库房里的中国艺术品捐赠给大都会艺术博物馆。但根据双方达成的协议，大都会博物馆不仅要为赛克勒的藏品提供储存的空间，而且还要承担保险、消防和安保等费用。赛克勒花钱聘请布鲁克林博物馆前副策展人路易斯·卡茨（Lois Katz）照看存放在大都会博物馆里的藏品。赛克勒还为合作伙伴辛格医生谋得博物馆兼职策展人一职。不久之后，桀骜不驯的霍文馆长发现自己与赛克勒志趣相投。为了摸清赛克勒是否打算把藏品捐赠给大都会艺术博物馆，霍文还约赛克勒到他办公室聊一聊。我们在这里给大家展示一下有关二人会面的记录：

> 他在我办公室的圆桌面前坐下，不消一会儿我便感觉到他与我志趣相投，我们一定能够共事。他为人古怪、随心所欲而又敏感脆弱，这让我们的这次交谈更有意思。赛克勒的口音显然经过精心的操练，他似乎以此来炫耀自己的成就。但是，他的语调并不矫揉造作，他对自己讲话的方式深以为傲。我也很喜欢他的讲话方式。他见面第一句话就是："我和吉姆（罗瑞墨馆长）在这里度过了许多美妙时光。他常把军靴跷到桌子上面。我们俩就像中国的文人雅士一样，连续几个小时畅谈学术和文物鉴赏。"[11]

此后，霍文的确说服赛克勒（在其两兄弟的协助下）捐赠了 350 万美元，用于建造存放埃及丹铎神庙的巨大侧厅。为避免新建的阿斯旺大坝水位上涨对丹铎神庙造成破坏，美国出钱将其搬迁至大都会博物馆。但是，对于自己藏品的最终归宿，赛克勒一直不愿做出任何承诺。多年以来，除了大都会艺术博物馆的高层管理人员，其他人并不知道该馆居然有一块领地专门存放赛克勒的私人藏品。直至1978年，刑法专家索尔·查内尔斯（Sol Channeles）教授将此事公之于众。随后李·罗森鲍姆在《艺术新闻》上刊登了一篇报道，披露纽约州检察长办公室已启动一项调查，以确定这块私人领地是否构成对大都会艺术博物馆空间和资金的不当使用（自19世纪70年代建馆之初，大都会艺术博物馆一直高度依赖纽约市政府提供的纳税优惠政策和场馆运营费用）。罗森鲍姆要求大都会艺术博物馆对此事做出解释。时任馆长菲利普·德·蒙特伯乐、总经理威廉·麦康伯（William Macomber）、董事会董事长道格拉斯·狄龙却把所有与此相关的问询一概推给了博物馆法律顾问佩内洛普·巴德尔（Penelope Bardel），而佩内洛普的答复却很简短："被调查者不宜谈论被调查之事。"[12]

州检察长办公室对大都会艺术博物馆的秘密协定予以斥责，却并未采取任何法律行动，该馆的高层们这才松了一口气。但与此同时，他们还要承受来自赛克勒的讽刺和怒斥。赛克勒对其斥巨资打造的赛克勒展厅的展品陈列的方式及其使用方式耿耿于怀。这些都被迈克尔·格罗斯写进2009年出版的著作《恶棍的博物馆》之中，该书记述了发生在大都会艺术博物馆里的一些逸闻趣事。格罗斯在书中讲到，赛克勒对霍文馆长满腹牢骚，他觉得时任博物馆法律顾问的阿什顿·霍金斯（Ashton Hawkins）阻挠他进入博物馆董事会。并且，"他对博物馆在以其名字命名的展厅举办各种派对感到愤怒，特别是时装设计师华伦天奴竟然在展厅举办私人晚宴一事让其感到'厌恶'。他还认为，蒙特伯乐馆长的照片刊登在时尚杂志的封面上也是对大都会艺术博物馆的亵渎"。[13]

1982年，亚瑟·赛克勒宣布将其收藏的精品和400万美元捐赠给史密森尼学会。史密森尼学会作为交换，则同意在华盛顿国家广场建造赛克勒美术馆。如前所述，美国确实从中受益。如今，弗利尔美术馆和赛克勒美术馆免费向公众开放，现已成为游客和当地居民参观的首选目的地。

　　赛克勒收藏的动机究竟是什么？法国"格言家"拉·布吕耶尔①认为："收藏不是一种消遣娱乐，而是一种热爱。除了其目的是追求琐碎的物品之外，这种热爱激情澎湃，丝毫不逊于爱情和理想抱负。"[14] 或者如英国鉴赏家肯尼斯·克拉克所说："问人们为何收藏，如同问他们为什么坠入爱河一样。这两种行为都由多种原因造成，且出于一时冲动。"最后，无论这些收藏行为的目的多么难以捉摸，其成果都充实了世界各地的博物馆。至于上升到更高的道德层面，哪些人或哪些机构更有道义占有这些收藏品这一话题我们将在本书的后记中进行探讨。

---

① 让·德·拉·布吕耶尔（Jean de La Bruyère，1645—1696），法国格言家、巴黎法院律师，代表作品《品格论》(*Les Caractères ou les Mœurs de ce siècle*)。

后记

长城上的希望之门

至此，我们该如何归纳总结？在古老中国与年轻美国之间开展富有成效的文化交流的现实前景如何？或许，我们应该说是年轻的中国和古老的美国，因为中国已不失时机、灵巧地迈入市场经济时代。然而，年迈的法学家，僵化的官僚制度，对资历、先例和已故先驱在费城秘密拟定的神圣文件①崇拜有加的美国参议院等，绊住了美国现任总统的步伐。在中国看来，美国的政治就像是满脸困惑、不知所措的格列佛。

同样，对中美艺术界异常现象的解读，由于太平洋两岸看问题的视角不同，也会得出截然相反的观点。中美之间的壁垒不仅存在于物质层面，也存在于思想层面。而当绝大多数壁垒存在于精神层面上时，它们更难于消除。东西方在艺术价值方面的分歧，有其审美、历史、经济和政治方面的根源。所有这些都在收藏家、博物馆策展人和古董商不断参与的这四个层面发挥着作用。第一，也是最基本的层面，涉及东西方完全不同的审美传统和参考标准。第二，两国在艺术市场经营和收藏家的实际操作方面相互冲突。第三，在文物返还以及对文物遗址的保护等问题上，双方深感在法律和道德方面存在巨大差异。第四，双方虽然承认

---

① "在费城秘密拟定的神圣文件"指的是《独立宣言》和《美利坚合众国宪法》，这两份文件分别于1776年和1787年在费城独立大厅签署。

两国的艺术博物馆应共同承担起驱散笼罩在中美两国之间的未知迷雾的任务,但各自却对艺术博物馆在扮演教育者、保护者和仲裁者等角色方面有着不同的解读。

根据我们的研究,我们认为,在横亘于中美两国之间的长城之上,确实打开了一扇扇崭新的希望之门。当今世界,人们的思想观念如同从太平洋上经过的气流和洋流一样变化多端。或者换一种说法,中美之间的文化差异体现了传统的道家阴阳二元论:此消彼长,此长彼消。看似清澈的东西事实上却是混浊的。在一些人的眼中,旨在保护古代遗址的措施实质上却助长了本应减少的掠夺行为。某些事物在一些人看来是普罗大众的,而另一些人却嘲笑这些只是少数人能够享受之物。一些统计数据表明,中国艺术市场正在迅速崛起,这些统计数字看似硬性,但我们仔细审视后便会发现它们也会出现波动。两极对立的事物之间往往会形成充满活力的磁场,从而使它们能够相吸相斥。如果我们正确对待两者之间的关系,便会在竞争领域找到突破口。以东西方的差异为例,东西方文明有着截然不同的审美观念,但双方却都将这些差异视作是理所当然。

华盛顿专栏作家约瑟夫·艾尔索普(Joseph Alsop)才华横溢,写出来的文章如行云流水。1979年2月,他给其朋友,加州大学伯克利分校教授、东亚艺术权威专家高居翰写了一封信,述说了他的担忧。在此,我们引用这封信件,借以展开下面的叙述。当时,艾尔索普正在撰写其重要著作《稀有艺术传统:艺术收藏史及其相关现象》(*The Rare Art Tradition: The History of Art Collecting and Its Linked Phenomena*,1982)。艾尔索普请求高居翰对该书中有关中国的章节进行评论。"亲爱的吉姆,"他在信的开头写道,"实际上,与本书其他章节相比,我更加担心中国的章节写得不好。"他解释其中的原因:

> 我研究阅读中国艺术,断断续续搞了四十五年。首先,中国艺术并不是一个通过"三天打鱼,两天晒网"的工作方式就能研究透彻的学科。其次,在我看来,中国艺术的基本问题似乎才刚

刚被整理出来，这就意味着即使我再勤奋工作也难以在这一领域搞出名堂来。……如果可能的话，我真想略过这一章不写。但是我知道这是不可能的，因为本书的主题是：以艺术收藏为开端的复杂行为系统是如何在一个范围狭小却又互不相关的艺术传统群体中以一种神秘且又几乎是自发的形式开展下去的。而显然，中国艺术在这方面具有重要的研究价值。[1]

艾尔索普以善于剖析政治或文化问题而知名，因此上文中的自白真实地反映了研究中国文化的难度。关于中国，他的经验丰富且直接。1941年，艾尔索普从哈佛大学毕业，在华盛顿当了一名记者，在职业上迅速崛起。据说，他的家族与埃莉诺·罗斯福的家族有亲戚关系。1941年年中，他偶然遇到了克莱尔·陈纳德①。陈纳德脾气暴躁，曾是美国陆军航空队军官，正忙于招募"美籍志愿航空队"，即后来人们熟知的"飞虎队"。"美籍志愿队"在名义上属于中国空军的一个军事单位。艾尔索普签订合同，成为陈纳德手下的一名历史学家。日本偷袭珍珠港那天，艾尔索普正在香港执行任务。香港被日本侵略者攻陷之后，艾尔索普被投进监狱，坐了半年牢，后来通过俘虏交换被日本人释放。坐牢期间，艾尔索普刻苦钻研中国学问和语言，熟练掌握了4 000个汉字。这是一个了不起的成就。拥有这个词汇量，他虽然不一定能够读懂古籍文献，但足够他看懂中文报纸了。[2]艾尔索普一共在中国生活了四年。

战后，艾尔索普在华盛顿定居。他的家位于乔治城，家中装饰以中国元素为主。长期以来，艾尔索普的家成了政治家、外交家和记者等精英人士聚会的沙龙。"艾尔索普家的椅子和沙发上，都覆盖着中国丝绸，"艾尔索普传记的作者、记者小埃德温·约德（Edwin M. Yoder Jr.）写道，"空气中弥漫着东方百香花的香气。来自中国和日本的花瓶从专门建造的

---

① 克莱尔·陈纳德（Claire Chennault, 1893—1958），美国陆军航空队中将、飞行员，是第二次世界大战中国抗日战争美国志愿航空队指挥官，有"飞虎将军"之称。夫人是华裔美国政治家陈香梅（Anna Chan Chennault, 1923—2018）。

壁龛里向外张望，墙上挂着艾尔索普的家庭画像和照片，丝绸挂饰则点缀其间。艾尔索普经常光顾一些中国餐馆。有时，吃完饭他会与餐厅主管道别，兴高采烈地谈论蜜汁火腿和其他一些菜肴的烹饪方法，同他一起吃饭的朋友则站在一旁等他。"[3]

尽管如此，艾尔索普承认，他无法解读东西方文化在审美方面的差异。在他的书中，他回忆起自己与著名中国学者的交往，那些学者自认为了解西方世界。"然而，他们对西方艺术的看法清楚地表明，西方艺术对他们来说是陌生的，就如同爱斯基摩人在远北地区的生存技术对于居住在曼哈顿岛的普通居民来说非常陌生一样。……他们相中的往往是西方艺术界里设计出来的最糟糕的物品，从这一点来说，他们的眼光的确是'精确无误'。"[4]当然了，在西方也有一些收藏家"热衷于收藏外国艺术品，却对外国艺术一窍不通。要想收集外国艺术品，就要学习研究外国艺术的语言，只有在这方面精通了，才能完全理解在其他社会艺术传统中所流行的价值观"。[5]

半个世纪过去了，尽管中国艺术大型展览不断增多，但从博物馆中认真参观的游客的脸上，我们明显地看到困惑的表情。面对横着展开的手卷或垂直悬挂的挂卷画作，我们应如何评判它们的风格和内容？哪些画家具有影响力？这些有影响力的画家是否受到欧洲同时代画家的影响？如何解读陪葬青铜器、玉雕、佛像？影响深远的画家有谁？对于陪葬青铜器、陶俑、玉雕和佛造像，人们该怎样解读？为何中国公共艺术忌讳描绘一丝不挂的女性？优秀的中国书法、绘画作品具有什么特点？这些问题以及其他相关问题，不仅难住了艾尔索普，也令今天的许多参观者和收藏家百思不得其解。

然而，艾尔索普所生活的时代与我们今天所处的时代之间存在着一个重要的差异，而这个差异显然是受人欢迎的。当年，艾尔索普向高居翰征求意见，只能通过寄信。如今，勇于探索的艺术研究者，可以登录高居翰的博客，浏览这位学者所作的有关中国绘画的系列讲座"溪山清远"（A Pure and Remote View），这一系列的讲座总共有 27 场。在这一系列的讲座中，高居翰通过自己精心挑选的照片，向人们展示他在中国大陆和台湾地区的所见所闻，包括珍藏于北京故宫博物院和台北故宫博物院的文物。这些讲座因高居翰幽默诙谐的旁白而增添了趣味，虽然有些旁白重复啰唆。高居翰在讲座中多次提及他首次访华的经历。1973年，高居翰跟随美国考古学者访华代表团第一次来到中国。这个由美国博物馆策展人和艺术史学家组成的代表团，开启了对中国的破冰之旅。

高居翰出生于美国加利福尼亚州的布拉格堡。在日本担任军事译员时，他对亚洲艺术产生了痴迷。在伯克利大学和密歇根大学研修东方语言之后，他获得富布莱特奖学金，前往日本留学。后来，他到弗利尔美术馆工作。1960年，高居翰撰写的《图说中国绘画史》一书由意大利"斯基拉"（Skira）出版社出版。在西方，这本书是研究中国绘画的重要著作。在哈佛大学，他开办了查尔斯·艾略特·诺顿系列讲座（题目是《引人注目的形象：17世纪中国绘画中的自然与风格》）。2010年，为奖励高居翰毕生取得的杰出成就，史密森尼学会向其颁发了"查尔斯·朗·弗利尔奖章"。

2014年，高居翰去世，享年84岁。在其生命的最后几个月里，即便是卧床不起，他仍然录制完成了自己的系列讲座。高居翰解释说，录制讲座视频的目的是"把我脑中储存的大量信息、图像和想法，转化成一种可以被保存的沟通形式。而这些信息、图像和想法是其他在世的任何人都无法复制的"。[6] 而且，高居翰遗留下的讲座录像，可以通过数据目录点击进入，让人印象深刻。在此之前，从未出现过此类大量信息可以被大众轻易获取的情形。关于中国艺术鉴赏方面的讲座视频还有：大都会艺术博物馆何慕文在视频网站YouTube上发布的如何欣赏中国卷轴画的视频讲座；2012年，弗里克收藏馆举办的"龙与菊：中国、日本艺术收藏"（"The Dragon and the Chrysanthemum: Collecting Chinese and Japanese Art"）研讨会视频；2011年，学者、古董商蓝理捷①的视频讲

---

① 蓝理捷（J. J. Lally），美国著名的亚洲艺术品收藏家、古董经纪人。蓝理捷从20世纪70年代起任纽约苏富比中国艺术部总裁、纽约苏富比总裁等职，20世纪80年代离开苏富比后创立了以自己名字命名的艺术品画廊，以收藏中国高古器物闻名于收藏界。

座《中国瓷器大收藏家：美国人摩根与弗利尔》("Two Great American Collectors of Chinese Porcelain: Morgan and Freer")；芝加哥大学历史学家何伟亚的《废墟的来世》("The Afterlife of Ruins")，讲述了圆明园如何遭受毁灭的故事。中国中央电视台英语频道也推出了慷慨激昂的剧作《圆明园之死》(The Death of Yuanming Yuan)。

然而，对收藏家而言，除了对其藏品有更多了解所带来的心满意足，也有许多物质上的收益。伟大的艺术品是一种可靠的投资，如果将藏品捐赠给博物馆，捐赠者还有可能享受到税额减免的优惠待遇。尽管如此，在艺术鉴赏方面，中国艺术市场上仍存在一些模糊区域和陷阱，这正是我们下文将要探讨的内容。

奥德丽·王（Audrey Wang）在《中国文物市场概览》(Chinese Antiquities: An Introduction to the Art Market, 2012)一书中对中国艺术市场的商业化进行了精彩的解析。她是一名艺术顾问，长期居住新加坡，曾在香港从事过八年的艺术品拍卖工作。据王女士讲，随着清朝的灭亡，20世纪20至30年代成为中国艺术收藏的全盛期。当时，"大量中国宫廷文物、民间文物以及考古文物，如潮水般地涌入艺术市场"。[7] 1937年全面抗日战争开始，中国艺术市场开始衰落。从1949年中华人民共和国成立到改革开放前的这段时期里，拥有、继承和交换文物均属非法行为，中国的艺术市场因此陷入低迷。而在这几十年时间里，国际艺术市场被伦敦和纽约主宰。

随着中国市场经济的崛起，上述情况得到了改变。自20世纪70年代末至80年代初，一些以前不为人知的陶瓷品、艺术品，开始现身香港荷李活道的时髦古董店。在苏富比和佳士得拍卖公司的带领下，"宫廷"标签很快变成了文物艺术品拍卖会上的香饽饽。20世纪90年代，随着中国本土拍卖公司在北京、上海雨后春笋般地涌现，中国的艺术市场重新焕发青春。著名的中国拍卖公司有：中国嘉德，目前中国广受尊敬的拍卖公司；保利国际拍卖公司，如今已成为一家有全球影响力的拍卖企业。跑道已经准备就绪，中国艺术市场即将在新世纪腾飞。王女士总结道："20 世纪 90 年代期间，中国文物商店或拍卖行的买家，主要是外国人或来自香港的古董商、收藏家。2000 年标志着中国收藏家、博物馆真正开始征购艺术品。而中国文物，也开始回流中国。目前，来自中国的收藏家和古董商，已成为世界各地中国艺术拍卖会上的中坚力量。"[8] 同时，中国的现代艺术品也已成为全球艺术市场上令人期待的增长点。

随着中国收藏家、古董商数量成倍增加，艺术基金的竞标者也在增加。买家之一是总部位于伦敦的"美术基金"（Fine Arts Fund）。该基金 2009 年出售的资产平均回报率为 34%，而根据董事对其资产的估值，其最近开发的中国艺术品投资组合的回报率为 13%。如王女士记述，目前，类似基金在中国层出不穷，其中包括西陵集团、中国民生银行、诺亚财富管理公司、泰瑞艺术基金、上海天物馆艺术基金等。关于中国艺术品作为长期投资的优点，她引用了英国铁路养老基金的经历，这是所能找到的主要艺术基金的唯一案例。该基金于 1974 年拨付 4 000 万英镑（即其持股的 3%）用于购买艺术品。"该基金持有这批藏品将近二十年。"她写道，"1989 年，该基金卖掉了所持有的中国文物，创下了几笔销售纪录，其中包括一尊唐代陶马。该基金以 374 万英镑的价格，将这尊陶马卖给了一位日本古董商。虽然这只是个案，但通过这个简单的案例我们可以看出，艺术品，特别是中国艺术品，从长远来看确实赚钱，但短期内炒卖却未必能够赚钱。"

然而，有一句世界通晓的拉丁语老话"caveat emptor"（买者自负），应该贴在火爆拍卖会的竞买号牌上，提醒竞拍者举牌时要谨慎。比方说，你痴迷一件清代粉彩瓷瓶，据说它独一无二，有曾被皇家持有的证明，估价为 10 万至 15 万美元。但是，它是真品吗？是被盗文物吗？有合法身份吗？它引发的激烈竞标，是否属于拍卖行私下安排的"假拍"？而"假拍"引发的竞价热潮，是否是拍卖行本身暗中推动的"炒作"行为呢？

因此，2014 年 4 月，一只被称为"鸡缸杯"的明代瓷碗在香港拍卖会上以创纪录的 2.81 亿港元的价格成交，引起了人们的关注。正如《华尔街日报》报道的那样："长期以来，鸡缸杯一直深受中国富人的青睐。

据中国古籍记载，王公贵胄为得到一只鸡缸杯，不惜一掷千金。"[9]在香港拍卖的这只鸡缸杯的拥有者是一个瑞士家族，它是已知现存19件鸡缸杯中的一件。据说，除了4件鸡缸杯在外国人手中，其余鸡缸杯都被国外博物馆收藏。那么，究竟是什么因素把鸡缸杯的价格捧上了天？

鸡缸杯的买家是中国金融家刘益谦。2013年，他的资产估值为9亿美元，在《福布斯》杂志公布的全球富豪榜上排名第200位。刘益谦从未上过大学。起初，他在上海打工，属于白手起家。在财富积累的过程中，他不但成为一名狂热的收藏家，还开设了一家私人博物馆，展示自己的珍藏，博物馆票价280元。"我没有某个专门的领域，"他对《纽约时报》的戴维·巴尔博扎（David Barboza）和乔娜·凯赛尔（Jonah Kessel）说，"只要是中国的文物，我都收藏。"[10]然而，刘益谦高价购买鸡缸杯的这股热情劲儿，却在无意间掀起了一场风暴。买下鸡缸杯时，刘益谦用他的美国运通百夫长黑金卡刷了24次，由此赢得了4.22亿积分。拿到鸡缸杯后，他用鸡缸杯沏茶，并端起来喝了一口。刘益谦端起鸡缸杯喝茶的形象传遍互联网，招来了劈头盖脸的怒骂。人们指责他亵渎了国宝，并说这种做法证明他还是一个十足的乡巴佬。"区区一件小事，有什么大惊小怪的？"刘益谦为自己辩解说，"乾隆皇帝用过它。现在，我也用过它了。"[11]

欢迎进入中国艺术市场。它如同一场化装舞会，人们只知道它的存在，但对它的来龙去脉和哪些人在里面翩翩起舞却一无所知。中国艺术市场如此复杂，而又如此神秘。2013年，《纽约时报》派出明星记者团，包括本书前面所提到过的艾尔索普和奥德丽·王（两人均常驻中国），研究撰写了三篇系列文章，题为《竞拍文化》。文章汇集了大量新闻报道、专业图表、录像和数据分析，描述了中国这个不久之前还没有真正艺术市场并将艺术市场视为禁区的国家，如何在世界上赢得了声誉。2003至2012年，中国国内的艺术品拍卖收益飙升了9倍。2012年，艺术品拍卖额达到了89亿美元，超过了当年美国的81亿美元（尽管2012年中国的拍卖收益后来进行了下调）。中国不仅出现了350家文物艺术品拍卖企业，收藏也成了一种社会时尚。2013 年，电视上出现了 20 个"真人秀"鉴宝节目，"提供收藏建议和文物鉴定服务。午夜电视导购节目，则极力推销知名大师徒弟创作的一组作品。广告宣称观众以 2 500 美元买下这组作品，转手便可获得 10 万美元的收益"。[12]

如《纽约时报》团队所报道的那样，由于对中国股市不信任，以及中国房地产增长减速，艺术品已演变成某种形式的储备货币。有人把博物馆被盗以及被掠夺或走私文物的非法交易现状，归罪于中国的艺术市场。同时，艺术品市场还催生了新的送礼方式。狡猾的企业家似乎找到了一个万无一失的方法来"洗掉"贿赂的罪名。消息灵通的香港英文报纸《南华早报》，对此运作方式给予了令人信服的描述："这种做法非常简单。一位商人送给某位官员一幅画，官员的亲戚把画拿出去拍卖。商人再出高价把画买回，官员则把卖画得来的钱收入囊中。与送整箱钱相比，此举几乎不留任何行贿证据。"[13] 这样说来，拍卖企业同时也沦落为一种洗钱工具。

像美国镀金时代的暴发户一样，中国的富豪之间也互相攀比竞争，这使得竞拍的价格飘忽不定。2012 年，常驻巴黎的市场分析师索伦·麦理肯写道："宫廷藏品和知名产地是中国新贵挑选文物所遵循的两大标准。新贵们更喜欢购买带有宫廷光环的器物，购买那些被鉴定为 20 世纪伟大收藏的容器，会给自身带来更多的荣耀。17 世纪末至 18 世纪末的瓷器，色泽亮丽，图案精美，尤其使中国的亿万富翁为之倾倒。"[14]

然而，如《纽约时报》团队所判断的那样，这种表面上对文物的敬仰，使造假者找到了发财的门路："中国的艺术家在其艺术生涯早期都接受过临摹古代大师的训练。他们习惯于制作出绘画及其他形式的文物的高仿品，比如瓷器、玉器……很难找到比中国更易于繁殖赝品的温床了。"中国一直具有尊重复制的传统。艺术学校的学生们经常仿制各类古典艺术精品。中国嘉德国际拍卖有限公司董事总裁王雁南说："造假是目前面临的挑战……中国人看到一件文物，脑子里首先想到的是：这件东西是不是赝品。"

在此，允许我们聊几句个人的经历。2012年，在参加伦敦亚洲周研讨会期间，我们抽时间去了一趟大英博物馆，参观了斐西瓦尔·大维德爵士收藏的中国瓷器，这些瓷器被认为是西方同类藏品中的顶级。这批藏品共有1 700件，曾长期藏于位于布鲁姆伯利区的大维德旧居。2009年，这批瓷器被放置在大英博物馆的一个特殊展厅里展出。这批瓷器完美无瑕，使展厅熠熠生辉。给我们留下最深刻印象的是一群群前来参观的年轻中国人。他们中有许多人拿起智能手机仔细地拍摄其中的精品。返回到研讨会之后，我们向一位朋友提及中国年轻人对艺术的痴迷令人赞叹。"那当然了，"朋友刚从苏富比拍卖行的中国艺术部退休，她笑着说，"回国后，他们会把照片发送给他们的好友，他们的好友会制造出来一批仿制品。"大维德爵士的先辈从中国贸易中发家致富，给大维德留下了一大笔财产，而大维德本人也最精于讨价还价。我们不难想象，假如大维德爵士在天有灵，听到这句评论，他定会开怀大笑。

然而，还有更多意想不到的麻烦。中国可拍卖的文物不仅有假，也常常会出现竞拍落槌后买受人拒不支付拍卖价款的情况。中国拍卖行业协会曾发布过2010至2012年中国大陆拍卖市场研究。研究表明，在成交价超过150万美元的艺术品拍卖中（占据了市场主要的份额），约有一半交易最终没有完成，原因是买家未能付款。然而，这些未完成的交易额，仍照例被计入销售总额，公之于众，这也就导致了中国拍卖收入的虚高（2012年被认为是中国文物艺术品拍卖的高涨年，这种情况就值得关注）。有时候，赖账者只是缺少资金。还有一种情况就是，竞拍者实际上是替某位收藏家竞拍的，而收藏家要么拒绝接受成交价，要么就是拒绝接受竞拍品。再有一种情况就是，把拒绝付款当成一种抗议形式（尤其是针对中国之外举办的拍卖），拒绝付款的理由通常是竞拍品是中国的宫廷珍宝，被非法掠夺卖到海外。

据中国媒体透露，中国已开始在拍卖领域实施明显的改革。例如，要求高价竞拍人支付竞拍抵押金，取消几十年来禁止外国人在中国参与文物拍卖经营的限制。2012年，苏富比拍卖行成了开路先锋，与中国一家国营拍卖企业建立了合作伙伴关系。2014年，佳士得拍卖行成为首家获准在中国独立经营的国际拍卖公司。中国的官员和拍卖协会，均在设法解除对外国拍卖企业的限制，希望通过此举使中国拍卖企业广泛接受国际最佳拍卖做法。同时，苏富比拍卖行负责亚洲地区业务的一位工作人员告诉我们，中国拍卖企业发布的销售总额，会与该企业提交的可以查到的纳税额相对照。考虑到还需要纳税，拍卖企业没有动力去虚报拍卖成交额。因此，对中国的拍卖成交额进行可靠的统计似乎是前景可期。

无论如何，上述情形，说明了拍卖收入中有很多水分。对于未经过训练的旁观者而言，竞拍似乎是自发的行为，其过程是透明的。之所以给人这种感觉，是因为拍卖机制的运作多发生在后台。事实上，一场主要的拍卖会，其运作均需要精心谋划，预估售价是经过反复协商后确定下来的。参与拍卖的绝大多数人，多数情况下都彼此熟识。即便如此，意外情况也屡屡发生。中国艺术品市场上出现的新情况便是如此。不断变化发展的中国艺术品市场，已引发一个令人敬畏的辩论话题，即艺术品市场与被掠夺的古代遗址之间的关系。这种争议用一个流行词语来概括，那就是"额尔金主义"（Elginism），意即"文化掠夺"。[15]

让我们回顾一下1801年的高门（Sublime Porte），此地曾是奥斯曼土耳其帝国的对外门户。当时，第七代额尔金伯爵托马斯·布鲁斯刚刚抵达，担任英国驻奥斯曼帝国的大使。额尔金大使在埃及颇受欢迎，因为英国刚把法国入侵者赶出埃及，埃及当时在名义上还是奥斯曼帝国的一个省。额尔金大使享受到了焰火表演的礼遇，并受赠奥斯曼帝国苏丹缠头巾上的白鹭冠毛，随即向苏丹提出了一个特别请求：他可否得到"敕令"，在雅典卫城濒临坍塌的帕特农神庙开展考古发掘？额尔金伯爵得到了苏丹的敕令。他的发掘队伍庞大，包括之前在意大利西西里岛招募来的艺术家、建筑师。他们开始拆卸帕特农神庙上的雕塑和装饰柱子。他们从神庙的檐壁饰带，总共凿下了56块大理石雕刻、17块三角楣饰、15块墙面雕刻。额尔金把这些石雕与其他文物一并打包，自费运至英国，打算用以装饰其在苏格兰建造的新宅邸。然而，迫于资金压力和疾病缠身，1815年，额尔金伯爵以 35 000 英镑的价格，把这批大理石雕刻卖给了英国政府。

此举引发了一场无休无止的世界性的争论。争论的焦点在于古代文物保护及其合法所有权问题。额尔金的行为是对文物的一种保护还是抢劫？持后一种观点的有英国诗人拜伦，他曾代表当时仍处于土耳其统治下的希腊人，向额尔金发出了振聋发聩的抗议。1809 年，拜伦亲自察看了遭受破坏的雅典卫城，在其一系列诗歌中，特别是在《密涅瓦女神的诅咒》（The Curse of Minerva）中，发泄了自己的愤怒。拜伦在下面的诗句中，尖锐地指出了考古发掘的道德问题（即便拜伦的母亲也是苏格兰人）：

> 朱庇特的女儿啊！我以英国受玷污的名声断言：
> 真正的英国人，不会犯下如此罪过。
> 雅典娜女神啊，请不要责怪英格兰，
> 事实上，这位掠夺者来自苏格兰！

拜伦以诗歌当武器，表达了他对文物掠夺行为的痛恨，成了一名"人类立法者"。他的同伴、浪漫诗人雪莱，认为诗人"虽无立法者称号，却是人类的立法者"。有关人类立法的问题，在伍德豪斯的历史著作《亲希腊之友》（The Philhellenes，1969）一书中，我们找到了相关的印证。伍德豪斯写道，在拜伦之前，从未有人想过"额尔金伯爵从帕特农神庙拆走大理石雕刻的做法，是一种剥夺希腊人历史遗产的行为。从未有人想过，希腊人在这件事情上居然没有任何发言权，简直匪夷所思"。[16]

从拜伦开始，针对被掠夺的文物发起抗议，成为民族主义的重要组成部分，成为我们所处时代持续最久、最具广泛影响的政治信念。今天，"额尔金主义"已成为因外国人掠夺文物而引发的所有骚动的代名词，无论这种掠夺行为是真实存在的，还是设想出来的。然而，在所谓的"掠夺者"眼里看来，现实似乎是另外一种状况。在他们眼里，这些有争议的文物，并未在原属地得到保护或赏识；而这些文物在移至海外的过程中，却得到了当地法律的支持。因此，历届英国政府都坚持认为额尔金获得了许可。无论如何，在希腊发生动荡的时代，从雅典卫城移走的神圣文物得到了妥善保护，得以安然无恙，同时又免遭雅典一个世纪的污染腐蚀。

我们再来谈谈中国文物。1950年，长期在古董界称雄的卢芹斋，在宣布关闭自己的纽约古董店时，代表古董商做出了类似的辩护。卢芹斋解释说，他在上海开设的古董店里有"大量重要文物"被政府没收，这促使他决定关停纽约的店铺。[17]同时，卢芹斋确信，自己经营中国文物的日子已经到头了。卢芹斋进一步解释说："或许，一些中国同胞会谴责不该把一些文物运出中国，这些文物现在已被认定为国宝。我认为他们首先应该指责的是过去当地居民的无知。我从中国运出去的任何一件文物，都是在公开市场上竞买来的。可以说，我本人从未从原址上搬走过一件文物……今天让我感到高兴的是，那些经我手从中国运出的文物，得到了妥善的保存，从而可以遗留给我们的子孙后代……我也坚信，艺术品是没有国界的，艺术品是无声的文化大使，可以使其他国家的人民了解伟大的中国文化，进而对中国产生热爱。"

为公平起见，这里需要补充一点。虽然卢芹斋个人或许没有"移走"任何墙面雕饰或雕像，但也肯定是一位积极的买家，甚至委托他人替他去掠夺文物。不管怎样，在卢芹斋金盆洗手七十年之后，从睡梦中醒来的人们，会揉揉自己的双眼，露出满脸的诧异。这一次，刺激中国文物需求的，不是西方人，而是中国人自己。

美国古董商蓝理捷目睹了这种巨变。自20世纪70年代初起，他一直专攻中国古董艺术品的鉴赏、拍卖和经营活动。蓝理捷从哥伦比亚大学毕业，获得了经济和外交史双学位。毕业后他发现了自己的职业使命。他在波士顿美术馆，偶然参观了一个中国文物展，里面展出的文物让他着了迷。此后不久，蓝理捷在苏富比拍卖行找了份工作。起初，他负责公司的财务。后来，他说服上司批准他去伦敦，在该拍卖行的中国艺术部工作了一年。1973年，蓝理捷返回纽约。当时，苏富比纽约公司的中国艺术部有一个职位空缺，他应聘了这个职位，并很快担任了该部门的主管。之后，他为自己指导的首次重要拍卖活动撰写了图录。正如索伦·麦理肯在 1987 年档案中所描述的那样："那次拍卖,成为美国拍卖中国艺术品历史上的一块里程碑。过去的展览图录里,只是对拍卖标的做粗略的概述,说明其媒介、尺寸及年代。而蓝理捷编撰的这本图录,不同于以往的图录,出现了注释和交叉引用,具有学术严谨性。蓝理捷实施的另一项重要创新,就是他与市场紧密联系。他四处征集文物,而不是坐等着文物从天上掉下来。"[18]

蓝理捷物色文物的工作进展顺利,文物销售生意也蓬勃发展,最终被选为苏富比拍卖行北美区总裁,一直任职到 1985 年,之后在纽约创办了蓝理捷艺廊(J. J. Lally & Co. Oriental Art)。蓝理捷本人一副学究模样,风趣幽默,和他谈话能够让人放下心中的戒备。蓝理捷经常出席探讨中国复杂的艺术品市场的高端研讨会。2013 年 4 月,蓝理捷向美国国务院文化财产咨询委员会提交了一份声明,表达了他对相关事务的看法。当时,该委员会的成员们正在权衡是否与中国续签一份为期五年的"谅解备忘录"。2009 年 1 月,在布什政府即将移交权力的前几天,布什政府与中国政府签署了这份"谅解备忘录"。

备忘录条款呼吁改善中国的文物保护项目和博物馆教育项目,延长出借文物展览的期限,并促进中美双方在该领域的教育交流。美国将任何未经官方批准从中国进口旧石器时代至唐代考古文物的行为视作非法,并禁止从中国进口 250 年历史以上的任何雕塑和墙壁艺术品。在此之前,美国与其他 13 个文物丰富的国家签署了类似的谅解备忘录,每份谅解备忘录的精神都符合联合国教科文组织禁止文化财产非法贸易的《1970 年公约》①。1972 年,在尼克松总统的敦促下,美国批准并加入了该公约。

在提交给美国国务院文化财产咨询委员会的声明中,蓝理捷强调:中美签署谅解备忘录的目的"很有价值",但同时强调,海关的限制"不

---

① 《1970 年公约》的全名是《关于禁止和防止非法进出口和转让文化财产的方法的公约》(*Convention on the Means of Prohibiting and Preventing the Illicit Import, Export and Transfer of Ownership of Cultural Property*),其主要目标是"禁止"和"预防"文化财产的非法进出口、非法交易,以及非法所有权转让。

会对中国产生明显的影响。因为，在国际中国艺术品销售市场上，美国人购买的艺术品只占很小的份额"。[19] 蓝理捷从邦瀚斯、佳士得、苏富比等三家国际拍卖行拿到了相关统计数字（保证不透露买家身份），并进一步解释说："购买中国艺术品的中国买家，同样在海外市场上占主导地位。2012年，邦瀚斯、佳士得、苏富比三家国际拍卖行的销售统计数字显示，它们所售出的中国艺术品70%以上都卖给了中国买家。"[20]

鉴于历史上英国士兵、商人和传教士们曾大量将中国文物带回英国，中国文物拍卖价格的突然升高，给一些英国人的生活带来了有意思的转变。其中，英国人从中国带回来的最多战利品当属1860年火烧圆明园时所掠获的文物。2011年，在伦敦一场拍卖会上，一位匿名中国买家以49万英镑（约合764 694美元）的价格，拍下了一个小金盒，上面刻着"从圆明园掠夺"及其掠夺者詹姆斯·加纳（James Garner）的签名。加纳曾是英国"皇家骑兵卫队"的队长，金盒子是他的后人拿出来拍卖的。很快，为搜寻类似的纪念品，各地的英国人把自家的阁楼、酒窖和车库翻了个底朝天，引发了英国《每日邮报》（英国中产阶级的喉舌）的一连串报道。有关报道的题目十分博人眼球，比如"瞧我们家的罐子！别以为摆放在你家餐具柜里的中国瓷器一文不值"以及"来自中国瓷瓶的诅咒"。[21]（一件明代长颈花瓶以228 000英镑的价格售出，引发了卖家家人之间的交恶和对簿公堂）。①

应当指出的是，在此过程中，中国政府并未正式明确要求西方主要博物馆返还被掠走的文物。有时，中国政府也要求拍卖行撤掉拍卖的来自中国宫廷的文物。中国政府通过相关机构，已把阻止拍卖变成了一场文化竞赛，依靠它们的购买来助推文物的回流。如果富裕的收藏家成功

---

① 2009年，英国威尔士女子安德里亚·卡伦德（Andrea Calland）为了给女儿菲比（Phoebe）买一台手提电脑，决定将家中的一只中国花瓶卖掉。让她没想到的是，这只花瓶竟然是清代乾隆皇帝时期制品，1860年从北京颐和园中被劫走，花瓶因而拍出了22.8万英镑（约合人民币237万元）的高价。卡伦德的前任婆婆伊夫林·加洛韦（Evelyn Galloway）将其告上法庭，宣称这只花瓶是她借给卡伦德及其前夫的，卡伦德无权获得拍卖所得钱款。经过漫长的诉讼官司，法庭宣判卡伦德向前任婆婆支付18万英镑（约合人民币187万元），再加上高额的诉讼费，卡伦德因此破产。卡伦德宣称，花瓶有可能是对她的诅咒，毁了她的一生，使她失去了所有。

将"宫廷"文物拍下并将其捐赠给国家，中国政府会予以奖励。对于公众的相关抗议活动，中国政府会根据情况的不同采取鼓励或制止的措施。2013年12月，英国首相戴维·卡梅伦在访问中国期间，就因英国历史上的掠夺行为，遭受了中国民众的奚落。

卡梅伦抵达北京时，善意地开通了新浪微博账号。据说，几天之内，他发的帖子就被25万条微博留言淹没。其中很多留言都与圆明园有关："你准备何时就掠夺我们的圆明园做出赔偿？"[22] 卡梅伦访华的最后一站，是中国西部的成都。一位提问者追问卡梅伦，称他想知道英国何时以及是否会把收藏于大英博物馆的23 000件从中国非法掠走的文物归还给中国。据《每日邮报》报道，中国街道上出现了"还我国宝"的横幅标语。

总而言之，中国收复文物的活动，已成为21世纪最不可思议、最不可预期、最昂贵的文化战争。这场战争有多条战线，涵盖了穷街僻巷的古董店、大学教室和高端拍卖行。在这场文化战争中，有形形色色的参战者，甚至还包括比利时古董商吉赛尔·克劳斯①和中国保利集团。

2000年，中国保利集团公司首次出现在报纸的头版新闻上。当时，苏富比和佳士得在香港举办拍卖会，保利集团以500万美元的价格，拍下了三尊青铜兽首：牛首、虎首和猴首，它们曾是圆明园十二生肖大水法上的青铜雕像。艺术界的观察家们对此甚是困惑不解，后来才得知保利集团是国企，主要经营房地产，后来才进军文物拍卖行业，成为中国文化领域上的领头羊。1998年，保利集团在北京创办了自己的博物馆，后来博物馆经过大规模扩建，目前这三尊青铜兽首正在该集团博物馆的展厅里展出。与保利博物馆一样，保利集团的投资组合，也在稳步扩张，涉及跑车、电影院和电视节目制作等。该集团最耀眼的部门，是随后独立出去的北京保利国际拍卖有限公司。从规模上讲，该拍卖公司目前在世界艺术品

---

① 吉赛尔·克劳斯（Gisèle Cröes），比利时古董商，号称"青铜女王"，自1990年至今，经手大量中国顶级精美青铜器。

拍卖领域排名第三。2013年，其拍卖总收入高达3.31亿美元。

2014年2月，保利国际拍卖公司的管理者宣布准备在香港交易所上市。如《华尔街日报》所述："该拍卖行属于国有企业，它首次公开募股的散户认购额，只占其发行股份总额的10%，却被606倍超额认购。"[23] 保利股票刚发行便跳涨了29%。尽管如此，该公司还有更为远大的目标。在宣布即将首次公开发行股票之后，保利国际拍卖有限公司总经理蒋迎春接着说："在中国大陆艺术品拍卖市场，我们获得了成功。但是，要成为全世界最大拍卖行，我们还有很长的一段路要走。"[24]

2014年3月，即保利国际拍卖有限公司首次公开募股后不到两周，仿佛为了强调中国艺术市场的发展势头，纽约每年举行一次的亚洲艺术周创下了2亿美元的销售纪录，比上一年增长了2500万美元。亚洲艺术周活动持续了9天，47家艺术画廊、众多拍卖行和博物馆参与其中，吸引了六百多位亚洲艺术收藏家和鉴赏家的参与。在麦迪逊大街上，拉里·高古轩①的时髦画廊里举办的展览，成为人们最津津乐道的活动。该展览由比利时古董商、公认的古董界"女皇"吉赛尔女士组织举办，题目是《古物与记忆》。展品中包括一批中国大型青铜器和石雕像以及精美的陶瓷器皿，令人印象深刻。多年以来，"女皇"一直是首屈一指的策展人。2002年纽约亚洲艺术周期间，她的展览同样"令人惊艳"。索伦·麦理肯评价说：其中有"二分之一的展品体积庞大，给你带来视觉上的冲击"。[25]

吉赛尔女士是一位生意人，她个人的经历如同其展品一样有趣。吉赛尔在大学期间攻读的专业是17世纪文学。1962年，吉赛尔来到中国。她回忆说："我和丈夫来到了北京，与来自世界各地的其他三百多名信仰毛泽东思想的外国人一起住进了和平饭店。"生活在中国的三年时间里，她骑自行车逛遍了北京城的大小胡同，发现花很少的钱就可以买到珍贵的文物。与中国艺术的邂逅，"完全改变了我的生活"。同时，吉赛尔会

---

① 拉里·高古轩（Larry Gagosian，1945— ），世界知名古董经销商，1980年在美国洛杉矶成立高古轩画廊。目前高古轩在全球拥有19家画廊，代理着近200位现代艺术家及当代艺术家。

说多种语言,她的语言天赋给中国有关部门留下了深刻的印象。于是,吉赛尔便成了"北京广播台的金嗓子"。[26]

"文革"之后,吉赛尔沉浸于艺术史研究,曾经做过史密森尼学会的访问学者。在征集重要中国文物方面,吉赛尔开始与保利集团较量。多年以来,吉赛尔坐镇布鲁塞尔,专门结交西方重要收藏家及其子孙,经常比竞争对手抢先一步。用吉赛尔自己的话来讲:"保利有钱有势,无所不知。你必须不断回头张望。拍卖业是一个极为招人妒忌的行当。我必须得找到别人找不到的东西,必须结交别人结交不了的人。"

吉赛尔的成功在某种程度上要归功于她的个性。早年,她吸引到了伦敦拍卖界"鹰眼"观察家杰拉尔丁·诺曼的关注。1996 年,诺曼曾如此描述吉赛尔:"她是一个身材娇小的女人,极具个性,对自己的工作充满热情。"[27]吉赛尔现已七十多岁,依然活力四射,斗志昂扬,在探寻青铜雕像方面尤为如此。2005 年,吉赛尔对一位记者说:"在中国传统中,伟大的青铜器被认为是至高无上权力的象征。"[28]"保利从世界各地征购伟大艺术品,原因正在于此。这会增强保利集团在国内的实力。"

2014 年,仿佛是为了印证吉赛尔的先见之明,保利集团宣布将花费十多亿美元,从底特律艺术博物馆购买中国以及其他国家的艺术品。当时,底特律市面临破产,正在想办法筹措 180 亿美元偿还债务。该市将底特律艺术博物馆的各种藏品视为潜在的资金来源。撰写本书时,一些基金会已向底特律市提供了各种捐助。但是,我们还是毫不吃惊地在《华尔街日报》上看到了这样的标题:"中国购买破产汽车城的艺术珍宝。"[29]

与此同时,2014 年 1 月 13 日,一份重要的外交协议在低调中达成。美国政府和中国政府宣布,将双方于 2009 年签署的谅解备忘录延长五年,继续禁止美国进口中国古代文物。① 此举源于美国国务院文化财产

---

① 2009 年 1 月 15 日(美国东部时间 2009 年 1 月 14 日),中华人民共和国驻美利坚合众国大使周文重与美国国务院助理国务卿戈利·阿玛利(Goli Ameri)在美国国务院签署了《中华人民共和国政府和美利坚合众国政府对旧石器时代到唐末的归类考古材料以及至少 250 年以上的古迹雕塑和壁上艺术实施进口限制的谅解备忘录》。

咨询委员会的建议。在谅解备忘录的批评者们看来，考古学家和反对文物交易的律师把持着这个咨询委员会。其中一个反对者是凯特·菲茨吉本（Kate FitzGibbon）。凯特是一名律师，写过六本亚洲艺术方面的著作。她反对这份协议的理由是，协议建立在一个过于乐观的前提基础之上，即：此类进口禁令有效，并且文物来源国对自己的文化遗产进行了积极的保护。"然而，中国不具备这两个条件。"

尽管如此，2009年签署谅解备忘录以来，中美两国在以下三个方面出现了前所未有的增长：第一，中国针对美国的文化旅游；第二，中国艺术博物馆的建设；第三，中美双方旨在促进特别展览和提升双方专业技能而开展的交流。总而言之，这些相互关联的发展势头，将会大大改变长期以来的游戏规则。人们有理由预期，中美两国将迎来文化交流合作的新时代。

2012年12月，在美国国务院、中国中央美术学院和中国人民对外友好协会的支持下，中美两国20多家知名博物馆馆长在纽约参加了亚洲协会论坛，共同探讨两国的明天，让大家看到了两国合作的美好前景。论坛最终形成的报告强调了一个令人惊讶的事实：根据美国商务部一份研究报告，2010年，中国赴美游客的数量增长了53%；2012至2016年间，来自中国的游客数量预计增长了273%：中国成为美国入境旅游的最重要贡献者。如馆长们所述："在大都会艺术博物馆的全球参观者中，中国游客的数量增长最快，已接近法国游客的数量。"[30]报告还补充说，由于美国的受益，"尽管美国学校的第二外语教育呈下降趋势，但对中文的需求却非常强劲"。

与此同时，中国博物馆的建设和扩建出现了前所未有的繁荣。1949年，中国仅有49座博物馆，而且许多博物馆在"文化大革命"期间遭到破坏。然而，随着中国共产党执政方针的转变，2009年，中国国务院发布通知，要求截至2015年，中国博物馆的数量要达到3 500座。因为文化"是民族的思想和灵魂"，并且文化作为"支柱产业"，其产值占国内生产总值的5%。实际上，"十二五"规划的目标在三年之内就已完成。

仅 2012 年一年，中国就新增了 450 座博物馆，使博物馆的总数达到了 3 867 座。据美国博物馆联盟统计，美国目前有 17 500 座各类博物馆。

正如《经济学家》2013 年 12 月所报道的那样，其结果是"博物馆建设热潮形成了泡沫经济，正在开始失去控制"。[31] 一些新建成的博物馆开始跻身于房地产开发行列。另外一些则是私人运营的博物馆，有的专为传统目的而建造，有的则追求大胆的现代主义。上海当代艺术博物馆就是一家传统类型的博物馆，是上海第一家向公众开放的当代艺术博物馆。而上海龙美术馆则是一家现代主义风格的博物馆，由富裕的收藏家刘益谦及其夫人创建。中国博物馆建设方兴未艾显然与中国快速推进的城镇化紧密相关，反映出中国各城市为提升自身形象而展开的激烈竞争。

然而，中国博物馆面临着一个问题：虽然国家博物馆和北京首都博物馆每年分别吸引超过 1 300 万和 800 万人次的参观者，但中国的许多

在过去 20 年里，中国建造了数千座博物馆，由斯蒂文·霍尔及其助手们设计建造的南京四方当代美术馆属于其中之一。它体现了现代主义雾与水的视觉效果。摄影：刘钢

博物馆缺乏合格的策展人和设计师，展览图录制作得也不够精良。除此之外，博物馆里的藏品不多，参观者稀少。那么，人们怎么做才能改变这种现状呢？很久以前，有人评论说，传奇艺术品经销商约瑟夫·杜维恩曾将自身的崛起归因于一个不言而喻的事实：欧洲有很多艺术品，而美国则有很多钱。经过几十年的发展，许多美国博物馆珍藏的艺术品数量过多，导致其管理者不想或无法将全部藏品对外展示，而这一点在一定程度上要归功于杜维恩。用亚洲协会论坛报告中的话说，美国博物馆"拥有数量庞大的藏品，其中许多藏品由于缺乏展览空间而被束之高阁，而这些藏品正是新建博物馆所需要的。另外，美国博物馆在学术研究能力、策展经验和科学知识储备方面领先，而这些正是新兴博物馆所匮乏的。美国博物馆和美国大学可以对中国的博物馆工作人员进行大规模的专业培训"。[32]

这种想法切合实际吗？中国博物馆的发展日新月异，在此有必要对推动其发展的各种动机进行考量。其中，意识形态方面的因素不容忽视。国有博物馆在收集藏品时，挑选的藏品要反映"正确的"社会历史观。从20世纪90年代末开始，新一代艺术家开始呼吁政府放松对艺术品收藏方面的限制，而这也是中国艺术界的复杂性和魅力的体现。生活在中国国内和移居海外的前卫艺术家也从传统艺术品市场的繁荣中大为获益。艺术评论家芭芭拉·波拉克（Barbara Pollack）在其著作《狂野的东方》（The Wild, Wild East，2010）对中国艺术的崛起进行了详细的记录。在这本书中，波拉克坦诚，她在上大学时对中国艺术几乎一无所知："在我选修的课程中，几乎没有一门课程提及中国艺术。艺术课程只涉及从古希腊到安迪·沃霍尔[①]的这一段文明史。"然而，波拉克沉思道："我又怎会想到，在我有生之年，我竟然会坐飞机去中国，踏上中国的土地，走进这座全世界发展最快的艺术中心？我又怎会想到，中国居然建起了数量庞大的美术馆和博物馆，拥有众多的艺术家，乐意并有能力吸引全世

---

① 安迪·沃霍尔（Andy Warhol，1928—1987），波普艺术的倡导者和领袖，被称为"波普之父"。

界人们的关注？在我上大学时，中国对我来说只是一个陌生的大国而已，我又怎会想到，中国会成为我常去的一个国家？"[33]波拉克为队伍日益壮大的中国艺术新生代发声，其中包括艺术家、批评家、收藏家、古董商、博物馆策展人及普通民众。其中一些知名的中国新生代艺术家的名字还被西方艺术界所熟知。

此外，我们和其他一些人可以证明，新生代艺术家敢于在公众场合大胆地表达自己的看法。2009年，一个中国文化专家代表团抵达纽约，开启了他们美国博物馆之旅的第一站。他们此次之行的目的是寻觅被掠走的中国文物，策展人担心会出现最糟糕的状况。代表团首先去了大都会艺术博物馆。在亚洲艺术展厅，代表团成员针对被掠夺的中国文物提出了尖锐的问题，这些活动均有录像。然而，如记者报道，代表团在看到展出的文物时并未发出"我找到了"的欢呼声，策展人的紧张心情得到了缓和。大都会艺术博物馆亚洲艺术部名誉退休主任屈志仁评论道："当时的情形不算太糟糕。"[34]杜克大学中国研究教授刘康（音译）评论道："中国就像一个服用了过多类固醇的青少年。它突然变大了，却发现身体各个部位很难协调。"为了证实他的观点，代表团的一位研究人员承认，有时学术研究会被政治因素所主导。他说，即使他找到了一件被掠夺的文物，他也会犹豫是否想方设法将其追回。

正是这种代际转变在中美之间的文化交流打开了一扇希望之门。近几十年来，由于中国文化中心在世界各地广受欢迎，统治精英们看到了软实力带来的切实好处。"软实力"一词是哈佛大学的约瑟夫·奈（Joseph Nye）教授于1988年所提出的，意指"通过吸引而不是强迫或收买而达到所愿的能力"。芭芭拉·波拉克获悉，美国通过外交手段，调动了海外人士对抽象表现主义、流行艺术和现代舞蹈等艺术形式的兴趣，中国领导人对美国的这一做法印象深刻。20世纪50年代，纳尔逊·洛克菲勒在担任艾森豪威尔总统美洲事务助理国务卿期间，巧妙地通过这些现代艺术形式对外展示了美国的魅力。

对于美国国务院同意与中国续签有关文物保护的协议，虽然反对者提出了种种反对意见，但同样也有许多学者对这一做法表示赞同。其中包括耶鲁大学皮博迪博物馆馆长文德安①教授。2013年在致美国国务院文化财产咨询委员会的信中，文德安描述了即将到期的五年协议所引发的良好愿望以及所促成的合作项目。"2009年以来，双方开展了前所未有的教育交流活动，使两国的博物馆均受益匪浅。"文德安教授进一步阐释道：

> 目前，美国在中国开展的考古活动十分活跃，为美国大学生（包括本科生和研究生）提供了大量田野实习和研究机会。2011至2012年，我在耶鲁大学人类学系的两名研究生，有幸参加了山东省的田野考古工作。其中一名研究生将在今年夏天参与之前一个项目出土文物的分析研究，这和她的博士论文题目直接相关。同时，我们的项目也邀请一些山东大学的访问留学生参与，目前他们正在开展考古博士论文研究。当然，这些极具天赋的年轻人现身耶鲁大学，也极大促进了美国学生教育水平的提高。[35]

在文德安教授看来，此类人员交流为双方机构合作打开了通道："毫无疑问，这些交流有许多复杂问题亟须解决。但是，中美两国的博物馆工作人员都愿意开展交流合作。"事实上，中美博物馆之间的交流活动，已经开展了十几年。早在1997年，明尼阿波利斯艺术博物馆获中国批准，将一套徽式建筑完整地拆卸下来，搬运到了美国。之后，博物馆将一队中国木匠和泥瓦匠请到了明尼苏达州，花费了三个月的工夫将其复原。目前，该馆的中式会客厅、书房，与日式会堂和茶室交相辉映，四个房间的摆设均可通过YouTube（视频网站）观赏。2013年，最受欢迎的中国"访客"——秦始皇兵马俑来到了明尼阿波利斯，成为该市艺术

---

① 文德安（Anne Underhill），美国著名考古学和人类学家，耶鲁大学人类学系教授、山东大学立青讲座教授，曾任美国芝加哥费尔顿博物馆人类学部主任，在考古人类学、东亚考古、中国考古等专业领域成就卓著。2002年，文德安教授获得由中国国家文物局颁发的"田野考古奖"，是唯一获此殊荣的西方考古学家；2008年9月获得"2008年度国家友谊奖"。

博物馆秋季展览的亮点。

另一种合作形式使托莱多市艺术博物馆受益。该馆需要360块、每块重达1 300磅（约590千克）的玻璃板完成扩建计划。中国很快为其制造出了所需的玻璃板。自2006年以来，托莱多这座典型的美国中部城市获得了中国投资，建造了两家宾馆、一家餐饮中心以及69英亩（约279 233平方米）的水景地产项目。2013年，该市非洲裔市长迈克尔·贝尔（Michael Bell）先生四次出访中国，与中方签署了合作协议，在托莱多市为美国华裔开办了华侨大学分校，并决定于2014年在该市博物馆举办中国珍贵文物特展。当地一位开发商对《纽约时报》说："对于俄亥俄州一个小城来说，此举非同凡响。"[36]

当然，中美文化交流之间也一直存在问题。2011年，宾州大学博物馆计划举办一场名为"丝路奥秘"的重要文物展，展览因故取消。中方出借的展品包括几具干尸，其中最引人注目的干尸是"小河公主"。这是一具年轻美女的干尸，葬于新疆塔里木盆地的一只木船之中，其头发为赤褐色，高鼻梁，长鼻子。与附近其他干尸一样，"小河公主"埋葬于4 000年前，比汉人大规模定居新疆早了2 000年。1988年，宾州大学汉学家梅维恒①教授第一次见到"小河公主"和其他干尸时，对这批文物的来源地产生了质疑。他对《考古学》杂志的希瑟·普林格尔（Heather Pringle）说："起初，我以为这批干尸出自'杜莎夫人蜡像馆'，认为这是中国旅游业人士搞的促销策略，目的是吸引游客。"[37]但是，随着更多欧洲人模样的遗骸面世，并对20具干尸进行DNA检测分析之后，梅维恒改变了看法。他发表了自己的研究成果，并在2009年促成了中国政府批准出借新疆干尸赴美展览。当时，这批干尸正在新疆维吾尔自治区

---

① 梅维恒（Victor Mair, 1943—　），美国汉学家、敦煌学家，宾夕法尼亚大学亚洲及中东研究系教授，宾夕法尼亚大学考古与人类学博物馆顾问。著有《敦煌通俗叙事文学作品》（*Tun-Huang Popular Narratives*，1983）、《绘画与表演：中国的看图讲故事和它的印度起源》（*Painting and Performance: Chinese Picture Recitation and Its Indian Genesis*，1988）、《唐代变文：佛教对中国白话小说及戏曲产生的贡献之研究》（*Tang Transformation Texts: A Study of the Buddhist Contribution to the Rise of Vernacular Fiction and Drama in China*，1989）等。

博物馆中展出。

　　新疆干尸美国巡展的第一站是加利福尼亚州圣安娜市的宝尔博物馆；第二站是休斯敦自然历史博物馆。但是，当青铜时代的"小河公主"及其他一起出土的干尸抵达他们最主要的展地费城时，中国政府却决定撤展。这究竟是为何？中方在华盛顿的一位发言人说，这批干尸已离开中国太久，亟须对其进行保护。发言人否认这一突然决定与谁是新疆地区最早居民的争议有关。撤展的决定使"丝路奥秘"展览的开幕式泡了汤，对费城博物馆来说无疑是一场巨大损失。

　　幸运的是，在中美文化交流合作中，塞勒姆市与中国的合作最有独创性，也最有成效。200多年前，美国对华贸易的首条商船正是从塞勒姆市的港口启航。1996年，当皮博迪·埃塞克斯博物馆的策展人白铃安[①]，偶然在中国安徽省徽州山区黄家村闲逛。白铃安碰巧看到村中有一座200年历史的徽式住宅，她的目光一下子就被吸引住了。住宅的大门敞开着，她走进院子，碰见了黄家人。黄家人告诉她，他们刚决定要把祖宅卖掉，担心祖宅会被拆除卖掉。巧合的是，皮博迪博物馆刚通过了一项1亿美元的扩建项目，由以色列裔加拿大籍建筑师摩西·萨夫迪[②]领衔设计。萨夫迪曾设计过蒙特利尔市的独特建筑"生境馆"。为什么不将这座濒临拆除的住宅搬迁到12 000千米之外的塞勒姆，将这座16间房的徽商住宅与塞勒姆市当地传统的美国住宅进行一番比较呢？

　　黄家人接受了皮博迪博物馆的出价，同时向美方提供了家族8代人的家谱。皮博迪博物馆与黄山市人民政府签署了一份文化交流协议。此后不久，荫余堂被拆解。拆下的2 735个木构件和1万块砖，被装入19

[①] 白铃安（Nancy Berliner），波士顿美术馆中国部主任，哈佛大学艺术及建筑史博士。曾任皮博迪·埃塞克斯博物馆（Peabody Essex Museum）中国部策展人，1997年主持了安徽老宅"荫余堂"的拆运搬迁及重建工作。研究方向包括中国建筑和民间家具，曾策划"养性怡情：乾隆珍宝展"（皮博迪·埃塞克斯博物馆和大都会美术馆展出）和"抱残守缺：中国八破画"（2017年6月17日至10月29日在波士顿美术馆展出）。

[②] 摩西·萨夫迪（Moshe Safdie, 1938—　），国际著名建筑师、城市规划师、资深建构师和作家，以色列裔加拿大籍。代表作品：加拿大生境馆、新加坡滨海湾金沙综合度假胜地（Marina Bay Sands）、新加坡Sky Habitat67、新加坡星耀樟宜机场及重庆来福士等项目。

个集装箱运往纽约。抵达塞勒姆市后，一组中国木匠和泥瓦匠赴美，与美国木匠和泥瓦匠携手对这批建筑构件进行重新组装，确保"荫余堂"的五座天井和两座鱼池在保护性玻璃天窗之下按原样重置。2003年，荫余堂作为首座史无前例被出口至美国的完整中国民宅对公众开放。现在，手持讲解器的观众，通过语音讲解不仅可以重温黄家的历史，还可听到由黄家后人所讲述的在每间屋子里发生的故事。"荫余堂搬迁项目"很有创意，以专业水准实施完成，预示着中美文化交流合作的美好前景。白铃安说："谁料想一个美好的巧合居然成就了一桩令人兴奋的合作项目。"[38] 2012年，白铃安被聘为波士顿美术博物馆的吴同中国艺术策展主任。

一个世纪以前，收藏家查尔斯·朗·弗利尔曾憧憬过中美之间的文化合作。现在，中美两国似乎已准备好默默地将这种憧憬变成现实。然而，两国之间的任何合作必将会引起世人的关注。1914年5月2日，伦敦《泰晤士报》刊登了一篇题为《中国艺术与公共财产破坏者》的社论，对弗利尔的提议大肆赞扬。社论谴责收藏家、古董商与部分官员合谋，"肆无忌惮、残酷、大规模破坏宏伟中国艺术历史遗址的行径"[39]，认为外国应该对这些人施压。社论继续写道："同时，我们还要感谢一位杰出的美国人，他在中国文物保护方面付出了诸多努力，这让英国人特别感到欣慰。"社论提到的这位美国人就是底特律"著名艺术收藏家和鉴赏家"查尔斯·朗·弗利尔。弗利尔与史密森尼学会合作，寻求在中国设立一所学校，希望借此促进东亚考古研究，为中国学生和外国学生提供研究设施，并"在文物原属国"对文物实施相应的保护措施。

《泰晤士报》表达完上述观点后，进一步写道：弗利尔自费派遣了一支特别考察队前往中国，领队是哈佛大学的兰登·华尔纳，他负责汇报在中国的考察情况，而考察的"目的是获得中国政府支持，在北京建立一座艺术博物馆，由创始人提供资金并负责管理"。遗憾的是，第一次世界大战使弗利尔的计划泡了汤。因此，我们不妨借用一下马克·吐温的名言："历史不会重演，但总是惊人的相似。"一个世纪以后，中美两国或许还会再有机会去共同实现查尔斯·朗·弗利尔那预言式的光辉梦想。

注 释

第一章

[1] 引自纽约时报（*New York Times*）2012 年 9 月 21 日文章"苏富比拍卖行与中国公司签订合作协议"（Sotheby's Signs Deal）。

[2] 详见索伦·麦理肯（Souren Melikian）2000 年 5 月 6 日发表在《纽约时报》上的文章："拍卖行雪上加霜"（"Auction Houses Add Insult to Injury"）。另见斯宾塞·哈灵顿（Spencer Harrington）2000 年 5 月 11 日发表在《考古学》网站（Archaeology online）上的文章："中国买回流失海外文物"（"China Buys Back Its Past"）。以及多明尼克·刘（Dominic Lau）2000 年 5 月 1 日路透社文章："佳士得不顾中方反对，拍卖中国艺术珍宝"（Christie's Defies China, Auctions Treasures）。

[3] 见詹姆斯·库诺（James Cuno）著《谁拥有古迹？博物馆的兴起及古代遗产之争》（*Who Owns Antiquity? Museums and the Battle Over Our Ancient Heritage.* Princeton, NJ: Princeton University Press, 2008），第 93 页起。

[4] 引自塔尼亚·布兰妮根（Tania Branigan）2012 年 1 月 2 日发表在《卫报》（*The Guardian*）上的文章："中国的盗墓贼使千年的历史毁于一旦"（"China's Tomb Raiders Laying Waste to Thousands of Years of History"）。

[5] 潘文（John Pomfret）2003 年 5 月 28 日发表在《华盛顿邮报》（*Washington Post*）上的文章："中国找到被盗走的佛像"（China Uncovers Looted Buddha）。

[6] 苏立文（Michael Sullivan）著《现代中国艺术：柯恩与苏立文收藏》（*Modern Chinese Art: The Khoan and Sullivan Collection.* Oxford: Ashmolean Museum, 2001），第 5 页。

[7] 本杰明·马奇（Benjamin March）著《我们博物馆中的中国和日本》（*China and Japan in Our Museums.* Chicago: University of Chicago Press, 1929），第 4 页。

[8] 詹姆斯·库诺（James Cuno）主编《谁的文化》（*Whose Culture?* Princeton, NJ: Princeton University Press, 2009）。

[9] 见兰诗玲（Julia Lovell）著《鸦片战争：毒品、梦想与现代中国的形成》（*The Opium War: Drugs, Dreams and the Making of Modern China.* London: Macmillan/Picador, 2011），第 259—262 页。另见金马伦（Nigel Cameron）著《蛮夷与清朝官吏：西方探访中国

1300 年 》（*Barbarians and Mandarins: Thirteen Centuries of Western Travelers in China.* New York: Walker/Weatherhill, 1970），第 345—360 页。

[10] 见何伟亚（James Hevia）的著作《英国的课业：19 世纪中国的帝国主义教程》（*English Lessons: The Pedagogy of Imperialism in 19th Century China.* Durham, NC: Duke University Press, 2003），第 49—63 页。

[11] 引自威廉·特罗伊尔（Wilhelm Treue）的著作《艺术掠夺者》（*Art Plunder.* London: Methuen & Co., 1960），第 204—205 页。

[12] 见雷吉娜·蒂里耶斯（Regine Thiriez）的著作《蛮夷的镜头：西方摄影师所拍乾隆皇帝的西洋宫》（*Barbarian Lens: Western Photographers of the Qianlong Emperor's European Palaces.* Amsterdam: Gordon & Breach, 1998），第 59 页。

[13] 见《1900 年纽约海外传教联合会议》（*Ecumenical Conference on Foreign Missions, New York 1900*），收录于哥伦比亚大学（Columbia University）联合神学院（Union Theological Seminary）伯克图书馆（Burke Library）宗教研究档案室（Mission Research Archives），第 12 部分。

[14] 乔治·凯南（George Kennan）著《1900 至 1950 年的美国外交》（*American Diplomacy 1900-1950.* Chicago: University of Chicago Press, 1951），第 36—37 页。

[15] 引自史景迁（Jonathan Spence）的著作《追寻现代中国》（*The Search for Modern China.* New York: Norton, 1990），第 233—234 页。

[16] 外国人给慈禧写的传记对慈禧言语的描述有修正主义的倾向，最明显的是斯特林·西格雷夫（Sterling Seagrave）的传记《慈禧太后传》（*Dragon Lady: The Life and Legend of the Last Empress of China.* New York: Knopf, 1992）和张戎（Jung Chang）的传记《慈禧太后：开启现代中国的一位皇妃》（*Empress Dowager Cixi: The Concubine Who Launched Modern China.* New York: Knopf, 2013）。

[17] 威廉·L. 兰格（William L. Langer）的著作《帝国主义外交》（*The Diplomacy of Imperialism.* New York: Knopf, 1951），第 704 页。

[18] 见约翰·法比安·威特（John Fabian Witt）的著作《林肯守则：美国战争法史》（*Lincoln's Code: The Laws of War in American History.* New York: Free Press, 2002）。另见弗兰克·弗里德尔（Frank Freidel）的著作《弗朗西斯·利伯：19 世纪的自由主义者》（*Francis Lieber: 19th Century Liberal.* Baton Rouge, LA: Louisiana State University Press, 1947）。弗朗西斯是德国裔美国法学家，起草了林肯签署的《一般命令第 100 号》。

[19] 彼得·弗莱明（Peter Fleming）著《围攻北京》（*The Siege at Peking.* New York: Harper, 1959），第 242 页。

[20] 1901 年 9 月 3 日《纽约时报》文章"艺术博物馆里来自北京的礼物"（"Gift from Peking for Museum of Art"），文章未署名。

[21] 这一系列的中国文物拍卖活动被媒体广泛报道。

[22] 有关 2009 年"伊夫·圣罗兰珍藏品"系列拍卖活动的报道，参见 2009 年 3 月 2 日（*People's Daily*《人民日报》英文版）文章"被盗雕像的竞拍获胜者拒绝付款"（"Chinese Bidder of Looted Sculptures Refuses to Pay"）；简·麦卡特尼（Jane Macartney）2009 年 3 月 2 日伦敦《泰晤士报》（*The Times*）报道："拍下圣罗兰雕像之后，中国竞拍者没有能力也不愿意付款"（"Chinese Bidder Can't Pay, Won't Pay, for YSL Statues"）。

[23] 关于博物馆盗窃事件的报道还有：诺亚·查尼（Noah Charney）2013 年 1 月 8 日发表在《艺术的秘史》网站（Secret History of Art）上的文章"中国文物盗窃案震惊挪威"，（"Chinese Art Heists Shock Norway"）；凯蒂·皮克特（Katy Pickett）和海伦·布切尔

注释　435

（Helen Burchell）2012年9月27日（BBC"英国广播公司"）报道"菲茨威廉博物馆中国艺术品失窃案"（"FitzWilliam Museum Chinese Art Thefts"）；2016年8月6日《当地报》（*The Local*）报道："斯德哥尔摩皇宫的失窃"（"Break in at Stockholm Royal Palace"）；2013年2月10日《赫芬顿邮报（艺术与文化版）》[*Huffpost* (Arts & Culture)] "英国警察：两名嫌犯涉嫌盗窃中国文物被捕"（"UK Police: 2 Arrested Over Chinese Art Theft"）。

第二章

［1］ 见琼·麦克卢尔·穆吉（Jean McClure Mudge）著《1785年至1835年间中国出口到美国市场上的瓷器》（*Chinese Export Porcelain for the American Market, 1785–1835*. Newark: University of Delaware Press, 2nd edition, 1981），第35页。

［2］ 同上，第25页。

［3］ 郭平佳（音）（Kuo Ping Chia），"顾盛与1944年《望厦条约》"（"Caleb Cushing and the Treaty of Wanghia, 1844"），《现代史》（*Journal of Modern History*），第5卷第1期（1933年3月），第34页。

［4］ 见杰克·比钦（Jack Beeching）著《中国鸦片战争》（*The Chinese Opium Wars*. New York: Harcourt Brace Jovanovich, 1975），第174页。另见泰穆·鲁斯克拉（Teemu Ruskola），"广州不是波士顿：美国帝国主权的诞生"（"Canton Is Not Boston: The Invention of American Imperial Sovereignty"），《美国季刊》（*American Quarterly*），第57卷第3期（2005年9月），第870页。

［5］ 克劳德·摩尔·富斯（Claude M. Fuess）著《顾盛的一生》（*The Life of Caleb Cushing*. New York: Harcourt Brace, 1923），第1卷，第438—439页。

［6］ 塞缪尔·艾略特·莫里森（Samuel Eliot Morison）著《1783—1860年马萨诸塞州的海事史》（*A Maritime History of Massachusetts, 1783–1860*. Boston: Northeastern University Press, 1979），第279页。

［7］ 同上。

［8］ 见1847年1月1日波士顿地图，转引自罗纳德·J.兹博雷（Ronald J. Zboray）和玛丽·萨拉奇诺·兹博雷（Mary Saracino Zboray）的文章"在'瓷器王国'和巴纳姆之间：1845—1847年波士顿的中国博物馆"（"Between 'Crockery-Dom' and Barnum: Boston's Chinese Museum, 1845–1847"），《美国季刊》（*American Quarterly*），第56卷第2期（2004年6月），第272页。

［9］ 同上，第274页。

［10］ 顾盛档案（Caleb Cushing Papers），1843年5月27—31日文件夹，第39箱，国会图书馆（Manuscript division, LOC）手稿部，引自约翰·罗杰斯·哈达德（John Rogers Haddad）《中国的传奇》（*The Romance of China*）。

［11］ 顾盛档案，1844年7月15—24日，第45箱，引自哈达德（Haddad）《中国的传奇：1776—1876年美国文化中的中国之旅》（网站Gutenberg-e.org，检索日期2013年12月14日），脚注63。

［12］ 鹈野广子（Hiroko Uno）的文章"艾米莉·狄金森与东方的相遇：波士顿的中国博物馆"（"Emily Dickinson's Encounter with the East: Chinese Museum in Boston"），《艾米莉·狄金森杂志》（*Emily Dickinson Journal*），第17卷第1期（2008年），第52—53页；罗纳德·J.兹博雷和玛丽·萨拉奇诺·兹博雷的文章，"在'瓷器王国'和巴纳姆之间：1845—1847年波士顿的中国博物馆"，第272页。艾米莉·狄金森致阿比亚·鲁特

（Emily Dickinson to Abiah Root），1846 年 9 月 8 日，见《艾米莉·狄金森的信件》（*The Letters of Emily Dickinson*. Cambridge, MA: Belknap Press of Harvard University Press, 1986），第 36 页。

[13] 彼得斯展览目录第 47—48 页，转引自鹅野广子的文章"艾米莉·迪金森与东方的相遇：波士顿的中国博物馆"，第 58—59 页。

[14] 见托马斯·H. 约翰逊（Thomas H. Johnson）编《艾米莉·狄金森诗歌全集》（*Complete Poems of Emily Dickinson*. Boston: Little Brown, 2001），第 1446 首诗，第 614—615 页。

第三章

[1] 塞缪尔·艾略特·莫里森著《马萨诸塞州海事史》，书面封皮。

[2] 马克·吐温（Mark Twain），"保尔·布尔热对我们的看法"（"What Paul Bourget Thinks of Us"，1895，在线电子书 3117，《保尔·布尔热文集》（*Essays on Paul Bourget*, 2006），由大卫·维格（David Widger）制作，第 1 页。

[3] 1886 年 6 月 11 日亨利·亚当斯写给约翰·海伊的信（Henry Adams to John Hay），转引自克里斯托弗·本菲（Christopher Benfey）著《巨浪》（*The Great Wave*. New York: Random House, 2003），第 109 页。

[4] 引自特纳·贾普斯（Turner Japes）著《查尔斯·艾略特·诺顿的自由教育》（*The Liberal Education of Charles Eliot Norton*. Baltimore: Johns Hopkins University Press, 1999），第 9 页。

[5] 海伦·豪（Helen Howe）著《1864—1960 年温和的美国人：一个物种的传记》（*The Gentle Americans, 1864–1960: Biography of a Breed*. New York: Harper, 1965），第 17 页。

[6] 范·维克·布鲁克斯（Van Wyck Brooks）著《新英格兰：秋日余晖》（*New England: Indian Summer*. New York: Dutton, 1940），第 358 页。

[7] 范·维克·布鲁克斯（Van Wyck Brooks）著《费诺洛萨和他的圈子》（*Fenollosa and His Circle*. New York: Dutton, 1962），第 49—50 页。

[8] 同上。

[9] 参见阿伦·钟（Alan Chong）著《东方之旅：伊莎贝拉·斯图尔特·加德纳和亚洲》（*Journeys East: Isabella Stewart Gardner and Asia*. Boston: Isabella Stewart Gardner Museum, 2009），第 31 页起；也感谢安妮-玛丽·伊泽（Anne-Marie Eze）提供的信息。

[10] 关于加德纳的中国之行，参见格雷格·M. 托马斯（Greg M. Thomas）的文章"灰尘、污秽和各种风景如画、有趣的事物"（"Dust and Filth and Every Kind of Picturesque and Interesting Thing"）和"伊莎贝拉·加德纳对中国的美学回应"（"Isabella Gardner's Aesthetic Response to China"），载于阿伦·钟的著作《东方之旅》，第 423 页及后续内容。

[11] 引自艾琳·伯恩斯坦·萨里宁（Aline B. Saarinen），《自豪的拥有者：一些具有冒险精神的美国艺术收藏家的生活、时代和品位》（*The Proud Possessors: The Lives, Times and Tastes of Some Adventurous American Art Collectors*. New York: Random House, 1958），第 32 页。

[12] 约翰·沃克（John Walker）著《与捐赠者交往实录》（*Self-Portrait with Donors*. Boston: Little Brown），第 73 页。

[13] 有关但丁学会的描述，请参阅范·维克·布鲁克斯著《新英格兰：秋日余晖》，第 24 页及后续内容。

[14] 引自萨里宁著作《自豪的拥有者》，第36页。
[15] 见尼尔·哈里斯（Neil Harris）著作《对比之地 1880—1901 年》（*The Land of Contrasts 1880-1901*. New York: G. Braziller, 1970），第 549—550 页。
[16] 柯蒂斯·普劳特（Curtis Prout），"维塔·威廉·斯特吉斯·比奇洛"（"Vit William Sturgis Bigelow"），《哈佛杂志》（*Harvard Magazine*），1997 年 9 月。
[17] 见"昨日之岛"（"Yesterday's Island,"），《楠塔基特》（*Nantucket*）第 37 卷第 10 期（2007 年 6—7 月），第 2 页。
[18] 引自萨里宁著作《自豪的拥有者》，第 36 页。
[19] 帕特里夏·维格德曼（Patricia Vigderman）著《伊莎贝拉·斯图尔特·加德纳的记忆宫殿》（*The Memory Palace of Isabella Stewart Gardner*. Louisville, KY: Sarabande Books, 2007），第 72 页。
[20] 约翰·E. 洛奇致弗雷德里克·奇弗·沙塔克（John E. Lodge to Fredrick Cheever Shattuck），引自《马萨诸塞州历史学会会议记录》（*Proceedings of the Massachusetts Historical Society*），第 75 卷第 3 集（1963 年），第 108—109 页。
[21] 引自约翰-保罗·斯托纳德（John-Paul Stonard），"肯尼思·克拉克：寻找文明"（"Kenneth Clark: Looking for Civilisation"），《金融时报》（*Financial Times*），2013 年 11 月 22 日。
[22] 作者与詹姆斯·瓦特的访谈，2014 年 5 月。
[23] 丹曼·罗斯（Denman Ross），"自传笔记"（"Notes for an Autobiography"），日期不详，丹曼·罗斯文件第 37 箱，哈佛美术博物馆档案馆（HAMA）。
[24] 关于《历代帝王图》，请参阅吴同（Tung Wu）之著《龙之国的传说：波士顿美术博物馆藏唐宋元书画》（*Tales from the Land of the Dragon: 1000 Years of Chinese Painting*. Boston: Museum of Fine Arts, 2003），第 127 页及后续内容。宁强认为《历代帝王图》原作成于唐朝初年，而波士顿美术馆珍藏的则是宋代摹本。见"作为政治合法性象征的帝王画像：对'历代皇帝画像'的新研究"（"Imperial Portraiture as a Symbol of Political Legitimacy: A New Study of the 'Portraits of Successive Emperors'"），《东方艺术》（*Arts Orientalis*），第 35 卷（2008 年）。我们在此参照的是吴同的观点。
[25] 参见宁强文章"作为政治合法性象征的帝王画像"，第 99 页。
[26] 富士幸次郎（Kojiro Tomita），"帝王画像：一幅据称由阎立本（673 年去世）创作的中国卷轴画"["Portraits of Emperors: A Chinese Scroll Painting Attributed to Yen Li-pen (died a.d.673)"]，《波士顿美术馆通讯》（*Bulletin of the Museum of Fine Arts*, Boston），第 30 卷第 177 期（1932 年 2 月），第 2 页。
[27] 同上，第 8 页。
[28] 见富士幸次郎（Kojiro Tomita）著《亚洲部历史》（*A History of the Asiatic Department*. Boston: Museum of Fine Arts, 1990），第 14—15 页。
[29] 丹曼·罗斯，"自传笔记"。
[30] 丹曼·罗斯（Denman Ross），引自玛丽·弗兰克（Marie Frank）著《丹曼·罗斯和美国设计理论》（*Denman Ross and American Design Theory*. Hanover, NH: University Press of New England, 2011），第 20 页。
[31] 有关罗斯家族财富的信息来自 2013 年 11 月帕特·普拉特（Pat Pratt）的电话采访。
[32] 沃尔特·穆尔·怀特霍尔（Walter Muir Whitehall）著《波士顿美术博物馆百年史》（*Museum of Fine Arts Boston: A Centennial History*）第一卷（Cambridge, MA: Belknap Press, 1970），第 136 页。

[33] 约翰·沃斯等（John Voss et al.），"阴山的居民"（"Residents of Shady Hill"），《美国艺术与科学学会通讯》（*Bulletin of the American Academy of Arts and Sciences*），第35卷第6期（1983年3月），第11页。

[34] 查尔斯·霍普金森（Charles Hopkinson），"丹曼·沃尔多·罗斯（1853—1935）"（"Denman Waldo Ross (1853–1935)"），《美国艺术与科学学会会议记录》（*Proceedings of the American Academy of Arts and Sciences*），第71卷第10期（1937年3月），第544—545页。

[35] 引自沃伦·科恩（Warren Cohen）著《东亚艺术与美国文化》（*East Asian Art and American Culture*. New York: Columbia University Press, 1992），第112页。

[36] 引自丹曼·罗斯（Denman Ross），《美国国家传记》网络版（American National Biography Online）。

[37] 约翰·沃克，《与捐赠者交往实录》，第24页。

[38] "丹曼·罗斯致约瑟夫·林登·史密斯"（Denman Ross to Joseph Lindon Smith），1935年6月12日写于威尼斯，史密森尼美国艺术档案馆约瑟夫·林登·史密斯文件，第3箱（Joseph Lindon Smith Papers, Box 3, SAAA）。

[39] 赫维·E. 韦策尔（Hervey E. Wetzel），"丹曼·罗斯"（Denman Ross），《福格美术馆通讯》（*Bulletin of the Fogg Art Museum*），第1卷（1931年11月），第2页。

[40] 见1919年10月23日《哈佛校报》（*The Harvard Crimson*）。

[41] 1934年10月2日丹曼·罗斯致A. 劳伦斯·洛厄尔的信（Denman Ross to A. Lawrence Lowell），史密森尼美国艺术档案馆约瑟夫·林登·史密斯文件第3箱。

[42] 亨利·塞尔斯·弗朗西斯（Henry Sayles Francis）口述历史访谈，1974年3月28日史密森尼美国艺术档案馆。

[43] 兰登·华尔纳（Langdon Warner），"丹曼·沃尔多·罗斯，收藏家"（"Denman Waldo Ross, Collector"），《哈佛校友通讯》（*Harvard Alumni Bulletin*），1936年1月10日，第444页。

[44] 参见1925年3月15日普艾伦（Alan Priest）写给保罗·J. 萨克斯（Paul J. Sachs）的一封信，保罗·J. 萨克斯文件（HC 3），文件540，哈佛艺术博物馆档案馆（Harvard Art Museums Archives）。

[45] 1912年8月15日罗斯笔记，丹曼·罗斯档案馆（Denman Ross Archives），《1901—1954年波士顿美术馆馆长信件》（*MFA Director's Correspondence 1901–1954*），第2480卷。

[46] 哈佛大学文理学院（Faculty of Arts and Science, Harvard University）讣告，1970年5月5日，爱德华·沃尔多·福布斯普通文件，HUG B F656.50，哈佛大学档案馆（Harvard University Archives）。

[47] 海伦·豪著《1864—1960年温和的美国人》，第76页。

[48] 《哈佛大学通讯》（*Harvard University Bulletin*），收录于福布斯普通文件，HUG B 5656.50，哈佛大学档案馆。

[49] 阿格尼斯·孟根（Agnes Mongan），见约翰·沃斯等（John Voss et al.），"阴山的居民"（"Residents of Shady Hill"），《美国文理学院通讯》（*Bulletin of the American Academy of Arts and Sciences*），第35卷第6期（1982年3月），第24页。

[50] 统计数据来自珍妮特·塔瑟尔（Janet Tassel），"对物品的尊重"（"Reverence for the Object"），《哈佛杂志》（*Harvard Magazine*），（2002年9—10月），第50页。

[51] 同上。

[52] 罗伯特·布朗（Robert Brown）接受亨利·塞尔斯·弗朗西斯（Henry Sayles Francis）的采访，1995年2月13日，史密森尼美国艺术档案馆。

［53］罗伯特·布朗接受亨利·塞尔斯·弗朗西斯的采访，1974年3月28日，史密森尼美国艺术档案馆。

［54］见玛乔丽·B.科恩（Marjorie B. Cohn），"特纳、罗斯金、诺顿、温思罗普"（"Turner, Ruskin, Norton, Winthrop"），《哈佛大学艺术通讯》（Harvard University Art Bulletin），第2卷第1期（1993年秋），第57页。

［55］马丁·伯恩鲍姆（Martin Birnbaum），引自克里斯托弗·里德（Christopher Reed）"揭秘：隐士的珍宝开启首次行程"（"Unveiled: For the First Time, a Recluse's Treasures Go Traveling"），《哈佛杂志》（Harvard Magazine），2003年3—4月。

第四章

［1］兰登·华尔纳的一封信，收信人不详，日期不详；"福格博物馆前往中国进行考察的提案"（Fogg Museum proposal for expedition to China），日期不详，保罗·J.萨克斯文件（HC 3），文件539，哈佛艺术博物馆档案馆。

［2］同上。

［3］关于华尔纳的生平信息，见本杰明·罗兰德（Benjamin Rowland），"兰登·华尔纳讣告"（"Langdon Warner Obituary"），《哈佛亚洲研究杂志》（Harvard Journal of Asiatic Studies），第18卷第3—4期（1955年12月），第447—450页；詹姆斯·马歇尔·普卢默（James Marshall Plumer），"兰登·华尔纳（1881—1955）"（"Langdon Warner (1881-1955)"），《东方艺术》（Arts Orientalis），第2卷（1957年），第633—637页。

［4］爱德华·斯科特（Edward Scott）手稿，"纪念霍勒斯·霍华德·弗内斯·杰恩"（"Horace Howard Furness Jayne memorial"），美国哲学协会（1976年）[American Philosophical Society (1976)]。保罗·J.萨克斯文件（HC 3），文件1024，哈佛艺术博物馆档案馆。

［5］"福格博物馆前往中国进行考察的提案"，日期不详，保罗·J.萨克斯文件。

［6］未署名的募捐信函，《福格博物馆提案》，保罗·J.萨克斯文件。

［7］兰登·华尔纳著《在中国漫长的古道上》（Long Old Road in China. Garden City, NY: Doubleday, 1926），第1页。

［8］兰登·华尔纳致汉密尔顿·贝尔（Hamilton Bell），引自西奥多·鲍威（Theodore Bowie）著《从兰登·华尔纳的信件了解其人》（Langdon Warner through His Letters. Bloomington: Indiana University Press, 1966），第107页。

［9］华尔纳，《在中国漫长的古道上》，第29页。

［10］同上，第30页。

［11］华尔纳，《在中国漫长的古道上》（Long Old Road in China. Bristol: J. Arrowsmith Ltd., 1927），序言，第57页（美国版无此序言）。

［12］华尔纳，引自"华尔纳先生和杰恩先生的信件"（"Letters from Mr. Warner and Mr. Jayne"），《宾夕法尼亚博物馆通讯》（Bulletin of the Pennsylvania Museum），第19卷81期（1923年12月），第56页。

［13］华尔纳，《在中国漫长的古道上》，第25页。

［14］西奥多·鲍威著《从兰登·华尔纳的信件了解其人》，第107页。

［15］兰登·华尔纳致其岳母的信，同上。

［16］吉纳特·米尔斯基（Jeannette Mirsky），《考古探险家奥莱尔·斯坦因爵士传》（Sir Aurel Stein, Archaeological Explorer. Chicago: University of Chicago Press, 1977），第370页。

［17］华尔纳，《在中国漫长的古道上》，第88—89页。

[18] 华尔纳,《在中国漫长的古道上》,第 92 页。
[19] 欧文·拉铁摩尔(Owen Lattimore)致兰登·华尔纳,1933 年 1 月,兰登·华尔纳档案 HUG 4872.1010,个人信函,哈佛大学档案馆(HUA)。
[20] 关于藏经洞文物的出售,王继庆提到"给了 103 两银作为对手稿的补偿"。另见"奥莱尔·斯坦因与敦煌的王圆箓和中国官员的交易"(Aurel Stein's Dealings with Wang Yuanlu and Chinese Officials in Dunhuang in 1907),收录于汪海岚(Helen Wang)主编,《奥莱尔·斯坦因的同事和收藏品》(Sir Aurel Stein Colleagues and Collections)(大英博物馆在线出版物)。
[21] 王继庆(Jiqing Wang),"斯坦因与敦煌的中国官员"("Stein and Chinese Officials at Dunhuang"),《"国际敦煌项目"新闻》(IDP News),第 30 期。
[22] 1921 年 12 月 7 日爱德华·福布斯(Edward Forbes)致伯希和(Paul Pelliot)的一封信,引自桑奇塔·巴拉钱德兰(Sanchita Balachandran),"文物的教训:20 世纪初文物保护和博物馆建设的政治"("Object Lessons: The Politics of Preservation and Museum Building in the Early Twentieth Century"),《文化财产国际杂志》(International Journal of Cultural Property)(2007 年),第 5 页。
[23] 1916 年 2 月 18 日兰登·华尔纳写给查尔斯·朗·弗利尔的信,第 26 箱,第 5 文件夹,弗利尔-赛克勒美术馆档案馆(FSGA)。
[24] 华尔纳的一封信,致信人不详,日期不详,兰登·华尔纳文件夹,1922—1923 年中国探险,哈佛艺术博物馆档案馆,引自巴拉钱德兰(Balachandran),"文物的教训",第 14 页。
[25] 华尔纳致杰恩,敦煌镇[1924 年]bMS Am 2684,哈佛大学霍顿图书馆(HLHU)。
[26] 华尔纳,《在中国漫长的古道上》,第 142 页。
[27] 兰登·华尔纳(Langdon Warner),"福格博物馆 1924 年中国西部探险初步报告"("Preliminary Report of the Fogg Museum Expedition to Western China, 1924"),爱德华·沃尔多·福布斯文件(HC2),文件 2007,哈佛大学艺术博物馆档案馆。
[28] 华尔纳致霍勒斯·杰恩(Horace Jayne),1924 年 1 月,MS Am 2684,哈佛大学霍顿图书馆(HLHU)。
[29] 同上。
[30] 1924 年 2 月 10 日华尔纳写给爱德华·福布斯(Edward Forbes)的信,MS Am 2126(4),文件夹 8,哈佛大学霍顿图书馆。
[31] 华尔纳,《在中国漫长的古道上》,第 143 页。
[32] 同上,第 145 页。
[33] 兰登·华尔纳写给洛林·华尔纳(Lorraine Warner)的一封信,引自鲍威,《从兰登·华尔纳的信件了解其人》,第 115 页。
[34] 鲍威,《从兰登·华尔纳的信件了解其人》,第 118 页。
[35] 丹尼尔·汤普森接受罗伯特·布朗采访(Robert Brown interview with Daniel Thompson),1974 年 9 月 25 日,史密森尼美国艺术档案馆(SAAA)。
[36] 丹尼尔·汤普森(Daniel Thompson),"'Alpha 片段'处理报告",引自桑奇塔·巴拉钱德兰(Sanchita Balachandran),"文物的教训",第 15 页。
[37] 乔治·斯托特和劳伦斯·宾恩(George Stout and Lawrence Binyon),"中国残缺壁画的转移"("Transference of Mutilated Chinese Wall Painting"),1930 年 3 月 1 日,文物,文件夹:AC 1924.40-47,斯特劳斯保护中心(Straus Center for Conservation),画作文件,哈佛大学艺术博物馆;引自巴拉钱德兰,应为"文物的教训",第 15 页。

［38］ 埃德加·斯科特为美国哲学学会撰写的杰恩讣告手稿，1976 年，保罗·萨克斯文件，霍勒斯·杰恩 1024，哈佛艺术博物馆档案馆。
［39］ 华尔纳致爱德华·沃尔多·福布斯，1925 年 4 月 3 日，bMS Am 2126（1），哈佛大学霍顿图书馆（HLHU）。
［40］ 丹尼尔·汤普森致普艾伦的信，附在保罗·萨克斯致爱德华·沃尔多·福布斯的信中，1924 年，福布斯文件（HC 2），文件 370，哈佛艺术博物馆档案馆。
［41］ 贾斯汀·雅各布斯（Justin Jacobs），"直面印第安那·琼斯：中国爱国主义、历史帝国主义及将奥莱尔·斯坦因及敦煌窃贼定罪，1899—1944 年"（Confronting Indiana Jones: Chinese Nationalism, Historical Imperialism, and the Criminalization of Aurel Stein and the Raiders of Dunhuang, 1899–1944），第 65 页。
［42］ 华尔纳致爱德华·福布斯，1925 年 5 月 28 日，爱德华·沃尔多·福布斯文件（HC2），文件 362，哈佛美术博物馆档案馆。
［43］ （1925 年）6 月 13 日华尔纳致罗杰·格林，bMS Am 1864，第 28 箱，第 1049 文件夹，哈佛大学霍顿图书馆。
［44］ 1925 年 4 月 9 日霍勒斯·杰恩写给爱德华·福布斯的一封信，未署名。兰登·华尔纳文件，第 10 箱，HUG 4872.1010，哈佛大学档案馆。
［45］ 同上。
［46］ 陈毓贤（Susan Chan Egan）著《洪业传》［A Latterday Confucian: Reminiscences of William Hung (1893–1980)］，第 114—115 页。
［47］ 雅各布斯，"直面印第安那·琼斯"。
［48］ 见国家文物保护委员会（1931 年）副本，卡尔·蒂尔登·凯勒（Carl Tilden Keller）有关奥莱尔·斯坦因的文件，bMS Am 2532，哈佛大学霍顿图书馆。
［49］ 保罗·萨克斯致爱德华·福布斯，1927 年 2 月 8 日，bMS Am 2126，哈佛大学霍顿图书馆。
［50］ 海伦·豪，《1864—1960 年温和的美国人》，第 255 页。
［51］ 鲍威，《从兰登·华尔纳的信件了解其人》，第 175—176 页。

第五章

［1］ 鲍威，《从兰登·华尔纳的信件了解其人》，第 33 页。
［2］ 斯坦利·亚伯（Stanley Abe），《日常之像》（Ordinary Images. Chicago: University of Chicago Press, 2002），第 191 页。
［3］ 1913 年 7 月 13 日兰登·华尔纳写给弗利尔的信，查尔斯·朗·弗利尔文件（FSGA），引自科恩，《东亚艺术与美国文化》，第 89 页。
［4］ 大卫·皮林（David Pilling），"卢芹斋：中国艺术的捍卫者，还是恶棍？"（"C. T. Loo: Champion of Chinese Art Or Villain?"），《金融时报》（Financial Times），2014 年 4 月 25 日。
［5］ 关于卢芹斋的传记材料，部分来自杰拉尔丁·罗拉（Géraldine Lenain）的著作《卢先生：一位亚洲艺术商人的故事》（Monsieur Loo: Le roman d'un marchand d'art asiatique. Paris: Editions Philippe Picquier, 2013）；部分来自王伊悠（Yiyou Wang）2007 年俄亥俄大学博士论文《中国的卢浮宫：对卢芹斋和 1915—1950 年间美国对中国艺术的批判性研究》（The Loouvre from China: A Critical Study of C. T. Loo and the Framing of Chinese Art in the United States, 1915–1950）。

［6］ 爱德华·冯·德·海特（Eduard von der Heydt），"卢芹斋"（"Cheng-Tsai Loo"），《亚洲艺术》（Artibus Asia），第20卷：2/3（1957年）。

［7］ 卢芹斋（C. T. Loo）著《中国石雕展》（An Exhibition of Chinese Stone Sculptures. C. T. Loo & Co., 1940），序言。

［8］ 同上。

［9］ 1914年5月22日华尔纳写给查尔斯·朗·弗利尔的信，查尔斯·朗·弗利尔文件，弗利尔－赛克勒美术馆档案馆。

［10］ 华尔纳对弗利尔所作报告，日期不详，查尔斯·朗·弗利尔文件，弗利尔－赛克勒美术馆档案馆。

［11］ 鲍威，《从兰登·华尔纳的信件了解其人》，第58—59页。

［12］ 1917年5月26日华尔纳写给弗利尔的信件，查尔斯·朗·弗利尔文件，弗利尔－赛克勒美术馆档案馆。

［13］ 华尔纳，《在中国漫长的古道上》，第9页。

［14］ 斯坦利·亚伯，《日常之像》，第191页。

［15］ 劳伦斯·西克曼（Laurence Sickman）和亚历山大·索珀（Alexander Soper）的著作《中国艺术与建筑》（The Art and Architecture of China. New Haven, CT: Yale University Press, 1971），第98页。

［16］ 1928年5月9日普艾伦写给劳伦斯·西克曼的信，大都会博物馆远东部档案，引自科恩，《东亚艺术与美国文化》，第112页。

［17］ 参见1988年5月11日《纽约时报》劳伦斯·西克曼讣告。

［18］ 1930年12月13日西克曼写给华尔纳的信，保存在古斯塔夫·艾克（Gustav Ecke）文件夹中，兰登·华尔纳档案，HUG 4872.1010，哈佛大学档案馆。

［19］ "劳伦斯·西克曼自述，1982年采访"，见迈克尔·丘奇曼（Michael Churchman），《致敬劳伦斯·西克曼》（Laurence Sickman, A Tribute. Kansas City, MO: Nelson-Atkins Museum, 1988），第25页。

［20］ 罗斯·塔加特的话，引自柯奇曼，"劳伦斯·西克曼和纳尔逊－阿特金斯美术馆中国藏品的形成"（Laurence Sickman and the Formation of the Chinese Collection at the Nelson-Atkins Museum of Art），《美成在久》（Orientations），第26卷第4期（1995年4月），第50页。

［21］ "劳伦斯·西克曼自述，1982年采访"，见柯奇曼，《致敬劳伦斯·西克曼》，第26页。

［22］ 1933年5月19日欧文·拉铁摩尔（Owen Lattimore）写给华尔纳的信，拉铁摩尔文件夹，兰登·华尔纳文件，HUG 4872.1010，哈佛大学档案馆。

［23］ 1934年8月25日福开森写给兰登·华尔纳的信，第3盒；兰登·华尔纳文件，第5盒，HUG 4872.1010，哈佛大学档案馆。

［24］ 哈罗德·阿克顿著《一位唯美者的回忆》，第324页。

［25］ 西克曼对龙门遭盗窃破坏的描述，见兰登·华尔纳文件，13盒，HUG 4872.1010，哈佛大学档案馆。

［26］ 1935年8月23日西克曼写给华尔纳的信，兰登·华尔纳文件，13盒，HUG 4872.1010，哈佛大学档案馆。

［27］ 1932年12月7日袁同礼写给西克曼的信，KC MS 001，第2系列，12盒，纳尔逊－阿特金斯艺术博物馆。

［28］ 1935年8月23日西克曼写给华尔纳的信，兰登·华尔纳文件，13盒，HUG 4872.1010，哈佛大学档案馆。

[29] 1934年2月5日西克曼写给华尔纳的信,兰登·华尔纳文件,13盒,HUG 4872.1010,哈佛大学档案馆。

[30] 1934年4月25日爱德华·沃尔多·福布斯(Edward Waldo Forbes)发给保罗·加德纳(Paul Gardner)的电报,福布斯文件(HC 2),文件539,哈佛艺术博物馆档案馆。

[31] 1934年5月2日西克曼写给吉姆·普卢默的信,(RG 02)系列Ⅰ,子系列A,5.18-5.19 "P",纳尔逊-阿特金斯艺术博物馆。

[32] 1934年5月28日西克曼写给华尔纳的信,兰登·华尔纳文件,第13盒,HUG 4872 1010,哈佛大学档案馆。

[33] 1934年6月14日西克曼写给华尔纳的信,兰登·华尔纳文件,第13盒,HUG 4872 1010,哈佛大学档案馆。

[34] 1934年8月3日奥托·伯查德(Otto Burchard)写给西克曼的信,MS 001,系列Ⅰ,盒子1a,纳尔逊-阿特金斯艺术博物馆。

[35] 1926年2月14日普艾伦写给保罗·萨克斯的信,保罗·J.萨克斯文件(HC 3),文件540,哈佛大学艺术博物馆档案馆。

[36] 1927年2月26日普艾伦写给萨克斯的信,保罗·J.萨克斯文件(HC 3),保罗·萨克斯档案,哈佛大学艺术博物馆档案馆,普艾伦中国探险文件(1925—1927)。

[37] 1927年10月1日普艾伦写给萨克斯的信,保罗·J.萨克斯文件(HC 3),文件540,HAMA哈佛大学艺术博物馆档案馆。

[38] 1927年11月8日毕安祺(Carl Bishop)写给约翰·洛奇(John Lodge)的信,1917年毕安祺文件,弗利尔-赛克勒美术馆档案馆,引自科恩著《东亚艺术与美国文化》,第117页。

[39] 高居瀚(James Cahill),"大都会博物馆的研究员"。

[40] 1927年10月1日普艾伦写给萨克斯的信,保罗·J.萨克斯文件(HC 3),文件540,哈佛大学艺术博物馆档案馆。

[41] 1927年7月8日普艾伦写给爱德华·罗宾逊(Edward Robinson)的信,保罗·J.萨克斯文件(HC 3),文件540,哈佛大学艺术博物馆档案馆。

[42] 普艾伦,"购买推荐"(1929年),引自王伊悠,"巴黎的老宝塔:卢芹斋家族赠送给弗利尔和赛克勒美术馆的照片"("Papa's Pagoda in Paris: The Gift of the C. T. Loo Family Photographs to the Freer and Sackler Galleries"),《美成在久》(*Orientations*),第44卷第2期(2013年2月),第140页。

[43] 1934年2月15日普艾伦写给赫伯特·温洛克(Herbert Winlock)的信,35.146,远东艺术策展人文件,大都会艺术博物馆。

[44] 引自科恩,《东亚艺术与美国文化》,第118页。

[45] 1934年5月28日西克曼写给华尔纳的信,兰登·华尔纳文件,第13盒,HUG 4872.1010,哈佛大学档案馆。

[46] 倪雅梅(Amy McNair),《龙门石窟供养人:中古中国佛教造像中的信仰、政治与资助》(*Donors of Longmen: Faith, Politics and Patronage in Medieval Chinese Buddhist Sculpture.* Honolulu: University of Hawaii Press, 2007),第43页。

[47] 同上。

[48] 普艾伦(Alan Priest)著《大都会艺术博物馆的中国雕塑》(*Chinese Sculpture in the Metropolitan Museum of Art.* New York: MMA, 1944),第26页。

[49] 关于龙门头像,参见1936年12月23日查尔斯·柯雷利(C. T. Currelly)写给爱德华·福布斯的信,爱德华·沃尔多·福布斯文件(HC 2),文件1791,哈佛大学艺术博

[50] "卢芹斋公司清算公告",存档在兰登·华尔纳档案中,卢芹斋文件夹,HUG 4872.1010,哈佛大学档案馆。
[51] 中央古物保护委员会(1931年),卡尔·蒂尔登·凯勒(Carl Tilden Keller)有关奥莱尔·斯坦因爵士的文件,MS Am 2532,哈佛大学霍顿图书馆。
[52] 1934年4月25日爱德华·福布斯写给保罗·加德纳的信,爱德华·沃尔多·福布斯文件(HC 2),文件1215,哈佛大学艺术博物馆档案馆。
[53] 鲍威,《从兰登·华尔纳的信件了解其人》,第147页。
[54] 卢芹斋著《中国石雕展》,序言。
[55] 普艾伦,"龙门的一块石雕"("A Stone Fragment from Lung Men"),《大都会艺术博物馆通讯》(*Metropolitan Museum of Art Bulletin* 36),第36卷第5期(1941年5月),第115—116页。
[56] 同上,第27页。
[57] 倪雅梅,《龙门石窟供养人》,第43页。
[58] 1981年7月21日劳伦斯·西克曼写给威尔玛·费尔班克(Wilma Fairbank),由霍利·费尔班克(Holly Fairbank)提供。

第六章

[1] 参见《1935—1936伦敦皇家艺术学院中国艺术国际展览会目录》(*Catalogue of the International Exhibition of Chinese Art, Royal Academy of Arts, London 1935-1936*. London: Royal Academy of Arts, 1935),第8页;杰森·斯特尤伯(Jason Steuber),"伦敦伯林顿府1935—1936年中国艺术展览"("The Exhibition of Chinese Art at Burlington House, London, 1935-1936"),2006年8月《伯林顿杂志》(*Burlington Magazine*),第528页及后续;弗朗西丝·伍德(Frances Wood),"伯希和、奥莱尔·斯坦因和中国对皇家艺术学院举办1935—1936年国际中国艺术展的反对"("Paul Pelliot, Aurel Stein and Chinese Opposition to the Royal Academy's International Exhibition of Chinese Art 1935-1936")。
[2] 弗朗西丝·伍德,"伯希和、奥莱尔·斯坦因和中国对皇家艺术学院举办1935—1936年国际中国艺术展的反对",第1页;高居瀚(James Cahill),"1935/1936年伦敦展览:中国早期绘画"("London 1935/1936 Exhibition: 'Early' Paintings from China")。
[3] 参观人数来自杰森·斯特尤伯,"伦敦伯林顿府1935—1936年中国艺术展览",第528页。
[4] 中国信息中心(China Information Center),"唐朝(618—907年)昭陵墓"。
[5] 引自周秀琴(Xiuquin Zhou),"昭陵:唐太宗陵墓"("Zhaoling: the Mausoleum of Emperor Tang Taizong"),《中铂论文》(*Sino-Platonic Papers*)(2009年),第101—102页。
[6] 《资治通鉴》贞观四年:四夷君长诣阙请上为天可汗,上曰:"我为大唐天子,又下行可汗事乎?"群臣及四夷皆称万岁。
[7] 周秀琴,"昭陵:唐太宗陵墓",注334。
[8] Wang Hanlu, "Discovery Revives Legend of Blood-Sweating Horses"(考古发现重现汗血宝马的传说),People's Daily Online(人民网在线)。
[9] 中国信息中心,"唐朝(618—907年)昭陵墓",第25页;更多细节参见弗朗西斯·伍德(Frances Wood),《丝绸之路:亚洲心脏的两千年》(*The Silk Road: Two Thousand Years in the Heart of Asia*. Berkeley: University of California Press, 2002),第53—56页。

[10] 见华尔纳,《在中国漫长的古道上》,第 24 页。
[11] 周秀琴,"昭陵:唐太宗陵墓",第 94 页。
[12] 同上,第 95 页。
[13] 1927 年 9 月 11 日卢芹斋写给华尔纳的信,兰登·华尔纳文件,卢芹斋档案,HUG 4872.1010,哈佛大学档案馆。
[14] 周秀琴,"昭陵:唐太宗陵墓",第 95—96 页。
[15] 1927 年 9 月 11 日卢芹斋写给华尔纳的信,兰登·华尔纳文件,卢芹斋档案,HUG 4872.1010,哈佛大学档案馆。
[16] 见大卫·皮林(David Pilling),"卢芹斋:中国艺术的捍卫者,还是恶棍?"(Visionary or Villain?),《金融时报》(*Financial Times*),2014 年 4 月 26/27 日。
[17] 同上。

第七章

[1] 1933 年 6 月 21 日乔治·凯茨写给保罗·萨克斯的信,保罗·J. 萨克斯文件(HC 3),文件 1047,哈佛大学艺术博物馆档案馆。
[2] 1933 年 7 月 17 日萨克斯写给凯茨的信,保罗·J. 萨克斯文件,哈佛大学艺术博物馆档案馆。
[3] 乔治·凯茨的生平资料来自帕梅拉·阿特韦尔(Pamela Atwells)的序言,凯茨著作《丰腴年华》(*The Years That Were Fat: Peking, 1933–1940*. Oxford University Press Edition, 1988);发表在《亚洲研究杂志》(*Journal of Asian Studies*),第 49 卷第 4 期(1990 年 11 月)的凯茨讣告;以及亨利·塞勒斯·弗朗西斯文件中对凯茨资料的介绍,史密森尼美国艺术档案馆。
[4] 关于哈佛大学 1922 届毕业生,请参阅其 25 周年毕业报告及其对乔治·诺伯特·凯茨的提及,第 543 页,哈佛大学档案馆。
[5] 凯茨写给亨利·塞勒斯·弗朗西斯的信,日期不详,亨利·塞勒斯·弗朗西斯文件,史密森尼美国艺术档案馆。
[6] 同上。
[7] 1927 年 10 月 24 日凯茨写给萨克斯的信,保罗·J. 萨克斯文件(HC 3),文件 1047,哈佛大学艺术博物馆档案馆。
[8] 同上。
[9] 1928 年 1 月 10 日凯茨致罗素·希区柯克(Russell Hitchcock),希区柯克文件,史密森尼美国艺术档案馆。
[10] 1928 年 2 月 19 日凯茨写给希区柯克的信,希区柯克文件,史密森尼美国艺术档案馆。
[11] 1928 年 1 月 21 日凯茨写给希区柯克的信,史密森尼美国艺术档案馆。
[12] 引自帕梅拉·阿特韦尔为《丰腴年华》所写的序言,第 6 页。
[13] 1933 年 6 月 21 日凯茨写给萨克斯的信,保罗·J. 萨克斯文件(HC 3),文件 1047,哈佛大学艺术博物馆档案馆。
[14] 1935 年 2 月 10 日乔治·凯茨写给弗朗西斯夫人的信,亨利·塞勒斯·弗朗西斯档案。
[15] 凯茨,《丰腴年华》,第 21—22 页。
[16] 同上,第 24 页。
[17] 同上,第 81 页。
[18] 哈罗德·阿克顿(Harold Acton),《牡丹与马驹》(*Peonies and Ponies*. Oxford: Oxford in

Asia Paperbacks, 1983），第 79 页。
[19] 1934 年 1 月 15 日福开森写给兰登·华尔纳的信，兰登·华尔纳档案，第 3 盒，哈佛大学档案馆。
[20] 1934 年 4 月 5 日华尔纳写给西克曼的信，堪萨斯城档案。
[21] 米利森特·贝尔（Millicent Bell），《马昆德：一个美国人的一生》(Marquand, An American Life. Boston: Little, Brown, 1979），第 216—217 页。
[22] 1934 年 9 月 23 日凯茨写给弗朗西斯夫人的信，亨利·塞勒斯·弗朗西斯档案，第 217 页。
[23] 同上，第 217 页。
[24] 1934 年 9 月 23 日凯茨写给弗朗西斯夫人的信，亨利·塞勒斯·弗朗西斯档案。
[25] 劳伦斯·西克曼（Laurence Sickman），"哈罗德·阿克顿在北京"（"Harold Acton in Peking"），见爱德华·钱尼（Edward Chaney）和尼尔·里奇（Neil Ritchie）主编《牛津中国和意大利：为纪念哈罗德·阿克顿爵士八十寿辰而作的文章》(Oxford China and Italy: Writings in Honor of Sir Harold Acton on His Eightieth Birthday. London: Thames & Hudson, 1984），第 70 页。
[26] 凯茨，《丰腴年华》，第 130 页。1940 年，凯茨与陈厚生（H. S. Chen）共同发表了一篇题为"恭王府及其邻近花园"的文章（"Prince Kung's Palace and Its Adjoining Garden in Peking"），刊登在《中国基督教北京大学东方研究学刊》(Journal of Oriental Studies of the Catholic University of Peking），当年第 5 期。
[27] 阿克顿，《一个唯美主义者的回忆录》，第 375 页。
[28] 凯茨，《丰腴年华》，第 60 页及后续。
[29] 同上，第 264 页。
[30] 凯茨，"紫禁城起源时间新探"（"A New Date for the Origins of the Forbidden City"），《哈佛亚洲研究期刊》(Harvard Journal of Asiatic Studies），第 7 卷第 3 期（1943 年 2 月）。
[31] 关于战时年代，参阅 1947 年哈佛大学周年报告中关于"乔治·凯茨"的条目。
[32] 凯茨，《丰腴年华》，第 25 页。
[33] 同上。
[34] 同上，第 26 页。
[35] 1955 年 1 月 31 日乔治·凯茨写给亨利·弗朗西斯的信，亨利·塞勒斯·弗朗西斯档案，史密森尼美国艺术档案馆。
[36] 1956 年 5 月 10 日凯茨写给弗朗西斯的信，亨利·塞勒斯·弗朗西斯档案，史密森尼美国艺术档案馆。
[37] 1955 年 7 月 21 日凯茨写给弗朗西斯的信，亨利·塞勒斯·弗朗西斯档案，史密森尼美国艺术档案馆。
[38] 1956 年 6 月 26 日凯茨写给弗朗西斯的信，亨利·塞勒斯·弗朗西斯档案，史密森尼美国艺术档案馆。
[39] 见 1961 年 2 月 11 日《纽约客》"城市新闻"。
[40] 温迪·穆南（Wendy Moonan），"明朝"，Departures，1999 年 4 月 /5 月。
[41] 同上。
[42] 关于佳士得拍卖数据，见温迪·穆南（Wendy Moonan），"古董：对中国家具的兴趣"（"Antiques: The Interest in Furniture from China"），《纽约时报》，1997 年 9 月 19 日；丽塔·雷夫（Rita Reif），"学会喜爱来自中国的家具"（"Learning to Love Furniture from China"），《纽约时报》，1996 年 10 月 6 日。

第八章

[1] 斯蒂芬·爱德华·安布罗斯（Stephen E. Ambrose），《史无前例：跨大陆铁路建设》（*Nothing Like It in the World: On Building the Transcontinental Railroad, 1863–1869*. New York: Simon & Schuster, 2000），第 17—18 页。

[2] 转引自卡尔·E. 梅耶（Karl E. Meyer）和莎琳·布莱尔·布莱萨克（Shareen Blair Brysac），《影子竞赛：大博弈与中亚帝国之争》（*Tournament of Shadows: The Great Game and the Race for Empire in Central Asia*. Washington, D.C.: Counterpoint, and New York: Basic Books, 1998），第 565—566 页。

[3] 艾琳·伯恩斯坦·萨里宁（Aline B. Saarinen），《自豪的拥有者》，第 121—122 页。弗利尔的早期生活细节，参见托马斯·劳顿（Thomas Lawton）和琳达·梅里尔（Linda Merrill）著《弗利尔：艺术的遗产》（*Freer: A Legacy of Art*. New York: Abrams, 1993）。

[4] 1897 年惠斯勒写给弗利尔的信，引自海伦·内贝克·汤姆林森（Helen Nebeker Tomlinson），《查尔斯·朗·弗利尔：东方艺术收藏家先锋》（*Charles Lang Freer: Pioneer Collector of Oriental Art Collector*），1979 年，凯斯西储大学（Case Western Reserve University）博士论文，第 236 页。

[5] 林成（Cheng Lin），《中国铁路：一项历史调查》（*The Chinese Railroads: A Historical Survey*. Shanghai: China United Press, 1935），第 v—vii、12—13、26—62 页。

[6] 同上，第 23 页及后续。

[7] 参见科恩，《东亚艺术与美国文化》，第 65 页。

[8] 萨里宁，《自豪的拥有者》，第 136 页。

[9] 1903 年 5 月 13 日西奥多·罗斯福在旧金山机械馆发表的讲话。引自霍华德·肯尼迪·比尔（Howard K. Beale）著《西奥多·罗斯福及美国大国的崛起》（*Theodore Roosevelt and the Rise of America to World Power*. Baltimore: Johns Hopkins Press, 1956），第 172—173 页。

[10] 见汤姆林森，《查尔斯·朗·弗尔》。

[11] 萨里宁，《自豪的拥有者》，第 137 页。

[12] 弗利尔于 1909 年 9 月 17 日写给弗兰克·赫克的一封信，引自汤姆林森，《查尔斯·朗·弗尔》，第 544 页。

[13] 同上，第 558 页。

[14] 同上，第 580 页。

[15] 同上，第 574 页。

[16] 卡罗尔·费尔森塔尔（Carol Felsenthal）著《权力、特权和华盛顿邮报：凯瑟琳·格雷姆的故事》（*Power, Privilege and The Post: The Katherine Graham Story*. New York: Putnam, 1993），第 25—26 页。

[17] 见王伊悠撰写的文章"卢芹斋与弗利尔美术馆中国藏品系列的形成"（"C. T. Loo and the Formation of the Chinese Collection at the Freer Gallery"）一文。收录于杰森·斯特尤伯（Jason Steuber）和来国龙（Guolong Lai）合编《藏家、藏品与收藏中国艺术》（*Collectors, Collections and Collecting the Arts of China*. Gainesville: University Press of Florida, 2014），第 151—182 页。

[18] 参见王伊悠著《中国的卢浮宫》，第 168 页。

[19] 同上，第 173 页。

第九章

[1] 刘易斯·纳米尔（Lewis Namier），转引自大卫·康纳汀（David Cannadine）著《英国贵族的没落》(*The Decline and Fall of the British Aristocracy*. New Haven, CT: Yale University Press, 1990)，第182页。

[2] 杰拉德·瑞特林格（Gerald Reitlinger）著《品味经济学》(*The Economics of Taste*. New York: Holt, Rinehart, 1963)，第228页。另参见萨里宁，《自豪的拥有者》，第56—90页。

[3] 详见威廉·约翰斯顿（William R. Johnston）著《威廉与亨利·沃尔特斯：讳莫如深的收藏家》(*William and Henry Walters: The Reticent Collectors*. Baltimore: Johns Hopkins University Press, 1999)。

[4] 同上，第98页。

[5] 科恩，《东亚艺术与美国文化》，第30—31页。

[6] 同上，第32页。

[7] 爱德华·福尔斯（Edward Fowles）著《杜维恩兄弟回忆录》(*Memories of the Duveen Brothers*. London: Times Books, 1976)，第77—78页。

[8] 参见艾维·李（Ivy Lee）1902年3月16日《纽约时报》文章："加兰德的珍贵瓷器来自哪里"（"Where Garland's Rare Porcelains Were Found"）。

[9] 伊丽莎白·麦克法登（Elizabeth McFadden）著《错彩镂金》(*The Glitter and the Gold*. New York: Dial Press, 1971)。

[10] 詹姆斯·亨利·杜维恩（James Henry Duveen）著《杜维恩家族的崛起》(*The Rise of the House of Duveen*. New York: Knopf, 1957)，第194页。

[11] 引自1900年8月6日《纽约时报》上刊登的一篇未署名文章：《为著名的加兰德收藏更名》("To Rename Famous Garland Collection"）。

[12] 琼·斯特劳斯（Jean Strouse）著《美国金融家摩根》(*Morgan: American Financier*. New York: Random House, 1999)，第485页。

[13] 本章引用的所有电报均摘自 J. P. Morgan 的文件档案（收藏于摩根图书馆，编号：ARC 1216, Box 201, File 322）。关于这件事我们看到的唯一公开报道出现在《纽约客》"城中话题"栏目刊登的一篇未署名短文，日期为1996年3月18日。

[14] 详见卡尔文·汤姆金斯（Calvin Tomkins）著《商人与收藏：大都会艺术博物馆创建记》(*Merchants and Masterpieces: The Story of the Metropolitan Museum*. New York: Dutton, 1970)，第178页。

[15] 参见1915年2月9日《纽约时报》，文章没有署名。

第十章

[1] 参见瓦尔特·米尔斯（Walter Mills）著《战争精神：美西战争研究》(*The Martial Spirit: A Study of Our War with Spain*. Cambridge, MA: Riverside Press, 1931)，第316、340页。"一场精彩的小仗"是约翰·海伊在写给西奥多·罗斯福的信中所说。

[2] 克里斯托弗·希钦斯（Christopher Hitchens）著《血缘、阶级与怀旧：英国和美国的啼笑皆非之事》(*Blood, Class and Nostalgia: Anglo-American Ironies*. New York: Farrar, Straus & Giroux, 1990)，第63—76页。

[3] 亨利·F. 普林格尔（Henry F. Pringle）著《罗斯福传》(*Theodore Roosevelt: A Biography*.

New York: Harcourt, Brace, 1931），第 216—223 页。

[4] 斯特劳斯，《美国金融家摩根》，第 404 页。

[5] 引自罗恩·切诺（Ron Chernow）著《石油大王洛克菲勒传》（*Titan: The Life of John D. Rockefeller Sr.*. New York: Random House, 1998），第 358 页。

[6] 参见 1909 年 6 月 12 日的国会记录。转引自卡尔·E. 梅耶（Karl E. Meyer），《艺术博物馆：权力、金钱和伦理》（*The Art Museum: Power, Money, Ethics*. New York: Morrow, 1979），第 32 页。

[7] 参见吉尔曼·塞利格曼（Germain Seligmann），《艺术商人专业收藏八十年：1880—1960》（*Merchants of Art: 1880-1960, Eighty Years of Professional Collecting*. New York: Appleton, Century-Croft, 1961），第 75—76 页。

[8] 苏珊娜·勒布尔（Suzanne Loebl）著《美国的美第奇家族：洛克菲勒家族及其惊人的文化遗产》（*America's Medicis: The Rockefellers and Their Astonishing Cultural Legacy*. New York: HarperCollins, 2010），xi-xii。

[9] 戴维·洛克菲勒（David Rockefeller），《戴维·洛克菲勒回忆录》（*Memoirs*. New York: Random House, 2002），第 20—21 页。

[10] 同上。

[11] 同上，第 23—24 页。

[12] 同上，第 25 页。

[13] 勒布尔，《美国的美第奇家族》，第 7—8 页。

[14] 小洛克菲勒于 1915 年 1 月 28 日写给老洛克菲勒的一封信，洛克菲勒家族档案。

[15] 1915 年 1 月 29 日老洛克菲勒写给小洛克菲勒的信，洛克菲勒家族档案。

[16] 《戴维·洛克菲勒回忆录》，第 25 页。

[17] 切诺，《石油大王洛克菲勒传》，第 622 页。

[18] 参见 1915 年 2 月 3 日埃德加·格尔写给小洛克菲勒的信，存于洛克菲勒家族档案馆。参考 1908—1932 年间购买瓷器的发票。

[19] 1915 年 2 月 19 日小洛克菲勒写给埃德加·格尔的信。

[20] 1915 年格尔写给小洛克菲勒的信。

[21] 1915 年小洛克菲勒写给埃德加·格尔的信；1915 年 3 月 8 日格尔给小洛克菲勒的回信。

[22] 1915 年 3 月 16 日小洛克菲勒写给格尔的信。

[23] 1915 年 5 月 7 日《纽约时报》文章："对手起诉杜维恩，要求获得五十七万五千美元的赔偿"（"Rival Sues Duveens Asks for $575,000"），文章未署名。

[24] 1915 年 5 月 9 日《纽约时报》文章："50 名纽约人在一等舱遇难"（"Fifty New Yorkers Lost in First Class"），文章未署名。关于格尔所做出的牺牲，见 1915 年 6 月 6 日《纽约时报》文章："游四个小时，从'卢西塔尼亚'号逃生"（"Swam Four Hours From Lusitania"），文章未署名。其他关于格尔的细节，见格拉斯哥大学艺术史系尼克·皮尔斯（Nick Pearce）教授所写文章"格尔与联合利华：埃德加·格尔与威廉·海斯科斯·利华"（"Gorer v. Lever: Edgar Gorer and William Hesketh Lever"）。文章可以在网上查到，未署日期。

[25] 参见 H. L. 门肯（H. L. Mencken），《偏见集》第五卷（*Prejudices: Fifth Series*. New York: Knopf, 1926），第 287—288 页。

[26] 参见勒布尔，《美国的美第奇家族》，第 141 页。

[27] 同上。

[28] 同上，第 149—150 页。

[29] 1924年6月13日小洛克菲勒写给山中美弥的信，洛克菲勒家族档案。
[30] 参见斯坦利·K. 亚伯（Stanley K. Abe）文章"洛克菲勒家庭装饰及中国艺术品"（"Rockefeller Home Decorating and Objects from China"），收录于许冠儿（Vimalin Pujivachical）主编《收藏中国》（*Collecting China*. Newark: University of Delaware Press, 2011），第112页起及后续。
[31] 1925年1月20日小洛克菲勒写给山中美弥的信，洛克菲勒家族档案。
[32] 1925年1月21日山中美弥写给小洛克菲勒的信，洛克菲勒家族档案。
[33] 参见王伊悠，"艺术经销商、洛克菲勒夫妇与美国中国艺术营销网"（"Art Dealers, the Rockefellers and the Network of Chinese Art in America"）。王伊悠于2008年提交给洛克菲勒档案中心的一封报告，可在线查阅。
[34] 同上，第69—70、183页。
[35] 周方（Fong Chow），"中国瓷器里的象征主义"（"Symbolism in Chinese Porcelain"），《大都会艺术博物馆通讯》（*Metropolitan Museum of Art Bulletin*），新系列，第21卷第1期（1962年夏），第17页。

第十一章

[1] 费正清（John King Fairbank），《费正清论中国：中国新史》（*China: A New History*. Cambridge, MA: Harvard University Press, 1992），第93—99页。
[2] 同上。
[3] 参见张珺（Elya Jun Zhang），《满洲蜘蛛：善于编织关系网的幕僚人 1901—1911》（*Spider Manchu: Duanfang as Networker and Spindoctor 1901-1911*），2008年加利福尼亚大学博士论文。
[4] 参见托马斯·劳顿（Thomas Lawton），《转折时期：两位中国艺术收藏家》（*A Time of Transition: Two Collectors of Chinese Art*. Lawrence: Spenser Museum of Art, University of Kansas, 1991），第14页；路康乐（Edward J. M. Rhoads）著《满人与汉人：1861—1928清末民初民族关系与政治权力》（*Manchus and Han: Ethnic Relations and Political Power in Late Qing and Early Republican China, 1861-1928*. Seattle: University of Washington Press），第55页。
[5] 张珺，《满洲蜘蛛》。
[6] 劳顿，《转折时期》，第53页。
[7] 同上，第10页。
[8] 这次出国考察具有历史突破性，为了对这次考察有一个全面的认识，不妨参阅一下美国研究学会（Asian Studies Association）2008年亚特兰大会议论文集和2010年费城会议论文集，特别是张珺的文章："青铜外交：出访欧美的端方"（"Bronze Diplomacy: Duanfang as an Imperial Commissioner in Europe and America"）。
[9] 方腾（Jan Fontein）和吴同（Tung Wu）合著《挖掘中国历史》（*Unearthing China's Past*. Boston: Museum of Fine Arts/New York Graphic Society, 1973），第41—42页。
[10] 劳顿，《转折时期》，第65页。
[11] 同上，第132页。
[12] 1910年1月2日《纽约时报》报道"端方的罢免：一位女人的影响，自私的王朝要为此负责"（"Tuan-Fang's Degradation: A Woman's Influence and Selfish Dynasty Responsible for It"），未署名。

[13] 见埃德温·J. 丁格尔（Edwin J. Dingle）著《1911—1912 中国革命》(*China's Revolution 1911-1912*. New York: McBride, Nast & Co., 1912)，第235页。
[14] 同上，第236页。
[15] 参见《纽约时报》1911年12月19日和12月30日从中国发回的报道。劳顿在《转折时期》、聂婷（Lara Netting）在《获取中国艺术与文化》(*Acquiring Chinese Art and Culture*) 中都提到过这两则报道。
[16] 参见劳顿，《转折时期》，第62—63页。
[17] 1923年1月28日福开森（Ferguson）写给波世·莱兹（Bosch Reitz）的信，大都会博物馆远东艺术部，策展人档案编号35.146。
[18] 1923年10月29日福开森写给波世·莱兹的信，大都会博物馆远东艺术部，策展人档案编号35.146。
[19] 1924年1月10日福开森写给波世·莱兹的信，大都会博物馆远东艺术部，策展人档案编号35.146。
[20] 详见"诺德的艺术博客"（Nord on Art Blog）2014年3月30日博文"大型古代青铜器在佳士得以3亿元的价格成交"("More Than $30 Million for Massive Ancient Chinese Bronze Vessel at Christie's")。
[21] 艾琳·金塞拉（Eileen Kinsella），通讯稿："佳士得首席执行官担心中国买家违约，导致古青铜器私下成交"(Christie's CEO was "Panicked" Over Chinese Buyer Default, Leading to Private Sale of Ancient Bronze)。
[22] 张珺，《满洲蜘蛛》，第363页。

第十二章

[1] 参见珍妮·托马斯·帕克（Jennie Thomas Parker），"加拿大皇家安大略博物馆门口的中国石狮"("Chinese Guardian Lions at the Royal Ontario Museum")，《美成在久》(*Orientations*)，第25卷第2期（1994年2月），第53—57页。
[2] 详见丹尼斯·达菲（Dennis Duffy），"皇家安大略博物馆的三大定位"("Triangulating the ROM")，《加拿大研究杂志》(*Journal of Canadian Studies*)，第40卷（2006），第157—169页；另见玛格丽特·范戴（Marguerite Van Die）著《加拿大的宗教与公共生活》(*Religion and Public Life in Canada*. Toronto: University of Toronto Press, 2001)。
[3] 达菲，"皇家安大略博物馆的三大定位"，第158页。另见查尔斯·特里克·库雷利（Charles Trick Currelly）著《我把历史带回了家》(*I Brought the Ages Home*. Toronto: Ryerson Press, 1956)。
[4] 库雷利，同上，第243—244页。
[5] 同上。
[6] 兰登·华尔纳，"克罗夫茨收藏"("The Crofts Collection")，第194页。
[7] 同上。
[8] 柯律格（Craig Clunas）著《中国艺术》(*Art in China*. Oxford: Oxford University Press, 1997)，第9页。
[9] 费正清（John King Fairbank）著《费正清中国回忆录》(*Chinabound: A Fifty-Year Memoir*. New York: Harper & Row, 1982)，第58页。
[10] 何伟（Peter Hessler）著《甲骨文：流离时空里的新生中国》(*Oracle Bones: A Journey through Time in China*. New York: Harper Perennial, 2007)，第4页。

［11］费正清，《中国回忆录》，第 59 页。
［12］转引自黄思礼（Lewis Walmsley），《河南主教：怀履光传教生涯与博物馆》(*Bishop in Honan: William C. White*. Toronto: University of Toronto Press, 1974)，第 73 页。
［13］同上，第 108 页。
［14］同上。
［15］转引自库雷利，《我把历史带回了家》，第 251 页。
［16］同上。
［17］见福开森（John Ferguson）为怀履光著《洛阳古墓考》(*Tombs of Old Lo-yang*. Shanghai: Kelly & Walsh Ltd., 1934)一书所做的前言，xxi。
［18］见董林夫（Linfu Dong）著《跨越文化与信仰：明义士生平及著作》(*Cross Culture and Faith: The Life and Work of James Mellon Menzies*. Toronto: University of Toronto Press, 2005)。
［19］见杰弗里·约克（Geoffrey York）2008 年 1 月 19 日在《环球邮报（多伦多版）》(*Globe and Mail*)上发表的文章，"一位未被认可的加拿大人，有人叫他'老骨头'"("The Unsung Canadian Some Knew as 'Old Bones'")，更新于 2009 年 3 月 30 日。
［20］费正清，《中国回忆录》，第 39 页。
［21］见董林夫著《跨越文化与信仰》，第 288—295 页。
［22］同上，第六章"寻找新的福音"。
［23］见迈克尔·波斯纳（Michael Posner）2010 年 3 月 21 日在《环球邮报》（多伦多版）(*Globe and Mail*)的文章"明明德四十年杰出外交生涯"("Arthur Menzies Was a[n] Extraordinary Diplomat for 40 Years")。
［24］《美成在久》(*Orientations*)，第 45 卷第 4 期，2014 年 5 月出版。这是一期特刊，专门发文庆祝皇家安大略博物馆的周年纪念和"紫垣撷珍"展览，里面有几篇重要文章，其中包括沈辰先生所写的文章。

第十三章

［1］1898 年 6 月 14 日国会档案，转引自梅耶（Meyer）和布莱萨克（Brysac）合著《影子竞赛》(*Tournament of Shadows*)，第 398 页。
［2］引自密苏里州历史学会网站的文章"1904 年世博会：前瞻性回顾"("1904 World's Fair: Looking Back at Looking Forward")。
［3］克里斯蒂娜·克劳登（Kristina Kleutghen）文章"1904 年世博会的中国艺术"("Chinese Art at the 1904 World Expo")。转引自西奥多·哈迪（Theodore Hardee）1904 年 8 月 28 日发表在《纽约时报》上的文章："中国在世博会的展览引人注目"("China's Remarkable Exhibit at the World's Fair")。
［4］哈迪，"中国在世博会的展览引人注目"。
［5］《路易斯安那购地案展览》(*The Louisiana Purchase Exposition*. St. Louis, MO: Universal Exposition Publishing Company, 1905)，第 287 页；卡罗尔·安·克莱斯特（Carol Ann Christ）的文章"亚洲艺术继承的唯一两个护卫者：1904 年圣路易斯世博会上的日本和中国"("'The Sole Guardians of the Art Inheritance of Asia': Japan and China at the 1904 St. Louis World's Fair"，《立场》(*Positions*)，第 8 卷第 8 期(2000 年秋)，第 701 页。
［6］威廉·亚历山大·帕森斯·马丁（W. A. P. Martin，丁韪良）著《花甲忆记》(*A Cycle of Cathay*)，第 411 页。转引自朱莉娅·博伊德（Julia Boyd）著《与龙共舞：消逝的北京外国租界》(*A Dance with the Dragon: The Vanished World of Peking's Foreign Colony*. New

York: I. B.Tauris, 2012），第 52 页。
[7] 查尔斯·斯图尔特·阿迪斯（Charles Stewart Addis）的回忆录，转引自博伊德著《与龙共舞》，第 36 页。
[8] 《牛津国家地理词典》提到，赫德去世时财富达到 140 260 英镑。
[9] 1904 年 3 月 6 日罗伯特·赫德写给詹姆斯·邓肯·坎贝尔（James Duncan Campbell）的信。参见费正清、凯瑟琳·弗洛斯特·布鲁纳（Katherine Frost Bruner）、伊丽莎白·麦克劳德·马西森（Elizabeth MacLeod Matheson）共同主编的《总税务司在北京：罗伯特·赫德信函汇编》（*The I.G. in Peking: Letters of Robert Hart*. Cambridge: Harvard University Press, 1975），第二卷，第 1401 页。
[10] 罗伯特·赫德写给詹姆斯·邓肯·坎贝尔的信，1903 年 9 月 6 日信函 1292，以及 1903 年 11 月 8 日信函 1301。见费正清等编《总税务司在北京》第二卷，第 1370—1371、1379 页。
[11] 关于路易莎·裕庚的家庭，见格兰特·海特-孟席斯（Grant Hayter-Menzies）著《皇朝背后：德龄郡主的传奇》（*Imperial Masquerade: The Princess Der Ling*. Hong Kong: Hong Kong University Press, 2008），第 197 页。
[12] 凯瑟琳·A. 卡尔（Katherine A. Carl）著《美国女画师的清宫回忆》（*With the Empress Dowager of China*. New York: Century Company, 1905），第 216 页。
[13] 同上。
[14] 德龄公主（Princess Der Ling）著《清宫二年记》（*Two Years in the Forbidden City*. New York: Dodd, Mead, 1931），第 211 页。
[15] 卡尔，《美国女画师的清宫回忆》，第 163 页。
[16] 卡尔，《美国女画师的清宫回忆》，第 294 页。
[17] 关于"圣像"的运输，参见《路易斯安那购地案展览》，第 292 页。
[18] 肯尼斯·维默尔（Kenneth Wimmel）著《柔克义：西藏高原的学者外交家》（*William Woodville Rockhill: Scholar-Diplomat of the Tibetan Highlands*. Bangkok: Orchid Press, 2003），第 109 页。
[19] 1900 年 12 月 3 日柔克义写给南妮·洛奇的信。转引自霍华德·肯尼迪·比尔著《西奥多·罗斯福及美国大国的崛起》，第 187 页。
[20] 马克·吐温（Mark Twain），"致坐在黑暗中的人"（"To the Person Sitting in Darkness"），《北美评论》（*North American Review*），第 172 卷第 531 期（1901 年 2 月）。
[21] 1902 年 1 月 8 日《纽约时报》文章"清朝廷回到北京"（"The Court Back in Peking"），文章未署名。
[22] 萨拉·派克·康格（Sarah Pike Conger）著《北京信札——特别是关于慈禧太后和中国妇女》（*Letters from China: With Particular Reference to the Empress Dowager and the Women of China*. Chicago: A. C. McClurg & Co., 1909），第 219—220 页。
[23] 约翰·奥特韦·珀西·布兰德（J. O. P. Bland）和埃德蒙·伯克豪斯（E. Backhouse）合著《慈禧太后统治下的中国》（*China Under the Empress Dowager*. London: William Heinemann, 1911），脚注 290。
[24] 1902 年 2 月 12 日布兰德写给莫理循的信。参见卢惠民（Lo Hui-Min）主编《莫理循书信集》（*Correspondence of G. E. Morrison*. Cambridge: Cambridge University Press, 1976-1978），第 178—179 页。
[25] 1902 年 2 月 3 日伦敦《泰晤士报》，转引自卢惠民主编《莫理循书信集》，第 178 页。
[26] 1903 年 9 月 7 日莫理循写给瓦伦丁·奇洛尔（Valentine Chirol）的信。见卢惠民主编

《莫理循书信集》，第 230 页。

[27] 莎拉·派克·康格写给女儿劳拉·康格的信，见康格著《北京信札》，第 247 页。
[28] 引自海特-孟席斯著《皇朝背后》，第 193 页。
[29] 康格，《北京信札》，第 224 页。
[30] 见伊莱扎·西德莫尔（Eliza Scidmore）著《万寿帝国》(*China: The Long-Lived Empire*. New York: Century, 1900)，第 146 页。
[31] 同上，第 144 页。
[32] 同上，第 145 页。
[33] 1900 年 1 月 17 日《旧金山呼声报》(*San Francisco Call*) 文章："康格大使生活趣史"（"Interesting Life History of Minister Conger"），转引自海特·孟席斯著《皇朝背后》，第 283 页。
[34] 康格，《北京信札》，第 260 页。
[35] 1903 年 7 月 20 日萨拉·康格写给女儿劳拉的信，出处同上，第 258 页。
[36] 1908 年 2 月 22 日《纽约时报》。
[37] 1908 年 2 月 25 日《世界晚报》，转引自海特-孟席斯著《皇朝背后》，第 267 页。
[38] 1908 年 2 月 22 日《纽约时报》。
[39] 1908 年 4 月 18 日国会档案，转引自海特-孟席斯著《皇朝背后》，第 268 页。
[40] 1919 年 7 月 28 日萨拉·康格写给查尔斯·朗·弗利尔的信件，转引自海特-孟席斯著《皇朝背后》。
[41] 关于柔克义的捐赠，见艾莉西亚·坎琵（Alicia Campi）和丹尼斯·沃登（Denys Voaden）合写的文章："19 世纪 90 年代柔克义的蒙古游记：欧洲和亚洲旅行文学中的蒙古形象"（"William Woodville Rockhill's Mongolian Travel Literature of the 1890s: The Image of Mongolia in European and Asian Travel Literature"），2005 年 7 月 7 日—9 日，蒙古乌兰巴托。
[42] 纳尔逊·约翰逊（Nelson Johnson），《口述史》(*Oral History*. Columbia University)。转引自梅耶（Meyer）和布莱萨克（Brysac）合著《影子竞赛》(*Tournament of Shadows*)，第 400 页。
[43] 1900 年 1 月 27 日《星期六晚邮报》(*Saturday Evening Post*)，转引自维默尔著《柔克义》，xv。
[44] 柔克义（William Rockhill）著《喇嘛之境：中国旅行记》(*Land of the Lamas: Notes of a Journey through China, Mongolia and Tibet*. New York: Century, 1891)，第 288 页。转引自梅耶（Meyer）和布莱萨克（Brysac）合著《影子竞赛》(*Tournament of Shadows*)，第 406 页。
[45] 柔克义，《喇嘛之境》，第 56 页。
[46] 梅耶和布莱萨克合著《影子竞赛》，第 408 页。
[47] 柔克义文章"蒙古和西藏探秘"（"Explorations in Mongolia and Tibet"），1892 年史密森尼学会理事会年度报告〔Annual Report, Board of Regents, Smithsonian Institution (1892)〕，第 659 页。
[48] 转引自梅耶和布莱萨克合著《影子竞赛》，第 410 页。
[49] 同上，第 410—411 页。
[50] 同上，第 398 页。
[51] 1900 年 7 月 21 日西奥多·罗斯福写给柔克义的信，柔克义档案，藏于美国国会图书馆管理科学部。

[52] 引自维默尔著《柔克义》，第 152 页。
[53] 1908 年 6 月 30 日柔克义写给罗斯福的信，西奥多·罗斯福，藏于美国国会图书馆管理科学部。
[54] 柔克义，《拉萨的达赖喇嘛及其与清帝的关系》(The Dalai Lamas of Lhasa)，第 90—92 页。转引自梅耶和布莱萨克合著《影子竞赛》，第 418 页。
[55] 1908 年 8 月 1 日罗斯福写给柔克义的信，柔克义档案，美国国会图书馆。转引自梅耶和布莱萨克合著《影子竞赛》，第 418 页。
[56] 参见苏珊·曼哈特（Susan Meinheit），"五台山上的礼物：柔克义与第十三世达赖喇嘛"，("Gifts at Wutai Shan: Rockhill and the Thirteenth Dalai Lama")《国际西藏研究协会期刊》(Journal of the International Association of Tibetan Studies)，第 6 期（2011 年 12 月）。
[57] 1913 年 3 月 29 日柔克义写给约翰·奥特韦·珀西·布兰德（J. O. P. Bland）的信。转引自维默尔著《柔克义》，xv。
[58] 贝特霍尔德·劳费尔（Berthold Laufer），《东方杂志》，第二辑，第 16 卷第 2 期（1915 年 5 月），第 290 页。
[59] 博伊德，《与龙共舞》，第 52 页。
[60] 西格雷夫（Seagrave），《慈禧太后传》，第 462 页。

第十四章

[1] 引自艾里诺·佩尔斯坦（Elinor Pearlstein），"色彩、生活与时机"（"Color, Life, and Moment"），转引自约翰·E. 沃尔默（John E. Vollmer）"穿着统治世界：芝加哥艺术学院明清纺织品收藏"（"Clothed to Rule the Universe: Ming and Qing Dynasty Textiles at the Art Institute of Chicago"），《芝加哥艺术学院博物馆研究》(Art Institute of Chicago Museum Studies. Chicago: Art Institute of Chicago, 2000)，第 26 卷第 2 期，第 107 页，注释 10。
[2] 引自博伊德著《与龙共舞》，第 65 页。
[3] 哈里特·门罗（Harriet Monroe）著《诗人的生活：七十年变化的世界》(A Poet's Life: Seventy Years in a Changing World. New York: Macmillan, 1938)，第 233 页。
[4] 引自博伊德著《与龙共舞》，第 73 页。
[5] 1910 年 10 月 13 日弗利尔写给赫克的信。转引自劳顿和梅里尔著《弗利尔传》，第 87 页。
[6] 门罗著《诗人的生活》，第 234 页。
[7] 同上，第 235 页。
[8] 裴丽珠（Juliet Bredon）著《北京纪胜》(Peking: A Historical and Intimate Description of its Chief Places of Interest. Shanghai: Kelly & Walsh Ltd., 1931)，第 455 页。
[9] 同上，第 443—444 页。
[10] 同上，第 444—445 页。
[11] 露西·卡尔霍恩（Lucy Calhoun）于 1922 年 26 日发表于《纽约时报》上的文章："北京城的街道"（"Streets of Peking"）。
[12] 布雷登著《北京纪胜》，第 450—451 页。
[13] 转引自芮恩施（Paul Reinsch）著《一位在中国的美国外交官》(An American Diplomat in China. Garden City, NY: Doubleday, 1922)，第 30 页。
[14] 1912 年 2 月 26 日露西·卡尔霍恩写给哈里特·门罗的信。转引自佩尔斯坦文章"色彩、生活与时机"，注释 22，第 109 页。

[15] 1913年2月13日露西·卡尔霍恩写给查尔斯·H. 哈钦森夫人（Charles H. Hutchinson）的信。转引自佩尔斯坦文章"色彩、生活与时机"，第6页。
[16] 转引自芮恩施著《一位在中国的美国外交官》，第161页。
[17] 1933年9月5日乔治·凯茨写给弗朗西斯夫人的信。
[18] 关于北京协和医学院的详情参见"约翰·格兰特回忆录：口述史"（"Reminiscences of John Black Grant: Oral History"），哥伦比亚大学口述历史研究中心（Columbia Center for Oral History），1961年。
[19] 普艾伦（Alan Priest），《紫禁城服饰展》（Costumes from the Forbidden City），1945，大都会艺术博物馆。
[20] 夏洛特的纺织品收藏，见艾丽斯·兹雷别克（Alice Zrebiec）和弥迦·梅森海默（Micah Messenheimer），《天国服饰：中国末代王朝的丝绸传奇》（丹佛博物馆清代纺织品说明手册）（Threads of Heaven: Silken Legacy of China's Last Dynasty），第12页；沃尔默主编《穿着统治世界》，第34页。
[21] 卢惠民主编《莫理循书信集》，第一卷，第524页，注释3和注释4。
[22] 艾伦·N. 拉莫特（Ellen N. La Motte）著《北京旧事》（Peking Dust. New York: Century, 1919），第74页。
[23] 德龄公主著《清宫二年记》，第382页。
[24] 海特-孟席斯著《皇朝背后》，第327页。
[25] 转引自博伊德著《与龙共舞》，第152页。
[26] 同上。
[27] 海伦·福斯特·斯诺（Helen Foster Snow）著《我在中国的岁月》（My China Years: A Memoir. New York: Morrow, 1984），第94页。
[28] 门罗著《一个诗人的生活》，第445页。
[29] 阿克顿著《牡丹与马驹》，第45页。
[30] 欲了解更多普艾伦在北京的生活，可参阅约瑟夫·M. 厄普顿（Joseph M. Upton）和爱德华·库蒂斯·韦尔斯（Edward C. Wells）合著《普艾伦传》（Alan Reed Priest）（1970年非公开发行），第20页。
[31] 同上，第21—22页。
[32] 阿克顿著《一个唯美者的回忆录》，第278—279页。
[33] 1927年2月26日普艾伦写给保罗·萨克斯的信，收藏于哈佛大学艺术博物馆档案馆的保罗·萨克斯档案。
[34] 见1978年发表于《东方艺术》夏季刊上对马麟（Colin Mackenzie）和斯蒂芬·阿迪斯（Stephen Addis）的采访。《东方艺术》（Oriental Art），第30卷第2期（1978年夏），第229页。
[35] 转引自丘奇曼（Churchman）的文章"劳伦斯·西克曼及其中国藏品的形成"（"Laurence Sickman and the Formation of the Chinese Collection"）。
[36] 关于西克曼从溥仪手中购买文化的情况参见2014年对武丽生（Marc Wilson）的采访。
[37] 有关皇宫文物转移、偷运出宫的情况，参见高居瀚（James Cahill）的文章"两个故宫博物院：有关其形成和历史的非正式报告"（"Two Palace Museums: An Informal Account of Their Formation and History"），《怀古堂》，第19期（2001年）（Kaikodo Journal XIX (2001)）；海蔚蓝（Willow Hai Chang），《末帝宝鉴：辽宁省博物馆藏清宫散佚明清书画》（The Last Emperor's Collection: Masterpieces of Painting and Calligraphy from the Liaoning Provincial Museum. New York: China Institute Gallery, 2008），第2—3页；吉纳特·尚博

格・艾略特（Jeannette Shambaugh Elliot）偕同大卫・尚博格（David Shambaugh），《中国皇家收藏传奇》（*The Odyssey of China's Imperial Art Treasures*. Seattle: University of Washington Press, 2005），第 56 页及后续。

[38] 有关露西・卡尔霍恩的收藏参见佩尔斯坦，"色彩、生活与时机"，第 83 页及之后。

[39] 转引自王伊悠著《中国的卢浮宫》，第 9 页。

第十五章

[1] 亨利・菲尔德（Henry Field），"贝特霍尔德・劳费尔"（"Berthold Laufer"），1976 年 10 月 6 日，收录于贝特霍尔德・劳费尔（Berthold Laufer）著、魏汉茂（Hartmut Walravens）编辑的《1911 至 1925 年小作品集》（*Kleinere Schriften Publikationen aus der Zeit von 1911 bis 1925*. Wiesbaden: Steiner, 1976），第 2 页。

[2] 引自本内特・布朗森（Bennet Bronson），"贝特霍尔德・劳费尔"（"Berthold Laufer"），《菲尔德博物馆人类学》（*Fieldiana Anthropology*），新系列，第 36 期《策展人、收藏品与语境：1893—2002 年的菲尔德博物馆的人类学》（*Curators, Collections, and Contexts: Anthropology at the Field Museum, 1893–2002*），2003 年 9 月 30 日，第 121 页。劳费尔的生平信息见布朗森，"贝特霍尔德・劳费尔"，第 118 页。

[3] 同上，第 125 页。

[4] 见罗若尔・肯德尔（Laurel Kendall），"人类学家眼中的中国：弗朗茨・博厄斯、贝特霍尔德・劳费尔及早期美国人类学中未走的路"（"China to the Anthropologist: Franz Boas, Berthold Laufer, and a Road Not Taken in Early American Anthropology"），收录于雷加纳・达内尔（Regna Darnell）和弗雷德里克・W. 格利奇（Frederic W. Gleach）主编《跨越国境的人类学家及其传统》（*Anthropologists and Their Traditions across National Borders*. Lincoln and London: University of Nebraska Press, 2014），第 1 页。

[5] 马克斯・韦伯著（Max Weber），汉斯・葛斯编（Hans Gerth），《社会学文集》（*Essays in Sociology*. Oxford: Oxford University Press, 1946），第 416 页。

[6] 劳费尔的生平信息参见赖德烈（K. S. Latourette），"贝特霍尔德・劳费尔传记回忆录 1874—1934"（"Biographical Memoir of Berthold Laufer 1874–1934"），《美国国家科学院学报》[*National Academy of Sciences*（1937）]，第 43—44 页。

[7] 1902 年 12 月 27 日弗朗茨・博厄斯（Franz Boas）写给莫里斯・杰瑟普（Morris Jesup）的信，转引自肯德尔，"人类学家眼中的中国"，第 11 页。

[8] 关于席夫资助的这次探险活动，参见约翰・海达德（John Haddad），"培养对中国人的尊重"（"To Inculcate Respect for the Chinese"），《人类》（*Anthropos*），第 101 卷第 1 期（2006 年），第 129 页。

[9] 方腾和吴同，《挖掘中国历史》（*Unearthing China's Past*. Boston: Museum of Fine Arts, 1973），第 16 页。

[10] 贝特霍尔德・劳费尔（Berthold Laufer），"历史视野下的中国现代藏品，特别是十年前美国博物馆收藏的中国文化代表性的藏品"（"Modern Chinese Collections in Historical Light, with Especial Reference to the American Museum's Collection Representative of Chinese Culture a Decade Ago"），《美国博物馆杂志》（*American Museum Journal*），第 12 卷（1912 年），第 137 页。

[11] 1901 年 11 月 9 日贝特霍尔德・劳费尔写给弗朗茨・博厄斯的信。转引自哈达德，《中国传奇》（*The Romance of China*），第 132 页。

[12] 参见肯德尔,"人类学家眼中的中国",第9—10页;哈达德,《中国的传奇》,第134页。肯德尔和哈达德对于劳费尔从中国运走的文物数量有不同的记载,肯德尔认为是7 500件,而哈达德认为超过了1万件。

[13] 布朗森,"贝特霍尔德·劳费尔",第118页。

[14] 1903年6月3日劳费尔写给博厄斯的信,收藏于美国自然史博物馆人类学档案。美国自然历史博物馆,人类学档案。

[15] 布朗森,"贝特霍尔德·劳费尔",第124页。

[16] 1902年2月28日劳费尔写给博厄斯的信,转引自罗若尔·肯德尔(Laurel Kendall),"最孤独的探险家:贝特霍尔德·劳费尔收藏中国"("A Most Solitary Expeditionist: Berthold Laufer Collecting China"),文章是巴德学院"探险活动中的人类学"项目的部分研究成果。

[17] 劳费尔,"历史视野下的中国现代藏品",第137—138页。

[18] 1911年4月27日劳费尔写给博厄斯的信,转引自哈达德,《中国的传奇》,第142页。劳费尔的藏品已被数字化,可以访问美国自然史博物馆网站浏览。

[19] 欲了解更多关于菲尔德博物馆藏品信息,参见布朗森,"贝特霍尔德·劳费尔",第120页。

[20] 布朗森,"贝特霍尔德·劳费尔",第122页。

[21] 更多古玉目录信息详见艾里诺·佩尔斯坦(Elinor Pearlstein),"早期芝加哥中国艺术编年史"("Early Chicago Chronicles of Early Chinese Art"),脚注12和脚注35,收录于杰森·斯特尤伯和来国龙合编《藏家、藏品与收藏中国艺术》。

[22] 1902年2月1日劳费尔写给博厄斯的信,收藏于博厄斯文集,美国哲学档案,转引自魏汉茂主编,《小作品集》,第三卷,第5、58页。

[23] 见1931年11月9日《堪萨斯城时报》(Kansas City Times)。

[24] 1931年11月9日劳费尔写给帕格斯利的信,被抄录到1931年11月12日琼斯(H. V. Jones)写给兰登·华尔纳的信中。

[25] 1931年11月12日琼斯写给兰登·华尔纳的信,第12盒,哈佛大学档案馆。

[26] 关于帕格斯利藏品性质的信息是由纳尔逊博物馆霍莉·赖特(Holly Wright)提供。

[27] 威廉·庞德斯通(William Poundstone),"备受考验的洛杉矶县立博物馆"("Los Angeles County Museum on Fire"),2010年4月15日"Blou in Art Info"博客。

[28] 德瑞克·吉尔曼(Derek Gillman),"蒙特将军的中国佛像雕塑:财富的耻辱"("General Munthe's Chinese Buddhist Sculpture: An Embarrassment of Riches"),收录于塔德乌什·斯科鲁普斯基(Tadeusz Skorupski)主编《佛教论坛四,1994—1996年研讨会论文》(Buddhist Forum IV, Seminar Papers 1994-1996),第98页。

[29] 凯伦·兰斯基(Karen Lansky)和卫其志(J. Keith Wilson),"洛杉矶县立博物馆成立之前的洛杉矶:旧县立博物馆的中国艺术"("Los Angeles before LACMA: Chinese Art at the Old County Museum"),《美成在久》(Orientations),第31卷第6期(2000年6月),第48页。

[30] 贝特霍尔德·劳费尔(Berthold Laufer),《蒙特将军藏品鉴定报告》("Report on the General J. W. N. Munthe Collection"),收录于魏汉茂主编,《小作品集》第三卷,通信集,第283页及后续。

[31] 兰斯基和卫其志,"洛杉矶县立博物馆成立之前的洛杉矶",第48页。

[32] 同上,第49页。

[33] 同上。

[34] 2013 年 1 月 7 日挪威《英语新闻》(News in English)。

[35] 见劳费尔 (Laufer), "Chinese Sarcophagi" ("中国石棺"),《东亚杂志》第 1 卷 (Ostasiatische Zeitschrift I) (1912—1913), 第 318—334 页; 方腾, "贝特霍尔德·劳费尔与石棺铭文案",《波士顿美术馆杂志》(Journal of the Museum of Fine Arts), 第 5 卷 (1993), 第 4—23 页。

[36] 转引自科恩著《东亚艺术与美国文化》, 第 108 页。

第十六章

[1] 参见《中国古艺术品展》图录 (Chinese Art Treasures. Washington, DC: Skira/National Gallery of Art, 1961)。图录中有高居翰 (James Cahill)、阿希文·利珀 (Aschwin Lippe) 和约翰·A. 波普 (John A. Pope) 的评论。

[2] 见玛丽·史塔克洛奇 (Mary Stokrocki), "一位策展人的成长记: 李雪曼访谈录" ("The Making of a Curator: An Interview with Sherman Lee"),《艺术教育》, 第 36 卷第 3 期 (1998 年 5 月), 第 24—25 页。

[3] 转引自布鲁斯·韦伯 (Bruce Weber), "克利夫兰艺术博物馆的引导者李雪曼去世, 享年 90 岁" ("Sherman Lee, Who Led Cleveland Museum of Art, Dies at 90"), 载于 2008 年 7 月 11 日《纽约时报》。

[4] 见玛丽·安·罗杰斯 (Mary Ann Rogers), "李雪曼" ("Sherman E. Lee"),《美成在久》(Orientations), 第 24 卷第 7 期 (1993 年 7 月), 第 46 页。

[5] 见约翰·M. 罗森菲尔德 (John M. Rosenfield), "李雪曼: 与亚洲艺术的早期相遇" ("Sherman Lee: Early Encounters with Asian Art"),《美成在久》(Orientations), 第 36 卷第 1 期 (2005 年 1—2 月), 第 44—49 页。

[6] 转引自罗杰斯, "李雪曼"。

[7] 同上。

[8] 参见何惠鉴 (Wai-kam Ho),《伊利湖的回忆》("Remembrances of Lake Erie"),《美成在久》(Orientations), 第 36 卷第 1 期 (2005 年 1—2 月), 第 101—102 页。

[9] 李雪曼 (Sherman Lee),《远东艺术史》(修订版)(A History of Far Eastern Art. New York: Prentice Hall and Abrams, 1973), 第 7、9 页。

[10] 诺埃尔·朱弗里达 (Noelle Giuffrida), "绘画、礼节与恋石癖: 李雪曼和艺术与考古访华团" ("Paintings, Politesse and Petromania: Sherman Lee and the Art and Archaeology Delegation Trip to China"),《美国艺术档案杂志》(Archives of American Art Journal), 第 52 卷第 1—2 期 (2013 年秋), 第 42 页。

[11] 李雪曼 (Sherman Lee),《远东艺术史》(A History of Far Eastern Art), 第 350—351 页。

[12] 转引自布鲁斯·韦伯 (Bruce Weber), "克利夫兰艺术博物馆的引导者李雪曼去世, 享年 90 岁" ("Sherman Lee, Who Led Cleveland Museum of Art, Dies at 90"), 载于 2008 年 7 月 11 日《纽约时报》。

[13] 1985 年 3 月 4 日李雪曼写给洛克菲勒的信, 收藏于洛克菲勒家族档案馆。

[14] 这些信息由凯斯西储大学亚洲艺术系的诺埃尔·朱弗里达向本书作者提供。另见史蒂文·利特 (Steven Litt), "李雪曼如何构建了伟大的中国绘画系列藏品" ("How Sherman Lee Built a Great Chinese Painting Collection"),《克利夫兰实话报》(Cleveland Plain Dealer), 2013 年 9 月 24 日。

[15] 转引自罗杰斯, "李雪曼"。

［16］ 杰拉尔丁·诺曼（Geraldine Norman），"曼哈顿的东方学家"（"An Orientalist in Manhattan"），载于1994年6月26日的英国《独立报》（*Independent*）。
［17］ 1974年12月31日安思远（R. H. Ellsworth）写给洛克菲勒三世（John D. Rockefeller III）的信，收藏于洛克菲勒家族档案馆。
［18］ 武丽生（Marc Wilson），"劳伦斯·西克曼"（"Laurence Sickman"），见丘奇曼著《劳伦斯·西克曼》。
［19］ 见丘奇曼著《劳伦斯·西克曼》。
［20］ 见朱弗里达，"绘画、礼节与恋石癖"，第38页。
［21］ 转引自海伦·博西克·库林（Helen Borsick Cullinn），"克利夫兰博物馆专家发现中国依旧将其艺术视为珍宝"（"Cleveland Expert Finds China Still Treasures Its Art"），载于1973年12月30日《克利夫兰实话报》（*Cleveland Plain Dealer*）。该篇报道的剪报收藏于弗利尔档案馆。
［22］ 杰森·斯特尤伯（Jason Steuber），"传统与创新：武丽生馆长与纳尔逊-阿特金斯艺术博物馆的中国艺术"（"Tradition and Innovation: Director Marc F. Wilson and Chinese Art at the Nelson-Atkins Museum of Art"），《美成在久》（*Orientations*），第39卷第8期（2008年1—2月）。
［23］ 1986年6月李雪曼写给劳伦斯·西克曼的信，收藏于美国国家美术馆档案馆。

第十七章

［1］ 见雷内·吉姆佩尔（René Gimpel），《一位艺术经销商的日记》（*Diary of an Art Dealer*. New York: Farrar, Straus & Giroux, 1966），第216页。
［2］ 引自让·拉库尔特（Jean Lacouture）著《安德烈·马尔罗》（*André Malraux*. New York: Pantheon, 1975），第387页。
［3］ 见亨利·詹姆斯（Henry James），《美国所见》（*The American Scene*. New York: Horizon Press, 1967），第191—192页。
［4］ 1915年6月18日《纽约时报》文章"远东艺术——博物馆的一个特色"（"Art of Far East — a Museum Feature"），文章未署名。
［5］ 见卡尔文·汤姆金斯著《商人与收藏》，第167页。
［6］ 见1914年2月1日《纽约世界》（*New York world*）刊登的文章"艺术界新闻"（"News of the Art World"）；1914年1月27日《纽约时报》，转引自科恩著《东亚艺术与美国文化》，第70页。
［7］ 同上，第69—70页。
［8］ 见丽塔·雷夫（Rita Reif）刊登在2001年3月18日《纽约时报》上的文章，"大师造就者，以主业养副业"（"The Master Builder Whose Other Life Helped Pay the Bills"）。
［9］ 参考世纪协会1939年档案。
［10］ 2014年5月23日本书作者对屈志仁的采访。
［11］ 约瑟夫·M.厄普顿和爱德华·库蒂斯·韦尔斯合著《普艾伦传》，非公开出版，收藏于哈佛大学艺术博物馆。
［12］ 1955年2月9日普艾伦写给高居翰的信，收藏于宾夕法尼亚大学博物馆高居翰信件档案。
［13］ 见卡尔文·汤姆金斯著《商人与收藏》（*Merchants and Masterpieces*），第279页。
［14］ 科恩，《东亚艺术与美国文化》，第221页。
［15］ 1955年2月9日普艾伦写给高居翰的信，收藏于宾夕法尼亚大学博物馆高居翰信件档案。

[16] 1935年10月31日阿希文·利珀写给普艾伦的"友情提示"。
[17] 见卡尔文·汤姆金斯著《商人与收藏》，第280页。
[18] 1933年3月16日普艾伦写给纳尔逊·洛克菲勒的信，收藏于洛克菲勒家族档案馆。
[19] 托马斯·霍文（Thomas Hoving）著《让木乃伊跳舞》（*Making the Mummies Dance*. New York: Simon & Schuster, 1993），第361页。
[20] 提供信息者为该馆一名高级工作人员，要求我们不要透露其姓名。
[21] 霍文，《让木乃伊跳舞》，第18—21页。
[22] 詹姆斯·库诺著《谁拥有古迹？》，xix。
[23] 见卡尔·梅耶，《艺术博物馆》，第91—125页。
[24] 见霍文，《让木乃伊跳舞》，第205页。
[25] 见任卓华（Valerie C. Doran），"语境中的艺术：大都会艺术博物馆新建中国明清时期艺术新画廊"（"Art in Context: The New Galleries for Later Chinese Art at the Metropolitan Museum of Art"），《美成在久》（*Orientations*），第28卷第11期（1997年12月），第30页。
[26] 菲利普·德·蒙德伯乐（Philippe de Montebello）为方闻（Wen C. Fong）所著《超越再现：8世纪至14世纪中国书画》（*Beyond Representation: Chinese Painting and Calligraphy, 8th to 14th Century*. New York and New Haven: Metropolitan Museum and Yale University Press, 1992）一书所写的序言，xii。
[27] 见霍文，《让木乃伊跳舞》，第359—360页。
[28] 同上，第205页。
[29] 参见卡特·霍斯利（Carter Horsley），"中国门"（"Chinagate"），《城市评论》（*City Review*），1997。
[30] 参见班宗华（Richard M. Barnhart），"评论：《溪岸图》真伪之争"（"Commentary: The Spurious Controversy over 'The Riverbank'"），《美成在久》（*Orientations*），第30卷第8期（1996年12月），第168页。
[31] 参见劳伦斯·西克曼（Laurence Sickman）、罗樾（Max Loehr）等著《顾洛阜所藏的中国书法和绘画》（*Chinese Calligraphy and Painting in the Collection of John M. Crawford, Jr.* New York: Pierpont Morgan Library, 1962），第75—77页。
[32] 参见方闻（Wen Fong）和何慕文（Maxwell Hearn），"无言的诗歌：道格拉斯·狄龙画廊里的中国绘画"（"Silent Poetry: Chinese Paintings from the Douglas Dillon Galleries"），《大都会艺术博物馆通讯》（*Metropolitan Museum of Art Bulletin*），1981—1982年冬，第15页。
[33] 转引自苏珊·海勒·安德森（Susan Heller Anderson），"顾洛阜，中国艺术资深策展人去世"（"John M. Crawford, Jr. Dies/Eminent Collector of Chinese Art"），1988年12月25日《纽约时报》。
[34] 参见高居翰的博客文章"美国博物馆里的早期中国画作：一位业内人士的观点"（"Early Chinese Paintings in U.S. Museums: An Insider's View"）。
[35] 见劳伦斯·西克曼、罗樾等著《顾洛阜所藏的中国书法和绘画》，第77页。
[36] 2013年5月本书作者对武丽生的采访。
[37] 转引自2011年3月16日荷兰·考特（Holland Cotter）的文章"大都会艺术博物馆新领导上任，亚洲艺术开启新的发展方向"（"At Met, New Leadership and Direction for Asian Art"）。
[38] 参见屈志仁（James C. Watt）和安妮·E.沃德韦尔（Anne E. Wardwell）合著《丝如金时：中亚和中国的丝织品》（*When Silk Was Gold: Central Asian and Chinese Textiles*. New York

and New Haven: Metropolitan Museum of Art and Yale University Press, 2011），第 5 页。
［39］ 屈志仁（James C. Watt），《忽必烈的世界——中国元代艺术展》（*The World of Khubilai Khan: Chinese Art in the Yuan Dynasty*. New York and New Haven: Metropolitan Museum of Art and Yale University Press, 2011），第 3 页。
［40］ 荷兰·考特文章"大都会艺术博物馆新领导上任，亚洲艺术开启新的发展方向"。
［41］ 同上。
［42］ 方闻和何慕文，《大都会艺术博物馆通讯》。
［43］ 亚历山大·斯蒂尔（Alexander Stille）著《过去的未来》（*The Future of the Past*. New York: Farrar, Straus），第 70 页。

第十八章

［1］ 弗朗切斯科·韦尔蒂（Francesco Welti）著《男爵、艺术与纳粹黄金》（*Der Baron, die Kunst und das Nazigold*. Frauenfeld: Huber, 2008），第 27 页。
［2］ 其生平信息参见埃伯哈德·伊尔纳（Eberhard Illner）主编《爱德华·冯·德·海特：艺术收藏家、银行家、赞助人》（*Eduard von der Heydt: Kunstsammler, Bankier, Mäzen*. Munich, London, New York: Prestel, 2013）；弗朗切斯科·韦尔蒂著《男爵、艺术与纳粹黄金》。
［3］ 埃伯哈德·伊尔纳，"爱德华·冯·德·海特——当代德国历史的四个时期"（"Eduard von der Heydt–ein Leben in vier Epochen deutscher Zeitgeschichte"），收录于伊尔纳主编《爱德华·冯·德·海特》，第 25 页。
［4］ 伊尔纳，《爱德华·冯·德·海特》，第 21 页。德国刑事法第 175 条于 1871 年 5 月 15 日在德意志帝国时期颁布，1994 年 3 月 10 日被废除。该条例将男人之间的同性性行为，以性悖轨法之名定为刑事罪行。
［5］ 参见萨宾·费勒曼（Sabine Fehlemann）主编《亚洲、非洲、美洲和大洋洲：作为非欧洲艺术收藏家的爱德华·冯·德·海特》（*Asien, Afrika, Amerika und Ozeanien: Eduard von der Heydt als Sammler aussereuropäischer Kunst*. Wuppertal: Von der Heydt-Museum, 2002），2002 年 4 月 14 日至 6 月 20 日展览图册，第 11 页。
［6］ 卢芹斋记录冯·德·海特曾在 1912—1913 年光顾过他在巴黎开的画廊。参见伊尔纳，《爱德华·冯·德·海特》，第 22 页。
［7］ 同上，第 74 页。
［8］ 赫尔穆特·布林克尔（Helmut Brinker），"苏黎世里特贝格博物馆简史"（"A Short History of the Museum Rietberg Zurich"），《美成在久》（*Orientations*），第 38 卷第 2 期（2007 年 3 月），第 103 页。
［9］ 艾伯特·鲁茨（Albert Lutz），"菩萨漫游记：爱德华·冯·德·海特艺术收藏史补遗"（"Die Irrfahrt des Bodhisattvas: Ein Beitrag zur Geschichte der Kunstsammlung Eduard von der Heydt"），《苏黎世艺术史研究》（*Zurich Studies in the History of Art*），第 13/14 卷，苏黎世：苏黎世大学艺术史学院，2006 年 7 月，第 342 页。
［10］ 卡尔·维特（Karl With）著《思想自传，一位杰出艺术学者的回忆录》（*Autobiography of Ideas. Lebenserinnerungen eines aussergewöhnlichen Kunstgelehrten*. Berlin: Gebr. Mann Verlag, 1997），第 105 页。
［11］ 布林克尔，"苏黎世里特贝格博物馆简史"，第 193 页。
［12］ 欲了解更多有关蒂森一家与冯·德·海特往来的信息，参见戴维·R. L. 利奇菲尔

德（David R. L. Litchfield）著《蒂森家族罪恶艺术收藏史》(*The Thyssen Art Macabre*. London: Quartet Books, 2006），第 85 页。

[13] 卡尔·维特著《思想自传》，第 106 页。
[14] 里特贝格博物馆 1913 年展览"从佛陀到毕加索"("From Buddha to Picasso")，新闻稿。
[15] 见柯特·里斯（Curt Reiss）著《阿斯科纳：世界上最奇怪的村庄的故事》(*Ascona: Geschichte des seltsamsten Dorfes der Welt*. Zurich: Europa Verlag, 1964），第 92—93 页。转引自迪尔德丽·拜尔（Deirdre Bair）著《卡尔·荣格传》(*Jung: A Biography*. Boston: Little, Brown, 2003），第 413 页。
[16] 维特著《思想自传》，第 191 页。
[17] 同上，第 193 页。
[18] 拍卖会的细节参阅伊斯特·蒂萨·弗兰奇尼（Esther Tisa Francini），"论罗莎和雅各布·奥本海默在苏黎世里特贝格博物馆四件藏品的出处"("Zur Provenienz vor vier chinesischen Kunstwerken aus dem Eigentum von Rosa und Jakob Oppenheimer im Museum Rietberg Zürich")，收录于克斯汀·奥登达尔（Kerstin Odendahl）和彼得·约翰内斯·韦伯（Peter Johannes Weber）主编《文化财产保护—艺术法—文化法》(*Kulturgüterschutz—Kunstrecht—Kulturrecht*. Baden-Baden: Nomos, 2010），第 314 页及以后。
[19] 1940 年 4 月 22 日爱德华·冯·德·海特写给路易斯·皮兹（Luise Peets）的信，藏于苏黎世城市档案馆。转引自鲁茨，"菩萨漫游记"，第 345 页。
[20] 屈梅尔的信息引自伊尔纳，《爱德华·冯·德·海特》，第 43 页。
[21] 同上，第 36 页。
[22] 关于蒂森兄弟与冯·德·海特来往的信息见曼弗雷德·拉什（Manfred Rasch）博士，蒂森克虏伯集团档案（Thyssen Krupp Group Archives），德国杜伊斯堡市（Duisburg）。
[23] 见拜尔著《卡尔·荣格传》。
[24] 1988 年 10 月《艺术新闻》(*ARTnews*)，第 76 页，托马斯·布姆伯格（Thomas Buomberger）文章"男爵应得的份额？"("The Baron's Share？")。
[25] 中央情报局唐纳德·P. 斯图里（Donald P. Steury），中央情报局，"战略情报局和'安全港计划'"("The OSS and Project Safehaven")；中央情报局和联邦调查局信息见彼得·克莱纳特（Peter Kleinert），"被掠夺的黄金银行家和艺术赞助人"("Raubgold-Bankier und Kunst-Mázen")，《新莱茵》(*Neu'Rheinische*)，2006 年 4 月 4 日；1952 年 7 月 7 日联邦调查局对 J. 埃德加·胡佛（J. Edgar Hoover）所做调查报告，美国国家档案和记录管理局所藏档案，NARA RG 65 FBI，档案号 029424。以上所有这些报告均由迪特·内勒斯（Dieter Nelles）和斯蒂芬·斯特拉克（Stephan Stracke）收集。
[26] 伊尔纳，《爱德华·冯·德·海特》，第 46 页。
[27] 1944 年 2 月 25 日利兰·哈里森（Leland Harrison）写给国务卿的信，见联邦调查局报告。
[28] 见伊尔纳，《爱德华·冯·德·海特》，第 48—49 页。
[29] 1913 年里特贝格博物馆新闻稿。
[30] 1952 年 7 月 7 日约翰·埃德加·胡佛（J. Edgar Hoover）的联邦调查局报告，NARA RG 65 FBI File 029424。
[31] 1954 年 5 月 14 日哈罗德·A. 赫德（Harold A. Hoeg）对阿尔弗雷德·萨尔莫尼的采访，联邦调查局报告（档案号：349152），第 15 页。.
[32] 伊尔纳，《爱德华·冯·德·海特》，第 42 页；约根·卡尔（Jürgen Kahl），"寻找最后的战犯"("Auf der Suche nach den letzten Kriegsgefangenen")，《新苏黎世报》(*Neue Zürcher*

Zeitung），2014 年 3 月 4 日；劳瑞·阿提亚斯（Laurie Attias），"寻找卢浮宫里的战利品"（"Looking for Loot at the Louvre"），《艺术新闻》（ART news），1998 年 4 月，第 74 页。

[33] 见伊尔纳，《爱德华·冯·德·海特》，第 195 页第 257 个脚注。另见托马斯·布姆伯格，"男爵应得的份额？"，第 75 页。

[34] 弗利尔藏品溯源研究"观音立像残片"（"Fragment of a Standing Bodhisattva"）。

[35] 1952 年 7 月 7 日约翰·埃德加·胡佛的联邦调查局报告，RG 65 FBI File 029424，国家档案和记录管理局（NARA）。

[36] 同上。

[37] 国家安全情报局"安全港计划"报告。安全港报告，伦敦 1，1945 年，情报报告 XL 系列 1941—1946，第 19 条，RG226，国家安全战略情报局记录，国家档案和记录管理局。

[38] 迪特·内勒斯和斯蒂芬·斯特拉克。

[39] 托马斯·布姆伯格，"男爵应得的份额？"，第 75—76 页。

[40] 鲁茨，"菩萨漫游记"，第 353 页之后。

[41] 布姆伯格，"男爵应得的份额？"，第 75 页。

[42] 见布拉德舍（Bradsher）文章"瑞士阿斯科纳的一位美国档案管理员"（"An American Archivist at Ascona, Switzerland"），载于 1997 年 10 月美国国家档案馆博客。

[43] 参见王伊悠文章"卢芹斋与弗利尔美术馆中国藏品的形成"，收录于杰森·斯特尤伯和来国龙合编《藏家、藏品与收藏中国艺术》，第 173 页之后。

[44] 弗兰奇尼，"论罗莎和雅各布·奥本海默在苏黎世里特贝格博物馆四件藏品的出处"，第 316—317 页；菲利普·梅耶尔（Phillip Meier），"这关乎如何对待历史"（"Es geht um den Umgang mit der Geschichte"），《新苏黎世报》（Neue Zürcher Zeitung），2013 年 7 月 27 日。

第十九章

[1] 罗伯特·谢普林（Robert Shaplen），"业余爱好者"（"Amateur"），载于 1960 年 7 月 23 日《纽约客》（New Yorker），第 68 页之后。

[2] 梅纳德·布里奇福德（Maynard Britchford），"芝加哥商人艾弗里·布伦戴奇"（"Avery Brundage: Chicago Businessman"），《伊利诺伊州历史学会杂志》（Journal of the Illinois State Historical Society），第 91 卷第 4 期（1998 年冬），第 218—231 页。

[3] 同上，第 220 页。

[4] 丽贝卡·韦斯特（Rebecca West），《卡尔·桑德堡诗选集》（The Selected Poems of Carl Sandburg. New York: Harcourt, Brace, 1926），第 15 页。

[5] 引自谢普林，"业余爱好者"。

[6] 见雷内·勒费布尔·达京赛（René Lefebvre d'Argencé），"我认识的艾弗里·布伦戴奇"（"The Avery Brundage I Knew"），《美成在久》（Orientations）（1998 年 1 月），第 63 页。

[7] 引自谢普林，"业余爱好者"。

[8] 同上。

[9] 大卫·克莱·拉吉（David Clay Lodge）著《纳粹竞赛：1936 年奥运会》（Nazi Games: The Olympics of 1936. New York: Norton, 2007），第 16 页。

[10] 见谢瑞华（Terese Tse Bartholomew），"艾弗里·布伦戴奇收藏的前生与今世"（"The Avery Brundage Collection: Past and Present"），《美成在久》（Orientations），第 18 卷第 1 期（1985 年 1 月），第 119 页。

[11] 引自谢普林,"业余爱好者"。
[12] 引自梅耶,《艺术博物馆》,第 201—206 页。
[13] 同上。
[14] 同上。
[15] 同上。
[16] 引自许杰(Jay Xu),"天造地设的一双:青铜犀牛尊及其收藏者艾弗里·布伦戴奇"("A Unique Pair: The Bronze Rhinoceros and Its Collector, Avery Brundage")。收录于杰森·斯特尤伯和来国龙合编《藏家、藏品与收藏中国艺术》,第 205—217 页。
[17] 同上。
[18] 威廉·奥斯卡·约翰逊(William Oscar Johnson),"面纱之后的艾弗里·布伦戴奇"("Avery Brundage: The Man Behind the Mask"),《体育画报》(Sports Illustrated),1980 年 8 月 4 日。
[19] 同上。

第二十章

[1] 参见莫里斯·雷姆斯(Maurice Rheims),《藏品的奇怪生命:3 500 年里的收藏家及其艺术收藏》(*The Strange Life of Objects: 35 Centuries of Collectors and Art Collecting*. New York: Atheneum, 1961),第 20—21 页。原文为法文,英译者为戴维·普莱斯-琼斯(David Pryce-Jones)。
[2] 引自格蕾丝·格卢克(Grace Glueck)1987 年 5 月 27 日发表在《纽约时报》上的讣告"亚瑟·赛克勒医生逝世,享年 73 岁"("Dr. Arthur Sackler Dies at 73")。
[3] 引自李·罗森鲍姆(Lee Rosenbaum)于 2013 年 3 月 6 日发表在《华尔街日报》上的文章"狡诈的收藏家"("The Crafty Collector")。
[4] 参见高居翰(John Cahill)的博客文章"两位我不喜欢的著名收藏家兼捐赠人"("Two Famous Collectors-Donors Whom I Didn't Like")。
[5] 参见索伦·麦理肯(Souren Melikian)于 1999 年 10 月 9 日发表于《纽约时报》(国际版)的文章"在西方建立一座亚洲艺术之都"("Founding a Capital of Asian Art in the West")。
[6] 参见 2012 年 12 月 2 日《华盛顿邮报》报道"在赛克勒美术馆成立 25 周年庆典上,幕后争斗得到完美解决"("At the Sackler Gallery's 25th Anniversary Gala, Happy Ending to Behind-the-Scenes Struggle")。
[7] 同注释[5]。
[8] 同注释[2]。
[9] 同上。
[10] 参见霍文著《让木乃伊跳舞》,第 93—95 页。
[11] 同上。
[12] 参见李·罗森鲍姆,"大都会艺术博物馆的'赛克勒飞地':使公众受益的私人保护地?"("The Met's Sackler Enclave: Public Boon of Private Preserve?"),《艺术新闻》(*ARTnews*)(1978 年 9 月),第 56—57 页。
[13] 迈克尔·格罗斯(Michael Gross)著《恶棍的博物馆:大亨秘史与大都会博物馆的金主》(*Rogue's Gallery: The Secret History of the Moguls and the Money*. New York: Broadway Books, 2009),第 346—347 页。

［14］肯尼斯·克拉克（Kenneth Clark）于 1963 年 9 月 22 日发表于《星期日泰晤士报》（伦敦版）［*Sunday Times* (London)］的报道"伟大的私人收藏"（"The Great Private Collections"）。转引自梅耶著《艺术博物馆》，第 201 页。

后记

［1］1979 年 2 月 7 日约瑟夫·艾尔索普（Joseph Alsop）写给高居翰的信，现收藏于弗利尔/赛克勒美术馆里的高居翰档案。

［2］参见罗伯特·W. 梅瑞（Robert W. Merry）著《与世界抗争：约瑟夫·艾尔索普与斯图尔特·艾尔索普，美国世纪的守卫者》（*Taking on the World: Joseph and Stewart Alsop: Guardians of the American Century*. New York: Viking, 1996），第 537 页。

［3］小埃德温·M. 约德（Edwin M. Yoder Jr.）著《乔·约瑟夫的冷战》（*Joe Alsop's Cold War*. Chapel Hill: University of North Carolina Press, 1995），第 50 页。

［4］参见约瑟夫·艾尔索普（Joseph Alsop）著《稀有艺术传统：艺术收藏史及其相关现象》（*The Rare Art Traditions: The History of Art Collecting and Its Linked Phenomena*. Princeton, NJ: Princeton University Press, Bollingen Series, and Harper & Row, 1982），第 80 页。

［5］同上，第 83 页。

［6］2014 年 2 月 18 日格雷厄姆·鲍利（Graham Bowley）刊登在《纽约时报》上的报道"著名中国艺术权威专家高居翰去世，享年八十七岁"（"James Cahill, Influential Authority on Chinese Art, Dies at 87"）。

［7］奥德丽·王（Audrey Wang）著《中国文物市场概览》（*Chinese Antiquities: An Introduction to the Art Market*. Surrey, U.K.: Lund Humphries, in Association with Sotheby's Institute of Art, 2012），第 42 页。

［8］同上，第 43 页。

［9］参见 Jason Chow 2014 年 4 月 8 日发表于《华尔街日报》上的报道"一只中国明朝时期的碗以 3 亿元的价格拍卖成交"（"The $36 Million Ming Dynasty-era Bowl"）。

［10］引自戴维·巴尔博扎（David Barboza）和乔娜·M. 凯赛尔（Jonah M. Kessel）2013 年 12 月 17 日刊登于《纽约时报》上的报道。

［11］参见 2013 年 8 月 2 日《悉尼晨报》（*Sydney Morning News*）刊登的报道"收藏家买下一只古碗获得 4.22 亿个美国运通信用卡积分"（"Collector Gets 422 Million Amex Points with Purchase of Ancient Cup"）。

［12］参见戴维·巴尔博扎（David Barboza）、格雷厄姆·鲍利（Graham Bowley）及阿曼达·考克斯（Amanda Cox）于 2013 年 10 月 28 日刊登在《纽约时报》上的报道"中国艺术市场的造假行为"（"Forging an Art Market in China"）。

［13］安娜·希利·芬顿（Anna Healy Fenton）于 2014 年 1 月 20 日刊登在《南华早报》（*South China Morning Post*）上的报道"中国艺术品拍卖：一种强大的洗钱工具"（"China Art Auctions: A Great Money Laundry"）。

［14］参见索伦·麦理肯（Souren Melikian）于 2012 年 11 月 2 日刊登于《纽约时报》的文章"玉玺的魅力"（"A Passion for the Emperor's Seal"）。

［15］欲了解"额尔金主义"，参见卡尔·E. 梅耶（Karl E. Meyer）著《被掠夺的历史》（*The Plundered Past*. New York: Atheneum, 1973），第 170—180 页。

［16］参见 C. M. 伍德豪斯（C. M. Woodhouse）著《亲希腊之友》（*The Philhellenes*. London: Hodder & Stoughton, 1969），第 25 页。

[17] 卢芹斋从 1950 年 5 月 1 日起开始清算店铺，至 12 月 31 日结束。关于他的评论参见兰登·华尔纳文档里的卢芹斋档案，收藏于哈佛艺术博物馆档案库。

[18] 参见索伦·麦理肯（Souren Melikian），"蓝理捷与繁荣的中国市场"（"James Lally and the Booming Chinese Market"），《国际先驱论坛报》（1987 年 1 月 31 日—2 月 1 日）。

[19] 2013 年 4 月 23 日蓝理捷写给美国国务院文化财产咨询委员会（the Cultural Property Advisory Committee）的信。

[20] 参见索伦·麦理肯（Souren Melikian）于 2007 年 3 月 29 日刊登于《纽约时报》《国际先驱论坛报》上的文章"意愿强烈的亚洲买家正在重新定义艺术品市场"（"Determined Asian Buyers Are Redefining Market"）。

[21] 2014 年 4 月 21 日《每日邮报》网站文章"中国瓷瓶的诅咒"（"Curse of the Chinese Vase"）。

[22] 见 Qiang Zhang 2013 年 12 月。英国广播公司新闻："大卫·卡梅伦加入中国社交网站微博"（"David Cameron Joins Chinese Social Site Weibo"）。

[23] 见 Prudence Ho 2014 年 3 月 5 日发表在《华尔街日报》上的报道"保利文化的首次公开募股，中信里昂证券公司的首次运作"（"Poly Culture's IPO, a First for Citic-CLSA"）。

[24] 亚历山德拉·埃雷拉（Alexandra Errera），"中国是如何改变艺术世界权力平衡状况的？"（"How China Is Quietly Changing the Balance of Power in the Art World"），《福布斯》（Forbes），2014 年 2 月 27 日。

[25] 索伦·麦理肯（Souren Melikian）于 2002 年 3 月 30 日刊登于《纽约时报》的文章"亚洲艺术周：中国艺术经销商有利可图的未来"（"Asia Week: For Dealers in Chinese Art, a Lucrative Future"）。

[26] 2005 年 10 月 13 日《纽约时报》文章"中国正在奋力追回其艺术珍宝"（"China Is Racing to Get Its Art Treasures Back"）香港电，文章未署名。

[27] 杰拉尔丁·诺曼（Geraldine Norman）于 1996 年 4 月 14 日刊登于英国《独立报》（Independent）上的文章"中国的长城"（"Great Walls of China"）。

[28] 2005 年 10 月 13 日《纽约时报》文章"中国正在奋力追回其艺术珍宝"。

[29] 2014 年 4 月 10 日《华尔街日报》文章"中国拍卖公司打算从底特律购买价值 10 亿美元的艺术品"（"Chinese Auction House Wants to Buy $1 Billion of Detroit's Art"）；"中国拍卖公司竞拍底特律艺术品"（"China's Auction House Bids for Detroit's Art Works"）。

[30] "中美博物馆馆长论坛"（2012 年，纽约亚洲协会）的总结报告"迈向美中博物馆合作的新时期"（"Toward a New Phase of U.S.-China Museum Collaboration"）。

[31] 参见 2013 年 12 月 21 日《经济学人》（The Economist）文章"中国博物馆建设热潮"（"Mad about Museums"）。

[32] 参见亚洲协会论坛总结报告。

[33] 芭芭拉·波拉克（Barbara Pollack）著《狂野的东方：一位美国艺术评论家在中国的探险式经历》（The Wild, Wild East: An American Art Critic's Adventures in China. China: Timezone & Ltd., 2010），第 8 页。

[34] 引自安德鲁·雅各布斯（Andrew Jacobs），"中国在美国博物馆寻宝"（"China Hunts for Art Treasures in U.S. Museums"），《纽约时报》，2009 年 12 月 16 日。

[35] 2013 年 4 月 23 日文德安教授写给美国国务院文化财产咨询委员会的一封信，保存于耶鲁大学人类学系。

[36] 引自蒂莫西·威廉斯（Timothy Williams），"对托莱多来说，种下了一棵摇钱树；对中国人来说，关系更加紧密"（"For Toledo, Cash to Grow; For Chinese, Closer Ties"），《纽约时报》，2013 年 12 月 27 日。

［37］ 引自希瑟·普林格尔（Heather Pringle），"新疆干尸之争"（"Battle for the Xinjiang Mummies"），《考古学》（*Archaeology*），第63卷第4期，2010年7月—8月，第30—34页。
［38］ 引自特蕾西·罗宗（Tracie Rozhon），"带着2 000中国建筑构件搬家"（"Moving House with 2,000 Chinese Parts"），《纽约时报》，2001年2月22日。
［39］ 见"中国艺术与公共财产破坏者"（"Chinese Art and Modern Vandals"），伦敦《泰晤士报》，1914年5月2日。